Noces pour femme seule
Le féminin et le sacré dans l'œuvre d'Albert Camus

FAUX TITRE

242

Etudes de langue et littérature françaises
publiées sous la direction de

Keith Busby, M.J. Freeman,
Sjef Houppermans, Paul Pelckmans
et Co Vet

Noces pour femme seule
Le féminin et le sacré dans l'œuvre d'Albert Camus

Geraldine F. Montgomery

AMSTERDAM - NEW YORK, NY 2004

Illustration couverture: Pierre-Eugène Clairin, © Luc et Marc Clairin

The paper on which this book is printed meets the requirements of
'ISO 9706: 1994, Information and documentation - Paper for documents -
Requirements for permanence'.

Le papier sur lequel le présent ouvrage est imprimé remplit les prescriptions
de "ISO 9706:1994, Information et documentation - Papier pour documents
- Prescriptions pour la permanence".

ISBN: 90-420-1188-2
©Editions Rodopi B.V., Amsterdam - New York, NY 2004
Printed in The Netherlands

À Harry
Pour Emmanuelle

SIGLES ET ABRÉVIATIONS

ŒUVRES DE CAMUS

Sans autres précisions, les renvois des textes cités sont aux volumes publiés dans la "Bibliothèque de la Pléiade" (Gallimard):
I   Théâtre, récits, nouvelles. 1962
II Essais. 1965.

C1	Carnets: mai 1935–février 1942. Paris, Gallimard, 1962.
C2	Carnets: janvier 1942–mars 1951. Paris, Gallimard, 1964.
C3	Carnets: mars 1951–décembre 1959. Paris, Gallimard, 1989.
MH	La Mort heureuse. Paris, Gallimard, 1971
JV	Journaux de voyage. Paris, Gallimard, 1978.
PH	Le Premier homme. Paris, Gallimard, 1994.
CAC1	"Cahiers Albert Camus 1", etc. (Gallimard).
AC1	Albert Camus 1, etc. (fascicules de La Revue des Lettres modernes).
Corr.	Albert Camus—Jean Grenier, Correspondance 1932-1960. Paris, Gallimard, 1981.

ŒUVRES DE MIRCEA ELIADE

NM	Naissances mystiques. Paris, Gallimard, 1959.
SP	Le Sacré et le profane. Paris, Gallimard, 1965.
MR	Le Mythe de l'éternel retour. Paris, Gallimard, 1969.

ŒUVRES DE JULIA KRISTEVA

RLP	La Révolution du langage poétique. Paris, Seuil, 1974.
P	Polylogue. Paris, Seuil, 1977
PH	Pouvoirs de l'horreur. Paris, Seuil, 1980.
DL	Desire in Language. New York, Columbia University Press, 1980.
HA	Histoires d'amour. Paris, Denoël, 1983.
ACA	Au commencement était l'amour. Paris, Hachette, 1985.
SN	Soleil noir. Dépression et mélancolie. Paris, Gallimard, 1987.
ENM	Étrangers à nous-mêmes. Paris, Fayard, 1988.
NMA	Les nouvelles maladies de l'âme. Paris, Fayard, 1993.
FS	Le Féminin et le sacré. (C. Clément et J. Kristeva). Paris, Stock, 1998.

Remarques: Concernant les auteurs autres que ceux indiqués dans SIGLES et lorsqu'un seul ouvrage d'un auteur a été utilisé dans le manuscrit, les chiffres entre parenthèses renvoient aux pages de cet ouvrage dont on trouvera les précisions bibliographiques en fin de volume. Lorsqu'il s'agit d'un auteur dont deux ou plusieurs ouvrages ont été utilisés, on trouvera entre parenthèses le titre approprié ou ses mots-clés suivis du numéro de page. Dans le but d'alléger le texte, on a donné une seule fois par paragraphe le numéro d'une page d'où sont tirées deux ou plusieurs citations. Enfin, sauf s'il est indiqué à la fin d'une citation "nos italiques", les mots soulignés le sont par l'auteur cité.

NOTE LIMINAIRE

Ce livre est le fruit d'une longue maturation au cours de laquelle de nombreuses personnes m'ont apporté leur aide ou leur soutien. Sans pouvoir les nommer toutes, je tiens à exprimer ici ma reconnaissance envers ceux et celles qui, parfois par-delà les années ou les frontières, ou même à leur insu, m'ont soit inspirée, soit encouragée dans la réalisation de mon projet.

Ma reconnaissance va d'abord à Yvonne Ozzello, trop tôt disparue. M'ayant guidée, à Madison, dans la découverte de l'université américaine, elle ne cessa par la suite de me prodiguer ses encouragements dans la voie que je voulais suivre. À travers le souvenir vivant que je garde d'elle, que soient exprimées ici toute mon affection et ma gratitude.

Pour leur inspiration, lointaine ou proche, pour leur confiance ou leur attention amicale, je remercie spécialement Jacques Baudour, Françoise Collin, Martine Debaisieux, Daniel Dolan, José Fernandez, Judith Gleason, Helen Gleason, Élisabeth Lhôte, Donald Maddox, Dianne Sears et Pierre Suzeau.

Mes remerciements s'adressent également à Christian Garaud, Elissa Gelfand, Patricia Johnson, William Moebius et Dennis Porter qui me prodiguèrent leur temps et leurs conseils pendant la phase doctorale de mon projet à l'Université du Massachusetts à Amherst.

Pour m'avoir procuré des documents qui me restaient inaccessibles ou pour m'avoir généreusement assistée à divers titres durant le stade suivant de ma recherche, je remercie Martha Montgomery ainsi que plusieurs "camusiens": Fernande Bartfeld, Guy Basset, Nina Sjursen, Paul-F. Smets, Ben Stoltzfus, Claude Vigée, ainsi que Raymond Gay-Crosier dont j'ai pu apprécier à d'innombrables reprises la disponibilité et les conseils. Je remercie encore Michèle Bacholle-Boskovic qui trouva le temps de faire une lecture constructive d'une grande partie du manuscrit ainsi que Hunter Greene de "Brainspiral Technologies" pour son aide précieuse lors de la mise en page finale.

Ma reconnaissance s'adresse finalement aux bibliothèques des "Five Colleges", ainsi qu'à celle de Williams College pour m'avoir permis d'utiliser ses ressources et spécialement à David Pilachowski et Alison O'Grady pour leur assistance pendant la dernière période de ma recherche. Je remercie enfin les "Special Collections and Archives" de la Wesleyan University (CT) pour leur autorisation de reproduire la lithographie de Pierre-Eugène Clairin pour la couverture du livre[1].

Enfin et surtout, ma plus profonde gratitude va à mon compagnon. Sans sa présence et sa patiente endurance au cours de ce long travail, ce projet n'aurait pu aboutir. Il est l'autre parent du livre, que je lui dédie de tout cœur.

---

1. Il s'agit de l'une des douze lithographies de P.-E. Clairin pour l'édition originale de "La Femme adultère" (Alger, Éditions de l'Empire, 1954). Voir l'étude de Guy Basset, pp. 102-103.

INTRODUCTION

> Aller à la découverte de la trace c'est, peut-être, continuer à écrire, tourner autour de l'introuvable trace.
>
> Edmond JABÈS

Lors d'une première et lointaine étude de l'œuvre de Camus, certainement trop hâtive comme sont souvent les entreprises de jeunesse, l'un au moins de ses aspects devait laisser son empreinte: celle d'une présence irrésistible du sacré qu'accompagnait l'ombre de son refus. En tant que présence/absence provocante dans un monde dont on cherchait le sens, c'était en même temps la découverte de "l'envers et l'endroit" des choses. Bien plus tard, revenant à l'œuvre avec une vision quelque peu changée et une soif nouvelle, nous avons perçu ce refus comme le masque imposé au désir. Une lecture élargie a alors révélé un phénomène similaire concernant le féminin: une présence/absence dérangeante. La conscience de ce double paradoxe devait donner naissance à notre projet.

Lors de son élaboration, aussi bien la dualité de notre sujet que chacun de ses éléments ont suscité chez nos interlocuteurs un questionnement parfois sceptique, souvent étonné et qui nous a aiguillonnée dans notre recherche. Mais notre étonnement a été de devoir répondre plus d'une fois à cette question toute ronde: — Pourquoi une nouvelle étude sur Camus? Il faut avouer que, relative au corpus des textes critiques et en dépit d'une certaine éthique de la quantité, la question peut se comprendre: l'abondance de la recherche camusienne, surtout récente, submerge comme une marée celui ou celle qui s'y aventure — marée qui, signalons-le, a largement porté l'œuvre au-delà du seuil du XXIe siècle. S'insinuait cependant ce doute: est-ce raisonnable d'y ajouter? Nous répondrons plus loin. Toujours est-il que nous avons appris à ne guère nous arrêter à cette question globale: il n'était pas rare que la personne qui la posait avouait avoir peu lu Camus. Aussi, convaincue qu'une lecture plus assidue de l'œuvre ne saurait manquer de lui fournir une réponse, nous l'avons simplement encouragée à relire Camus ou à le lire davantage. Patrick

Renou remarque: "Il faudrait surtout ajouter... toujours additionner: lire et relire Camus" (98). Car, comme nous l'avons nous-même découvert et comme l'écrit Susan Tarrow: "[...] relire Camus n'est pas une répétition mais un nouveau début"[1]. Tant il est vrai que les textes camusiens sont toujours des textes "pluriels" dans le sens où l'entendait Barthes.

Gardant à l'esprit le fait que nombre des questions qui nous ont été posées pourraient bien être celles que se poseront les lecteurs ouvrant ce livre, nous allons donner ici quelques éléments de réponse qui aideront à comprendre notre position et notre démarche. Si les questions concernant le sacré visaient surtout l'utilité d'y revenir alors qu'il s'agit d'un sujet bien connu et bien étudié, celles relatives au féminin étaient plus diverses: — De quel féminin s'agit-il? — De quelles femmes? — Est-ce une nouvelle étude de la mère? — S'agit-il d'une étude féministe? Enfin, la question maîtresse: — Quel rapport entre le féminin et le sacré?

Nous voulons réagir d'abord à cette dernière question. Elle touche au cœur de notre projet dont le but est précisément d'y répondre à travers l'étude de ces deux paradoxes de l'œuvre, étude qui s'attardera surtout aux moments de leur intersection car il s'agit de l'analyse d'une relation. Alors que, dans son jeu d'absence/présence, chaque paradoxe mérite — et recevra — examen indépendamment de l'autre, ils se rejoignent à plusieurs reprises et ce de manière paroxystique dans un des derniers textes de l'auteur, "La Femme adultère". Dans cette nouvelle, une femme, découvrant l'infini de son désir et "franchissant le gouffre qui sépare le désir de la conquête" (II, 110), est révélée à elle-même dans l'expérience du sacré. C'est pourquoi ce texte sera le point focal d'une recherche qui se fraiera un chemin préalable à travers une grande partie de l'œuvre pour y repérer les traces du sacré d'une part, celles du féminin de l'autre, et pour y cerner leurs moments de rencontre ou de fusion dans l'espoir de mieux comprendre la complexité de cette alliance paradoxale et inattendue dans une œuvre agnostique et si souvent perçue comme masculine.

Initialement, c'est donc la présence parfois insaisissable du sacré dans certains textes qui nous a incitée à une étude plus approfondie de l'œuvre. Tout au long de nos lectures, le sacré est alors apparu comme l'un de ses aspects inépuisables, souvent enfoui ou caché derrière les voiles de la nostalgie, mais jamais totalement absent et donnant à l'ensemble des écrits leur tonalité particulière. Consciente du fait qu'il s'agit d'un domaine qui a été bien exploré par plusieurs critiques dont

---

1. Notre traduction. Tarrow écrit: "[Camus'] work has proven a rich and open source for contemporary critics; rereading Camus is not a repetition but a new beginning" (198).

certains nous ont servi de guides, nous n'avons pas la prétention d'y introduire de l'inédit. Si nous pensons pouvoir y apporter un élément nouveau, c'est uniquement dans le champ de son intersection avec le féminin. Aussi, la première partie de l'étude, comprenant les chapitres I et II, cherchera d'abord à contextualiser le sacré avant d'interroger sa présence dans les débuts de l'œuvre.

Bien que le sacré implique un absolu, chaque civilisation, chaque culture l'intègre à travers sa propre vision du monde. Or, ne pensant pas devoir considérer le sacré camusien comme un phénomène isolé ni purement individuel, nous avons cherché à le situer par rapport à une perception collective et à saisir le climat qui l'entourait. Il s'agissait de dégager une représentation du sacré dans son ensemble à l'époque de l'écrivain avant d'en relever certains aspects dans ses écrits. C'est ainsi que le premier chapitre, qui s'arrêtera brièvement à la réflexion sur l'absurde qu'est le *Mythe de Sisyphe*, examinera les courants de pensée relatifs au sacré dans le contexte socio-historique et philosophique de la première moitié du XXe siècle, et cela en interrogeant principalement les textes d'Émile Durkheim et de Rudolf Otto ainsi que ceux du Collège de Sociologie. Sur un plan plus spécifique on cherchera, à partir des travaux de Roger Caillois et de Mircea Eliade, à mettre en évidence les principales caractéristiques du sacré ainsi que ses structures fondamentales, celles relatives notamment au temps et à l'espace, afin de pouvoir ensuite les identifier dans l'œuvre.

L'approche initiale du sacré dans celle-ci, qui constitue la matière du deuxième chapitre, est un retour aux sources, c'est-à-dire aux écrits de jeunesse: le mémoire du diplôme d'Études supérieures, *Métaphysique chrétienne et néoplatonisme*, ainsi que les essais de *L'Envers et l'endroit* et de *Noces*. Ces premiers écrits témoignent à la fois de l'inquiétude métaphysique de Camus et du profond sens du sacré qui se dégage de sa relation au monde. Nous y interrogerons leurs manifestations par rapport à la philosophie de l'absurde et de la révolte ainsi qu'à l'agnosticisme camusiens, et cela en examinant les difficultés de conciliation inhérentes à ce rapport. Nous référant aux textes critiques consacrés à l'étude du sacré dans l'œuvre, notamment ceux de Claude Vigée et de Ruth Reichelberg, nous chercherons encore à y cerner non seulement ses traces mais aussi les indices du contrôle exercé sur lui car ce processus joue un rôle crucial dans le paradoxe du sacré camusien.

C'est en approfondissant notre réflexion sur ce paradoxe dans l'œuvre fictive que s'est progressivement dégagé celui du féminin. Mais alors que l'importance du sacré dans l'œuvre est largement reconnue, la place qu'y occupe le féminin a été peu étudiée et nous semble souvent méconnue[2]. C'est pourquoi la deuxième partie de l'étude, que constituent les chapitres III et IV, se propose d'analyser la présence de la femme dans l'œuvre narrative d'abord, dans l'œuvre dramatique ensuite, et cela en y décelant ses liens avec le sacré.

Il est communément admis, comme l'ont montré certaines questions qu'on nous a posées, que l'œuvre de Camus est avant tout celle d'un écrivain masculin, c'est-à-dire une œuvre dont la vision serait à peu près exclusivement masculine et qui exclut les "femmes réelles"[3]. Or, une première lecture de l'œuvre narrative, qui fera l'objet du troisième chapitre, peut donner cette impression. Celle-ci trouve peut-être une explication dans une confidence que Camus fit à Jean-Claude Brisville concernant le projet du *Premier homme* et rapportée par Olivier Todd: "À Brisville, Camus confie que, pour la première fois, il parlera des femmes dans un livre. Il mettra en évidence ce que sa formation leur doit et elles auront la part belle car elles ont une importance capitale. Dans ses livres précédents, les femmes sont, selon lui, 'mythiques'" (741). S'il n'est pas interdit de soupçonner une certaine généralisation dans cette déclaration deux fois rapportée, il nous semble qu'on ne peut en sous-estimer l'importance. Selon nous, le concept de "femmes mythiques" s'applique à tous les textes dramatiques et, à des degrés divers, à la plupart des textes narratifs. Nous savons par ailleurs l'énorme importance du mythe dans l'œuvre camusienne et qu'il y constitue une des dimensions du sacré[4]. Nous rappelons dans ce contexte cette note des *Carnets*: "Mon œuvre pendant ces deux premiers cycles: des êtres sans mensonges, donc non réels. Ils ne sont pas au monde. [...] jusqu'ici je ne suis pas un romancier au sens où on l'entend. Mais plutôt un artiste qui crée des mythes à la mesure de ses passions et de son angoisse" (*C2*, 325). Alors que les deux premiers cycles sont ceux de l'absurde et de la révolte, le troisième devait être celui de l'amour avec *Le Premier homme* comme œuvre romanesque. Faut-il déduire de cette note et de la confidence faite à Brisville que les femmes dans l'œuvre antérieure au *Premier homme* sont "irréelles"? Ce serait mal poser le problème et oublier ce qu'écrivait Camus dans "Révolte et art": "Aucun art ne peut refuser absolument le réel"; et plus loin: "[...] l'unité en art surgit au terme de la transformation que l'artiste impose

---

2. Dans la deuxième partie de l'étude, nous signalerons les principaux ouvrages se rapportant à cette question.

3. À titre d'exemple, nous citons Mary Ann Witt: "Il y a [...] l'absence, pénible à mon avis, de femmes réelles dans l'œuvre camusienne. Elles sont ou bien des monstres ou bien des femmes schématisées" (76).

4. Maurice Weyembergh fait remarquer qu'"[o]n ne peut faire vivre des mythes (II, 13), comme Camus entendait le faire, sans rencontrer le sacré" ("Théâtre et politique chez A. Camus", 185).

au réel" (II, 672). Si les femmes camusiennes sont "mythiques" et s'apparentent au sacré, elles ne sont pas pour autant de simples concepts ni des symboles: elles sont en même temps des êtres de chair et de sang bien enracinés dans le réel du monde. C'est que, pour Camus, le monde est le premier lieu du sacré.

S'il est vrai que l'œuvre narrative porte en creux les marques indéniables d'une absence, celle de la femme, elle est cependant loin d'être absolue: la plupart de ces textes comportent des personnages féminins, notamment celui de la mère. C'est pourquoi le troisième chapitre analysera principalement le féminin maternel dans *L'Étranger*, *La Peste* et *Le Premier homme*. En début de chapitre cependant, parce qu'ils présentent un intérêt pour l'étude du féminin camusien dans son ensemble, nous commenterons les deux textes narratifs d'où la mère est presque totalement absente et où la femme compagne manifeste une présence incertaine: *La Mort heureuse* et *La Chute*.

Dans *L'Étranger*, la femme absente est la mère, déclarée morte dès la première phrase du récit alors que sa "présence" hante toute la narration et que, comme dans les deux textes que nous venons de mentionner, la compagne ne jouit que d'une présence partielle. Les deux autres romans, *La Peste* et *Le Premier homme*, n'offrent de la femme qu'une seule image, la maternelle. Dans le premier, les femmes compagnes ayant été géographiquement et "affectivement" évacuées dès les premières pages du récit, c'est la mère de Rieux qui assume à peu près seule la présence féminine de la chronique. Dans *Le Premier homme*, roman inachevé dont le plan prévoyait cependant — conformément à la confidence que Camus fit à Brisville et aux notes des *Carnets* (C3, 100) — toute une partie consacrée aux femmes, c'est à nouveau l'image maternelle qui, à travers la double présence de la mère et de la grand-mère de Jacques Cormery, représente le féminin. Cette présence du personnage de la mère dans l'œuvre narrative sera examinée avec une attention particulière dans ce troisième chapitre car la mère va s'y révéler le personnage central et "sacré".

Si donc l'œuvre narrative corrobore dans une certaine mesure la théorie d'une vision essentiellement masculine, l'œuvre dramatique la dément. C'est à cette partie de l'œuvre que s'intéresse le quatrième chapitre. On y retrouvera le féminin à travers une présence nombreuse et effective de personnages femmes, et avec des différences marquées par rapport à l'œuvre narrative au niveau de l'expression non seulement du désir mais aussi du sens. C'est que la voix de la femme résonne haut et clair sur la scène camusienne. Même si le personnage féminin n'y occupe pas nécessairement la place centrale sur le plan structurel, sa présence est entière et aussi déterminante, sinon davantage, que celle du personnage masculin dans l'évolution de la pensée et de l'action. Dans *Le Malentendu*, sorte de "pièce pour femmes", les voix d'une triple présence féminine — épouse, mère et sœur, chacune exprimant son propre désir — finissent par submerger littéralement la seule voix masculine qui n'a pas pu "trouver [s]es mots" (I, 123 et 154), c'est-à-dire qui n'a pas réussi à exprimer le sien. Dans *Caligula*, la voix de Cæsonia oppose à celle de l'empereur un contrepoint de plus en plus *forte*, devient l'endroit d'un envers, l'antidote de la folie, l'expression d'un désir et d'un amour absolus — jusqu'à ce que Caligula, dans son désir de mort, lui impose le silence définitif. Dora, dans *Les Justes*, exprime un désir auquel il lui faudra renoncer mais elle aura à son tour le dernier mot — et combien éloquent. Les voix de femme rassemblées en chœur antique ou solitaires ont, dans *L'État de siège*, la puissance même des forces cosmiques invoquées et, chantant l'amour et l'abondance, expriment avec faste leur désir de vie et leur jouissance. Cette expression dramatique du désir féminin, désir à la fois érotique et mystique, enraciné dans l'"ici et maintenant" mais tendant vers l'absolu, caractérise la présence de la femme sur la scène camusienne et la relie au sacré.

La troisième et dernière partie de l'étude, qui coïncide avec le cinquième chapitre, sera entièrement consacrée à "La Femme adultère", texte où l'on assiste à un déploiement exceptionnel du féminin et à une prise de conscience aiguë du moi à travers le désir, désir qui conduira finalement la femme vers le sacré. Bien que dans un tout autre registre que celui de *L'État de siège*, les mêmes forces cosmiques sont ici à l'œuvre. Travaillant en secret le personnage de Janine, asthénique mais encore réceptive, elles la traversent d'abord à son insu, elles l'accompagnent jusqu'à la prise de conscience de son désir et à la révolte, elles la transportent enfin au lieu de la fusion qui est celui du sacré. Cette nouvelle est l'histoire d'une révélation où le féminin, dans le seul personnage de Janine, occupe tout l'avant-plan de la scène narrative et où le masculin, représenté par plusieurs personnages, est progressivement éclipsé par sa présence grandissante.

À travers l'ensemble des pièces et la nouvelle de "La Femme adultère", on s'aperçoit que la présence active du féminin dans l'œuvre est essentiellement sous-tendue par la dynamique du désir. C'est pourquoi ce concept, fondamental à la philosophie camusienne de l'absurde et de la révolte, s'impose comme troisième dimension de cette étude où il fonctionnera comme passage forcé, comme pont, entre le féminin et le sacré. C'est aussi dans la prise de conscience et l'expression de son désir, partiellement dans le théâtre mais de manière absolue dans la nouvelle, que la femme trouve à s'accomplir. C'est ainsi que le double paradoxe inhérent à "La Femme adultère",

INTRODUCTION 15

celui d'une présence exceptionnelle du féminin liée par le désir à une expérience tout aussi exceptionnelle du sacré, fera de cette nouvelle le texte principal et final de cette étude.

D'une manière générale, tout en restant attentive au "pluriel du texte" comme le propose Barthes (*S/Z*, 18), nous procéderons pour chaque texte étudié à une "analyse progressive" mais forcément partielle et sélective, nous limitant aux passages spécialement porteurs des deux sens que nous poursuivons. Les cinq "codes" ou "voix" qui forment le réseau où se structure le texte seront sollicités de manière inégale, avec une fréquence et des intensités variables, et avec une préférence pour les codes herméneutique et symbolique, le premier visant le dévoilement d'une énigme ou d'une vérité, le deuxième celui des antithèses et de la multivalence, soit la "Voix de la Vérité" et la "Voix du Symbole"[5]. Alors qu'il est bien sûr impossible d'ignorer les autres codes puisqu'ils s'imposent d'eux-mêmes, une lecture se concentrant principalement sur les deux que nous venons de nommer nous semble la plus prometteuse au niveau du "débusquage" et d'une interprétation des traces du sacré et du féminin ainsi que de leurs interactions.

Concernant la question relative au féminisme de notre projet, le moment est venu de préciser qu'il ne se définit pas comme féministe, encore qu'il faille s'entendre sur l'un ou l'autre des divers sens que l'on attribue à ce terme. Si le fait d'analyser le féminin dans une œuvre masculine à partir d'une lecture et d'une interprétation féminines constitue une approche féministe, soit. Mais si cette approche consiste à ne voir dans le texte masculin que la somme de ses péchés au niveau de l'"incompréhension" des femmes et de la misogynie, notre étude n'est pas féministe. Non que cette approche nous soit étrangère ou inacceptable. Simplement faut-il qu'elle soit justifiée. Or, l'œuvre camusienne ne la justifie aucunement. Si, comme fait remarquer Jerry L. Curtis par rapport à l'intentionnalité, les définitions féministes sont inapplicables aux personnages féminins dans cette œuvre[6], il faut rappeler surtout ce que disait Camus à Brisville et qui nous paraît déterminant: que les femmes dans son œuvre sont "mythiques", c'est-à-dire qu'elles ne sont pas censées être "réelles" dans un sens socio-historique, ni des personnages "réalistes"

---

5. Voir Roland Barthes, *S/Z*, pp. 18-28. Nous rappelons le caractère mouvant du code qui "est une perspective de citations, un mirage de structures; [...] des départs et des retours" (27).

6. Curtis écrit: "[...] any attempt to perform the anachronistic function of applying feminist definitions to the women portrayed in Camus' writings would betray what Victor Brombert categorized as the legitimate aims of criticism: 'No grid [...] can be applied to an intentionality that escapes even the author'" (53).

dans le cadre d'une "histoire"[7]. Puisque la cinquième partie du *Premier homme*, intitulée "Femmes" (*C3*, 100), n'a pu être écrite, la question du féminin dans l'œuvre ne se pose pas, ne peut se poser, en termes de réalisme social ou politique[8]. "Mythiques", les femmes camusiennes sont essentiellement porteuses de sens — ou, plus précisément, de signifiance[9]. On verra dans la deuxième partie de l'étude, surtout au quatrième chapitre, la manière dont elles symbolisent, tout en étant des personnages bien "vivants", les valeurs qui pour Camus sont primordiales. Il est vrai que certains critiques, parfois oublieux de l'évolution de l'œuvre ou ignorants de son ensemble, ou confondant l'écrivain et le narrateur ou l'écrivain et le sujet[10], reprochent à Camus sa misogynie ou le peu de place qu'il accorde aux femmes dans ses écrits. Alors que son œuvre, comme toute œuvre riche et en évolution, n'est pas exempte de contradictions, il serait possible, en contrebalançant ces reproches avec des exemples tirés de ses textes, de les réfuter point par point. Mais ce serait là un travail fastidieux et, somme toute, peu utile.

Ce que nous proposons, c'est une lecture féminine du féminin, lecture basée sur une approche kristevienne psychanalytique, sémiotique et mythique, et ouvrant sur le sacré. Nous précisons que cette lecture concerne le féminin des femmes et n'inclut pas l'étude de l'élément féminin toujours plus ou moins présent chez les sujets masculins. Ce sont les femmes dans l'œuvre — jusqu'à présent négligées, sauf la mère — qui nous intéressent et ce sont elles que désigne le terme "féminin". Si nous avons choisi l'œuvre pluridisciplinaire de Julia Kristeva — élève de Barthes — comme base critique principale, mais non exclusive, de notre analyse, c'est parce qu'elle présente l'intérêt particulier de se situer au point de convergence des différentes disciplines qui informent notre sujet et qu'elle favorise une "lecture plurielle" des textes. Nous interrogerons entre autres son concept de "mythe du féminin" comme "dernier refuge du sacré" ainsi que son analyse pré-œdipienne de la dyade mère-enfant. Selon Kristeva, "le problème de l'identité féminine peut être [vu] d'une part comme [...]

---

7. Une exception serait, sous un aspect partiel et à un seul niveau de lecture, le personnage de Dora dans *Les Justes*.

8. Si Camus avait pu terminer ce roman d'inspiration autobiographique, il est probable qu'il aurait mis en scène des personnages féminins représentant des "femmes réelles" et non plus "mythiques".

9. Selon Barthes, la signifiance "est le sens *en ce qu'il est produit sensuellement*" (*Le plaisir du texte*, 97).

10. Dans "L'Énigme", Camus s'en prend à cette confusion: "Dans la mesure où cela est possible, j'aurais aimé être [...] un écrivain objectif. J'appelle objectif un auteur qui se propose des sujets sans jamais se prendre lui-même comme objet. *Mais la rage contemporaine de confondre l'écrivain avec son sujet ne saurait admettre cette relative liberté de l'auteur*" (II, 864; nos italiques).

'un effet femme' et d'autre part comme une 'fonction maternelle'" ("Unes femmes", 22). Cette double approche nous a semblé spécialement pertinente dans l'étude du féminin dans les textes camusiens.

Nous avons vu que la dichotomie absence/présence correspond de manière approximative à la différence œuvre narrative/œuvre dramatique: la pénurie des signes et le silence du féminin dans la première contrastent avec leur abondance et la prise de parole dans la seconde. L'analyse de cette différence interrogera le langage lui-même: est-il possible, par exemple, qu'elle soit sous-tendue par celle qui existe entre le texte écrit de la narration, masculin et symbolique en termes lacaniens, et le langage oral et gestuel du théâtre, féminin et sémiotique en termes kristeviens et cixousiens? Entre écriture et parole? La même analyse évoque implicitement la problématique de l'homme écrivant le féminin. Et du même coup, celle de la bisexualité de l'écrivain liée à celle d'une écriture nommément masculine ou féminine. Mais y a-t-il réellement problème? Le féminin est-il nécessairement un inconnu pour l'écrivain masculin?[11] Depuis que l'homme écrit, il parle du féminin et, tout en songeant bien sûr à Flaubert s'écriant "Madame Bovary, c'est moi!", il est impossible d'énumérer les grandes œuvres ainsi créées, œuvres où la femme n'est pas seulement censée être l'objet du désir masculin mais où le féminin du narrateur trouve à s'exprimer. Hélène Cixous qui, plus peut-être que tout autre critique, a remis en question les grandes oppositions binaires de la pensée occidentale basées sur sur l'ancienne dichotomie hiérarchique masculin/féminin[12], souligne la portée de la bisexualité dans sa relation à l'écriture: "Dire que d'une certaine manière la femme est bisexuelle est une façon, en apparence paradoxale, de dépasser et relancer la question de la différence. Et donc de l'écriture comme 'féminine' ou 'masculine'" ("Sorties", 158). S'interrogeant au sujet de la féminité des hommes, elle note: "À l'homme il est bien plus difficile de se laisser traverser par de l'autre" (158) avant de remarquer: "Rares sont les hommes qui peuvent s'aventurer au bord où l'écriture libérée de la loi, débarrassée de la mesure, excède l'instance phallique, où la subjectivité qui inscrit ses effets se féminise" (160).

---

11. Dans un article sur Camus et Faulkner, Deborah Clarke et Christiane P. Makward écrivent fort justement: "[...] great minds can only be bisexual and great writers in particular, because language is the realm of infinite nuance and suggestion. [...] It is the only way out of the segregation of the sexes [...]" (201).

12. Dans ce contexte, Claire Oboussier écrit: "Cixous has explained her persistent use of the qualifier feminine. [...] as part of a writerly strategy, the term feminine has been drawn from the Freudian lexicon to designate what she calls 'a decipherable libidinal femininity which can be read in writing produced by a male or a female' [...]. This libidinal femininity has been historically repressed in both men and women [...]. Strategically, then, feminine is an acceptable and appropriate qualifier since it exceeds its biological constraints and carries with it more plural notions of that which has been historically repressed" (79).

Nous verrons que dans sa représentation du féminin, il n'est pas rare que l'écriture de Camus réussisse à atteindre cette libération et à "excéder l'instance phallique"[13].

Mais notre projet veut aller plus loin, dépasser une lecture psychanalytique relative à la dyade mère-enfant ou au masculin/féminin, car s'en tenir à elle et à ses conclusions serait se satisfaire d'une lecture aspectuelle, donc partielle. Ce serait réduire l'immense désir spirituel qui traverse l'œuvre à celui du "paradis perdu" de la seule union avec la mère. Il faut entrer avec Camus dans le mythique qui, toujours, débouche sur le sacré et l'infini. Et si notre objectif final est de dégager la spécificité de la relation du féminin et du sacré fondée sur le désir, c'est parce que la même question revient, lancinante: pourquoi cette alliance? Pourquoi Camus, écrivain masculin et agnostique, choisit-il de faire du féminin le lieu de la plus forte expérience du sacré?

Bien qu'il lui reste un long trajet à faire, la femme du XXe siècle a parcouru en peu de temps un chemin qui lui était interdit depuis des millénaires. Deux ou trois générations de femmes — générations charnières — ont profondément remis en question le statut de la femme dans la société occidentale, ont porté accusation contre sa marginalisation et son aliénation, et ont obtenu pour elle une partie de l'égalité et des droits qui lui reviennent. Beaucoup reste à faire mais la voix de la femme s'est enfin fait entendre et n'est pas près de s'éteindre. Et lorsque cette voix ne cherche pas à imiter celle du pouvoir patriarcal, elle trouve à exprimer, à l'instar de la femme camusienne, des valeurs à la fois archaïques et nouvelles car elle ajoute aux valeurs vitales intemporelles une dimension nouvelle. L'homme camusien le reconnaît lorsque, par la voix de Diego s'adressant à Victoria dans *L'État de siège*, il rend hommage à la femme en ces termes: "[C]e monde a besoin de toi. Il a besoin de nos femmes pour apprendre à vivre. Nous, nous n'avons jamais été capables que de mourir" (I, 297). Or, pour Camus, seule la vie est sacrée, et c'est parce que la femme camusienne trouve le sens dans la transcendance de la condition absurde qu'elle s'oriente, en se libérant, vers cette "nouvelle ère du sacré" qu'entrevoit Kristeva:

> Et si le partage ancestral entre "celles qui donnent la vie" et "ceux qui donnent le sens" était en train de disparaître? [...] Ce serait un bouleversement radical, du jamais vu. De quoi annoncer une nouvelle ère du sacré, justement, qui pourrait être la surprise de ce troisième

---

13. Évoquant "Camus's own repressed feminine" et se référant justement à ce passage de "Sorties" de Cixous, Vicki Mistacco écrit: "However surprising it may seem to those who view him chiefly as the proponent of virile fraternity, Camus appears [...] to be one of those rare male writers of whom Hélène Cixous writes, who are 'able to venture onto the brink where writing [...] becomes feminine'" ("Mama's Boy", 166-67).

millénaire. Après deux mille ans d'histoire mondiale dominée par ce sacré qu'est l'Enfant Jésus, les femmes ne seraient-elles pas en position de donner une autre coloration à ce sacré ultime qu'est le miracle de la vie humaine: non pas de la vie pour elle-même, mais de la vie porteuse de sens, à la formulation duquel les femmes sont appelées à apporter leur désir et leur parole? (*Le féminin et le sacré*, 27)

Nous verrons comment les femmes camusiennes défendent et contribuent à cette "vie porteuse de sens".

Revenant finalement à la question, "Pourquoi une nouvelle étude sur Camus?", nous rejoignons la nôtre, à savoir s'il était "raisonnable" d'ajouter un nouvel ouvrage à l'énorme corpus existant de la critique camusienne. Bien que cette problématique déborde le cadre notre sujet, nous tenons à clarifier notre position[14]. C'est qu'après tout, il n'est pas sans importance de savoir et d'expliquer, pour soi et pour le lecteur, la motivation d'une telle entreprise. Si nous avons pris le risque d'être "déraisonnable" en ajoutant notre texte à l'immense tapisserie existante des études camusiennes, c'est pour des raisons qui ont sans doute peu à voir avec la raison. Elles seraient plutôt de l'ordre de ce que Jeanyves Guérin appelle "la ferveur" (*Camus. Portrait de l'artiste,* 10). Ou de ce que Renou appelle "l'enchantement" (89), celui suscité par "[p]lus de quatre mille pages d'intelligence et d'amour" (100)[15]. Aussi, plus on lit Camus, plus on découvre, dans le monde où nous vivons, l'importance et l'actualité de ce qu'il a écrit et de ce qu'il continue à proposer. Et il ne serait que juste de répéter à son sujet ce qu'il disait, lui, de Roger Martin du Gard: "[…] la seule existence de cet homme incomparable aidait à vivre" (II, 1916).

Cela signifie-t-il que l'on trouve dans son œuvre des réponses? Non, il ne faut pas y en chercher — lui qui avait "trop à faire pour trouver son propre langage", ne prétendait "guide[r] personne" (II, 1925)[16]. Jean Daniel fait remarquer que "[Camus] ne propose ni système global ni vision du monde et, à vrai dire, ce maître à penser

---

14. Nous renvoyons à Édouard Morot-Sir se référant "aux esprits inquiets [qui] craignent une inflation de la critique camusienne". Il écrit: "Je ne prétends pas passer jugement sur ce point, mais cela ne prouve-t-il pas que les textes camusiens […] ont gardé leur puissance interrogative du début, voire leur provocation intellectuelle ou morale; ils nous sollicitent encore, parce qu'ils sont profondément enracinés dans les drames du XXe siècle" ("Actualité de *L'Étranger*", 8).

15. À ceux qui chercheraient à connaître Camus en dehors d'une approche essentiellement critique, nous recommandons la lecture de cette douzaine de pages vibrantes, subjectives mais justes, où l'écrivain Patrick Renou cherche à dire "ce que l'homme [Camus] est pour [lui]" et à "exprimer l'admiration, mais avec autre chose qui n'a rien à voir avec l'intelligence, avec la pensée, et qui [lui] a toujours fait approcher Camus en tremblant" ("À force de vivre", 89).

16. Guérin fait le commentaire suivant: "Camus […] pose très tôt une tension entre le oui et le non. Il est un homme du doute, de l'inquiétude. Il pose des questions, il n'apporte pas des réponses. Conscient de ses limites, il ne prétend pas détenir la bonne solution. Ce modeste se veut lucide, vigilant et responsable" ("Camus, philosophe pour classes terminales", 96).

est surtout un disciple du refus et du doute. Il est plus exemplaire qu'enseignant, plus témoin que juge, plus contagieux que persuasif" (*L'Ère des ruptures*, 331). Mais cette modestie n'empêche pas que l'on réponde à la discrète invitation à entrer dans ses textes, à y suivre ses traces, à l'accompagner dans son cheminement pour mieux s'approcher de l'énigme du monde: parcourir en plein soleil méditerranéen un sentier embaumant les absinthes, regarder le soir verdir au-dessus d'une jetée où se recueille soudain une foule animée, contempler les milliers d'étoiles dérivant dans la nuit du désert, longer un chemin frais dans une vallée d'oliviers pour approcher de plus près encore le "soleil enfoui", le secret "enfoui [...] sous l'herbe et les violettes froides" (II, 875). Lui emboîter le pas "à la recherche des 'secrets' que nous portons en nous sans savoir que nous les savons", comme le dit si justement Roland Quilliot ("Lumières et ambiguïtés", 204). Pour apprendre enfin avec lui, peut-être, un peu de ce qu'il sait[17].

Persuadée que non seulement "l'œuvre n'a pas encore livré tous ses secrets"[18], nous pensons avec Maurice Blanchot qu'elle recèle son propre secret, ce "soleil enfoui" auquel se réfère Camus à la fin, justement, de "L'Énigme" (II, 866). Et sans doute ce caractère énigmatique de l'œuvre n'est-il pas étranger à son pouvoir de fascination, pouvoir auquel il faut cependant résister car nous avons, nous lecteurs, une responsabilité que Blanchot laisse clairement entendre:

> Camus: il a souvent éprouvé une sorte de malaise, parfois de l'impatience, à se voir immobilisé par ses livres; non seulement à cause de l'éclat de leur succès, mais par le caractère d'achèvement qu'il travaillait à leur donner et contre lequel il se retournait, dès qu'au nom de cette perfection l'on prétendait le juger prématurément accompli. Puis, au jour de sa mort, la brusque, la décisive immobilité: elle a cessé alors de le menacer. C'est chacun de nous qu'elle risque d'atteindre, nous obligeant à nous arrêter auprès de l'œuvre désormais trop calme que nous nous sentons cependant tenus de préserver, pour que ne se fige pas en évidence le sens secret qui lui est propre. Car c'est une œuvre secrète. (*L'Amitié*, 215)

Œuvre secrète, oui, parfois hermétique sous la transparence du langage et, malgré l'immobilité où la mort l'a figée et le caractère d'achèvement de chacun de ses textes, œuvre infiniment inachevée, indéfiniment ouverte dans sa "perfection inachevée"[19]. Peut-être sont-ce ces

---

17. Voir le dernier paragraphe de "Retour à Tipasa" (II, 875-76).
18. Raymond Gay-Crosier et Jacqueline Lévi-Valensi sont du même avis: "[L]'œuvre [apparaît] dans sa cohérence interne, qui, cependant, ne l'enferme pas sur elle-même, et dans son ouverture aux interprétations multiples, qui, cependant, ne se prêtent pas à toutes les manipulations; à la fois atemporelle, et d'une étrange actualité, elle n'a certainement pas encore livré tous ses secrets" (*Albert Camus: œuvre fermée, œuvre ouverte?* 10).
19. Morot-Sir écrit: "Son œuvre, dans *sa perfection inachevée*, déploie le langage glorieux d'une conscience qui découvre et expose l'ignorance de la mort" ("L'esthétique d'A. Camus", 112; nos italiques).

deux appels, le mystère et l'inachevé, qui constituent la tentation de l'œuvre: secret à percer, symphonie à parachever dont les derniers accords n'en finissent pas de résonner dans l'imaginaire. Mais justement, continuer d'interroger une œuvre, n'est-ce pas à la fois la "*re*-connaître" et, par le dialogue, la garder vivante, empêchant qu'elle ne se fige? Au-delà de son "achèvement" formel et prématuré, il s'agit de relever le défi d'une œuvre dont l'inachèvement profond ne cesse de susciter des questions et où la voix du silence, telle une source dérobée, ne cesse de provoquer la soif. Peut-être est-ce de l'ordre du désir face à l'absence éternelle, le même désir que celui qui sous-tend toute l'œuvre. Sartre, réaliste et rationnel, écrivait: "[I]l faudra apprendre à voir cette œuvre mutilée comme une œuvre totale" (172). Peut-être le faudrait-il. Mais la soif persiste, analogue à celle dont l'œuvre avait le don de nous faire prendre conscience et qu'à certains instants, "instants d'éternité" éblouissants, elle avait le pouvoir d'étancher. Or, il faut revenir à l'œuvre car ce pouvoir, elle le détient toujours. La source n'est pas tarie. L'œuvre vit, à condition que l'on vienne s'y abreuver. D'où, sans doute, ces pages.

La mort interrompt toute œuvre, dira-t-on. Mais, comme dans *L'État de siège*, il y a la mort naturelle et, inacceptable et destructrice, la mort violente et prématurée. C'est pourquoi Sartre voyait dans l'accident qui a tué Camus un "scandale", non seulement parce que cet accident faisait "paraître au cœur du monde humain l'absurdité de nos exigences les plus profondes" mais, de manière plus spécifique, parce que "[r]arement, les caractères d'une œuvre et les conditions du moment historique ont exigé si clairement qu'un écrivain vive" (172). Un an avant sa mort, Camus estimait pourtant que son œuvre "n'[était] même pas commencée"[20] — alors qu'au moment même où il écrivait ces mots, elle était en fait "achevée". Quoiqu'il en soit de cette ultime ironie, et près d'un demi-siècle plus tard dans le monde injuste et violent où nous vivons toujours, la "brûlante actualité" de l'œuvre persiste. Et l'on peut prévoir qu'elle sera étudiée dans l'avenir comme l'une des plus représentatives de la situation de l'homme occidental du XXe siècle. À condition, bien sûr, que les concepts mêmes de l'art et de la création littéraire aient survécu dans un monde de plus en plus soumis aux effets de la révolution technologique et à ses enfantements robotiques. Mais il faut se souvenir que Camus faisait confiance à l'homme — et, comme on verra, davantage encore à la femme.

---

20. Voir la préface à la réédition de *L'Envers et l'endroit*: "[...] après vingt années de travail et de production, je continue de vivre avec l'idée que mon œuvre n'est même pas commencée" (II, 13). Nous rappelons que cette préface a été rédigée vers le milieu de 1958, soit un an et demi avant la mort de l'écrivain.

Plusieurs aspects de l'œuvre expliquent pourquoi elle est de celles qui restent et qui resteront. Nous en citerons trois, dont le moindre n'est pas sa dimension artistique. De lui-même, Camus disait: "Pourquoi suis-je un artiste et non un philosophe? C'est que je pense selon les mots et non selon les idées" (*C2*, 146). Or, il nous semble que trop souvent le poète est laissé dans l'ombre de l'humaniste et du philosophe[21]. On ne peut cependant les séparer, comme le constate Renou: "Ni littérature, ni philosophie, ni poésie et tout cela à la fois" (99). Bien que ce ne soit pas le but de cette étude, nous espérons qu'elle contribuera à rendre parfois plus perceptible l'extraordinaire pouvoir poétique des textes que nous allons parcourir.

Un deuxième aspect de l'œuvre, inséparable du précédent et qui en fait "une œuvre riche", est l'exceptionnelle polysémie de la plupart des textes, leur "pluriel". Presque tous peuvent se lire sur "plusieurs portées" comme Camus le voulait explicitement pour *La Peste* (I, 1973). Cette richesse sémantique, si elle force le critique à choisir préalablememt une ou des voies d'approche, n'implique pas que les divers niveaux de lecture s'excluent car l'écriture les rassemble, au contraire, à travers ce que Lévi-Valensi appelle "des réseaux d'associations", pour former un tout dense et cohérent, aux multiples résonances, un tout que le critique se doit de respecter[22]. La mutilation serait d'en isoler une portée en ignorant l'ensemble harmonique.

Un troisième aspect de l'œuvre qui la rend impérissable est sa dualité actualité/intemporalité[23]. Dualité qui naît lorsqu'une œuvre reflète, précisément à travers la remise en question, directe ou indirecte, des réalités de son époque, les préoccupations les plus profondes et les plus constantes des hommes. Par rapport à son époque, "Camus a joué sa partie, lit-on, mais, dans le concert philosophique de l'après-guerre, [il] 'joue l'air de sa propre flûte', sans chef, et à contretemps, de surcroît. Originale et classique, sa pensée refuse de céder aux modes"[24]. À l'instant même où nous rédigeons ces pages, nous sommes à deux doigts d'une nouvelle guerre dont la menace est en train de déchirer les fragiles alliances internationales et dont on ne peut que craindre des conséquences désastreuses. Et c'est la voix de Camus qui résonne à nos oreilles, nous incitant à nous opposer

---

21. Nous signalons dans ce domaine une remarquable collection d'essais, *Camus et le lyrisme*, dont la lecture rémédie partiellement mais avec bonheur à cette situation.

22. Se référant à l'œuvre romanesque, Lévi-Valensi explique: "[L]'une des sources de [sa] richesse et de [sa] fécondité [...] réside sans doute dans le fait qu'[...] elle permet de superposer des niveaux différents d'interprétation, et, tout en passant par des réseaux d'associations plus ou moins inconscients, elle reste étonnamment fidèle à la réalité la plus objective" ("La relation au réel dans le roman camusien", 162-63).

23. Voir note 18.

24. Voir Anne-Marie Amiot et Jean-François Mattéi (*Camus et la philosophie*, "Avant-propos", 6).

de toutes nos forces à cette démence. Se référant à la position de Camus concernant l'avenir de l'Algérie, J. Daniel posait en 1996 la question: "Pouvait-on suivre Camus, je ne le crois pas, à ce moment-là. Mais pouvait-on suivre et peut-on suivre aujourd'hui, en Algérie, en Bosnie, vis-à-vis des nationalismes, de la haine du voisin, la politique, les principes de Camus? Je le crois de tout mon être. C'est le message qu'il laisse à la jeunesse, et c'est le message qui fait de lui l'homme le plus actuel de cette fin de XXe siècle" ("*Le Premier homme*. La religion. Le siècle", 13-14) — et, ajoutons-le sans crainte, de ce début du XXIe.

Mais au-delà de cette actualité immédiate, tristement historique, c'est la dimension spirituelle de l'œuvre — le sens du sacré qui l'imprègne et qui traduit l'inquiétude métaphysique, avouée ou non, de tous les hommes —, liée à l'amour/solidarité qui ne cesse de l'animer, qui en font une œuvre intemporelle et universelle, et qui expliquent pourquoi les hommes n'ont pas fini de "s'en nourrir" comme l'écrit Brisville avant de poursuivre: "Si l'œuvre de Camus demeure ouverte, si, en un sens, elle ne sera jamais close, je veux croire qu'elle le doit à l'amour dont elle est pleine. Amour de l'homme et du soleil, et surtout de la vérité" (*Camus*, 128). Enfin, s'il fallait trouver une ultime explication au "pourquoi" de cette étude, elle se trouve chez Camus lui-même, à la fin de "L'Énigme": "Chaque artiste, sans doute, est à la recherche de sa vérité. [...] Mais dans sa recherche obstinée, seuls peuvent aider l'artiste ceux qui l'aiment et ceux-là aussi, qui, aimant ou créant eux-mêmes, trouvent dans leur passion la mesure de toute passion, et savent alors juger" (II, 866). Sans prétendre juger, nous espérons cependant, dans la modeste mesure de nos moyens, ne pas démentir ces paroles.

Revenons enfin au sujet immédiat de ce travail. Son but déclaré est d'explorer dans l'œuvre le domaine du sacré pour y relever l'itinéraire suivi par la femme, itinéraire qui mène de l'exil de la condition absurde au royaume fugitif du sacré qui recèle peut-être l'ultime objet du désir. Mais en parcourant ce chemin, notre étude se veut en même temps une célébration de ces noces camusiennes du féminin et du sacré — une réjouissance.

PREMIÈRE PARTIE

LE SACRÉ
OMBRES ET LUMIÈRES

L'angoisse en Afrique quand le soir rapide descend sur la mer ou sur les hauts plateaux ou sur les montagnes tourmentées. C'est l'angoisse du sacré, l'effroi devant l'éternité. La même qui, à Delphes, où le soir, produisant le même effet, a fait surgir des temples. Mais sur la terre d'Afrique les temples sont détruits, et il ne reste que ce poids immense sur le cœur. Comme ils meurent alors! Silencieux, détournés de tout.

Albert CAMUS

Derrière la croix, le démon. Laisse-les ensemble. Ton autel vide est ailleurs.

Albert CAMUS

Mais ceci ressemble encore à une morale et nous vivons pour quelque chose qui va plus loin que la morale. Si nous pouvions le nommer, quel silence!

Albert CAMUS

L'eau du passage abreuve notre soif d'inconnu.

Edmond JABÈS

I

CAMUS ET LE SACRÉ: UNE MISE EN CONTEXTE

Toute l'œuvre de Camus exhibe les traces de la conscience du sacré. D'un essai à l'autre, d'un récit à l'autre, ces traces sont plus ou moins marquées, souvent légères mais jamais totalement absentes, au point de conférer à l'ensemble de l'œuvre son climat spirituel propre. Que l'on lise les essais de jeunesse de *Noces* ou que l'on parcoure les trois volumes des *Carnets*, que l'on cherche à approfondir la pensée philosophique du *Mythe de Sisyphe* et de *L'Homme révolté* ou que l'on s'attarde à une nouvelle ou à une pièce de théâtre, et pour peu que l'on ne soit pas de ceux pour qui "il est clair que le sacré n'existe sous aucune forme" (Caillois, 171), cette présence du sacré convie à un deuxième plan de lecture qui finit par constituer une toile de fond à l'ensemble des réflexions suscitées par les divers textes.

Toile de fond lointaine cependant, et floue, car si la conscience du sacré semble omniprésente elle est loin d'être omnivore, l'une des préoccupations constantes de Camus étant de contrer ou de contenir le sacré. Il écrit: "Refaire et recréer la réflexion grecque comme une révolte contre le sacré. Mais non pas la révolte contre le sacré du romantique — elle-même une forme du sacré — mais la révolte comme *une mise à sa place du sacré*" (*JV*, 46; nos italiques). Conscience et reconnaissance donc du sacré, mais aussi contrôle et distanciation. Entre lui et ce que Vigée appelle chez Camus "la nostalgie du sacré" (*Les Artistes de la faim*, 249), l'auteur tend le bouclier de la méfiance. Et il le fait avec tant d'efficace que les moments de total abandon sont d'une extrême rareté.

Cependant la nostalgie demeure, intense. C'est elle qui fait dire à Maria Bielawka: "Camus, *overflowing with ungratified, extraordinary longing for the Absolute and eternity*, feels obliged, in the absurd world, to search for a form of authentic, though never accomplished, existence" (41; nos italiques). Cette nostalgie "inassouvie, extraordinaire" est pourtant rarement formulée de manière directe: retenue comme le sens du sacré lui-même, elle reste le plus souvent implicite, diffuse, difficile à cerner. Mais toujours sous-jacente, elle prête au texte sa tension et son pouvoir. Vigée explique l'attitude complexe de Camus en termes de "mesure":

> Albert Camus a, face au sacré, une attitude restrictive en même temps que désirante, en accord avec le principe de la "mesure" qui régit sa vie religieuse autant que sa politique et son esthétique. Ambivalence que l'on retrouve chez lui devant les grands objets de sa méditation: la révolte, la nature, l'histoire, l'absurde, la beauté, l'éros. Les moments où s'affirme dans son œuvre l'empire illimité du sacré sont rares, ce qui révèle assez la réticence de Camus à l'égard d'une expérience qui lui paraît surtout destructrice. Ce n'est pas qu'il la sous-estime, au contraire, il semble plutôt vouloir l'éviter ou l'oublier. (*Les Artistes*, 261)

Bien que l'oubli semble rarement atteint, il reste que Vigée résume ici avec une grande justesse l'attitude ascétique de Camus envers le sacré: celle de l'ambivalence d'un désir incessant constamment soumis à la restreinte. Trahi de loin en loin par des résurgences soudaines, d'ailleurs rapidement canalisées et enfouies, ce désir circule dans l'œuvre avec la clandestinité d'une rivière souterraine. Mais l'eau sourd des couches traversées, des mots plus fluides perlent sur la roche où se creuse le texte, laissant transpirer le courant qui le porte. C'est la poétique camusienne qui, secrètement, charrie le sacré.

Mais, pour Camus, qu'est-ce que le sacré? Si le concept implique un absolu, les modalités de sa perception sont fonction d'une civilisation et, plus spécifiquement, d'une culture, donc relatives. Pour tenter de cerner le caractère du sacré propre à l'œuvre camusienne, il a fallu d'abord convenir du sens à donner au terme "sacré" dans le cadre de son époque et en conformité avec des modèles sociaux appropriés. Dans ce but, on a cherché à comparer des textes d'auteurs qui se sont spécialement intéressés au fait du sacré et de la religion pendant la première moitié du XXe siècle, et cela en espérant arriver à un consensus satisfaisant aussi bien sur les plans religieux et philosophique que sociologique et historique, et permettant d'établir un cadre et des parallèles relatifs à la pensée de Camus.

De l'École française de sociologie, dont la pensée s'inspire du positivisme d'Auguste Comte et qui étudie surtout les représentations collectives et les fonctions sociales du sacré, on a retenu l'étude d'Émile Durkheim, *Les Formes élémentaires de la vie religieuse* (1912), avant de la comparer à une étude située aux antipodes, *Das Heilige* (1917) de Rudolf Otto: deux ouvrages qui représentent les deux pôles de la pensée religieuse au début du XXe siècle. On s'est ensuite attaché à certains travaux des membres du Collège de Sociologie, notamment ceux de Roger Caillois qui parle de "sociologie sacrée" et de Georges Bataille qui, avec Michel Leiris, fondèrent le

Collège en 1937, c'est-à-dire l'année même où Camus entamait son œuvre avec les essais de *L'Envers et l'endroit*. Bien que ces auteurs reprennent certaines positions de l'École française de sociologie, ils s'en différencient par l'intérêt qu'ils manifestent pour l'irrationnel et l'individuel. Aussi, leurs écrits relatifs au sacré trahissent de nettes affinités de pensée avec celle de Camus. On a tenu compte par ailleurs des influences qu'ont pu exercer certains penseurs et écrivains contemporains de Camus et fortement marqués par les philosophies orientales: André Malraux, grand "orientaliste" qui fascina le jeune Camus et dont *Le Temps du mépris* lui inspira sa première adaptation théâtrale; Simone Weil, qui avait une vaste connaissance des philosophies et de la spiritualité orientales et à qui Camus vouait une admiration telle qu'elle l'incita à faire publier ses œuvres; Jean Grenier surtout, qui fut pendant quatre ans le professeur de philosophie de Camus au Lycée Bugeaud à Alger et que Camus considéra comme son maître à penser. Or, selon Jacqueline Baishanski, Grenier "représente parfaitement le courant philosophique et orientalisant de l'époque" (72)[1]. Enfin, concernant directement le sujet de la première partie de notre étude, qui est la quête du sacré dans l'œuvre du jeune Camus, c'est le livre plus tardif de Caillois, *L'Homme et le sacré* (1950), ainsi que certains ouvrages de Mircea Eliade, qui se sont avérés particulièrement utiles dans notre recherche, de même que les études spécifiquement camusiennes de Claude Vigée et de Ruth Reichelberg qui, de par leur sensibilité particulière concernant le sacré camusien, ont été pour nous des guides de première importance.

Selon Caillois, "[l]e sacré apparaît [...] comme une catégorie de la sensibilité [...] catégorie sur laquelle repose l'attitude religieuse, celle qui lui donne son caractère spécifique, celle qui impose au fidèle un sentiment de respect particulier, qui prémunit sa foi contre l'esprit d'examen, la soustrait à la discussion, la place au-dehors et au-delà de la raison" (18). Caillois cite alors H. Hubert pour qui le sacré est "l'idée-mère de la religion", c'est-à-dire sa source, alors que la religion elle-même n'est que "l'administration du sacré". Cette distinction coïnciderait dans ses grandes lignes avec celle qui existe pour Camus entre la religion et le sacré. C'est en tout cas le sacré qui le préoccupe,

---

1. À ceux que ce sujet intéresse, nous conseillons la lecture de l'intéressant essai de Daniel Charles, "Camus et l'Orient (Notes sur *Le Mythe de Sisyphe*)" ainsi que celle du récent livre de Baishanski, *L'Orient dans la pensée du jeune Camus. L'Étranger, un nouvel évangile*. Celui-ci constitue une étude bien documentée dont la première partie est consacrée à ces influences. Baishanski y analyse entre autres ce qu'elle appelle le "courant N.R.F." (50), courant de pensée qui, pendant l'entre-deux-guerres, passe essentiellement par la *Nouvelle Revue Française*, qui "remet en question [les] valeurs et [les] réussites de la civilisation occidentale", et qui "se définit par ce qu'il reproche à l'Occident, par sa fascination pour les philosophies d'Orient" (39).

non la religion, comme en témoignent certaines de ses déclarations relatives à Dieu et à la foi, déclarations dont il sera question au chapitre suivant. C'est qu'il existe chez lui, en dehors de toute "foi" dans le sens judéo-chrétien du mot, une profonde sensibilité religieuse de nature cosmique et métaphysique.

Durkheim, contrairement à Caillois, se distancie de l'aspect sensible et donc individuel du sacré. Il aborde le fait religieux d'un point de vue purement sociologique et, étudiant les causes de la religion, conclut qu'elle est "une chose éminemment sociale", un phénomène collectif. Cherchant à mieux déterminer ce phénomène, il en arrive à la définition suivante:

> Une religion est un système solidaire de croyances et de pratiques relatives à des choses sacrées, c'est-à-dire séparées, interdites, croyances et pratiques qui unissent en une même communauté morale, appelée Église, tous ceux qui y adhèrent. Le second élément qui prend ainsi place dans notre définition n'est pas moins essentiel que le premier; car, en montrant que l'idée de religion est inséparable de l'idée d'Église, il fait pressentir que la religion doit être une chose éminemment collective. (65)

Partant du concept aristotélien des catégories de l'entendement qu'il voit comme "l'ossature de l'intelligence", Durkheim, au cours de son analyse des croyances religieuses primitives, constate qu'"on rencontre naturellement sur son chemin les principales de ces catégories. Elles sont nées dans la religion et de la religion; elles sont un produit de la pensée religieuse" (13). Or, les représentations religieuses étant pour Durkheim "des représentations collectives qui expriment des réalités collectives", il s'ensuit que "si les catégories sont d'origine religieuse, elles doivent participer de la nature commune à tous les faits religieux: elles doivent être, elles aussi, des choses sociales, des produits de la pensée collective" (13). C'est ainsi qu'il insiste sur le caractère collectif de l'organisation du temps et de l'espace, les deux catégories dominantes du sacré. Sans nier l'importance de l'expérience personnelle dans la distinction des états de conscience et des différents moments du temps qu'elle révèle, cette distinction ne suffit pas, selon Durkheim, à constituer la notion ou catégorie de temps: "Ce n'est pas *mon temps* qui est ainsi organisé; c'est le temps tel qu'il est objectivement pensé par tous les hommes d'une même civilisation. Cela seul suffit déjà à faire entrevoir qu'une telle organisation doit être collective" (13-14).

Le même argument vaut pour l'organisation spatiale:

> [L]'organisation sociale a été le modèle de l'organisation spatiale qui est comme un décalque de la première. Il n'y a pas jusqu'à la distinction de la droite et de la gauche qui, loin d'être impliquée dans la nature de

l'homme en général, ne soit vraisemblablement le produit de représentations religieuses, partant collectives. (17)

Et puisque toutes les croyances religieuses, donc collectives, supposent une division du monde en deux classes, le sacré et le profane, et que selon Durkheim, comme nous venons de voir, "une religion est un système solidaire de croyances et de pratiques relatives à des choses sacrées", l'implication veut que le sacré lui-même soit une émanation du collectif. Nous verrons que d'autres penseurs, Caillois et Eliade par exemple, reconnaissent au sacré des racines différentes.

Par ailleurs, tout en admettant, non sans restrictions, que "les croyances religieuses reposent sur une expérience spécifique dont la valeur démonstrative, en un sens, n'est pas inférieure à celle des expériences scientifiques, tout en étant différente", Durkheim souligne l'incompatibilité de la réalité "objective" de cette expérience et de la réalité "subjective" perçue par les croyants: "Mais de ce qu'il existe, si l'on veut, une 'expérience religieuse' et de ce qu'elle est fondée en quelque manière [...] il ne suit aucunement que la réalité qui la fonde soit objectivement conforme à l'idée que s'en font les croyants" (596-97). Avec cette notion de "se faire une idée", avec ce divorce entre l'objectif et le subjectif, on n'est pas loin de Freud et de sa théorie relative au caractère illusoire de la religion qui sera publiée une quinzaine d'années plus tard[2]. Au sujet de la réalité qui fonde "objectivement" l'expérience religieuse, Durkheim arrive enfin à la conclusion que "cette réalité, que les mythologies se sont représentée sous tant de formes différentes, mais qui est la cause objective, universelle et éternelle de ces sensations *sui generis* dont est faite l'expérience religieuse, c'est la société" (597).

Cinq ans et une guerre plus tard, en 1917, le théologien et philosophe des religions Rudolf Otto publie un ouvrage situé à l'autre extrême des études religieuses et qui connaît un retentissement exceptionnel: *Das Heilige*. L'auteur entreprend d'y analyser les modalités affectives de l'expérience religieuse. Là où la réflexion sociologique de Durkheim, héritière de la pensée du XIXe siècle, se voulait exclusivement scientifique et objective, c'est-à-dire limitée au rationnel, celle de Otto porte explicitement — mais non exclusive-

---

2. En évoquant les bienfaits de la civilisation dans *The Future of an Illusion*, Freud écrit: "No mention has yet been made of what is perhaps the most important item in the psychical inventory of a civilization. This consists in its religious ideas in the widest sense — in other words [...] in its illusions" (14).

ment[3] — sur le non-rationnel. Dans son avant-propos à la première édition anglaise de son étude, qui paraît sous le titre *The Idea of the Holy*, il écrit: "In this book I have ventured to write of that which may be called 'non-rational' or 'supra-rational' in the depths of the divine nature" (xxi). Mais aussitôt, pour éviter toute confusion possible, il fait la distinction entre le "non-rationnel" et l'"irrationnel" vis-à-vis duquel il prend ses distances:

> I do not thereby want to promote in any way the tendency of our time towards an extravagant and fantastic "irrationalism", but rather to join issue with it in its morbid form. The "irrational" is today a favourite theme of all who are too lazy to think or too ready to evade the arduous duty of clarifying their ideas and grounding their convictions on a basis of coherent thought. (xxi)

Après avoir insisté sur le caractère "non-rationnel" de la nature divine, Otto souligne l'importance accordée dans son approche au "sentiment" par rapport au "concept": "This book, recognizing the profound import of the non-rational for metaphysics, makes a serious attempt to analyse all the more exactly the *feeling* which remains where the *concept* fails, and to introduce a terminology which is not any the more loose or indeterminate for having necessarily to make use of *symbols*" (xxi). C'est justement dans la mesure où l'ouvrage de Otto s'intéresse à l'aspect subjectif de l'expérience religieuse et où il crée une terminologie appropriée qu'il retient notre attention.

L'auteur commence par remettre en question le référent du signifiant allemand *"Das Heilige"* — titre traduit en anglais par John W. Harvey comme *The Idea of the Holy* et en français par André Jundt comme *Le Sacré*. Ces traductions, qui dans les deux cas auraient pu être différentes et incorporer, par exemple, le mot "saint", trahissent précisément les incertitudes concernant les nuances du référent. C'est cette confusion que Otto veut tenter de clarifier:

> [W]e have come to use the words "holy", "sacred" (heilig) in an entirely derivative sense, quite different from that which they originally bore. We generally take "holy" as meaning "completely good"; it is the absolute moral tribute, denoting the consummation of moral goodness. [...] But this common usage of the term is inaccurate. It is true that all this moral significance is contained in the word "holy", but *it includes in addition* — as even we cannot but feel — *a clear overplus of meaning*, and this it is now our task to isolate. (5; nos italiques)

---

3. Otto précise sa pensée dans l'avant-propos à la première édition anglaise de *Das Heilige*: "Before I ventured upon this field of inquiry I spent many years of study upon the rational aspect of that supreme Reality we call 'God', and the results of my works are contained in my books, *Naturalistische und religiöse Weltansicht* [...] and *Die Kant-Friesische Religions-Philosophie*. And I feel that no one ought to concern himself with the 'Numen ineffabile' who has not already devoted assiduous and serious study to the 'Ratio aeterna'" (xxi).

LE SACRÉ EN CONTEXTE 33

Confronté à la difficulté de trouver un signifiant approprié pour désigner ce "surplus" de signification, l'auteur a recours au néologisme: il crée à partir du mot latin *"numen"* (divinité, puissance divine) le nom et adjectif "numinous" (numineux) pour parler d'une "unique 'numinous' category of value and of a definitely 'numinous' state of mind, which is always found wherever the category is applied" (7)[4].

D'autres éléments de sa nouvelle terminologie seront le *"mysterium tremendum"*, le terme *"mysterium"* étant l'expression de ce qui est à la fois caché et ésotérique, qui dépasse l'entendement, et du sentiment infiniment puissant que l'expérience du *"mysterium"* éveille[5]. Ce sentiment peut entraîner le sujet d'un extrême affectif à l'autre du sacré, du *"fascinans"* à l'effroi démonique — *"daemonic dread"*, de l'émerveillement et l'exaltation ressentis devant le beau et le grandiose à la terreur paralysante ressentie devant le démonique qui, selon Otto, est la phase antérieure et nécessaire à l'effroi religieux — *"'religious dread'* (or 'awe')" (14). Et plus loin, se référant à une catégorie d'évaluation exceptionnelle — "which has no place in the everyday natural world of ordinary experience, and is only possible to a being in whom has been awakened a mental predisposition, unique in kind and different in a definite way from any 'natural' faculty" —, Otto souligne le caractère humain unique de l'expérience religieuse: "And this newly revealed capacity, even in the crude and violent manifestations which are all it at first evinces, bears witness to a completely new function of experience and standard of valuation, only belonging to the spirit of man" (15). Toute la position de Otto développe et réaffirme en quelque sorte les célèbres mots d'Edmund Burke: "Man is by his constitution a religious animal." Idée que l'on retrouve fugitivement dans les *Carnets* où Camus note avec ironie, évoquant peut-être le Déluge et l'étroitesse de la condition humaine en dépit du religieux: "Fin de roman. — 'L'homme est un animal religieux', dit-il. Et sur la terre cruelle tombait une pluie inexorable" (*C2*, 254).

---

4. Dans sa préface à la deuxième édition de *The Idea of the Holy*, John W. Harvey fait au sujet du terme "numinous" la remarque suivante: "The word 'numinous' has been widely received as a happy contribution to the theological vocabulary, as standing for that aspect of deity which transcends or eludes comprehension in rational or ethical terms. But it is Otto's purpose to emphasize that this is an objective reality, not merely a subjective feeling in the mind; and he uses the word *feeling* in this connexion not as equivalent to emotion but as a form of awareness that is neither that of ordinary perceiving nor of ordinary conceiving" (xvi).

5. Otto précise: "Conceptually *mysterium* denotes merely that which is hidden and esoteric, that which is beyond conception or understanding, extraordinary and unfamiliar. [...] But though what is enunciated in the word is negative, what is meant is something absolutely and intensely positive. This pure positive we can experience in feelings, feelings which our discussion can help to make clear to us, in so far as it arouses them actually in our hearts" (13).

La juxtaposition de ces deux ouvrages — *Les Formes élémentaires de la vie religieuse* et *Das Heilige* — permet, dans le cadre d'une recherche sur le sacré camusien, de mettre en évidence toute l'étendue du champ des études religieuses dans leur relation à la rationalité. D'une part, une réflexion scientifique entièrement soumise au rationnel et y soumettant le religieux, donc le sacré; d'autre part, une analyse du sacré incorporant le non-rationnel. Si l'observation de cet écart est pertinente par rapport à notre étude, c'est que Camus se situe à un point paradoxal entre ces deux extrêmes: voulant exercer un contrôle rationnel sur le sacré et refusant d'être dominé par lui, il se méfie en même temps de la raison; réfutant le non-rationnel, il est cependant ouvert à l'irrationnel. Confessant dans *Le Mythe de Sisyphe* "le sentiment que toute vraie connaissance est impossible" (106)[6], il dénonce les incertitudes d'une science qui le laisse totalement insatisfait, comme en témoigne ce passage crucial et bouleversant du *Mythe*:

> Voici encore des arbres et je connais leur rugueux, de l'eau et j'éprouve sa saveur. Ces parfums d'herbe et d'étoiles, la nuit, certains soirs où le cœur se détend, comment nierais-je ce monde dont j'éprouve la puissance et les forces? Pourtant toute la science de cette terre ne me donnera rien qui puisse m'assurer que ce monde est à moi. Vous me le décrivez et vous m'apprenez à le classer. Vous énumérez ses lois et dans ma soif de savoir je consens qu'elles soient vraies. Vous démontez son mécanisme et mon espoir s'accroît. Au terme dernier, vous m'apprenez que cet univers prestigieux et bariolé se réduit à l'atome et que l'atome lui-même se réduit à l'électron. Tout ceci est bon et j'attends que vous continuiez. Mais vous me parlez d'un invisible système planétaire où des électrons gravitent autour d'un noyau. Vous m'expliquez ce monde avec une image. Je reconnais alors que vous en êtes venus à la poésie: je ne connaîtrai jamais. Ai-je le temps de m'en indigner? Vous avez déjà changé de théorie. Ainsi cette science qui devait tout m'apprendre finit dans l'hypothèse, cette lucidité sombre dans la métaphore, cette incertitude se résout en œuvre d'art. Qu'avais-je besoin de tant d'efforts? Les lignes douces de ces collines et la main du soir sur ce cœur agité m'en apprennent bien plus. Je suis revenu à mon commencement. (111-12)

Son commencement, c'était le chant du monde, celui qui résonne dans les essais de jeunesse et ailleurs, dans *L'Envers et l'endroit* et surtout dans *Noces*. C'est que, dès le début de l'œuvre, le sens du sacré trouvait sa source dans la relation au monde. Mais dans ce premier chant perçaient déjà, on le verra, le sentiment de l'absurde et

---

6. Sauf s'il est indiqué autrement, les numéros de page relatifs aux textes de Camus dans les chapitres I et II renvoient exclusivement au volume II de la Pléiade (*Essais*, 1965).

l'inquiétude — ce que Blanchot appelle le "retournement"[7] — qui préludent à l'interrogation métaphysique du *Mythe* où la raison elle-même est déclarée impuissante: "L'intelligence aussi me dit donc à sa manière que ce monde est absurde. Son contraire qui est la raison aveugle a beau prétendre que tout est clair, j'attendais des preuves et je souhaitais qu'elle eût raison. Mais [...] je sais que cela est faux" (112). Et poussant plus loin l'expression de sa déception, Camus désigne le fossé qui sépare l'étroitesse de la raison pure de l'envergure du spirituel: "Cette raison universelle, pratique ou morale, ce déterminisme, ces catégories qui expliquent tout, ont de quoi faire rire l'homme honnête. Ils n'ont rien à voir avec l'esprit" (112-13).

On le voit, la soif de connaissance qui consume Camus s'étend bien au-delà des apports de la raison et de la science. C'est une véritable soif ontologique, c'est un "*désir éperdu* de clarté dont l'appel résonne au plus profond de l'homme" (113; nos italiques), et dont le caractère inextinguible est la source même de la pensée absurde. C'est ainsi que Camus s'approche du chœur de ces penseurs de l'absurde, ce "peuple d'irrationnels" que fustigeait Otto et qui ont si profondément marqué la pensée contemporaine. Depuis Nietzsche et son *Zarathoustra*, "les thèmes signifiants et torturants de la pensée absurde se sont succédé. Ou du moins, et cette nuance est capitale, ceux de la pensée irrationnelle et religieuse" (114). Afin de faire ressortir ce qu'ils ont en commun, Camus passe en revue l'essentiel de la pensée de Heidegger et de Jaspers, de Chestov et de Kierkegaard. De ce dernier qu'il trouve "peut-être le plus attachant", il constate qu'"il fait mieux que de découvrir l'absurde, il le vit. [...] il construit pièce à pièce, lucidité, refus, comédie, une catégorie du démoniaque. Ce visage à la fois tendre et ricanant, ces pirouettes suivies d'un cri parti du fond de l'âme, c'est l'esprit absurde lui-même aux prises avec une réalité qui le dépasse" (116). Ce que Camus reproche aux philosophies existentielles, c'est que "toutes, sans exception, [...] proposent l'évasion" (122). Se référant aux irrationnels cités plus haut, il explique: "Par un raisonnement singulier, partis de l'absurde sur les décombres de la raison, dans un univers fermé et limité à l'humain, ils divinisent ce qui les écrase et trouvent une raison d'espérer dans ce qui les démunit. Cet espoir forcé est chez tous d'essence religieuse" (122). Cette divinisation de l'absurde, hors de toute logique, c'est ce que

---

7. Selon Blanchot, "[l]'absurde, c'est ce que l'on voit lorsqu'on se retourne, mais plus précisément c'est le mouvement de se retourner: le regard en arrière, celui d'Orphée, de la femme de Loth, le retournement qui viole l'interdit et qui touche alors à l'impossible, car ce retournement n'est pas un pouvoir. Nous ne *pouvons* pas nous retourner. Et pourtant se retourner est la passion de la pensée, l'exigence décisive" (*L'Amitié*, 217). Se retourner, c'est effectivement l'interrogation, le refus du non-savoir.

Camus appelle "le saut" et pour lui, "[c]e saut est une dérobade" (124).

Camus voit par ailleurs une "parenté profonde" entre ces esprits d'une part et Husserl et les phénoménologues de l'autre. De ceux-ci il estime qu'ils "restituent le monde dans sa diversité et nient le pouvoir transcendant de la raison. L'univers spirituel s'enrichit avec eux de façon incalculable" (116). Cependant, et bien que leur démarche lui paraisse "plus positive que chez Kierkegaard ou Chestov", il souligne ce fait:

> à l'origine, [elle] nie [...] la méthode classique de la raison, déçoit l'espoir, ouvre à l'intuition et au cœur toute une prolifération de phénomènes dont la richesse a quelque chose d'inhumain. Ces chemins mènent à toutes les sciences ou à aucune. C'est dire que le moyen ici a plus d'importance que la fin. Il s'agit seulement "d'une attitude pour connaître" et non d'une consolation. (117)

Et de conclure: "Comment ne pas sentir la parenté profonde de ces esprits! Comment ne pas voir qu'ils se regroupent autour d'un lieu privilégié[8] et amer où l'espérance n'a plus de place? Je veux que tout me soit expliqué ou rien. Et la raison est impuissante devant ce cri du cœur" (117). Aussi, ayant refusé de suivre plus loin ceux qui, d'une manière ou d'une autre, ont "fait le saut", Camus finira par s'éloigner également de ces irrationnels pour qui "tout est chaos" et qui "proclament que l'homme garde seulement sa clairvoyance et la connaissance précise des murs qui l'entourent". Camus, qui refuse le saut, refuse aussi cet enfermement[9].

Ainsi, la science et la raison sont déclarées impuissantes, et l'irrationnel, s'il a acquis ses lettres de noblesse, déçoit l'attente: "Il ne peut être question de masquer l'évidence, écrit Camus, de supprimer l'absurde en niant l'un des termes de son équation. Il faut savoir si l'on peut en vivre ou si la logique commande qu'on en meure" (135). La soif de clarté ne cesse en effet de tarauder l'homme ni de se heurter au monde dont Camus constate qu'"à lui seul dont je ne comprends pas la

---

8. Pour mieux illustrer la pensée de Camus, nous reproduisons une note de lui ajoutée par Louis Faucon: "Husserl, *Méditations cartésiennes* (Colin, 1931), p. 4: 'Ce qui manque à celles-ci [les philosophies], c'est un 'lieu' spirituel commun où elles puissent se toucher et se féconder mutuellement'" (1436).

9. Selon D. Charles, "Camus prend ses distances à l'égard des grands 'existentiels', auxquels il aurait été cependant porté à s'identifier: c'est que leur 'saut' les a détournés de s'interroger sur ce que l'on pourrait appeler, avec Emmanuel Levinas, l'"entretemps', et caractériser comme un arrêt momentané ou une *stase* du temps; en l'occurrence, sa suspension" (242), phénomène fréquemment repérable chez Camus. Charles cite alors Grenier selon qui "Camus n'éludait pas. Même si la révolte était vaine, elle lui paraissait noble et nécessaire, tant qu'une explication ne lui serait pas fournie. [...] L'admiration qu'il avait pour Melville et Simone Weil met en valeur le sentiment du mystère et du sacré, sentiment qui n'implique pas l'abandon du sentiment de révolte" (242-43).

signification unique, il n'est qu'un immense irrationnel" (117). Or, c'est surtout lorsque l'homme est confronté à l'irrationnel qu'"il sent en lui son désir de bonheur et de raison. L'absurde naît de cette confrontation entre l'appel humain et le silence déraisonnable du monde" (117-118). Le désir de clarté et d'unité se consume dans un désert de silence. Camus expliquera plus tard dans *L'Homme révolté* que "le désir d'unité est plus exigeant. Il ne lui suffit pas que tout soit rationnel. Il veut surtout que le rationnel et l'irrationnel soient réconciliés au même niveau. Il n'y a pas d'unité qui suppose une mutilation" (505).

On pourrait déduire de ce qui précède que la pensée camusienne s'harmonise davantage avec l'analyse subjective et "non-rationnelle" de Otto qu'avec la réflexion toute scientifique de Durkheim. Mais si d'une part Camus, refusant le "non-rationnel", est aux prises avec les forces mêmes de l'irrationnel, il se trouve aussi de l'autre côté d'une barrière pour lui infranchissable: la foi. La pensée de Otto implique en effet une croyance religieuse, et plus spécifiquement la croyance en Dieu, le Dieu chrétien. Or, de ses propres mots, Camus n'est pas croyant — on y reviendra. La position religieuse de Otto ne saurait donc éclairer la pensée religieuse de Camus. C'est pourquoi la brève présentation de l'ouvrage de Otto et des éléments essentiels de sa terminologie ne reflète nullement une adhésion à l'ensemble de son ouvrage dans le cadre de cette étude. Il reste que l'on retrouve dans l'expression de la sensibilité camusienne certaines résonances du sentiment du sacré de Otto et que la terminologie de *Das Heilige* est efficace: elle désigne avec une plus grande spécificité ce qui souvent est vaguement qualifié d'"ineffable", elle permet de nuancer divers aspects du sacré et de les identifier d'un mot, elle en souligne les deux pôles.

Ce sont sans doute ces raisons qui font se référer à lui plusieurs auteurs contemporains de Camus, dont précisément Caillois et Eliade. Parlant de l'ambiguïté du sacré, et plus spécifiquement du double aspect de la divinité ressenti par saint Augustin — autre grand esprit dont la pensée a fasciné Camus — Caillois a lui-même directement recours à la terminologie de Otto:

> Devant le divin, saint Augustin est pris à la fois d'un frisson d'horreur et d'un élan d'amour: "*Et inhorresco*, écrit-il, et *inardesco*." Il explique que son horreur vient de la prise de conscience de la différence absolue qui sépare son être de l'être du sacré, son ardeur au contraire de celle de leur identité profonde. La théologie conserve ce double aspect de la divinité en distinguant en elle un élément terrible et un élément captivant, le *tremendum* et le *fascinans*, pour reprendre la terminologie de R. Otto. (42-43)

Caillois donne ensuite sa propre interprétation des deux termes. Celle qu'il donne du *fascinans* est spécialement pertinente par rapport à certains textes de Camus où le dionysiaque abonde[10]:

> Le *fascinans* correspond aux formes enivrantes du sacré, au vertige dionysiaque, à l'extase et à l'union transformante, mais c'est aussi, plus simplement, la bonté, la miséricorde et l'amour de la divinité pour ses créatures, ce qui les attire irrésistiblement vers elle, tandis que le *tremendum* représente la "sainte colère", la justice inexorable du Dieu "jaloux" devant qui tremble le pécheur humilié implorant son pardon. (43)

Alors que le *fascinans* est ce que ressent Camus devant la nature et la beauté du monde, il semble que ce soit surtout le visage du Dieu chrétien qui éveille chez lui le *tremendum*. François Chavanes explique la conception camusienne de Dieu dans les termes suivants: "Camus n'est pas athée, mais dans ses principaux écrits, lorsqu'il évoque le visage de Dieu, il s'agit le plus souvent d'un Dieu tout-puissant [...]. Ce Dieu est jugé injuste et cruel car responsable de tous les malheurs du monde: Il a créé l'homme pour la souffrance et pour la mort, et Il s'efforce de le maintenir dans une soumission humiliante" (*A. Camus. Un message d'espoir*, 101-102). Chavanes cite alors la réaction de Grenier: "Cette conception de l'être tout-puissant devait lui faire horreur, puisqu'elle reparaît dans toute son œuvre et qu'elle est présentée comme aussi repoussante à chaque fois" (102).

Caillois, qui est strictement contemporain de Camus (nés tous deux en 1913, ils se situent logiquement dans la même perspective historique), se différencie dans son approche du sacré de Otto et d'Eliade en ce qu'il la veut d'abord, dans la lignée de Durkheim, sociologique et objective. Alors que Otto s'intéresse essentiellement au sacré dans son rapport à la croyance religieuse et sous son aspect subjectif, Caillois s'y intéresse d'un point de vue objectif et en fait une étude descriptive[11]. Mais il y a plus: tout en affirmant, dans l'avant-propos à *L'Homme et le sacré*, avoir "suivi de fort près les travaux de l'École française de sociologie" (12) et en reconnaissant effectivement sa dette envers des penseurs tels que Durkheim et

---

10. Parmi ces textes, on songe d'abord aux essais de *Noces* dont il sera question au chapitre suivant, mais aussi à ceux de *L'Été*, à certains passages de *L'État de siège* et de "La Femme adultère".

11. Dans l'avant-propos à *L'Homme et le sacré*, Caillois situe son étude dans une certaine approche de complémentarité par rapport à la dimension subjective et "introspective" de l'ouvrage de Otto: "M. R. Otto est l'auteur d'un travail fort répandu sur la partie 'subjective' du sujet, je veux dire traitant du *sentiment* du sacré. Le sacré y est analysé au point de vue psychologique, de façon presque introspective, et quasi exclusivement sous les formes qu'il a prises dans les grandes religions universalistes. J'ai cru pouvoir, dans ces conditions, négliger d'aborder de front cet aspect du problème, sans m'interdire néanmoins de m'y référer chaque fois qu'il me paraissait utile de le faire" (12).

Mauss, il s'en écarte en ne croyant pas "devoir éviter de porter la question sur le plan métaphysique" (13). Et il ajoute: "Le problème du sacré m'a paru intéresser *quelque chose de l'homme qui est profond et essentiel*" (nos italiques). Ce concept d'un élément humain essentiel, d'un surplus implicite qui, pour certains comme Otto, constitue sa "nature religieuse", est fondamental dans cette étude car il contribue à définir l'homme camusien.

Sans doute est-ce dans un tel esprit qu'en 1937 Caillois fonde avec Geroges Bataille et Michel Leiris — qui fut l'élève de Mauss — l'éphémère Collège de Sociologie. D'après Gaëtan Picon, il aurait partagé avec eux "la volonté d'une cohérence sociale et d'une communication humaine — le désir du mythique, du sacré" (294). Au départ, le Collège s'était proposé un travail critique concernant l'expérience individuelle et sociale du sacré ainsi que les rapports reliant les deux types d'expérience. Caillois déclare que l'objet de l'activité prévue par le Collège peut se nommer "sociologie sacrée, en tant qu'il implique l'étude de l'existence sociale dans toutes celles de ses manifestations où se fait jour la présence active du sacré." Il s'agit en fait "d'établir les points de coïncidence entre les tendances obsédantes fondamentales de la psychologie individuelle et les structures directrices qui président à l'organisation sociale et commandent ses révolutions"[12]. Sans avoir eu le temps — ni sans doute le désir — d'élaborer une doctrine, ce que voulait le Collège d'après Denis Hollier, ce n'était pas "l'enseignement de la sociologie, mais sa consécration, sa sacralisation: elle ne sera plus simplement la science (profane) du sacré, mais se verra élevée au rang de corps de doctrine sacré" (*CS*, 15). Hollier résume les activités du Collège par une formule, "la guerre contre l'armée", mais il précise qu'"il ne s'agit pas d'une position pacificiste" car "[à] la fin des années trente, le temps était plus que jamais à la guerre" (*CS*, 14). Ou à la violence, dont la guerre, qui en est la forme sociale et organisée, constitue la manifestation suprême. Dans *La Violence et le sacré*, René Girard, insistant sur le caractère inséparable de la violence et du sacré, va jusqu'à affirmer que "[c]'est la violence qui constitue le cœur véritable et l'âme secrète du sacré" (52), rejoignant en cela Leiris qui, dans *L'Afrique fantôme*, déclare que "la vraie religion ne commence qu'avec le sang" (*Miroir de l'Afrique*, 751).

Si la violence et le sacré ont des liens indéniables — il est clair par exemple que le *tremendum*, par la crainte qu'il éveille de la colère divine, implique la notion de violence sous forme de séquelles

---

12. Pour des explications plus détaillées, voir Denis Hollier, *Le Collège de Sociologie*, "Note sur la fondation d'un Collège de Sociologie", 24. Les références à ce texte sont indiquées par les lettres *CS* précédant le numéro de page.

punitives —, ces liens semblent moins évidents en ce qui concerne le *fascinans*. L'affirmation de Girard semblerait d'abord ne tenir compte que de la dimension destructrice du sacré, le *nefas*, et en ignorer la dimension créatrice, le *fas*[13]. Mais Caillois, comparant — au niveau des rites et des interdits — le profane et le sacré, souligne cette profonde ambiguïté du sacré qui veut que ses deux pôles soient inextricablement liés et que l'homme qui s'expose à l'un ne puisse échapper à l'autre:

> [L]e domaine du profane se présente comme celui de l'*usage commun*, celui des gestes qui ne nécessitent aucune précaution et qui se tiennent dans la marge souvent étroite laissée à l'homme pour exercer sans contrainte son activité. Le monde du sacré, au contraire, apparaît comme celui du dangereux ou du défendu: l'individu ne peut s'en approcher sans mettre en branle des forces dont il n'est pas le maître et devant lesquelles sa faiblesse se sent désarmée. Cependant, sans leurs secours, il n'est ambition qui ne soit vouée à l'échec. En elles, réside la source de toute réussite, de toute puissance, de toute fortune. Mais on doit redouter, en les sollicitant, d'être leur première victime. (24-25)

En dépit du danger, l'homme religieux aura donc recours à ces forces qui seules lui permettent de se réaliser. Il ne peut se passer de leur pouvoir constructif, quitte à risquer l'anéantissement. Sans elles, le Chaos serait resté chaos. En elles s'est fondé le Cosmos. Toujours est-il que c'est la guerre avec ses forces "néfastes" et destructrices qui, en 1939, mettra fin aux activités du Collège de Sociologie, "ce dernier des groupes d'avant-garde d'avant-guerre" (Hollier, *CS*, 17).

D'un point de vue historique, il faut noter que les deux années d'existence du Collège coïncident exactement avec celles des débuts de l'œuvre de Camus et que la préoccupation inévitable avec la guerre qui s'annonçait leur était commune. Sans que les essais de jeunesse soient explicites à ce sujet, la guerre, dans son "absurdité essentielle" (*C1*, 167), a néanmoins constitué la réalité dans laquelle s'est fondée l'œuvre camusienne et — sous certains de ses aspects — contre

---

13. Commentant la "situation ambiguë du sacré" et les "prohibitions [qui] étaient censées contribuer au maintien de l'ordre cosmique", Caillois note que "le mot qui désigne leur violation est souvent tiré par simple adjonction d'une particule négative de celui qui définit la loi universelle. Il manifeste ainsi l'étroit rapport des deux notions. Au *fas* latin s'oppose le *nefas*, qui comprend tout ce qui porte atteinte à l'ordonnance du monde, à la légalité divine, et se trouve interdit par elle" (25).

laquelle elle s'est édifiée[14]. Quoi de plus "absurde", en effet, que la guerre? À travers le non-sens de la mort multipliée à l'infini et la détérioration de la condition humaine qui s'ensuit, n'est-il pas justifié de voir en elle la forme extrême de l'absurde? Dès le début de 1939, les *Carnets* trahissent cette préoccupation. Avec son sens scénique et dans un langage minimal qui a peut-être inspiré Prévert, Camus y exprime en peu de mots l'absurde sous-jacent à la mobilisation: "Le fils aîné s'en va. Il est assis devant sa mère et il dit: 'Ça ne sera rien.' La mère ne dit rien. Elle a pris un journal qui traînait sur la table. Elle le plie en deux, puis en quatre, puis en huit" (*C1*, 151). Peut-être s'agit-il là de la mère de Camus qui, par-delà son silence et ses gestes dérisoires, se souvient du départ de son mari pour l'autre guerre et qu'il n'en était pas revenu. Son deuxième fils, Albert, avait un an lorsqu'elle reçut de l'Administration l'éclat d'obus qui avait privé l'enfant de père[15]. Plus loin, Camus écrit:

> L'absurdité essentielle de cette catastrophe ne change rien à ce qu'elle est. Elle généralise l'absurdité un peu plus essentielle de la vie. Elle la rend plus immédiate et plus pertinente. Si cette guerre peut avoir un effet sur l'homme, c'est de le fortifier dans l'idée qu'il se fait de son existence et dans le jugement qu'il porte sur elle. Dès l'instant où cette guerre "est", tout jugement qui ne peut l'intégrer est faux. [...] C'est pourquoi, si ignoble que soit cette guerre, il n'est pas permis d'être en dehors. (*C1*, 166-67)

Et voyant en elle une "tuerie inexcusable" (*C1*, 167), il déclare encore: "Le règne des bêtes a commencé" (*C1*, 170). Plus tard, dans certaines œuvres allégoriques comme *La Peste* et *L'État de siège*, c'est la guerre à travers toutes ses manifestations d'horreur et de violence qui sera directement en cause. Toujours est-il que les deux œuvres principales écrites pendant la guerre et publiées en 1942, *L'Étranger* et *Le Mythe de Sisyphe*, n'y font pas directement allusion. Les réflexions dans ses *Carnets* et les philosophiques *Lettres à un ami*

---

14. Thierry Ozwald remarque que "[l]a guerre est pour Camus, comme pour bien d'autres écrivains d'ailleurs, un événement capital qui non seulement bouleverse sa morale, bouscule ses convictions, ébranle ses certitudes, mais fonde et stigmatise profondément sa pensée. [...] Néanmoins il se tait." Pour ceux qui s'étonnent, Ozwald poursuit: "Sa réponse est claire: 'En période de révolution, ce sont les meilleurs qui meurent. La loi du sacrifice fait que ce sont toujours les lâches et les prudents qui ont la parole puisque les autres l'ont perdue en donnant le meilleur d'eux-mêmes. *Parler suppose toujours qu'on a trahi*'" (77-78). La citation est tirée des *Carnets 2* (107); les italiques sont d'Ozwald.

15. Ces faits, évoqués dans "Entre oui et non", le deuxième essai de *L'Envers et l'endroit* (25), seront relatés de manière fragmentaire mais plus détaillée dans *Le Premier homme* (65-73).

allemand mises à part, c'est surtout comme journaliste que Camus s'exprimera ouvertement au sujet de la guerre[16].

Dans un article écrit en 1993, peu de temps avant sa mort, Édouard Morot-Sir souligne l'"étonnante convergence intellectuelle" (6) de trois essais paraissant coup sur coup entre le début de 1942 et l'été de 1943, soit exactement au milieu de la guerre. Ces trois œuvres qui "remettent en question les droits de l'intelligence" et "devaient avoir un rayonnement planétaire et entraîner le siècle dans une nouvelle aventure spirituelle" (5) sont *Le Mythe de Sisyphe* de Camus, *L'Être et le Néant* de Sartre et *L'Expérience intérieure* de Bataille. Leur nouveauté, selon Morot-Sir, était de promouvoir, à travers "un même langage de *rupture métaphysique*", une "philosophie nouvelle de la *grandeur de l'homme*" en l'invitant "à faire l'expérience des limites du possible, à se poster sur la frontière de l'impossible, là où l'apparence devient réalité, la vérité existence vécue" ("1942-1943: L'homme à la recherche de l'impossible", 5).

Ce qui est surprenant, comme on vient de le voir dans le cas de Camus et comme le souligne Morot-Sir pour les trois œuvres, c'est qu'elles ne parlent pas de la guerre, ne la méditent pas, alors que leurs auteurs y sont chacun engagés d'une manière ou d'une autre. Camus, par exemple, piégé en France à la fin de 1942 par l'occupation de la zone sud et séparé de sa famille bloquée en Algérie, est entré dans la Résistance où, comme journaliste, il est affecté à la rédaction du journal clandestin *Combat*. Et Morot-Sir, constatant que "[l]a guerre accumule des exemples d'absurdité élevés à l'échelle mondiale", pose la question: "Faut-il penser que le fait-guerre est trop énorme pour être immédiatement digéré par le langage et pour qu'il puisse y prendre sens?" (8). Cette question en évoque une autre, plus aiguë, posée après la guerre par Blanchot et relative à l'œuvre d'Emmanuel Levinas: "Comment philosopher, comment écrire dans le souvenir d'Auschwitz?" ("Notre compagne clandestine", 86-87). Il semble en effet, en ce qui concerne de nombreux auteurs, que l'étendue et l'intensité de la violence déclenchée par la deuxième guerre mondiale dépassent les possibilités de l'entendement et de la représentation narrative ou poétique. D'autres, comme Sartre avec *Les Chemins de la liberté*, ont trouvé dans cette démonstration extrême de l'absurde une inspiration nouvelle. Mais dans la deuxième partie de *La Mort dans l'âme*, qui est la fin du cycle, le langage semble se désorganiser, les

---

16. Certains articles des parties III et IV du "Dossier 'Alger républicain' et 'Le Soir républicain'" présenté par Quilliot dans les *Essais* permettront au lecteur de se faire une idée plus précise concernant la pensée et l'attitude de Camus face à la guerre naissante — qu'il appelle "une catastrophe si démesurée" dans sa "Lettre à un jeune Anglais sur l'état d'esprit de la nation française" (1373-87).

phrases se suivent sans répit, se diluent dans une logorrhée sans structure narrative apparente, reflétant le chaos généralisé. Dans son introduction aux poésies posthumes de René Leynaud — assassiné par les Allemands en mai 1944 —, Camus lui-même remarque qu'"à cette époque (1943), Leynaud n'écrivait rien. Il avait décidé qu'il travaillerait *après*" (1474)[17]. Dans tous les cas, l'heure n'est plus au lyrisme[18]. Se référant à "L'intelligence et l'échafaud", article de Camus qui "explicite le passage à une éthique narrative, issue du long cheminement opéré de 1939 à 1943", André Abbou note: "La lyre des premiers écrits [...] et des couplets psalmodiés dans *Noces* a été rangée. À l'heure des barbelés et des victimes du monde concentrationnaire, 'dire moins' et 'marcher à l'objectif' devenait une simple politesse" ("Du goût de l'innocence", 51). Dans "Révolte et art" enfin, Camus conclut: "[L]e problème inéluctable est aussi de dominer les passions collectives et la lutte historique. [...] Pour [les] dominer [...], il faut [...] les vivre et les éprouver, au moins relativement. Dans le même temps qu'il les éprouve, l'artiste en est dévoré. Il en résulte que notre époque est plutôt celle du reportage que de l'œuvre d'art" (677)[19].

Pour en venir enfin à Bataille, il faut souligner le fait que pour lui comme pour Camus, mais sans doute davantage, les forces de l'irrationnel l'emportent. Selon Morot-Sir, Bataille "reconnaissait que la réflexion sur la condition humaine était d'ordre religieux et que le mot *mystique* devrait être le point de rassemblement et de convergence de toute méditation sur la destinée des hommes" ("1942-1943", 13). Et pour Bataille comme pour Camus, le savoir traditionnel, qu'il

---

17. Guérin rappelle qu'"[a]ux chantres fêtés de la Résistance, [Camus] oppose un poète inconnu, le poète assassiné. René Leynaud a été le témoin de la vérité. C'est 'silencieusement' qu'il a pris sa place dans 'la bataille des ombres'. Il est mort. N'y aurait-il plus de poète que mort, ou discret, ou secret?" ("Camus, Caligula et les poètes", 71). À propos de la Résistance, Guérin note ailleurs qu'elle "a plus inspiré les poètes — Pierre Jean Jouve, Aragon, Pierre Emmanuel, plus tard René Char — et les cinéastes [...] que les romanciers [...]. Quant au phénomène concentrationnaire, il semble échapper à la fiction" (*Portrait de l'artiste*, 63-64).

18. À moins qu'il ne s'agisse du "lyrisme cellulaire" évoqué par Clamence (I, 1539).

19. Voici une dernière citation relative à la guerre et à ce que Hervé Ferrage appelle "la dernière métamorphose du lyrisme", car elle illustre la vision cosmique de Camus. Ferrage cite des poètes contemporains de Camus — tels Yves Bonnefoy et Philippe Jaccottet — dont l'art poétique s'est façonné dans l'horreur du désastre auquel ils étaient confrontés" et dont la "conception de la poésie [lui] semble très proche de ce qui apparaît chez Camus comme la tentation mi-assumée, mi-refusée du lyrisme et de la poésie. Face à une histoire qui [...] leur apparaît comme destruction et folie, face à un devenir historique qui ne leur semble occupé qu'à transformer le monde selon une logique productiviste aussi peu soucieuse de l'homme que de la terre où il vit, ces poètes font [...] le pari de maintenir coûte que coûte un lien avec l'originel, avec la forme immémoriale du monde, Camus dirait avec la nature. S'ils se détournent de l'histoire [...] [c'est] pour mieux faire entendre la voix de ce qui, dans le monde, échappe au temps linéaire, historique, et peut redonner un sens à notre vie en lui indiquant un centre, un ordre qui la dépasse mais dans lequel elle serait comprise, ordre qui correspond assez exactement à ce que les Grecs appelaient le cosmos" (15).

soit théologique ou scientifique, est insatisfaisant: "Avec l'expérience intérieure, écrit Morot-Sir, Bataille [lui] oppose un *non-savoir*, antisystématique, antirationnel." Comme post-surréaliste, Bataille remet également en question certaines des formes individuelles du surréalisme pour les replacer dans une perspective sociale et religieuse. Allan Stoekl écrit à ce propos:

> Bataille came to see the "religious" experience, in its broadest sense, as one fundamental to all society, although it had been repressed and nearly forgotten in modern democracies. Thus the radical individual experiences the surrealists stumbled upon were not simply a sign of artistic decadence or impotence; on the contrary, they marked an awareness of the force of the sacred — of the heterogeneous — that for Bataille was fundamental to all social life and was the only hope of a culture that had lost its raison d'être. [...] And "study" for the members of the Collège meant more than an academic exercise; the "student" also hoped to be a "sorcerer's apprentice", an acolyte sworn to spark a revival of chance, danger, and ecstasy in a moribund culture. (930-31)

Non seulement Bataille resitue et revalorise certaines expériences individuelles du sacré, il remet également en question sa prétendue rationalité. Dans l'atmosphère inquiète des années trente, et alors que l'Europe menaçait de sombrer dans le totalitarisme, les membres du Collège se posaient en effet des questions essentielles concernant le caractère rationnel du sacré tel que l'avait défini l'École française de sociologie et Durkheim en particulier. Stoekl exprime ces doutes en ces termes: "The Nazi rallies, such as the one that took place yearly at Nuremberg, triggered many questions in the minds of people such as Bataille. What if the force of crowds, of ecstatic masses of people, of the sacred, instead of being rational, as Durkheim had argued, was fundamentally irrational?" (932).

Par ailleurs, la lecture de "L'apprenti sorcier" de Bataille incite à plus d'un point de vue à une comparaison avec *Le Mythe de Sisyphe*[20]. Si l'on constate entre les deux écrivains un accord fondamental sur l'absurde de la condition de l'homme, il existe néanmoins des divergences concernant l'attitude et l'action. Alors que Bataille — méditant sur la condition humaine de l'époque, soulignant le malheur de l'absence de besoin et le vide d'une vie asservie à la production — évoque le "visage sans attrait de l'homme utile" (*CS*, 40), Camus

---

20. Morot-Sir évoque la "fraternité intellectuelle" potentielle entre Bataille et Camus, surtout au niveau du discours: "Comme l'essai camusien, l'essai de Bataille [...] arrachant le langage des mystiques hors de sa cristallisation théologique, s'efforce de réinventer, pour notre culture, le langage des termes abstraits. Les deux écrivains se rencontrent au pied du mur sémantique, entre sens et non-sens, dans une expérience de l'idée de limite. [...] De là la parenté secrète et profonde entre Camus et Bataille, entre deux langages qui cherchent à exprimer la possibilité de l'impossible. Bataille a cherché cette fraternité intellectuelle, Camus semble avoir hésité à la reconnaître" ("G. Bataille: critique d'A. Camus", 109).

oppose à cet homme matérialiste, entièrement soumis au profane et que déplore Bataille, son héros absurde, Sisyphe. C'est ce "travailleur inutile des enfers" (195) qui doit nous inspirer: "Sisyphe est le héros absurde. Il l'est autant par ses passions que par son tourment. Son mépris des dieux, sa haine de la mort et sa passion pour la vie, lui ont valu ce supplice indicible où tout l'être s'emploie à ne rien achever." Mais dans sa tâche inutile et ingrate, éternellement recommencée, il s'avère "supérieur à son destin", "plus fort que son rocher" (196). Et surtout, il ne faut pas oublier les derniers mots du *Mythe*, véritable défi lancé à la divinité: "La lutte vers les sommets suffit à remplir un cœur d'homme. Il faut imaginer Sisyphe heureux" (198)[21]. Alors que Bataille se lamente sur le vide de son époque et voit dans la transgression et l'irrationnel des possibilités de survie, Camus va plus loin dans le sens de l'action en proposant à l'homme, dans un langage qui n'appartient qu'à lui, d'assumer pleinement son destin et le monde dans lequel il vit: "Sisyphe enseigne la fidélité supérieure qui nie les dieux et soulève les rochers. Lui aussi juge que tout est bien. Cet univers désormais sans maître ne lui paraît ni stérile ni futile. Chacun des grains de cette pierre, chaque éclat minéral de cette montagne pleine de nuit, à lui seul, forme un monde" (198). Et déjà on décèle dans l'attitude de Sisyphe les signes avant-coureurs de la deuxième étape de l'œuvre, celle de la révolte. Elle découle en effet de la première, celle de l'absurde, où elle s'élaborait en silence. Morot-Sir souligne, là encore, les parallèles entre les deux œuvres: "Ce que Bataille appelle l'expérience intérieure, la contestation, la transgression, la révolte, etc., Camus l'appelle révolte aussi, et mesure" ("G. Bataille, critique d'A. Camus", 109).

Cependant, dans l'aversion de Bataille pour "le visage de l'homme utile" et surtout dans l'indifférence qu'il suggère comme attitude possible face à "l'absurdité d'une existence aussi vide" que celle où "[l]a plus grande partie de l'activité est asservie à la production des biens utiles" (*CS*, 39), on croit voir se dessiner l'ébauche de Meursault indifférent: "Il est loisible à l'homme de ne rien aimer. Car l'univers sans cause et sans but qui lui a donné le jour ne lui a pas nécessairement accordé une destinée acceptable" (*CS*, 40). Et plus loin, c'est l'auteur même du *Mythe de Sisyphe* que rejoint Bataille en dénonçant le recours de l'homme aux faux-fuyants:

> Mais l'homme à qui la destinée humaine fait peur, et qui ne peut pas supporter l'enchaînement de l'avidité, des crimes et des misères, ne peut pas non plus être viril. [...] Il ne peut tolérer l'existence qui lui échoit qu'à la condition d'oublier ce qu'elle est vraiment [...]. La virilité décline,

---

21. Blanchot remarque que "[...] l'absurde qui conduit l'homme de Chestov à la foi conduit Sisyphe à la joie" (*L'Amitié*, 218)).

dans ces conditions, autant que l'amour de la destinée humaine. Tous les faux-fuyants sont bienvenus pour écarter l'image héroïque et séduisante de notre sort. (*CS*, 40)

Dans *Le Mythe de Sisyphe*, Camus s'en prend précisément à ces faux-fuyants qu'il appelle "l'esquive": "l'esquive parce qu'elle est à la fois moins et plus que le divertissement au sens pascalien" (102). Sans pitié pour les tricheurs, il poursuit: "L'esquive mortelle [...] c'est l'espoir. Espoir d'une autre vie qu'il faut 'mériter', ou tricherie de ceux qui vivent non pour la vie elle-même, mais pour quelque grande idée qui la dépasse, la sublime, lui donne un sens et la trahit" (102-103).

On sait par ailleurs l'intérêt de Bataille pour l'érotisme et celui de Camus pour le personnage de Don Juan[22]. Dans les deux cas, cet intérêt relève directement du sens du sacré. Pour Bataille, "L'ÊÊTRE AIMÉ dans ce monde dissous est devenu la seule puissance qui ait gardé la vertu de rendre à la chaleur de la vie" (*CS*, 48; les majuscules sont de Bataille). Dans "le monde vrai des amants", il reconnaît à la seule passion amoureuse le pouvoir de "créer un monde où des êtres se retrouvent", pouvoir bien supérieur à celui de l'art dont "les plus déchirantes visions [...] n'ont jamais créé qu'un lien fugace entre ceux qu'elles ont touchés. S'ils se rencontrent, ils doivent se contenter d'exprimer ce qu'ils ont éprouvé par des phrases qui substituent la comparaison et l'analyse à des réactions communicables" (49). Pour parler ensuite des amants, Bataille a recours au langage même du sacré: "Tandis que les amants communient même au plus profond d'un silence où chaque mouvement chargé de passion brûlante a le pouvoir de donner l'extase" (*CS*, 49).

Pour le jeune Camus, l'homme à qui la destinée humaine ne fait pas peur n'est autre que Don Juan, amant par définition et homme absurde par excellence car il assume son destin et en tire toutes les conclusions. "Plus on aime et plus l'absurde se consolide" écrit Camus (152). S'appliquant à vivre pleinement l'éthique de la quantité, la seule qui soit compatible avec l'absurde, Don Juan multiplie les amours. Camus précise: "Ce n'est point par manque d'amour que Don Juan va de femme en femme. [...] Mais c'est parce qu'il les aime avec un égal emportement et chaque fois avec tout lui-même, qu'il lui faut répéter ce don et cet approfondissement." Et plus loin: "Pourquoi faudrait-il aimer rarement pour aimer beaucoup?" C'est que

---

22. Non seulement Don Juan est-il celui qui, dans *Le Mythe de Sisyphe*, représente avec l'acteur le type même de l'homme absurde, mais la pensée de Camus restera fidèle à son personnage jusqu'à la fin. En 1952, il parle d'"écrire une mise en scène du Don Juan de Molière" (*C3*, 60). Il sera question aussi d'un Don Faust "rajeuni en Don Juan" (*C3*, 198), *Don Faust* étant un projet pour la troisième étape de l'œuvre. Don Juan réapparaîtra de nombreuses fois dans les *Carnets*, jusqu'aux toutes dernières pages de décembre 1959 où Camus parle de traduire le *Don Juan* de Lope de Vega ainsi que celui de José Zorrilla (*C3*, 277).

"[l]'homme absurde multiplie encore ici ce qu'il ne peut unifier" (155). Aimer, pour Don Juan, c'est connaître. Camus rappelle "ce mot favori de l'écriture qui appelle 'connaître' l'acte d'amour" (156). Or, après la connaissance, l'homme accède à l'ascèse et au sacré: "La jouissance s'achève ici en ascèse. Il faut comprendre qu'elles peuvent être comme les deux visages d'un même dénuement." Camus voit alors Don Juan vieilli "dans une cellule de ces monastères espagnols perdus sur une colline" et ce qu'il contemple, c'est "quelque plaine silencieuse d'Espagne, terre magnifique et sans âme où il se reconnaît. Oui, c'est sur cette image mélancolique et rayonnante qu'il faut s'arrêter" (157).

À travers des expressions si différentes de l'expérience amoureuse, on découvre des affinités secrètes: chez Bataille et chez Camus, le sens de l'absurde de la destinée humaine trouve une transcendance dans l'expérience érotique qui porte dès lors toutes les marques du sacré. Dans son étude mentionnée plus haut, Morot-Sir cite Camus parlant de Don Juan ("Je crois volontiers à la bravade légendaire, à ce *rire insensé de l'homme sain* provoquant un dieu qui n'existe pas"[23]) et remarque justement que "[l]e rire de Don Juan fera écho à celui qu'entend l'homme de *La Chute*, et à celui de Georges Bataille" (9).

Dans son étude comparative sur Bataille et Camus, étude basée sur *L'Homme révolté* et sur plusieurs textes de Bataille dont cinq articles consacrés à Camus, Raymond Gay-Crosier fait remarquer entre les deux penseurs les "affinités conceptuelles qui reflètent tantôt une parenté philosophique frappante, tantôt une distance nourrie par une rivalité sous-jacente":

> Bataille [...] voit en Camus l'un des rares confrères qui, par-delà les préoccupations socio-politiques, situe d'emblée les problèmes de son temps sur le plan ontologique qui leur convient. Tous les deux imbus de Nietzsche — encore que chacun le soit à sa manière —, ces artistes philosophes et romanciers *reconnaissent le rôle fondateur de la révolte et, qui plus est, les rapports étroits entre celle-ci et le sacré*, la communication, la morale de quantité, l'absurde, l'aporie et le non-savoir. ("Révolte, souveraineté et jeu chez Bataille et Camus", 8; nos italiques)

Et plus loin, non sans avoir explicité ce que Bataille appelle "une opposition profonde entre l'auteur de *La Peste* et moi" (7, note 3), Gay-Crosier insiste sur "l'extraordinaire confluence thématique et philosophique de ces deux carrières d'écrivains et d'intellectuels" (8).

Par rapport enfin à l'être social, les deux auteurs partagent encore l'intérêt et l'importance qu'ils accordent au mythe. Pour Bataille,

> [l]e mythe demeure à la disposition de celui que l'art, la science ou la politique étaient incapables de satisfaire. Bien que l'amour constitue à

---

23. Les italiques dans la citation de Camus sont de Morot-Sir.

> lui seul un monde, il laisse intact ce qui l'entoure. [...] Le mythe seul renvoie à celui que chaque épreuve avait brisé l'image d'une plénitude étendue à la communauté où se rassemblent les hommes. [...] il porte l'existence "à son point d'ébullition": il lui communique l'émotion tragique qui rend son intimité sacrée accessible. Car le mythe n'est pas seulement la figure divine de la destinée et le monde où cette destinée se déplace: il ne peut pas être séparé de la communauté dont il est la chose et qui prend possession, rituellement, de son empire. (*CS*, 55)

Or, de son côté, Camus entreprend une "création et une recréation des mythes"[24]. Il déclare: "Le monde où je suis le plus à l'aise: le mythe grec" (*C2*, 317), et il affirme dans *Le Mythe de Sisyphe* que "les mythes sont faits pour l'imagination qui les anime" (196). Il précisera plus tard sa pensée par rapport à la place qu'occupent les mythes dans les deux premiers cycles de l'œuvre:

> Mon œuvre pendant ces deux premiers cycles: des êtres sans mensonges, donc non réels. Ils ne sont pas au monde. C'est pourquoi sans doute et jusqu'ici je ne suis pas un romancier au sens où on l'entend. Mais plutôt un artiste qui crée des mythes à la mesure de sa passion et de son angoisse. C'est pourquoi aussi les êtres qui m'ont transporté en ce monde sont toujours ceux qui avaient la force et l'exclusivité de ces mythes. (*C2*, 325)

Nous rappelons les trois mythes dominants de l'œuvre: I. le Mythe de Sisyphe (l'absurde); II. le Mythe de Prométhée (la révolte); III. le Mythe de Némésis (l'amour). Némésis, mythe féminin, était à la fois déesse et concept abstrait, celui de la vengeance divine qui punit tout acte de démesure. On verra plus loin comment plusieurs personnages féminins représentent Némésis car ce sont les femmes qui, tout en disant et en vivant l'amour, préconisent la mesure et montrent aux hommes, lorsqu'elles sont confrontées à leurs projets démesurés, la limite à ne pas franchir. C'est pourquoi ce troisième mythe, grâce surtout aux "femmes mythiques" du théâtre, occupera une place privilégiée dans la deuxième partie de cette étude. Tout en montrant "le lien qu'établit Camus entre un élément essentiel de la philosophie d'Héraclite, la mesure, et le mythe de Némésis" (82), Crochet précise: "Némésis a toujours été présentée dans la littérature grecque comme le symbole d'une idée morale. C'est en tant que symbole philosophique qu'elle apparaît dans l'œuvre de Camus. Elle sert à grouper, sous une même image, diverses réflexions sur l'idée de mesure" (83).

---

24. Dans *Les Mythes dans l'œuvre de Camus*, Monique Crochet insiste sur la "double nature mythique" de l'œuvre: "Recréation et création de mythes, telles sont [...] deux des faces essentielles de l'activité artistique de cet écrivain. La première consiste en emprunts évidents à la mythologie grecque, aux textes judéo-chrétiens ou encore à la littérature occidentale moderne. Toutefois, l'utilisation que fait Camus des apports de la tradition nous interdit de parler de simples emprunts" (13).

On ne peut quitter le Collège de Sociologie sans évoquer l'attitude de Leiris qui, s'étant éloigné des positions d'objectivité de l'École française de sociologie, entreprend une investigation du sacré entièrement subjective[25]: "[E]n quoi consiste *mon* sacré?" se demande-t-il en se remémorant son enfance dans l'essai sur "Le sacré dans la vie quotidienne" (*CS*, 60-74). Il ne s'agit en aucun cas du sacré officiel "(religion, patrie, morale)" mais plutôt de "menus faits" qui permettent de "fixer la limite à partir de laquelle je sais que je ne me meus plus sur le plan des choses ordinaires [...] mais que je suis entré dans un monde radicalement distinct, aussi différent du monde profane que le feu l'est de l'eau" (*CS*, 60-61). Ces "menus faits" et cette "limite" suggèrent immédiatement des parallèles avec les textes camusiens où surgit soudain, au milieu de situations ou de faits en apparence banals, l'image du seuil ou du passage, c'est-à-dire du sacré[26]. À l'instar des textes qui composent la confession de *L'Âge d'homme*, l'essai de Leiris révèle d'abord les "tendances obsédantes de la psychologie individuelle" et se présente comme l'illustration d'une perception du sacré toute personnelle. Il importe pour lui que chacun scrute ses souvenirs et examine "s'il n'y peut découvrir quelque indice lui permettant de discerner quelle *couleur* a pour lui la notion même du sacré." On imagine difficilement une approche plus subjective. Son image du sacré est décrite comme "quelque chose de prestigieux", "d'insolite", "d'exotique", "de dangereux", "d'ambigu", "d'interdit", "de secret", "de vertigineux". Et il résume: "Quelque chose que, somme toute, je ne conçois guère autrement que marqué, d'une manière ou de l'autre, par le surnaturel" (*CS*, 74). Mais sans doute ne faut-il pas perdre de vue, au-delà de cette vision toute individualiste du sacré, le souci d'autrui qu'il exprime dans "De la littérature considérée comme une tauromachie". Y parlant de "cet engagement essentiel qu'on est en droit d'exiger de l'écrivain", il achève sa pensée sur ces mots de solidarité qui le rapprochent du *cogito* camusien:

> Il resterait qu'il lui faut [...] apporter des pièces à conviction au procès de notre actuel système de valeurs et peser, de tout le poids dont il est si souvent oppressé, dans le sens de l'affranchissement de tous les hommes, faute de quoi nul ne saurait parvenir à son affranchissement particulier. (*L'Âge d'homme*, 25).

---

25. Dans sa "prière d'insérer" à *L'Afrique fantôme*, Leiris justifie son extrême subjectivité en affirmant qu'elle conduit à des vérités objectives. (Voir l'article de Michèle Richman, "Leiris's *L'Âge d'homme*", 109).

26. Il sera question de certains de ces textes au chapitre suivant. Comme exemple immédiat de l'image du seuil, on songe aux premières pages de "Noces à Tipasa" où l'on peut lire: "Nous arrivons par le village qui s'ouvre déjà sur la baie. Nous entrons dans un monde jaune et bleu…" Et quelques lignes plus loin: "Avant d'entrer dans le royaume des ruines, pour la dernière fois nous sommes spectateurs" (55-56).

Revenant au point de départ de nos commentaires relatifs au Collège de Sociologie, on constate que c'est bien dans sa préoccupation avec l'alternative entre l'individuel et le collectif que le Collège préfigure l'angoisse de Camus suscitée par les choix à faire entre le retranchement individualiste et l'engagement social, entre la solitude de la tour d'ivoire et la solidarité de l'effort collectif. Ce problème, qui n'est autre que celui du conflit entre l'engagement de l'écrivain et la création personnelle, est le sujet de la cinquième nouvelle de *L'Exil et le royaume*, "Jonas ou l'artiste au travail". C'est le dilemme même de Jonas dont la dernière toile, "entièrement blanche", révèle en son centre un seul mot écrit en caractères minuscules "dont on ne savait s'il fallait y lire *solitaire* ou *solidaire*" (I, 1654). Toujours est-il que le mouvement général de l'œuvre camusienne, dans son état même d'inachèvement, se fait dans le sens d'une ouverture grandissante vers la fraternité. Le deuxième cycle, celui de la révolte, est en même temps celui de la solidarité comme l'affirme ce *cogito*: "Je me révolte, donc nous sommes" (432). Dans "L'Exil d'Hélène", Camus avait déjà déclaré: "Plus jamais nous ne serons des solitaires" (856). Le troisième cycle enfin, fauché avant d'avoir pleinement germé, devait être placé sous le signe de l'amour[27], ce que confirme l'œuvre posthume et inachevée, *Le Premier homme*. Peu de temps après la publication de *L'Étranger*, Camus méditait la suite de son œuvre tout en s'interrogeant sur "ce qui fait la supériorité d'*exemple* (la seule) du christianisme". Il répond: "Le Christ et ses saints — la recherche d'un *style de vie*." Et de poursuivre: "Cette œuvre comptera autant de formes que d'étapes sur le chemin d'une perfection sans récompense. *L'Étranger* est le point zéro. *Id*. le *Mythe*. *La Peste* est un progrès, non du zéro vers l'infini, mais vers une complexité plus profonde qui reste à définir. Le dernier point sera le saint, mais il aura sa valeur arithmétique — mesurable comme l'homme" (C2, 31). Cet idéalisme précis et intransigeant, où l'attitude de "mesure" envers le saint reflète celle de contrôle envers le sacré, sous-tendra en effet l'œuvre à venir. Mais le lecteur peut à son tour en "mesurer" le prix en lisant ces mots écrits quelques mois avant la mort de l'écrivain: "Je ne peux pas vivre longtemps avec les êtres. Il me faut un peu de solitude, la part d'éternité" (*C3*, 275). C'est exactement ce que désirait Jonas.

---

27. Faisant allusion aux trois cycles de son œuvre, Camus écrit: "Avant le troisième étage: nouvelles d'"un héros de notre temps'. Thème du *jugement et de l'exil*", où il est aisé de voir *La Chute* et les nouvelles de *L'Exil et le royaume*, recueil dont *La Chute* devait initialement faire partie. Camus poursuit: "Le troisième étage, c'est l'amour: le Premier Homme, Don Faust. Le mythe de Némésis. La méthode est la sincérité" (*C3*, 187).

Des trois membres fondateurs du Collège de Sociologie, c'est à Caillois que ramène cette recherche. Dans *L'Homme et le sacré*, il déclare entreprendre une étude sociologique où il se résigne à décrire seulement des types de relations. Il s'en explique dans les termes suivants: "C'était plus franc, si c'était moins prudent. Le côté schématique de l'ouvrage s'en trouve sans doute accentué à l'extrême; j'ai été ambitieux par nécessité: ne pouvant aborder l'étude de l'inépuisable morphologie du sacré, j'ai dû tenter d'en écrire la syntaxe" (11). Dans le cadre d'une étude du sacré dans l'univers camusien, la notion d'"inépuisable morphologie" est particulièrement adéquate. Et si une approche sociologique présente l'avantage de l'objectivité, celle de Caillois est sans doute aussi la plus appropriée par rapport à l'œuvre camusienne où la volonté d'une préoccupation avec la relation de l'homme au monde — et non avec celle de l'homme au divin — occupe une place centrale. Ou, de manière plus précise, c'est la relation de l'homme au monde qui constitue dans cette œuvre, dans sa première partie du moins, sa relation au divin: "Changer la vie, oui, mais non le monde dont je faisais ma divinité" déclare Camus dans sa préface à la réédition de *L'Envers et l'endroit* (6). Cette assimilation du monde à la divinité, par son implication du sacré, trouve un écho chez Caillois qui, on l'a vu, n'a "pas cru devoir éviter de porter la question sur le plan métaphysique". Il explique: "Sans doute ai-je dépassé [...] les limites de la connaissance positive. Quelques-uns peut-être auraient trouvé l'ouvrage incomplet sans cette imprudence. J'avoue partager leur sentiment" (13). Cette "double" position de Caillois, qu'il semble assumer comme une transgression en faveur d'une minorité contestant l'autorité scientifique de la "connaissance positive", est d'autant plus intéressante par rapport à celle de Camus qui, tout en déclarant nécessaire la volonté d'une "mise à distance" rationnelle du sacré, réfute en même temps l'efficacité de la raison et de la "connaissance positive" et ne peut empêcher son sens du sacré d'imprégner chacune de ses créations.

Avec Eliade, cette étude examine enfin le fait du sacré dans une perspective globale et non essentiellement sociologique ou religieuse. Mais avant de poursuivre, il faut souligner un fait fondamental sur lequel insiste non seulement Eliade mais tous les auteurs abordés plus haut: la différence de nature radicale et la totale incompatibilité qui existent entre le sacré et le profane. Durkheim déjà affirmait que "les deux genres ne peuvent se rapprocher et garder en même temps leur nature propre" (53). De leur hétérogénéité, qui seule sert à les définir l'un par rapport à l'autre, il dit qu'"*elle est absolue*". Caillois, de son côté, fait de cette distinction l'entrée en matière de son essai sur *L'Homme et le sacré*:

> Toute conception religieuse du monde implique la distinction du sacré et du profane, oppose au monde où le fidèle vaque librement à ses occupations, exerce une activité sans conséquence pour son salut, un domaine où la crainte et l'espoir le paralysent tour à tour, où, comme au bord d'un abîme, le moindre écart dans le moindre geste peut irrémédiablement le perdre. [...] En effet, quelque définition que l'on propose de la religion, il est remarquable qu'elle enveloppe cette opposition du sacré et du profane, quand elle ne coïncide pas purement et simplement avec elle. (17)

L'assimilation du sacré à un domaine où l'homme, préoccupé de son "salut", est "paralysé" alternativement par la crainte et l'espoir et constamment menacé de s'"abîmer" n'est pas sans évoquer Augustin, Pascal, et l'auteur de *La Chute*. Parlant plus loin des catégories du pur et de l'impur, qui "jouent dans le monde du sacré le même rôle que les notions de bien et de mal dans le domaine profane", Caillois note encore que "le monde du sacré [...] s'oppose au monde du profane comme un monde d'énergies à un monde de substances. D'un côté, des forces; de l'autre, des choses" (38). Quant à Eliade, il affirme à son tour dans *Le Sacré et le profane* que "la première définition que l'on puisse donner du sacré, c'est qu'il s'oppose au profane" (16).

Ce sont surtout deux œuvres d'Eliade, *Le Mythe de l'éternel retour* et *Le Sacré et le profane*, qui serviront à situer brièvement le phénomène du sacré dans la double perspective d'une "Philosophie de l'Histoire"[28] et de l'anthropologie philosophique. Dans l'Introduction à la deuxième étude, tout en reconnaissant "après quarante ans" la validité et l'utilité toujours actuelles de l'analyse de Otto, Eliade déclare se situer "dans une autre perspective" et vouloir "présenter le phénomène du sacré dans toute sa complexité" (*SP*, 16)[29]. Ce qui l'intéresse, et qui nous intéresse dans notre approche du sacré chez Camus, "[c]e n'est pas le rapport entre les éléments non-rationnel et rationnel de la religion [...] mais le *sacré dans sa totalité*." Pour Eliade, le sacré et le profane représentent en effet "deux modes d'être dans le Monde", conception qu'il présente en ces termes:

> On mesurera le précipice qui sépare les deux modalités d'expériences, sacrée et profane, en lisant les développements sur l'espace sacré et la construction rituelle de la demeure humaine, sur les variétés de l'expérience religieuse du Temps, sur les rapports de l'homme religieux avec la Nature et le monde des outils, sur la consécration de la vie même de l'homme et la sacralité dont peuvent être chargées ses fonctions

---

28. Le sous-titre pressenti pour *Le Mythe de l'éternel retour* avait été *Introduction à une Philosophie de l'Histoire*, "car, écrit Eliade dans son avant-propos, tel est bien, en définitive, le sens du présent essai; avec cette particularité, toutefois, qu'au lieu de procéder par l'analyse spéculative du phénomène historique, il interroge les conceptions fondamentales des sociétés archaïques" (9).
29. Voir *Sigles et Abréviations* au début de cette étude.

vitales (nourritures, sexualité, travail, etc.). Il suffira de se rappeler ce que la cité ou la maison, la Nature, les outils ou le travail sont devenus pour l'homme moderne et areligieux pour saisir sur le vif ce qui le distingue d'un homme appartenant aux sociétés archaïques ou même d'un paysan de l'Europe chrétienne [...]. [C]es deux situations existentielles assumées par l'homme au long de son histoire [...], les modes d'être sacré et profane, dépendent des différentes positions que l'homme a conquises dans le Cosmos. (*SP*, 19-20)

Modes d'être inconciliables, leur caractère oppositionnel implique la compétition. Alors que dans une perspective historico-religieuse, ils ont cycliquement gagné l'un par rapport à l'autre selon l'époque cosmique et la religion concernées, dans une perspective historique strictement occidentale, le profane semble avoir définitivement gagné par rapport au sacré. En effet, si dans notre monde contemporain imprégné de philosophies historicistes, le sacré continue de se manifester et est encore ressenti de diverses façons — de manière plus ou moins répandue ou intense selon la culture ambiante et la sensibilité individuelle — son pouvoir s'est néanmoins vu décroître au cours des siècles et cela au bénéfice d'un mode d'être presque exclusivement profane, en tout cas dans le monde occidental et bien qu'il soit culturellement chrétien.

Dans *Le Mythe de l'éternel retour*, Eliade aborde le problème du temps et résume l'évolution qui va de l'homme primitif ou archaïque avec son refus du temps historique à l'homme contemporain plongé dans l'historicisme. Concernant ce qu'il appelle la "régénération du temps", Eliade pense qu'"il est plus que probable que le désir qu'éprouve l'homme des sociétés traditionnelles de refuser l'ʻhistoire', et de se tenir à une imitation indéfinie des archétypes, trahit sa soif du réel et sa terreur de se 'perdre' en se laissant envahir par l'insignifiance de l'existence profane" (*MR*, 110-11). C'est que pour l'homme primitif, le réel n'existe que dans son caractère transcendantal, que par la valeur que lui confère une force extérieure. Eliade écrit:

> Si l'on observe le comportement général de l'homme archaïque, on est frappé par ce fait: pas plus que les actes humains proprement dits, les objets du monde extérieur n'ont de valeur intrinsèque autonome. Un objet ou une action acquièrent une valeur, [...] deviennent réels, parce qu'ils participent, d'une manière ou d'une autre, à une réalité qui les transcende" (*MR*, 14).

Et plus loin l'auteur insiste sur le lien absolu entre le réel et le sacré: "[L]e réel par excellence est le *sacré*; car seul le sacré *est* d'une manière absolue, agit efficacement, crée, et fait durer les choses" (*MR*, 23).

Toujours selon Eliade, l'émergence de l'homme historique — et donc "moderne" comme opposé à "archaïque" — se dessine avec les Hébreux: "Pour la première fois, les prophètes valorisent l'histoire, parviennent à dépasser la vision traditionnelle du cycle — conception qui assure à toutes choses une éternelle répétition — et découvrent *le temps à sens unique*" (*MR*, 124; nos italiques)[30]. Opposant à la fin du même ouvrage l'homme moderne à l'homme archaïque, Eliade présente l'alternative "désespoir ou foi" à laquelle est confronté le premier (*MR*, 184-187), et il souligne l'importance de ce phénomène unique qu'a constitué dans l'histoire de l'humanité l'expérience d'Abraham, celui de la foi:

> Depuis l'"invention" de la foi au sens judéo-chrétien du mot (= pour Dieu tout est possible), l'homme détaché de l'horizon des archétypes et de la répétition ne peut plus désormais se défendre contre cette terreur [de l'histoire] que par l'idée de Dieu. En effet, c'est seulement en présupposant l'existence de Dieu qu'il conquiert d'une part la *liberté* [...], et d'autre part la *certitude* que les tragédies historiques ont une signification transhistorique, même si cette signification n'est pas toujours transparente pour l'actuelle condition humaine. Toute autre situation de l'homme moderne, à la limite, conduit au désespoir. Un désespoir provoqué non par sa propre existentialité humaine, mais par sa présence dans un univers historique dans lequel la quasi-totalité des êtres humains vit en proie à une terreur continuelle. (*MR*, 187)

Nous verrons plus loin l'importance du concept de "désespoir" dans la philosophie de l'absurde, et comment ce concept est lié dans l'œuvre camusienne à la perception du temps.

En situant l'homme archaïque dans sa relation au temps, Eliade a montré comment celui-ci ne valorise que le temps sacré et dénie toute signification au temps profane. Il en va de même par rapport à l'espace:

> Pour l'homme religieux, l'espace n'est pas homogène; il présente des ruptures, des cassures: il y a des portions d'espace qualitativement différentes des autres. "N'approche pas d'ici, dit le Seigneur à Moïse, ôte tes chaussures de tes pieds; car le lieu où tu te tiens est une terre sainte" (*Exode*, III, 5). Il y a donc un espace fort et, par conséquent "fort", significatif, et il y a d'autres espaces, non-consacrés et par conséquent sans structure ni consistance, pour tout dire: amorphes. Plus encore, pour l'homme religieux, cette non-homogénéité spatiale se traduit par l'expérience d'une opposition entre l'espace sacré, le seul qui soit réel, qui existe réellement, et tout le reste, l'étendue informe qui l'entoure. (*SP*, 25)

Par rapport encore une fois à la lecture de Camus, il est important de souligner les concepts de temps et d'espace sacrés tels que les

---

30. Eliade attribue ce phénomène au rôle joué par les prophètes dans l'interprétation des catastrophes historiques qui "remettaient [les Hébreux] dans le droit chemin en ramenant de force leurs regards vers le vrai Dieu" (*MR*, 123-24).

définit Eliade: Camus, s'il en discutait rarement et les évoquait quelquefois, en était particulièrement conscient. Lévi-Valensi parle de l'"appréhension mythologique du temps et de l'espace" dans certaines œuvres[31]. Mais si, selon Eliade, le réel du sacré se manifeste avec le plus de force au point de convergence de ses deux dimensions cosmiques, la conscience camusienne du sacré se fonde au contraire dans une relation différenciée au temps et à l'espace. Chez Camus, c'est presque toujours par rapport à l'espace que se développent d'abord les expériences du sacré, comme en témoignent nombre de ses écrits. Gay-Crosier constate que la pensée camusienne se voit dominée "par la nostalgie du statique de l'être, donc par la spatialité. L'imagination primairement spatiale, l'espèce de chronophobie qui marque le tempérament de Camus, se reflètent jusqu'à son système métaphorique" ("Circularité de l'affirmation négative", 64-65)[32]. Tony Judt aussi souligne cette caractéristique de la créativité camusienne et qui différencie l'écrivain de ses confrères intellectuels: "As a writer Camus thought in images and from direct experience, and tied all his understanding of human possibilities and limits to a sense of place — in contrast to the preference of his intellectual contemporaries for understanding humanity as constrained, if at all, only by time and History" (123). Pour Camus, dans la première partie de l'œuvre — il faut le souligner —, le concept du temps est indissociable de la conscience de la mort et se heurte aux limites qu'elle impose. Évoquant la mort dans ses *Carnets*, il note qu'"on ne saurait trop dégrader l'apparence sacrée qu'on lui prête. Rien n'est plus méprisable que le respect fondé sur la crainte" (*C1*, 183). Et, méditant dans le *Mythe* la mort de Don Juan, il réitère ce mépris: "La fin dernière, attendue mais jamais souhaitée, la fin dernière est méprisable" (157). C'est pourquoi, initialement, le temps camusien semble délié du sacré.

Parlant des "conceptions du Temps auxquelles se sont arrêtées certaines philosophies historicistes et existentialistes," Eliade remarque à leur sujet: "[B]ien qu'il ne soit plus conçu comme un 'cercle', le Temps retrouve, dans ces philosophies modernes, l'aspect terrifiant qu'il avait dans les philosophies indienne et grecque de l'Éternel Retour. Définitivement désacralisé, le Temps se présente comme une durée précaire et évanescente qui mène irrémédiablement

---

31. À propos de *L'Étranger*, par exemple, Lévi-Valensi écrit: "[...] le temps et l'espace donnés comme réels et présents sont traités comme s'ils appartenaient à un passé révolu et n'avaient d'autre existence que celle du mythe" ("Le temps et l'espace dans l'œuvre romanesque", 62).

32. Gay-Crosier commente ici l'étude de Lionel Cohn, *La Nature et l'homme dans l'œuvre d'Albert Camus et dans la pensée de Teilhard de Chardin*.

à la mort" (*SP*, 100). Il serait logique de rattacher la conception camusienne du temps à celle décrite ici par Eliade mais ce serait en ignorer les ambiguïtés. Étienne Barilier résume bien le dilemme inhérent au temps de l'univers camusien: "[L]e cœur de la pensée camusienne (mais le terme de 'pensée' est ici dérisoire) tient en ce cri: comment concilier le temps et l'éternité, si je refuse que le temps soit autre chose qu'une souffrance et l'éternité autre chose qu'un désir?" (92). Comme le constate L. Cohn, le temps est pour Camus "un adversaire irréductible. C'est [...] à partir du moment où l'homme sent que 'l'impalpable instant 'glisse' entre [ses] doigts comme les perles du mercure' qu'une angoisse commence à l'étreindre"[33]. Faut-il rappeler, dans le *Mythe*, les premiers mots de "L'Homme absurde": "'Mon champ, dit Goethe, c'est le temps.' Voilà bien la parole absurde. Qu'est-ce en effet que l'homme absurde? Celui qui, sans le nier, ne fait rien pour l'éternel" (149). C'est que la mort reste, pour Camus, "une porte fermée" (63), la pierre d'achoppement incontournable, le rocher de Sisyphe qui a comme fonction finale d'anéantir l'homme après avoir bloqué toutes les issues. Elle l'emprisonne derrière les barreaux du temps, ainsi que le constate le narrateur de *Noces* qui, évoquant Pascal, se voit "comme un homme enfermé à perpétuité" (62). Le temps humain est compté, définitivement limité, fini. Dans "L'Été à Alger", Camus écrit en termes qui annoncent Meursault "agrippé aux barreaux" de sa cellule d'où il voit le ciel (I, 1177): "J'apprends qu'il n'est pas de bonheur surhumain, pas d'éternité hors de la courbe des journées'" (75). Et plus loin: "Mais enfin, ce qui me nie dans cette vie, c'est d'abord ce qui me tue. Tout ce qui exalte la vie, accroît en même temps son absurdité" (75). Il faut se souvenir que, tout jeune, Camus avait soupesé la mort dans sa chair et dans son esprit; c'est alors que, l'ayant regardée bien en face, il fonda sur elle sa philosophie de l'absurde qui conduira à celle de la révolte. Pour tenir tête à la mort, l'homme doit se faire Sisyphe, puis Prométhée.

Pourtant, d'une certaine façon, Camus refuse la linéarité du temps des philosophies historicistes. Il est vrai, l'homme n'a que le présent, ce qui le désespère: "Cette impassibilité et cette grandeur de l'homme sans espoir, cet éternel présent, c'est cela précisément que des théologiens avisés ont appelé l'enfer" (80). Mais Camus n'en reste pas là, comme en témoigne ce fragment des *Carnets* rédigé en 1951: "Je suis parti d'œuvres où le temps était nié. Peu à peu j'ai retrouvé la source du temps — et le mûrissement. L'œuvre elle-même sera un

---

33. Cohn compare les différences du Temps chez Teilhard de Chardin et chez Camus. Pour Teilhard, contrairement à ce qui se passe pour Camus, le Temps serait un "auxiliaire précieux et indispensable" (*La Nature et l'homme*, 101).

long mûrissement" (*C3*, 20). Au cours de ce mûrissement, de cette évolution si caractéristique de l'œuvre camusienne, l'enfer de "cet éternel présent" et son aspect démonique se transformeront épisodiquement en "instants d'éternité", moments du *fascinans* dont il sera question au long de cette étude. Ces instants seront les fruits de ce que Bielawka appelle "deep and ecstatic existential experiences"[34]. Gay-Crosier, parlant de l'ironie et du lyrisme camusiens, écrit qu'"ils reflètent une conception cyclique, donc de répétition, et non pas linéaire et de finalité du temps" ("Lyrisme et ironie: le cas du *Premier Homme*", 69). Dans une note, le critique explique que, sous l'influence de Nietzsche, Camus "en a adopté une fois pour toutes la perspective temporelle qui se dégage de l'éternel retour du même. C'est dire que Camus se déploira désormais sur un axe temporel circulaire et cyclique, qu'il refusera notamment la notion d'une temporalité linéaire qu'il juge totalisante" (69, note 4). Or, la perception nietzschéenne du temps est elle-même influencée par les philosophies orientales, entre autres le zoroastrisme et le bouddhisme qui se manifestent à leur tour dans le soufisme. Baishanski fait remarquer que

> ce qui ressort dans les écrits *littéraires* de Camus de son contact avec la culture islamique du Maghreb semble être [...] ce que partage cette culture avec les différentes cultures d'Asie, plus précisément de l'Inde: le rejet de l'histoire, une certaine indifférence née de l'acceptation du "destin", une tendance au mysticisme et au détachement que l'on trouve chez les Soufis, et une façon d'envisager le temps comme éternité ou instants, sans commencement ni fin, qui n'est ni chrétienne ni occidentale, et qui correspond au besoin de spiritualité de Camus. (36)

Pour revenir à l'Espace sacré, il faut noter que pour l'homme des sociétés primitives, le sacré constituait le réel dans un monde centré sur la verticalité de l'*axis mundi*, axe reliant les trois zones cosmiques que sont le Ciel, la Terre et l'Enfer. L'architecture sacrée offre, aujourd'hui encore, de nombreux exemples illustrant cette vision du monde. Selon Eliade, le Temple des grandes civilisations orientales "n'est pas seulement une *imago mundi*, il est également la reproduction terrestre d'un modèle transcendant [...], une copie d'un archétype céleste" (*SP,* 56), archétype auquel l'homme religieux s'intègre. Dans *Le Surnaturel,* André Malraux écrit: "Le symbolisme cosmique, que nous retrouvons, à des degrés divers, dans toutes les architectures religieuses, n'est pas une représentation schématique du monde, c'est un moyen de créer les lieux où l'homme fait du chaos de

---

34. Dans son étude sur le temps chez Husserl et Camus citée au début du chapitre, Bielawka fournit à l'évolution de la conscience du temps chez Camus l'explication de la subjectivité basée sur l'expérience; comparant les deux approches, elle écrit: "The first way" [celle de Husserl] "is the way of reason, which aspires to achieve certain, apodicitc knowledge of reality; the second [celle de Camus] is based on deep and ecstatic existential experiences" (37).

l'apparence un cosmos — et de ce cosmos, un lien avec une inaccessible puissance qui l'englobe et le gouverne" (17-18). Les photos du temple de Barabudur à Java[35] démontrent parfaitement ce symbolisme cosmique du monument sacré, le même que celui des temples de l'Inde symbolisant la Montagne Sacrée. L'accession au Barabadur devait s'accomplir dans un long cheminement vertical qui n'offrait jamais qu'une vision partielle de l'ensemble. Malraux remarque:

> L'architecte du Barabudur subordonne si bien ce que l'on voit à ce qui *est*, que nul, dans le long chemin que le monument imposait aux processions pour les faire accéder au monde et au temps de l'Illumination, n'a pu reconnaître l'immense signe par lequel il symbolise le cosmos — jusqu'aux premiers aviateurs... (19)

Cette dernière image mérite qu'on s'y arrête brièvement et qu'on s'interroge sur la prérogative que représente pour l'homme de l'âge technologique la possibilité de saisir au vol, d'un seul coup d'œil, "la totalité" d'un tel symbole du sacré. Une des caractéristiques de l'homme moderne est précisément de participer à une vision globale du monde, vision dont l'homme occidental antérieur à la Renaissance ne pouvait bénéficier. Sont-ce ces nouveaux pouvoirs qui ont progesssivement contribué à éloigner l'homme occidental du sacré? Pour lui, en effet, ses représentations, au lieu d'être subjectivement perçues et connues de l'intérieur, vécues en symbiose, sont devenues des projections objectives auxquelles il reste extérieur. Dans le monde occidental, on visite aujourd'hui les lieux du culte comme on visite les musées[36]. Ou, inversement, on se rend au musée pour admirer, entre autres, les objets du culte. Les lieux qui les abritaient, et qui étaient dits "saints", sont dans de nombreux cas désaffectés et la musique profane résonne sous leurs voûtes. Des édifices qui furent des temples et des églises sont devenus des lieux propices aux assemblées de citoyens où, dans de grands "meetings", on débat les problèmes du temporel. Toute notion de transcendance en a été évacuée. C'est que, on l'a vu, l'un exclut l'autre: le sacré et le profane ne sauraient cohabiter. Pour l'homme moderne le temple, ou la cathédrale, ne constitue plus guère

---

35. Voir *Le Surnaturel* de Malraux, photos 10-11, pages 18-19.
36. Dans son article "On Schools, Churches, and Museums", Hollier décrit clairement la situation: "[T]he list of authors who, in the 20th century, have wanted to reinvent a place for the sacred that will fit the modern world, to find a religion beyond the Separation, is endless. For Malraux, the myth of revolution had been the first response to this dream; the museum would be the second. 'This entire century obsessed by cathedrals will leave only one of them behind: the museum,' he wrote in *Le musée imaginaire* [...]. The museum gives life back to the dead gods whom it recycles. What had begun, with Zola and France, as cultural desacralization, with Malraux transformed itself into the sacralization of culture — not a secular art but a religion of art" (835).

une *"imago mundi"* car le monde lui-même a cessé d'être sacré, n'étant plus l'œuvre des dieux.

Étudiant les variétés de l'expérience religieuse de l'espace, Eliade en arrive à la conclusion suivante: "Le Monde se laisse saisir en tant que monde, en tant que Cosmos, dans la mesure où il se révèle comme monde sacré" (*SP,* 61). Or l'homme religieux, pour qui seul le sacré est réel, ne peut vivre en dehors du Cosmos. Le Chaos, ce qui entoure son monde connu et habité, lui inspire la même terreur que le néant. D'après Eliade, cette volonté de l'homme religieux de vivre "au cœur du réel, au Centre du Monde" est une des manifestations de sa soif ontologique: "L'homme religieux est assoiffé de l'*être.*"

Or, le monde moderne occidental ne se révèle plus comme espace sacré et bien que l'homme ait fait, pendant ces dernières décennies, quelques "pas de géant" sur la lune ou quelques excursions spatiales spectaculaires et parfois catastrophiques, il porte sur la lune et sur les espaces sidéraux le même regard — scientifique et spéculatif — que sur la planète Terre. Il n'a en mémoire d'autre histoire que celle de la succession d'événements dans un temps "à sens unique", d'autre réalité que celle du monde profane. Tout ce qui tente de déborder ce monde accessible à la raison et aux sens devient suspect. Dans *Les Îles,* Grenier définit justement l'Occidental en ces termes: "Un Occidental (et par Occidental j'entends une sorte d'esprit que je définis par ce qu'il pense et non par le lieu où il habite) n'a de plus en plus confiance qu'en son oreille, en son œil, en sa main et en tous les moyens qui en décuplent la portée et la puisssance: instruments et raisonnements" (14)[37]. Pour Hegel, qui devait ouvrir le chemin à la philosophie historiciste du XXe siècle, rien n'échappait à la totalité de l'Histoire. Dans son opposition Nature/Histoire, il n'y a, du côté Nature, rien de nouveau sous le soleil et, comme pour l'homme archaïque, les choses se répètent à l'infini. L'Histoire, au contraire, ne se répète pas, elle est toujours nouvelle mais conforme aux plans de la Providence: "L'Histoire devient donc, *dans sa totalité,* une théophanie: tout ce qui s'est passé dans l'Histoire *devait se passer ainsi,* parce que c'est l'Esprit universel qui l'a voulu ainsi", écrit Eliade (*SP,* 99). En somme, elle prolonge l'histoire instaurée par les prophètes. Mais avec Marx, cinquante ans plus tard, c'est le divorce: rejetant l'idéalisme de Hegel tout en adoptant l'idée de la primauté de l'histoire, le marxisme

---

37. Baishanski a recours à cette citation en opposant l'Oriental à l'Occidental défini d'une part par Grenier et d'autre part, dans la perspective du temps, par René Daumal selon qui l'Oriental "ne cherche pas à tuer le temps sous les mille façons de dormir [...]. Au contraire, en vivant le temps, il l'identifie à lui-même et l'annihile dans sa propre conscience. En cela [...] c'est lui qui sait le mieux vivre et assimiler la réalité immédiate, que l'Occidental s'ingénie à fuir par d'innombrables détours" (14).

voit exclusivement en elle l'histoire de la lutte des classes. Le matérialisme historique évacue du même coup toute signification transcendante. "Pour Marx, les lois de l'histoire reflètent la réalité matérielle" écrit Camus (597). Dans le même temps, avec Nietzsche, qui, comme le constate Camus, "tiendra Dieu pour mort dans l'âme de ses contemporains" (445)[38], l'avènement du surhomme est annoncé. Cet homme sera le nouveau dieu, bien que mortel. Selon Freud, toute foi religieuse n'est qu'une illusion et l'espoir d'une autre vie est infantile. Aux yeux de la psychanalyse, devenue selon le cliché la religion de l'homme moderne, tout désir métaphysique est réductible au désir de l'autre, qui n'est jamais, en termes lacaniens, que le désir du désir de l'autre. Le monde de l'homme moderne se présente comme un monde anthropocentrique et spirituellement diminué, pour ne pas dire éteint. Un monde désespérément stérile et "horizontal", qui ressemble étrangement au plat-pays de *La Chute* que Clamence ironique veut faire admirer à son interlocuteur, accents baudelairiens à l'appui:

> Voilà, n'est-ce pas, le plus beau des paysages négatifs! Voyez, à notre gauche, ce tas de cendres qu'on appelle ici une dune, la digue grise à notre droite, la grève livide à nos pieds et, devant nous, la mer couleur de lessive faible, le vaste ciel où se reflètent les eaux blêmes. Un enfer mou, vraiment! Rien que des horizontales, aucun éclat, l'espace est incolore, la vie morte. N'est-ce pas l'effacement universel, le néant sensible aux yeux? (I, 1513)

Paysage "négatif", c'est-à-dire marqué par le manque, par l'absence, gravé dans le champ sémantique de la mort: "cendres", "livide", "blêmes", "incolore", "vie morte", "effacement". Monde vidé de sa substance au point de sombrer dans "le néant". Espace, pour reprendre les termes d'Eliade, "sans structure ni consistance, pour tout dire: amorphe" (*SP,* 25). Monde progressivement désacralisé au point de n'être même plus l'enfer mais son envers décoloré: les flammes de la damnation éternelle ne sont plus que des "cendres" éteintes par les "eaux blêmes, couleur de lessive faible". Un "enfer mou", liquide et informe, magma refroidi où toute vie semble condamnée, monde qui incite l'homme à fuir ou, s'il veut survivre dans son humanité, qu'il lui faut transformer — soit par le retour au sacré, soit par la révolte.

Est-ce à cela qu'a mené "l'histoire désacralisée" du monde dont parle Camus (II, 431), "la lente désacralisation de la demeure humaine" dont parle Eliade? Pour ce dernier, elle "fait partie intégrante de la gigantesque transformation du Monde assumée par les sociétés industrielles et rendue possible par la désacralisation du

---

38. Comme le fait remarquer Marcel Lobet, "Hegel a proclamé la mort [de Dieu] bien avant Nietzsche, en 1802" (156).

Cosmos sous l'action de la pensée scientifique et surtout des sensationnelles découvertes de la physique et de la chimie" (*SP*, 50). Et Eliade de se demander, avec des voix contemporaines de plus en plus nombreuses[39], "si cette sécularisation de la Nature est réellement définitive, s'il n'y a aucune possibilité, pour l'homme moderne, de retrouver la dimension sacrée de l'existence dans le Monde" (*SP*, 137).

Sa réponse optimiste est que "la sécularisation définitive de la Nature n'est une chose acquise que pour un nombre limité de modernes: ceux qui sont dépourvus de tout sentiment religieux". Ou, pour reprendre les mots de Caillois et qui font écho à certains propos de Bataille, pour ceux "qui subordonnent tout à la conservation de leur vie et de leurs biens et semblent ainsi tout tenir pour profane, prenant avec tout [...] les plus grandes libertés. L'intérêt bien entendu les gouverne ou leur plaisir du moment. Pour eux seuls, il est clair que le sacré n'existe sous aucune forme" (178).

À première lecture, Clamence semble être de ceux-là, tout comme il semble, dans sa perception de l'espace et sa conscience de l'immanence, se faire le porte-parole de l'homme moderne occidental. Pourtant, sous l'ironie et le cynisme intarissables percent les accents d'une irrépressible nostalgie — même si le juge-pénitent semble s'en moquer comme de tout le reste. Et puis, faut-il rappeler que Camus chante ailleurs des espaces moins horizontaux et moins désespérants. En dehors de l'exil de Clamence, le royaume existe, "de ce monde". Vigée remarque au sujet de ce royaume que Camus "l'évoque surtout dans les éclairs d'intuition poétique liés aux souvenirs des rives et des ciels de son pays natal: c'est là que nous trouverons, dans l'œuvre de Camus, le témoignage le plus complet de sa quête du sacré immanent à l'existence" (*Artistes*, 256). C'est dans ces mêmes lieux, mais aussi dans d'autres qui l'ont marqué, que nous allons le suivre dans sa quête.

Évoquant sa dernière rencontre avec Camus quelques mois avant l'accident fatal, Vigée, tout en résumant clairement la position de l'écrivain envers la religion et le sacré, souligne ce dualisme de sa pensée:

---

39. Nous pensons, par exemple, aux travaux de physiciens-philosophes tels que Jean. E. Charon (*L'Esprit, cet inconnu*; *Mort, voici ta défaite*) et Fritjof Capra (*Le Temps du changement*), penseurs influencés par Einstein, Pasteur, Teilhard de Chardin et Jung entre autres. Ces auteurs proposent une nouvelle vision du monde, vision non cartésienne basée sur une approche holistique des phénomènes et accordant une place nouvelle à l'Esprit, propriété reconnue par eux comme la plus essentielle de la Matière. Cette approche confirmerait les mythes fondamentaux communs à toutes les religions.

> Tout en s'affirmant agnostique, détaché de toute tradition religieuse ou confessionnelle précise, il se sentait attiré par l'autre face des choses, celle qu'il devinait sous la réalité sensible du monde à laquelle il vouait depuis l'enfance le culte païen que l'on sait. Confrontant sur place Apollon à Dionysos sur les traces de son maître Nietzsche, espérait-il un jour résoudre en Grèce le conflit de la violence et de la perfection des formes visibles qui, en figurant l'énergie démonique, la limitent et nous en protègent? Camus me confia alors qu'il éprouvait au plus profond de soi le besoin du sacré, dont pourtant la connaissance directe lui échappait, sauf sous les espèces du manque et de la nostalgie. Une inquiétude métaphysique spontanée traverse l'œuvre entière.[40]

Cette synthèse de la pensée camusienne concernant la religion et le sacré, pensée placée sous le signe de l'angoisse métaphysique, servira comme référence de base lors de notre quête du sacré dans les premiers textes camusiens.

---

40. Cette citation qui cerne si bien la pensée et l'inquiétude camusiennes est tirée de l'"Avant-propos" que Vigée a rédigé pour l'essai de Reichelberg, *Albert Camus, une approche du sacré* (10), essai auquel nous aurons recours ultérieurement.

II

LA SOURCE ET LES TRACES
LE SACRÉ DANS LES PREMIERS ÉCRITS

En abordant l'étude du sacré dans l'œuvre camusienne proprement dite, il ne s'agit pas de dégager quelque vérité nouvelle par rapport aux nombreuses études concernant le sujet mais plutôt, nous appuyant sur certaines d'entre elles, de mettre en lumière les lignes de force qui structurent l'expérience et l'expression du sacré dans les premiers écrits, afin de pouvoir par la suite situer le féminin dans le champ de cette structure et interroger leur relation. Les textes que nous allons aborder sont celui du diplôme d'Études supérieures, *Métaphysique chrétienne et néoplatonisme* (1936), ainsi que les essais de *L'Envers et l'endroit* (1937) et de *Noces* (1939). Si nous nous limitons à ces écrits de jeunesse, c'est qu'ils sont le lieu des intuitions fondamentales de l'œuvre et aussi des premières révélations du sacré. Vigée, qui voit l'œuvre de Camus comme "la patiente élaboration de quelques vérités fondamentales", affirme avec raison que ces vérités, ou ces "certitudes", "émergent [...] au début de sa carrière littéraire, dès les écrits inédits ou publiés datant des années 1935 à 1938, pour demeurer les thèmes permanents dont le développement ou les conflits informeront tous ses ouvrages à venir" ("Nostalgie", 251-52).

Avant d'entrer dans ces textes pour y découvrir les traces du sacré, le moment semble venu de faire état de la pensée explicite de Camus concernant ce sujet et formulée douze ans après *Noces*, dans *L'Homme révolté* (1951). Contenue en germe dans les premiers essais, cette pensée donne naissance d'abord à la réflexion philosophique sur l'absurde qu'est *Le Mythe de Sisyphe* (1942) qui, à son tour, porte en gestation l'étude sur la révolte. Alors que dans *Le Mythe*, nous avons vu se dessiner, à travers la pensée irrationnelle, des liens entre l'absurde et le sacré, c'est dans *L'Homme révolté* que Camus définit en termes rationnels non le sacré lui-même, mais le sacré dans sa relation à la révolte, le situant ainsi dans une double perspective: philosophique et métaphysique d'une part, sociale et historique de l'autre. Le passage suivant décrit cette relation:

> [L]a révolte est le fait de l'homme informé, qui possède la conscience de ses droits. Mais rien ne nous permet de dire qu'il s'agit seulement des droits de l'individu. Au contraire, il semble bien, par la solidarité déjà signalée, qu'il s'agisse d'une conscience de plus en plus élargie que l'espèce humaine prend d'elle-même au long de son aventure. En fait, le sujet inca ou le paria ne se posent pas le problème de la révolte, parce qu'il a été résolu pour eux dans une tradition, et avant qu'ils aient pu se le poser, la réponse étant le sacré. Si, dans le monde sacré, on ne trouve pas le problème de la révolte, c'est qu'en vérité on n'y trouve aucune problématique réelle, toutes les réponses étant données en une fois. La métaphysique est remplacée par le mythe. Il n'y a plus d'interrogations, il n'y a que des réponses et des commentaires éternels, qui peuvent alors être métaphysiques. Mais avant que l'homme entre dans le sacré, et pour qu'il y entre aussi bien, ou dès qu'il en sort, et pour qu'il en sorte aussi bien, il est interrogation et révolte. *L'homme révolté est l'homme situé avant ou après le sacré*, et appliqué à revendiquer un ordre humain où toutes les réponses soient humaines, c'est-à-dire raisonnablement formulées. Dès ce moment, toute interrogation, toute parole, est révolte, alors que, dans le monde du sacré, toute parole est action de grâces. Il serait possible de montrer ainsi qu'il ne peut y avoir pour un esprit humain que deux univers possibles, celui du sacré (ou, pour parler le langage chrétien, celui de la grâce), et celui de la révolte. [...] L'actualité du problème de la révolte tient seulement au fait que des sociétés entières ont voulu prendre aujourd'hui leur distance par rapport au sacré. Nous vivons dans une histoire désacralisée. L'homme, certes, ne se résume pas à l'insurrection. Mais l'histoire d'aujourd'hui, par ses contestations, nous force à dire que la révolte est l'une des dimensions essentielles de l'homme. Elle est notre réalité historique. À moins de fuir la réalité, *il nous faut trouver en elle nos valeurs. Peut-on, loin du sacré, et de ses valeurs absolues, trouver la règle d'une conduite*? telle est la question posée par la révolte. (430-31; nos italiques)[1]

Il semblerait à première vue logique de considérer cette juxtaposition du sacré et de la révolte comme parallèle à l'opposition syntagmatique du sacré et du profane car régie par les mêmes critères d'exclusion réciproque. La révolte coïnciderait dès lors purement et simplement avec le profane, puisque dans les deux cas il n'y a que deux univers possibles. On sent bien pourtant qu'il ne s'agit pas d'y voir une équivalence. Le profane, on l'a vu, est un monde matériel et amorphe, un monde de substances, et comme tel, incapable de fournir des valeurs. La révolte, au contraire, se façonne à partir d'énergies, fonde la pensée interrogative et toute action qui en découle. La révolte et le profane sont clairement, comme le sacré et le profane, deux modes d'être inconciliables. La question qui se pose dès lors, dans

---

1. Nous rappelons que, sauf indication contraire, les numéros de page relatifs aux textes de Camus dans ce chapitre renvoient exclusivement au volume des *Essais* de la Pléiade (II, 1965).

un monde livré au profane et par rapport à "l'histoire désacralisée" où nous vivons, est celle de la place et de la fonction de la révolte.

Puisque la révolte se fonde sur l'absurde, qui pour Vigée est "le sacré inaccessible" ("Nostalgie", 255) et dont Blanchot dit qu'"il est *Cela* qui se dérobe à la saisie du sens, comme le divin" (*L'Amitié*, 220), on peut entrevoir les liens qui la rattachent, elle aussi, au sacré. Mais mieux qu'un rattachement, il s'agit d'un remplacement. En effet, à travers la différenciation du profane et de la révolte, on assiste à un glissement radical par lequel la révolte vient s'inscrire dans le paradigme du sacré. Différente, relative, axée sur l'éthique et non sur le divin, elle est cependant appelée à fournir des réponses et donc un sens à l'aventure humaine collective. Elle est appelée à équilibrer le profane qui, laissé à lui-même, entraînerait l'homme dans une chute définitive. Cette fonction est implicite dans l'exigence exprimée par Camus, "il nous faut trouver en elle nos valeurs", et c'est cette exigence qui, en l'absence du sacré, investit la révolte d'une fonction essentielle de substitution. Dans un mouvement semblable, les mêmes énergies animent le sacré et la révolte mais en laissant à chacun son élan et sa direction propres: l'un vers le divin, l'autre vers l'humain. Dans les deux cas, il s'agit du même "arc qui se tord", de la même dépense d'énergie transcendante: "Au sommet de la plus haute tension va jaillir l'élan d'une droite flèche, du trait le plus dur et le plus libre" (709). Notons que ces derniers mots de *L'Homme révolté* sont aussi ceux de "l'heure où naît enfin un homme". C'est que, comme le souligne Quilliot, la révolte est, paradoxalement, "'acceptation' de la vie, vie qu'elle choisit de concevoir comme un combat passionné contre toutes les formes d'illusion, et dont elle peut devenir capable de percevoir, une fois l'espoir totalement congédié, toute la secrète et mystérieuse beauté" ("Lumières", 192). Dans "Remarque sur la révolte", Camus écrit: "C'est dans la révolte que l'homme se dépasse dans autrui, et, de ce point de vue, la solidarité humaine est métaphysique" (1685). Bref, la révolte, vue par Camus dans une conscience éthique de la solidarité, s'approprie les énergies et les fonctions créatrices du sacré.

On voudrait dans ce contexte faire un rapprochement succinct entre l'éthique du cogito camusien, "Je me révolte, donc nous sommes", et ce commentaire de Derrida sur la religion de Levinas dans la préoccupation qu'elle entretient avec l'altérité et la solidarité dans "la rencontre comme séparation":

> Face-à-face avec l'autre dans un regard et une parole qui maintiennent la distance et interrompent toutes les totalités, cet être-ensemble comme séparation précède ou déborde la société, la collectivité, la communauté. Lévinas l'appelle religion. Elle ouvre l'éthique. La relation éthique est

une relation religieuse. Non pas une religion, mais la religion, la religiosité du religieux. Cette transcendance au-delà de la négativité ne s'accomplit pas dans l'intuition d'une présence positive, elle "instaure seulement le langage où ni le non ni le oui ne sont le premier mot", mais l'interrogation. (*L'Écriture et la différence*, 142)

Il est difficile de ne pas associer la pensée camusienne — celle de la conscience d'une nécessaire solidarité liée à celle d'une solitude fondamentale qui maintient la séparation — à ce concept éthique du religieux en même temps qu'à la notion de transcendance qui est l'instauration d'un langage oscillant entre le oui et le non, langage qui est avant tout interrogation — c'est-à-dire celui de la révolte et donc, pour Camus, de la solidarité. Bien que le rapprochement soit plus évident au niveau d'œuvres plus tardives, les écrits de jeunesse le justifient amplement[2].

Aussi est-ce le moment d'interroger le concept de "transcendance" dans le contexte de l'œuvre, concept souvent débattu par la critique camusienne. Rappelons d'abord ce qu'en dit Camus dans une note relative à *Remarque sur la révolte*: "Il s'agit, bien entendu, *dans toute cette remarque*, d'une transcendance qu'on pourrait appeler horizontale par opposition à la transcendance verticale qui est celle de Dieu ou des Essences platoniciennes" (1683; nos italiques). Notons que l'absence de transcendance verticale exprimée ici concerne uniquement la *Remarque* et que la transcendance verticale est implicitement reconnue. Notons aussi que Bataille, se référant à cet essai, fait l'observation suivante: "Camus identifie [...] le sacré et la transcendance divine" ("La morale du malheur", 12). Lors du second colloque international sur Camus (Floride, 1980), ce concept a fait l'objet d'une vive discussion autour de la communication de Lionel Cohn, "Signification du sacré dans *La Chute*". Certains, Gay-Crosier par exemple, ont affirmé qu'il ne peut y avoir de transcendance verticale dans l'œuvre: "[...] le sacré camusien se situe très clairement au niveau de la transcendance horizontale et refuse la verticalisation" (121). Et plus loin: "Sur le plan de la transcendance horizontale, le personnage camusien ne fait que se déplacer du point A au point B les deux se trouvant dans son et notre monde. Dans la transcendance verticale, au contraire, on fait le saut et on est toujours forcé de revenir à son point de départ. C'est ce saut que Camus refuse" (122). Pour Morot-Sir aussi, "l'expérience de la transcendance correspond à celle de la révolte" (118), dont nous savons qu'elle est celle de la solidarité, donc horizontale. Et alors que Lévi-Valensi objecte, avec

---

2. Comme œuvres plus tardives, on songe évidemment à *L'Homme révolté*, mais aussi à *La Peste, Les Justes, L'État de siège* ainsi qu'à certaines nouvelles de *L'Exil et le royaume*.

raison puisque cet échange existe, qu'"[o]n peut imaginer une espèce de va-et-vient entre les deux plans et voir dans les entreprises de certains personnages une tentative de passage de l'un à l'autre" (122), Abbou fait remarquer qu'"au niveau gnostique de plusieurs personnages [...] il y a pourtant une sorte de verticalité dès lors qu'ils s'apprêtent à quitter le monde du concret qui est le monde de la séparation" (121). Discussion de toute évidence difficile, concernant un aspect peut-être insaisissable de l'œuvre, inscrit dans son "mystère", et qui a refait surface à Oslo en 1996: J. Daniel constate que "Camus laisse toujours échapper de sa plume, comme malgré lui, une évocation indirecte ou implicite de la transcendance" (*"Le Premier homme*. La religion. Le siècle", 11). Lors de la discussion, rappelant que pour Hannah Arendt, "la religion avait affaire à cette transcendance verticale" et remarquant que chez Camus il y a "le sens du sacré" et aussi "quelque chose de religieux dont il n'y a pas de transcendance organisée suivant un schéma, une Église, etc.", Maurice Weyembergh pose la question: "Mais comment placeriez-vous alors ce sens du sacré par rapport à cette absence de transcendance?" J. Daniel, réaffirmant le sens du sacré chez Camus, répond: "[...] chez les mystiques [Camus] admettait le parcours qui allait jusqu'à la contemplation, mais [...] il n'intégrait pas l'objet de la contemplation. [...] Camus était le plus religieux des incroyants" (14). Au-delà d'un certain problème de terminologie, il est clair que la transcendance verticale existe chez Camus, ne fût-ce que sous la forme d'une nostalgie jamais calmée, d'un désir inextinguible de l'Unité. Et il y a aussi, de loin en loin, ces "instants d'éternité" vécus par certains personnages mais également par le narrateur des essais.

Si, avant d'aborder ceux-ci, il nous a paru indispensable d'attirer l'attention sur la vision objective de Camus concernant le sacré et sa relation à la révolte, vision basée sur une importante réflexion philosophique, c'était pour mieux souligner l'écart entre la rationalité de cette réflexion et l'influence de la sensibilité religieuse et de l'intuition dans les essais de jeunesse. La fonction de substitution que Camus attribue à la révolte via la raison n'exclut pas, et ceci est vrai pour toute l'œuvre narrative et dramatique, une nostalgie permanente du sacré, une attraction sans répit pour "l'autre face des choses" pour reprendre les mots de Vigée[3]. Il faut se souvenir enfin de cette remarque concernant la raison chez Plotin dans "Un raisonnement absurde":

> La raison porte un visage tout humain, *mais elle sait aussi se tourner vers le divin*. Depuis Plotin qui le premier sut la concilier avec le climat

---

3. Voir la dernière citation de Vigée à la fin du chapitre I.

éternel, elle a appris à se détourner du plus cher de ses principes qui est la contradiction pour en intégrer le plus étrange, celui, tout magique, de *participation*. Elle est un instrument de pensée et non la pensée elle-même. *La pensée d'un homme est avant tout sa nostalgie.* (133-34; nos italiques)

C'est cette nostalgie — cette ouverture de la raison vers ce qui la dépasse, qui traduit le besoin du sacré et qui seule permet la participation — que la suite de ce chapitre va tenter de mettre en évidence.

Métaphysique chrétienne et néoplatonisme

Le premier essai philosophique de Camus témoigne à la fois de la nostalgie du sacré, de l'inquiétude métaphysique et de l'attrait exercé par la Grèce. *Métaphysique chrétienne et néoplatonisme* fut le sujet choisi par Camus pour son diplôme d'Études supérieures, étude qui examine "les rapports de l'hellénisme et du christianisme et le rôle du néo-platonisme dans la pensée chrétienne" (Quilliot, 1220). Mais pour les mêmes raisons qui avaient fait hésiter Quilliot à reproduire le texte de ce "travail essentiellement universitaire" dans le volume des *Essais*[4], on ne s'attardera ici que brièvement à l'étude elle-même. On cherchera plutôt à en dégager les grandes directions et à remonter ainsi au prélude de l'œuvre[5], à la source de la pensée philosophique et théologique de Camus telle qu'elle se manifestait dès avant les débuts de son œuvre d'écrivain.

Dans son étude intitulée "Augustin et Camus" et dont la première partie porte sur le mémoire du diplôme d'Études supérieures, Paul Archambault fustige Camus pour son travail de mauvais écolier, lui reprochant "d'avoir résumé, même plagié, un certain nombre de textes pris à des études générales, tout en prétendant appuyer ses réflexions sur les œuvres de la *Patrologie*" (195). Mais aussitôt il précise, "à sa décharge", que Camus "s'est plus d'une fois donné la peine de consulter la *Patrologie,* puisqu'il se permet de rectifier des références empruntées aux sources plagiées". S'il lui cherche querelle d'une manière quelque peu confuse quant à sa méthode de travail,

---

4. Lorsque Quilliot parle de ses hésitations devant "un travail essentiellement universitaire, alourdi de son appareil de citations et de notes", on ne peut que souscrire à ses réserves. Mais il précise que "[l]'intérêt que de nombreux chercheurs et étudiants portent à ce texte nous a finalement amenés à le publier en documents" (1220).

5. Pierre Caussat voit dans ce texte "le prélude d'une pensée", terme qu'il choisit "pour marquer l'obligation de se tenir à un entre-deux" et où il discerne "une loyale tentative de pratiquer l'exercice de la philosophie institutionnelle, suivie de son abandon pour courir d'autres aventures de l'intelligence, sans cesser de demeurer fidèle à l'exigence qui a commencé à s'y éprouver" (224 et 239).

Archambault reconnaît néanmoins "que là n'est pas la question. S'il nous a paru utile de nous attarder sur ce travail, c'est que Camus lui-même, si l'on en juge d'après son œuvre littéraire, lui a toujours attaché une certaine importance" (197). En fait, Camus a fait bien plus: il y a jeté les bases spirituelles de l'œuvre à venir. C'est pourquoi il ne faudrait en aucun cas sous-estimer le sens général et la portée de cette étude initiale: sous la forme parfois laborieuse d'un travail académique hâtif se dessinent clairement les préoccupations essentielles du jeune Camus, celles qui vont donner à l'œuvre sa cohésion et sa profondeur.

Quelles sont ces préoccupations? Dans ses "Commentaires" au diplôme, Quilliot définit en quelques mots la relation qui existait alors pour Camus entre la religion et le sacré:

> [L]a religion était, ou bien une affaire de vieille femme, un divertissement devant la mort, ou bien l'expression vague des élans de jeunesse vers quelque chose de plus grand que soi, l'obscur désir de se survivre et de donner un sens à l'existence: bref le sens du tragique et du sacré. D'une certaine façon, Camus était à la fois étranger à l'esprit religieux et profondément marqué par l'inquiétude métaphysique. Son diplôme allait lui permettre d'approfondir sa connaissance intellectuelle de la pensée chrétienne. (1220)

Mais c'est de façon spécifique seulement que Camus a pu être "étranger à l'esprit religieux", la conscience du sacré impliquant celle du religieux dans le sens le plus large. Nous voudrions considérer brièvement les nuances exprimées par d'autres critiques dans ce domaine. Ingrid Di Méglio, dans son importante étude sur Camus et la religion, fait cette remarque perspicace: "Sa religion naturelle se développe à travers le refus même de la religion institutionnalisée, sa morale à travers le refus de l'éthique chrétienne. En ce sens on peut dire que [...] Camus rejette Dieu pour des raisons religieuses et morales!" (39). Il est vrai que la révolte implique l'Autre, celui contre lequel le révolté (du latin *revolvere*) "se retourne", fait "volte-face". Di Méglio écrit encore, de manière très juste, que "Camus, certes, part du principe de l'absence de Dieu comme hypothèse de travail, mais sa lutte incessante contre l'idée même de Dieu prouve bien qu'il n'arrive pas à en faire abstraction" (10). Paul Viallaneix écrit de son côté que

> [e]n qualifiant de "passionnée" son "incroyance"[6], Camus laissait entendre qu'il la subissait sans l'avoir choisie, mais aussi qu'il s'y débattait, qu'il y dépensait son énergie intérieure, qu'il la vivait dans la

---

6. Paul Viallaneix se réfère à la note relative au "Portrait d'un élu" de Camus, note que nous reprenons: "En fait, l'incrédulité contemporaine ne s'appuie plus sur la science comme à la fin du siècle dernier. Elle nie à la fois science et religion. Ce n'est plus le scepticisme de la raison en face du miracle. C'est une *incroyance passionnée*" [II,1602; nos italiques]. On comprend sans peine que Camus décrit ici sa propre incroyance.

tension, non dans le repos. Il ne parvint pas, en efffet, à l'indifférence religieuse. Il s'y exerça, du temps de *L'Envers et l'endroit*, avec l'espoir de s'approprier la sagesse muette de sa mère. Mais il était né avec le "sens du sacré" et il le conserva. ("L'"incroyance passionnée' d'A. Camus", 181-82)

Ailleurs, Viallaneix remarque: "Rebelle à l'acte de confiance de la foi. [Camus] l'est donc aussi à l'athéisme et même à l'indifférence spirituelle" ("Le défi du mal", 30). André Devaux pense que le "non" qu'oppose Camus (spécifiquement) "au christianisme est nuancé, nullement triomphant, c'est celui d'un incroyant qui ne sait pourtant pas se reposer dans son incroyance" (248). Dimitris Papamalamis définit de manière plus générale mais juste l'attitude de Camus envers le fait religieux en affirmant que "l'expérience et la notion de l'absurde" amènent Camus "à rejeter toute notion de religion sans nier pour cela le religieux et le sacré" (221). Jacques Goldstain, enfin, se référant à la "longue recherche" que constitue l'œuvre de Camus, écrit que: "[...] finalement, bien au-delà des objectifs à court terme, c'est l'Absolu qui le sollicite, un absolu qui n'aura d'autre nom que la Justice sous sa plume, mais un absolu dont on peut penser que Sartre n'avait pas tout à fait tort de lui dire: 'Au fond, c'est Dieu qui vous obsède'" (7). Le consensus se dégageant de ces différentes déclarations nous confirme dans notre perception: que, par-delà une incroyance "passionnée", incroyance inquiète et insatisfaite sans possibilité d'oubli, incroyance synonyme de refus plutôt que de négation, règne néanmoins le sens constant du religieux et du sacré. Nous estimons cependant que cette incroyance est à la fois passionnée et relative. Relative, parce que dirigée essentiellement contre le Dieu chrétien qui, s'il existe, est nécessairement la source du mal et de la souffrance. Comment adhérer à l'idée d'un Dieu créateur décrit comme "infiniment bon" alors que ses créatures sont plongées dans le malheur? Comment accepter le concept d'un Dieu à la fois "tout-puissant" et cependant injuste? Ou est-ce que l'homme se trompe? Peut-être Dieu n'est-il pas celui qu'on croit. Mais alors, comment expliquer le monde où l'homme a été jeté, la relation absurde qui les lie?

Oui, l'incroyance de Camus est passionnée, et tourmentée, précisément parce qu'il a un sens développé à la fois de la justice et du sacré, et que ce sens est alimenté par un désir d'absolu et une intarissable nostalgie du royaume, lieu d'Unité et d'immortalité. "La révolte contre le mal", écrit Devaux, "n'est donc pas nécessairement athée, mais elle est certainement blasphématoire, elle dénonce le scandale suprême et donne ainsi un sens à la protestation humaine" (246). Non seulement cette révolte n'est-elle pas nécessairement athée, mais plutôt, nous semble-t-il, elle *ne peut* l'être: il n'y a pas de révolte contre le mal sans perception d'une entité causale, d'un "Provocateur", c'est-à-dire, sur le plan métaphysique, sans la conscience de "Celui" qui, par son injustice envers ses créatures, cause la révolte.. Camus, on le sait, a personnellement affirmé: "Je ne crois pas en Dieu, c'est vrai. Mais je ne suis pas athée pour autant" (I, 1881), et pour paradoxales qu'aient pu être ses affirmations dans ce domaine il serait présomptueux de les ignorer[7]. Dans "Je ne crois pas en Dieu", le mot "Dieu" pourrait spécifiquement signifier le Dieu chrétien et les mots "Je ne crois pas" pourraient signifier "Je ne place pas ma foi en ce Dieu-là" puisqu'il enchaîne: "Je ne suis pas athée", ce qui signifie "je ne suis pas *sans* Dieu". Le "mais" restrictif entre les deux phrases pourrait impliquerait: "Je refuse, à la lumière de ce que je sais, d'adhérer à ce Dieu-là." Ce qui nous paraît certain, c'est qu'on ne peut parler d'*athéisme* dans le cas de Camus: il n'est pas *sans* mais *contre* Dieu, comme le confirme Grenier: "[C]'est vrai qu'il n'était pas athée: il était plutôt antithéiste. Un Dieu tout-puissant, s'il avait existé, eût été impardonnable de permettre ce mal sans mesure qui submerge le monde créé par lui et qui sans lui ne durerait pas" (*Préface*, I, xii). Enfin, Camus lui-même avoue — confesse? — dans une lettre à Francis Ponge son inquiétude spirituelle: "[I]l est vrai que je reste l'homme 'énervé' et que je ne puis me laver du souci métaphysique. Je me garderai d'aller là contre, puisque je ne prétends pas à penser nouvellement, mais à penser honnêtement" (II, 1666).

Camus est à la fois un agnostique et un nostalgique. Ce qu'il faudrait, c'est interroger plus avant cette incurable nostalgie de l'Absolu, ce désir d'immortalité de l'homme, comme le suggère Raymond Sansen: "Si l'absurdité, par exemple, peut surgir du choc entre le désir d'immortalité et la mort effective, il faudrait, avant de l'affirmer prématurément, sonder plus avant encore ce désir d'immortalité. *Sa permanence mérite examen. Elle est donnée au même titre que la mort*, et l'anthropologie, à son sujet, n'a certainement pas dit son dernier mot" (96; nos italiques). Est-il pensable qu'un jour nous puissions comprendre notre propre désir d'immortalité et d'Unité, en saisir le sens, savoir enfin, et dès lors dépasser l'absurde? Mais du même coup, nous émergerions de notre condition humaine.

Revenons au diplôme car il relie les deux mondes où s'enracine la conscience camusienne du religieux et du sacré: le monde grec avec

---

7. Cette déclaration de Camus est extraite d'une interview accordée au *Monde* en 1956, en réponse à une question concernant la croyance de Faulkner comme opposée à son agnosticisme personnel. Voici un autre échange paradoxal: à Brisville qui lui demande de préciser sa pensée au sujet des mots: "Secret de mon univers: imaginer Dieu sans l'immortalité de l'âme", Camus répond: "Oui. J'ai le sens du sacré et je ne crois pas à la vie future, voilà tout" (II, 1923). Il faut souligner dans la première phrase le verbe "imaginer", non "croire en".

son sens de l'harmonie et de la mesure et le monde chrétien imprégné d'angoisse métaphysique, le monde de Plotin et le monde de saint Augustin, puisque c'est autour de l'œuvre de ces deux penseurs — de ces deux mystiques — que s'organise la réflexion de Camus[8]. Et presque toujours, même si, comme dit Camus, "tout porte à mettre en valeur près de la Grèce de la lumière une Grèce de l'ombre, moins classique mais aussi réelle" (1225), le monde hellène apparaîtra chez lui comme le lieu préféré du sacré solaire et du *fascinans*. Sa présence dans l'œuvre camusienne — présence, soit dit en passant, qui coïncide souvent avec celle du monde méditerranéen dans son ensemble — est en effet celle d'un lieu éclatant de lumière, d'un monde sensuel où les dieux et les hommes cohabitent dans l'orgueil de la vie mais dans le respect des limites et de la mesure, cosmos privilégié et rayonnant au milieu d'un chaos habité par les barbares: "L'hellénisme implique que l'homme peut se suffire et qu'il porte en lui de quoi expliquer l'univers et le destin. Ses temples sont construits à sa mesure. [...] Leur évangile disait: notre Royaume est de ce monde. C'est le 'Tout ce qui t'accommode, Cosmos, m'accommode', de Marc Aurèle" (1225).

Tout en soulignant cet accord homme/cosmos, Camus rappelle le principe de "l'éternel retour" qui animait le monde grec: "Au reste et dans l'ordre physique, écrit-il, les Grecs croyaient encore à un monde cyclique, éternel et nécessaire, qui ne pouvait s'accommoder d'une création 'ex nihilo' et partant d'une fin du monde" (1226). Déjà il définit ici, en termes de Temps, un des éléments essentiels qui constituent l'incompatibilité des mondes grec et chrétien. Eliade confirme cette croyance des Grecs: "La Grèce aussi a connu le mythe de l'éternel retour, et les philosophes de l'époque tardive ont poussé à ses limites extrêmes la conception du Temps circulaire." Il cite alors Puech: "Selon la célèbre définition platonicienne, le temps, que détermine et mesure la révolution des sphères célestes, est l'image mobile de l'immobile éternité, qu'il imite en se déroulant en cercle. [...] La durée cosmique est répétition et *anakuklesis*, retour éternel" (*SP*, 97-98)[9].

---

8. Concernant l'influence orientale chez Plotin et dans l'œuvre de Camus, nous renvoyons le lecteur à l'étude de Baishanski, notamment à la première partie, "L'Orient dans l'œuvre du jeune Camus". Elle rappelle que Plotin était "grec bien sûr, mais aussi africain d'Alexandrie, [...] et qui, comme le fait remarquer Grenier, 'a dû subir l'influence spirituelle de l'Inde à ce carrefour de civilisation qu'est l'Égypte [à cette époque]'". Elle cite alors ce passage du mémoire de Camus: "Peu d'époques furent aussi tourmentées. Dans une extraordinaire incohérence de races et de peuples, les vieux thèmes gréco-romains se mêlaient à cette nouvelle sagesse qui venait de l'Orient. L'Asie Mineure, la Syrie, l'Égypte, la Perse envoyaient pensées et penseurs au monde occidental" [1226-7], (25-26).

9. Eliade cite ici Henri-Charles Puech, "La Gnose et le Temps", *Eranos-Jahrbuch*, XX, 1961, (60-61).

Le monde judéo-chrétien, au contraire, valorise le temps historique. C'est que, comme le souligne Eliade, "le judaïsme présente une innovation capitale. *Pour le judaïsme, le Temps a un commencement et aura une fin*. L'idée du Temps cyclique est dépassée. Jahvé ne se manifeste plus dans le *Temps cosmique* (comme les dieux des autres religions), mais dans un *Temps historique*, qui est irréversible" (*SP*, 98). Plus loin, Eliade explique pourquoi le christianisme "va encore plus loin dans la valorisation du Temps historique". En un mot, la raison en est l'Incarnation: "Parce que Dieu s'est incarné, qu'il a assumé une existence humaine historiquement conditionnée, l'Histoire devient susceptible d'être sanctifiée. [...] Bref l'Histoire se révèle comme une nouvelle dimension de la présence de Dieu dans le monde" (*SP*, 98-99). À cet absolu, écrit Devaux, Camus "oppose le 'mythe de Némésis', l'idéal hellénique, l'homme d'avant Socrate. Le relativisme grec rejette l'absolu de l'histoire, ne prône ni la culpabilité foncière, ni l'innocence totale de l'homme, reconnaît une nature humaine permanente et tient compte de ses limites, refuse le fanatisme" (247).

Pour Camus, "ce qui fait l'originalité irréductible du Christianisme, c'est le thème de l'Incarnation. Les problèmes sont faits chair et prennent immédiatement le caractère de tragique et de nécessité qui manque si souvent à certains jeux de l'esprit grec" (1229). Mais aussi, le fait de l'Incarnation implique la mort. C'est pourquoi, le plus souvent dans l'œuvre de Camus, le monde chrétien se présente comme un lieu négatif, un monde "centré autour de la personne du Christ et de sa mort" et où dominent "l'importance du sens de la mort et de son contenu charnel" (1233). C'est aussi un monde d'où émanent ces deux états d'âme que sont "le pessimisme et l'espoir" (1231), et que Camus combattra tout au long de son œuvre. Mais, comme l'ont noté de nombreux commentateurs, c'est surtout le problème du mal qui érige entre lui et le christianisme l'obstacle insurmontable. James Woelfel écrit: "The most fundamental objection Camus makes to the Christian belief in God is [...] evil. [...] This man who feels so keenly the things that oppress human beings [...] is profoundly at odds with the faith that this world is the creation of a God who is at once all-powerful, all-knowing and all-loving" (30). Devaux remarque de son côté: "Le problème du mal l'obsède. Le mal, il le rencontre, comme jeune reporter, dans la misère sociale régnant en Kabylie, mais aussi à travers la maladie qui tenaille son corps à partir de 17 ans. D'où le mal provient-il? [...] Voilà la question qui poursuit Camus toute sa vie" (244). Camus reproche encore au Christianisme ses aspects de "[p]rovidentialisme, créationnisme, philosophie de l'histoire, goût de l'humilité, tous les thèmes [qui] se heurtaient à l'attitude grecque"

(1307). En fait, comme nous le rappelle encore Devaux, "[Camus] aime ce qui rapproche le christianisme de l'hellénisme: un certain destin tragique, un appel à la révolte étouffée malheureusement par l'espoir de la résurrection et la promesse d'une vie future" (245). Plus tard, Camus rêvera audacieusement d'un équilibre basé sur une fusion des valeurs: "Le monde marche vers le paganisme mais il rejette encore les valeurs païennes. Il faut les restaurer, paganiser la croyance, gréciser le Christ et l'équilibre revient" (*C3*, 220).

Dans la conclusion de son étude néanmoins, voyant dans le Christianisme un monde qui se rapproche de "la Grèce de l'ombre [...] Grèce pessimiste, sourde et tragique" qui, "si on en croit Nietzsche [...] était la marque d'une civilisation forte", Camus lui reconnaît le mérite de la lucidité devant la mort comme opposée à la sérénité socratique. Citant Pascal, "Les hommes, ne pouvant guérir la mort, ils se sont avisés de n'y point penser", il poursuit: "Tout l'effort du Christianisme est de s'opposer à cette paresse du cœur. Par là se définit l'homme chrétien et du même coup une civilisation" (1309). Et il termine sur ces mots: "Pendant de longues années [le christianisme] demeure le seul espoir commun et le seul bouclier effectif contre le malheur du monde occidental. La pensée chrétienne avait conquis par là sa catholicité" (1310)[10].

Dans son étude sur Camus et le sacré, Reichelberg résume avec beaucoup de perspicacité ce qui à la fois rapproche et différencie le jeune Camus de ses deux maîtres spirituels:

> Ce n'est [...] peut-être pas un hasard si les deux pôles de la pensée camusienne tendent vers Plotin et Saint-Augustin. Les deux maîtres expriment jusque dans leurs différences chacun l'une des options camusiennes. Mais entre cux les ponts restent coupés alors que Camus entend résorber l'irrémédiable différence. Saint-Augustin, comme Plotin, expérimente l'exil, et chacun des deux tente de reconquérir la patrie céleste. Leurs voies sont cependant divergentes [...]. S'il a mesuré les limites de toute perfection terrestre, Saint-Augustin n'en demeure pas moins un citoyen de ce monde [...]. C'est en tant qu'amoureux de ce monde et de ses œuvres que Saint-Augustin se tourne vers son créateur. [...] Ainsi l'ascète Saint-Augustin ne saurait nier son appartenance à ce monde. Il lui préfère l'autre, mais ce n'est pas sans regret ni souffrance qu'il se détache de celui-ci. [...] Plotin, lui, est aux antipodes de cette

---

10. Archambault trouve significatif le fait que l'histoire ait interdit à Camus l'accès au monde d'Homère en le forçant à confronter le monde chrétien: "[...] history [has] locked Camus out of the innocent, horizontal world of Homer, and forced him, quite despite himself, to enter the tormented, vertical world of Dante. Though he may have considered Homer's universe his spiritual homeland, history constrained him to remain in an infernal world [...]. Camus' spiritual odyssey, after 1939, is vertical, like Dante's, rather than circular, like Ulysses'. From *The Myth*, through *The Plague*, to *The Rebel*, there is a threefold progression of the human spirit which it is not at all exaggerated to compare with that of the *Divine Comedy*. Camus, in short, cannot be considered as a Greek, but as a modern with a Greek heart who has been compelled to face the historical paradox of Christianity" (*Camus' Hellenic Sources*, 172-73)

> attitude. Il s'éprouve exilé, non seulement dans le monde sensible, mais aussi dans son corps; il considère le corps comme un tombeau et une prison. L'âme doit s'en séparer pour réintégrer les Idées éternelles. On note, chez lui, une véritable nausée du corps. [...] Plotin sait [...] ce qu'il était avant d'être en exil, et son royaume est ailleurs. Il a conscience de toutes ses métempsycoses. Camus, au contraire, veut retrouver cet ailleurs ici même, et son royaume est de ce monde. Alors que chez Plotin, il y a une nostalgie permanente du royaume et une détestation de l'exil, chez Camus, il y a, au contraire, volonté d'exil. Camus veut faire resurgir le royaume de ce monde. (66-69)

Cette citation un peu longue a le mérite de montrer dans quelle mesure l'importance accordée à ces deux maîtres révèle au départ de l'œuvre les traits essentiels de la pensée camusienne. C'est, du côté d'Augustin, l'amour initial du monde et l'importance accordée à la vie du corps, amour et sensualité qu'il lui faudra renoncer; du côté de Plotin, la nostalgie du royaume et la conscience de l'exil. Mais à la différence d'Augustin, le jeune Camus n'a ni le désir ni la volonté de renoncer à ce monde[11]. À la différence de Plotin surtout, son royaume n'est pas ailleurs mais de ce monde. Dès les premières pages des *Carnets*, il s'oppose aux paroles du Christ en déclarant: "Je suis heureux dans ce monde car mon royaume est de ce monde" (*C1*, 22), déclaration qui sera un leitmotiv dans les écrits de jeunesse[12]. On observera plus tard les signes d'une évolution dans la relation de Camus au monde.

Quilliot constate que "Camus a peut-être plus appris sur lui-même en écrivant ce diplôme que sur les pensées grecque et chrétienne: elles l'ont simplement aidé à nommer ses problèmes" (1222). Il résume ainsi le dualisme de pensée qui sous-tendra l'œuvre à venir:

> Plotin fortifie chez lui l'intransigeant désir de comprendre. Saint Augustin, tout comme Pascal, oppose à la connaissance des limites insurmontables. Plotin l'incite à se défier de l'arbitraire de toute foi, Augustin des errements de la raison. Le premier l'incline à la sérénité, le second à l'intransigeance et au dénuement. On le sent proche des Grecs, pour qui "notre royaume est de ce monde" et fasciné comme un chrétien par la mort qui triomphe de la chair. (1222)

---

11. Plus tard cependant Camus vantera le dénuement et la chasteté. Il n'a pas trente ans lorsqu'il note dans ses *Carnets*: "Renoncer à cette servitude qu'est l'attirance féminine" (*C1*, 227). Un peu plus tard: "La sexualité ne mène à rien. Elle n'est pas immorale mais elle est improductive. [...] seule la chasteté est liée à un progrès personnel" (*C2*, 51). Et plus loin: "La sexualité débridée conduit à une philosophie de la non-signification du monde. La chasteté lui rend au contraire un sens (au monde)" (*C2*, 55). Enfin, une mise en pratique: "Quatre mois de vie ascétique et solitaire. La volonté et l'esprit y gagnent. Mais le cœur?" (*C2*, 77).

12. À propos de cette déclaration dans *La Mort heureuse* — "Mon royaume est tout entier de ce monde" —, Vigée écrit: "C'était une déclaration de guerre au désespoir chrétien et à la foi transcendantale de Saint-Augustin. Entre ses moments de désespoir les plus sombres, Camus revient toujours au monde réel avec l'espérance d'y trouver le salut" ("Entre oui et non: l'ambiguïté de la condition humaine chez A. Camus", 120).

Et, parlant de la séduction exercée sur Camus par "l'angoisse tragique de saint Augustin", Quilliot conclut: "[Q]ui ne voit que la définition qu'il en donne pourrait aussi bien lui convenir à lui-même? 'Grec par son besoin de cohérence, chrétien par les inquiétudes de sa sensibilité', Camus se sent au carrefour de deux civilisations" (1222). Archambault souligne également la sympathie secrète de Camus pour "'cet autre Africain' dont il semble saisir intuitivement le tempérament":

> Est-ce de lui-même, ou de l'auteur des *Confessions*, que Camus parle quand il dit: "Grand passionné, sensuel, la crainte de ne pouvoir observer la continence diffère longtemps sa conversion. Dans le même temps il a le goût des vérités rationnelles. [...] Mais [...] le problème du mal l'obsède: 'Je cherchais d'où vient le mal et je n'en sortais pas.' Et il est poursuivi par l'idée de la mort: 'J'étais rongé par la crainte de mourir sans avoir découvert la vérité'" [1294-95]. ("Augustin et Camus", 195)

Ces obsessions d'Augustin sont bien celles de Camus, celles qu'à travers toute l'œuvre on peut voir refluer sous la surface du texte et qui se manifestent encore dans cette réflexion sur Plotin:

> [C]'est la passion de Dieu qui l'anime. Mais aussi Plotin est un Grec [...] il a le goût de l'explication rationnelle des choses. Et c'est en cela que sa tragédie personnelle reflète aussi le drame de la métaphysique chrétienne. Il s'inquiète de la destinée de l'âme mais il veut aussi, à la suite de son maître, faire rentrer le devenir dans des formes intellectuelles. (1269-70)

Et plus loin: "Ce n'est pas l'apparence que Plotin recherche mais plutôt cet envers des choses qui est son paradis perdu" (1271). L'envers des choses, le conflit de l'être et du paraître, la passion de Dieu mais le besoin de la Raison: qui ne voit dans cette description de Plotin l'autre profil de Camus, l'autre moitié de son auto-portrait?

C'est à travers ce rapprochement d'un Grec fasciné par le christianisme et d'un chrétien marqué par les valeurs grecques que Camus remonte à la source même du dualisme de sa propre pensée, celui que reflètent les titres de certaines œuvres: *L'Envers et l'endroit*, "Entre oui et non", et plus tard ce recueil de nouvelles qui sera la dernière œuvre publiée de son vivant, toujours fidèle à la double source: *L'Exil et le royaume*. Enfin, il faut noter cette phrase lapidaire qui exprime dans un raccourci saisissant la synthèse des pensées néoplatonicienne et chrétienne: "En une certaine mesure la Raison plotinienne est déjà le 'cœur' de Pascal" (1271). Cette filiation spirituelle qu'il établit par-dessus les siècles, et qui relie Plotin, via Augustin, à Pascal, aboutit enfin à Camus lui-même, dernier fils de cette lignée de chercheurs de l'Absolu.

L'Envers et l'endroit

Dans ses "Commentaires" à *L'Envers et l'endroit*, Quilliot souligne le désir et le sens du sacré qui se manifestaient déjà dans les tout premiers textes littéraires de Camus, ceux qui ont précédé *L'Envers et l'endroit* et qui datent de sa dix-neuvième année, des esquisses "d'un intérêt littéraire limité, mais susceptibles d'éclairer la personnalité du jeune Camus", et où l'on "retrouve toutes les contradictions dont s'est nourrie l'œuvre: hésitation entre le bonheur simple et la grandeur, entre le désir de vivre au niveau du sacré — 'Et, dieux enfin, nous vivrons dans un perpétuel désir' — et le refus d'abandonner l'homme" (1171). Et faisant plus loin le portrait du jeune Camus "adolescent", il le perçoit "comme si enfin il souffrait d'un malheur plus profond, celui de ne pouvoir se rassembler jamais ni concilier le sens du sacré et du dépassement avec le goût de la simple et pleine humanité" (1172).

Ce "malheur" s'exprime précisément dans le déchirement dont témoignent les essais de *L'Envers et l'endroit*, dans la faille qui s'y creuse entre le vécu et la nostalgie. Camus y est constamment partagé entre la réalité du *hic et nunc* et l'idée d'un ailleurs qui contiendrait la réponse à son angoisse mais qui lui échappe et que de toute manière, ne reconnaissant que ce monde, il refuserait. Se référant à la préface à la réédition de ces essais, Viallaneix commente la fidélité de Camus à sa "vérité perdue":

> Elle est toute spirituelle. Difficile à vivre, elle est aussi difficile à exprimer. Camus, pendant longtemps, ne la laisse percer qu'à travers des fictions. Mais le temps vient enfin, avec la réédition de *L'Envers et l'endroit* (1958), où il en dévoile les secrets. Après avoir relu son premier livre, qui date de 1937, il s'émerveille d'y découvrir le modèle, non seulement de ses écrits postérieurs, mais aussi de cette œuvre toute véridique qu'il n'a pas encore produite et que, peut-être, il ne concevra jamais. (*Le premier Camus*, 17-18)

Mais c'est en lisant ce que Camus écrit lui-même dans cette préface publiée moins de deux ans avant sa mort que l'on saisit toute l'importance de ces premiers essais:

> [L]e jour où l'équilibre s'établira entre ce que je suis et ce que je dis, ce jour-là peut-être, et j'ose à peine l'écrire, je pourrai bâtir l'œuvre dont je rêve. Ce que j'ai voulu dire ici, c'est qu'elle ressemblera à *l'Envers et l'Endroit*, d'une façon ou d'une autre, et qu'elle parlera d'une certaine forme d'amour. [...] Si, malgré tant d'efforts pour édifier un langage et faire vivre des mythes, je ne parviens pas un jour à récrire *l'Envers et l'Endroit*, je ne serai jamais parvenu à rien, voilà ma conviction obscure. (12-13)

Ce sont ces mots, on le comprendra, qui incitent à accorder à ces essais une attention toute particulière. Soulignons la conscience toujours présente du conflit de l'être et du paraître — "l'équilibre entre ce que je suis et ce que je dis" — jointe au désir de le dépasser. Notons aussi la référence poignante à l'œuvre à venir, comme si l'œuvre existante — et, en 1958, autant dire achevée — ne comptait pas. Notons enfin le niveau d'exigence par rapport à une réécriture de *L'Envers et l'endroit*, qui seule validerait l'œuvre[13].

À peu près contemporains de l'étude *Métaphysique chrétienne et néoplatonisme*, comme elle ces essais révèlent dans nombre de leurs pages la conscience du sacré et du divin, fût-ce sous la forme du rejet et de l'ironie — comme dans **"L'Ironie"**. Dans cet essai, un jeune homme s'intéresse à une vieille femme: "(Il croyait qu'il y avait une vérité et savait par ailleurs que cette femme allait mourir, sans s'inquiéter de résoudre cette contradiction)" (15). Ayant aperçu le chapelet, il se permet de la rassurer dans son ennui et sa solitude: "Il vous reste le bon Dieu", lui dit-il. Elle est d'accord, non sans de légères réserves: se référant à sa fille qui se moque d'elle lors de ses prières, elle déclare: "Elle verra bien quand elle sera vieille. Elle aussi en aura besoin!" (16). Devant cette relativité de la foi, l'essayiste reprend sa méditation:

> On sentait cette vieille femme libérée de tout, sauf de Dieu, livrée tout entière à ce mal dernier, vertueuse par nécessité, persuadée trop aisément que ce qui lui restait était le seul bien digne d'amour, plongée enfin, et sans retour, dans la misère de l'homme en Dieu. Mais que l'espoir de vie renaisse et Dieu n'est pas de force contre les intérêts de l'homme. (16)

Dans sa contradiction de Pascal, Camus renverse d'une chiquenaude verbale au moins deux des données de base du christianisme: la dépendance de la créature envers son Créateur, et la foi en la bonté essentielle de Dieu. Il s'agit ici, plus que d'une mise à sa place du sacré, d'un refus absolu de voir dans la divinité, celle en tout cas du Dieu chrétien, autre chose qu'un "mal dernier", le dernier obstacle à la liberté de l'homme. Cette position extrême est celle du jeune Camus pour qui la vie et la liberté constituent les valeurs surpêmes. Non seulement elle prélude à la vision absurde de la relation de l'homme au monde mais on y repère les premiers mouvements de la révolte.

Toute la compassion du jeune homme ne peut rien changer au sort de la vieille femme: il faudra bien qu'il l'abandonne au "tête-à-tête décevant avec Dieu". S'il "se sentait placé devant le plus affreux

---

13. En fait, en 1958, au moment de la rédaction de la préface à la nouvelle édition de *L'Envers et l'endroit*, Camus travaillait au projet du *Premier homme* depuis quelques années. Dans les *Carnets*, on trouve dès l'année 1953 des notes relatives à ce qui deviendra le roman posthume. Sans doute cette œuvre est-elle, malgré son état d'inachèvement, la plus proche des essais de *L'Envers et l'endroit*.

malheur qu'il eût encore connu: celui d'une vieille femme infirme qu'on abandonne pour aller au cinéma", c'est parce qu'il a la double conscience pascalienne de l'"abîme" qui la guette et de la tentation du "divertissement" à laquelle il est lui-même incapable de résister. Il sait qu'il est, en tant qu'être humain, sa "seule certitude" et que "rien ne la protèg[e]" désormais: "Et livrée tout entière à la pensée de sa mort, elle ne savait pas exactement ce qui l'effrayait, mais sentait qu'elle ne voulait pas être seule. Dieu ne lui servait de rien, qu'à l'ôter aux hommes et à la rendre seule. Elle ne voulait pas quitter les hommes. C'est pour cela qu'elle se mit à pleurer" (17). On observe ici une situation de solitude absolue — celle d'une vieille femme abandonnée de tous, de Dieu et des hommes, femme totalement seule devant la mort. Ses frayeurs sont celles ressenties face au *tremendum* de l'abîme où règne un Dieu redoutable ou, au mieux, indifférent.

Cette première mise en présence textuelle du féminin et du sacré ne saurait passer inaperçue. Pour schématique qu'elle soit, il en faut noter la négativité, aussi bien des termes de la confrontation que de leur relation: si Dieu est le "mal dernier", la vieille femme, démunie et pitoyable, a la faiblesse de s'en remettre à lui, au "Dieu qu'elle aimait si mal". Elle est aussi la première manifestation dans l'œuvre de la traditionnelle association femme/mort, association qui réapparaîtra dans l'œuvre narrative mais sera profondément remise en question dans l'œuvre dramatique. On la retrouvera dans deux autres essais de cette collection: "Entre oui et non" et "L'Envers et l'endroit", essai qui donne son titre à l'ensemble. Il faut noter enfin la solitude: qu'elle résulte ou non de la mort, elle sera presque toujours le lot final de la femme camusienne.

Dans le dernier essai du recueil, **"L'Envers et l'endroit"**, essai teinté d'humour macabre, une femme qui "entretenait un commerce étroit avec les esprits" fait un petit héritage et achète un "somptueux caveau, sobre de lignes, en marbre noir, un vrai trésor à tout dire" dont "elle fit aménager la fosse intérieure, la tint prête à recevoir son propre corps". L'attachement qu'elle manifeste pour son tombeau se transforme en "véritable amour", à tel point que par un imperceptible glissement dans les pronoms, "elle finit par *se* rendre visite tous les dimanches après-midi" et qu'"elle comprit même un jour qu'elle était morte aux yeux du monde" (47-48).

Véritable méditation sur l'attitude chrétienne d'acceptation de la mort, ce petit essai met en scène une femme qui, au lieu d'être saisie devant la mort par le *tremendum*, comme la vieille femme du premier essai, manifeste tous les signes du *fascinans*: l'amour, la joie, le transport dans la prière. Au lieu de craindre la mort, elle l'accepte d'avance: agenouillée sur le prie-Dieu, immobilisée entre sa vie passée et la mort à venir, "confrontant ce qu'elle était et ce qu'elle devait être, retrouvant l'anneau d'une chaîne toujours rompue, elle perça sans effort les desseins secrets de la Providence" (48). Si l'ironie de ces derniers mots donne doublement raison à la vieille femme de "L'Ironie" de redouter la mort, c'est que celle-ci met fin au seul bonheur certain, celui du *hic et nunc*. Évoquant alors "toute cette joie épandue sur le monde", se demandant "Qui suis-je et que puis-je faire, sinon entrer dans le jeu des feuillages et de la lumière?", Camus conclut: "Tout à l'heure, d'autres choses, les hommes et les tombes qu'ils achètent. Mais laissez-moi découper cette minute dans l'étoffe du temps" (48). Ce qu'il réclame, confronté à l'incontournable condition mortelle, c'est un arrêt provisoire du temps, une "minute" d'éternité qui préserverait sa présence au monde de l'érosion du temps et de l'oubli. C'est aussi le *carpe diem* face à la menace incessante de la mort.

Dans les essais de *L'Envers et l'endroit*, il est clair que la conscience du temps se manifeste essentiellement dans la préoccupation avec la mort, qui y est une constante. Or, par son refus de croire à l'immortalité, l'homme camusien se situerait dans le temps de l'histoire, il appartiendrait au temps profane. "Il ne me plaît pas de croire que la mort ouvre sur une autre vie. Elle est pour moi une porte fermée. Je ne dis pas que c'est un pas qu'il faut franchir: mais que c'est une aventure horrible et sale" lira-t-on dans *Noces* (63). Camus y insiste plus loin en déniant à la mort tout caractère sacré: "Tout compte fait, je ne vois pas ce que la mort peut avoir de sacré" (73-74). Vigée souligne le fait que "[c]'est avant tout la vie, cette fleur fragile et précaire de l'énergie primordiale, qui est sainte pour lui" ("Nostalgie", 260). Mais la conscience de son existence provisoire semble faire de l'homme camusien un être passager, un "homme non-religieux" pour qui, selon Eliade,

> le Temps ne peut présenter ni rupture ni 'mystère': il constitue la plus profonde dimension existentielle de l'homme, il est lié à sa propre existence, donc il a un commencement et une fin, qui est la mort, l'anéantissement de l'existence. Quelle que soit la multiplicité des rythmes temporels qu'il éprouve et leurs différentes intensités, l'homme non-religieux sait qu'il s'agit toujours d'une expérience humaine dans laquelle aucune présence divine ne peut s'insérer. (*SP*, 65)

Néanmoins, en dépit de la conscience incessante de la mort et du rejet implicite du temps sacré, on observe, dans ces premiers essais, une manifestation au moins d'un temps différent. En s'ouvrant sur une hypothèse évoquant le "Grand Temps" — "S'il est vrai que les seuls paradis sont ceux qu'on a perdus..." (23) — l'essai **"Entre oui et non"** révèle la conscience d'un ailleurs et d'un autre temps possibles. En "longeant [s]es souvenirs", et non sans évoquer Proust, l'auteur reprend plus loin: "[D]e ces heures que, du fond de l'oubli, je ramène vers moi, s'est conservé le souvenir intact d'une pure émotion, d'*un instant suspendu dans l'éternité*. Cela seul est vrai en moi et je le sais toujours trop tard" (23; nos italiques). Cet "instant suspendu dans l'éternité", qu'il est possible de rappeler et de revivre à volonté, échappe donc au temps profane et s'inscrit dans le Temps sacré qui, d'après Eliade,

> *est par sa nature même réversible*, dans le sens qu'il est [...] *un Temps mythique primordial rendu présent* [...], indéfiniment récupérable, indéfiniment répétable. [...] on pourrait dire de lui qu'il ne "coule" pas, qu'il ne constitue pas une "durée" irréversible. C'est un Temps ontologique par excellence, "parménidien": toujours égal à lui-même, il ne change ni ne s'épuise" (*SP*, 63-64)[14].

Mais, comme on verra, c'est principalement dans l'intégration de l'homme au monde, par sa communion avec le monde à travers l'expérience de l'espace, que l'homme camusien entre dans le temps sacré: "Au loin, est-ce le bruit de la mer? le monde soupire vers moi dans un rythme long et m'apporte l'indifférence et la tranquillité de ce qui ne meurt pas" (24).

Les "instants d'éternité" se dérouleront tout au long de la spirale de l'œuvre[15], mais quel est cet "instant suspendu dans l'éternité" dans l'essai qui nous occupe? "Entre oui et non" se révèle proustien non seulement par la conscience du temps récupérable, mais aussi par son sujet: le souvenir que Camus "ramène vers lui" est celui "d'un étrange sentiment" lié à la mère (23). L'heure où ce souvenir se met à vivre, comme c'est si souvent le cas des heures significatives chez Camus, est celle de la fin du jour. Il y a déjà "des lumières sur la baie" et "les phares commencent à tourner" (24). "Et me voici rapatrié", dit-il. C'est le retour au pays de l'enfance, le quartier pauvre, la maison dont tout le corps garde le souvenir. C'est la misère de la rue et la splendeur de la nuit réunies lorsque, le soir, on sortait les chaises pour prendre le

---

14. Dans *Le Mythe de Sisyphe*, Camus exprime son scepticisme concernant la pensée parménidienne relative à la nostalgie d'unité: "Mais que cette nostalgie soit un fait n'implique pas qu'elle doive être immédiatement apaisée. Car si, franchissant le gouffre qui sépare le désir de la conquête, nous affirmons avec Parménide la réalité de l'Un (quel qu'il soit), nous tombons dans la ridicule contradiction d'un esprit qui affirme l'unité totale et prouve par son affirmation sa propre différence et la diversité qu'il prétendait résoudre" (110).
15. En 1955, Camus écrivait: "[...] tout écrivain se répète en même temps qu'il progresse, [...] l'évolution d'une pensée ne se fait pas en ligne droite, qu'elle soit ascendante ou non, mais selon une sorte de spirale où la pensée repasse par d'anciens chemins sans cesser de les surplomber" (cité par Quilliot dans "Commentaires" à *L'Homme révolté*, 1615).

frais: "Mais au bas de l'échelle, le ciel reprend tout son sens: une grâce sans prix. Nuits d'été, mystères où crépitaient des étoiles! Il y avait derrière l'enfant un couloir puant et sa petite chaise, crevée, s'enfonçait un peu sous lui. Mais les yeux levés, il buvait à même la nuit pure" (24-25). C'est l'*axis mundi* de l'enfance, ce sont les premiers pas éblouis vers le sacré. Et pendant cette initiation, "[l]a mère de l'enfant restait aussi silencieuse" (25). Le silence est ce qui la caractérise. "Elle était infirme, pensait difficilement." C'est ensuite la prise de conscience progressive par l'enfant de cette aliénation, de "ce mutisme [qui] est d'une irrémédiable désolation":

> Il commence à sentir beaucoup de choses. À peine s'est-il aperçu de sa propre existence. Mais il a mal à pleurer devant ce silence animal. Il a pitié de sa mère, est-ce l'aimer? Elle ne l'a jamais caressé puisqu'elle ne saurait pas. Il reste alors de longues minutes à la regarder. À se sentir étranger, il prend conscience de sa peine. Elle ne l'entend pas car elle est sourde. [...] Sa mère toujours aura ces silences. Lui croîtra en douleur. Être un homme, c'est ce qui compte. Sa grand-mère mourra, puis sa mère, lui. (25)

Et puis un soir, bien plus tard — le fils est grand — c'est le drame révélateur. On l'appelle auprès de sa mère. Elle a été agressée, "traînée, brutalisée" par un homme qui s'est sauvé en entendant du bruit et elle s'est évanouie. Le médecin demande au fils de passer la nuit auprès d'elle. "Il s'allongea sur le lit, à côté d'elle, à même les couvertures. C'était l'été. La peur du drame récent traînait dans la chambre surchauffée. Dans l'air lourd, flottait l'odeur du vinaigre dont on avait rafraîchi la malade" (26-27). S'ensuit une longue nuit agitée, coupée de brèves somnolences, remplie des gémissements de la mère:

> Ce n'est que plus tard qu'il éprouva combien ils avaient été seuls en cette nuit. Seuls contre tous. Les "autres" dormaient, à l'heure où tous deux respiraient la fièvre. Dans cette vieille maison, tout semblait creux alors. Les tramways de minuit drainaient en s'éloignant toute l'espérance qui nous vient des hommes, toutes les certitudes que nous donne le bruit des villes. La maison résonnait encore de leur passage et par degrés tout s'éteignait. Il ne restait plus qu'un grand jardin de silence où croissaient parfois les gémissements apeurés de la malade. Lui ne s'était jamais senti aussi dépaysé. Le monde s'était dissous et avec lui l'illusion que la vie recommence tous les jours. Rien n'existait plus [...] [r]ien que la maladie et la mort où il se sentait plongé. Et pourtant, à l'heure même où le monde croulait, lui vivait. Et même il avait fini par s'endormir. Non cependant sans emporter l'image désespérante et tendre d'une solitude à deux. (27)

Dans la prise de conscience de "ces liens qui l'attachaient à sa mère", le temps et l'espace s'effacent, créant autour d'eux une solitude infinie. C'est le dépaysement total, le sentiment de l'altérité, la dissolution du monde quotidien, l'approche du sacré. Mais c'est simultanément la conscience de la mortalité et de la souffrance. De lointaines réminiscences du Gethsémani traversent le texte: la nuit et le "grand jardin de silence", le sentiment de l'abandon, la mort qui rôde, et jusqu'à cette flamme de la veilleuse "trois fois répétée" dans les aiguilles de la montre qui rappelle la triple trahison du Christ par son disciple, du divin par l'humain, de l'éternel par le temporel[16]. L'odeur de vinaigre suscite l'image du Golgotha à venir et celle, inversée, d'une "Stabat mater" telle que l'évoque Julia Kristeva dans son essai portant ce titre. La verticalité transcendante de la scène de la crucifixion devient ici l'horizontalité d'une immanence. La victime est non le fils mais la mère, menacée dans sa chair et dans sa vie, et le fils se tient à ses côtés. Mais il y a fusion. Le fils s'identifie à cette mère sacrifiée. À cette femme sacrifiée d'innombrables fois.

On peut pressentir l'importance que la relation mère-fils ne saurait manquer d'avoir dans l'œuvre en lisant ces quelques mots: "*L'indifférence de cette mère étrange!* Il n'y a que cette immense solitude du monde qui m'en donne la mesure" (26)[17]. On retrouvera dans plusieurs œuvres les traces de cette "solitude à deux", de la symbiose mère-fils marquée par le silence.

Dans **"La Mort dans l'âme"**, et comme le titre l'implique, la conscience de la mort, c'est-à-dire du temps, est une nouvelle fois omniprésente. Mais le temps et l'espace y sont également sollicités par rapport à la différenciation du sacré et du profane. À l'hôtel où il est descendu à Prague, le jeune Camus fait la découverte d'un mort dans une chambre voisine à la sienne. Or cette scène se présente graphiquement comme la mise en abyme de sa hantise:

> La porte de la chambre était à demi ouverte, de sorte que l'on voyait seulement un grand mur peint en bleu. Mais la lumière sourde dont j'ai parlé plus haut projetait sur cet écran l'ombre d'un mort étendu sur le lit et celle d'un policier montant la garde devant le corps. Les deux ombres se coupaient à angle droit. Cette lumière me bouleversa. (35)

Est-ce seulement la lumière qui est "bouleversante", ou l'image qu'elle éclaire? Celle dont il est question plus haut tombe d'un "ciel couvert", c'est "une lumière cuivrée [qui] descendait sur les flèches et les dômes de la vieille Prague" (35). Elle éclaire à présent le décor que constitue l'"écran" froid du "grand mur peint en bleu" sur lequel se détachent

---

16. L'image du Gethsémani, liée à l'évangile et aussi à la pensée de Chestov, est évoquée implicitement plus d'une fois dans *Le Mythe de Sisyphe*, mais aussi explicitement: "[L]a découverte de l'absurde coïncide avec un temps d'arrêt où s'élaborent et se légitiment les passions futures. Même les hommes sans évangile ont leur Mont des Oliviers. Et sur le leur non plus, il ne faut pas s'endormir" (174).

17. L'intensité de l'exclamation "*L'indifférence de cette mère étrange!*" est renforcée par les italiques dans le texte. La relation mère-fils, qui est une dimension fondamentale de l'œuvre, sera analysée dans la deuxième partie de cette étude.

deux ombres humaines. Dans sa parcimonie, elle fonctionne comme un ersatz de l'azur du ciel méditerranéen éclatant de soleil, ciel que l'on retrouvera dans la deuxième partie de l'essai où le paysage italien fournit la composante spatiale. L'intersection des deux lignes, celle verticale de l'ombre du policier — homme vivant et debout — coupée par celle, parfaitement horizontale puisque "à angle droit", de l'ombre de l'homme mort, représente en quelque sorte la finitude de la condition humaine. La verticalité de l'homme, parallèle à celle des flèches de Prague, traduit l'élan vital qui l'habite et qui peut le porter vers le dépassement[18]. Mais la mort couche l'homme et brise à jamais son élan. Il est aussitôt rappelé, assimilé à l'horizontalité de la terre. C'est à l'intersection de ces deux lignes, qui ne peuvent que se couper et jamais se rejoindre, que naît la conscience de l'absurde. C'est ainsi que Prague apparaît comme le lieu de l'aliénation absolue, espace clos où le narrateur se heurte sans trêve aux murs temporels érigés par la mort, lieu d'exil par excellence. Alors qu'habituellement les endroits consacrés attirent et apaisent Camus, comme c'est le cas des cloîtres, ceux de Prague le renvoient à son angoisse et cela avant même la découverte du mort:

> Je me perdais dans les somptueuses églises baroques, essayant d'y retrouver une patrie, mais sortant plus vide et plus désespéré de ce tête-à-tête avec moi-même. [...] Je passais des heures démesurées dans l'immense quartier du Hradschin, désert et silencieux. À l'ombre de ses cathédrales et de ses palais, à l'heure où le soleil déclinait, mon pas solitaire faisait résonner les rues. Et m'en apercevant, la panique me reprenait. [...] Églises, or et encens, tout me rejette dans une vie quotidienne où mon angoisse donne son prix à chaque chose. (33)

Désespoir, panique, angoisse, l'expérience de Prague est bien celle de l'homme aux prises avec ce que Vigée appelle le "mauvais sacré". La ville n'est pas un lieu d'où le sacré est absent mais un lieu marqué, pour le visiteur qu'est Camus, par ses pouvoirs destructeurs. Pour Vigée, le "mauvais sacré" est justement "l'exposition sans frein aux forces démoniques, que ne vient pas contrecarrer la réserve humaine, que ne sait contenir nulle distance esthétique, ni dompter aucune structure rationnelle. Il ouvre le chemin à la destruction" ("Nostalgie", 260). Camus y échappe de justesse. Après le choc de la découverte du mort — de la mort entrevue — son aliénation est telle qu'il "ne pouvai[t] aller plus loin". Il le répète: "À ce moment, je ne pouvais aller plus loin. Plus de pays, plus de ville, plus de chambre et plus de nom, folie ou conquête, humiliation ou inspiration, allais-je

---

18. Parlant de la structure du Cosmos, qui "conserve vivant le souvenir de l'Être suprême céleste", Eliade écrit qu'"aucun monde n'est possible sans la verticalité, et cette dimension, à elle seule, évoque la transcendance" (*SP*, 111-12).

savoir ou me consumer? On frappa à la porte et mes amis entrèrent" (36). Ayant quitté la ville peu après et se remémorant avec une certaine tendresse les paysages traversés pour arriver à Vienne, il écrit: "Mais je gardais au fond de moi l'étourdissement de ceux qui ont trop regardé dans une crevasse sans fond. J'arrivai à Vienne, en repartis au bout d'une semaine, et j'étais toujours prisonnier de moi-même."

C'est alors qu'on assiste à une transition progressive, à un mouvement dans le temps et dans l'espace parallèle au changement de la lumière. Dans sa course vers le sud, vers Venise et son arrière-pays, Camus observe qu'"une lumière naissait" et il déclare: "Je le sais maintenant: j'étais prêt pour le bonheur" (37). C'est ensuite sur un ton de triomphe et de conquête personnelle qu'il annonce: "J'entre en Italie." Sa joie éclate: "Terre faite à mon âme, je reconnais un à un les signes de son approche." Et pour mieux revivre ces six jours où il vécut "sur une colline près de Vicence", il passe à l'emploi du présent, laissant derrière lui, dans la grisaille des villes et des plaines de l'Europe centrale, l'imparfait et le passé simple qui convenaient à leur évocation. Car il ne pouvait y *être*. Il ne pouvait y vivre dans l'"ici et maintenant". En Italie, sous le soleil enfin retrouvé, il le peut.

C'est ici qu'il prend conscience de son attachement aux pays du soleil: "Car je n'ai pas encore parlé du soleil. De même que j'ai mis longtemps à comprendre mon attachement et mon amour pour le monde de pauvreté où s'est passée mon enfance, c'est maintenant seulement que j'entrevois la leçon du soleil et des pays qui m'ont vu naître" (38). Ces pays sont et resteront ceux de son royaume, un "royaume de ce monde" comme il aime à le répéter. Pays méditerranéens dont l'espace empreint de soleil devient espace sacré.

La chambre à l'extérieur de Vicence, contrastant totalement avec celle de Prague où il "étouffai[t] entre des murs" (38), est "ouverte sur la plaine" (37). L'espace s'élargit au monde et le temps se répète: "Ici, les journées tournent sur elles-mêmes. [...] J'ai tout le ciel sur la face et ce tournoiement des journées, il me semble que je pourrais le suivre sans cesse, immobile, tournoyant avec elles. Je respire le seul bonheur dont je sois capable — une conscience attentive et amicale." Ainsi, dès les débuts de l'œuvre, cette conscience d'une communion cosmique possible, bien que diurne, laisse pressentir comme un lointain signe avant-coureur l'expérience nocturne de "La Femme adultère". Ici comme là, le sacré de l'espace se communique au temps qui devient réversible, s'inscrivant dans la spirale de "l'éternelle répétition" dont parle Eliade. Ce "tournoiement des journées" invite le spectateur à s'y intégrer, lui accordant dès lors une "immobilité" qui le placerait hors du temps profane. Mais Camus a décidé de garder ses distances avec le sacré et il ne se voit pas — ou ne se veut pas — homme religieux. Il ne se veut pas celui dont Eliade écrit: "Dans la mesure où il imite ses dieux, l'homme religieux vit dans le Temps de l'origine, le Temps mythique. Il 'sort' de la durée profane pour rejoindre un Temps 'immobile', l'"éternité"" (*SP*, 92). C'est ce refus — ou cette défense — qui explique le caractère aléatoire de sa déclaration au conditionnel: "[...] il me semble que je pourrais le suivre [...]". Son expérience est celle seulement d'une impression, d'une "conscience", non d'une participation, encore moins d'un abandon. Mais cette conscience de la possibilité du Temps sacré n'en est pas moins forte. Bien plus tard dans l'œuvre, une femme acceptera d'entrer pleinement dans ce "tournoiement", de s'abandonner corps et âme aux pouvoirs du sacré.

Cependant la mort veille toujours. Sous le soleil "presque au zénith", sous "le ciel d'un bleu intense et aéré", dans cette "lumière qui en tombait" et "dévalait la pente des collines, habillait les cyprès et les oliviers", au cœur de toute cette verticalité vibrante comme un tableau de Van Gogh, c'était chaque fois "le même dénuement": "En moi, l'ombre horizontale du petit homme gros et court." Et dès lors, le paysage de soleil tant aimé se décolore et devient sous la plume de l'écrivain "une forme dépouillée et sans attraits de ce goût du néant que je portais en moi. Ce pays me ramenait au coeur de moi-même et me mettait en face de mon angoisse secrète" (38). Cette angoisse de la mort, cette "odeur de mort et d'inhumanité qui [l]e poursuivait depuis un mois" (39), ne le quittera jamais tout à fait. Jamais Camus ne se résignera à la condition mortelle et jamais il ne s'en consolera en adhérant à l'idée d'une possible immortalité. Car enfin, que serait l'âme sans le corps? Son royaume est de ce monde et l'homme le connaît d'abord par le corps et les sens. "Pour moi, écrit-il, aucune promesse d'immortalité dans ce pays. Que me faisait de revivre en mon âme, et sans yeux pour voir Vicence, sans mains pour toucher les raisins de Vicence, sans peau pour sentir la caresse de la nuit sur la route du Monte Berico à la villa Valmarana?"[19]. Voilà l'interrogation qui explique "cette plénitude sans larmes, cette paix sans joie" qui l'emplit devant la "plaine italienne, peuplée d'arbres, de soleil et de sourires".

Mais tout n'est pas dit pour autant. Sans rejeter son questionnement, il constate:

> Oui, tout ceci était vrai. Mais, en même temps, entrait en moi avec le soleil quelque chose que je saurais mal dire. À cette extrême pointe de l'extrême conscience, tout se rejoignait et ma vie m'apparaissait comme

---

19. Camus développe dans les *Carnets* l'idée de la nostalgie de l'âme pour le corps perdu: "Si le corps a sa nostalgie de l'âme, il n'y a pas de raisons pour que dans l'éternité l'âme ne souffre douloureusement de sa séparation d'avec le corps — et qu'alors elle n'aspire encore à retrouver la terre" (*C2*, 119).

un bloc à rejeter ou à recevoir. J'avais besoin d'une grandeur. Je la trouvais dans la confrontation de mon désespoir profond et de l'indifférence secrète d'un des plus beaux paysages du monde. (39)

Cette confrontation entre la conscience de la mort et la beauté du monde, entre la finitude de l'homme et la beauté comme valeur absolue, Camus la nommera "l'absurde". Et il exprimera pleinement l'ambivalence de sa pensée en disant finalement de Prague et de Vicence que les deux lui "sont chères": "[J]e sépare mal mon amour de la lumière et de la vie d'avec mon secret attachement pour l'expérience désespérée que j'ai voulu décrire. On l'a compris déjà, et moi, je ne veux pas me résoudre à choisir" (39). Vigée remarque que "dès le départ, Camus avait senti la vie déchirée sans espoir entre ses élans contraires" ("Nostalgie", 256). Mais aussi, cette ambivalence reflète l'ambiguïté même des deux pôles du sacré, le pur et l'impur, qui suscitent pareillement le *fascinans*: celui-ci se manifeste aussi bien dans le vertige dionysiaque, celui du "tournoiement des journées" et du "parfum d'eaux et d'étoiles" des nuits (37) que dans l'horreur ressentie par celui qui se penche sur la "crevasse sans fond" de la mort. Parlant de la polarité du sacré, Caillois écrit:

> D'un côté se rejoignent et se liguent toutes les puissances positives, "celles qui conservent et accroissent la vie, qui donnent la santé, la prééminence sociale, le courage à la guerre et l'excellence au travail." [...] À l'autre extrémité sont rassemblées les forces de mort et de destruction, les sources des maladies, des désordres, des épidémies et des crimes, tout ce qui affaiblit, amoindrit, corrompt, décompose. (49-50)[20]

Comment ne pas voir Camus déchiré entre ces deux pôles, entre tout ce qui lui "est prétexte pour aimer sans mesure" (37) et ce qui fait de lui un "être hagard et lâche" dont il se demande comment il "a pu sortir de moi" (32); entre la grandeur où il "puisai[t] la force d'être courageux et conscient à la fois" (39) et l'abandon où il "ne pouvai[t] aller plus loin" (36)? L'œuvre de Camus ne cesse de refléter ce déchirement, cette lutte d'un homme — menacé dès la jeunesse par la maladie et par une mort prochaine — contre les forces de destruction qui le guettent personnellement et contre celles qui menacent le monde où il vit. Reflétant les désordres de son époque, ceux de la guerre et du monde concentrationnaire, l'œuvre narrative et dramatique véhicule crimes, massacres, épidémies, attentats. La mort y rôde sans relâche mais à son œuvre de destruction et à ses ravages, l'homme, et — dans l'œuvre dramatique surtout — la femme, opposeront leur courage, leur résistance, leur lucidité.

---

20. Caillois attribue la première partie de la citation à R. Hertz, "La Prééminence de la main droite", *Mélanges de sociologie religieuse et de folklore*, Paris, 1928.

À "La Mort dans l'âme" succède **"L'Amour de vivre"**. On vient de voir à quel point les deux concepts sont liés. La différence entre les deux essais, c'est que dans "L'Amour de vivre" l'amour l'emporte sans ambiguïté. Mais comme à Vicence, où "dans le tournoiement des journées [...], chaque être rencontré, chaque odeur de cette rue, tout [...] est prétexte pour aimer sans mesure", à Ibiza l'amour est également lié à la conscience du sacré. Comme cela se fait tous les soirs autour de la Méditerranée, les gens de l'île sortent un peu avant le coucher du soleil et se promènent sur la jetée en échangeant de longs bavardages. Or sous le regard de Camus, cet endroit et cette heure à Ibiza deviennent espace et temps sacrés:

> [L]es jeunes gens du pays se promènent sur deux rangs tout le long de la jetée. Là se font les mariages et la vie tout entière. On ne peut s'empêcher de penser qu'il y a une certaine grandeur à commencer ainsi sa vie devant le monde. [...] Je regardais la courbe des collines qui me faisaient face. Elles descendaient doucement vers la mer. Le soir devenait vert. Sur la plus grande des collines, la dernière brise faisait tourner les ailes d'un moulin. Et, par un miracle naturel, tout le monde baissait la voix. De sorte qu'il n'y avait plus que le ciel et des mots chantants qui montaient vers lui, mais qu'on percevait comme s'ils venaient de très loin. Dans ce court instant de crépuscule, régnait quelque chose de fugace et de mélancolique qui n'était pas sensible à un homme seulement, mais à un peuple tout entier. (44-45)

Ce qui frappe dans ce passage, c'est le caractère positif du sacré, le fait qu'il participe des forces vitales de la création, celles qui "conservent et accroissent la vie" pour reprendre Caillois. Celle du vent transformateur, celle de l'attraction des sexes, celle de la parole. Cette scène implique aussi le renouvellement, celui des "retours éternels" que Camus évoquera plus tard dans *L'Homme révolté*: "Sur la même grève, la mer primordiale répète inlassablement les mêmes paroles et rejette les mêmes êtres étonnés de vivre. Mais pour celui, du moins, qui consent à revenir et à ce que tout revienne, qui se fait écho et écho exalté, il participe de la divinité du monde" (483). Ce qui frappe également, c'est l'élargissement d'une conscience individuelle du sacré à celle d'une communauté: "Tout le monde" baisse la voix car tous sont conscients de ce "quelque chose de fugace et de mélancolique" qui appartient à un temps donné, le crépuscule, et tous, par un changement d'attitude, expriment émotion et respect. Ce qui se passe ici correspond parfaitement à ce passage de *L'Homme et le sacré* où Caillois présente les caractères principaux du sacré:

> Le sacré appartient comme une propriété stable ou éphémère à certaines choses (les instruments du culte), à certains êtres (le roi, le prêtre), à certains espaces (le temple, l'église, le haut-lieu), à certains temps (le dimanche, le jour de Pâques, de Noël, etc.). Il n'est rien qui ne puisse en devenir le siège et revêtir ainsi aux yeux de l'individu ou de la

collectivité un prestige sans égal. Il n'est rien non plus qui ne puisse s'en trouver dépossédé. C'est une qualité que les choses ne possèdent pas par elles-mêmes: une grâce mystérieuse vient la leur ajouter. (18-19)

Ou "un miracle naturel", pour reprendre les mots de Camus. Miracle qui transforme pendant un bref moment, celui peut-être de la durée du "rayon vert"[21], l'espace quotidien de la jetée en "haut-lieu" du sacré.

Cependant l'essai débute par les images d'un monde on ne peut plus profane: celles d'un café chantant à Palma dont la laideur semble exclure à jamais la moindre intrusion d'une "grâce mystérieuse": "C'était une petite salle très basse, rectangulaire, peinte en vert, décorée de guirlandes roses. Le plafond boisé était couvert de minuscules ampoules rouges" (41). Le public y était "serré à mourir, épaules contre épaules. Des hommes seulement. Au centre, deux mètres carrés d'espace libre. Des verres et des bouteilles en fusaient, envoyés par le garçon aux quatre coins de la salle. Pas un être ici n'était conscient. Tous hurlaient." Tous attendent en fait l'apparition d'une fille dont, écrit Camus, "[o]n sentait qu'[elle] était connue, aimée, attendue." Elle "sauta brusquement dans le cercle exigu, au milieu du cabaret". Le spectateur est "stupéfait":

> Un visage de jeune fille, mais sculpté dans une montagne de chair. Cette femme pouvait avoir un mètre quatre-vingts. Énorme, elle devait peser trois cents livres. Les mains sur les hanches, vêtue d'un filet jaune dont les mailles faisaient gonfler un damier de chair blanche, elle souriait; et chacun des coins de sa bouche renvoyait vers l'oreille une série de petites ondulations de chair. Dans la salle, l'excitation n'avait plus de bornes. (41-42)

Ce n'est certainement pas l'apparition d'une "grâce" qui subjugue ici cette poignée d'hommes, mais la manifestation d'une énergie sexuelle peu commune, une force de la nature écrasante: lorsqu'elle "promena son regard autour du public, et toujours silencieuse et souriante, fit onduler son ventre en avant", "[l]a salle hurla". Lorsqu'elle chantait en "mimant l'amour de tout son corps, [...] [l]a salle était comme écrasée". Et lorsqu'arrive la fin du numéro et que "tout le monde [est] levé dans le tumulte", que la chanteuse s'est immobilisée, "campée au centre, gluante de sueur, dépeignée" et qu'elle "dressait sa taille massive, gonflée dans son filet jaune", Camus

---

21. *Le Rayon vert* est un roman de Jules Verne qui a inspiré à Eric Röhmer un film portant le même titre. À travers l'expérience de solitude et d'aliénation vécue par Delphine, le personnage principal du film, on repère, comme dans *Ma nuit chez Maud* centré sur Pascal, l'angoisse métaphysique qui est aussi celle de Camus. Alors que celle-ci trouve son apaisement lorsque "[l]e soir dev[ient] vert", dans le "miracle naturel" du "court instant de crépuscule", l'angoisse de Delphine s'évanouit au moment de contemplation fugitif du "rayon vert" (le dernier rayon du soleil couchant), moment d'illumination qui, selon le discours du film, apporte la connaissance de soi et des autres.

voit en elle "une déesse immonde sortant de l'eau, le front bête et bas, les yeux creux" et qui "vivait seulement par un petit tressaillement du genou comme en ont les chevaux après la course" (42). Comment ne pas voir là, dans cette image fellinienne d'une "déesse immonde", dans ce "front bête et bas" comme celui du taureau, la représentation du désir dans ce qu'il a de plus primitif? Sorte de monstre marin comme celui qui provoque la mort du chaste Hippolyte à la fin de *Phèdre*?[22]

Si Camus déifie cette personnification du désir, c'est que le désir constitue une énergie vitale fondamentale. Dans son essai "Sexe et sacré"[23], Caillois note que "le sentiment du sacré est [...] particulièrement vif et développé à l'égard de tout ce qui touche la sexualité. C'est au point que l'école de Freud [...] a cru pouvoir identifier sexuel et sacré, et même faire dériver le sentiment du sacré de la crainte du sexuel. C'est aller trop vite en besogne" (190). Mais il explique plus loin que "l'acte sexuel libère des énergies redoutables, qui encouragent indistinctement les bonnes et les mauvaises influences. C'est une chaleur, un feu, qu'il faut savoir tempérer avec prudence pour en tirer profit sans le laisser se répandre et tout dévorer" (197). Et de conclure par rapport au sacré dans son ensemble: "Tel apparaît le sacré. Il émane du monde obscur du sexe et de la mort, mais il est le principe essentiel de la vie et la source de toute efficacité, force prompte à se décharger et difficilement isolable, toujours égale à elle-même, dangereuse et indispensable à la fois" (207). N'est-ce pas justement de cette force que parle Camus lorsque, se souvenant de l'effet produit par ce "quelque chose de fugace et de mélancolique" sur la foule de la jetée d'Ibiza, il écrit:

> Pour moi, j'avais envie d'aimer comme on a envie de pleurer. Il me semblait que chaque heure de mon sommeil serait désormais volée à la vie... c'est-à-dire au temps du désir sans objet. Comme dans ces heures vibrantes du cabaret de Palma et du cloître de San Francisco, j'étais immobile et tendu, sans forces contre cet immense élan qui voulait mettre le monde entre mes mains. (45)

Cabaret ou cloître, sexe ou mort, ils participent effectivement de la même force obscure, tantôt destructrice, tantôt créatrice. Ils sous-tendent le même élan auquel, pour survivre, mais surtout pour créer, il faut que l'homme oppose sa résistance ou qu'il lui faut maîtriser. Camus le reconnaît: "Je sais bien que j'ai tort, qu'il y a des limites à se donner. À cette condition, l'on crée" (45). Et dans la préface à ces

---

22. Dans son étude sur Racine, Charles Mauron parle de cet "animal fabuleux, bi-sexué dans ses attributs, dévorateur, friand de chairs adolescentes. Jung a longuement étudié ce mythe. Il exprime le désir et surtout les peurs du jeune garçon devant l'initiation amoureuse — peurs inconscientes, hantises de fantaisies très infantiles devant le père caché dans la mère et la mère dévoratrice (ogresse)" (164-65).

23. Voir Appendices, *L'Homme et le sacré*, pp. 181-97.

essais, il y revient: "Pour être édifiée, l'œuvre d'art doit se servir d'abord de ces forces obscures de l'âme. Mais non sans les canaliser, les entourer de digues, pour que leur flot monte, aussi bien" (12). Cette notion de "limites", de "forces à canaliser", qui s'exprime peut-être pour la première fois dans "L'Amour de vivre", deviendra au cours des ans centrale à la pensée de Camus. Il est clair que son expérience de la mort et du désir est déjà suffisante pour éveiller en lui la conscience d'une nécessité, celle de la mesure à opposer à la passion. On se souvient que le troisième cycle de son œuvre devait être consacré "au mythe de Némésis, 'déesse de la mesure, fatale aux démesurés'" (*C3*, 78, note 1).

Et déjà, dans ces premières pages de l'œuvre, le sens de la mesure apparaît. En contrepoint à l'image monstrueuse de la femme/"déesse immonde", de cette personnification du désir dans ce qu'il a de plus charnel et de plus immédiat, Camus esquisse discrètement, littéralement entre parenthèses, une autre image du féminin. Il se trouve dans la cour du "petit cloître gothique de San Francisco" et dans cet endroit plein de "la douceur de vivre", il prend intensément conscience de la fragilité des choses, du "jeu unique des apparences", du "cristal où souriait le visage du monde", de ce "[q]uelque chose [qui] allait se défaire, le vol des pigeons mourir et chacun tomber lentement sur ses ailes déployées" (43). La conscience de cette immense vulnérabilité du monde éveille chez lui le sentiment d'une menace imminente: "Une femme puisait de l'eau au puits. Dans une heure, une minute, une seconde, maintenant peut-être, tout pouvait crouler" (44). Mais rien ne croule. La femme continue à puiser de l'eau, à veiller à la vie. Il ne s'agit pas d'une illusion: "Et pourtant", écrit-il, "le miracle se poursuivait. Le monde durait, pudique, ironique et discret *(comme certaines formes douces et retenues de l'amitié des femmes)*" (44; nos italiques)[24]. Le féminin, c'est donc aussi cela, ce qui assure la vie et la durée et qui, discrètement, rassure l'homme là où souffle la menace de mort.

Un dernier aspect de "L'Amour de vivre" mérite attention. Il s'agit de la prise de conscience chez Camus, déjà suggérée dans "La Mort dans l'âme", de ce que représente pour lui la Méditerranée, et de la relation amour/désespoir qu'il entretient avec elle. S'il existe pour lui un espace sacré par excellence, ou un espace susceptible de le

---

24. Au début des *Carnets*, on lit: "Il me semble que j'émerge peu à peu. L'amitié douce et retenue des femmes" (*C1*, 34).

devenir, c'est bien l'entité méditerranéenne qu'il appelle ce "pays"[25]. Nous savons aussi ce que représentera plus tard la Méditerranée dans "La pensée de midi": il parlera d'"une exigence invincible de la nature humaine dont la Méditerranée, où l'intelligence est sœur de la dure lumière, garde le secret" (702-3)[26]. Parlant ici du voyage et du "refuge" qu'il "nous ôte" (42), il écrit que "jamais peut-être un pays, sinon la Méditerranée, ne m'a porté à la fois si loin et si près de moi-même" (43). Et poussant plus loin le paradoxe:

> J'admire qu'on puisse trouver au bord de la Méditerranée des certitudes et des règles de vie, qu'on y satisfasse sa raison et qu'on y justifie un optimisme et un sens social[27]. Car enfin, ce qui me frappait alors ce n'était pas un monde fait à la mesure de l'homme — mais qui se refermait sur l'homme. Non, si le langage de ces pays s'accordait à ce qui résonnait profondément en moi, ce n'est pas parce qu'il répondait à mes questions, mais parce qu'il les rendait inutiles. Ce n'était pas des actions de grâce qui pouvaient me monter aux lèvres, mais ce Nada qui n'a pu naître que devant des paysages écrasés de soleil. Il n'y a pas d'amour de vivre sans désespoir de vivre. (44)[28]

Cette association amour/désespoir ne peut se comprendre sans d'abord savoir ce qu'implique pour Camus la notion de "désespoir" dans toute son ambiguïté: "On écrit dans les instants de désespoir. Mais qu'est-ce que le désespoir?" demande-t-il (*C2*, 120). À peu près à l'époque où il rédigeait les essais de *L'Envers et l'endroit*, il notait: "Désespoir souriant. Sans issue, mais exerçant sans cesse une domination qu'on sait vaine. L'essentiel: ne pas se perdre, et ne pas perdre ce qui, de soi, dort dans le monde" (*C1*, 38). On sent bien qu'il s'agit ici d'un conflit entre une force destructrice aveugle — la pulsion de mort — et une résistance qui se veut plus forte qu'elle, qui veut la

---

25. Fernand Braudel souligne ce qui fait l'unité originale de la Méditerranée: "Dans son paysage physique comme dans son paysage humain, la Méditerranée carrefour, la Méditerranée hétéroclite se présente dans nos souvenirs comme une image cohérente, comme un système où tout se mélange et se recompose en une unité originale. [...] L'explication, ce n'est pas seulement la nature qui, à cet effet, a beaucoup œuvré; ce n'est pas seulement l'homme, qui a tout lié ensemble obstinément; ce sont à la fois les grâces de la nature ou ses malédictions — les unes et les autres nombreuses — et les efforts multiples des hommes, hier comme aujourd'hui. Soit une somme interminable de hasards, d'accidents, de réussites répétées" (10-11).
26. Camus, faisant la distinction entre l'Europe et la Méditerranée, exprime sa confiance dans ce qu'il appelle "la pensée solaire": "Jetés dans l'ignoble Europe où meurt, privée de beauté et d'amitié, la plus orgueilleuse des races, nous autres méditerranéens vivons toujours de la même lumière. Au cœur de la nuit européenne, la pensée solaire, la civilisation au double visage, attend son aurore. Mais elle éclaire déjà les chemins de la vraie maîtrise" (703).
27. La variante du manuscrit permet de dissiper l'ambiguïté impersonnelle de cette phrase: "J'admire *que certains puissent* trouver au bord de la Méditerranée des certitudes et des règles de vie, *que leur raison s'y satisfasse, et qu'ils en tirent un optimisme et une justification de leur* sens social. *Mais pour moi je n'y pouvais croire.* Car enfin..." (1193). La position personnelle de Camus apparaît ici clairement.
28. Dans *Le Malentendu*, c'est Martha la désespérée qui exprime la même idée: "[...] j'ai hâte de trouver ce pays où le soleil tue les questions. Ma demeure n'est pas ici" (I, 120).

contenir, la "canaliser". Cette force s'apparente à ce que dit Caillois du sacré sous sa forme élémentaire, qu'il voit comme une "énergie dangereuse, incompréhensible, malaisément maniable, éminemment efficace [...]. Le problème consiste à la capter et à l'utiliser au mieux de ses intérêts, tout en se protégeant des risques inhérents à l'emploi d'une force si difficile à maîtriser" (21). Or justement, méditant l'"Esthétique de la révolte", Camus note: "Impossibilité pour l'homme de désespérer complètement. [...] Ce qui est remarquable dans l'homme ce n'est pas qu'il désespère, c'est qu'il surmonte ou oublie le désespoir" (*C2*, 145). La position philosophique de l'absurde qu'adoptera Camus dans *Le Mythe de Sisyphe*, et où il conclut au refus nécessaire du suicide, sera le résultat de sa résistance intellectuelle à cette pulsion de mort. Si le désespoir découle de l'absurde, l'attitude de l'homme absurde exige de le dépasser: "Poser la question du monde absurde, c'est demander: 'Allons-nous accepter le désespoir, sans rien faire.' Je suppose que personne d'honnête ne peut répondre oui" (*C2*, 116). Cette logique, qui conduit à la révolte, l'amènera, dans "Lettre à un désespéré", à répondre dans les termes suivants à un homme accablé et désespéré par la guerre:

> Comment ne pas désespérer en effet? [...] Jamais nous n'avons été si totalement livrés à l'anéantissement. Je vous comprends mais je ne vous suis plus lorsque vous prétendez faire de ce désespoir une règle de vie et, jugeant que tout est inutile, vous retirer derrière votre dégoût. Car le désespoir est un sentiment et non un état. Vous ne pouvez demeurer sur lui. Et le sentiment doit laisser la place à une vue claire des choses. [...] Comprenez qu'on peut désespérer du sens de la vie *en général* mais non de ses formes particulières, de l'existence, puisqu'on n'a pas de pouvoir sur elle, mais non de l'histoire où l'individu peut tout. [...] Comprenez donc qu'on fait la guerre autant avec l'enthousiasme de ceux qui la veulent qu'avec le désespoir de ceux qui la renient de toute leur âme. (*C1*, 178-82).

Camus montre ici les écueils du désespoir et le caractère illusoire du refuge qu'ils peuvent représenter. Le désespoir, comme l'espoir, peut être une fuite, une esquive. Alors qu'il connaît et accepte le désespoir comme "sentiment" inhérent à l'absurde, il le voit aussi comme un nouvel obstacle à surmonter et cet effort sera essentiel à la révolte. Aussi, comme le fait remarquer très justement J. Daniel en faisant une "retouche" à la terminologie, "l'absence d'espoir [...] ne serait pas désespoir" ("Le bonheur", 18).

Cette brève réflexion sur "l'absence d'espoir" dans la première partie de l'œuvre est importante dans la mesure où la conscience de la mort, le "sentiment" de désespoir qui en découle et la résistance qu'il faut y opposer sous-tendent toute la pensée camusienne. Elle montre aussi que tout résultat, toute preuve de l'"efficacité" positive de ces "forces obscures de l'âme" — dont la pulsion de mort en premier lieu — réside, comme le veut le bon usage du sacré et comme le commande le sens des limites de Camus, dans la manière de les capter et de les utiliser.

La préoccupation dominante dans les cinq essais de *L'Envers et l'endroit* est sans doute celle de la mort. L'angoisse et le désespoir déclenchés par la conscience de la mort l'emportent sur un amour de vivre qui débouche sur "une plénitude sans joie". Plus que la pensée grecque, c'est la métaphysique chrétienne qui fait ici sentir son influence. Mais désespoir et amour s'inscrivent dans un temps et surtout dans un espace placés sous le signe du sacré. En ce qui concerne le féminin, il faut noter que la femme est directement associée à la mort dans deux des essais. Dans un troisième, sous la figure d'une mère silencieuse qui occupe brièvement tout l'univers de l'auteur, elle est associée à la fois à l'amour et à la mort. Dans un quatrième essai enfin, elle représente les forces primitives du désir, mais non sans que soient évoquées — équilibre oblige — certaines qualités fines de l'amitié féminine. La mort, l'amour, le désir, l'amitié: voilà, dans cette première œuvre, les principaux concepts associés au féminin auxquels on reviendra en temps voulu.

L'influence pascalienne

Avant de parler des essais de *Noces* et de leur relation au sacré, essais sans doute moins influencés par la métaphysique chrétienne et moins explicitement dominés par l'idée de la mort, le moment semble opportun d'examiner brièvement la relation entre cette idée de mort si présente dans l'œuvre et l'indéniable influence pascalienne qui s'y exerce — et cela en ayant recours à quelques auteurs qui l'ont spécialement étudiée. Bien que cette influence soit reconnue et bien discutée, il est nous est impossible de la passer sous silence, tant elle nous paraît profonde et percutante, et tant la résistance qu'elle éveille chez Camus nous semble paradoxale.

Quilliot parle de l'idée de mort chez Camus comme d'une "obsession" qui "se traduit en images qui jalonnent toute l'œuvre" ("Un exemple d'influence pascalienne au XXe siècle", 121). Cette obsession est réelle, et se comprend chez un jeune homme malade constamment menacé d'une mort prématurée, mais lorsque Quilliot fait le rapprochement avec Strindberg en affirmant que "toute l'œuvre de Camus n'est qu'une danse de mort" (122), on ne peut s'empêcher d'opposer à cette image pessimiste la célébration multiple de la vie et de ses fêtes qui fait la lumière de l'œuvre[29]. Il est vrai cependant que l'opposition vie/mort en constitue la dualité la plus décisive, dualité que reflètent celles exprimées dans les titres dichotomiques déjà cités.

Comme on a pu le remarquer dans la conclusion du mémoire d'Études supérieures et dans la première passe d'armes que Camus engage avec Pascal dans "L'Ironie", son obsession de la mort porte indubitablement la marque de la pensée pascalienne. Si les allusions à Pascal ne sont pas particulièrement fréquentes dans l'œuvre[30] et si elles sont en général voilées, affleurant à peine dans la partie créative, plus explicites mais rares dans les *Carnets*, Camus va néanmoins jusqu'à formuler ce paradoxe: "Je suis de ceux que Pascal bouleverse et ne convertit pas. Pascal, le plus grand de tous, hier et aujourd'hui" (*C3*, 177). Ces mots nous semblent révéler des émotions extrêmes, un déchirement profond en même temps qu'une admiration totale, émotions auxquelles vient se heurter cependant l'impossibilité intellectuelle d'adhérer à la pensée qui les inspire. Ce "bouleversement" serait-il provoqué par la réponse à l'absurde que constitue la vision pascalienne des *Pensées*? Réponse inacceptable pour Camus le non-chrétien, mais "bouleversante" parce que transcendant la mort et de ce fait la rendant sacrée? "Bouleversante" parce que proposant un objet — si lointain, si inaccessible soit-il — à son désir métaphysique? Le proposant à lui, qui dans l'"Amour de vivre" assimile la vie "au temps du désir sans objet" (45), à lui qui, dans une variante du manuscrit, écrit: "Je tremblais de désir" (1193). Et par ailleurs, dans quel sens Pascal est-il "le plus grand de tous"? Comme penseur? Comme moraliste? Comme poète? Car il est grand en tout cela, avec passion. Peut-être est-ce elle, la passion, qui fait de lui "le plus grand" aux yeux de Camus. Il faut se souvenir de son importance par rapport à l'absurde et à la révolte: "Je tire ainsi de l'absurde trois conséquences qui sont ma révolte, ma liberté et ma passion. Par le seul jeu de la conscience, je transforme en règle de vie ce qui était invitation à la

---

29. À propos de la réception faite à *L'Envers et l'endroit*, Camus, bien qu'heureux de "l'accueil [...] inespéré", a néanmoins l'impression d'avoir été mal compris. En juillet 1937, il écrit dans une lettre à Jean de Maisonseul: "[...] je lisais chez ces gens les mêmes phrases [...]: amertume, pessimisme, etc. Ils n'ont pas compris – et je me dis parfois que je me suis fait mal comprendre. Si je n'ai pas dit tout le goût que je trouve à la vie, toute l'envie que j'ai de mordre à pleine chair, si je n'ai pas dit que la mort même et la douleur ne faisaient qu'exaspérer en moi cette ambition de vivre, alors je n'ai rien dit" (1219).

30. Quilliot note à ce propos que "si Pascal est rarement nommé (une dizaine de fois), plus rarement cité encore, il n'en demeure pas moins présent dès que resurgissent les thèmes de la solitude et de la mort, de la misère et de la grandeur de l'homme. Il n'y a pas à s'étonner dès lors si [...] Camus pouvait ranger Pascal au nombre des quelques auteurs qui l'ont aidé à prendre conscience de ce qu'il avait à dire" ("Un exemple", 119-20).

mort — et je refuse le suicide" (*MS*, 145-46)[31]. Évoquant l'évolution de la pensée camusienne, Quilliot souligne à la fois cette dimension passionnée commune et ce qui les sépare:

> Innocent d'abord, son univers, gâté par le mal, prend l'allure tourmentée des colonnes grêlées de Djémila. C'est alors que Pascal entre en scène, l'éveille à jamais et lui révèle sa misère et sa grandeur. C'est de lui qu'il tire son intransigeance, son mépris des tièdes. Dès lors, son opposition radicale à la foi constitue un hommage à toute foi tragique. Mais le même amour de vivre qui jetait Pascal en Dieu attache passionnément Camus à la terre. ("Un exemple", 133)

En effet, "[l]a furieuse passion de vivre qui fait le sens de [s]es journées" (*C1*, 76) trouve son exutoire dans le monde des hommes car, on l'a vu, Camus n'en connaît pas d'autre: "Laissez donc ceux qui veulent se séparer du monde. Je ne me plains plus puisque je me regarde naître. Je suis heureux dans ce monde car mon royaume est de ce monde" (*C1*, 22). C'est ce que déclarait le jeune homme de vingt-trois ans. Plus tard cependant, se rangeant avec Baudelaire, autre fils tourmenté de Pascal, il déchantera: "Baudelaire. Le monde a acquis une épaisseur de vulgarité qui donne au mépris de l'homme spirituel la violence d'une passion" (*C2*, 329).

Son admiration pour "le plus grand de tous" n'empêchera pas Camus d'adopter le plus souvent une position contraire, et cela à travers des contradictions, des paraphrases et des renversements de termes. Mais surtout, comme le souligne Mary Jean Green[32], il opposera au célèbre pari pascalien un refus obstiné, réitéré. À la foi passionnée de Pascal ne pouvait répondre qu'une "incroyance" tout aussi "passionnée"[33].

---

31. Ben Stoltzfus fait remarquer que le mot "passion" constitue un élément essentiel dans cette structure triadique de l'absurde: "The word 'passion' [...] is evoked less frequently, yet, paradoxically, passion is an essential element of the other two. Without passion there would be nothing to rebel against or for, and without a sense of exil and alienation, passion would lose its driving force" ("Albert Camus's Homonymous Veilings", 103).

32. Au sujet du pari, M. J. Green estime, que dans le *Mythe de Sisyphe*, Camus semble presque entrer en dialogue direct avec Pascal. Elle cite des extraits du passage suivant: "On lui demande de sauter. Tout ce qu'il peut répondre, c'est qu'il ne comprend pas bien, que cela n'est pas évident. Il ne veut faire justement que ce qu'il comprend bien. On lui assure que c'est péché d'orgueil, mais il n'entend pas la notion de péché; que peut-être l'enfer est au bout, mais il n'a pas assez d'imagination pour se présenter cet étrange avenir; qu'il perd la vie immortelle, mais cela lui paraît futile. On voudrait lui faire reconnaître sa culpabilité. Lui se sent innocent. À vrai dire, il ne sent que cela, son innocence irréparable. C'est elle qui lui permet tout. Ainsi, ce qu'il exige de lui-même, c'est de vivre *seulement* avec ce qu'il sait, de s'arranger de ce qui est et ne rien faire intervenir qui ne soit certain. On lui répond que rien ne l'est. Mais ceci du moins est une certitude. C'est avec elle qu'il a affaire: il veut savoir s'il est possible de vivre sans appel" [*MS*, 137], (M. J. Green, 235-36).

33. Viallaneix remarque: "La révolte de Camus [...] s'interdisait tout 'pari' sur la destinée énigmatique de l'homme. Elle se gardait d'abolir Dieu, comme de lui prêter, à la faveur d'un 'saut' métaphysique condamné dès *Le Mythe de Ssyphe*, une existence qu'elle n'avait jamais perçue" ("L'incroyance passionnée'", 186).

Se référant aux écrits de jeunesse, Quilliot souligne encore l'importance de l'influence indirecte de Pascal dans l'élaboration de la pensée camusienne de l'absurde:

> Dans ces ébauches apparaît tout ce que Camus doit, je ne dis pas à la pensée de Pascal, mais au climat pascalien où ses études, ses lectures et sa réflexion d'adolescent malade le plongent: sentiment de la misère humaine, de son impuissance, de son ennui; en antithèse, le désir d'éternité, de vérité, d'amour. Pour résoudre cette contradiction, qu'il baptisera plus tard d'absurde, tantôt il incline à une indifférence conquise, tantôt à l'enthousiasme. Le dialogue intérieur, forme privilégiée de ses premiers essais, témoigne du déchirement où il s'est d'ores et déjà installé sans renoncer pourtant à reconquérir l'unité ou l'innocence perdues. ("Un exemple", 121)

Pour Quilliot, "Camus est bien le fils sécularisé d'Augustin et de Pascal" ("Un exemple", 133).

L'influence indirecte de Pascal se traduit enfin jusque dans le langage, ce qui, plus que toute autre manifestation peut-être, en révèle l'intensité. Gay-Crosier, faisant remarquer que "[m]ême si Camus n'a recours ni à la grâce ni à la foi, Pascal ne peut pas être loin", souligne par rapport à l'analyse de la révolte historique "une terminologie qui paraît empruntée à celle de l'auteur des *Pensées*". Il précise: "[...] le style même du correctif par lequel Camus entend relativiser l'histoire reprend les formules d'un pamphlet janséniste: 'L'histoire, nécessaire, non suffisante, n'est donc qu'une cause occasionnelle' [*HR*, 651]. Tel le 'roseau pensant' pascalien, le révolté sans Dieu camusien se voit confronté à un défi sans fin" ("Les enjeux de la pensée de midi", 102-103). Pour Morot-Sir aussi, l'influence indirecte de Pascal se manifeste, de manière diffuse mais indéniable, dans le langage. À propos du *Mythe de Sisyphe*, il souligne ce que nous avons eu l'occasion d'observer ailleurs: "[L]es accents pascaliens que prend spontanément le langage camusien poussant jusqu'à l'extrême la conscience du possible" (9)[34]. Enfin, se référant aux trois essais dont il a été question au premier chapitre, Morot-Sir souligne à quel point "le style philosophique a changé", que les trois auteurs ont recours à "un même langage de *rupture métaphysique*" (6), et qu'à travers "ce nouveau langage", le lecteur est amené à penser "parfois à Montaigne,

---

34. Morot-Sir souligne les thèmes suivants comme spécialement porteurs d'"accents pascaliens": celui "de la grandeur et de la recherche humaines face au monde qui les domine"; celui du "divertissement: la vie de l'acteur — être absurde et impossible par excellence, est 'tout entière vouée à la dispersion'" [*MS*, 162]; celui de "l'absurde", et celui surtout du "pari qui donne sa forme universelle à la vie et à la pensée absurdes". Morot-Sir cite encore Camus: "Va-t-on au contraire soutenir le pari déchirant et merveilleux de l'absurde? [...] Le corps, la tendresse, la création, l'action, la noblesse humaine prendront alors leur place dans ce monde insensé. L'homme y retrouvera enfin le vin de l'absurde et le pain de l'indifférence dont il nourrit sa grandeur" [*MS*, 137], ("1942-1943", 9-10).

et surtout à Pascal" (7). La présence pascalienne se manifeste principalement dans les aspects de fragmentation, dans le fait que "[l]'œuvre ne doit pas être achevée", que "[l]e langage explicite suggère un langage implicite énorme". Morot-Sir affirme que s'il "insiste sur cette filiation qui se manifeste en plein milieu du XXe siècle, c'est pour mieux comprendre le besoin radical qui, dans un contexte différent à la surface, mais identique en profondeur, tourmente la conscience morale et religieuse de l'époque" (10). Camus n'a certainement eu aucune peine à reconnaître ce besoin car, plus que pour tout autre, c'était le sien. Et avec la même passion que Pascal, il a voulu la réconciliation, non entre l'homme et Dieu qui reste inaccessible, mais entre l'homme et le monde.

C'est enfin cette divergence essentielle entre la pensée de Pascal et celle de Camus qui va nous orienter vers une réflexion sur *Noces*, divergence que M. J. Green formule dans les termes suivants: "As Pascal's contemplation of the misery of the human condition leads him to turn toward God in rejection of earthly existence, Camus's solitude opens him to the sacredness of the physical world before him" (231). C'est ce sacré du monde physique que va nous livrer la lecture de *Noces*.

Noces

Les essais qui paraissent deux ans après ceux de *L'Envers et l'endroit*, formant la collection de *Noces*, portent les marques d'un optimisme relatif et surtout d'une volonté de lucidité qui trahissent l'influence de la pensée grecque. Lévi-Valensi voit dans ces essais de "superbes méditations" qui sont "les récits d'expériences, que l'on dirait presque mystiques, de communion avec le monde où le 'je' tout à la fois se découvre et se perd" ("Si tu veux être philosophe", 26). Le sacré s'y manifeste en effet dans l'union cosmique de l'homme avec le monde, union placée principalement sous le signe du soleil qui, selon Serge Doubrovsky, est pour Camus "le *vital* même", mais aussi sous celui de la mer, source de toute vie. Doubrovsky précise que "[l]e thème du 'soleil' définit [...] la catégorie fondamentale de l'ontologie camusienne, la participation" (41). C'est dans cette perspective que nous abordons certains aspects de *Noces*.

Le premier essai, **"Noces à Tipasa"**, parle d'un lieu alternativement investi par le sacré et livré au profane. Ancien comptoir phénicien situé au fond d'une baie magnifique, Tipasa abrite aussi bien les ruines des temples romains et du forum que celles de la basilique chrétienne de Sainte-Salsa. Lieu longtemps abandonné du sacré, il retrouve ses dieux dans la fête païenne que Camus y célèbre et où la vie des sens triomphe de la mort sous le regard complice des dieux. Il faut se souvenir que l'idée de l'immortalité de l'âme sans le corps n'intéresse guère le jeune écrivain, qui sous ce rapport se rapproche de Gide. Pour lui, c'est par les sens que l'homme s'intègre au monde et c'est pourquoi le narrateur de "Noces à Tipasa" chante ses découvertes dans un langage polyphonique, accordant simultanément la voix à tous les sens. Le premier paragraphe du texte suffit à illustrer cette synesthésie, à la fois fête du corps et célébration de la nature méditerranéenne:

> Au printemps, Tipasa est habitée par les dieux et les dieux parlent dans le soleil et l'odeur des absinthes, la mer cuirassée d'argent, le ciel bleu écru, les ruines couvertes de fleurs et la lumière à gros bouillons dans les amas de pierres. À certaines heures, la campagne est noire de soleil. Les yeux tentent vainement de saisir autre chose que des gouttes de lumière et de couleurs qui tremblent au bord des cils. L'odeur volumineuse des plantes aromatiques racle la gorge et suffoque dans la chaleur énorme. À peine, au fond du paysage, puis-je voir la masse noire du Chenoua qui prend racine dans les collines autour du village, et s'ébranle d'un rythme sûr et pesant pour aller s'accroupir dans la mer. (55)

Avant même l'entrée matinale "dans le royaume des ruines", les promeneurs, en traversant le village, pénètrent "dans un monde jaune et bleu", celui du soleil et de la mer, où leur parvient une double musique: celle du "soupir odorant et âcre de la terre d'été en Algérie" se mêlant au "bruit de baisers" de la mer au pied des rochers. Ils sont éblouis par la palette des couleurs: "des bougainvillées rosat", des "hibiscus au rouge encore pâle", des "roses thé épaisses comme de la crème", des "bordures de longs iris bleus", et plus loin les "fleurs violettes, jaunes et rouges" des "grosses plantes grasses". Sous leurs doigts, "[t]outes les pierres sont chaudes" (55). Couleurs, odeurs et goûts, bruits, contact: tous les sens sont abondamment sollicités dans un univers enivrant où véritablement "[l]es parfums, les couleurs et les sons se répondent"[35]. Aussi est-ce un univers où les pouvoirs de métamorphose annoncent le sacré: la montagne s'anime et se transforme en quelque monstre marin; la lumière est à ce point excessive qu'elle se liquéfie: formant des gouttes au bord des cils, elle déborde ensuite en cascades qui se déversent "à gros bouillons" sur le paysage. C'est bien le monde plotinien dominé par la lumière, monde diurne où "les dieux parlent dans le soleil". C'est l'Algérie mais c'est aussi la Grèce car les dieux y sont ceux de l'Olympe.

"Avant d'entrer dans le royaume des ruines", les promeneurs s'arrêtent pour contempler le ciel et la mer: "[...] pour la dernière fois

---

35. On ne peut éviter de songer à "Correspondances" de Baudelaire, dont est cité le vers 8.

nous sommes spectateurs" déclare le narrateur. Franchissant le seuil, ils deviennent aussitôt les participants à une célébration cosmique, partenaires dans les noces de l'homme et du monde. C'est alors dans une atmosphère d'ivresse universelle qu'ils s'abandonnent au sacré:

> Au bout de quelques pas, les absinthes nous prennent à la gorge. Leur laine grise couvre les ruines à perte de vue. Leur essence fermente sous la chaleur, et de la terre au soleil monte sur toute l'étendue du monde un alcool généreux qui fait vaciller le ciel. Nous marchons à la rencontre de l'amour et du désir. Nous ne cherchons pas de leçons, ni l'amère philosophie qu'on demande à la grandeur. Hors du soleil, des baisers et des parfums sauvages, tout nous paraît futile. [...] Ici, je laisse à d'autres l'ordre et la mesure. C'est le grand libertinage de la nature et de la mer qui m'accapare tout entier. (56)

Dans une sorte de légèreté de tout l'être, le sacré est ici celui de l'amour et du désir vécus dans une communion enivrante avec la nature. Marie-Louise Audin souligne l'importance du désir dans ces premiers paragraphes de "Tipasa" et relève plusieurs expressions "qui font vivre ou revivre le désir dans ses diverses modulations" (30). Mais plus loin, elle fait remarquer que "l'actualisation du désir [...] a été précédée dans le contexte immédiat par l'évocation d'une série d'actes et d'épreuves qui, tous, visent non une notion de 'plaisir charnel' mais une notion de 'purification'". Et elle conclut: "'Désir' possède donc bien une capacité de resémantisation et la possibilité de développer une dimension essentialiste de transcendance. Il peut alors remobiliser l'ensemble du texte pour amener ce dernier à dévoiler sa 'signification' et révéler le sens réel de l'expérience vécue à Tipasa" (31). Déjà dans un passage précédent, une réflexion introspective exprimait un approfondissement de l'expérience et la conscience de sa valeur initiatique: "Ce n'est pas si facile de devenir ce que l'on est, de retrouver sa mesure profonde. Mais à regarder l'échine du Chenoua, mon cœur se calmait d'une étrange certitude. J'apprenais à respirer, je m'intégrais, je m'accomplissais" (56). Se référant à l'ivresse mentionnée plus haut, Audin y voit justement "une ivresse à dimension initiatique" (31) et rappelle que "l'un des paramètres majeurs de l'Initiation", c'est "l'intégration au monde, c'est-à-dire la conquête de l'Unité" que Camus évoquera plus loin. Lévi-Valensi souligne aussi dans ces premières pages de "Noces à Tipasa" la dimension d'"intégration", de communion: "On ne saurait mieux dire, tout à la fois, l'évidence lyrique de la présence du monde, et la communion totale et sacrée avec lui. Loin de s'anéantir, l'être s'accomplit; mais il reçoit aussi le monde" ("Entre La Palisse et Don Quichotte", 40). Cette ouverture, cette réceptivité, sont essentielles au "devenir" de l'être.

Les dieux qui président au "mariage des ruines et du printemps" (56) se nomment Éros et Dionysos, mais à l'arrière-plan se profile aussi Gaia, qui est, selon Grimal, "la Terre conçue comme l'élément primordial dont naquirent les races divines". Grimal précise: "D'après Hésiode, cette très ancienne déesse, née immédiatement après Chaos et juste avant Éros, donna naissance, sans aucune intervention mâle, à Uranus (le Ciel), aux Montagnes, et aussi à Pontus, la personnification mâle de l'élément marin"[36] — dieux tous repérables dans "Noces à Tipasa". Enfin, déesse parmi les dieux, la Nature règne en souveraine.

Les ruines deviennent en effet ses "filles prodigues" et pour elles, "la nature a prodigué les fleurs" (56). Camus poursuit: "Comme ces hommes que beaucoup de science ramène à Dieu, beaucoup d'années ont ramené les ruines à la maison de leur mère. Aujourd'hui enfin leur passé les quitte, et rien ne les distrait de cette force profonde qui les ramène au centre des choses qui tombent." Non seulement toute la relation nature/ruines est donnée au féminin, comme une célébration des retrouvailles mère/fille, mais cette relation fusionnelle où la Mère-Nature réintègre en son sein les œuvres humaines s'inscrit dans un mouvement vers le "centre des choses". Or, nous l'avons vu à propos de l'*axis mundi*, le concept de centre est fondamental au sacré. D'après Eliade, "le 'Centre' est [...] la zone du sacré par excellence, celle de la réalité absolue" (*MR*, 30). Mais dans "Noces à Tipasa", au lieu qu'il s'agisse de l'édification d'une structure sacrée destinée à reproduire un modèle transcendant, il s'agit de la désintégration de cette structure au bénéfice d'une nature qui transcende l'histoire. C'est un véritable retour aux origines, qui arrache les choses au temps ("Aujourd'hui enfin leur passé les quitte"), et qui nous met en face d'un sacré païen, voire archaïque, où la Nature elle-même se manifeste comme hiérophanie. Ce phénomène est conforme à ce qu'écrit encore Eliade: "[P]our ceux qui ont une expérience religieuse, la Nature toute entière est susceptible de se révéler en tant que sacralité cosmique" (*SP*, 16). Peu importe par ailleurs que les ruines soient celles des temples et du forum romains ou celles de la basilique chrétienne de Sainte-Salsa: pierres, colonnes, sarcophages ayant "contenu des morts" sont envahis par les héliotropes et les géraniums couleur de sang et de soleil, par les sauges et les ravenelles aux parfums capiteux. La Nature ignore les particularités de la religion et de l'histoire. Sa vérité est universelle. Ici, elle absorbe l'histoire. Ébloui par son opulence, Camus déclare:

---

36. Notre traduction. Voir l'article "Gaia" dans Pierre Grimal, *The Dictionary of Classical Mythology*, 167.

> Bien pauvres sont ceux qui ont besoin de mythes. [...] Et qu'ai-je besoin de parler de Dionysos pour dire que j'aime écraser les boules de lentisques sous mon nez? Est-il même à Déméter ce vieil hymne à quoi je songerai plus tard sans contrainte: 'Heureux celui des vivants sur la terre qui a vu ces choses.' Voir, et voir sur cette terre, comment oublier la leçon? Aux mystères d'Éleusis, il suffisait de contempler. (57)

Mais c'est de tout son corps qu'il contemple, c'est avec tous ses sens qu'il s'investit car, dit-il, "je sais que jamais je ne m'approcherai assez du monde". Son entrée dans la mer se joue comme un long prélude amoureux: "Il me faut être nu et puis plonger dans la mer, encore tout parfumé des essences de la terre, laver celles-ci dans celle-là, et nouer sur ma peau l'étreinte pour laquelle soupirent lèvres à lèvres depuis si longtemps la terre et la mer" (57). Puis c'est l'accomplissement de "la nage [...] dans une torsion de tous les muscles; la course de l'eau sur mon corps, cette possession tumultueuse de l'onde par mes jambes — et l'absence d'horizon". Acte à la fois cosmique et érotique dont les énergies abolissent l'espace, il fait comprendre "ce qu'on appelle gloire: le droit d'aimer sans mesure". Et cette démesure s'étend à l'amour ressenti pour la femme car, dit-il, "[i]l n'y a qu'un seul amour dans ce monde. Étreindre un corps de femme, c'est aussi retenir contre soi cette joie étrange qui descend du ciel vers la mer" (57-58). Selon Audin, "la réussite de cette expérience initiatique s'affirmera pleinement lorsque 'désir' s'incarnera et s'actualisera en 'accord' permettant à Camus d'écrire en toute vérité: 'Non, ce n'était pas moi qui comptais ni le monde, mais seulement l'accord et le silence qui de lui à moi faisait naître l'amour'" (32). Il faut noter ce concept d'amour total qui, à travers l'amour physique, intègre l'autre, la femme, et la dimension sacrée dans laquelle cet amour s'inscrit car, quoiqu'en pensent ceux qui affirment son "impossibilité d'aimer", Camus y restera fidèle. Il est de ceux qui aiment grandement. Plus loin, il déclare encore: "J'aime cette vie avec abandon et veux en parler avec liberté: elle me donne l'orgueil de ma condition d'homme" (58).

La fascination exercée par "Noces à Tipasa" est telle qu'il est difficile d'interrompre le dialogue mais en ce qui concerne notre propos, l'essentiel semble acquis: à travers l'expérience de la participation, les marques du sacré ont pu être largement mises en évidence. Notons encore cependant le sens que revêt pour Camus l'expérience "grecque" de Tipasa par rapport à celle, "chrétienne", de la foi: "À Tipasa, je vois équivaut à je crois, et je ne m'obstine pas à nier ce que ma main peut toucher et mes lèvres caresser" (59). C'est bien sûr une autre façon de proclamer: "Mon royaume est de ce monde." Comme le remarque Lévi-Valensi,

Il ne s'agit plus d'être *au* monde, mais d'être *le* monde, et d'y trouver sa vérité. On voit la puissance du fantasme d'identification; il n'a pu être envisagé qu'à travers la splendeur des paysages d'Algérie [...]; à travers les hauts lieux de la contemplation et de la conscience éblouie et lucide d'être au monde que sont Tipasa ou Djémila; à travers, aussi, la conciliation des yeux et du cœur, de ce que l'on voit et de ce que l'on croit. ("Entre La Palisse", 40)

Soulignons enfin l'importance de "Tipasa" par rapport à l'œuvre dans son ensemble:

> Elle est aujourd'hui mon personnage et il me semble qu'à le caresser et le décrire, mon ivresse n'aura plus de fin. Il y a un temps pour vivre et un temps pour témoigner de vivre. Il y a aussi un temps pour créer, ce qui est moins naturel. Il me suffit de vivre de tout mon corps et de témoigner de tout mon cœur. Vivre Tipasa, témoigner et l'œuvre d'art viendra ensuite. Il y a là une liberté. (59)

Ce choix de vivre d'abord "de tout [s]on corps" est primordial dans l'attitude camusienne, et l'expérience sacrée de Tipasa est et restera fondamentale à l'édification de l'œuvre. "Vivre Tipasa", c'est déjà l'affirmation de ce que Camus ne devait confirmer que bien plus tard: "J'ai toujours eu l'impression de vivre en haute mer, menacé, au cœur d'un bonheur royal"[37]. Aussi, à l'époque de *L'Envers et l'endroit*, Camus parlait déjà dans ses *Carnets* d'"une connaissance de soi par le corps. Le corps, vrai chemin de la culture, il nous montre nos limites" (*C1*, 90). Audin constate fort justement que dans "Noces à Tipasa", Camus a jeté "les bases d'une philosophie du Corps, faisant de ce dernier le médiateur privilégié de toute quête du sens et de l'Unité" (32).

Fidèle à la logique de contraste de *L'Envers et l'endroit*, *Noces* présente, après la fête de la vie et du monde qu'est "Tipasa", une méditation sur la mort: c'est **"Le Vent à Djémila"**. Alors que "Tipasa" célébrait la vie du corps et des sens, "Djémila" parle de l'esprit et de sa négation. Alors que "Tipasa" célèbre l'identification de l'homme au monde, "Djémila" entraîne l'homme dans la perte de lui-même. Alors que partout à Tipasa, la vie triomphe de la mort, Djémila est et reste une ville morte[38]. Lieu de "silence et de désolation" mais aussi d'une "splendeur aride", il en émane une leçon fondamentale: "Lorsque surgit enfin sur un plateau aux couleurs éteintes, enfoncé entre de hautes montagnes, son squelette jaunâtre

---

37. Ce sont les derniers mots du dernier essai de *L'Été*, "La mer au plus près", qui date de 1953 (886).
38. François Chavanes fait observer qu'au sujet des "trois essais qui suivent 'Noces à Tipasa', Camus dénonce avec force l'illusion que constitue, pour lui, l'espoir en une autre vie". À propos de "Vent à Djémila", il note: "[...] c'est un chant funèbre qui succède au chant de fête de Tipasa" (*A. Camus: Il faut vivre maintenant*, 41).

comme une forêt d'ossements, Djémila figure alors le symbole de cette leçon d'amour et de patience qui peut seule nous conduire au cœur battant du monde" (61). Il s'agit encore une fois du mouvement vers le "centre des choses", vers le réel du sacré, et Djémila, avec son "temple sur une éminence", est bien l'un de ces sites sacrés qui, comme le note Eliade, "par suite de leur situation au centre du Cosmos [...] sont toujours le point de rencontre des trois régions cosmiques: Ciel, Terre et Enfer" (*MR*, 27). Comme la plupart des lieux sacrés, elle est située sur une hauteur. Pour y arriver, "il faut beaucoup de temps", et comme pour tous les lieux sacrés, "[c]'est un lieu d'où l'on revient" (61). Comme le pèlerin qui doit gravir la Montagne sacrée ou le Barabudur, il faut ici gravir les flancs du plateau: l'accès se fait par une "route en lacet" lente et difficile. Et comme tous les lieux sacrés, comme Tipasa, elle offre à l'homme une leçon d'orgueil: "Là, parmi quelques arbres, de l'herbe sèche, elle se défend de toutes ses montagnes et de toutes ses pierres, contre l'admiration vulgaire, le pittoresque ou les jeux de l'espoir" (61-62).

Le vent, "à peine senti au début de l'après-midi", augmente progressivement, devient une force grandissante et inéluctable. Comme la lumière à Tipasa, le vent à Djémila envahit tout et "[d]ans cette grande confusion du vent et du soleil qui mêle aux ruines la lumière, quelque chose se forge qui donne à l'homme la mesure de son identité avec la solitude et le silence de la ville morte" (61). La force dissolvante du vent opère une fusion avec l'homme qui finit à son tour par se confondre avec elle:

> Mais si longuement frotté du vent, secoué depuis plus d'une heure, étourdi de résistance, *je perdais conscience du dessin que traçait mon corps*. Comme le galet verni par les marées, j'étais poli par le vent, *usé jusqu'à l'âme. J'étais un peu de cette force* selon laquelle je flottais, puis beaucoup, *puis elle enfin*, confondant les battements de mon sang et les grands coups sonores de ce cœur partout présent de la nature. Le vent me façonnait à l'image de l'ardente nudité qui m'entourait. Et sa fugitive étreinte me donnait, *pierre parmi les pierres*, la solitude d'une colonne ou d'un olivier dans le ciel d'été. (62; nos italiques)

Sont soulignés les mots qui indiquent la perte d'identité de l'homme livré à la force cosmique du vent. Les limites du corps d'abord s'estompent dans sa conscience, l'âme s'efface ensuite. Comme les ruines que la nature réintégrait dans "Noces à Tipasa", c'est ici l'homme lui-même que la force cosmique désintègre, dont il fait "une pierre parmi les pierres" pour mieux l'intégrer ensuite[39]. Et dans cette fusion, l'homme devient la force même du vent. Elle le détache radicalement de lui-même, elle le sacrifie pour mieux l'intégrer au monde[40]: "Bientôt, répandu aux quatre coins du monde, oublieux, oublié de moi-même, je suis ce vent et dans le vent, ces colonnes et cet arc, ces dalles qui sentent chaud et ces montagnes pâles autour de la ville déserte. Et jamais je n'ai senti, si avant, à la fois mon détachement de moi-même et ma présence au monde. Oui, je suis présent. [...] Comme un homme emprisonné à perpétuité — et tout lui est présent" (62). Et voilà un nouvel affrontement avec Pascal.

Ce à quoi l'on assiste ici, c'est à l'action transformante du sacré sous l'effet du *fascinans*. Dès son arrivée dans "la ville morte", l'homme est effectivement fasciné et consentant. Il accepte la précarité de ce "grand silence lourd et sans fêlure — quelque chose comme l'équilibre d'une balance". Il prend le risque de s'isoler à Djémila qu'il lit comme un "jeu de cartes ouvert sur un ciel sans limites". Il accepte de se livrer à cette "splendeur aride" et aux forces qui s'y jouent[41]. On a vu avec Caillois que le monde du sacré est un monde d'énergies, un monde où "comme au bord d'un abîme, le moindre écart dans le moindre geste peut irrémédiablement perdre [l'homme] [...], où un sentiment de dépendance intime retient, contient, dirige chacun de ses élans et où il se voit compromis sans réserve" (17). Ce sont des énergies à la fois fascinantes et dangereuses car elles exposent à l'anéantissement. "[L]e sacré est toujours plus ou moins 'ce dont on n'approche pas sans mourir'", écrit encore Caillois (19). Et de fait, Djémila devient ce lieu dont émane "quelque chose qui n'était pas à moi, mais de lui, comme un goût de la mort qui nous était commun" (63). Les inquiétudes, qui "fondaient dans l'air comme des oiseaux blessés", font place à une "lucidité aride" qui appelle la mort: "À mesure que la journée avançait, que les bruits et les lumières

---

39. Maurice Weyembergh souligne le caractère double de la nature: si "l'histoire humaine est [...] le lieu à la fois du malheur et du bonheur, [l]a nature, qui est éternelle, est duale, elle aussi: Camus la sacralise et maintient à la fois son caractère bénéfique et maléfique. Il y a la beauté indicible des paysages, le bonheur à s'inscrire en eux, et il y a leur indifférence à la mort. La nature fascine comme le sphinx, dont on entend bien la question mais dont on ne connaît jamais la réponse: elle est énigme et mystère" ("Camus et le génie du consentement", 131). L'indifférence à la mort attribuée aux paysages est un élément dominant dans "Djémila".
40. Lilliam Hernandez souligne l'élément de sacrifice ici présent: les "brûlures desséchantes du soleil et du vent à Djémila [...] constituent de vraies purifications sacrificielles, échos à leur tour des rites dionysiens" (144).
41. Alan Clayton, dans une courte étude comparative sur Giono et Camus, repère dans "Djémila" certaines constantes que l'on retrouve dans l'œuvre de Camus: "[...] sensation d'être détaché de soi, d'être moins soi qu'une extension du monde; dispersion de la personnalité, sacrifice du moi en tant qu'entité distincte des choses; enfin, sentiment de la présence, de l'union, de l'accord. On reconnaît l'expérience dionysiaque, 'l'absorption mystique de la personnalité évoquée par Nietzsche'" ("Sur une filiation littéraire: Giono et Camus", 88).

étouffaient sous les *cendres* qui *descendaient* du ciel, *abandonné de moi-même*, je me sentais *sans défense* contre les *forces lentes* qui en moi *disaient non*" (63; nos italiques, soulignant la sémantique "mortifère" de la phrase). Kamel Haouet, rappelant la lucidité de Camus, la "constante orphique du lyrisme camusien que de regarder 'le destin dans les yeux'", écrit: "Djémila confirmera assez que par de multiples détours — car tout ce qui est simple, en fait, nous dépasse — l'écriture tente d'approcher la mort et son énigme au plus près" (79).

L'heure cependant n'est pas venue et on sait par *Le Mythe de Sisyphe* quelles conclusions Camus apporte à cette réflexion sur le suicide. Ici il écrit: "J'ai trop de jeunesse en moi pour pouvoir parler de la mort. Mais il me semble que si je le devais, c'est ici que je trouverais le mot exact qui dirait, entre l'horreur et le silence, la certitude consciente d'une mort sans espoir" (63). Toujours chez lui la mort sera associée à l'horreur. Elle n'est, on s'en souvient, qu'"une aventure horrible et sale" sans rien de sacré. Reconnaissant cependant qu'on ne peut connaître la mort qu'indirectement, à travers l'expérience extérieure de la mort des autres, il avoue que toute son "horreur de mourir tient dans [s]a jalousie de vivre". Weyembergh souligne cette polarité et pose la question de "l'intervalle": "[...] aimerais-je le monde avec cette passion, si j'étais immortel? La plénitude d'être ne s'éprouve ici [...] que dans l'entre-deux, dans la polarité, entre cette présence au monde et la menace de l'absence à venir" ("L'Unité", 38). Aussi, ce qui compte, c'est toujours le *hic et nunc*, c'est de "ne pas renoncer à [s]a richesse présente" (63). Seule la vie est sacrée.

Et Djémila? "Mais Djémila... et je sens bien alors que le vrai, le seul progrès de la civilisation, celui auquel de temps en temps un homme s'attache, c'est de créer des morts conscientes" (64). La leçon amère et pascalienne de Djémila, c'est donc cela, la lucidité devant la mort. Une lucidité dont Camus écrit qu'il veut la "porter [...] jusqu'au bout et regarder [s]a fin avec toute la profusion de [s]a jalousie et de [s]on horreur" (65). C'était cette fin inéluctable qu'annonçait à l'arrivée "le jeu de cartes ouvert sur un ciel sans limites". Tout est dit d'avance et il est impossible de tricher. "Ce grand cri de pierre que Djémila jette entre les montagnes, le ciel et le silence, j'en sais bien la poésie: lucidité, indifférence, les vrais signes du désespoir ou de la beauté" (65-66). On devine avec quel déchirement au cœur Camus quitte la ville morte lorsqu'il constate: "Djémila dit vrai ce soir, et avec quelle tristesse et insistante beauté!" (65).

Dans un contexte à nouveau totalement contrasté, celui d'une ville vivante ouverte sur la mer et offerte au ciel "comme une bouche ou une blessure", **"L'Été à Alger"** médite encore la mort, mais parmi des hommes qui "ont misé sur la chair". Le corps y est, une nouvelle fois, mis en honneur. Alger est un lieu où "du moins, l'homme est comblé, et assuré de ses désirs" (67), et où la "philosophie du Corps" dont il a été question dans "Tipasa" se déploie dans une perspective objective. À la perception toute subjective de "Tipasa" se substitue en effet le regard d'un narrateur extérieur. Camus rappelle d'abord que

> [p]our la première fois depuis deux mille ans, le corps a été mis nu sur des plages. Depuis vingt siècles, les hommes se sont attachés à rendre décentes l'insolence et la naïveté grecques, à diminuer la chair et compliquer l'habit. Aujourd'hui et par-dessus cette histoire, la course des jeunes gens sur les plages de la Méditerranée rejoint les gestes magnifiques des athlètes de Délos. Et à vivre ainsi près des corps et par le corps, on s'aperçoit qu'il a ses nuances, sa vie et, pour hasarder un non-sens, une psychologie qui lui est propre. L'évolution du corps comme celle de l'esprit a son histoire, ses retours, ses progrès et son déficit. (69)

Dans cette libération du corps, Camus voit un pont jeté entre le monde contemporain et la Grèce. Le corps devient ainsi, au même titre que la pierre, le signe d'une civilisation — et c'est ce signe vivant qui marque la différence essentielle entre Djémila et Alger. Il participe au "dialogue de la pierre et de la chair" qu'illustre ce tableau animé:

> Le port est dominé par le jeu de cubes blancs de la Kasbah. Quand on est au niveau de l'eau, sur le fond blanc cru de la ville arabe, les corps déroulent une frise cuivrée. Et, à mesure qu'on avance dans le mois d'août et que le soleil grandit, le blanc des maisons se fait plus aveuglant et les peaux prennent une chaleur plus sombre. Comment alors ne pas s'identifier à ce dialogue de la pierre et de la chair à la mesure du soleil et des saisons? (69)

Si un dialogue avec la chair est possible, c'est que, comme l'écrit François Noudelmann, "[l]e corps est parlant, comme le silence est éloquent" (145), ou, comme l'écrit Zedjiga Abdelkrim, que "[l]e corps chez Camus n'est pas seulement objet matériel et visible, il est principe de vie et d'individuation. Il désigne une profondeur, un dedans. [...] Il se donne comme texte à déchiffrer" (45). Et si le corps, dans la "frise cuivrée" décrite plus haut, semble s'inscrire dans une double dimension sacrée, celle de l'espace marqué par la pierre durable et celle du temps cyclique des saisons, l'essai va cependant questionner cette relation. En attendant, alors que le soleil est au zénith et que le canoë "chargé de corps bruns" rentre dans la darse, Camus se demande "comment n'être pas sûr que je mène à travers les eaux lisses une fauve cargaison de dieux où je reconnais mes frères?" (70).

Mais si ce sont des dieux, ils sont mortels et d'autant plus vulnérables dans ce lieu où se pratique le culte et l'admiration du corps que, ayant "tout misé sur la chair", ils doivent non seulement se dépêcher de vivre mais ils ne vivent vraiment que le temps de leur jeunesse: "[P]our qui a perdu sa jeunesse, rien où s'accrocher et pas un lieu où la mélancolie puisse se sauver d'elle-même. [...] tout ici exige la solitude et le sang des hommes jeunes" (68). C'est un lieu où tout se fait précocement et à la hâte: "[O]n se marie jeune. On travaille très tôt et on épuise en dix ans l'expérience d'une vie d'homme" (72). Les bonheurs de l'homme y sont "brusques et sans merci. De même sa vie. Et l'on comprend alors qu'il soit né de ce pays où tout est donné pour être retiré." Et nous voilà une nouvelle fois devant l'incontournable pierre d'achoppement: la mort. Mais ici d'autant moins acceptable que la vie sensible est plus intense: "Tout ce qui exalte la vie, accroît en même temps son absurdité" (75).

Dans le mépris qu'il affiche envers la mort, Camus est bien un des leurs. On savait déjà qu'il ne voyait pas "ce que la mort peut avoir de sacré". Il en va de même du peuple d'Alger: "Tout ce qui touche à la mort est ici ridicule ou odieux. Ce peuple sans religion et sans idoles meurt seul après avoir vécu en foule." C'est que "[t]out ici respire l'horreur de mourir dans un pays qui invite à la vie" (73)[42].

Mais Alger a aussi ses crépuscules, émouvants "comme des promesses de bonheur", avec "des gerbes d'oiseaux noirs sur l'horizon vert" et avec, "[d]ans le ciel, soudain vidé de son soleil, quelque chose [qui] se détend". À évoquer ces "soirs fugitifs d'Alger" (70), Camus retrouve le souvenir du dancing de la plage Padovani et celui

> d'une grande fille magnifique qui avait dansé tout l'après-midi. Elle portait un collier de jasmin sur sa robe bleue collante [...] [et] quand elle passait près des tables, elle laissait après elle une odeur mêlée de fleurs et de chair. [...] Le soir venu, je ne voyais plus son corps collé contre son danseur, mais sur le ciel tournaient les taches alternées du jasmin blanc et des cheveux noirs [...]. (71)

La sensualité poétique de cette évocation correspond à l'idée que Camus se fait de l'innocence: "[C]'est à des soirs semblables que je la dois", écrit-il (71). La beauté sensuelle d'un être, le désir, les jeux de la danse participent du sacré d'Éros: "Et ces êtres chargés de violence, j'apprends à ne plus les séparer du ciel où leurs désirs tournoient."

"L'Été à Alger", c'est la vie brève. Avec son exaltation du corps et de la jeunesse, sa hâte de vivre, ses plaisirs fulgurants et intenses,

---

42. Dans les *Carnets*, Camus exprime avec plus de force encore et avec un humour un peu canaille le mépris de ses compatriotes pour la mort, mépris dont il est explicitement solidaire: "Toujours frappé par l'aspect 'rigolard' que prend en Algérie ce qui touche à la mort. Rien ne me paraît plus légitime. On ne saurait trop insister sur le caractère ridicule d'un événement qui surgit en général parmi les gargouillis et la sueur. De même on ne saurait trop dégrader l'apparence sacrée qu'on lui prête. Rien n'est plus méprisable que le respect fondé sur la crainte. Et, à ce compte, la mort n'est pas plus respectable que l'empereur Néron ou le commissaire de mon arrondissement" (*C1*, 183).

son horreur de la mort, l'essai suggère une expérience synthétique de la vie et de la condition humaine. Mais ici la richesse sensuelle de l'existence, qui incite à vivre fort mais peu, en augmente l'absurdité. C'est pourquoi, "si un art devait y naître, il obéirait à cette haine de la durée qui poussa les Doriens à tailler dans le bois leur première colonne" (74). Le corps, comme le bois, est périssable. S'il est sacré, ce n'est pas dans sa relation au temps mais parce que, comme la colonne, il est signe. Dans les deux cas, le signifié est le "royaume de ce monde".

Mais tout n'est pas dit pour autant... Camus écrit encore:

> Et pourtant, oui, on peut trouver une mesure en même temps qu'un dépassement dans le visage violent et acharné de ce peuple, dans ce ciel d'été vidé de tendresse, devant quoi toutes les vérités sont bonnes à dire et sur lequel aucune divinité trompeuse n'a tracé les signes de l'espoir ou de la rédemption. Entre ce ciel et ces visages tournés vers lui, rien où accrocher une mythologie, une littérature, une éthique ou une religion, mais des pierres, la chair, des étoiles et ces vérités que la main peut toucher. (74-75)

Il était impossible de passer sous silence ces quelques phrases et leur contradiction implicite, de ne pas souligner la pérennité des pierres et des étoiles, mais liée à la fugacité de la chair et de ce qu'elle nous enseigne. Après tout, la pierre n'acquiert de sens que parce qu'une main l'a touchée[43]. Et en la touchant, pour l'aimer ou pour la transformer, l'homme entre en elle et entame avec les hommes des millénaires à venir un long dialogue de silence. Sinon, pourquoi cette joie à Tipasa, cette tristesse à Djémila? Le triomphe fleuri de la nature ou la sauvagerie envoûtante du vent n'expliquent pas tout. On peut les connaître ailleurs. C'est leur exubérance par rapport à la pierre touchée par l'homme qui, ici, a fait naître l'émotion — et l'essai[44]. Et que le dialogue ne soit pas "éternel", faut-il le sous-estimer? "[J]e ne trouve pas de sens au bonheur des anges", écrit Camus. "Je sais seulement que ce ciel durera plus que moi. Et qu'appellerais-je éternité sinon ce qui continuera après ma mort?" (75). S'il y a un temps éternel camusien, c'est celui-là, une éternité *in absentia*.

---

43. Noudelmann insiste sur le rôle dévolu à la main chez Camus: "Le corps à corps amoureux de l'homme et de la terre met naturellement en valeur le toucher par lequel le monde se livre [...]. Avec Camus la main apprend plus qu'elle ne prend; elle se pose sur les choses et se laisse envahir par le flux de la terre et le langage des pierres. Camus privilégie cette relation tactile et brute, en deçà de tout discours, qui ouvre directement à l'homme le chemin d'une vérité sans transcendance" (145).

44. Camus note: "C'est le goût de la pierre qui m'attire peut-être vers la sculpture. Elle redonne à la forme humaine le poids et l'indifférence sans lesquels je ne lui vois pas de grandeur" (*C2*, 78). C'est-à-dire une pérennité, une permanence qui défie la mort.

Cette même préoccupation avec le temps et le corps domine le dernier essai de *Noces*, **"Le Désert"**. Dès les premières pages, Camus note: "L'immortalité de l'âme, il est vrai, occupe beaucoup de bons esprits. Mais c'est qu'ils refusent, avant d'en avoir épuisé la sève, la seule vérité qui leur soit donnée et qui est le corps" (80). Une nouvelle fois, le corps est mis au centre de la vie, il est "la seule vérité" certaine. Cependant, le monde évoqué n'est plus grec mais chrétien et, paradoxalement, le lieu qui sert de décor à cet essai intitulé "Le Désert" n'est plus l'Algérie mais l'Italie. "C'est qu'elle est d'abord prodigue de poésie pour mieux cacher sa vérité", écrit Camus (81).

Cette vérité, il la cherche d'abord auprès des peintres toscans chez qui il trouve "une poésie plus haute: la flamme noire que de Cimabué à Francesca les peintres italiens ont élevée parmi les paysages toscans comme la protestation lucide de l'homme jeté sur une terre dont la splendeur et la lumière lui parlent sans relâche d'un Dieu qui n'existe pas" (80). Il la cherche dans "ces fêtes de l'amour vivant" dont l'Italie a le secret: le souvenir des amants de Venise ou de Vérone, l'attrait des "femmes de ce dimanche matin à Florence, les seins libres dans des robes légères et les lèvres humides", le désir de "revoir encore ce visage de femme qui riait, le nez long et la bouche fière" (82-83).

La vérité de l'Italie, Camus la cherche encore dans les paysages "dont la grandeur serre la gorge" et devant lesquels chaque pensée "est une rature sur l'homme" (85). Ce qu'il exprime devant la beauté de cette nature italienne fait écho à ce qu'il ressentait devant le paysage de pierre de Djémila: "Des paysages si purs sont desséchants pour l'âme et leur beauté insupportable. Dans ces évangiles de pierre, de ciel et d'eau, il est dit que rien ne ressuscite" (85). Il s'agit toujours de la même leçon: la condition mortelle. Évoquant une matinée passée au cloître de San Francesco à Fiesole, Camus se souvient d'avoir entrevu une vérité qui "peut à d'autres sembler un blasphème" (84). Se souvenant spécialement du jardin fleuri — "une petite cour gonflée de fleurs rouges, de soleil, d'abeilles jaunes et noires" — il en arrive à définir "sa religion" en ces termes:

> Avant de venir, j'avais visité les cellules des moines, et vu les petites tables garnies d'une tête de mort. Maintenant, ce jardin témoignait de leurs inspirations. J'étais revenu vers Florence, le long de la colline qui dévalait vers la ville offerte avec tous ses cyprès. Cette splendeur du monde, ces femmes et ces fleurs, il me semblait qu'elle était comme la justification de ces hommes. Je n'étais pas sûr qu'elle ne fût aussi celle de tous les hommes qui savent qu'un point extrême de pauvreté rejoint toujours le luxe et la richesse du monde. Dans la vie de ces franciscains, enfermés entre des colonnes et des fleurs et celle des jeunes gens de la plage Padovani à Alger qui passent toute l'année au soleil, je sentais une résonance commune. S'ils se dépouillent, c'est pour une plus grande vie (et non une autre vie). C'est du moins le seul emploi valable du mot

"dénuement". Être nu garde toujours un sens de liberté physique et cet accord de la main et des fleurs — cette entente amoureuse de la terre et de l'homme délivré de l'humain — ah! je m'y convertirais bien si elle n'était déjà ma religion. (84)

Cette interprétation du sacré chrétien souligne une conviction selon laquelle ce qui justifie ces moines est identique à ce qui le justifie: la splendeur du monde, et l'entente de la terre et de l'homme délivré de l'humain. "Et quand suis-je plus vrai et plus transparent que lorsque je suis le monde?" demande-t-il plus loin. Sans doute cette fusion est-elle sa manière d'être "délivré de l'humain", délivrance qui se manifeste aussi dans l'absence du désir: "Instant d'adorable silence. Les hommes se sont tus. Mais le chant du monde s'élève et moi, enchaîné au fond de la caverne, je suis comblé avant d'avoir désiré. L'éternité est là et moi je l'espérais. Maintenant je puis parler" (*C1*, 23). Il veut, par cette nouvelle passe d'armes avec Pascal, montrer que la seule écoute du "chant du monde" suffit à remplir le cœur de l'homme et lui permet de triompher de l'angoisse.

Pour les moines cependant, si la délivrance de l'humain implique l'acceptation de leur condition d'homme qui est d'être mortel, cette condition ne concerne que le corps. Ils croient à l'immortalité de l'âme. C'est ce que semble vouloir oublier Camus lorsqu'il s'identifie à eux. Ou bien, doute-t-il de la sincérité de leur foi? Il poursuit: "Florence à leurs fenêtres et la mort sur leur table. Une certaine continuité dans le désespoir peut engendrer la joie. Et à une certaine température de vie, l'âme et le sang mêlés vivent à l'aise sur des contradictions, aussi indifférentes au devoir qu'à la foi" (84-85). Mais il avoue qu'il se "trompe peut-être". Et c'est en son nom et non plus en celui des moines qu'il demande: "Et quel accord plus légitime peut unir l'homme à la vie sinon la double conscience de son désir de durée et son destin de mort?" (85). Il souligne ici la contradiction qui est à la base de la pensée absurde et qui est fondée sur le désir. Mais en reconnaissant le désir et son importance, il contredit ce qu'il écrivait dans les *Carnets* en parlant du chant du monde par quoi il était "comblé avant d'avoir désiré". Le désir qui est à la source de l'œuvre est ce désir de durée, ou le désir d'immortalité et d'Unité. Désir commun à tous les hommes, assurément, mais poussé ici, dans sa confrontation permanente à un destin mortel, à un degré de lucidité tel qu'il ne peut qu'engendrer la pensée absurde et la révolte. Nous verrons que toutes les formes du désir, dans les textes camusiens, sont reliées à ce désir fondamental. Aussi, ce qui transparaît dans "Le Désert", plus que dans les autres essais de *Noces*, c'est justement la révolte. On y pressent déjà les voix de Caligula et de Martha.

Mais une fois encore, rien chez Camus n'est tranché une fois pour toutes. Il y a toujours ouverture, souci de mesure, de "balancement". Il y a toujours l'autre perspective, l'envers opposé à l'endroit, le oui opposé au non. Ici aussi, il y a ce "Mais pourtant" qui concède que "ce n'est pas là qu'il faudrait s'arrêter. Car il n'a pas été dit que le bonheur soit à toute force inséparable de l'optimisme. Il est lié à l'amour — ce qui n'est pas la même chose" (86).

Or l'amour de Camus, c'est d'abord son amour du monde, une sorte d'amour fou et désespéré où viennent s'insérer tous ses attachements. Amour proportionnel au désir et d'autant plus désespéré que son objet le nie. Il se remémore le paysage toscan qu'il avait contemplé du haut du jardin Boboli. C'était à ce moment du jour qui revient si souvent dans ses écrits, cette heure entre deux qui n'est plus tout à fait le jour mais pas encore la nuit, heure crépusculaire, moment sacré du "rayon vert" où toujours la lumière se transforme et transforme le monde: "Avec la fin de l'après-midi, tombait une lumière argentée où tout devenait silence" (86). Et c'est alors que le jeu de la lumière et des nuages se met à voiler et dévoiler tour à tour des pans de collines couvertes d'oliviers et de pierres, fait surgir puis disparaître maisons et cyprès, "la même brise qui ouvrait ici les plis épais des nuages les refermait là-bas"[45]. Ce jeu du vent et de la lumière se répète de colline en colline, à perte de vue, et de cette mouvance, de cette "fugue à l'échelle du monde", Camus écrit:

> Des millions d'yeux, je le savais, ont contemplé ce paysage et, pour moi, il était comme le premier sourire du ciel. Il me mettait hors de moi au sens profond du terme. Il m'assurait que *sans mon amour* et ce beau cri de pierre, tout était inutile. Le monde est beau, et hors de lui, point de salut. La grande vérité que patiemment il m'enseignait, c'est que l'esprit n'est rien, ni le cœur même. Et que la pierre chauffée par le soleil, ou le cyprès que le ciel découvert agrandit, limitent le seul univers où "avoir raison" prend un sens: la nature sans les hommes. *Et ce monde m'annihile. Il me porte jusqu'au bout. Il me nie sans colère.* Dans ce soir qui tombait sur la campagne florentine, je m'acheminais vers une sagesse où tout était déjà conquis, si des larmes ne m'étaient venues aux yeux et si le gros sanglot de poésie qui m'emplissait ne m'avait fait oublier la vérité du monde. (87; nos italiques)

Peut-être ce passage dit-il tout. L'amour comme dépossession et néanmoins fidèle. L'objet niant le sujet qui sait pourtant que sans son amour rien n'aurait de sens. La condition absurde qui suscite la révolte mais que l'amour porte à assumer. "J'éprouvais... mais quel mot? quelle démesure? comment consacrer l'accord de l'amour et de la

---

45. Seule une lecture complète de la description de ce paysage peut lui rendre justice (II, 86-87).

révolte?" demande-t-il. Car à Florence il vient de découvrir "qu'au cœur de [s]a révolte dormait un consentement" (88)[46].

La plupart du temps, Camus garde les yeux grands ouverts sur la "vérité du monde", il penche vers cette sagesse de l'homme qui ne se fait aucune illusion. Tout au long de son œuvre, il cherchera à la cultiver et à faire de l'indifférence une arme. Mais de loin en loin, comme les rayons de lumière argentée inondant le paysage toscan, la poésie du monde le submergera, et pendant ces brefs instants de communion cosmique, il cédera au sacré.

Alors qu'il n'est plus besoin d'insister sur l'abondance des traces du sacré dans l'ensemble de ces essais de jeunesse que nous venons de parcourir, force est de constater que le féminin, surtout dans *Noces*, n'y est évoqué que de loin en loin. Dans *L'Envers et l'endroit*, il est présent à travers des femmes différentes qui, nous l'avons vu, sont associées tantôt à la conscience de la mort ou à l'amour maternel, tantôt au désir le plus primitif ou à l'amitié. Dans *Noces*, le féminin est plus diffus et toujours anonyme. L'amour pour la femme s'y inscrit dans un amour plus vaste, l'amour cosmique; la beauté des femmes, leurs sourires et leur sensualité sont des signes de plus de la beauté du monde. Mais il ne faut pas oublier qu'il s'agit là d'une "initiation [qui] prépare à des illuminations plus hautes" (82) et que, sur une portée plus large, c'est toute l'expérience de communion cosmique qui est connotée au féminin: la nature est une immense force, tantôt érotique, tantôt maternelle qui, cycliquement, après avoir donné la vie, réintègre en son sein ses enfants et leurs œuvres. C'est dans la beauté opulente et généreuse de la *Terra Mater* que s'enracinent l'amour de vivre et la haine de la mort. C'est elle qui enseigne, à travers "le mouvement du monde" où s'associent "la chair et la conscience" (Noudelmann, 144), l'importance de la vie terrestre, du *hic et nunc*, la nécessité de "vivre de tout [s]on corps et de témoigner de tout [s]on cœur" ("Noces à Tipasa", 59). Or ce sont les femmes qui, dans l'œuvre fictive, vont mettre en pratique les principes de cette philosophie "vitale", philosophie qui s'appuie sur l'ardeur de vivre camusienne et sur la foi en des valeurs d'amour et de jouissance. Ce sont les femmes qui vont exprimer leur amour de la vie et rejeter le désir de mort deviné chez l'homme à travers ses projets abstraits et destructeurs. Et alors que l'œuvre narrative est essentiellement le lieu du féminin maternel et que la voix de la

---

46. Vigée pense que "[c]et état de vie tant désiré qui le hante dès l'origine et qu'il appellera 'consentement', 'bonheur', 'royaume', 'amour', 'beauté', c'est un rapport rédempteur *immédiat* entre la conscience et la substance du monde, pris dans sa totalité divine: une connaissance, une participation (ou peut-être seulement une nostalgie?) du sacré" ("Nostalgie", 254-55).

compagne s'y fait à peine entendre, cette voix s'amplifiera avec une force grandissante et réitérée dans l'œuvre dramatique. Là, ce sont les femmes camusiennes qui défendront les valeurs essentielles de leur créateur. Elles seront les gardiennes d'Éros.

DEUXIÈME PARTIE

LE FÉMININ ET LE SACRÉ
MÈRES ET FEMMES MYTHIQUES

> Tout Dieu, et jusqu'à celui du Verbe, repose sur une Déesse-mère.
>
> Julia Kristeva

> L'art moderne n'est-il pas alors, pour les rares qui s'y attachent, la mise-en-œuvre de cet amour maternel — voile de la mort, en son lieu même et en connaissance de cause?
>
> Julia Kristeva

> La Voix, chant d'avant la loi, avant que le souffle soit coupé par le symbolique, réapproprié dans le langage sous l'autorité séparante. La plus profonde la plus ancienne et adorable visitation. En chaque femme chante le premier amour sans nom.
>
> Hélène Cixous

> La voix éternelle: Déméter, Nausicaa, Eurydice, Pasiphaé, Pénélope, Hélène, Perséphone.
>
> Albert Camus

> La rivière et le fleuve passent, la mer passe et demeure. C'est ainsi qu'il faudrait aimer, fidèle et fugitif. J'épouse la mer.
>
> Albert Camus

III

LA CHAIR SACRÉE
ABSENCE/PRÉSENCE ET SILENCE DE LA MÈRE DANS L'ŒUVRE NARRATIVE

Si l'œuvre narrative camusienne est marquée par l'absence du féminin, cette absence n'est pas absolue: la plupart des textes narratifs comportent des personnages de femmes dans des rôles de mère, d'amante ou d'épouse mais ils ne sont le plus souvent qu'esquissés et leur présence fragmentaire ou fugitive finit par s'alléger au point de se confondre avec une absence qui peut devenir celle de la mort. Dans tous les cas ces femmes s'effacent ou sont effacées[1]. Aussi est-ce dans le creux de leurs absences/silences que leur présence se fait essentiellement sentir. Sauf exception, la femme en tant que personne à part entière ne trouve dans ces récits ni sa place ni sa voix. C'est pourquoi il serait peut-être plus exact de parler, sur un plan aspectuel, des carences du féminin ou, sur celui de la présence/absence, de ses intermittences[2].

Un personnage de femme domine cependant trois des principaux textes narratifs: la mère. Alors que les essais de *L'Envers et l'endroit* nous ont laissé entendre l'importance de la relation mère-fils dans

---

1. Les mots "effacement", "effacée" sont utilisés par Tarrou évoquant sa mère dans *La Peste* (1446). Nous signalons par ailleurs l'étude "L'"effacement' féminin dans les romans d'Albert Camus" de Vincent Grégoire qui examine avec justesse différents aspects de l'"effacement" féminin. Mais on le suit difficilement dans son explication qui se base sur "l'idée d'une certaine misogynie de la part de Camus [...], misogynie reflétée dans les mauvais traitements et abus qu'il fait très souvent subir à la femme (suicides, brutalités de toutes sortes, comparaison avec des animaux, etc.) [...] mais aussi dans le peu de place et le statut secondaire qu'il lui accorde dans ses histoires" (97-98). Oublieuse du fait qu'une œuvre fictive est d'abord "un miroir" de la société dans laquelle vit l'auteur et non de sa vie ou de ses opinions personnelles, cette hypothèse basée sur une supposée connaissance du caractère et des attitudes de l'auteur implique une regrettable confusion entre celui-ci, le narrateur et les personnages, entre l'art et le réel, confusion déplorée par Camus (voir notre "Introduction", note 10).
2. Voir Montgomery, "De la dernière femme au *Premier homme*: Intermittences du féminin dans l'œuvre narrative de Camus", étude qui fait la synthèse d'éléments relatifs au féminin dans trois textes: *L'Étranger*, *La Peste* et "La Femme adultère". Les deux premiers sont analysés plus en profondeur dans ce chapitre alors que le troisième fera l'objet du chapitre V.

l'œuvre, les *Carnets* sont explicites. La toute première page, datant de mai 1935, donc antérieure aux essais, annonce déjà la centralité de cette relation:

> Ce que je veux dire: Qu'on peut avoir — sans romantisme — la nostalgie d'une pauvreté perdue. Une certaine somme d'années vécues misérablement suffisent à construire une sensibilité. Dans ce cas particulier, le sentiment bizarre que le fils porte à sa mère. [...] À mauvaise conscience, aveu nécessaire. L'œuvre est un aveu, il me faut témoigner[3]. [...] Il faudrait que tout cela s'exprime par le truchement de la mère et du fils. Ceci dans le général. À préciser, tout se complique [...]. Quelle solution. La mère? Dernier chapitre: la valeur symbolique réalisée par nostalgie du fils??? (*CI*, 15-16).

Ces lignes laissent entrevoir non seulement la complexité du premier projet littéraire de Camus mais aussi la difficulté de cerner la relation qui lui sera fondamentale. Dans l'œuvre narrative, ce sont *L'Étranger*, *La Peste* et *Le Premier homme* qui témoignent le plus clairement de l'importance de la relation mère-fils. Alors que dans *L'Étranger*, l'absence/présence et le silence sont ceux de la mère morte, dans *La Peste*, c'est la mère discrètement vivante qui assume presque à elle seule la représentation du féminin. Dans *Le Premier homme* enfin, on retrouve réunies et agrandies dans le personnage de la mère des images de *L'Envers et l'endroit*, de *L'Étranger* et de *La Peste*. C'est donc l'étude de ce personnage et de la relation mère-fils dans les trois œuvres citées qui va constituer le sujet principal de ce chapitre.

Nous voudrions cependant ne pas passer sous silence les deux textes qui, les nouvelles de *L'Exil et le royaume* et l'œuvre posthume mises à part, "encadrent" chronologiquement la production narrative. Il s'agit bien sûr de *La Mort heureuse* et de *La Chute*. Bien que le sujet de ce chapitre soit le féminin maternel et que celui-ci soit à peu près absent de ces deux récits, il nous a semblé qu'il n'était pas dénué d'intérêt, dans le cadre plus général de cette étude, de commenter brièvement les présences/absences du féminin spécifiques à chacun[4].

---

3. Lévi-Valensi souligne l'ambiguïté de cette déclaration: "Affirmation apparemment limpide, qui fonde la création sur la vérité, et qui cependant [...] opère un singulier glissement de sens: de l'aveu, déclaration éminemment subjective, qui suppose un secret ou une culpabilité, on passe au témoignage, expression d'une vérité objective. [...] Or, le "Je" des essais [...] assume cette double fonction d'acteur et de témoin, qu'il léguera à Meursault, à Rieux, et à Clamence: c'est là [...] l'une des raisons [...] de la présence d'un personnage-narrateur dans chacun des trois romans" ("La relation au réel", 175). Il en sera question plus loin au sujet du narrateur duel de *L'Étranger*.

4. Les titres des chapitres III et IV demandent à être clarifiés: la mère est le personnage féminin dominant dans l'œuvre narrative et, sans ignorer la présence des femmes compagnes, c'est à elle que s'intéresse principalement le chapitre III; inversement, l'œuvre dramatique est dominée par la présence des femmes compagnes et c'est à elles que s'intéressera surtout le chapitre IV sans exclure cependant l'étude du personnage de la mère lorsque sa présence le justifie.

Deux cas de présences/absences du féminin:

Le féminin estimé dans *La Mort heureuse*

Roman contemporain aux essais de jeunesse (1938), *La Mort heureuse* fut abandonné par l'auteur parce que, selon Jean Sarocchi, *L'Étranger* aurait, "dans le projet imaginaire de Camus, [...] supplanté *La Mort heureuse*" (18)[5]. On observe en effet dans les premiers *Carnets* le chevauchement des notes relatives aux deux textes et la mise à distance progressive du projet de *La Mort heureuse* en faveur de celui de *L'Étranger*. Camus devait percevoir les faiblesses de structure et le manque de cohésion[6] de cette première tentative romanesque, de "cet impossible roman" comme dit encore Sarocchi (17), et c'est pourquoi il n'avait pas voulu que ce texte soit publié[7].

Patrice Mersault est un personnage peu crédible. Il est difficile de le suivre dans sa quête obsédante du bonheur, quête menée à travers la mort qu'il donne — à l'infirme Roland Zagreus, sans doute la première figure paternelle de l'œuvre — et celle vers laquelle il s'achemine, aussi bien que dans sa recherche de la solitude et son rejet des autres. C'est à son sujet que Hiroki Toura remarque:

> le personnage camusien est seul en face du monde quand il éprouve le lien qui les unit. Il arrive à Camus d'avoir une image tout à fait misanthropique du bonheur: "cette entente amoureuse de la terre et de l'homme — ah! Je m'y convertirais bien si elle n'était déjà ma religion" (II, 84). Il faut s'écarter de l'homme pour s'unir avec le monde. En s'appliquant à l'impersonnalité, Mersault nie l'humain pour affirmer le monde. (12)

Sans peut-être le "nier", il relègue en tout cas l'humain pour mieux sentir son union avec le monde et ce rejet entraîne des contradictions. Alors qu'une sensibilité frémissante s'exprime au niveau lyrique, elle se dédit au niveau de l'action. Alors que l'amitié et l'amour lui sont généreusement prodigués, son narcissisme soutenu y oppose sa résistance, surtout aux sentiments des femmes. Mais c'est ici précisément que ce texte nous intéresse: les femmes y sont plus nombreuses que dans n'importe quelle autre œuvre narrative et leur présence est à la fois généreuse et positive, portant toutes les marques

---

5. Les numéros de page relatifs à ce roman renvoient à *La Mort heureuse* (*CAC1*), avec une introduction de Jean Sarocchi intitulée "Genèse de *La Mort heureuse*", pages 9 à 19.
6. Concernant ce manque de cohésion, Lévi-Valensi fait remarquer que "la juxtaposition" de certains éléments réels non soumis "'aux besoins élémentaires d'une relation cohérente' [...] aboutit à l'inverse de ce que souhaitait l'auteur, et, loin de 'faire vrai', semble curieusement artificielle" ("La relation au réel", 168).
7. Sarocchi note: "Il semble que Camus ait senti, à mesure qu'il l'élaborait, le vice rédhibitoire de son premier roman et une autre possibilité romanesque" (16).

de l'éros. Il était même prévu un chapitre qui devait s'intituler "Les femmes et le soleil", puis "Les femmes et le monde" (15). Le féminin y est multiple, prenant les visages divers de l'amante, de l'amie, de la prostituée et de l'épouse, mais éloignée. Il y a aussi, déjà et deux fois, une mère qui meurt, la première étant celle de Mersault.

Tout se passe comme si le jeune Camus, en plaçant Mersault en relation avec les femmes, voulait lui faire parcourir en un temps record les différentes gammes possibles des sensations et des sentiments. Aucune expérience n'est à exclure: l'amour qui rapidement se dévoile comme non-amour, la révélation que "ce qui l'avait attaché à Marthe c'était la vanité plus que l'amour" (123); le désir à l'état pur traduit par les épisodes de Vienne — la nuit passée avec Helen, jeune entraîneuse qu'il paie royalement avec l'argent du meurtre (119) — et celui de Gênes où il rencontre dans les rues des jeunes filles sensuellement belles, "[c]haussées de sandales, les seins libres dans des robes éclatantes et légères" et qu'il suit alors "avec dans ses reins la bête chaude et lovée du désir" (122).

Pendant le voyage de Gênes à Alger, qui lui accorde le temps de la réflexion, Mersault "revi[e]nt à lui-même". Il comprend qu'il faut veiller, "veiller contre les amis, contre le confort de l'âme et du corps" pour arriver à "construire son bonheur et sa justification" (122). Ce répit est important pour le jeune homme car il lui permet d'accéder à la lucidité. Il fait alors la découverte cruciale qu'"il avait longtemps espéré l'amour d'une femme. Et il n'était pas fait pour l'amour" (123). C'est à ce moment qu'il accepte d'approfondir l'amitié féminine: Rose et Claire — aux noms évocateurs de beauté et de pureté — sont des étudiantes de Tunis avec qui il correspondait en les appelant "mes enfants" et qui lui répondent avec ironie et affection: "Nous tendons nos fronts à vos paternels baisers" (118-19). Elles l'ont invité à loger avec elles lors de son retour à Alger (120). Ainsi partagera-t-il brièvement la vie communautaire de la "Maison devant le monde", maison accrochée "au sommet d'une colline" et surplombant toute la baie, difficile d'accès comme d'autres lieux ouverts au sacré et plongée dans une nature chaleureuse et parfumée qui évoque "Tipasa". La relation entre elles et lui est faite de jeux et de dialogue, de compréhension et de respect, de douceur parfois moqueuse, de tendresse attentive de la part des amies. Il fera chez elles la connaissance de Catherine, qui l'aimera discrètement en respectant sa liberté. Lui cependant les tient à distance.

Mais comme ce fut le cas pour les participants aux noces à Tipasa, il se nouera entre elles et lui un lien sacré: réunis la nuit sur la terrasse dominant la baie et sous un "ciel gorgé d'astres" (147), ils communieront "devant le Monde": "C'est comme si la rosée soudain plus fraîche de la nuit lavait sur leurs fronts les signes de leur solitude et les délivrant d'eux-mêmes, par ce baptême tremblant et fugitif les rendait au monde. À cette heure où la nuit déborde d'étoiles leurs gestes se figent sur le grand visage muet du ciel" (148). Comme à Tipasa, cette communion humaine et cosmique est aussi une initiation, mais cette fois doublement empreinte de la participation du féminin: celle des femmes et de la nuit: "[...] la nuit est femme, écrit Gérard Genette, elle est l'amante ou la sœur, l'amante et la sœur du rêveur, du poète" (*Figures II*, 120). Jean Gassin voit dans la nuit camusienne "un véritable moment privilégié où, comme ses personnages, l'auteur est lui-même parfois visité par la grâce d'une intuition quasi religieuse" (*L'Univers symbolique*, 56)[8]. Nous touchons ici à un deuxième aspect important de ce roman par rapport à notre étude, celui de sa dimension initiatique. Isabelle Cielens estime que "l'originalité de ce texte est justement à chercher dans le symbolisme initiatique — *La Mort heureuse* en sera le foyer générateur dans toute l'œuvre de Camus" ("Le Symbolisme des rites initiatiques", 26).

Mersault rencontrera enfin Lucienne, dont il "pensa qu'elle était peut-être inintelligente et s'en réjouit". Il éprouve avec elle un "mystérieux accord" de nature très sensuelle mais qui éveille en lui "comme un grand cri désintéressé et ardent" (144-45). Fuyant l'amitié peut-être trop attentive de Rose et de Claire et l'amour qu'il devine chez Catherine, il quittera enfin "la Maison devant le monde". Il s'explique: "Je risquerais d'y être aimé, petite Catherine, et ça m'empêcherait d'être heureux" (155). Mais avant de la quitter, il lui donne ce conseil inattendu: "Ne renonce jamais, Catherine. Tu as tant de choses en toi et la plus noble de toutes, le sens du bonheur. N'attends pas seulement la vie d'un homme. C'est pour cela que tant de femmes se trompent. Mais attends-la de toi-même" (156). Il nous faut souligner l'importance de ces paroles "féministes" que Camus place, via son narrateur, dans la bouche de son premier personnage masculin, paroles adressées non seulement à Catherine mais, à travers elle, à toutes les femmes. Elles situent, dès le début de l'œuvre, une attitude fondamentale d'ouverture et d'amitié envers la femme qui, à cette époque, avait encore une si longue route à parcourir avant d'atteindre les premiers objectifs de sa libération.

Mais, rejetant désormais toute relation qui contrarierait son besoin et son projet de solitude, Mersault s'installera seul dans le Chenoua. Joseph Hermet explique l'intensification de ce besoin de solitude: "Et voici que la solitude s'accuse encore: elle n'est plus seulement pensée, mais souhaitée et volontairement recherchée, parce que, en fin de

---

8. Sauf indication contraire, les numéros de page relatifs aux citations de Gassin renvoient à son étude *L'Univers symbolique d'Albert Camus*.

compte, les hommes paralysent, plus qu'ils ne facilitent, l'union du moi et du monde. Aussi ils constituent, pour lui, un véritable divertissement" (50-51). Or, Mersault a besoin de toute son attention lucide pour se concentrer sur sa quête, celle du bonheur jusque dans une "mort consciente" telle que Camus l'évoque dans "Le Vent à Djémila" (II, 64). Il s'agit de forger le bonheur en dépit de la mort, à l'intérieur des limites qu'elle impose et en la regardant en face sans espoir d'un "au-delà", avant de l'intégrer au bonheur lui-même. C'est une façon de soumettre la mort, un défi à sa puissance.

On ne sait trop pourquoi il épousera Lucienne[9]. Afin sans doute de limiter le divertissement qu'elle pourrait représenter, elle ne pourra lui rendre visite que "quand il aurait besoin d'elle". Et si ni l'un ni l'autre n'y trouve "rien d'humiliant", c'est que "Lucienne percevait souvent par le corps ce que son esprit ne pouvait comprendre" (154). Nous voici revenus au concept d'"une connaissance de soi par le corps" (*C1*, 90) si important dans les premiers écrits, de cette "psychologie du corps" dont il a été question dans "L'Été à Alger" (II, 69), mais s'agissant maintenant du corps de l'autre, celui de la femme. L'importance accordée à cette connaissance physique transparaît dans la présence de Lucienne auprès de Mersault mourant: "Il regarda les lèvres gonflées de Lucienne et, derrière elles, le sourire de la terre. Il les regardait du même regard et avec le même désir" (204). Comme Camus l'avait déjà exprimé dans "Noces à Tipasa" (II, 58), la femme comme objet du désir amoureux fait partie intégrante du désir de la vie et du monde — et ici, du désir de bonheur dans la mort.

Parlant de la disparate des tons et des épisodes dans le roman, Sarocchi souligne la faiblesse particulière des présences du féminin:

> Les rôles féminins, surtout, sont mal distribués. [...] Certes, Camus n'est pas à l'aise avec ses femmes! Elles retardent la nymphose du roman. Elles fournissent une illustration littéraire du proverbe: Qui trop embrasse mal étreint. On sent, dans la version finale, son effort pour établir leurs attributions respectives, garder leur trace ou ménager leur entrée en scène. Le résultat est médiocre. (16)

Dans ce sens de l'abondance, le roman illustre l'éthique de la quantité que défend Camus dans *Le Mythe de Sisyphe* à travers le personnage de Don Juan, l'"homme absurde" par excellence. Mais alors que Don Juan s'épanouit dans la multiplicité des amours, car elle fait le sens de sa vie, Mersault se dépouille progressivement, s'isole, limite l'amour afin de mieux s'acheminer vers une mort solitaire. Toura nous rappelle que

---

9. Ayant proposé à Lucienne de "vivre avec lui mais de résider à Alger sans travailler et de le rejoindre quand il aurait besoin d'elle", Mersault ajoute: "'Si vous y tenez, je puis vous promettre de vous épouser. Mais ça ne me paraît pas utile. — Ce sera comme vous voudrez', dit Lucienne" (154).

"Patrice Mersault tente de n'être rien" et qu'il incarne l'une des "deux grandes passions du jeune Camus, la passion du néant" (10)[10]. En effet, sans déclencher le suicide immédiat, les comportements de Mersault sont déjà un consentement à la mort — par exemple, le bain nocturne où il se laisse couler dans un courant glacé. Il ne lutte pas pour vivre mais pour faire l'expérience d'une mort lucide et "heureuse". Il est déjà l'homme de la conscience absurde mais qui s'arrête en chemin, qui ne va pas jusqu'au bout de la logique absurde qui exige de vivre.

Concernant les faiblesses de la représentation du féminin dans ce texte, nous ne pouvons qu'être d'accord avec l'ensemble de l'évaluation de Sarocchi. Est-ce cet échec, cette difficulté à gérer la présence de personnages féminins, pourtant riches et prometteurs, qui éloignera les femmes compagnes dans les œuvres narratives à venir — ou qui, en tout cas, y minimisera leur présence? Ou est-ce la nécessité plus profonde de mettre en avant, et avant tout autre personnage, celui de la mère représenté ici deux fois mais fugitivement dans l'image de la mort? Quoiqu'il en soit, nous retrouverons dans l'œuvre dramatique plusieurs éléments du féminin évoqués dans ce roman, mais portés par des voix fortes et claires.

Le féminin méprisé dans *La Chute*

À l'inverse de *La Mort heureuse*, et sans tenir compte de la jeune noyée, *La Chute* ne présente aucun personnage féminin précis. Camus avait prévu ce texte pour l'ensemble de nouvelles qui devait constituer *L'Exil et le royaume* mais, en s'élaborant, le récit est devenu l'œuvre la plus complexe et sans doute la plus dérangeante de l'auteur[11].

Si les innombrables femmes fréquentées par Clamence occupent constamment les coulisses de son long monologue, aucune n'entre en scène. De toutes ces femmes qui ont été les partenaires de ses "liaisons multiples", de ses "amours simultanées" ou de la "débauche" (1527)[12], aucune n'apparaît comme partenaire privilégiée, aucune ne présente un visage où arrêter son regard, aucune ne se révèle comme source d'amour ou d'inspiration. Toutes sont anonymes. Comme le rappelle

---

10. L'autre passion à laquelle Toura se réfère est celle de l'absolu, incarnée par Caligula, alors que "Sisyphe et Meursault trouvent un équilibre difficile entre ces deux passions" (10).

11. La critique a recours à des termes forts pour qualifier cette œuvre. Quelques exemples: "chef-d'œuvre de la subversion" selon J. Daniel (*L'Ère des ruptures*, 329); "l'œuvre la plus grinçante, sinon la plus noire" selon Weyembergh ("La mémoire du juge-pénitent", 64); "la plus grave des œuvres de fiction d'Albert Camus" selon Lévi-Valensi, "celle qui, peut-être, résonne le plus profondément, le plus longuement dans la conscience et la sensibilité du lecteur, qui touche aux fondements les plus essentiels de l'être" (La Chute d'A. Camus, 12-13).

12. Sauf indication contraire, les numéros de page relatifs aux textes de Camus dans ce chapitre et les suivants renvoient exclusivement au volume I de la Pléiade, *Théâtre, récits, nouvelles* (1962).

Sarocchi, Clamence n'use pas même du nom de "maîtresse" pour parler d'elles car, "[p]our cet homme qui prend tout à la bonne, toute femme est une sorte de bonne, une bonne à faire l'amour" ("Clamence séducteur?", 122-23). Pourvoyeuses d'expériences sexuelles multiples et diverses, elles ne servent en effet qu'à illustrer la manière dont, de son propre aveu, il se servait d'elles, soit pour satisfaire à la fois son désir physique et son amour-propre, soit pour trouver chez elles un refuge. Un seul personnage se détache de cette masse de femmes sans identité: il s'agit de la frêle silhouette entrevue par une pluvieuse nuit de novembre sur le pont Royal et à laquelle nous reviendrons.

Si, comme Clamence le fait remarquer à son interlocuteur qui a également lu Dante, "les canaux concentriques d'Amsterdam ressemblent aux cercles de l'enfer" (1483), il apparaît rapidement que Béatrice ne sera pas là pour lui servir de guide et que, l'aurait-il rencontrée, il ne l'aurait pas reconnue, pas plus qu'il n'aurait entendu son "Salute!"[13]. Car il sait — savoir qui dispense de croire — que "[b]ien entendu, le véritable amour est exceptionnel, deux ou trois par siècle à peu près. Le reste du temps, il y a la vanité ou l'ennui" (1505). Ou l'amour-propre, dont le caractère exclusif chez Clamence atteint aux sommets: "Moi, moi, moi, voilà le refrain de ma chère vie, et qui s'entendait dans tout ce que je disais" (1500). Et plus loin: "Je vivais donc sans autre continuité que celle, au jour le jour, du moi-moi-moi. Au jour le jour les femmes, au jour le jour la vertu ou le vice" (1501). Plus loin encore: "Je n'ai pas le cœur sec, il s'en faut, plein d'attendrissement au contraire, et la larme facile avec ça. Seulement, mes élans se tournent toujours vers moi, mes attendrissements me concernent. Il est faux, après tout, que je n'aie jamais aimé. J'ai contracté dans ma vie au moins un grand amour, dont j'ai toujours été l'objet" (1505). Ce narcissisme monumental explique le fait que Clamence ne parle pas vraiment de la femme, encore moins d'une femme, mais de ses expériences avec les femmes.

La multiplicité des femmes anonymes dans le récit, à la fois évoquées et cachées, crée une absence/présence troublante: s'il y a absence au niveau du visage et du visible, il y a une présence presque audible, une rumeur faite de plaintes et de murmures, de "cris et de

---

13. Allen Mandelbaum rappelle les significations du terme italien "Salute", ainsi que de son nom: "The Italian for the greeting or salutation she bestowed, *salute*, also means well-being, blessedness, and salvation; and Beatrice, whose name means she-who-blesses, became the essential presence in Dante's mythologizing and theologizing of love" (330).

chuchotements"[14] émis par les femmes souffre-douleur de Clamence. Cette rumeur se laisse percevoir comme l'amplification assourdie de "ce cri qui, des années auparavant, avait retenti sur la Seine, derrière [lui], [et qui] n'avait pas cessé, porté par le fleuve vers les eaux de la Manche, de cheminer dans le monde, à travers l'étendue illimitée de l'océan" (1531). Rumeur qui, créant un discret mais persistant fond sonore au monologue de Clamence, est aussi celle de la mémoire car, comme l'écrit Weyembergh, "la mémoire dans *La Chute* est associée à l'eau, elle vient des eaux, le souvenir monte du fleuve ou de l'océan, la mémoire est aquatique, et son rythme bat avec celui de la marée" ("La mémoire du juge-pénitent", 64). Or, la mémoire de Clamence est hantée par le féminin, moins à cause de l'abondance de ses expériences avec les femmes qu'à cause de la mort d'une femme qu'il a refusé de secourir. Curieusement, le nom même de "Clamence", qu'il s'est choisi comme masque, est la féminisation de "clamant", de celui qui "clame dans le désert" — Blanchot fait remarquer qu'"il crie dans son propre désert" (*L'Amitié*, 228); le juge-pénitent est en effet l'un des grands solitaires de l'œuvre camusienne.

Mais Clamence, c'est surtout une voix, et pour lui, vivre, c'est parler — c'est clamer, proclamer et surtout déclamer, car il est comédien hors pair: "Sur mes cartes: Jean-Baptiste Clamence, comédien" (1500), déclare-t-il[15]. Sa voix est l'organe de sa puissance, celui par lequel il domine les femmes et qui lui permet de noyer dans ses redoutables sonorités les cris de ses victimes[16]. C'est aussi par l'instrument de la parole qu'il domine son interlocuteur et qu'il le féminise, le réduisant à la seule fonction apparente de récepteur[17]. Mais parler, c'est aussi l'addiction et donc la faiblesse du juge-pénitent: "[C]'est le trop-plein; dès que j'ouvre la bouche, les phrases coulent", confie-t-il d'emblée (1482) pour ensuite ne cesser de déverser en logorrhées — combien calculées cependant — le récit de ses souvenirs. C'est le cercle vicieux où il s'enlise car parler, c'est tourner en rond dans sa mémoire et dans le monde brumeux qu'il s'est

---

14. Allusion au film d'Ingmar Bergman, *Cris et chuchotements* (1972), où les femmes, mal comprises, mal aimées et solitaires, ne sont pas sans évoquer celles de *La Chute*. Mais le rapprochement concerne surtout Anna, la jeune servante généreuse qui aide sa maîtresse malade à mourir car, représentant l'amour et le salut, elle fait songer à la jeune fille invoquée par Clamence à la fin de son monologue.

15. Selon Blanchot, Clamence "sait bien que toute sa personne n'est qu'un masque" (230) et que "[...] le personnage qu'il emprunte pour parler est un homme de vanité et d'amour-propre [...] et la manière même dont il se confie sans se confier [...] augmente encore l'impression d'affectation ou d'artifice que son caractère veut nous donner" (*L'Amitié*, 233).

16. Gassin remarque: "Comme par une sorte de prédilection, les fantasmes de Clamence s'organisent autour du désir de dominer des femmes" ("Le sadisme", 131).

17. Selon Lévi-Valensi, "tout le récit [de *La Chute*] est fondé sur la démesure et les pouvoirs du langage. [...] Non seulement Clamence use et abuse du langage, mais il ne cesse de faire remarquer qu'il dépasse la mesure" ("Roman, mesure et démesure", 256).

choisi, celui des cieux plombés et des "eaux moisies" (1497) des canaux concentriques d'Amsterdam, monde de "nuit et [de] brouillard"[18], "lieu[x] d'un des plus grands crimes de l'histoire" comme il le fait remarquer au début de son monologue (1481). Ils sont là au "centre des choses", centre désacralisé, là où les hommes "ne peuvent aller plus loin. Ils viennent de tous les coins de l'Europe et s'arrêtent autour de la mer intérieure, sur la grève décolorée" (1483). De la digue dominant cette mer ironiquement baptisée "Zuyderzee" ("mer du sud"), Clamence veut montrer à son compagnon "le plus beau des paysages négatifs! [...] Un enfer mou, vraiment! [...] N'est-ce pas l'effacement universel, le néant sensible aux yeux?" (1512). C'est de ce néant que Clamence veut finalement que son interlocuteur prenne conscience — afin peut-être de s'y sentir moins seul. C'est là, aux bords de cette "mer morte, ou presque" (1525) que sa parole commence à s'affaiblir et se dilue dans les sables de "la grève livide" (1512): "Vous ne comprenez pas ce que je veux dire? Je vous avouerai ma fatigue. Je perds le fil de mes discours" (1513). Weyembergh remarque: "Dans ce récit, toutes les eaux du souvenir convergent, elles confluent avec les eaux de la mer morte" ("La mémoire", 66-67). Blanchot voit dans *La Chute* "la trace d'un homme en fuite" (*L'Amitié*, 230) et pour qui néanmoins "[l]e courage est [...] d'accepter de fuir plutôt que de vivre quiètement et hypocritement en de faux refuges" (232). Mais le vrai lieu de la fuite est la parole, devenue lieu de stagnation car toujours prête à se répéter avec chaque nouvel interlocuteur. La fuite a trouvé son point de chute au centre des canaux concentriques dont les eaux s'écoulent imperceptiblement vers le Zuyderzee, mer fermée, mer morte.

Cependant, deux moments significatifs du récit de Clamence retiennent plus spécialement notre attention. Le premier est celui où, croyant découvrir son besoin d'amour, le juge-pénitent décide de se réfugier auprès des femmes:

> [J]e décidai de quitter la société des hommes. Non, non, je n'ai pas cherché d'île déserte, il n'y en a plus. Je me suis réfugié seulement auprès des femmes. Vous le savez, elles ne condamnent vraiment aucune faiblesse: elles essaieraient plutôt d'humilier ou de désarmer nos forces. C'est pourquoi la femme est la récompense, non du guerrier, mais du criminel. Elle est son port, son havre, c'est dans le lit de la femme qu'il est généralement arrêté. N'est-elle pas tout ce qui nous reste du paradis terrestre? Désemparé, je courus à mon port naturel. [...] il me semble bien qu'à cette époque je ressentis le besoin d'un amour. Obscène, n'est-ce pas? [...] Puisque j'avais besoin d'aimer et d'être aimé, je crus être amoureux. Autrement dit, je fis la bête. (1526)

---

18. Allusion au film d'Alain Resnais, *Nuit et Brouillard* (1956), documentaire sur les camps d'extermination et sur l'enfer vécu par les déportés. À travers la voix ironique de Clamence, Camus évoque ici les Juifs déportés d'Amsterdam (1481).

On discerne ici, à travers le concept de refuge et les images de port et de havre avec leurs connotations marines et matricielles, l'une des rares évocations du maternel dans *La Chute*. José Barchilon estime par ailleurs que "[l]es relations entre Clamence et ses femmes sont à un niveau érotique enfantin" car il y "répète ce qu'il imagine avoir été les cinq premières années de sa vie: être le centre de l'univers pour une mère folle de lui." Barchilon poursuit:

> Cette idée réapparaît dans son rêve édénique: "[...] savez-vous ce dont j'ai rêvé: un amour complet de tout le cœur et le corps, jour et nuit, dans une étreinte incessante, jouissant et s'exultant, et cela cinq années durant, et après quoi la mort. Hélas!" (1545). Le caractère outré, égoïste de cette étreinte incessante trahit son origine. Il veut répéter les cinq premières années de la vie, où l'enfant croit être la seule source de plaisir pour la mère. Il s'agit d'une véritable symbiose, le même manteau de narcissisme qui couvrait la mère et l'enfant couvre maintenant l'homme et ses maîtresses. (20)

Un des procédés favoris de Clamence, comme on a pu voir, consiste à suggérer une réalité positive pour ensuite en dévoiler la face négative. Évoquer d'abord l'ange pour ensuite mieux dénoncer la bête. C'est ce même cynisme dévastateur qui sous-tend sa représentation du féminin: parlant de sa relation avec les femmes dans la première moitié de son monologue, il affirme:

> Je les aimais, selon l'expression consacrée, ce qui revient à dire que je n'en ai jamais aimé aucune. J'ai toujours trouvé la misogynie vulgaire et sotte, et presque toutes les femmes que j'ai connues, je les ai jugées meilleures que moi[19]. Cependant, les plaçant si haut, je les ai utilisées plus souvent que servies. Comment s'y retrouver? (1505)

Comment s'y retrouver, en effet, entre l'estime qu'il affirme avoir pour les femmes et ses comportements avec elles? Il avouera par la suite toute une série de relations sadiques où les femmes seront tour à tour humiliées, dévalorisées, moquées, méprisées. Elles seront parfois tentées par le suicide[20], voulant inconsciemment peut-être réaliser la "solution idéale" ou finale qu'il imaginait à leur sujet (1510). "J'accumulai alors plus de malheurs, pour les autres, qu'au temps de ma belle indifférence" déclare-t-il (1527).

Ceci nous amène au deuxième moment significatif qui est en fait l'incident central du texte: la rencontre nocturne sur le pont Royal de

---

19. Par rapport à cette étude basée sur deux paradoxes de l'œuvre, le féminin et le sacré, il n'est pas sans intérêt de comparer l'attitude déclarée de Clamence envers la misogynie avec celle de Camus envers l'athéisme et l'irréligion, à laquelle il trouve "quelque chose de vulgaire" (I, 1881). Dans les deux cas, on observe un respect implicite (même si chez Clamence il reste théorique).

20. Un exemple est celui de la maîtresse qu'il surnomme le "perroquet": "Vous ai-je dit que mon perroquet, désespéré, voulut se laisser mourir de faim?" (1527).

cette "forme penchée sur le parapet [...] qui semblait regarder le fleuve", et qui devient de plus près "une mince jeune femme, habillée de noir" dont le visage reste dérobé alors que la "nuque fraîche et mouillée" émeut brièvement Clamence (1511). Peut-être cette jeune femme du pont Royal a-t-elle souffert d'avoir aimé, comme cela a été le cas pour certaines amies de Clamence qui, elles aussi, ont songé au suicide. Lorsqu'elle se jette dans le fleuve quelques instants après le passage de Jean-Baptiste et que celui-ci entend le bruit du corps s'abattant sur l'eau, il est confronté, à travers la soudaine possibilité de réparation, à un moment de vérité décisif, peut-être de grâce. Va-t-il enfin dépasser son moi, sortir de lui-même, ou va-t-il réitérer le mépris profond qu'il exerce depuis toujours envers les autres, les femmes en particulier, mais aussi envers l'autre en lui, son propre féminin[21]? Va-t-il *in extremis* tenter de sauver la jeune femme ou, comme il l'a fait pour celles qu'il a désespérées, va-t-il abandonner celle-ci à son tour au désespoir?

Son choix sera de ne rien faire, même de ne prévenir personne. Par son comportement de non-assistance à personne en danger, il reste conforme à son personnage et perd à jamais, si l'on se réfère à la fin du récit, l'occasion d'une transformation et peut-être du salut. Mais, à son insu, cet incident va changer sa vie: il portera désormais en lui comme une obsession l'image de la femme morte, image liée à "la honte [...] ou [à l']un de ces sentiments ridicules qui concernent l'honneur" (1510). Il avoue alors: "Il me semble en tout cas que ce sentiment ne m'a plus quitté depuis cette aventure que j'ai trouvée au centre de ma mémoire et dont je ne peux différer plus longtemps le récit." Cette "aventure", ou plutôt l'image qu'il en garde, celle de la femme morte, va en effet le poursuivre sans répit, au point de le chasser définitivement du "balcon naturel" de son "Éden" (1488-89) pour le laisser peu à peu s'enfoncer dans "l'enfer mou" du Zuyderzee.

Son monologue va d'ailleurs prendre fin — en attendant de se répéter avec un autre client du *Mexico-City* — avec l'évocation de cet incident et l'invitation lancée à son interlocuteur à prononcer les mots qui "n'ont cessé de retentir dans [s]es nuits": "Ô jeune fille, jette-toi encore dans l'eau pour que j'aie une seconde fois la chance de nous sauver tous les deux!" (1551). Malgré la lourde ironie de sa supplique, on discerne dans la hantise de cet appel à la femme sacrifiée et dans le désir du salut commun, la conscience dantesque d'une relation entre le féminin et le sacré et la nostalgie qu'éprouve

---

21. Barchilon fait remarquer que "l'abandon de la jeune femme à sa noyade signifie aussi le meurtre de la femme qui vit en lui — une identification féminine est inévitable quand le père n'est pas là" (22).

LA CHAIR SACRÉE 129

Clamence de l'un et de l'autre[22]. Dans son imaginaire et dans le rêve, cette jeune femme, à l'instar de Béatrice, lui tend par-delà la mort les bras de l'amour et du salut. Mais une dernière fois, son incurable cynisme l'emporte: "Supposez, cher maître, qu'on nous prenne au mot? Il faudrait s'exécuter. Brr...! L'eau est si froide! Mais rassurons-nous! Il est trop tard, maintenant, il sera toujours trop tard. Heureusement!" (1551). Jean-Baptiste tourne ainsi en dérision et "l'eau amère de [s]on baptême" (1531) et la possibilité d'une transformation spirituelle indéniablement désirée et que la jeune fille semblait vouloir lui offrir.

Quels ne sont pas le malheur, contrairement à son dernier mot, mais aussi la méconnaissance qui se dégagent de cette ultime parade et de sa perfide ironie — car elles sont impuissantes à masquer la débâcle intérieure d'un homme lucide qui a tout perdu et qui, à cause peut-être de sa lucidité trop orgueilleuse, mais à cause surtout de son narcissisme, s'avère incapable de s'ouvrir à l'autre et à l'amour — "[l]'Amour qui leur permettrait seul d'ahérer naturellement à la vraie vie, ils en sont dépossédés. Ils sont perdus", écrit Pierre Mertens[23]. Et Weyembergh a sans doute raison de penser que "[l]'univers de Clamence est [...] un univers plombé, d'où il n'y a pas d'échappatoire" ("Compréhension", 223). La chute qui conduit Clamence au "dernier cercle" (1483) de l'*inferno* — celui des traîtres — n'est suivie ni d'un passage par le *purgatorio* ni d'une ascension vers le *paradiso*. Par ses trahisons, dont les femmes semblent avoir été les premières victimes, mais surtout par la trahison de son propre désir — désir profond, obsessionnel, du retour de la jeune fille se noyant afin de renaître avec elle — Clamence semble s'être coupé de toute possibilité de transcendance. C'est pourquoi nous ne pouvons donner tort à Fernande Bartfeld qui, parlant des "confessions orgueilleuses et flétrissantes" de Clamence et du Renégat, conclut que "les désirs de rachat et de pardon qui s'expriment dans *La Chute* [...] n'ont pas plus de poids que celui d'un vain bavardage" ("Deux exilés", 109). Nous pensons aussi, comme Cielens, que Clamence "est conscient de son exil métaphysique" et que la "dernière exclamation trahit, sous le masque de l'ironie, la douleur de Clamence devant l'échec de son initiation" ("Symbolisme", 59). Clamence disait à son interlocuteur: "Vous savez donc que Dante admet des anges neutres dans la querelle entre Dieu et Satan. Et il les

---

22. Fernande Bartfeld souligne cette présence d'un appel chez Clamence: "L'exil de Clamence, fait de dérives, s'avère un constant appel: appel à l'attention de son interlocuteur mais aussi appel tout court. [...] Il n'est pas aventureux de penser [...] que l'aspiration secrète de Clamence serait de trouver sinon son salut, du moins son point d'ancrage (à moins que les deux ne soient une seule et même chose)" ("Anti-Méditerranée et lyrisme de l'exil", 224).

23. Mertens met en parallèle le personnage de Clamence et celui de Geoffrey Firmin dans *Au-dessous du Volcan* de Malcolm Lowry ("La chute de l'ange", 126).

place dans les Limbes, une sorte de vestibule de son enfer. Nous sommes dans le vestibule, cher ami" (1518). C'est là que Cielens, comme tout lecteur, est obligée de le laisser: "Clamence restera donc dans l'attente, dans la nostalgie d'un Royaume qu'il aura pressenti mais dont il désespère de jamais trouver l'accès" ("Le Symbolisme", 34). Or, seule l'ouverture du moi, un premier arrachement au narcissisme à travers la reconnaissance du visage de l'autre, pourrait lui donner cet accès. En attendant, la femme ne sera ni l'avenir ni le salut du juge-pénitent.

Kristeva et la dyade mère-enfant

Nous pourrions, comme il est de tradition pour l'approche psychanalytique, entamer l'étude de *L'Étranger* par le biais de l'essai "Entre oui et non", essai qui permet, comme les passages spécifiques des *Carnets* et la *Préface* de 1958 à *L'Envers et l'endroit*, de mesurer l'importance de la relation mère-fils dans l'œuvre. Nous voulons d'abord faire appel cependant à une importante étude psychanalytique pré-œdipienne portant sur *L'Étranger*, celle de Vicki Mistacco qui, dès l'abord, fait remarquer cette tendance de la critique freudienne qui consiste à interpréter toute l'œuvre de Camus, et *L'Étranger* en particulier, à la lumière de *L'Envers et l'endroit,* notamment l'essai "Entre oui et non" ("Mama's Boy", 153). Cette critique se base en effet, dans son ensemble, sur la scène où le fils, déjà grand, décide "sur l'avis du docteur de passer la nuit auprès d'elle", sa mère, qui avait été agressée et brutalisée (II, 26-27). C'est par rapport à ces lectures que Mistacco écrit: "[...] previous masculinist psychoanalytic interpretations [...] have instituted and reinforced a kind of *doxa*, a rigid hermeneutic grid that only permits repetition of the same, phallocentrism, and generates the greatest degree of critical excitement around the ideas of incest and castration" (152-53). Elle souligne alors les limitations incontestables de ce type d'interprétation: "To view *L'Étranger* [...] in the exclusive light of an œdipal and primal scene interpretation of this one episode is to blind oneself to the workings of the maternal in Camus and to foreclose all possibility of a hermeneutics of the feminine" (155).

Sans rejeter l'apport d'une critique freudienne[24] mais sans la suivre dans ses excès réducteurs — qui n'autorisent en effet qu'une seule

---

24. Les principales études freudiennes auxquelles nous nous référons sont *Albert Camus et la parole manquante* d'Alain Costes (1973), *The Unique Creation of Albert Camus* de Donald Lazere (1973) et *L'Univers symbolique d'Albert Camus* de Jean Gassin (1981). Nous nous référons aussi à l'étude de José Barchilon "Profondeur et limite de la psychologie de l'inconscient chez Camus" (1985), ainsi qu'à l'étude lacanienne de Ben Stoltzfus, "Albert Camus: *The Stranger*" (1996).

lecture de la relation mère-fils — nous sommes d'accord avec Mistacco. D'autres interprétations sont non seulement possibles mais indispensables si on veut sortir de l'enfermement stérile du triangle œdipien, des interprétations qui, sans nier les possibles aspects négatifs de la relation mère-fils (peur de la "mère dévorante", angoisse de castration, etc.) tiennent compte d'abord de ses aspects positifs. Dans le cas de la mère camusienne, Mistacco souligne "le silence [maternel] comme une forme de présence et de plénitude [...], d'intemporalité [...] et de savoir" (153). Nous voyons aussi dans l'absence/présence et le silence de la mère le lieu d'un appel, d'un creux, et donc, conformément à la théorie winnicottienne, une source même de créativité[25]. Un des buts de ce chapitre est de dégager, à travers les interprétations inhérentes à une lecture féminine de la relation mère-*enfant*, le pouvoir structurant de cette relation — car le fils, comme la fille, est d'abord enfant. Comme l'écrit encore Mistacco, "[i]ncest is clearly but one possible interpretation of the scene which may also be read in a way that highlights pre-œdipal union where vivid memories of the womb subsist" (155). Soit des "souvenirs", la mémoire, d'un ailleurs idéal, paradisiaque. C'est ici que Mistacco rejoint notre lecture kristevienne de *L'Étranger*[26].

Afin de bien faire comprendre notre démarche, nous voulons dans un premier temps dégager les aspects de l'œuvre kristevienne qui s'avèrent particulièrement appropriés à notre étude. Bien que Kristeva soit psychanalyste et influencée par Lacan[27], sa recherche, de par son refus de se laisser enfermer dans une perspective unique, déborde largement le seul domaine psychanalytique. C'est cette ouverture — qui permet toujours ce que Barthes appelle une "lecture plurielle" — que nous avons surtout trouvée séduisante, peut-être parce qu'elle s'oppose à tout réductionnisme. Dans sa préface au *Kristeva Reader*, Toril Moi commente l'envergure de cette œuvre en ces termes:

> To think the unthinkable: from the outset this has been Julia Kristeva's project. Scanning with exceptional intensity the whole horizon of Western culture, her writing investigates the terrains of philosophy, theology, linguistics, literature, art, politics and, not least, psychoanalysis, which remains the crucial intellectual influence on her work.

---

25. Voir Donald Woods Winnicott, "Creativity and its origins", *Playing and Reality* (65-71).
26. Voir Montgomery, "La mère sacrée du *Premier homme*", où on trouvera de brefs passages remaniés de cette section. Voir note 86 de ce chapitre.
27. David R. Crownfield commente la relation Lacan/Kristeva en ces termes: "Jacques Lacan was not only an intellectual influence but a friend, and [...] for those reasons and others [Kristeva] was not analyzed by Lacan. [...] She also holds that a heterogeneity (plurality) of approach is essential in the clinical work of psychoanalysis. So hers was not a Lacanian, but a more mainstream analysis. Lacan's intellectual influence on her work is evident, but it is not initially or essentially brought into play through her experience and training in psychoanalysis. Rather, it preceded her analysis and was modified by it" (xii).

> Speaking across the conventional disciplinary boundaries of the academic world, Kristeva raises the fundamental issues of human existence: language, truth, ethics, love... this epochal œuvre has been produced by a woman who often and explicitly chooses to focus on problems of femininity, motherhood and sexual difference. (vi)

Si Kristeva apporte à la réflexion lacanienne certaines modifications, c'est que son travail psychanalytique s'appuie entre autres sur la conception postfreudienne de la théorie de la relation d'objet, notamment sur celle d'André Green qui s'inspire à son tour de Donald Woods Winnicott. Alors que les systèmes de Freud et de Lacan privilégient la relation œdipienne père-enfant, les théoriciens de la relation d'objet, à commencer par Melanie Klein, privilégient la relation mère-enfant. C'est parce que Kristeva analyse les complexités de cette relation dans son étude de la fonction maternelle que son œuvre nous a paru indispensable dans l'étude du féminin camusien. Voici son commentaire relatif aux discours existants sur la maternité par rapport à une définition de la femme:

> Si d'une *femme* il ne peut être dit ce qu'elle *est* (au risque d'abolir sa différence), peut-être en serait-il autrement de la *mère* puisque c'est la seule fonction de l'"autre sexe" à laquelle attribuer, à coup sûr, de l'existence? Pourtant, là aussi, nous sommes pris dans un paradoxe. — D'abord, nous vivons dans une civilisation où la représentation *consacrée* (religieuse ou laïque) de la féminité est résorbée dans la maternité. Toutefois, si l'on y regarde de près, cette maternité est le fantasme que nourrit l'adulte, homme ou femme, d'un continent perdu: il s'agit de surcroît moins d'une mère archaïque idéalisée que d'une idéalisation de la relation qui nous lie à elle, illocalisable — idéalisation du narcissisme primaire. (*Hér*, 225)[28]

Concernant le lien entre le féminin et le sacré, nous ferons aussi appel à une collection d'essais relatifs à trois aspects dominants de l'œuvre kristévienne: la religion, le féminin et la psychanalyse[29]. On peut déjà y relever, à propos des absences du féminin dans l'œuvre narrative camusienne, ce qu'écrit Diane Jonte-Pace concernant la correspondance femme/religion dans la théorie psychanalytique: "[T]he discourses of gender and religion both articulate a concern with absence. It is absence, formulated as non-being in the discourse of religion, and formulated as difference or female lack in the discourse of gender, that underlies the homology of woman and religion" (2). Tout en soulignant ce concept fondamental d'"absence", nous faisons

---

28. Nous renvoyons aux sigles relatifs à l'œuvre de Kristeva indiqués au début de cette étude. Cet essai sera repris plus tard dans *Histoires d'amour* sous le titre "Stabat Mater", titre auquel nous nous référons occasionnellement parce qu plus proche de notre propos. Les références renverront, comme ici, à l'essai "Héréthique de l'amour" (*Hér*), paru dans *Tel Quel*.
29. Voir David R. Crownfield, ed. *Body/Text in Julia Kristeva. Religion, Women, and Psychoanalysis*.

remarquer que la "différence" ne concerne pas seulement le "manque" féminin, elle signale également le problème de l'A/autre, commun aux deux discours. Jonte-Pace souligne par ailleurs l'importance que revêt la pensée winnicottienne par rapport à celle de Freud: Winnicott remet en question la centralité de l'Œdipe pour postuler que *la période dominée par la relation mère-enfant* est le contexte crucial de la constitution du moi[30].

Toujours concernant la problématique du maternel, nous citons enfin Marianne Hirsch se référant à son livre *The Mother/Daughter Plot* et écrivant, d'accord avec Kristeva:

> [T]he figure of the mother is determined by her body more intensely than the figure of woman. By taking on the notion of essentialism so directly — maternity, inasmuch as it is represented as biological, poses the question of the body as pointedly as is possible — this book is able to look again at what feminists have hidden from view in both assertions and rejections of essentialism. It is easy to grant that neither sex nor gender can be invoked as fixed or unproblematic categories. It is more difficult to assert that reproduction provides a radical arena of difference — and more than merely biological difference — and that it thereby challenges a positional, destabilized view of sex and gender more than perhaps anything else. (12)

Nous sommes parfaitement consciente du concept d'essentialisme qui s'introduit inévitablement dans une discussion du maternel et nous sommes solidaires de la position exprimée ici par Hirsch[31]. Nous savons aussi que Camus, à travers l'analyse de la révolte et contrairement aux existentialistes, soupçonnait la permanence d'une nature humaine[32], une nature se composant du masculin et du féminin.

Kristeva présente, dans son séminaire "D'une identité à l'autre", le concept de *chora*, au temps et à l'espace "étranges", qu'elle emprunte à Platon: "Le *Timée* de Platon parle d'une *chora* [...], réceptacle [...], innommable, invraisemblable, bâtard, antérieur à la nomination, à l'Un, au père, et, par conséquent, connoté maternel à tel point que 'pas même le rang de syllabe' ne lui convient" (*P*, 159). Antérieur à la nomination, c'est-à-dire au temps du Père et au symbolique dont

---

30. Jonte-Pace écrit: "[Winnicott] challenges the centrality of the Oedipal conflict and castration complex in psychological and cultural development, positing instead that the period during which the maternal-infant relationship predominates is the crucial context out of which the self is constituted. Thus he rescues the pre-Oedipal mother from the "dark continent" to which Freud exiled her. The mother in Winnicott's theory is more than the object of incestuous desire — as good enough mother, 'the one who makes active adaptation to the infant's needs', [*Playing and reality*, 10], she is an active subject, a primary architect of the human psyche" (4).

31. Dans ce contexte, Camus remarque: "Deux erreurs vulgaires: l'existence précède l'essence ou l'essence l'existence. L'une et l'autre marchent et s'élèvent du même pas" (*C3*, 81).

32. Camus écrit: "L'analyse de la révolte conduit au moins au soupçon qu'il y a une nature humaine, comme le pensaient les Grecs, et contrairement aux postulats de la pensée contemporaine" (II, *HR*, 425).

Kristeva, en reliant la *chora* au refoulement originaire, rappelle les insuffisances:

> Entrons un instant dans cette aporie freudienne dite du refoulement originaire. Curieuse origine, où ce qui est refoulé ne tient pas vraiment en place, et où ce qui refoule emprunte toujours déjà sa force et son autorité à ce qui est apparemment très secondaire: le langage. Ne parlons donc pas d'origine mais d'instabilité de la fonction symbolique dans ce qu'elle a de plus significatif, à savoir l'interdit du corps maternel (défense contre l'auto-érotisme et tabou de l'inceste). C'est la pulsion qui, ici, règne pour constituer un étrange espace que nous nommerons, avec Platon [...], une *chora*, un réceptacle. (*PH*, 21)

Par ailleurs, Crownfield différencie la *chora* kristevienne de l'imaginaire lacanien en termes d'espace sémiotique pré-verbal, empreint d'expériences somatiques et sensorielles, comme opposé au monde iconique de la représentation par l'image:

> Kristeva's early work is heavy with theory [...] and focusing increasingly on the dynamic interplay between the formal, public system of language (what Lacan calls the symbolic) and somatic, rhythmic, emotional functions that operate with their own logic and appear to have their roots in the preverbal stages of child development. Lacan, at this stage, recognizes only the imaginary register in which the child's identity is constituted by the mirror image, by the regard of the other, and the world is marked by iconic images rather than signifying signs. Kristeva, however, finds here a complex semiotics of tactile and kinesthetic differences, inscribed in a primordial *chora* (receptive space...), that founds the experiential territory of the somatic dyad of mother and child. (xii)

Cette *chora* se situerait donc en deçà de l'imaginaire lacanien, dans un espace bien plus archaïque, plus enfoui, et qui correspondrait au "monde *ante partum*", soit pré-œdipien, auquel se réfère Gassin. Ayant constaté que tout, dans les essais de *L'Envers et l'endroit*, "gravit autour de la mère et du problème central des sentiments du fils pour cette mère muette" (23), Gassin finit par poser une question fondamentale: "L'univers camusien serait-il essentiellement maternel?" Et pour lui, "la réponse ne peut être qu'affirmative":

> L'univers camusien idéal, le "royaume", c'est d'abord, comme nos analyses nous l'ont si souvent suggéré, le monde *ante partum*. La mère et l'enfant n'y forment qu'un univers, celui de la "Communion". [...] Aussi, tout au long de l'œuvre [...], la quête de la mère illustre-t-elle le thème mythique du paradis perdu, un paradis que l'on s'efforce de retrouver. Cette recherche passe inévitablement par la femme. Celle-ci "n'est-elle pas tout ce qui nous reste du paradis terrestre?" [1524]. (210)[33]

Nous pensons avec Gassin que l'univers camusien est maternel et donc, soulignons-le, féminin. Nous pensons également que si cette

---

33. Cette dernière citation nous ramène déjà à Clamence et sa relation au féminin.

quête de la mère est une illustration du thème du paradis perdu, elle est aussi la métaphore d'une plus profonde quête spirituelle, d'un désir qui ne dit pas son nom, "innommable". Toujours dans l'incontournable "Entre oui et non", Camus écrivait: "S'il est vrai que les seuls paradis sont ceux qu'on a perdus, je sais comment nommer ce quelque chose de tendre et d'inhumain qui m'habite aujourd'hui." Il s'agissait du "souvenir intact d'une pure émotion, d'un instant suspendu dans l'éternité" (II, 23). Or, la lecture de l'essai nous a montré que cet instant, est celui de la "Communion" avec la mère. Communion née dans la longue veille d'une "solitude à deux" alors que, comme au Gethsémani, "les 'autres' dorment". Entre eux, pas d'altérité, mais une union qui les isole des "autres" dans "un grand jardin de silence" où "rien n'existait plus" (II, 27). Et le fils de s'interroger alors au sujet de la nuit présente de l'essai, celle où il se souvient: "Jusqu'où ira cette nuit où je ne m'appartiens plus?" Car le seul souvenir de cet "instant suspendu dans l'éternité" a le pouvoir de le faire accéder à un temps transcendant où il est à nouveau dépossédé de lui-même. Le lien mère-enfant, leur "communion", ouvre sur le sacré.

Enfin, voyant dans la *chora* le réceptacle du narcissisme, Kristeva la relie au désir: "Le signe refoule la *chora* et son éternel retour. Seul le désir sera désormais le témoin de ce battement 'originaire'. Mais le désir ex-patrie le moi vers un autre sujet et n'admet plus les exigences du moi que comme narcissiques" (*PH*, 21). On est une nouvelle fois ramené à Clamence qui décide de se réfugier auprès des femmes parce que, au moment même où il découvre son désir "d'être aimé", il perçoit soudain la femme comme "port", comme "havre", comme étant "tout ce qui nous reste du paradis terrestre". En d'autres termes, ce désir d'un amour-refuge-réceptacle est bien celui d'un retour au paradis perdu du monde *ante partum*, ou à la *chora*. C'est d'autant plus clair que ce retour s'accompagne d'un renoncement au langage: "[J]e courus à mon port naturel. Mais je ne faisais plus de discours" (1526). En abordant les différents niveaux du désir dans cette étude, nous retiendrons ce concept du désir comme témoin de la *chora* primordiale sous-tendant la dyade mère-enfant, mais aussi comme cause de l'exil du moi vers l'Autre.

L'Étranger: la mère morte

Ce qui frappe lors d'une première lecture du féminin dans *L'Étranger*, c'est l'ambiguïté du jeu absences/présences. Pour ce qui est de la compagne, et alors que le personnage de Meursault domine nettement le récit, Marie n'y paraît qu'épisodiquement et presque toujours dans la mesure où elle s'inscrit dans l'expérience du désir de son amant. Elle semble n'y exister qu'en fonction de lui, elle n'est perçue par le lecteur qu'à travers sa vision. Néanmoins, elle réussit à s'affirmer comme personne autonome. Nous y reviendrons. Mais l'absence féminine qu'il nous faut d'abord interroger, l'absence la plus "présente", et donc la plus paradoxale, est celle de la mère: toujours "présente" en effet, elle l'est dans le creux de l'absence définitive de la mort[34]. Cette mort est annoncée dès les tout premiers mots du récit, lui donnant naissance: "Aujourd'hui, maman est morte" (1127).

En fait, les lecteurs de *L'Étranger* ne sauront pas grand-chose de la mère de Meursault. Morte dès l'abord, il n'est jamais ouvertement question d'elle en dehors de deux ou trois souvenirs du fils, des faits que lui raconte le directeur de l'asile concernant l'idylle de sa mère et de Thomas Pérez, et des allusions faites à la relation mère-fils au cours du procès. Pourtant, c'est la mort de la mère qui accouche du récit, c'est sa mort/absence qui le nourrit et qui conduit l'action. Tout à la fin du roman, le fils, condamné à mort, "accusé de meurtre [...] pour n'avoir pas pleuré à l'enterrement de sa mère" (1211), la rappelle à lui dans l'image de sa tendresse dernière et fusionne avec elle dans l'expérience de la même trêve ultime. Blanchot évoque admirablement l'essence de leur relation:

> Meursault porte la vérité de la mère. Comme elle, il est presque sans parole, sans pensée, pensant au plus près de ce manque initial qui est plus riche que toute pensée effective, parlant à la mesure des choses, de leur mutisme, des plaisirs qu'elles donnent, des certitudes qu'elles réservent. Du commencement à la fin, son destin est lié à celui de la mère. (*L'Amitié*, 223)

Par ailleurs, la mort de la mère est explicitement et inextricablement liée au deuxième événement dominant du récit, le meurtre de l'Arabe: "C'était le même soleil que le jour où j'avais enterré maman et, comme alors, le front surtout me faisait mal et toutes ses veines battaient ensemble sous la peau" (1168). Dans les deux situations, c'est la même précipitation, la même chaleur "insoutenable", la même "brûlure", le même vertige. Même certains détails du texte établissent le parallélisme des deux scènes. Parlant de l'enterrement, Meursault dit: "J'ai vu d'un coup que les vis de la bière étaient enfoncées et qu'il y avait quatre hommes noirs dans la pièce" (1134). La simultanéité des images des vis "enfoncées" et des "quatre hommes noirs" semble annoncer le malheur qui sera déclenché par les "quatre coups brefs" de la scène du meurtre. Ayant compris qu'il avait "détruit l'équilibre du

---

34. Mistacco voit dans le corps de la mère l'élément perturbateur, celui qui brouille les limites entre absence et présence: "At the threshold and in the margins of the narrative, the mother's body unsettles the border between absence and presence [...] perturbing, by this liminality, identity, representation, and truth" ("Mama's boy", 156-57).

jour, le silence exceptionnel d'une plage où [il] avai[t] été heureux", Meursault déclare: "Alors, j'ai tiré encore quatre fois sur un corps inerte où les balles s'enfonçaient sans qu'il y parût. Et c'était comme quatre coups brefs que je frappais sur la porte du malheur" (1168). Si le couvercle de la bière pouvait être vu comme une "porte du malheur", ce sont les verbes "enfoncer" et "s'enfoncer", avec leurs connotations de "fond", d'"abîme", dans le sens de "faire aller vers le fond" qui, dans les deux cas, suggèrent l'irrémédiable de la mort. Selon Kristeva, "[...] le féminin-image de la mort est [...] un cran d'arrêt imaginaire contre la pulsion matricide qui, sans cette représentation, me pulvériserait en mélancolie quand elle ne me pousserait pas au crime" (*SN*, 39). Or, ayant refusé le "féminin-image de la mort" en refusant de voir le cadavre de sa mère (1129) et n'ayant pu dès lors faire le deuil de l'objet maternel[35], Meursault sombrera dans le meurtre, le malheur et l'auto-destruction. Ayant refusé le cran d'arrêt imaginaire, il tombera dans le crime.

Le lien textuel entre le féminin-image de la mort et le masculin-image du feu solaire illustre leur relation profonde, la manière dont sont imbriqués les deux pôles symboliques du récit: la mer et le soleil. Aussi, on ne peut perdre de vue ce que souligne Gassin concernant ces symboles dominants de l'œuvre: ils sont doubles. Si "le soleil est par excellence le symbole du monde masculin dominé par le père, celui de la censure aussi, et du Surmoi" (23), il faut néanmoins garder à l'esprit l'ambiguïté du symbolisme solaire, ambiguïté qui trouve sa source dans le "régime diurne" du soleil, dans sa "dualité, puisqu'il ne peut y avoir de lumière sans ténèbres" (22). Aussi, le soleil est tantôt principe fécondant, tantôt stérilisant. "Le passage du soleil symbole de vie au soleil symbole de mort se fait par l'intermédiaire de la chaleur", écrit Gassin (25). C'est l'excès de celle-ci qui fait du soleil une force destructrice. Pour ce qui est de la mer, qui "prête à l'œuvre de Camus sa fécondité" (33), il faut également en souligner le symbolisme contradictoire qui "s'explique aisément dès que l'on songe qu'il renvoie toujours à l'imago maternelle avec ses deux versants, l'un 'bon', l'autre 'mauvais'" (37)[36]: "La mer, de mère universelle, source de toute vie, devient l'avaleuse suprême en qui toute vie s'engloutit" (39). Si Gassin a raison de souligner l'ambivalence du symbole marin, on ne peut cependant perdre de vue ce que la mer n'a jamais cessé d'être pour Camus: "[s]a religion avec la nuit" (II, 886).

---

35. Voir Michelle Beauclair, *Albert Camus, Marguerite Duras, and the Legacy of Mourning*, où l'auteur examine la complexité du deuil de Meursault par rapport à l'ambivalence de sa relation à la mère (15-32).

36. Alors que Gassin choisit une approche freudienne (*L'Univers symbolique*, 9), le concept d'imago, selon Laplanche, "est dû à Jung (*Métamorphoses et symboles de la libido. Wandlungen und Symbole der Libido*, 1911) qui décrit l'imago maternelle, paternelle, fraternelle" (196).

C'est pourquoi, bien que le soleil semble s'imposer comme pôle symbolique dominant dans *L'Étranger*, nous aurons souci, en approfondissant l'étude du féminin/maternel à travers les personnages de Marie et de la mère, de sonder cet autre pôle symbolique, la mer, si présente dans le texte avec toutes ses connotations féminines, maternelles, matricielles. En rejoignant l'interrogation de l'œuvre nietzschéenne — si importante pour Camus — dans *Amante marine* de Luce Irigaray, il nous semble en effet justifié de considérer l'autre face de *L'Étranger*, celle de l'ombre ou du "soleil enfoui", la face nocturne et marine qui est explicitement celle de l'épilogue du récit. Dans son long commentaire poétique de Nietzsche, Irigaray demande: "Le soleil? Quel soleil? [...] Ton midi laisse dans la nuit l'autre côté de la terre, et son dedans, et le fond des mers. Ton midi même n'a-t-il pas un envers? Vois-tu derrière ton soleil? Qu'éclaire-t-il qui s'ajoute et se soustrait à la plénitude de ton heure?" (12). C'est cet envers caché du soleil, et ce fond marin, et cette nuit, que nous tenterons d'éclairer fugitivement dans le texte de *L'Étranger*.

La mère morte et les incertitudes de la narration

Pour mieux comprendre le paradoxe du féminin maternel dans *L'Étranger*, il est indispensable de s'en tenir d'abord au thème dominant de la mère morte. Thème difficile, ambigu, parce que lié à la fois à l'abject et au sacré, mais incontournable:

> Aujourd'hui, maman est morte. Ou peut-être hier, je ne sais pas. J'ai reçu un télégramme de l'asile: "Mère décédée. Enterrement demain. Sentiments distingués." Cela ne veut rien dire. C'était peut-être hier. (1127)

Dès la lecture de ces phrases une série de questions se bousculent concernant les incertitudes qu'elles impliquent. Qui annonce la mort de la mère, qui la déclare morte? Que signifie l'incertitude temporelle? Et qu'est "[c]ela", qui "ne veut rien dire"? Enfin il faut souligner, entre destinateur et destinataire, l'incompatibilité affective que trahit l'utilisation du mot "maman" par l'un et du terme "mère" par l'autre.

Au niveau premier du récit, c'est bien sûr Meursault, personnage à la première personne, qui commence son "histoire" en annonçant la mort de sa maman, mort qu'il vient d'apprendre par télégramme. La question se pose en fait au niveau sous-jacent: celui de la narration. Les complexités de celle-ci dans *L'Étranger* — notamment les problèmes du temps et de l'instance narrative — ont été largement et contradictoirement débattues et il n'entre pas dans notre projet de reprendre ce débat. Nous voulons néanmoins insister sur le caractère duel du narrateur de *L'Étranger*. Nils Soelberg, qui définit le "JE narratif" comme constitué par un "JE-narrateur" (narrateur réel ou implicite) et un "JE narré" (narrateur fictif ou explicite), précise: "[D]ésigner un personnage par un JE revient à instituer un JE-narrateur qui aurait déjà vécu ce que le JE narré est en train de vivre" (75). Tout en soulignant, dans *L'Étranger*, la nécessité des problèmes narratifs car ils "manifeste[nt] avec un maximum d'intensité le paradoxe existentiel exprimé dans la scène finale", Soelberg affirme que le "JE narratif [...] [y] désigne en même temps deux individus incompatibles, séparés par une prise de conscience qui les situe à l'opposé l'un de l'autre" (75). Cette dualité explique sans aucun doute l'instabilité du "JE-narrateur" de *L'Étranger*, narrateur difficilement localisable, se mouvant avec inconstance entre l'écrivain Camus et le personnage Meursault. Dans une courte et — malheureusement — trop rapide étude qu'elle intitule "Le cas 'Meursault'"[37], Kristeva demande: "Qui, en vérité, raconte cette histoire d'étranger? Camus? Meursault? A moins que les deux ne se confondent?" (*Étrangers à nous-mêmes*, 41)[38].

En effet, le narrateur réel se fond par moments à tel point avec le narrateur fictif qu'on en oublie presque son existence. À d'autres — ceux de la conscience philosophique qui se manifeste principalement dans la deuxième partie du roman — il semble très proche de l'auteur du *Mythe de Sisyphe* et son discours s'avère alors trop sophistiqué par rapport à celui du Meursault de la première partie[39]. Si on peut voir là un exemple de cette équivalence que Kristeva a mise en évidence, "the homology between the Lacanian divided subject and the Bakhtinian duality in the work of fiction" (Crownfield, xi), c'est bien par rapport

---

37. Crownfield, commentant *Étrangers à nous-mêmes*, montre qu'à travers la problématique de l'étranger, Camus et Kristeva ne sont pas totalement étrangers l'un à l'autre: "The book deals with the problem of the stranger, the outsider, the foreigner [...]. [Kristeva] is interested in the origins, the dynamics, the provenance of the idea of the stranger [...]. And she finds [...] that the problem of the stranger is internal to each of us" ("Pre-Text", xvi).

38. Voici quelques commentaires sur le "double sujet" de *L'Étranger*: Abbou résume la situation en parlant du "tandem Camus-Meursault" ("Le quotidien et le sacré", 250). Christiane Chaulet-Achour, constatant que "Meursault a le double statut d'acteur et de narrateur", pose la question: "Les autres ont-ils raison de voir en lui un criminel, l'Antéchrist, un matricide?" (*Albert Camus, Alger*, 29). Dans son étude traitant de la voix narrative dans ce récit, et où il constate que "c'est la première personne, dans *L'Étranger*, qui fait problème" (106), Dominique Rabaté remarque que "[l]a finalité du récit appartient à Camus, et non à son personnage qui reste l'homme absurde de l'absence de projet" ("L'économie de la mort", 100). Gay-Crosier, parlant de "l'ambiguïté persistante sur le statut du je", pense que ce statut "est fondamental [...], que nous ne pouvons et nous ne pourrons jamais trancher la question de ce je. Est-ce Camus, est-ce Meursault qui parle? [...] c'est un je stratégique" ("Table ronde sur *L'Étranger*", *AC16*, 194-95).

39. Concernant les réflexions de Meursault après le meurtre ("J'ai compris que j'avais détruit l'équilibre du jour [...]. Et c'était comme quatre coups brefs que je frappais sur la porte du malheur", 1168), J. Daniel pense que "c'est comme si, malgré lui, Camus le romancier n'avait pu s'empêcher de prêter à Meursault une sorte de vie intérieure qui en réalité était la sienne" (Trad. de "Innocence in Camus and Dostoievsky", 26).

à cette instance narrative duelle que se pose la question sur laquelle débouchent les premiers mots du texte: qui, dans *L'Étranger*, commet le matricide? Est-ce Meursault, le narrateur-personnage, conformément à l'accusation implicite portée contre lui par le procureur[40]? Ou n'est-ce pas plutôt le narrateur réel? Car c'est lui, et non le narrateur-personnage (ou fictif), qui choisit de faire des premiers mots du récit ceux qui annoncent la mort de la mère. Il est clair que le narrateur fictif se contente de rapporter avec ses propres mots d'abord ("Aujourd'hui maman est morte") ce qu'affirment les mots officiels du télégramme ("Mère décédée"), télégramme dont il n'est que le destinataire et le récepteur. Le destinateur, c'est-à-dire le messager de la mort, n'est autre que le narrateur réel. C'est lui qui a décidé d'inaugurer le récit avec la mort de la mère, c'est lui qui fait cette déclaration de mort. On peut dans ce sens parler du "performatif-constatif" défini par J. L. Austin[41]: sous le "constatif" innocent de Meursault, le narrateur fictif, se cache le "performatif" meurtrier du narrateur réel. La déclaration apparemment neutre et "constative", "Mère décédée", cache en fait l'initiative matricide de ce dernier. C'est l'acte d'écriture qui tue la mère.

Toujours selon Kristeva, "[l]e récit est [...] une structure dont le désir est l'économie" (*P*, 122). Au niveau symbolique, le premier chapitre de *L'Étranger* recèle et révèle déjà cette vérité. Parlant du corbillard lors de l'enterrement de la mère, le narrateur écrit: "[N]ous nous sommes rangés pour laisser passer le corps. Nous avons suivi les porteurs et nous sommes sortis de l'asile. Devant la porte, il y avait la *voiture*. Vernie, oblongue et brillante, elle faisait penser à un *plumier*" (1135; nos italiques). Comment ne pas trébucher sur une telle association d'idées, sur cette image incongrue d'un plumier surgissant dans l'esprit d'un fils endeuillé lors du cortège mortuaire? Sur cette "ressemblance" de deux contenants, deux "réceptacles", dont l'un contient le corps de la mère morte, l'autre les outils de la création linguistique et littéraire?[42] Vers la fin des *Carnets*, Camus note: "Je suis

---

40. Nous rappelons ce bref passage où le crime de Meursault est assimilé par l'avocat général à un parricide: "Toujours selon lui, un homme qui tuait moralement sa mère se retranchait de la société des hommes au même titre que celui qui portait une main meurtrière sur l'auteur de ses jours" (1197). La victime "morale" étant la mère, le parricide devient plus spécifiquement un matricide.
41. Voir l'étude de J. L. Austin, *How to do Things with Words*. Bien que les références à ces deux fonctions du langage se retrouvent *passim* dans le texte des conférences, on peut retenir ceci: "to issue a constative utterance is to make a statement", alors que le terme "performative" "indicates that the issuing of the utterance is the performing of an action" (6). Et plus loin: "The performative should be doing something as opposed to just saying something" (132).
42. Dans "Fantaisie sur un thème de Camus: Le Plumier", Gassin écrit: "À interroger le reste de l'œuvre, on s'aperçoit bientôt que l'écriture s'y pratique souvent sur fond de mort." Suivent plusieurs hypothèses sur l'association cercueil-plumier et l'affinité écriture-mort (66-67).

un écrivain. Ce n'est pas moi mais la plume qui pense, se souvient ou découvre" (*C3*, 275). Là, il fait explicitement de la plume une métaphore de l'inconscient. Pour ce qui est du premier contenant, qui est au moins de taille adulte, il contient non seulement le cadavre de la mère mais renferme aussi le silence maternel que la mort a rendu définitif; l'autre contenant, petit, objet d'écolier/enfant, contient des promesses de langage et de vie. On peut voir dans l'aspect spéculaire de cette association une variante du "stade du miroir" lacanien, prélude à l'accession au symbolique. La représentation qui se superpose, dans l'imaginaire du narrateur, à l'image de la mère morte et silencieuse est celle du langage/écriture et de la création artistique. Comment enfin ne pas penser, au-delà de la *chora* liée au corps maternel, à ce qu'écrit Kristeva concernant la nécessité du matricide ainsi que la relation de "la femme mortifère" aux "constructions culturelles":

> Pour l'homme et pour la femme, la perte de la mère est une nécessité biologique et psychique, le jalon premier de l'autonomisation. Le matricide est notre nécessité vitale, condition *sine qua non* de notre individuation, pourvu qu'il se passe de manière optimale et puisse être érotisé: soit que l'objet perdu soit retrouvé comme objet érotique [...], soit que l'objet perdu soit transposé par un effort symbolique incroyable [...] qui érotise l'*autre* [...] ou bien *qui métamorphose en objet érotique "sublimé" les constructions culturelles* (on pense aux investissements, par les hommes et par les femmes, des liens sociaux, des productions intellectuelles et esthétiques, etc.). (*SN*, 38-39; nos italiques)

Et parlant plus loin de cette ancienne association femme-mort dont nous avons vu les traces dans les essais de *L'Envers et l'endroit*, Kristeva en explique la fonction:

> Je fais d'Elle [la mère] une image de la Mort pour m'empêcher de me briser en morceaux par la haine que je me porte quand je m'identifie à Elle, car cette aversion lui est en principe adressée en tant que barrage individuant contre l'amour confusionnel. Ainsi donc, le féminin-image de la mort est non seulement un écran de ma peur de la castration, mais aussi un cran d'arrêt imaginaire contre la pulsion matricide qui, sans cette représentation, me pulvériserait en mélancolie quand elle ne me pousserait au crime. (*SN*, 39)

La deuxième partie de ce passage est particulièrement significative par rapport à la tragédie de Meursault. On se souvient de la réponse qu'il fit à son avocat concernant son "insensibilité" lors de l'enterrement de sa mère: "Sans doute, j'aimais bien maman, mais cela ne voulait rien dire. Tous les êtres sains avaient plus ou moins souhaité la mort de ceux qu'ils aimaient" (1172). Alors que le narrateur fictif avait refusé le féminin-image de la mort, cet aveu implicite du désir matricide, de nature philosophique, trahit le narrateur réel. Dans l'essai "Entre oui et non", qui nous offrait un bel exemple d'"amour confusionnel" entre le fils et la mère réunis "seuls contre tous", murés dans leur "solitude à deux", enveloppés dans la menace commune de "la maladie et [de] la mort" (II, 27), c'était le fils-écrivain-narrateur qui érigeait déjà entre "Elle" et lui le "barrage individuant" d'une œuvre où l'image de la mère, morte ou vivante, devait occuper une place prépondérante. Par contre, le personnage Meursault, ayant refusé le "féminin-image de la mort" et n'ayant pu se séparer de la mère, reste assujetti à la mélancolie et ouvert au crime. Revenant enfin au narrateur matricide, on ne peut qu'identifier sa fonction à ce qu'écrit Kristeva concernant la relation art/meurtre:

> [L]'art assume et traverse le meurtre; il l'assume dans la mesure où la limite "mortelle" est placée, par la pratique artistique, comme limite interne au procès de la signifiance, une limite dont le franchissement précisément constitue "l'art"; en d'autres termes, la mort devient comme intériorisée par le sujet d'une telle pratique; s'en faire le support lui est nécessaire pour fonctionner. L'artiste est, en ce sens, comparable à toutes les figures de "bouc émissaire". (*RLP*, 69)

Une autre question soulevée par la lecture du premier paragraphe de *L'Étranger* était celle de l'incertitude temporelle. Trois adverbes de temps, accentués par un adverbe de doute, s'y croisent et s'y contredisent: "aujourd'hui", "peut-être hier", "demain", "peut-être hier". Le seul fait certain est l'enterrement de la mère. Mais quand est-elle morte? "Aujourd'hui"? "Hier"? Le télégramme ne le dit pas. Il constate le fait du décès et annonce l'enterrement pour "demain". Bref, comme dit Meursault, "[c]ela ne veut rien dire." Mais est-ce seulement le temps de la mort qui "ne veut rien dire"? À quoi se réfère le pronom "cela"? Au télégramme, à l'incertitude temporelle qu'il suscite au sujet du décès, ou au fait même de celui-ci?

En reliant ce questionnement, sans doute lassant, à d'autres déclarations de Meursault, on en arrive à l'hypothèse que "[c]ela ne veut rien dire" signifie en fait "cette mort ne veut rien dire". Dès le second paragraphe du texte, on lit: "Pour le moment, c'est un peu comme si maman n'était pas morte. Après l'enterrement, au contraire, ce sera une affaire classée et tout aura revêtu une allure plus officielle" (1127). En d'autres termes, dans l'ici et maintenant, "pour le moment", dans le moment présent qui toujours est celui du temps réel, "maman" n'est pas vraiment morte. Ce n'est que plus tard, "demain", "après l'enterrement" que "tout aura revêtu une allure plus officielle". Aux yeux des autres, s'entend. Le participe "revêtu" est une variante par rapport au premier manuscrit, remplaçant "pris" (1919). Le verbe "revêtir" enrichit le texte d'une fonction de masque, de jeu des apparences, de ce qui jette un voile de deuil trompeur sur le féminin-image de la mort refusé, peut-être un voile de décence sur l'abject repoussé. Dans l'avenir hypothétique du paraître, annoncé par un futur antérieur qui ne fait jamais qu'annoncer un fait potentiel non encore accompli, les choses sembleront être ce qu'elles ne sont pas dans la durée de l'"ici et maintenant" exprimée par "aujourd'hui" et par "pour le moment". Or on sait l'importance de l'"ici et maintenant" dans le roman, celle du moment présent qu'annonçait le premier mot du texte, "Aujourd'hui", et qui justifie dans le récit l'emploi quasi constant du passé composé dans sa relation au présent. En tout cas, par ses incertitudes temporelles, ce premier paragraphe instaure dès le début du récit une sorte d'intemporalité mythique qui va transcender les apparences du temps réel de la première partie et qui se confirmera au moment du meurtre de l'Arabe d'abord, lors de la libération finale de Meursault ensuite[43].

Toujours par rapport au problème du temps, on note dans le deuxième chapitre ce passage où, s'étant tous deux rhabillés après leur baignade, Marie s'étonne de la cravate noire de Meursault:

> Je lui ai dit que maman était morte. Comme elle voulait savoir depuis quand, j'ai répondu: "Depuis hier." Elle a eu un petit recul, mais n'a fait aucune remarque. J'ai eu envie de lui dire que ce n'était pas ma faute, mais je me suis arrêté parce que j'ai pensé que je l'avais déjà dit à mon patron. Cela ne signifiait rien. De toute façon, on est toujours un peu fautif. (1139)

L'incertitude temporelle se manifeste à nouveau ici concernant le moment de la mort de la mère, qui est morte au moins depuis "avant-hier", l'enterrement ayant eu lieu "hier" qui est le lendemain ou peut-être le surlendemain de la mort. Mais encore une fois, "[c]ela ne signifi[e] rien", "[c]ela ne veut rien dire." Le "[d]epuis hier" est consistant seulement avec les apparences, avec la réalité "officielle" de la mort de la "mère" depuis l'enterrement. La réalité intérieure de la non-mort de "maman" est implicite à la fin du chapitre II: "J'ai pensé que c'était toujours un dimanche de tiré, que maman était maintenant enterrée, que j'allais reprendre mon travail et que, *somme toute, il n'y avait rien de changé*" (1142; nos italiques). En d'autres termes, tout est comme avant, comme avant l'enterrement qui signifie seulement l'apparence de la mort. Le féminin-image de la mort ayant été rejeté, l'objet maternel du désir reste vivant. Selon Cielens, alors que la mort de la mère "constitue le point de départ d'une quête initiatique [...] inconsciente pour Meursault", celui-ci, à

---

43. Lévi-Valensi remarque au sujet du temps dans *L'Étranger*: "C'est un temps qui se situe uniquement à l'intérieur du texte. C'est l'invention d'un temps textuel et en même temps [...] l'invention d'un temps mythique" ("Table ronde sur *L'Étranger*", *AC16*, 192).

travers son refus de cette mort, "se dérobe à la première des épreuves de son initiation" ("Le Symbolisme", 27).

Il existe donc par rapport à la mort de la mère dans *L'Étranger* deux attitudes, ou plutôt deux niveaux de l'inconscient: celui du narrateur réel qui a "commis" à l'origine le matricide symbolique, qui a tué "la mère", et celui du personnage-fils, narrateur fictif, qui refuse que "maman" soit morte, qui "(dé)nie" la réalité intérieure de cette mort. En résumé, "Cela ne veut rien dire" est une expression de (dé)négation. Si, pour Freud, dans un sens général, "la (dé)négation est un moyen de prendre connaissance du refoulé", elle a, dans le contexte particulier de Meursault apprenant/annonçant la mort de sa mère, une signification plus spécifique, celle contenue dans une affirmation de Freud solidaire de la précédente: "[...] ce qui est supprimé, c'est seulement une des conséquences du processus du refoulement, à savoir que le contenu représentatif ne parvenait pas à la conscience. Il en résulte une sorte d'admission intellectuelle du refoulé tandis que persiste l'essentiel du refoulement" (Laplanche, 114). Une sorte d'admission intellectuelle, ou, comme dit Meursault, "officielle". La complexité narrative de *L'Étranger* se situe en partie au niveau de cette scission du désir, sa répartition entre les deux éléments de l'instance narrative: alors que le désir hostile de la mort de la "mère" (le désir matricide) et sa réalisation symbolique sont du ressort du narrateur réel, la (dé)négation de cette réalité (la mort de "maman") et donc le désir de survie de la mère sont du ressort du narrateur fictif. De plus, celui-ci révélera, au-delà du féminin-image de la mort refoulé, un désir implicite de mort et d'auto-destruction qui lui permettrait finalement de rejoindre la mère dans une "commune pérennité" (II, 1215). Il en sera question plus loin.

La mère et les dualités de la narration

Cette dualité narrateur/personnage, qui traduit la dualité du désir et qui reflète le sujet divisé lacanien, peut également se lire par rapport à celle du symbolique/sémiotique kristevien. Marilyn Edelstein souligne la manière dont Kristeva diverge ici de Lacan:

> For Kristeva, like Lacan, the "symbolic" is the realm of language and culture, the Law of the Father. *Her "semiotic"* — which has no precise parallel in Lacan's three-part scheme of Imaginary, Symbolic, and Real — *is the realm of the body, the drives, the unconscious.* For Kristeva, the semiotic "logically and chronologically precedes the establishment of the symbolic and its subject...". [...] *yet the symbolic and the semiotic permanently and dynamically co-exist, in the subject and in language.* As Kristeva puts it, "these two modalities are inseparable within the signifying process that constitutes language" [...]. In its sensuousness,

rhythm, musicality, language is semiotic; the symbolic is the level of meaning in language. (31; nos italiques)

Alors que le narrateur réel de *L'Étranger* — comme tout narrateur — se cantonne forcément dans le symbolique et qu'il utilise le mot formel "mère", le narrateur-personnage (qui est une "création" du symbolique) utilise le terme affectif "maman" qui relève du sémiotique. Clarke et Makward soulignent le fait que la psychologie de Meursault est celle de quelqu'un "not separate from the body, the pre-œdipal, the archaic 'mother'" (202)[44]. Dans le même contexte, Mistacco remarque: "In the absence of the father he never knew, Meursault seems to prolong into adulthood the pre-œdipal phase and the early linguistic relationship to the mother" (156). Mais ce qui intéresse surtout ce critique sur le plan du langage, c'est le fait que

> by ironic juxtaposition with the formal, stilted language of the telegram, a first incursion of the symbolic, the language of patriarchy, Meursault's infantile vocabulary and syntax reinscribe the pre-œdipal in much the same way as feminist theoreticians such as Kristeva, as both a marginal space and a space of dissidence, projecting into meaningless language as we know it: "cela ne veut rien dire". ("Mama's boy", 156)

La survivance de la phase pré-œdipienne se manifeste en effet à plusieurs niveaux du langage: Meursault "raconte" son histoire avec des mots simples, dans un langage non sophistiqué plus proche du langage parlé que du langage écrit. Mais il ne faut pas s'y méprendre: cette apaprente simplicité n'est qu'un effet de surface. Gay-Crosier, dans la préface à sa récente étude sur *The Stranger*, prévient les étudiants du texte: "Paradoxically, however, the simple sentence structure adds more depth to a complex narrative structure that conflates temporal levels and forces the reader to see everything through the prism of the main character, Meursault. But is his voice the same as the narrator's?"[45]. Sur le plan syntaxique, le caractère oral du langage se manifeste dans la suppression — le "refoulement" — du passé simple, temps narratif et historique fortement marqué par la Loi du Père et le symbolique et, sur le plan de l'expression personnelle, par le refus de tout lyrisme sauf aux moments "telluriques" dont il sera question plus loin[46]. D'ailleurs, dans ses relations avec les autres,

---

44. Selon Clarke et Makward, l'emploi du mot "maman" montre que Meursault "has regressed (progressed, in Camus's didactic perspective) to a pre-œdipal (pre-phallogical?) stage which would account for his favouring 'Mom' over the formal 'Mother'" (204).

45. Voir Gay-Crosier, *The Stranger, Literary Masterpieces*, Vol. 8. Dans ce livre destiné aux étudiants anglophones, Gay-Crosier repose ici la question du narrateur duel (ix).

46. Selon Abbou, "la veine lyrique [...] ne sera admise qu'aux instants propices [...]: représentation symbolique des choses ou dimension dramatique et incarnation pragmatique des destins. L'entrée en scène des forces telluriques et cosmiques dans *L'Étranger* [...] en sont des manifestations pertinentes" ("Du goût de l'innocence", 51).

Meursault parle peu. Quilliot écrit: "Meursault le taciturne, attentif à la vérité des sensations brutes, est en quête d'unité" ("Lumières", 187)[47]. Nous verrons en effet l'importance des sensations en évoquant sa liaison avec Marie, avec qui il est totalement à l'aise dans le domaine du sémiotique, c'est-à-dire celui du "corps, des pulsions, de l'inconscient". Rachel Bespaloff fait remarquer que Meursault, "[é]tranger à lui-même et à autrui, [...] garde une patrie: la sensation. L'intériorité a pour ainsi dire émigré de l'âme au corps, et seul, l'instant de la sensation heureuse rend à l'exilé un monde amical" (2). Menant, comme le note Brisville, une "existence vouée à la sensation" (58), Meursault s'épanouit en effet dans la vie des sens, son bonheur est d'ordre charnel et physique, la voix profonde qui semble le guider est celle de l'instinct ou des pulsions. Et dans le sens kristevien, les pulsions sont directement liées à la *chora*: "Charges 'énergétiques' en même temps que marques 'psychiques', les pulsions articulent ainsi ce que nous appelons une *chora*: une totalité non expressive constituée par ces pulsions et leurs *stases* en une motilité aussi mouvementée que réglementée" (*RLP*, 23)

Ceci nous ramène une nouvelle fois au meurtre de l'Arabe, où la vie pulsionnelle de Meursault se manifeste sans doute avec le plus de force. Le meurtre s'accomplit justement dans une sorte d'explosion énergétique: "Tout mon être s'est tendu et j'ai crispé ma main sur le revolver. La gâchette a cédé, j'ai touché le ventre poli de la crosse et c'est là, dans le bruit à la fois sec et assourdissant, que tout a commencé" (1168). Ce qui finit, dans la perte de la liberté où le plonge le crime, c'est une existence dominée par le sémiotique. Ce qui commence, c'est le passage forcé à la Loi du Père, dans les deux sens de l'expression, la soumission obligatoire au symbolique et à la loi[48]. "Par son meurtre, écrit Abbou, [Meursault] se trouve projeté dans l'univers de la rationalité démente, de la question et des rouages à dépersonnaliser et à déshumaniser. Contre les logomachies aliénantes et perverses de la société civile et du christianisme, il invoquera jusqu'au bout et en vain l'ordre d'un monde naturel" ("Le quotidien et le sacré", 257). Cette confrontation entraînera des changements

---

47. Cette quête d'unité est aussi soulignée par Baishanski: alors que dans les essais "il s'agissait de l'"unité-avec' (la terre, la nature, l'univers) [...], [d]ans *L'Étranger* ce problème [...] touche à l'unité du moi" (160).
48. Comme le souligne Françoise Bagot, "Meursault lutte seul contre une société paternelle: le père, les hommes de loi, les représentants de la religion. Meursault le hors-la-loi s'oppose à Dieu, à la religion, à la morale, à l'avenir — il nie l'espoir et l'ambition —, à l'abstraction, aux valeurs essentiellement paternelles" (103).

significatifs au niveau du langage[49]. Dès la deuxième partie du récit, les phrases s'allongent, le vocabulaire s'enrichit, la syntaxe se raffine — jusqu'à avoir recours à l'imparfait du subjonctif qui fera "broncher" l'interlocuteur de Clamence dans *La Chute* [1478]: "[...] j'aurais préféré que maman ne mourût pas" déclare-t-il à son avocat (1172). Et si, lors de la visite de l'aumônier à la fin du roman, l'énergie pulsionnelle semble reprendre le dessus[50], Meursault parvient en même temps, et à travers sa colère, à exprimer les principes essentiels de la philosophie de l'absurde énoncés dans *Le Mythe de Sisyphe*. Il est donc particulièrement intéressant de noter, tant il est vrai que le sémiotique et le symbolique co-existent en permanence, que cette explosion d'énergie révèle non seulement les forces pulsionnelles toujours à l'œuvre dans la personnalité de Meursault, mais qu'elle fournit également l'occasion au "véritable intellectuel" qu'il est de se manifester. C'est Nathalie Sarraute, écrivain particulièrement sensible à ces forces profondes et obscures qui alimentent chez elle la "sous-conversation" et qui relèvent du sémiotique, qui en fait la remarque par rapport à la scène entre Meursault et l'aumônier:

> Enfin! Nous y voilà donc. [...] Son attitude, qui avait pu rappeler, par moments, le négativisme têtu d'un enfant boudeur, était un parti pris résolu et hautain, un refus désespéré et lucide, un exemple et peut-être une leçon. La frénésie volontaire, propre aux véritables intellectuels, avec laquelle il cultive la sensation pure, son égoïsme très conscient, fruit de quelque tragique expérience dont il a rapporté, grâce à cette sensibilité exceptionnelle qui est la sienne, un sentiment aigu et constant du néant, [...] rapprochent *L'Étranger* de *L'Immoraliste* de Gide. (59-60)

Inversement, une seule petite phrase explicative dans la première partie du récit avait déjà trahi l'influence du symbolique chez Meursault et avait laissé deviner, bien avant la scène avec l'aumônier, ce "sentiment aigu et constant du néant": lorsque son patron lui avait proposé "un changement de vie" en lui offrant d'aller travailler à Paris et de voyager une partie de l'année, Meursault avait répondu selon son habitude que "dans le fond cela [lui] était égal" et "qu'on ne changeait jamais de vie, qu'en tout cas toutes se valaient [...]" (1155-56). C'est alors qu'il révèle, sans en dévoiler la nature, l'existence

---

49. Gilbert D. Chaitin explique ces changements par les activités abstraites auxquelles Meursault s'adonne après le meurtre: "After the murder, Meursault increasingly remembers, summarizes, synthesizes, abstracts and judges; therefore, he uses a vocabulary of reflection and a more complex syntax that allow him to connect his experiences in a meaningful web of interpretation, raising himself to a higher level of thought and self-consciousness" ("Confession and Desire in *L'Étranger*", 163).
50. Meursault explique: "Alors, je ne sais pas pourquoi, il y a quelque chose qui a crevé en moi. Je me suis mis à crier à plein gosier et je l'ai insulté et je lui ai dit de ne pas prier. Je l'avais pris par le collet de la soutane. Je déversais sur lui tout le fond de mon cœur avec des bondissements de joie et de colère" (1210).

d'un secret qui fonde son attitude: "Quand j'étais étudiant, j'avais beaucoup d'ambitions de ce genre. Mais quand *j'ai dû abandonner mes études*, j'ai très vite compris que tout cela était sans importance réelle" (1156; nos italiques). La cause de l'abandon des études, que le lecteur devine liée à une découverte de nature métaphysique, l'a plongé dans la souffrance de l'absurde. Depuis la première rencontre avec Meursault, on devine chez lui une douleur qui ne se dit pas, une douleur voilée, trouvant refuge peut-être dans celle causée par la mort de la mère et qu'il faut également "dénier". Ce n'est qu'au terme de son initiation, face à sa propre mort, qu'il découvrira Sisyphe et son bonheur: "Et moi aussi, je me suis senti prêt à tout revivre. [...] j'ai senti que j'avais été heureux et que je l'étais encore" (1211).

Un autre exemple de l'importance du sémiotique chez Meursault se traduit dans la distinction qu'il fait entre culpabilité et péché. "De toute façon, on est toujours un peu fautif", se dit-il après avoir annoncé la mort de sa mère à Marie (1139). Lors de la discussion avec l'aumônier, celui-ci lui dit qu'il "portai[t] le poids d'un péché dont il fallait [s]e débarrasser" (1208). Meursault réplique qu'"[il] ne savai[t] pas ce que c'était qu'un péché", qu'"on [lui] avait seulement appris qu'[il] étai[t] un coupable, qu'[il] était coupable", qu'"[i]l payai[t], et qu'on ne pouvait rien [lui] demander de plus" (1209). Alors que la culpabilité est un sentiment, donc inhérent à la nature humaine, le péché est défini par un code, celui de la Loi du Père. En rejetant le concept de péché, Meursault se rebelle une nouvelle fois contre cette Loi. De plus, il refuse à l'aumônier, représentant ecclésiastique de la Loi et du symbolique, le statut de "père": "Il a essayé de changer de sujet en me demandant pourquoi je l'appelais 'monsieur' et non pas 'mon père'. Cela m'a énervé et je lui ai répondu qu'il n'était pas mon père: il était avec les autres" (1210). Ce disant, Meursault se dissocie de la loi et de la justice qu'elle est censée promouvoir et qui l'a condamné. Dans son essai "*...Qui tollis peccata mundi*", Kristeva remarque: "C'est, de toute façon, vers la chair que convergent [l]es diverses désignations du péché, ou plutôt vers [...] une pulsionnalité débordante, non freinée par le symbolique" (*PH*, 145-46), ce qui définit bien l'origine du crime — du "péché" — de Meursault.

Le crime mythique

Au-delà de la pulsionnalité intérieure luttant contre les contraintes du symbolique, toute la situation extérieure conduisant au meurtre de l'Arabe semble structurée par des forces qui dépassent Meursault, qui le manipulent, l'hypnotisent, et qui relèvent du mythique. Revenant au symbolisme de l'eau et du soleil, on constate que leurs deux versants négatifs se conjuguent pour damner le fils. Sur le plan analytique on peut voir dans cette alliance néfaste la complicité du père vengeur et de la mère mauvaise. Stoltzfus souligne le côté destructeur de cette collusion parentale:

> Far more disturbing for Meursault is the perceived *alliance* between the mother and the father. The mother, in collusion with the father, is no longer benign, but threatening. [...] The father has struck again, this time with the mother's complicity. [...] A Lacanian reading demonstrates that [...] the real complicity, as in the primal repression, is between father and mother, in this case, metaphorically, between the sun and the sea. ("Albert Camus: *The Stranger*", 126-27).

À travers cette double métaphore et l'alliance qui la sous-tend, nous touchons à ce troisième niveau d'interprétation de *L'Étranger* dont parle Quilliot, le niveau mythique "évident dans la scène du meurtre" et qui incarne "en un symbole à valeur universelle, l'impuissance de l'homme écrasé par un destin hostile. Meursault devient alors le prototype du héros tragique, que des *forces ennemies*, tantôt *humaines* (les hommes le rejettent parce qu'il est différent, dépourvu "d'âme"), *plus fondamentalement encore cosmiques et solaires*, s'acharnent à perdre" ("Lumières", 197; nos italiques)[51]. Il faut cependant souligner la conscience qu'a Meursault d'un choix essentiel: "J'ai pensé à ce moment qu'on pouvait tirer ou ne pas tirer" (1166). Tuer ou ne pas tuer — choix parallèle à celui de Hamlet: "To be or not to be." Mais Meursault, sous l'assaut sans merci du soleil, n'a plus guère le loisir de philosopher.

C'est en effet dans la scène du meurtre que se manifestent à l'extrême les pouvoirs du symbole dominant, le soleil. Il a été dit que son aspect néfaste et destructeur réside dans l'excès de la chaleur. Or, l'air de midi est "enflammé", le soleil est une "brûlure", il retentit sur le front comme des "cymbales". La mer a perdu toute vertu matricielle pour n'être qu'une lave incandescente dans laquelle le temps s'est figé: "Il y avait déjà deux heures que la journée n'avançait plus, deux heures qu'elle avait jeté l'ancre dans un océan de métal bouillant" (1167)[52]. Ainsi, l'élément féminin par excellence est envahi et violé par l'élément masculin. Cet envahissement se propage jusque sur le plan humain relationnel: "[...] je suis resté [...] la tête retentissante de soleil, découragé devant l'effort qu'il fallait faire pour

---

51. Quilliot perçoit "au moins cinq façons d'interpréter" le personnage de Meursault. Ces interprétations correspondent aux différents niveaux de l'évolution du personnage. En termes tout à fait succincts, ces niveaux seraient l'anonymat de l'homme quelconque, la différence ou la singularité, le tragique de l'homme écrasé par un destin hostile, la révolte, et enfin la paix ("Lumières et ambiguïtés", 196-98).

52. Selon Cielens, "l'arrêt du temps" est "un autre marqueur initiatique" ("Le Symbolisme", 27).

monter l'étage de bois et aborder encore les femmes. Mais la chaleur était telle qu'il m'était pénible aussi de rester immobile sous la pluie aveuglante qui tombait du ciel. Rester ici ou partir, cela revenait au même. Au bout d'un moment, je suis retourné vers la plage et je me suis mis à marcher" (1166). Meursault rejette la présence du féminin et ce rejet, le privant de tout autre choix, le propulse vers le soleil impitoyable et son destin. Cielens, voyant le meurtre "comme la seconde initiation de Meursault", écrit: "Le soleil revêt une apparence anthropomorphe, celle d'un 'être supérieur', armé de glaives et d'épées. [...] Dans une perspective initiatique il est évident que le soleil tout-puissant joue ici le rôle du monstre rituel qui détruira le Meursault inconscient" ("Symbolisme", 27). Dans un court essai intitulé *"L'Étranger, roman solaire"*, Barthes commente admirablement cette dimension de l'œuvre et en souligne le caractère sacré:

> Meursault est un homme charnellement soumis au soleil, et je crois qu'il faut entendre cette soumission dans un sens à peu près sacral. Tout comme dans les mythologies antiques ou la Phèdre racinienne, le Soleil est ici expérience si profonde du corps, qu'il en devient destin; il fait l'histoire, et dispose, dans la durée indifférente de Meursault, certains moments générateurs d'actes. Il n'y a aucun des trois épisodes du roman (l'enterrement, la plage, le procès), qui ne soit dominé par cette présence du soleil; le feu solaire fonctionne ici avec la rigueur même de la Nécessité antique. (6-7)

Comme dans "Noces à Tipasa", le monde est en effet animé par des forces solaires anthropomorphiques mais qui, contrairement à celles de "Tipasa", sont ici néfastes: "C'était le même éclatement rouge. Sur le sable, la mer haletait de toute la respiration rapide et étouffée de ses petites vagues. Je marchais lentement vers les rochers et je sentais mon front se gonfler sous le soleil. Toute cette chaleur s'appuyait sur moi et s'opposait à mon avance" (1167). L'eau maternelle et salvatrice coule non loin de là cependant, mais rendue inaccessible: "J'ai fait quelques pas vers la source. L'Arabe n'a pas bougé" (1168).

À partir de ce moment, on assiste à une chute fulgurante, à une vertigineuse descente aux enfers. Il faut, dans ce contexte, souligner l'intérêt particulier de l'étude qu'Abbou a consacrée à *L'Étranger* et qui décrit la quête de Meursault: "Annuler l'ancienne fracture, retourner au monde d'avant l'Histoire, tel semble être l'objet de la quête permanente de Meursault." Et, parlant de la plage où "passe précisément la ligne de partage entre la Nature et l'Histoire, entre le quotidien et le sacré", Abbou précise que "[s]i Raymond s'aventure en ce lieu, porteur d'intention belliqueuse, Meursault y est attiré par une obscure prescience du port attendu" (253)[53]. Meursault dit en effet, révélant le divorce entre son désir et ses actes: "Je pensais à la source fraîche derrière le rocher. J'avais envie de retrouver le murmure de son eau, envie de fuir le soleil [...], envie de retrouver l'ombre et son repos" (1167)[54]. Trois fois, chaque fois plus écrasé par le soleil, il fait le trajet jusqu'à la source, et trois fois les Arabes s'interposent entre elle et lui. Abbou voit en eux les "gardiens [...] de l'immuabilité des choses, expressions du refus du monde matérialiste, interprètes d'un monde où l'art et le rêve cohabitent" (253). Si c'est bien de leur monde archaïque et innocent qu'il a la nostalgie, Meursault ne prend cependant pas position. Abbou, qui voit dans le troisième et dernier trajet "la phase ultime de sa quête", écrit au sujet de l'Arabe qui sera la victime de Meursault: "Portier d'un royaume dont les limites restent indistinctes, l'Arabe porteur du couteau a repris sa veille près du rocher et de la source et semble barrer le chemin à qui ne s'est pas dépouillé de l'ambiguïté" (256). Or Meursault, dont l'initiation est inachevée, s'est avéré incapable de faire des choix justes: "rester ou partir", "tirer ou ne pas tirer" — dans les deux cas, il a été incapable de trancher. Par ailleurs, rejetant Némésis et la mesure féminine, il consent au déséquilibre des forces: alors que l'Arabe n'a pour se défendre qu'un couteau, arme blanche et archaïque, Meursault est porteur de l'arme "moderne" au potentiel meurtrier décuplé: le revolver. Dominé à la fois par les forces obscures de la pulsionnalité et par celles aveuglantes du soleil, il s'abandonne à la démesure. Abbou écrit: "[...] il commettra le sacrilège, et contresignera par le meurtre l'aveu de son inaptitude et l'échec de son aventure" (256)[55].

À travers l'hostilité de la dimension cosmique de la scène et par l'image néfaste du temps arrêté, on assiste à une manifestation du "mauvais sacré" portée à un paroxysme. Comme le remarque encore Abbou, "[l]es indices d'une situation mythique, d'un espace non ordinaire et hors du temps, surgissent du récit de Meursault" (256). Le temps maintenant figé sous le soleil impitoyable est celui du sacrifice.

---

53. Dans cette section sur *L'Étranger*, toutes les citations d'Abbou sont tirées de son étude "Le quotidien et le sacré".
54. L'importance du symbolisme de la source dans l'imaginaire camusien transparaît dans cette note datant de 1942, peu de temps après la publication de *L'Étranger*: "Ce bruit de sources au long de mes journées. Elles coulent autour de moi, à travers les prés ensoleillés, puis près de moi et bientôt j'aurai ce bruit en moi, cette source au cœur et ce bruit de fontaine accompagnera toutes mes pensées. C'est l'oubli" (*C2*, 35).
55. Bien que nous trouvions l'étude de Baishanski convaincante dans son ensemble, il nous est impossible de la suivre lorsqu'elle constate que "le meurtre [...] n'est pas vécu par Meursault comme un choc; [...] rien de traumatisant, rien de révélateur pour Meursault dans ce geste qui ne fait s'écrouler aucun décor. Le Meursault d'après le meurtre ne présente aucune rupture, aucune discontinuité d'avec le Meursault innocent" (180-81). Pourtant, "[c]'est alors que tout a vacillé, [...] que tout a commencé" et que Meursault avoue avoir "détruit l'équilibre du jour" (1168).

"C'était le même soleil que le jour où j'avais enterré maman. [...] À cause de cette brûlure que je ne pouvais plus supporter, j'ai fait un mouvement en avant. [...] Mais j'ai fait un pas, un seul pas en avant" (1168). Au sujet de ce pas fatidique, Vigée écrit: "C'est ce pas *de trop*, par lequel il s'aventure *dans* l'interdit, au lieu de lui faire échec par le regard, qui déclenche la catastrophe" (*Artistes*, 262). Mais aveuglé, comme Œdipe, et comme lui frappé par l'ordre fatal de tuer[56], Meursault succombe aux forces démoniques qui se sont déchaînées: "Mes yeux étaient aveuglés derrière ce rideau de larmes et de sel. [...] Cette épée brûlante[57] rongeait mes cils et fouillait mes yeux douloureux. C'est alors que tout a vacillé. La mer a charrié un souffle épais et ardent. Il m'a semblé que le ciel s'ouvrait sur toute son étendue pour laisser pleuvoir du feu." On entend gronder de lointains échos du récit de Théramène. C'est la même hostilité cosmique, le même déchaînement des éléments, le même monstre marin au souffle de feu. On se trouve bien à l'intérieur de cette dimension sacrale dont parle Barthes, on a largement franchi le seuil de ces "mythologies antiques" ou de "la Phèdre racinienne [où] le Soleil [...] devient destin" et où il "fonctionne avec la rigueur même de la Nécessité antique." Mais le personnage mythique par qui se déchaîne le cataclysme, c'est Jocaste, la mère morte, ici non suicidée mais victime d'un matricide symbolique[58]. Ainsi se répondent l'analytique et le mythique.

Le sacrifice accompli, le temps reprendra enfin son cours: ce n'est qu'au moment du premier coup de revolver que "tout a commencé", que Meursault a "secoué la sueur et le soleil" et qu'il a pris conscience, à travers la mort qu'il a infligée à l'Arabe, de celle de sa mère. Sur le plan de la réalité des hommes, il quitte le monde de l'innocence, celui de "l'équilibre du jour" et du "silence exceptionnel d'une plage où [il avait] été heureux", pour entrer dans celui de l'enfermement et de la Loi du père. Par désespoir, et comme pour sceller son destin, il tire

---

56. J. Daniel écrit: "[...]struck like Œdipus by the fatal command to kill, [Meursault] becomes cosmically pathetic and concludes: "J'ai compris que j'avais détruit l'équilibre du jour [...]" ("Innocence in Camus and Dostoievsky", 26).

57. L. Cohn remarque à propos de "l'image biblique de la lame flamboyante" qu'"elle est l'instrument du soleil qui représente les 'forces démoniaques' interdisant l'accès au 'bon sacré', c'est-à-dire au paradis terrestre qui symbolisent la source, l'ombre et son repos" (*La Nature et l'homme*, 24). De son côté, Yehuda L. Cohn rappelle l'importance que Camus accorde à l'image de "l'épée de feu qui chasse [...] l'homme de l'Éden [...] (*C2*, 77)". Selon le critique, l'"épée flamboyante' placée sur le chemin du jardin d'Éden [...] punit les pèlerins du Royaume qui ont osé tenter d'enfreindre l'interdit divin. Cette infraction entraîne un désordre, la démesure qui mène à la mort: il s'agit ici, d'abord, de la mort de l'autre, mais [...] c'est lui-même que Meursault a tué, puisque cet acte entraînera sa condamnation à mort" (50-51).

58. En l'absence de toute information concernant les circonstances de la mort de la mère de Meursault, et bien que le suicide paraisse improbable, il n'est pas du domaine de l'impossible. L'idée du suicide pourrait en tout cas participer des fantasmes relatifs au matricide symbolique.

encore quatre coups: "Et c'était comme quatre coups brefs que je frappais sur la porte du malheur" (1168). Ces quatre coups, évoquant les "quatre hommes noirs" de l'enterrement, déclenchent enfin le deuil que Meursault avait refusé. Mais Vigée, qui pénètre le monde du sacré camusien avec la plus grande clairvoyance, va au-delà des apparences: voyant dans le meurtre de l'Arabe un "sacrifice inaugural", il voit aussi dans la prise de conscience de Meursault, et à travers "l'acte de donner et de recevoir la mort", "le surgissement à soi", le "miracle d'une seconde naissance". Il explique:

> [L]e meurtre immotivé de l'Arabe a la signification d'un sacrifice inaugural, d'un baptême effectué dans la réalité divine, enfin dévoilée lorsque le soleil, seul acteur et vrai responsable, fait jaillir le sang de la victime sur la plage brûlante à midi. Nous comprenons pourquoi Meursault, le myste, le simple comparse de l'initiation au Feu vivant, n'éprouve aucune culpabilité à la suite de cet acte, injustifiable en termes rationnels et purement sociaux: c'est un crime rituel et magique, qui se place d'emblée au-delà du bien et du mal conventionnels, dans une sorte d'innocence terrible et sacrée. Sa rançon publique sera la condamnation à la peine capitale. Par ce geste libérateur mais fatal, qui dispense de tout avenir, Meursault accède à la présence. ("L'errance", 124)

C'est bien là le sens des mots "tout a commencé".

La compagne et le féminin maternel

Afin de saisir l'autre féminin maternel dans le récit et avant de rejoindre l'image finale de la mère, il faut revenir à la présence de la compagne, et ce à travers la scène de la baignade déjà brièvement évoquée, donc au couple Marie-Meursault. Dès leurs retrouvailles "dans l'eau", la couleur est annoncée, celle du désir érotique: "J'ai retrouvé dans l'eau Marie Cardona, une ancienne dactylo de mon bureau dont j'avais eu envie à l'époque. Elle aussi, je crois" (1138). La relation sensuelle qui va d'abord s'établir entre eux est de nature essentiellement sémiotique, minimisant le symbolique, antérieure à lui. Ils ont en effet peu recours au langage, surtout Meursault. Mais le rire de Marie foisonne et Meursault aime la vivacité de ce rire qui éveille son désir: "Quand elle a ri, j'ai eu encore envie d'elle. Un moment après, elle m'a demandé si je l'aimais. Je lui ai répondu que cela ne voulait rien dire, mais qu'il me semblait que non. Elle a eu l'air triste. Mais en préparant le déjeuner, et à propos de rien, elle a encore ri de telle façon que je l'ai embrassée" (1151). Laurent Bove note à ce sujet: "Son rire c'est son silence. Sa sagesse même. Marie ne dit rien d'autre que l'urgence du plaisir de vivre" ("Le dernier homme", 74).

Pour Meursault, aimer, "cela ne [veut] rien dire", pas plus que le télégramme annonçant la mort de sa mère. S'il est permis de voir dans ces deux attitudes la double (dé)négation de la mort et de l'amour, elle se situe avant tout au niveau des apparences et des mots. Ce sont les mots de l'amour qui pour Meursault ne veulent rien dire, et Marie lui emboîte le pas sans trop de difficulté. Comme le remarque Nina Sjursen, "[l]a phrase 'cela ne voulait dire', constamment répétée, exprime [l]a méfiance envers le discours" ("Meursault, un rescapé", 101). À propos de la réplique de Meursault au militaire dans l'autobus, "J'ai dit 'oui' pour n'avoir plus à parler" (1128), Abbou explique ainsi cette méfiance profonde envers la parole:

> *Parler pour se taire, c'est l'aboutissement, la tactique pour ne pas dévaluer la parole.* Car parler pour parler, c'est se retrancher des choses, c'est accroître le bruit, entrer dans le monde du paraître, de la perversité et du mensonge, puisque l'on recourt à des mots étrangers, dévalués, communs, stéréotypés. S'abstenir de parler, c'est rejoindre l'état premier du monde [...], c'est rejoindre sa mère, comme tente de le faire Meursault qui récapitule, objet après objet, détail après détail, les moments de son enfance. (244)

Pour Marie et Meursault, "[s]'abstenir de parler", c'est bien "rejoindre l'état premier du monde", soit un état d'authenticité. Aussi, leur relation s'apparente à ce que Crownfield décrivait plus haut comme "a complex semiotics of tactile and kinesthetic differences, inscribed in a primordial *chora*" ("Pre-text", xii). C'est en effet le corps maternel de Marie, le corps "réceptacle", le ventre, qui est érotisé dans un long échange "tactile et kinesthésique", mais silencieux:

> [J]'ai laissé aller ma tête en arrière et je l'ai posée sur son ventre. Elle n'a rien dit et je suis resté ainsi. J'avais tout le ciel dans les yeux et il était bleu et doré. Sous ma nuque, je sentais le ventre de Marie battre doucement. Nous sommes restés longtemps sur la bouée, à moitié endormis. Quand le soleil est devenu trop fort, elle a plongé et je l'ai suivie. Je l'ai rattrapée, j'ai passé ma main autour de sa taille et nous avons nagé ensemble. (1138-39)

Comme nous l'avons déjà remarqué, l'expression "avoir tout le ciel dans les yeux" et ses variantes semblent connoter chez Camus une expérience intense liée à l'approche du sacré: c'était le cas dans "La mort dans l'âme" où, depuis la chambre ouverte sur la plaine de Vicence, il avait "tout le ciel sur la face et ce tournoiement des journées [...]" (II, 37). Ce sera encore le cas à la fin de *L'Étranger* où Meursault se réveille "avec des étoiles sur le visage" (1211). Mais lors de la dernière baignade avec Marie, celle de la dernière heure de bonheur, Meursault dit: "Au large, nous avons fait la planche et sur mon visage tourné vers le ciel le soleil écartait les derniers voiles d'eau qui me coulaient dans la bouche" (1162). En effaçant les dernières traces adoucissantes de la mer, le principe mâle du soleil commence à prendre le dessus. C'est le début d'un processus de "déféminisation", de perte et d'éloignement du féminin qui deviendra explicite juste avant le troisième trajet vers la source, lorsque Meursault, accablé, se décrit ayant "la tête retentissante de soleil, découragé devant l'effort qu'il fallait faire pour monter l'étage de bois et aborder encore les femmes" (1166). Et un peu plus tard, pensant "à la source fraîche derrière le rocher", il dit: "J'avais envie de retrouver le murmure de son eau, envie de fuir le soleil, l'effort et les pleurs de femme, envie de retrouver l'ombre et son repos" (1167). Ici, le féminin, agissant et émotif, problématique dans son altérité, est à réfuter au même titre que l'écrasant principe mâle du soleil[59]. Le désir de la source et de l'ombre, c'est le désir d'un havre, celui de la paix de l'in-différence, et peut-être du repos éternel.

L'association mer/mère, la mer comme symbole du matriciel, ne peut être évitée dans la lecture de *L'Étranger*. Beauclair remarque avec justesse: "Meursault's swim in the ocean with Marie the day after the funeral is a symbolic return to the mother's womb" (31, note 2). Nous avons déjà souligné "[l]e symbolisme contradictoire de la mer — comme celui de l'eau" mentionné par Gassin. Il écrit aussi: "Avant d'être l'inépuisable inspiratrice de son œuvre, la mer a été pour [Camus], littéralement, le milieu vital, le liquide amniotique au sein duquel sa personne et son Moi se sont développés." Et il cite ces premiers mots de "La Mer au plus près": "J'ai grandi dans la mer [...]" (33). Dans ce texte, sans doute son dernier essai lyrique, Camus écrit plus loin: "Certaines nuits dont la douceur se prolonge, oui, cela aide à mourir de savoir qu'elles reviendront après nous sur la terre et la mer. Grande mer, toujours labourée, toujours vierge, ma religion avec la nuit!" (II, 886). Le sacré, pour Camus, réside dans la communion avec ces deux éléments toujours connotés au féminin, la mer et la nuit.

Or, dans *L'Étranger*, l'expérience vécue par Marie et Meursault acquiert une signification d'autant plus symbolique et plus intense que l'élément porteur de leur désir et de leur jouissance est l'eau. La mer. Presque tous les moments significatifs de leur courte liaison s'immergent en elle. Ils y plongent pour nager, jouer, s'étreindre, se désirer. Marie, voulant que Meursault l'embrasse, dit: "Viens dans l'eau" (1163). C'est dans la mer que se réalise l'harmonie: "L'eau était froide et j'étais content de nager. Avec Marie, nous nous sommes éloignés et nous nous sentions d'accord dans nos gestes et dans notre contentement" (1162). Leur accord se fonde dans leur amour commun de l'élément marin. La parole n'est guère de mise

---

59. Mistacco, voyant dans le récit de nombreuses associations entre l'Arabe et la Femme, les deux représentant l'Autre, écrit à propos du meurtre: "He now fully enters the Symbolic Order, firing four more shots with Raymond's gun to complete the repression of Arab and Woman as Other" ("Mama's Boy", 164).

entre eux. Le désir est silencieux. Et lorsque, la nuit venue, il les entraîne vers la chambre et le lit, le mouvement aquatique les suit, les enveloppe: "J'avais laissé ma fenêtre ouverte et c'était bon de sentir la nuit d'été couler sur nos corps bruns" (1154). Comme la lumière du jour qui, lors des noces à Tipasa, se déversait "à gros bouillons" pour mieux sculpter les contours des pierres, la nuit aussi se liquéfie pour mieux épouser les formes de l'amour. "Les étoiles pullulent dans la nuit liquide" lit-on dans "La Mer au plus près" (II, 882). La nuit camusienne, comme la mer, est lieu de communion et de fertilité.

En dépit des réticences linguistiques de Meursault, on est en effet tenté de parler d'amour, dans la mesure où celui-ci se laisse définir (ce qui est sans aucun doute le problème de Meursault). D'autres aussi lisent l'amour dans la relation Marie-Meursault. Morot-Sir voit dans *L'Étranger* "un *roman d'amour*, ou, plus précisément, un roman sur les limites et l'authenticité de l'amour humain" ("Actualité", 15). Serge Doubrovsky souligne l'harmonie de l'amour physique:

> Dans le monde solaire de Camus, l'indolence musclée et l'eurythmie règnent [...] sans conteste. L'animalité est assumée dans sa plénitude. Mais loin qu'il s'agisse d'un repli sur soi et d'une jouissance de soi hédonistes ("Jouir de soi est impossible", *L'Envers et l'endroit*, préface), si le corps est le lieu privilégié de la joie, c'est qu'il est celui de l'harmonie, c'est que l'union est aussi bien un unisson. L'amour physique rapproche les êtres sur fond de l'Être, la participation amoureuse est le symbole d'une participation plus profonde. C'est en nageant que Meursault éprouve son amour pour Marie. (158)

Ces mots affirment la dimension sacrée de l'union physique accomplie dans la joie, en ce qu'elle permet la participation à l'Être et telle que Camus l'a exprimée dans "Noces à Tipasa"[60]. On est ici aux antipodes d'une "physiologie dénuée de complexité métaphorique, d'où la vie intérieure est entièrement bannie" ou de l'ancrage des "descriptions du couple dans des vérités biologiques simples et indiscutables", comme l'écrit Anthony Rizzuto ("La scène d'amour chez Camus", 214).

Plusieurs critiques, surtout ceux de l'école psychanalytique, voient dans le désir de Meursault d'entamer une liaison au lendemain de l'enterrement, le besoin du fils de trouver un substitut à la mère[61].

---

60. Nous rappelons cette citation: "Il n'y a qu'un seul amour dans ce monde. Étreindre un corps de femme, c'est aussi retenir contre soi cette joie étrange qui descend du ciel vers la mer" (II, 57-58).

61. Costes note que la liaison de Marie et Meursault s'est "amorcée au lendemain de l'enterrement" et voit Marie comme "objet substitutif de la mère" (70). Pour Gassin, "Marie est un substitut de la mère disparue" (38). Stoltzfus parle de "Marie, the symbolic mother" ("The Stranger", 132). Barchilon écrit: "Quand il rencontre Marie [...] il cherche la chaleur d'un corps de femme. La sexualité n'est ici qu'un prétexte. [...] Et cet homme veut soudainement se marier pour la première fois de sa vie. Aussitôt que sa 'maman' est morte! Quelle coïncidence!" (29). Rappelons que Meursault "veut bien" se marier, que dans son "indifférence" il ne s'y oppose pas, ce qui est bien différent de le "vouloir".

Cette substitution, dont nous avons vu certaines traces symboliques dans le texte, illustre ce que nous avons lu chez Kristeva au sujet du matricide: que celui-ci est "la condition *sine qua non* de notre individuation, pourvu qu'il se passe de manière optimale et puisse être érotisé", ce qui, dans le premier cas qu'elle présente, signifie "que l'objet perdu soit retrouvé comme objet érotique (c'est le cas de l'hétérosexualité masculine, de l'homosexualité féminine)" (*SN*, 38). C'est par cette substitution que le désir reste vivant. Marie, comme le sera Maria dans *Le Malentendu*, est bien l'objet érotique de substitution, celle qui capte le désir et de ce fait sert de barrage entre le sujet désirant et l'objet perdu ou inaccessible. Il faut noter en passant la prédilection apparente de Camus pour le nom de Marie/Maria qui, dans la civilisation chrétienne, dénote la mère divine, le maternel sacré[62]. Marie était aussi l'un des personnages "particulièrement chers" à Camus (Brisville, 188). Bove, qui a si bien saisi le sens de sa présence, écrit: "Marie. C'est la mère emblématique, celle du Christ. Pour Meursault, c'est la femme-mère, la médiation entre l'union avec sa propre mère et son accord avec la nature. Marie ne se distingue pas d'ailleurs réellement de la nature ni des attributs maternels" (74).

Par ailleurs, Marie est clairement plus qu'un objet de désir car le narrateur lui accorde le temps d'exprimer le sien, qui diffère de celui de son amant. Alors qu'au départ Meursault est clairement pour elle, comme elle pour lui, un objet érotique, le désir de Marie dépasse rapidement ce niveau pour en appeler à l'amour engagé. Si celui-ci s'exprime à travers le souhait conventionnel du mariage, c'est pourtant bien d'amour qu'il s'agit:

> Le soir, Marie est venue me chercher et m'a demandé si je voulais me marier avec elle. J'ai dit que cela m'était égal et que nous pourrions le faire si elle le voulait. Elle a voulu savoir si je l'aimais. J'ai répondu comme je l'avais déjà fait une fois, que cela ne signifiait rien mais que sans doute je ne l'aimais pas. "Pourquoi m'épouser alors?" a-t-elle dit. (1156)[63]

On ne peut donner tort à Bove de penser que "Marie est 'coupable' d'avoir voulu l'épouser, coupable de ne pas s'être contentée de l'innocence d'un tel amour." Rien de plus beau, en effet, qu'un "amour

---

62. Voir Carl Viggiani, "Camus' *L'Étranger*", pour une étude des noms dans l'œuvre en général et dans *L'Étranger* en particulier. Viggiani écrit: "For Camus, the naming of characters seems to be both a conscious and an unconscious way of adding dimensions of meaning to the world he creates" (871 et suivantes).

63. Morot-Sir voit dans cet échange Marie/Meursault deux messages de Camus: "D'abord, l'amour qui s'appelle 'romantique' n'a pas de sens existentiel; il est une pure fiction verbale, bref, un mensonge. [...] Ensuite [il] se refuse à établir une connexion quelconque entre le sentiment complexe qui rapproche une femme et un homme, et le mariage, ce rite social qui relève de la comédie bourgeoise" ("Actualité", 17).

sans mémoire ni projet, sans fantasme ni interprétation, sans identification ni possession, sans transfert ni névrose... éternel au présent et pourtant nécessairement limité et mortel: un amour tragique" (77) — à l'image de l'amour tragique de Camus pour le monde et qui embrasse toutes les autres formes de l'amour. Mais si, pour Marie, clairement, le mariage implique l'amour, inversement, la réalité de l'amour implique l'engagement. Et ce n'est sûrement pas par simple esprit de convention: divers comportements de Marie témoignent au contraire de sa liberté d'esprit[64] et elle "ose" aimer Meursault malgré son "étrangeté". Meursault nous confie: "[E]lle a murmuré que j'étais bizarre, qu'elle m'aimait sans doute à cause de cela mais que peut-être un jour je la dégoûterais pour les mêmes raisons. Comme je me taisais [...] elle m'a pris le bras en souriant et elle a déclaré qu'elle voulait se marier avec moi" (1156). Malgré la brièveté de leur liaison, Marie connaît suffisamment Meursault — grâce sans doute à cette "psychologie du corps" si importante chez Camus — pour être consciente du risque qu'elle prend mais aussi de cet "autre chose" qu'il y a chez lui, ce dont elle témoignera au procès où, comme le fait remarquer Sartre, "[t]out est construit pour amener soudain l'explosion de Marie qui, ayant fait, à la barre des témoins, un récit composé selon les règles humaines, éclate en sanglots et dit 'que ce n'était pas cela, qu'il y avait autre chose, qu'on la forçait à dire le contraire de ce qu'elle pensait'" ("Explication de *L'Étranger*", 48); et nous ajoutons la suite: "qu'elle me connaissait bien et que je n'avais rien fait de mal" (1192). Il faut croire qu'à travers sa lucidité et la connaissance qu'elle a de Meursault, Marie l'aime "pour deux" puisque, malgré l'indifférence apparente de son amant, elle déclare deux fois vouloir se marier avec lui et qu'elle réitère ce désir lors de l'unique visite qu'elle est autorisée à lui rendre à la prison. Il faut croire aussi qu'elle représente pour Meursault plus qu'il ne le dit: le jour où il reçoit la lettre où Marie l'informe de l'interdiction d'encore le voir "parce qu'elle n'était pas [s]a femme" est celui où il prend vraiment conscience de son destin: "C'est seulement après la première et la seule visite de Marie que tout a commencé. Du jour où j'ai reçu sa lettre [...] j'ai senti que j'étais chez moi dans ma cellule et que ma vie s'y arrêtait" (1177). Marie le reliait à la vie. Son absence indéfinie ouvre le chemin vers la mort[65].

---

64. Gay-Crosier remarque: "A happy woman who cherishes her independence by keeping undefined social appointments at moments when Meursault expects her to stay with him, Marie is the only one to visit him in prison" (*The Stranger*, 82).
65. Clarke et Makward insistent aussi sur l'effet de cette rupture finale liée à la disparition de Marie: "After Meursault is deprived of his body, cut off from the maternal that is, the physical life, the sea, and Marie, he is forced to go through the final stage of learning death or 'conscious' death" (203).

Comme nous le verrons lors de l'étude des œuvres dramatiques, le désir aboutit, chez presque toutes les femmes camusiennes, à l'amour et au désir d'unité et de pérennité. À l'opposé de ce désir, celui de Meursault semble tout entier lié à l'ici et maintenant. Alors que dans les essais de jeunesse, le désir s'accompagnait d'une nostalgie plus ou moins explicite du sacré, Meursault s'acharne à nier catégoriquement tout objet du désir autre qu'humain. Lorsque l'aumônier lui demande de voir ce que les plus misérables des prisonniers ont vu surgir des pierres de leur cellule, un visage divin, c'est le refus et la négation absolus: "Peut-être, il y a bien longtemps, y avais-je cherché un visage. Mais ce visage avait la couleur du soleil et la flamme du désir: c'était celui de Marie. Je l'avais cherché en vain. Maintenant, c'était fini. Et dans tous les cas, je n'avais rien vu surgir de cette sueur de pierre" (1209). Si nostalgie il y a, celle qui consisterait, comme dit l'aumônier, à "souhaiter une autre vie", Meursault lui dénie toute signification: "Je lui ai répondu que *naturellement*, mais cela n'avait pas plus d'importance que de souhaiter d'être riche, de nager très vite, ou d'avoir une bouche mieux faite. C'était du même ordre." Et de toute façon, cette autre vie serait "[u]ne vie *où je pourrais me souvenir de celle-ci*", crie-t-il (1210; nos italiques). Si Meursault s'identifie bien à celui qui, dans les essais de jeunesse, aimait à répéter de diverses façons "[m]on royaume est de ce monde", l'adverbe "naturellement" indique cependant la réalité du désir d'une "autre vie". Cette scène avec l'aumônier, qui est un des trois moments les plus significatifs du récit parce que laissant enfin éclater la vie intérieure de Meursault, ne révèle pas seulement, comme le soulignait Sarraute, le "véritable intellectuel" qu'il est mais aussi et surtout l'homme spirituel, le véritable révolté métaphysique que son indifférence et son sensualisme semblaient masquer. À travers cette scène, en effet, comme à travers celle du meurtre, le lecteur est mis en présence du sacré, d'une transcendance à la fois désirée et niée. Sarocchi, rappelant une note de Camus où "il met l'accent sur les deux moments [...] capitaux de son roman: le meurtre de l'Arabe et l'entretien avec l'aumônier", souligne la portée spirituelle de cette scène: "Ce n'est pas seulement une figure banale du père avec l'aumônier, c'est évidemment Dieu récusé et donc Dieu interpellé. Donc le roman n'existerait pas s'il n'y avait pas un indice de transcendance, contesté, mais aperçu" ("Table ronde", 198).

Les retrouvailles avec la mère et l'accès à la présence

Une dernière approche de *L'Étranger* consiste à revenir à la relation mère-fils et à approfondir d'abord la notion de "pérennité" dans le contexte du "temps sacré camusien" dont il a été question précédemment: "Et qu'appellerais-je éternité sinon ce qui continuera après ma mort?" (II, 75).

Jusqu'au moment des retrouvailles mère-fils dans l'approche de la mort, la vie de Meursault semble s'être déroulée dans un désespoir ininterrompu. Non pas un désespoir criant et gesticulant — cris et gesticulations désespérés étant encore les masques de l'espoir — mais un désespoir vide et serein qui se traduit par l'indifférence à peu près totale du personnage. En termes analytiques, Kristeva relie ce désespoir fondamental à la première séparation mère-enfant et parle de

> l'ombre jetée sur le moi fragile, à peine dissocié de l'autre, par la perte précisément de cet autre nécessaire. Ombre du désespoir. [...] Plutôt que de chercher le sens du désespoir (il est évident ou métaphysique), avouons qu'il n'y a de sens que du désespoir. L'enfant roi devient irrémédiablement triste avant de proférer ses premiers mots: c'est d'être séparé sans retour, désespérément de sa mère qui le décide à essayer de la retrouver, ainsi que les autres objets d'amour, dans son imagination d'abord, dans les mots ensuite. (*SN*, 15)

Or, c'est dans les mots qui composent son œuvre qu'on peut suivre les traces plus ou moins profondes de cette "quête de la mère" dont parle Gassin (210), et peut-être de ce rêve de "pérennité commune" qui leur semble promise. C'est aussi à travers les mots, comme l'indique Chaitin, que Meursault arrive à accepter la mort de sa mère en même temps que la sienne: "It is the very process of narration which allows Meursault to come to terms with his mother's death, by helping him to accept the necessity of his own death" ("Narrative Desire", 137).

Mais le désespoir camusien reste sous-jacent à cette acceptation car il est métaphysique. En tant que refus de l'espoir, le désespoir est le propre de l'homme absurde qui, dans *Le Mythe de Sisyphe*, entrevoit un "univers brûlant et glacé, transparent et limité, où rien n'est possible mais où tout est donné, passé lequel c'est l'effondrement et le néant. Il peut alors décider d'accepter de vivre dans un tel univers et d'en tirer ses forces, son refus d'espérer et le témoignage obstiné d'une vie sans consolation" (II, 142), décision que semble avoir prise Meursault au moment où il avait "dû abandonner [ses] études". Dans le *Mythe*, Camus déclarait aussi: "Pour toujours, je serai étranger à moi-même" (II, 111). À cette philosophie de l'absurde et du désespoir, Kristeva se montre implicitement réceptive lorsqu'elle écrit: "Absente du sens des autres, étrangère, accidentelle au bonheur naïf, je tiens de ma déprime une lucidité suprême, métaphysique. Aux frontières de la vie et de la mort, j'ai parfois le sentiment orgueilleux d'être le témoin du non-sens de l'Être, de révéler l'absurdité des liens et des êtres" (*SN*, 14).

LA CHAIR SACRÉE

Les concepts de mort et de pérennité concernant la relation mère-fils sont consignés dans "Fragment manuscrit pour 'Entre oui et non'" où on lit non sans surprise: "Il avait toujours eu le sentiment qu'il ne pouvait mourir, non qu'il eût ce sentiment [...] de l'immortalité dont parlent les philosophes. Il s'agissait d'une mort naturelle." Et plus loin:

> Au contraire, il avait le sentiment aigu, douloureux de la mort des autres. Dans le monde de son expérience, cela donnait même un sens à la vie. Une exception cependant, et c'était sa mère. Il n'avait jamais craint qu'elle mourût. C'est ainsi qu'il expliquait sa propre *indifférence*. Et il faut bien dire que dans le regard de sa mère il lisait la même *conviction*. Elle portait inconsciemment en elle l'idée d'une *commune pérennité*. Elle doutait que rien les séparât jamais. Elle ne doutait même pas. Elle n'y pensait pas. (II, 1215; nos italiques)

D'un point de vue analytique, on serait tenté de ne voir dans ces mots qu'une manifestation de plus du désir œdipien. Sans nier cette composante, il faut écouter une autre voix de Kristeva, non celle de la psychanalyste mais celle de la mère parlant, dans "Stabat Mater", de la *Mater dolorosa*, de la "douleur de Marie aux pieds de la Croix" et non du "narcissisme primaire" du fils. Elle y parle de cette même "conviction" maternelle en termes de résurrection: "Pourtant, la douleur mariale n'a rien d'un débordement tragique: la joie et même un certain triomphe succèdent aux larmes, comme si la conviction que la mort n'existait pas était une irraisonnable mais inébranlable certitude maternelle, sur laquelle devait s'appuyer le principe de la résurrection" (*Hér, 41-42*). Dans le contexte du maternel camusien et en se fiant au fragment cité plus haut, cette conviction que "la mort n'existe pas" semble partagée par le fils, ce qui permet une nouvelle approche du désir dans l'œuvre narrative camusienne, car il s'agit bien de la projection du désir d'une "commune pérennité" avec la mère. Notons que cette expérience du désir coïncide partiellement avec ce que dit Kristeva du désir hégélien: "Le désir est la négation de l'objet dans son altérité ou comme 'vie indépendante', et son introduction dans le sujet connaissant; il est l'assomption de l'altérité, la suppression de la différence" (*P*, 113). La fusion impliquée dans "une commune pérennité" suppose en effet la négation de l'altérité, précisément une "in-différence".

On retrouve ce même concept à la fin de *L'Étranger*, à la faveur du souvenir de la "trêve mélancolique" du soir. L'importance de cette trêve vespérale et sa dimension sacrée sont apparues lors de la lecture des essais de jeunesse. Dans *L'Étranger*, elle est évoquée dès le début du récit, à l'occasion de l'enterrement de la mère:

> [Le directeur] m'a dit que souvent ma mère et M. Pérez allaient se promener le soir jusqu'au village, accompagnés d'une infirmière. Je regardais la campagne autour de moi. À travers les lignes de cyprès qui menaient aux collines près du ciel, cette terre rousse et verte, ces maisons rares et bien dessinées, je comprenais maman. *Le soir, dans ces pays, devait être comme une trêve mélancolique.* Aujourd'hui, le soleil débordant qui faisait tressaillir le paysage le rendait inhumain et déprimant. (1135; nos italiques)

L'effet néfaste du "soleil débordant" est en contraste total avec la douceur du paysage imaginaire. En juxtaposant la poétique intense de la fin de la première partie du récit (la scène du meurtre) à celle de la fin de la deuxième partie (le réveil dans la cellule), on observe le même contraste: au soleil écrasant et meurtrier de la première (le même que celui qui présidait à l'enterrement) s'oppose la nuit étoilée et fécondante de la deuxième. C'est dans ce même climat de "trêve" que resurgit enfin l'image maternelle:

> Pour la première fois depuis bien longtemps, j'ai pensé à maman. Il m'a semblé que je comprenais pourquoi à la fin d'une vie elle avait pris un "fiancé", pourquoi elle avait joué à recommencer. *Là-bas, là-bas aussi*, autour de cet asile où des vies s'éteignaient, *le soir était comme une trêve mélancolique*. Si près de la mort, maman devait s'y sentir libérée et prête à tout revivre. Personne, personne n'avait le droit de pleurer sur elle. Et moi aussi, je me suis senti prêt à tout revivre. (1211; nos italiques)

Dans un temps et un espace désormais mythiques, et à travers le souvenir conscient de la mère et de sa tendresse pour un autre, Meursault vit lui-même cette "trêve mélancolique" du soir qu'il avait deviné être celle entourant l'asile et qui toujours chez Camus connote le sacré. C'est pourquoi, contrairement à ce qu'écrit Hiroshi Mino, il semble bien qu'à la fin du récit Meursault dépasse le désir d'union exclusive avec la mère. Mino fait le rapprochement entre la notion de pérennité évoquée dans le fragment manuscrit de "Entre oui et non" et le dernier tableau de *L'Étranger*:

> Ici Meursault ne pense pas seulement à sa mère, il s'unit à peu près avec elle. Il est prêt à accepter tout tranquillement la mort imminente. Il semble assuré, si près de la mort, que la mort ouvre l'accès de la pérennité à la mère comme au fils. D'ailleurs l'indifférence dont il a témoigné pendant l'enterrement de sa mère ne signifie-t-elle pas qu'il comprenait l'équivalence mort = pérennité? Lorsque Camus fait mourir la mère, puis Meursault à cause de cette mort, il les installe justement l'un après l'autre dans un grand jardin de silence, où la pérennité les attend. (25)

S'il est vrai que la mort du fils, découlant de la mort de la mère et lui succédant, leur permet de se retrouver dans une "commune pérennité", Meursault, plutôt que d'être "prêt à accepter tout tranquillement la mort imminente", se déclare, à l'instar de Sisyphe mais aussi et surtout de sa mère, "prêt à tout revivre".

L'image de la mère, longtemps refoulée, surgissant de-ci de-là, est ainsi redécouverte dans sa plénitude. Bagot n'hésite pas à voir en elle "une mère idéale [qui] imprègne tout le récit de sa présence". Elle fait remarquer avec raison: "Cette image maternelle, sans âge, sans vieillesse — objet d'un véritable processus d'idéalisation qui prend sa source dans le côté fruste de la mère réelle, désormais pleinement assumé — surgit à chaque moment pénible ou important de la vie de Meursault" (102)[66]. À la fin de son itinéraire, Meursault confie: "Pour la première fois depuis bien longtemps, j'ai pensé à maman. Il m'a semblé que je comprenais pourquoi à la fin d'une vie elle avait pris un 'fiancé', pourquoi elle avait joué à recommencer" (1211). Cette compréhension nouvelle, cette ouverture, sont les signes d'une transformation profonde et la découverte d'"une autre forme d'amour, presque sublime", comme le souligne Morot-Sir avant d'affirmer: "L'amour est liberté et renaissance" ("Actualité", 17-18)[67]. Aussi, en redécouvrant sa mère à la lumière de sa dernière tendresse pour un autre, le fils voit pour la première fois la femme qu'elle était; il fait la découverte du *féminin dégagé du maternel* et entrevoit dès lors une femme "libérée". Mistacco écrit:

> Opening up to the maternal brings understanding of the mother's taking a fiancé and experience of the limitlessness and confusion of boundaries in maternal *jouissance* [...]. The world allows Meursault to reenact this positive movement between same and different, self and other [...]. Maternal and fraternal, the world confounds feminine and masculine, just as Meursault figures in non-contradictory synthesis his mother, his mother's son, and his mother's daughter. [...] as *a sign to be read* [...] he can be interpreted as an expression of Camus's own repressed feminine and as the positive outcome of his concerted effort to symbolise the maternal in art and praxis. ("Mama's Boy", 166)

La quête de la mère était aussi celle du féminin, donc de l'autre. La prise de conscience finale permet au fils de se libérer à son tour des contraintes de la dyade mère-enfant et de se sentir, lui aussi, "prêt à tout revivre."

Nous abordons la dernière scène de *L'Étranger*, la scène nocturne qui, dans sa brièveté et sa poétique intense, est la plus significative du récit. Se plaçant dans la perspective du temps, Carl A. Viggiani n'hésite pas à considérer tout ce dernier chapitre comme la Partie III

---

66. Bagot écrit encore que *L'Étranger* "affirme des valeurs maternelles et se place dans la lignée des grands mythes primitifs. Car la lutte de Meursault contre les représentants de la loi des pères est assurément celle que les primitifs du monde matriarcal ont menée contre le monde patriarcal, celle que l'héroïne maternelle de Sophocle, Antigone, mène contre Créon, héros paternel" (102).

67. Morot-Sir souligne dans *L'Étranger* cet "exemple [...] émouvant et [...] grave d'amour, celui de sa mère et de Thomas Pérez" et "ne connaî[t] rien de plus pathétique que la référence, le jour de l'enterrement, à Pérez" ("Actualité", 17).

du roman: "In Part III there are no precise time indications. Only one event occurs, Meursault's violent interview with the prison chaplain. [...] References to time are replaced by symbols of eternal return and permanence: day and night, sky, and stars" (868). On retrouve en effet dans sa plénitude l'intemporalité mythique que les incertitudes temporelles du début du récit avaient suggérée. La scène nocturne suit immédiatement celle de la grande colère de Meursault contre l'aumônier, colère qui a agi comme une véritable catharsis: "Comme si cette grande colère m'avait purgé du mal, vidé d'espoir [...]" (1211). Le départ du "père" a permis à Meursault "épuisé" de "retrouv[er] le calme". Comme effleuré par Hypnos, il tombe alors dans un sommeil profond mais à peine évoqué ("Je crois que j'ai dormi") et qui est cependant un moment charnière du récit. Dans la durée indéfinie d'une perte de conscience totale, ce sommeil ressemble à une longue chute qui permettra à Meursault, comme au nageur ayant touché le fond de quelque faille marine, de mieux remonter à la surface de la pleine conscience et de "retourne[r] définitivement vers le monde maternel"[68]. Ce sommeil apparaît dès lors comme le temps et le lieu de la rupture définitive entre Meursault et les pères, y compris le Père, et ce à travers son dernier représentant qu'il voit comme un traître ("il n'était pas mon père: il était avec les autres", 1210). Lorsque Meursault se réveille dans la nuit naissante, il se retrouve, comme Virgile et Dante émergeant du neuvième cercle de l'*inferno*, dans l'autre hémisphère, de "l'autre côté du soleil" et dans l'univers féminin, "avec des étoiles sur le visage" (1211) — "E quindi uscimmo a riveder le stelle" écrit Dante (Mandelbaum, 316):

> Je crois que j'ai dormi parce que je me suis réveillé avec des étoiles sur le visage. Des bruits de campagne montaient jusqu'à moi. Des odeurs de nuit, de terre et de sel rafraîchissaient mes tempes. La merveilleuse paix de cet été endormi entrait en moi comme une marée. À ce moment, et à la limite de la nuit, des sirènes ont hurlé. Elles annonçaient des départs pour un monde qui maintenant m'était à jamais indifférent. [...] Comme si cette grande colère m'avait purgé du mal, vidé d'espoir, devant cette nuit chargée de signes et d'étoiles, je m'ouvrais pour la première fois à la tendre indifférence du monde. (1211)[69]

La soudaine perméabilité de Meursault à la "merveilleuse paix de cet été" et à la nuit dans la relation qu'elle entretient avec la mer

---

68. Gassin interprète cette scène dans le même sens: "La scène nocturne où il s'achève est le moment le plus important du roman, et son aboutissement. Meursault s'y assume pleinement en rejetant une fois pour toutes le monde paternel et en revendiquant pleinement la responsabilité de tous ses actes, fût-ce au prix de sa propre vie. Il se retourne définitivement vers le monde maternel, acceptant en même temps sa propre extermination comme conséquence de cette fidélité" (63).
69. Nous voudrions faire remarquer, à travers la grande proportion de substantifs féminins et de leurs connotations féminines, l'extraordinaire "féminité" de ce passage.

(odeurs de sel, marée, sirènes/navires/départs) traduit une véritable ouverture au féminin et au sacré. Nous avons vu que le sacré, pour Camus, réside dans la communion avec ces deux éléments entre lesquels il existe, comme le note Gassin, "une affinité essentielle", les deux étant "'riches de toutes les virtualités de l'existence'"[70]. Par conséquent, l'eau et la nuit sont revêtues du même symbolisme maternel" (56-57). L'accueillant à la sortie de son sommeil/rupture, la nuit stellaire et marine interpelle Meursault et il répond. Ayant résolument tourné le dos à la loi et au soleil impitoyables des pères, il peut désormais entendre la voix féminine de cet "envers" du soleil et de ce "fond des mers" qu'évoquait Irigaray. Sa réceptivité aux "signes" nocturnes le fait accéder à un langage nouveau dont les connotations affectives et positives révèlent la transformation de sa perception du monde. On se souvient que "[l]a prison était tout en haut de la ville et [que], par une petite fenêtre, [Meursault] pouvai[t] voir la mer" (1177). Cette situation haute n'est pas indifférente à l'épilogue du récit car elle permet, avec l'ouverture au monde qu'est la fenêtre, l'accès physique au sacré: ainsi, tous les sens en éveil, Meursault accueille à son tour la nature, l'invite à envahir sa cellule avec ses "bruits de campagne" qui "montent" vers lui, avec ses odeurs "de nuit, de terre et de sel" qui le rafraîchissent. La paix ressentie est "merveilleuse" et l'inonde comme les eaux fécondantes d'"une marée". On pressent ici une profonde régénération et l'émergence d'un être nouveau. Abbou a raison d'écrire: "C'est [...] au réveil d'un sommeil qui le purge et le délivre des passions et des rancœurs humaines, qu'il paraît, à la dernière scène, *transfiguré*" (258; nos italiques).

Ainsi, dans sa réconciliation nocturne avec le monde enfin "fraternel" (1211), Meursault comprend et accepte la transformation suscitée par la découverte de l'ouverture à l'autre qu'est la tendresse maternelle et féminine. Weyembergh remarque si justement: "La 'tendre indifférence du monde' n'est tendre que parce que la mère était tendre dans son indifférence" ("Le génie", 128). La mère, morte mais retrouvée comme mère *et comme femme*, a joué un rôle primordial dans la transformation du fils. Il faut se souvenir qu'à la fin de sa vie, la mère a connu sa propre transformation et que le fils en avait été averti par le directeur de l'asile: "Un dernier mot: votre mère a, paraît-il, exprimé souvent à ses compagnons le désir d'être enterrée religieusement. J'ai pris sur moi de faire le nécessaire. Mais je voulais vous en informer." Meursault enchaîne: "Maman, sans être athée, n'avait jamais pensé de son vivant à la religion" (1129).

---

70. Gassin cite ici J. Chevalier, éd., *Dictionnaire des Symboles*, 545.

Pouvait-il en être si sûr? Il se peut que pour elle aussi, l'approche de la mort et l'expérience d'une nouvelle tendresse, celle entre elle et Pérez — comme celle entre Marie et Meursault — aient entraîné une ouverture vers le sacré. En tout cas, pour Meursault, c'est l'approche de la mort — le soir même de la vie — qui sera désormais vécue comme la "trêve mélancolique" imaginée pour la mère, comme une purification qui débouche sur "autre chose", sur une libération qui n'inclut pas l'espoir mais qui implique une ouverture nouvelle, sur "l'éveil définitif aux autres et au monde" (Bove, 59). Dans le "moi aussi, je me suis senti prêt à tout revivre", on reconnaît une conscience nouvelle et un nouvel amour de la vie qui la nantissent de son caractère sacré. Cette portée spirituelle de l'itinéraire de Meursault est soulignée par Cielens: "[...] ayant atteint un accord complet aux niveaux soi/soi et soi/monde, il connaît [...] un accord mystique avec l'univers en achevant ainsi son itinéraire initiatique" ("Symbolisme", 30)[71]. Meursault est en effet devenu un homme nouveau, un "homme-dieu" écrit Viggiani, "another sacrificial hero, [...] a Christ figure, just as he is an Œdipus and Sisyphus figure" (886-87)[72]. Telle est en effet la richesse mythique du personnage.

Tragiquement initié *in extremis*, "devant la nuit chargée de signes et d'étoiles", Meursault s'ouvre une première mais aussi une ultime fois au monde et à sa "tendre indifférence". Et la femme-mère, source de toute tendresse, apparaît à la fin du récit comme l'intercesseur, non entre Dieu et le monde, mais entre le monde et le fils, lui ouvrant la voie vers la présence.

Avant d'aborder *La Peste*, nous tenons à faire les remarques suivantes. Si la relation dyadique mère-enfant, autrement dit le maternel, s'est avérée incontournable lors d'une approche du féminin dans *L'Étranger*, la réflexion psychanalytique kristevienne ainsi que certains textes sur la correspondance entre le féminin et la religion, viennent étayer notre conclusion relative à *L'Étranger*: que le maternel, fondamental dans la relation du féminin et du sacré, l'est également dans celle de l'enfant et du sacré.

---

71. Dans le même contexte, Quilliot voit "[c]ette ouverture à 'la tendre indifférence du monde'" comme un "décentrement fondamental — qui n'est pas sans évoquer [...] une expérience mystique athée, atteinte dans la proximité de la mort" ("Lumières", 198).

72. Selon Viggiani, "Camus, in the last paragraph, alludes to the notion of rebirth in death when he has Meursault say: 'Si près de la mort, maman devait s'y sentir libérée et prête à tout revivre.' This is precisely how Meursault feels" ("Camus' *L'Étranger*", 887).

Freud basait son association femme/religion sur le lien qui existe entre les pères croyants et leurs filles[73]. Winnicott, au contraire, associe la religion à la relation mère-enfant, association dont la lecture du *Premier homme* nous fournira des exemples précis. Grâce à la psychanalyse postfreudienne, et notamment à la théorie winnicottienne de la relation d'objet que Kristeva intègre, on sait aujourd'hui que la relation dyadique mère-enfant occupe une place primordiale dans l'expérience existentielle du sujet et par conséquent dans la constitution du moi. Ce n'est sans doute pas par hasard que Lacan, en bon disciple de Freud, s'oppose à cette théorie[74].

Par ailleurs, Jonte-Pace, tout en soulignant l'importance de la relation mère-enfant dans la théorie winnicottienne, attire l'attention sur cette transformation hautement significative du maternel qui consiste à déloger la mère de la position exclusive d'objet passif du désir œdipien pour la positionner comme sujet actif dans la structuration du psychisme de l'enfant:

> [Winnicott] has been acclaimed for enacting a radical shift in psychoanalytic thinking about the meaning of the human subject, of gender, and of religion. Winnicott replaces Freud's drive theory of human motivation with a conceptual framework in which relations with others constitute the fundamental building blocks of mental life. He challenges the centrality of the Oedipal conflict and castration complex in psychological and cultural development, positing instead that the period during which the maternal-infant relationship predominates is the crucial context out of which the self is constituted. *Thus he rescues the pre-Oedipal mother from the 'dark continent' to which Freud exiled her.* The mother in Winnicott's theory is more than the object of incestuous desire — as *good enough mother*, "the one who makes active adaptation to the infant's needs", *she is an active subject, a primary architect of the human psyche.* ("Situating Kristeva", 4; nos italiques)

La fin de *L'Étranger* nous a révélé le rôle lointain mais essentiel que la mère a joué, finalement et *in absentia*, dans l'ultime transformation du fils. L'étude de *La Peste* et du *Premier homme* va non seulement nous permettre de vérifier plus avant si la mère, dans

---

73. À ce propos, Jonte-Pace écrit: "In the Freudian psychic economy, Van Herik points out, the 'qualities of the... believer, the feminine man, or the woman are the same: a weak superego, a poorly developed sense of morality, a restricted intellect, opposition to cultural advance, insufficient respect for reality, Ananke and Logos.' Thus for Freud, the homology of woman and religion is based on a linkage of daughters and religious believers. Believers are like daughters; gods are like fathers; and sons are like nonbelievers" (4).

74. Jonte-Pace résume ainsi l'ambivalence de la position lacanienne: "Lacan is a vituperative critic of object relations theory, crusading against what he sees as its misrepresentation of Freud: its overemphasis on the mother, its abandonment of the questions of gender differentiation and castration anxiety, its false constructions of merger and nonfragmented subjectivity, its humanistic belief in a unified self, and its repression of the 'phallic' in culture... Yet Lacan maintains the Freudian and Winnicottian congruence of femininity and religion by associating woman with God even while denying the ontological reality of both" (6).

l'ensemble de l'œuvre narrative, s'avère une "mère suffisamment bonne" mais aussi de voir si "l'admirable silence d'une mère" y occupe cette place centrale que Camus désirait lui assigner (II, 13).

La Peste: la mère vivante

Alors que *L'Étranger* s'est avéré, d'un bout à l'autre, porteur du féminin dans la présence de la mère morte et secondairement dans celle de la compagne comme substitut de la mère, les femmes sont presque totalement absentes de *La Peste*. De plus, dans ce roman, les ombres de l'absence et de la mort vont se déplacer pour venir s'immobiliser sur l'image de la femme/compagne. De nombreux critiques, voyant dans cette absence quasi générale des femmes une conséquence de sa "misogynie", en ont fait le reproche à Camus[75]. Dans *Journaux de voyage*, pourtant, on lit: "*Peste*: c'est un monde sans femmes et donc irrespirable" (*JV*, 42). Et dans les *Carnets*, en italiques: "En pratique: *il n'y a que des hommes seuls dans le roman*" (*C2*, 80). Ces délarations, datant de 1945 et 1946, c'est-à-dire l'époque de l'élaboration du roman, nous informent que l'absence des femmes est un choix délibéré de la part de l'auteur, que leur évacuation a été voulue et qu'elle a une fonction précise: renforcer, et parfois créer le caractère "irrespirable" du roman. S'il fallait encore montrer que ce choix n'avait rien à voir avec la supposée misogynie de Camus et combien, à la même époque, sa pensée était aux antipodes d'un tel sentiment, cette autre remarque consignée dans *Journaux de voyage* et relative au "seul problème contemporain [...] l'argent", y suffirait: "Il y a heureusement la compagnie des femmes. C'est la vérité et la terre" (*JV*, 27).

Cette absence voulue des femmes participe par ailleurs du climat d'aridité créé d'entrée de jeu par le décor: Oran, ville dominée par la pierre et le commerce, est un "lieu sec [...], une cité [...] sans végétation et sans âme [...] construite en tournant le dos à [la] baie",

---

75. Grégoire qui, on l'a vu, se base sur l'hypothèse d'une misogynie chez Camus, se réfère à d'autres critiques dont l'approche est similaire: Louise Horowitz, par exemple, qui accuse sommairement Camus d'avoir "systematically excluded [...] both women and the colonial Arab population of North Africa from his work (54)"; il rappelle l'étude de Rizzuto intitulée, "d'une manière très significative", "Camus and a Society Without Women" (97-98) — alors que cette étude est plus nuancée que son titre et reconnaît un "changement" chez Camus, soit une évolution. Pour une liste plus exhaustive "documentant" la misogynie de Camus, nous renvoyons à une note de Mistacco ("Mama's Boy", 168, note 7). Nous ajoutons à cette liste le nom de Christine Margerrison qui, dans deux articles plus récents centrés sur "sexual and racial politics", voit dans l'œuvre fictive "disquieting interconnections between sexuality and race" et qui, bien que consciente du "mythical status" des femmes (208), se concentre sur le "maternal stereotype" ("Struggling with the Other", 94) et le "female stereotype in the writings of Camus" ("A. Camus and 'Ces femmes qu'on raie de l'humanité'", 220).

lieu d'où il est dès lors "impossible d'apercevoir la mer" (1221). C'est un lieu stérile qui se détourne de l'élément féminin et maternel par excellence. Entraînant un "vide affectif" (Radulescu, 83) qui sera vécu par les personnages masculins à travers des sentiments d'exil et de perte, cette absence des femmes sera la source de "la grande souffrance de cette époque, la plus générale comme la plus profonde, [qui] était la séparation" (1365). Pendant toute la durée de l'épidémie, les personnages masculins principaux vivent sans compagne[76]: tout au début du récit, le docteur Rieux envoie son épouse malade dans une station de montagne; Tarrou et Cottard sont apparemment des hommes sans femme; le père Paneloux vit le célibat du prêtre; Grand a été délaissé par Jeanne, son épouse, il y a des années; Rambert, enfin, a laissé la femme aimée à Paris. "Ces femmes pourraient incarner l'amour, écrit Lévi-Valensi dans son étude sur *La Peste*, mais elles ne vivent que dans et par l'imagination de leur amant ou de leur mari" (105). Et selon Rieux, cette imagination même va s'avérer "insuffisante" (1366). Ce sont les ombres des femmes absentes qui dessinent les contours du désert affectif où l'épidémie va se répandre. Pourquoi dès lors s'attarder ici à ce texte?

Il y a plus d'une raison. La plus évidente est que, curieusement, une présence féminine fidèle se manifestera d'une manière intermittente: celle — discrète, effacée, efficace — de la mère. Non d'une mère morte comme dans *L'Étranger*, mais d'une mère bien vivante, celle du docteur Rieux. La première question qui se pose donc, par rapport à l'absence voulue des femmes, est celle du sens de cette présence. Il y a ensuite l'autre Madame Rieux, l'épouse, qui semble n'apparaître au début du récit que pour mieux disparaître ensuite. Là aussi, il s'agira de chercher le sens de cette présence/absence spécifique. Enfin, on ne peut ignorer les brèves apparitions d'autres femmes — Madame Othon[77] ou la femme de la concierge, par exemple — femmes le plus souvent anonymes qui surgissent fugitivement: "des malades [...]; des mères ou des femmes de malades [...]; elles passent, prononcent quelques mots absurdes [...]; elles hurlent leur douleur [...] et disparaissent de la scène" remarque Lévi-Valensi (*La Peste*, 105). Abbou écrit que tout se passe "comme si les personnages féminins, à peine apparus, se dissipaient dans un anonymat multiforme, laissant le

---

76. Selon François Ouellet, "[o]n doit relire [...] le roman sous [l']angle de la remise en question du père au profit de la morale de la fraternité défendue par Rieux [...] [et] [...] il est assez révélateur qu'aucun des protagonistes qui s'unissent pour combattre le fléau ne soit père" (121, note 5).

77. Abbou fait remarquer qu'après la mort de son fils, "[l]a mère de l'enfant Othon se coulera, à son tour et momentanément, dans le moule de la figure maternelle chère au romancier. Elle renonce à la parole et porte le masque des condamnés au silence" ("Du goût de l'innocence", 63).

duo mère-fils dérouler sa dialectique fondatrice" ("Sous le soleil du père", 113). Mais en tant que porte-parole de la souffrance, ces femmes sont importantes: comme l'enfant du juge Othon, elles sont la voix sémiotique du texte, celle qui crie, qui "hurle" de loin en loin les tortures infligées par la peste. Elles s'opposent en cela à la narration objective de Rieux, à l'attitude de calme constatation des personnages masculins, à cette "sérénité apparente qui gagnera Grand et Tarrou, voire Rieux, dès lors qu'ils entreprendront de comprendre et de relater les formes de l'innommable" (Abbou, "Sous le soleil du père", 109).

Les deux "Madame Rieux"

L'aspect peut-être le plus intéressant du paradoxe du féminin dans *La Peste* se dégage de la mise en présence textuelle des deux "Madame Rieux" dont la désignation unique les rend en quelque sorte interchangeables. Le lecteur ne saura le prénom ni de l'une ni de l'autre et ne peut donc les différencier qu'en se référant à leurs fonctions respectives: épouse ou mère. L'échange s'opère dès le lendemain du départ de l'épouse: aussitôt, la mère bien portante de l'époux se substitue à l'épouse souffrante afin de "s'occuper de la maison de son fils, en l'absence de la malade" (1225). Les deux femmes ne se rencontrent pas, l'une disparaissant pour laisser la place à l'autre[78]. Aussi, dès l'arrivée de la mère, la force de la relation mère-fils transparaît. Apprenant par le concierge de l'immeuble l'invasion des rats,

> [l]a mère du docteur apprit la nouvelle sans s'étonner. "Ce sont des choses qui arrivent." C'était une petite femme aux cheveux argentés, aux yeux noirs et doux. "Je suis heureuse de te revoir, Bernard, disait-elle. Les rats ne peuvent rien contre ça." Lui approuvait; c'était vrai qu'avec elle tout paraissait toujours facile. (1228)

À travers l'échange mère/épouse, on assiste dans *La Peste* à des renversements complexes par rapport à *L'Étranger*. Or le narrateur, dans les deux récits, s'identifie au personnage du fils, que ce soit derrière le masque de Meursault à la première personne ou derrière celui du docteur Rieux, narrateur fictif à la troisième personne —

---

78. Rizzuto ecrit: "A wife is replaced by a mother and there are no more women left. [...] The sterility in Oran, traced over the plague of sterility in the Œdipus legend, is the *sine qua non* of exiled wives and celibate men and of sons reunited with their mothers. That sterility is also *Camus' condemnation of virtually every misogynist ideal he had expressed* in his *Carnets*, his fiction, and in *Le Mythe de Sisyphe*" (10; nos italiques). Cependant, Rizzuto réaffirme plus loin "an essential aspect of Camus's nihilism, the hatred of women"... ("Camus and a Society without Women", 14, note 11).

puisque nous apprenons à la fin du texte que "le docteur Rieux décida alors de rédiger le récit qui s'achève ici" (1473). La mère morte de *L'Étranger* est en quelque sorte ressuscitée dans *La Peste* où sa présence remplace celle de la compagne. Cette présence vivante du féminin maternel comble en effet l'absence du féminin compagne qui signifie déjà la mort. En effet, l'épouse anonyme de *La Peste* mourra — se substituant dans la mort à la mère morte/ressuscitée. Elle mourra, non de la peste mais de la tuberculose, de ce bacille mortel qui menace depuis toujours dans l'expérience camusienne. En fin de compte, Madame Rieux, la mère, sera la seule présence féminine significative dans le texte, mais à l'intérieur d'un jeu présence/absence du féminin inversé par rapport à celui de *L'Étranger*.

L'épouse sacrifiée

Madame Rieux, l'épouse, apparaît dès le début du récit comme une femme sacrifiée: au niveau de la présence dans le couple elle est sacrifiée à la mère; au niveau du récit, elle est sacrifiée à la nécessité de l'absence. D'une façon obscure, elle remplit une fonction de bouc émissaire. Or, aussi bien sur le plan social que métaphysique, ce concept est fondamental dans *La Peste* où la guerre/épidémie constitue ce que René Girard appelle une "crise sacrificielle" (76). Car si, sur le plan métaphysique, c'est la mort sous la forme de la peste qui constitue le mal définitif, sur le plan social "la peste" est une représentation de la guerre. Camus écrivait à Barthes: "*La Peste*, dont j'ai voulu qu'elle se lise sur plusieurs portées, a cependant comme contenu évident la lutte de la résistance européenne contre le nazisme. La preuve en est que cet ennemi qui n'est pas nommé, tout le monde l'a reconnu, et dans tous les pays d'Europe" (1973). Bespaloff expliquait déjà en 1950 la volonté de Camus de maintenir la connaissance et le souvenir: "L'image de la peste, ici, c'est une façon de repenser l'événement dont se détourne déjà notre indifférence harassée, de se redresser sous lui en le mesurant. [...] [D]ans *La Peste*, [...] le fléau désigne tantôt l'événement, tantôt la condition humaine, tantôt le péché, tantôt le malheur" (8-9). Voilà certaines des portées sur lesquelles Camus voulait que *La Peste* soit lue. Et Bespaloff précise: "[E]n identifiant la guerre à la peste, le mal à la maladie, il a voulu donner une image du péché sans Dieu, et dans cette perspective, les partisans du fléau ne sont plus des possédés mais des malades" (10)[79].

Une épidémie telle la peste et les cataclysmes qu'elle représente — la révolution, la guerre, le nazisme nommé aussi "peste brune" — ainsi que toutes les formes de la terreur constituent sur le plan social les manifestations extrêmes de la violence. Girard fait d'ailleurs référence à la peste avant d'établir ce parallèle: "Entre la maladie, par exemple, et la violence volontairement infligée par un ennemi, il existe des rapports indéniables. Les souffrances du malade sont analogues à celles que fait subir une blessure. Le malade risque de mourir. [...] *La mort n'est jamais que la pire violence qui puisse advenir à l'homme*" (53; nos italiques). C'est bien cette vérité fondamentale qui se trouve au cœur de *La Peste* — et de l'œuvre camusienne dans son ensemble.

Pour revenir au concept de sacrifice, il faut s'attarder aux éléments du récit entourant le départ de la femme du docteur. À première lecture, et en écoutant jusqu'au bout le narrateur fictif, on pourrait dire simplement que Rieux, en voulant sauver sa femme, la perd. Mais, comme pour *L'Étranger*, c'est au niveau des intentions du narrateur réel qu'il faut se placer — ici, pour mieux comprendre la fonction du départ de l'épouse. C'est ce narrateur caché qui "arrange" le départ et qui, ce faisant, condamne l'épouse dès les premiers moments du récit, tout comme le narrateur réel de *L'Étranger*, en annonçant d'emblée la mort de la mère, la tue. Mais le narrateur réel de *La Peste* sait aussi que la peste va sévir. Alors, s'il fallait vraiment que la femme du docteur meure — pour satisfaire à la nécessité d'un "monde sans femmes" — pourquoi l'avoir évacuée, l'avoir fait mourir ailleurs et d'une maladie autre que la peste dont elle aurait très bien pu être une des premières victimes, comme le fut le concierge de l'immeuble? La réponse se trouve peut-être dans ce que Girard appelle la "différence sacrificielle, la différence entre le pur et l'impur" (76).

Dès la première page de la chronique, la présence de la femme est associée à la mort, via le sang. Rieux, rentrant chez lui, vient d'observer dans le couloir de l'immeuble l'agonie d'un rat qui "tomba enfin en rejetant du sang par les babines entrouvertes. Le docteur [le] contempla un moment et remonta chez lui. Ce n'était pas au rat qu'il pensait. Ce sang rejeté le ramenait à sa préoccupation. Sa femme, malade depuis un an, devait partir le lendemain pour une station de

---

79. De nombreux critiques (Barthes et Sartre entre autres) ont reproché à Camus d'avoir eu recours à une représentation allégorique de la guerre qui, à travers la peste, dépeint le mal comme une chose naturelle et qui, comme l'écrit John Krapp, "[...] fails to represent real material history" (655) et "signifies a refusal to depict human existence as a part of a historical equation" (657). Pour une excellente analyse de l'évolution de ce débat critique, voir l'article de Krapp, "Time and Ethics in Albert Camus's *The Plague*".

montagne" (1223). Ce passage est une mise en abyme de toute la situation sacrificielle du récit. Il contient en germe, en bacille, l'épidémie de la peste et la maladie de la tuberculose — la violence collective à travers la contagion impure et la violence individuelle à travers le sacrifice d'un seul être. Il laisse entrevoir la mort et les souffrances et les agonies qui sont celles aussi des massacres de la guerre et des camps. Il annonce, à travers la séparation d'un seul couple, la douleur des séparations innombrables et souvent définitives.

Par la marque du sang, le narrateur réel a désigné la femme — en l'occurrence l'épouse du narrateur fictif — comme premier objet du sacrifice. C'est elle qui devra assumer la séparation dans sa chair malade et jusque dans la mort. Lorsque le docteur l'envoie en montagne, lieu haut de prédilection où s'édifient les temples et les autels, c'est en fait au sacrifice qu'il l'envoie. Et comme tout sacrificateur, comme Meursault dans *L'Étranger*, il se sent coupable: au moment du départ,

> il lui dit très vite qu'il lui demandait pardon, il aurait dû veiller sur elle et il l'avait beaucoup négligée. [...] "Tout ira mieux quand tu reviendras. Nous recommencerons. — Oui, dit-elle, les yeux brillants, nous recommencerons." Un moment après, elle lui tournait le dos et regardait à travers la vitre. [...] Il appela sa femme par son prénom et, quand elle se retourna, il vit que son visage était couvert de larmes. [Et finalement:] Il la serra contre lui, et sur le quai maintenant, de l'autre côté de la vitre, il ne voyait plus que son sourire. "Je t'en prie, dit-il, veille sur toi." Mais elle ne pouvait pas l'entendre. (1225)

En effet, il est trop tard, elle est déjà "de l'autre côté". Encore visible à travers la glace qui lisse son sourire, mais sourde désormais aux supplices et définitivement inaccessible. Comme Eurydice, elle a commencé sa descente vers le royaume des morts. L'homme a escorté sa femme au point de non-retour.

Il est difficile de se faire une idée de la relation des époux Rieux et donc du bonheur sacrifié. Dans les deux seules et courtes scènes décrivant l'épouse se préparant "à la fatigue du déplacement" (1223-25), tout dans son attitude révèle un attachement soumis alors que son sourire répété indique le stoïcisme devant la maladie qui va l'exiler. Mais on observe au moment même de la séparation les signes d'un déchirement profond: malgré le courage de sa femme et en l'absence de tout sanglot, Rieux la surprend le visage "couvert de larmes". Quant à lui, on apprendra à la fin de la chronique qu'il était de ceux qui "avaient eu [...] la légèreté de compter sur le temps" (1467). Les paroles d'adieu par lesquelles il demande pardon à sa femme laissent entendre qu'il était trop occupé professionnellement pour bien veiller sur elle, trop dévoué comme médecin mais non comme mari, suite à quoi, peut-être, l'état de santé de sa femme s'est détérioré, suite à quoi elle doit partir, tenter seule de guérir... Avant la peste, il la sacrifiait déjà. La peste venue, que pouvait-il faire? Il devait aller au bout du sacrifice, dans l'espoir de sauver les pestiférés. Alfred Simon écrit: "Qu'il soit animal ou humain, réel ou symbolique, la vérité du sacrifice est, non d'expier une faute, mais de détourner la violence (la vengeance) de certains êtres qu'on cherche à protéger (la communauté) vers d'autres êtres (les victimes) dont la mort importe moins. Toute victime sacrificielle est un bouc émissaire" (*La Violence et le Sacré*, 509)[80]. Protéger la communauté a été, et est, pour le docteur la priorité absolue, fût-ce au prix de la vie de sa femme. Barchilon n'hésite pas à écrire: "N'oublions pas que Rieux a tué sa femme" (33). Par-delà toute accusation, juste ou injuste, le fait est que c'est elle, l'épouse, qui est la victime sacrificielle du récit.

Il est vrai que dans la séparation, Rieux se donnera corps et âme au combat contre la peste. Mais c'est peine perdue. Il faudra attendre que l'épidémie s'épuise d'elle-même. Tout au plus, le docteur et les équipes sanitaires pourront-ils contribuer à diminuer un peu les souffrances. Car s'il est vrai que "[l]e sacrifice est une manière de tromper la violence par la violence" (Simon, 509), la disproportion, lors des guerres et des épidémies, entre ce que Girard appelle la "violence impure" et la "violence purificatrice" est telle que cette dernière se trouve réduite à rien ou presque, qu'elle est absorbée par l'énormité de l'autre. On observe alors le déploiement de "la crise sacrificielle", crise qui est "la perte du sacrifice, [...] perte de la différence entre violence impure et violence purificatrice. Quand cette différence est perdue, il n'y a plus de purification possible et la violence impure, contagieuse, c'est-à-dire réciproque, se répand dans la communauté" (Girard, 76). C'est alors que commence l'innommable ou, pour utiliser un terme de Kristeva, l'abject.

L'abject et "la chair sacrée"

Il faut revenir au sacrifice/séparation et au sang qui le signalait. En effet, la séparation du docteur et de sa femme, qui préfigurait et contenait déjà — puisqu'ils ne devaient pas se revoir — la séparation définitive de la mort, est annoncée par le sang du rat mourant. Ce sang, on l'a vu, laisse pressentir et l'injustice de la mort individuelle, et la violence de la mort collective que la peste/guerre va entraîner. C'est en quoi le sang, ayant déclenché l'association d'idées du docteur, est bien ce "carrefour sémantique" dont parle Kristeva et qui conduit

---

80. Les numéros de page relatifs au texte même de *La Violence et le sacré* renvoient à l'édition originale de Grasset (1972), alors que ceux relatifs aux "Critiques et commentaires", dont le texte d'Alfred Simon, renvoient à l'édition Grasset "Poche" (également 1972).

aussi bien à l'abjection qu'au sacré. Or, les deux concepts sont d'importance dans leur relation au féminin dans *La Peste*.

Avant d'interroger la relation mère-fils dans ce texte, nous revenons brièvement à l'ambiguïté des sentiments du fils pour la mère dont il a déjà été question. Avant l'enterrement dans *L'Étranger*, Meursault refuse trois fois de voir le corps de sa mère, une première fois par son silence (1128) et deux fois par un "Non" (1129 et 1133). Nous savons par ailleurs le mépris que Camus affiche envers la mort, où il ne voit "qu'une aventure horrible et sale". Nous touchons ici à l'abject lié au cadavre dont Kristeva parle en ces termes:

> Le cadavre (cadere, tomber), ce qui a irrémédiablement chuté, cloaque et mort, bouleverse plus violemment encore l'identité de celui qui s'y confronte comme un hasard fragile et fallacieux. Une plaie de sang et de pus, ou l'odeur doucereuse et âcre d'une sueur, d'une putréfaction, ne signifient pas la mort. Devant la mort signifiée — par exemple un encéphalogramme plat — je comprendrais, je réagirais ou j'accepterais. Non, tel un théâtre vrai, sans fard et sans masque, le déchet comme le cadavre m'indiquent ce que j'écarte en permanence pour vivre. [...] Le cadavre — vu sans Dieu et hors de la science — est le comble de l'abjection. Il est la mort infestant la vie. L'abject. (*PH*, 11)

Dans *La Peste*, la réalité de la "mort infestant la vie" — l'abject, est omniprésente alors que dans *L'Étranger*, le cadavre de la mère reste caché au regard et que celui de l'Arabe n'est qu'un "corps inerte" (1168). Meursault refuse l'abject. En s'opposant à ce qu'on dévisse la bière pour qu'il puisse "voir [sa] mère une dernière fois", il refuse et la réalité de la mort maternelle et celle du cadavre. Néanmoins, la réalité de la dégradation de la chair lui est rendue sensible, bien malgré lui, par la garde qui veillait le corps: "Près de la bière, il y avait une infirmière arabe en sarrau blanc, un foulard de couleur vive sur la tête." Mais il ne voit pas — il refuse de voir? — l'anomalie. Meursault ne se rend à l'évidence que lorsque le concierge lui signale qu'elle a un chancre: "Comme je ne comprenais pas, j'ai regardé l'infirmière et j'ai vu qu'elle portait sous les yeux un bandeau qui faisait le tour de la tête. À la hauteur du nez, le bandeau était plat. On ne voyait que la blancheur du bandeau dans son visage" (1129). Ce qu'il avait refusé de voir, c'était ce visage de femme déjà mutilé dans sa chair, déjà mommifié dans son bandeau, s'acheminant déjà vers la mort.

Pour Camus, alors que la maladie et la mort sont abjectes, la nature, surtout dans son abondance et sa beauté, est sacrée. Aussi est-ce en elle — on l'a vu à Tipasa — que s'est réfugiée la "mère bonne". Mais la mère malade ou morte rassemble en elle ces deux extrêmes que sont l'abject et le sacré et qui pourtant, de manière intolérable, se touchent. Les quelques mots jetés dans les *Carnets* concernant "la chair sacrée" de la mère (*C3*, 263) expriment justement tout le paradoxe de cette relation que Kristeva commente dans ces termes:

> L'abjection accompagne toutes les constructions religieuses, et elle réapparaît, pour être élaborée d'une façon nouvelle, lors de leur effondrement. [...] Dans la modernité occidentale et en raison de la crise du christianisme, l'abjection trouve des résonances plus archaïques, culturellement antérieures au péché, pour rejoindre son statut biblique et même, plus loin, celui de la souillure des sociétés primitives. Dans un monde où l'Autre s'est effondré, l'effort esthétique — descente dans les fondations de l'édifice symbolique — consiste à retracer les frontières fragiles de l'être parlant, au plus près de son aube, de cette 'origine' sans fond qu'est le refoulement dit originaire. (*PH*, 24-25)

C'est-à-dire, concernant la dyade mère-enfant, au plus près de la *chora*. Commentant plus tard dans les textes bibliques la distinction alimentaire basée sur l'opposition chair/sang, Kristeva écrit encore:

> D'un côté, la chair exsangue (destinée à l'homme), de l'autre, le sang (destiné à Dieu). Le sang marquant l'impur [...] recueille la tendance au meurtre dont l'homme doit se purger. Mais cet élément vital qu'est le sang réfère aussi aux femmes, à la fertilité, à la promesse de fécondation. Il devient alors un carrefour sémantique fascinant, lieu propice de l'abjection où *mort* et *féminité*, *meurtre* et *procréation*, *arrêt de vie* et *vitalité*, vont se rejoindre. (*PH*, 115-16)

Cette citation met en évidence l'étrange lien qui existe entre l'abject et le sacré, et plus particulièrement là où il se manifeste physiquement dans la relation triangulaire mort/femme/vie, relation si fondamentale dans les textes camusiens abordés dans ce chapitre et le suivant.

Comme le fait remarquer Lévi-Valensi se référant à *La Peste*, "[l]a place faite à [...] un réalisme physique et charnel est très grande; le corps, qui était source de la joie la plus intense pour le narrateur de *Noces* ou pour Meursault, devient lieu de souffrance" (*La Peste*, 78). Et cette souffrance n'est ni propre ni discrète. Sous son emprise, les corps crient et se tordent, se vident de leurs humeurs viciées avant de finalement se raidir dans la mort. *La Peste* est un texte qui, explicitement quelquefois mais implicitement toujours, regorge de corps sanguinolents et purulents, ceux des rats d'abord, ceux des hommes ensuite, où les fosses communes puis le four crématoire avec sa "vapeur épaisse et nauséabonde", ne suffisent pas à l'élimination des cadavres. Il y a cette scène hallucinante où les vivants cherchent à faire leurs derniers adieux à leurs morts et qui montre les "étranges convois de tramways sans voyageurs brinquebalant au-dessus de la mer" et où, malgré l'interdiction d'accès à la corniche, des groupes parvenaient "à se glisser [...] dans les rochers qui surplombent les vagues et à lancer des fleurs dans les baladeuses, au passage des tramways. On entendait alors les véhicules cahoter encore dans la nuit d'été, avec leur chargement de fleurs et de morts" (1364). L'homme sain qui tente de survivre au milieu de cette violence massive ne peut que s'enliser dans l'abject et est constamment menacé d'y être englouti. Les frontières entre le propre et l'impropre, le sain et le malade, le vivant et le mort y sont constamment brouillées. Dans la confusion qui règne, comment savoir qui est atteint de la peste, qui va l'être, qui en sera préservé? En les contextualisant justement par rapport au nazisme, c'est à cette ambiguïté et à la violence sous-jacente que se réfère Kristeva en parlant de l'abject:

> Ce n'est donc pas l'absence de propreté ou de santé qui rend abject, mais ce qui perturbe une identité, un système, un ordre. Ce qui ne respecte pas les limites, les places, les règles. L'entre-deux, l'ambigu, le mixte. [...] Celui qui refuse la morale n'est pas abject — il peut y avoir de la grandeur dans l'amorale et même dans un crime qui affiche son irrespect de la loi, révolté, libérateur et suicidaire. L'abjection, elle, est immorale, ténébreuse, louvoyante et louche [...]. Dans les salles obscures de ce musée qui reste maintenant d'Auschwitz, je vois un tas de chaussures d'enfants, ou quelque chose comme ça que j'ai déjà vu ailleurs, sous un arbre de Noël, par exemple, des poupées je crois. L'abjection du crime nazi touche à son apogée lorsque la mort qui, de toute façon, me tue, se mêle à ce qui, dans mon univers vivant, est censé me sauver de la mort: à l'enfance, à la science, entre autres... (*PH*, 11-12)

Alors qu'on peut en effet lire une grandeur dans le crime mythique et suicidaire de Meursault, la peste "louvoyante", insidieusement tueuse, atteint justement l'apogée de l'horreur et de l'abjection en touchant l'enfant. Le récit en appelle alors au scandale. Lorsque Rieux, n'ayant pu sauver le petit garçon du juge Othon, assiste "ivre de fatigue et de dégoût" à son agonie, il ne peut endurer le cri de l'enfant qui semble prendre sur lui d'exprimer toute l'indicible douleur humaine. C'est un "cri de tous les âges", un cri pré-langagier, "un seul cri continu, que la respiration nuançait à peine, et qui emplit soudain la salle d'une protestation monotone, discorde, et si peu humaine qu'elle semblait venir de tous les hommes à la fois". Paneloux, le prêtre, "regarda cette bouche enfantine, souillée par la maladie, pleine de ce cri de tous les âges. Et il se laissa glisser à genoux", s'écriant: "'Mon Dieu, sauvez cet enfant'. Mais l'enfant continuait de crier [...]" (1395-96).

Dieu ne répond pas. L'abject et le sacré se heurtent ici de plein fouet et le scandale réside dans la victoire du premier. Un peu plus tard, Rieux jette à Paneloux: "Ah! celui-là, au moins, était innocent, vous le savez bien!" (1396). S'il s'excuse — "Pardonnez-moi. Mais la fatigue est une folie. Et il y a des heures dans cette ville où je ne sens plus que ma révolte" — il confirmera aussitôt sa position: "Je me fais une autre idée de l'amour. Et je refuserai jusqu'à la mort d'aimer cette création où des enfants sont torturés" (1397). En laissant contaminer cette forme de vie la plus précieuse et la plus pure qui soit, cette autre "chair sacrée", la "création" dépasse les limites acceptables pour l'homme et le pousse à la révolte absolue. Paneloux même avoue que "cela passe notre mesure" mais ne trouve comme remède possible que "d'aimer ce que nous ne pouvons pas comprendre"[81].

Dieu est l'autre grand absent dans *La Peste*, absence qui est explicite dans la scène cruciale que l'on vient d'évoquer. Et l'ironie est la même que dans *L'Étranger*: c'est le discours de "l'homme de Dieu", du prêtre — aumônier ou jésuite —, qui révèle l'abîme de cette absence à la conscience de l'homme qui l'écoute. Mais dans *La Peste*, l'absence de Dieu, de l'Autre, s'élargit pour englober celle de l'autre féminin, devenant ainsi le lieu d'autant plus sensible de la séparation et de l'aliénation absolues, le non-lieu même de l'amour. Nous rappelons les mots de Jonte-Pace: c'est l'absence qui est l'élément sous-jacent dans l'homologie femme/religion.

Eurydice

Madame Rieux l'épouse symbolise à elle seule, à travers sa disparition, cette absence plus générale des femmes qui engendre la "souffrance [...] la plus profonde" de l'époque (1365), celle de la séparation. De tous les maux découlant de la peste, la séparation semble aux yeux du narrateur le mal le plus grave. C'est que la première des valeurs camusiennes est en jeu: l'amour. À l'époque de la mobilisation, Camus notait déjà: "Visages de femmes, joies du soleil et de l'eau, voilà ce qu'on assassine. Et si l'on n'accepte pas l'assassinat, alors il faudra tenir" (*C2*, 152). Aussi bien dans le texte de *La Peste* que dans les notes s'y rapportant dans les *Carnets*, Camus insiste non seulement sur la séparation des couples mais, au-delà, sur l'impossibilité même de l'amour. C'est d'abord l'imagination qui défaille, qui n'arrive pas à se représenter "ce que l'autre pouvait faire à l'heure même où ils l'évoquaient et dans des lieux désormais si lointains" (1366). C'est ensuite la mémoire qui faiblit: "Au deuxième stade de la peste, ils perdirent aussi la mémoire. Non qu'ils eussent oublié ce visage, mais, ce qui revient au même, il avait perdu sa chair, ils ne l'apercevaient plus à l'intérieur d'eux-mêmes."

Dans ses *Carnets*, Camus commente la fréquence, à l'époque, du mythe d'Eurydice: "Utilisation immodérée d'Eurydice dans la littérature des années 40. C'est que jamais tant d'amants n'ont été

---

81. Lévi-Valensi rappelle qu'"[u]ne suite de références à la Bible, indiquant les passages où il est question de la peste, montre que Camus n'a pas ignoré la dimension religieuse du fléau, son rôle de châtiment divin, dont se souviendra Paneloux; cette dimension a certainement joué dans le choix de la peste comme symbole du mal" (La Peste *d'Albert Camus*, 38).

séparés" (*C2*, 56). Lui-même utilisera ce thème dans *La Peste*. On lit plus loin, par rapport à son projet: "Peste. Les séparés: Journal de la séparation? 'Le sentiment de la séparation fut général [...].' Id. Les séparés. Cette heure du soir, qui pour les croyants est celle de l'examen de conscience — cette heure est dure pour le prisonnier — elle est celle de l'amour frustré" (*C2*, 91). Et quelques pages plus loin: "Peste. C'est la séparation qui est la règle. Le reste est hasard" (*C2*, 112). Revenant à Eurydice: "Peste. [...] Une troupe théâtrale continue à jouer: une pièce sur Orphée et Eurydice" (*C2*, 115). Dans le texte même de *La Peste*, la "réalité" rivalisera avec l'art lorsque le chanteur jouant Orphée, atteint de la peste, s'effondrera sur la scène. On lit plus loin dans le récit: "[L]a peste avait tout recouvert. Il n'y avait plus alors de destins individuels, mais une histoire collective qui était la peste et des sentiments partagés par tous. Le plus grand était la séparation et l'exil avec ce que cela comportait de peur et de révolte" (1355). L'image d'Orphée mourant sur scène symbolise le silence auquel le poète est réduit en temps de peste et des cataclysmes qu'elle représente, illustrant ce que Ferrage appelle "les rapports conflictuels enre le lyrisme et l'histoire" (9). On se souvient de la question de Blanchot: "[...] comment écrire dans le souvenir d'Auschwitz, de ceux qui nous ont dit, parfois en des notes enterrées près des crématoires: sachez ce qui s'est passé, n'oubliez pas et en même temps jamais vous ne saurez" ("Notre compagne clandestine", 87). Orphée se tait mais Camus rédige la chronique de *La Peste* pour que nous "sachions", dans la faible mesure où il est possible de savoir, et en tout cas pour que nous n'oublions jamais.

Selon Lawrence L. Langer, le thème de la séparation et la mise à l'écart de la femme correspondraient plus profondément à une remise en question de l'amour inhérente à l'époque des années trente-quarante, époque qu'il appelle "the age of atrocity":

> [I]n *The Plague*, Dr. Rieux sends his ailing wife away to a sanatorium just before the pestilence breaks out. Her image fades too as he slowly develops a more comprehensive sense of human responsibility in the presence of atrocity. One of the muted themes of Camus's works, especially the later ones, is the question of whether romantic love is not one more absolute inherited from an earlier age which inspires man to embrace the futile hope of living beyond the limits of the possible. (154)[82]

L'amour romantique, ou l'amour passion, trouvera une certaine expression dans l'œuvre dramatique camusienne à travers la voix de la

---

82. Voir Morot-Sir, "L'esthétique d'Albert Camus", qui analyse le "dit de l'amour" chez Camus, discours dont certains fragments chercheraient à déjustifier "l'amour comme mythe de l'Occident" (106). Il en sera question lors de l'étude du *Premier homme*.

femme compagne. Dans *La Peste*, c'est le journaliste Rambert qui, combattant d'abord la séparation, témoigne de cet amour entre l'homme et la femme: "Je n'ai pas été mis au monde pour faire des reportages. Mais peut-être ai-je été mis au monde pour vivre avec une femme" déclare-t-il à Rieux (1288). S'étant rendu en Algérie pour faire, à l'instar de son créateur, une enquête sur les conditions de vie des Arabes, Rambert devient un prisonnier de la peste car, malgré tous ses efforts, il ne parvient pas à sortir d'Oran pour rejoindre à Paris la femme qu'il aime. L'amour est la grande affaire de la vie de Rambert jusqu'au moment où il découvre, à travers la peste, qu'"il peut y avoir de la honte à être heureux tout seul" et que "maintenant que j'ai vu ce que j'ai vu, je sais que [...] [c]ette histoire nous concerne tous" (1389). Comme cela a été le cas pour Rieux, il y a donc chez Rambert dépassement du bonheur individuel et ouverture vers la fraternité. Ce dépassement est d'autant plus significatif que ce qui l'intéressait jusque là, c'était l'amour sensible, l'amour de la femme, et "qu'on vive et qu'on meure de ce qu'on aime" (1351). Il trouvait que l'homme "est une idée, et une idée courte, à partir du moment où il se détourne de l'amour. Et justement, nous ne sommes plus capables d'amour", ajoute-t-il. Langer fait cette remarque lucide: "The question left hanging in the novel is whether the dimensions of disaster in our time have affected our capacity to love in ways we do not yet suspect. Atrocity infects the future, and since love thrives on precisely that future, it may infect love in subtle ways yet to be explored" (155). Lorsque Rambert demande par la suite s'il est dans son tort en ayant choisi l'amour, Rieux lui répondra "avec force": "Non, vous n'êtes pas dans votre tort" (1352). Mais en même temps, Rieux sait le prix de la séparation et qu'elle entame l'amour; les amants séparés connaissent le remords, prennent conscience de leurs propres défaillances: "Il leur était facile de remonter dans leur amour et d'en examiner les imperfections. En temps ordinaire, nous savions tous [...] qu'il n'est pas d'amour qui ne puisse se surpasser, et nous acceptions pourtant, avec plus ou moins de tranquillité, que le nôtre demeurât médiocre. Mais le souvenir est plus exigeant" (1279). Rambert sait finalement qu'il a changé, que "la peste avait mis en lui une distraction que, de toutes ses forces, il essayait de nier, et qui, cependant, continuait en lui comme une sourde angoisse" (1462). Concernant cette prise de conscience de Rambert, Langer écrit: "Camus reluctantly but courageously confronts the consequences of the alternatives that an age of atrocity highlights: The personal happiness of love seems inconsistent with a world where the spectacle of inappropriate death makes man witness to episodes which violate the source of that love" (156).

Le dépassement de soi, qui se manifeste encore de différentes manières chez Tarrou, Grand et même le père Paneloux, révèle l'autre effet de la peste, celui qui entraîne la transformation de ceux qui la combattent. Jean Kellogg écrit: "For Camus good and evil were thus opposites that acted upon each other in a state of coexistent simultaneity (113). [...] It was precisely the uncaring, destructive plague in Oran that gave birth to its opposite: the mutual concern and love that were for Camus the supreme value" (115). L'ambition de Tarrou est d'être un saint: "Peut-on être un saint sans Dieu, c'est le seul problème concret que je connaisse aujourd'hui", dit-il (1427). Or, la sainteté sans Dieu n'est autre chose que la transformation du moi forgée par l'amour de l'autre. Définissant le lien entre le sacré et la solidarité, Bespaloff remarque: "Le saint, selon [Camus], c'est [...] l'homme capable d'accéder au sacrifice de sa vie par amour des hommes. Les frontières du sacré se déplacent pour coïncider désormais avec celles de l'humain purement humain, de façon que l'adorateur et l'objet adoré se rejoignent dans la personne du condamné" (15)[83].

Mais tous n'ont pas été transformés. Lorsque la peste se retire, nombreux sont ceux qui, emportés enfin dans la joie réciproque des retrouvailles, retrouvent en même temps l'amour égoïste et tournent le dos à ceux qui sont restés dans la séparation. Le narrateur écrit:

> [...] aveugles au reste du monde, triomphant en apparence de la peste, oublieux de toute misère et de ceux qui, venus aussi par le même train, n'avaient trouvé personne et se disposaient à recevoir chez eux la confirmation des craintes qu'un long silence avait déjà fait naître dans leur cœur. Pour ces derniers [...] le sentiment de la séparation avait atteint son sommet. Pour ceux-là, mères, époux, amants qui avaient perdu toute joie avec l'être maintenant égaré dans une fosse anonyme ou fondu dans un tas de cendre, c'était toujours la peste. (1463)

Elle les a marqués du sceau indélébile de la mort. Et si, parlant des couples réunis, Rieux "pensait qu'il était juste que, de temps en temps au moins, la joie vînt récompenser ceux qui se suffisent de l'homme et de son pauvre et terrible amour" (1467), on discerne néanmoins un certain scepticisme chez le narrateur[84] lorsqu'il relate les retrouvailles de Rambert et de sa maîtresse:

---

83. Bataille, qui reproche à *La Peste* d'être "loin d'une morale de la révolte" et n'y voit qu'une "morale du malheur" (13-14), se débat avec le terme "sainteté": "(je ne sais ce que désigne le mot: contact de la mort, de l'horreur? ou conscience de lutter sans mesure, paix intérieure? ou les deux? sans doute les deux)"; il conclut: "ce nom surprenant de *sainteté* — en ce lieu, inintelligible et suspendu —, sous le signe duquel [Camus] a finalement placé son livre, *trahit encore une nostalgie de passion et le pur désir de brûler*" ("La morale du malheur: *La Peste*", 13 et 15; nos italiques).

84. À l'époque de l'élaboration de *La Peste*, Camus notait: "80% de divorces chez les prisonniers rapatriés. 80% des amours humaines ne résistent pas à cinq ans de séparation" (*C2*, 158). Voilà de quoi nourrir le scepticisme de Rieux.

> Rambert, lui, n'eut pas le temps de regarder cette forme courant vers lui, que déjà, elle s'abattait contre sa poitrine. Et la tenant à pleins bras, serrant contre lui une tête dont il ne voyait que les cheveux familiers, il laissa couler ses larmes sans savoir si elles venaient de son bonheur présent ou d'une douleur trop longtemps réprimée, assuré du moins qu'elles *l'empêcheraient de vérifier si ce visage enfoui au creux de son épaule était celui dont il avant tant rêvé ou au contraire celui d'une étangère*. Il saurait plus tard si son soupçon était vrai. (1463; nos italiques)

Sachant cependant qu'il "n'eut pas le temps de regarder" la femme qui courait vers lui pour sortir de l'enfer de la séparation, on peut imaginer que Rambert, contrairement à Rieux, échappe au destin d'Orphée. Parlant des amants qui avaient été séparés et qui se sont retrouvés, Rieux estime encore que "[p]our quelque temps au moins, ils seraient heureux. Ils savaient maintenant que s'il est une chose qu'on puisse désirer toujours et obtenir quelquefois, c'est la tendresse humaine" (1467). C'est elle en effet qui résiste au fléau et qui demeure, en dépit de la mort et de la destruction, une exigence du cœur: "Rieux savait [...] que ce monde sans amour était comme un monde mort et qu'il vient toujours une heure où on se lasse des prisons, du travail et du courage pour réclamer le visage d'un être et le cœur émerveillé de la tendresse" (1432-33). Rieux ne suggère-t-il pas ici que la tendresse, qui est à la fois plus et moins que l'amour passion, plus généreuse et moins exigeante, est peut-être le plus beau visage de l'amour?

La mère restituée

Était-ce pour atténuer la "grande souffrance", celle de la séparation et de l'absence que le docteur Rieux aurait vécue par rapport à sa femme éloignée, que le narrateur lui restitua la mère dès le départ de l'épouse? Et par-delà le cas particulier de la relation mère-fils, n'est-ce pas l'image de cette mère exceptionnelle qui devait maintenir vivante la tendresse tout au long du récit de la séparation? Radulescu note avec raison que "[l]a chronique de la peste est celle de l'absence et de la regénération de l'amour à la fois" (91). Or, si l'absence est celle des femmes, la regénération de l'amour est le fait de la mère. De même que l'absence de l'épouse symbolise l'amour absent et menacé, la présence de la mère symbolise la survie de la tendresse au cœur même de la terreur. "Les rats ne peuvent rien contre ça" disait-elle (1228). On comprend Sjursen qui voit en elle "la véritable antithèse du mal" ("Voix dans *La Peste*", 327). C'est en effet sa présence toujours positive, toujours aimante, qui avive la flamme de l'amour. Et parce qu'elle constitue l'exception à la règle générale de l'absence des femmes, cette présence, pour discrète qu'elle soit, marque tout le texte de *La Peste* et l'humanise. Une note dans les *Carnets* rappelle ce rôle de la mère: "Alexandre Jacob: 'Une mère, vois-tu, c'est l'humanité'" (*C2*, 340).

Le docteur parle peu de sa mère et c'est indirectement qu'elle est évoquée à travers les carnets de Tarrou, comme en témoigne ce commentaire de Rieux:

> Les quelques conversations que la cohabitation autorisait entre celle-ci et Tarrou, des attitudes de la vieille femme, son sourire, ses observations sur la peste, sont notées scrupuleusement. Tarrou insistait surtout sur l'effacement de Mme Rieux; sur la façon qu'elle avait de tout exprimer en phrases simples; sur le goût particulier qu'elle montrait pour une certaine fenêtre, donnant sur la rue calme, et derrière laquelle elle s'asseyait le soir, un peu droite, les mains tranquilles et le regard attentif, jusqu'à ce que le crépuscule ait envahi la pièce. (1446)

Ce que le narrateur livre ici, c'est bien sûr le portrait de la mère camusienne, celle d'"Entre oui et non" mais sous un nouvel éclairage, et aussi déjà celle du *Premier homme*. Même le cadre de la fenêtre est restitué, à l'intérieur duquel sa silhouette se dessine à contre-jour. Cette transposition se répète indirectement dans la représentation de la mère de Tarrou, dont celui-ci écrit: "Ma mère était ainsi, j'aimais en elle le même effacement et c'est elle que j'ai toujours voulu rejoindre. Il y a huit ans, je ne peux pas dire qu'elle soit morte. Elle s'est seulement effacée un peu plus que d'habitude et, quand je me suis retourné, elle n'était plus là" (1446). Lévi-Valensi rassemble en quelques mots les traits essentiels du portrait de la mère — portrait juste d'une mère idéalisée[85] — tel qu'il se présente aux yeux de Rieux et de Tarrou, et en rappelle la source:

> [E]lle acquiert, sous ces regards croisés, un statut de véritable personnage; sa douceur, sa tendresse pour son fils, son art de tout faire paraître plus facile, de tout exprimer en phrases simples, son effacement, sa sérénité, la rendent hors d'atteinte du temps, qu'elle vit sur le mode de la plénitude [...] et, connaissant tout sans réfléchir, elle peut, selon Tarrou, "rester à la hauteur de n'importe quelle lumière, fût-ce celle de la peste." [...] Ce personnage de "silence et d'ombre", riche et émouvant dans sa discrétion correspond, au plus profond de Camus, à l'une de ses images fondatrices les plus fortes; "l'admirable silence d'une mère" [...] trouve ici une belle incarnation. (La Peste *d'Albert Camus*, 106-7)

Sjursen estime que les mots de Tarrou font "apparaître un côté mystique chez la vieille femme" et qu'"il la voit porteuse de la sagesse

---

85. Sjursen souligne aussi l'idéalisation de la mère dans *La Peste*: "Madame Rieux, la mère de Rieux, rassemble en elle toutes les mères fictionnelles de Camus dans une figure idéalisée de l'amour maternel" ("Voix dans *La Peste*", 326).

et de la paix intérieure qu'il recherche lui-même. C'est elle qui sera la vraie sainte dont la voix accompagne Tarrou dans la mort" ("Voix", 327). Mino observe très justement que "le silence animal de la mère se transforme en un silence saint [...]. Dans *La Peste*, le monde que la mère incarne et auquel Tarrou aspire est décrit comme un monde de sagesse et de sainteté, où tout est transparent, où les habitants connaissent tout par une intuition divinatrice, sans passer par le détour des mots ou du raisonnement" (32).

Si, dans *La Peste*, la mère de Rieux survit, une autre mère qui lui ressemble à s'y méprendre meurt néanmoins, mais sans qu'on puisse dire "qu'elle soit morte". Il s'agit une nouvelle fois de la "pérennité commune" dans un effacement, une absence, qui n'est pas vraiment la mort. À travers ces répétitions, ces transpositions, ces transferts, et cette mort/absence qui n'est qu'une intensification de l'effacement, la présence de la mère camusienne acquiert une force et une permanence qui illuminent non seulement *La Peste*, mais toutes les œuvres où elle est évoquée.

Pourtant, dans *La Peste* comme dans "Entre oui et non" et les *Carnets*, le silence de la mère, même s'il illumine, établit aussi ses limites qui sont celles de l'expression de l'amour. Vers la fin du récit, alors que la peste bat en retraite, la mère de Rieux s'inquiète de l'état de santé de son fils: "Tu n'es pas fatigué? — Non." Suite à cet échange laconique, le narrateur nous livre la réflexion poignante du docteur:

> Il savait ce que sa mère pensait et qu'elle l'aimait en ce moment. Mais il savait aussi que ce n'est pas grand-chose que d'aimer un être ou du moins qu'*un amour n'est jamais assez fort pour trouver sa propre expression*. Ainsi, sa mère et lui s'aimeraient toujours dans le silence. Et elle mourrait à son tour — ou lui — sans que, pendant toute leur vie, ils pussent aller plus loin dans l'aveu de leur tendresse. (1458; nos italiques)

On discerne dans ces mots un certain sens tragique: le silence de la mère engendre un sentiment d'impuissance par rapport à l'intense réalité de l'amour, non l'impuissance d'aimer mais celle de ne jamais pouvoir le communiquer. Dans "Entre oui et non", on lisait: "Sa mère toujours aura ces silences. Lui croîtra en douleur. Être un homme, c'est ce qui compte. Sa grand-mère mourra, puis sa mère, lui" (II, 26). La douleur liée à ce silence et à la mort qu'il évoque se reflète dans la méditation de Rieux sur l'amitié, lors de la scène où lui et sa mère veillent le corps de Tarrou qui vient de succomber à la peste: "De la même façon, il avait vécu à côté de Tarrou et celui-ci était mort, ce soir, sans que leur amitié ait eu le temps d'être vraiment vécue. [...] Tout ce que l'homme pouvait gagner au jeu de la peste et de la vie, c'était la connaissance et la mémoire" (1459). Aussi, se souvenant des yeux agrandis et du silence de madame Othon lorsqu'elle apprit la maladie de son enfant, "il croyait savoir qu'il n'y aurait jamais plus de paix possible pour lui-même, pas plus qu'il n'y a d'armistice pour la mère amputée de son fils ou pour l'homme qui ensevelit son ami" (1458). Et sa méditation se termine sur cette réflexion imprégnée d'amertume: "Une chaleur de vie et une image de mort, c'était cela la connaissance"(1459). La communion en tant que communication a échoué. Le narrateur enchaîne: "Voilà pourquoi sans doute, le docteur Rieux, au matin, reçut avec calme la nouvelle de la mort de sa femme." Le silence entre les époux est maintenant définitif, "ils étaient séparés pour jamais" (1467). Le sacrifice est consommé.

C'est sa mère qui lui a apporté le télégramme, le dernier des trois qui, du début de *L'Étranger* à la fin de *La Peste*, annoncent la mort ou la vie de la femme. Alors que celui reçu par Meursault lui apprenait la mort de sa mère et fondait le récit, le premier télégramme de *La Peste*, dans le cadre de l'intertextualité camusienne, annule celui de *L'Étranger* puisqu'il annonce, comme une résurrection, l'arrivée de la mère. L'objet du troisième télégramme est la mort de l'épouse. C'est la mère qui le reçoit et le transmet, et on ne peut s'empêcher de voir en elle une messagère involontaire de la mort de la femme compagne. Ce renversement final par rapport à *L'Étranger*, où la mère était redevenue une femme compagne, confirme ceux du début de la chronique.

La femme compagne est la grande perdante dans *La Peste*. L'amour mère-fils l'emporte de loin sur l'amour du couple. Mais si *La Peste*, ce "monde sans femmes", voit le triomphe du féminin maternel, n'est-ce pas en fin de compte que la mère qui y est idéalisée est "plus" qu'une femme? Elle est *la* mère, une mère mythique. D'elle émane cette force régénératrice de l'amour qui sous-tend l'amitié et la solidarité des hommes et qui leur permet de survivre aussi bien à l'horreur qu'à la terreur. Rieux aurait-il tenu dans sa lutte contre le mal sans cette force silencieuse de l'amour maternel qui comblait le vide laissé par l'absence de l'épouse? Camus réalise déjà dans ce récit ce qu'il projetait encore de faire une dizaine d'années plus tard: mettre "au centre de cette œuvre l'admirable silence d'une mère et l'effort d'un homme pour retrouver une justice ou un amour qui équilibre ce silence" (II, 13). On ne saurait mieux décrire l'effort de Rieux. *La Peste*, c'est aussi cet hommage à la mère.

Le Premier homme: la mère sacrée[86]

Roman posthume et d'inspiration autobiographique, *Le Premier homme* s'avère d'un intérêt insoupçonné par rapport à la compréhension de l'œuvre antérieure. Bien qu'inachevé, ce texte approfondit et rassemble les thèmes chers à Camus à l'intérieur d'un réseau de relations et d'expériences concrètes, le tout contribuant à former l'itinéraire d'une quête qui n'est pas seulement celle du père mais aussi, encore et toujours, celle de la mère et, à travers elles, la sienne propre. Dans les *Notes et plans*, on lit: "Finalement, il ne sait pas qui est son père. Mais lui-même qui est-il? 2e partie" (*Le Premier homme,* NP, 317)[87]. Dans l'avant-propos aux essais réunis dans *Camus et le lyrisme*, Jacqueline Lévi-Valensi et Agnès Spiquel soulignent toute l'importance de ce dernier texte de Camus: "*Le Premier homme*, dans son inachèvement même, témoigne de la présence continue et féconde, même si elle s'est voulue parfois contenue et secrète, d'un lyrisme du cœur et de l'esprit, reconnu comme mode de compréhension et d'expression de l'histoire d'un homme et de toute une communauté; et, par là, conduit à relire autrement l'ensemble de l'œuvre" (7). Christian Morzewski insiste de son côté sur l'énorme portée de ce dernier texte: "On mesure aussi quelle lumière nouvelle et exceptionnelle ce chef-d'œuvre apporte, dans son état même d'inachèvement, à notre connaissance et à notre appréciation de l'œuvre de Camus" (101).

Contrairement aux récits précédents, il n'y a pas dans ce texte inachevé du *Premier homme* de femme compagne. Une ébauche de plan rédigée en 1953 prévoit six sections dont les deux dernières sont: "5) Femmes. 6) Mère" (*C3*, 100). Nous rappelons ici cette confidence que Camus faisait à Brisville en 1959: que "pour la première fois, il parlera des femmes dans un livre. Il mettra en évidence ce que sa formation leur doit et elles auront la part belle car elles ont une importance capitale" (Todd, 741). Malheureusement, l'auteur n'a pas eu le temps d'aller plus loin que la section "2) Enfance", qui s'intitule dans le roman existant "Le fils ou le premier homme" et se termine à l'adolescence[88]. Pour ce qui aurait été "la part belle" faite aux femmes, les lecteurs de Camus resteront sur leur faim. Enfin, le mot ultime du

---

86. Voir Montgomery, "La mère sacrée du *Premier homme*", étude qui est une version remaniée de cette section, à paraître dans *Albert Camus 20,* numéro consacré au *Premier homme* (voir note 26 de ce chapitre).

87. Sauf s'il est indiqué autrement dans cette section relative au *Premier homme*, les numéros de page entre parenthèses renvoient à ce texte (*CAC7*). Les numéros renvoyant aux citations tirées des *Notes et plans* sont précédés des lettres *NP*.

88. Sarocchi fait remarquer que "*Le Premier Homme*, brouillon écrit dans la hâte, et non relu, n'est que l'ébauche d'un ensemble dont il eût constitué peut-être la cinquième ou sixième part" (*Le dernier Camus,* 15).

plan de 1953, "Mère", indique que par-delà la "Recherche du père" (Première partie), c'est elle, la mère, que Jacques devait retrouver à la fin de sa quête, fait dont le narrateur était conscient dès avant la rédaction du manuscrit et que confirment certaines *Notes* des "Annexes".

L'analyse de la relation mère-fils passe cependant par la présence/absence du père, par la "recherche du père" mort qui place cette relation sous un nouvel éclairage. Et l'étude de la dyade mère-enfant va brièvement s'élargir à celle de la relation mère-fille dans les personnes de la mère et de la grand-mère de Jacques Cormery, relation qui sera déterminante par rapport au devenir de Jacques. Aussi, des dialogues plus amples et plus précis, des images agrandies et des mises en scène plus détaillées de la mère dans *Le Premier homme* vont permettre d'appréhender ce personnage capital de manière plus approfondie que dans les œuvres précédentes. Examinant le rapport silence/langage sous-jacent à la dyade mère-fils, cette lecture s'attardera à certains aspects des absences — maternelles et paternelles — dont le fils a souffert, mais surtout à ceux de la présence/absence maternelle qui soulèvent la question winnicottienne de la «good-enough mother»[89]. Il s'agit en fin de compte de dégager le pouvoir structurant de la dyade mère-enfant dans ce texte et, grâce à sa dimension autobiographique, de mettre en évidence le rôle fondamental joué par la mère dans le développement de l'œuvre.

La Nativité

Bien que, à travers les essais et les récits que nous venons d'étudier, on ait pu deviner presque tout de cette relation mère-fils qui sous-tend l'œuvre, on découvre dans *Le Premier homme*, à travers des esquisses et des scènes profondément émouvantes, une mère plus vivante et plus réelle. Déjà dans la scène initiale du roman où la carriole roulant dans la nuit pluvieuse vers Solférino abrite tant bien que mal une jeune femme prise par les douleurs de l'enfantement, Lucie Cormery apparaît dans l'essence généreuse de sa maternité. Le mari s'inquiète mais c'est elle qui le rassure. Elle a mal mais elle s'excuse. "Ce n'est rien. C'est peut-être le train", dit-elle, car avant d'avoir quitté Bône deux heures auparavant, "ils étaient arrivés d'Alger après une nuit et un jour de voyage sur les dures banquettes de troisième" (14-15). Un peu plus tard, "pliée en deux, le visage dans ses bras [...] elle pleurait

---

89. Winnicott écrit: "The good-enough 'mother' (not necessarily the infant's own mother) is one who makes active adaptation to the infant's needs, an active adaptation that gradually lessens, according to the infant's growing ability to account for failure of adaptation and to tolerate the results of frustration" (10).

sans bruit." Mais lorsque l'Arabe qui conduisait la carriole lui dit: "Tu auras un garçon. Qu'il soit beau", elle trouve la force de lui sourire bien qu'elle ne le comprenne pas parce qu'elle entend mal. Ce garçon se nommera Jacques, le héros du *Premier homme*. Et immédiatement après l'accouchement, c'est encore avec le sourire qu'elle accueillera son mari: "Un merveilleux sourire vint transfigurer le beau visage fatigué [...] 'Il est venu', lui dit-elle dans un souffle, et elle avança la main vers l'enfant" (22). Telle est Lucie, la mère de Jacques Cormery, ressemblant comme une sœur, dans sa douceur et sa vulnérabilité, à la mère d'"Entre oui et non" et, dans sa force et sa bonté, à celle de *La Peste*. Elle est en effet le modèle, dessiné sous des lumières et des angles différents, de presque tous les portraits de la mère dans l'œuvre. Glissant sans s'en apercevoir de la fiction vers l'autobiographie, l'auteur oubliera plus tard son nom fictif, Lucie — rappel du nom de son père — pour la désigner du nom de sa mère, Catherine (83). Sarocchi écrit: "L'imago de la mère, pour le meilleur et pour le pire, recouvre les signes de la filiation paternelle. L'histoire est résorbée dans le mouvement cyclique et répétitif" (*Le dernier Camus*, 24), c'est-à-dire dans celui du mythe.

Jacques Chabot estime aussi que ce "premier chapitre [...] ne relève ni de la mémoire ni de l'histoire, puisqu'il est écrit en forme de *mythe*. Mais les mythes sont la mémoire humaine d'avant l'histoire. C'est un mythe de Nativité" (67). Or, dans la "recréation" de ce mythe, où il est impossible que l'auteur se souvienne, il imagine son union première avec la mère avant de recréer sa propre naissance à travers la mise en scène du paroxysme de l'amour maternel: la mise au monde de son enfant. On peut ainsi lire, dans l'écriture de cette scène, dans la reconnaissance *de* la mère et dans celle *qui lui est adressée*, la plus haute expression de l'amour du fils. Pierre Grouix parle dans ce contexte d'un "lyrisme oratoire et religieux, inédit chez Camus: le lyrisme filial. [...] Il y a bien une mystique filiale de Camus. La lumière de la mère, la lumière, est plus du côté de la *noche oscura* que de l'ordre des raisons. [...] Le lyrisme est la seule parole possible d'un fils à sa mère" (77). C'est en effet à travers ce lyrisme que le lecteur pourra appréhender le caractère intense et déchirant de cette relation, et sa dimension désespérée.

Le silence de la mère

Paradoxalement, ce lyrisme est en total contraste avec le silence de la mère. "La mère est le silence, elle est de l'autre côté des mots", écrit encore Grouix (76). Ce qui frappe d'abord, en effet, chez la mère camusienne, aussi bien dans l'essai autobiographique "Entre oui et non" que dans *L'Étranger* et *La Peste*, mais aussi dans les *Carnets* et peut-être surtout dans *Le Premier homme*, c'est son silence. Ce n'est pas par hasard que le premier chapitre de l'étude de Mino sur *Le Silence dans l'œuvre d'Albert Camus* soit consacré à la mère. L'auteur y cite Viallaneix: "Aussi loin que [Camus] remonte dans ses souvenirs, il se heurte à l'absence ou l'impuissance de la parole. Il ne peut se répéter aucun mot de son père. Il a été élevé par une mère condamnée au mutisme par on ne sait trop quelle inhibition de la voix" (19)[90]. Gay-Crosier souligne aussi ce double silence parental dans lequel Jacques Cormery a grandi, celui du père absent et de la mère quasi-muette:

> Pour ce qui est de Henri Cormery, le vrai père, il échappera définitivement à Jacques qui pourtant le cherche éperdument non seulement dans sa visite au cimetière mais à travers toute l'œuvre. [...] Dans un même ordre d'idées, les rencontres touchantes avec la mère seront également entourées d'un mur de silence infranchissable et resteront des rendez-vous souvent répétés mais toujours manqués sur le plan de la communication orale et impossibles sur le plan de la communication écrite. ("Lyrisme et ironie", 72)

Le Premier homme nous apprend qu'une maladie de jeunesse fut probablement la cause de cette "inhibition de la voix" qui, en termes kristeviens, s'appelle "asymbolie". Jacques vient d'interroger sa mère au sujet de sa vie avec le père qu'il n'a jamais connu. Elle ne se souvient pas. Évoquant Proust à travers la différence, le narrateur écrit:

> [I]l fallait remonter dans le temps à travers une mémoire enténébrée. [...] Le temps perdu ne se retrouve que chez les riches. Pour les pauvres, il marque seulement les traces vagues du chemin de la mort. Et puis, pour bien supporter, il ne faut pas trop se souvenir, il fallait se tenir tout près des jours, heure après heure, comme le faisait sa mère, un peu par force sans doute, puisque cette maladie de jeunesse (au fait, selon la grand-mère, c'était une typhoïde. Mais une typhoïde ne laisse pas de semblables séquelles. Un typhus peut-être. Ou quoi? Là, encore, c'était la nuit), puisque cette maladie de jeunesse l'avait laissée sourde et avec un embarras de parole, puis l'avait empêchée d'apprendre ce qu'on enseigne même aux plus déshérités, et forcée donc à la résignation muette, mais c'était aussi la seule manière qu'elle ait trouvée de faire face à sa vie, et que pouvait-elle faire d'autre, qui à sa place aurait trouvé autre chose? (79)

Tout en présentant l'avantage de nous en apprendre long sur la perception plus tardive de la mère par le fils, une perception moins œdipienne que dans les premiers écrits (la rédaction du *Premier homme* préoccupe Camus pendant les sept ou huit dernières années de

---

90. Mino cite Viallaneix, *Le Premier Camus*, CAC2 (40). Précédant la citation, cette autre observation de Viallaneix: "L'œuvre de Camus, plus qu'aucune autre, est fille du silence" (39).

sa vie), ce passage met également en évidence toute la complexité de ce qu'avait dû être la relation mère-fils et l'intensité du manque qu'avait dû connaître l'enfant, manque que J. Daniel commente en ces termes: "Sans doute sera-t-il confondu par l'héroïsme et la douceur de cette madone silencieuse, par l'éloquence de son mutisme, par la sagesse décapante de ses observations frustes, mais l'obstacle au bonheur est quotidien. Les limites sont présentes, définitives" ("Le bonheur", 15). C'est dans ce contexte que resurgit la question winnicottienne de la "good-enough mother", question qui se pose par rapport à l'œuvre camusienne dans son ensemble puisque, d'accord avec Gassin, nous pensons que cette œuvre peut être vue comme "maternelle". La lecture du *Premier homme* va tenter d'apporter de nouveaux éléments à la réponse partielle déjà fournie par l'étude de *L'Étranger* et de *La Peste*.

D'entrée de jeu, les mots de la dédicace expriment avec une retenue poignante le manque profond du fils et son déchirement implicite: "À toi qui ne pourras jamais lire ce livre" (11). Grouix voit ce roman adressé à la mère comme celui du retour du fils: "La mère est la figure de l'autre par excellence. Le premier homme est d'abord un fils. Comme dans *Le Malentendu*, le retour est un retour vers elle" (76). Il s'agit bien, en effet, de la quête toujours renouvelée de la mère. Et de fait, ce roman inachevé adressé *à* la mère est autant l'histoire *de* cette mère que celle du fils qui nous invite, dès ces mots inauguraux, à porter un long regard de tendresse et de compassion sur elle et sur son incroyable dénuement. Il faut prendre le temps de s'arrêter à sa "résignation muette", déjà évoquée dans "Entre oui et non" où elle "se tasse [...] sur une chaise et, les yeux vagues, se perd dans la poursuite éperdue d'une rainure du parquet" (II, 25). Dans le premier portrait de la mère esquissé par le narrateur du *Premier homme*, et après la description du fin visage au "beau et chaud regard marron", le narrateur souligne ce qu'il a de singulier: "Mais quelque chose sur ce visage frappait. [...] plutôt un air d'absence et de douce distraction, comme en portent perpétuellement certains innocents, mais qui ici affleurait fugitivement sur la beauté des traits" (12-13). Après la grande tendresse des retrouvailles de la mère et du fils lors du retour de celui-ci de Saint-Brieuc où il s'est rendu sur la tombe de son père, il y a aussitôt le retrait et le silence, comme après toutes leurs retrouvailles:

> Quand il *arriva* devant la porte, sa mère *l'ouvrait* et se *jetait* dans ses bras. Et là, *comme chaque fois* qu'ils *se retrouvaient*, elle *l'embrassait* deux ou trois fois, le serrant contre elle de toutes ses forces [...]. Et puis, tout de suite après, détournée, elle *retournait* dans l'appartement et *allait* s'asseoir dans la salle à manger qui donnait sur la rue, elle *semblait* ne plus penser à lui ni d'ailleurs à rien, et le *regardait* même parfois avec

> une étrange expression, comme si maintenant, ou du moins il en *avait*
> l'impression, il *était* de trop et *dérangeait* l'univers étroit, vide et fermé
> où elle *se mouvait* solitairement. (58-59; nos italiques)

Seul le premier verbe, indiquant l'unicité de cette arrivée, est au passé simple alors que les deux suivants qui le requièrent également sont déjà à l'imparfait comme tous ceux qui suivent et qui sont renforcés par l'expression "comme chaque fois". Celle-ci, ainsi que l'emploi presque exclusif de l'imparfait, soulignent le caractère habituel, répétitif des retrouvailles et du retrait silencieux de la mère qui rappelle l'aliénation de celle décrite dans "Entre oui et non" (II, 25-26).

La relation mère-fille

Dans presque toutes les descriptions du comportement de la mère — celle de *La Peste* exceptée partiellement — on repère les marques de la mélancolie décrite par Kristeva, notamment cette "asymbolie qui s'installe par moments ou chroniquement chez un individu." Kristeva écrit:

> Tout en reconnaissant la différence entre mélancolie et dépression, la théorie freudienne décèle partout le même *deuil impossible de l'objet maternel*. Question: impossible en raison de quelle défaillance paternelle? Ou de quelle fragilité biologique? [...] nous essaierons de dégager ce qui, au sein de l'ensemble mélancolico-dépressif, [...] relève d'une commune expérience de la *perte de l'objet* ainsi que d'une *modification des liens signifiants*. Ces derniers, et en particulier le langage, s'avèrent dans l'ensemble mélancolico-dépressif incapables d'assurer l'autostimulation nécessaire à initier certaines réponses. (*SN*, 18-19)

On identifie ici sans peine certains éléments de la situation où s'est trouvée la mère du *Premier homme*. Son infirmité et la mort prématurée du père (82) avaient dû, dès l'enfance, la rendre plus dépendante qu'une autre de sa mère, femme particulièrement dominatrice. Kristeva dit justement que "pour une femme lorsque l'image paternelle s'écroule, celle de la mère ou des substituts qui se présentent peuvent paraître dérisoires et ne pas tenir le coup. Le danger de la psychose me semble plus grand pour elle, pour nous. Le désir de mort comme un désir d'effacement du moi plus fréquent" ("Unes femmes", 26).

Ce désir d'effacement de la fille, élevée par une mère tyrannique, n'a pu que s'intensifier encore après la mort du deuxième substitut que fut provisoirement le mari de Lucie, Henri Cormery. On constate en effet un effacement total de la fille devenue veuve devant sa mère, devant cette femme fruste et autoritaire qui est la fameuse grand-mère tant de fois évoquée par Camus. "Droite, dans sa longue robe noire de prophétesse, ignorante et obstinée, elle du moins n'avait jamais connu la résignation" (81). Reconstituant l'époque où cette grand-mère avait encore son mari et où sa mère à lui n'était encore qu'une enfant dans une famille qui en comptait neuf, Camus écrit: "[E]lle élevait sa couvée, un long bâton près d'elle quand elle était assise au bout de la table, ce qui la dispensait de toute vaine observation, le coupable étant immédiatement frappé sur la tête" (82). Dans "Entre oui et non", Camus écrivait déjà: "[E]lle fait l'éducation des enfants avec une cravache. Quand elle frappe trop fort, sa fille lui dit: 'Ne frappe pas sur la tête.' Parce que ce sont ses enfants, elle les aime bien. Elle les aime d'un amour égal qui ne s'est jamais révélé à eux" (II, 25). Mais, terrorisée, la fille est bien trop soumise pour oser intervenir plus fort. Elle s'éreinte à faire des ménages et remet ses modestes gains à sa mère. Celle-ci a tout à dire, dans tous les domaines, y compris dans l'éducation des deux garçons. La fille ne peut qu'acquiescer en silence. Elle s'efface de plus en plus. Si, à cause de son infirmité (à la fois physique et psychique), elle a eu à peine accès au langage, elle a eu moins encore la possibilité psychique du matricide symbolique. Or, si Lucie avait pu, grâce à son mariage, s'affranchir de sa mère pendant quelque temps et peut-être "érotiser l'autre", ce ne fut qu'un répit de courte durée, et inefficace, puisque, dès la mort de son mari à la guerre cinq ans plus tard, elle réintègre le domicile maternel en fille docile. La pulsion matricide est à nouveau bloquée.

Or, selon Kristeva, "[l]a plus ou moins grande violence de la pulsion matricide [...] entraîne, lorsqu'elle est entravée, son inversion sur le moi: l'objet maternel étant introjecté la mise à mort dépressive ou mélancolique du moi s'ensuit à la place du matricide" (*SN*, 39). N'est-ce pas à cette inversion que l'on assiste en observant le comportement mélancolique de la mère camusienne qui n'a pas pu se séparer de sa mère à elle? À deux reprises au moins dans *Le Premier homme* apparaît un «objet transitionnel» typique qui témoigne, dans l'âge adulte, de la dépendance infantile à peine latente de Lucie envers sa mère: "Cormery regardait sa mère [...], les mains jointes autour d'un petit mouchoir que de temps en temps elle roulait en boule de ses doigts gourds, puis abandonnait au creux de la robe entre ses mains immobiles..." (59); et plus loin: "Il savait que dans la chambre de sa mère [...], il ne trouverait strictement aucun objet sinon, parfois, le petit mouchoir roulé en boule qu'elle abandonnait sur le bois nu de la coiffeuse" (62). L'usage de l'imparfait indique la réapparition habituelle de cet objet. Or, selon Winnicott, "[l]es objets et phénomènes transitionnels appartiennent au domaine de l'illusion qui fonde l'initiation de l'expérience. [...] L'objet transitionnel d'un enfant devient progressivement déconnecté, surtout lors du développement d'intérêts de nature culturelle"⁹¹. Il est clair que les circonstances n'ont guère permis la "déconnexion" indispensable à l'autonomisation de Lucie et encore moins l'érection entre sa mère et elle de ce que Kristeva appelle le "barrage individuant" d'une œuvre, pas même celui du langage. Camus, particulièrement conscient de cette réalité, rêve de lui donner enfin la parole⁹². On lit dans les *Notes*: "Chapitres alternés qui donneraient une voix à la mère. Le commentaire des mêmes faits mais avec son vocabulaire de 400 mots" (*NP*, 312).

Nous avons vu, à propos de l'essai "Entre oui et non", à quel point le jeune Camus a souffert du "silence animal" de sa mère. Et la question se pose, malgré et au-delà de l'immense compassion qu'elle inspire, de savoir quelle mère elle était pour son fils, cette femme endeuillée que nous venons de voir, dont nous savons en résumé qu'elle était orpheline de père, veuve de guerre ayant réintégré le domicile et l'autorité tyrannique de sa propre mère, partiellement sourde et muette, illettrée et exténuée par des travaux grossiers. Qu'avait reçu de la vie cette femme mutilée et que lui restait-il à donner à ses enfants? Était-elle à même de répondre à leurs besoins? Pouvait-elle être celle "qui s'adapte activement aux besoins de l'enfant", comme le fait la "mère suffisamment bonne" de Winnicott? À première vue, il semblerait que non.

Parlant du silence maternel, Costes, qui se base sur le jeu de la bobine observé par Freud et rapporté dans "Au-delà du principe du plaisir", affirme que

> Camus va employer toute son œuvre à protester contre les silences de sa mère. [...] Reprenant inlassablement la scène du fils fasciné devant l'immobilité de sa mère, Camus s'efforce à chaque fois de briser ce mur du silence. [...] [J]usqu'au *Malentendu*, et même ultérieurement, Camus n'est animé que du désir inconscient de *trouver le langage qui convienne à une mère sourde et muette*. Nous parlons là d'un désir très profondément enfoui (puisqu'il émane directement du pur désir incestueux) et il n'est pas facile d'en rendre compte de façon immédiate. (131-32; nos italiques)

Cette mère silencieuse et indifférente, s'inscrit-elle dans l'imago de la "mère bonne" ou de la "mère mauvaise", pour reprendre le langage

---

91. Notre traduction. Voir Winnicott, *Playing and Reality*, 14.
92. Carmen Licari, évoquant le "seul et même silence qui 'pèse sur la terre de l'oubli'", remarque que "[l]a parole du *Premier homme* est un défi à ce silence. Mais cette parole ne lui appartient pas entièrement. Le contre-chant de la mère traverse tout le roman et c'est par l'intermédiaire de sa voix que le récit nous parvient." Se référant aux mots en tête du manuscrit: "Intercesseur: Vve Camus" et à la dédicace: "À toi qui ne pourras jamais lire ce livre" (11), Licari poursuit: "À l'illettrée qui s'exprime avec peine est ainsi reconnue l'*autorité* ("l'autorité et non le pouvoir") d'intercéder auprès du lecteur. Elle, qui la première a transmis jadis au fils la parole, nous apporte aujourd'hui la parole du fils qui la lui confie" (386).

jungien utilisé par Costes? La réponse n'est pas simple, et bien moins manichéenne que la question. Costes, qui voit l'imago maternelle camusienne constituée par deux personnages, celui de la mère, douce mais indifférente, froide et énigmatique, et celui de la grand-mère, autoritaire, tyrannique, castratrice, nous prévient cependant que

> dans le cas qui nous occupe, il ne faudrait pas s'empresser de rapporter une polarité de l'imago maternelle à la grand-mère, l'autre polarité à la mère. Il n'existe qu'une seule imago maternelle dont un versant est bienveillant et l'autre menaçant. Puisque deux personnes féminines présidèrent à l'éducation de Camus, *c'est leur fusion fantasmatique qui constituera l'imago maternelle dans ses deux polarités.* (38; nos italiques)

Il nous a semblé utile d'attirer l'attention sur la dualité (les deux versants) et, dans le cas de la mère camusienne, sur la complexité (deux personnes constituantes) de l'imago maternelle. Aucune de ces deux personnes n'est entièrement bonne pour l'enfant, ni entièrement mauvaise. La mère, que le fils trouve essentiellement bonne et douce, le blesse cependant par son apparente indifférence et parfois par sa froideur. La grand-mère, perçue par son petit-fils surtout comme une femme autoritaire et dominatrice[93], l'étonne — rarement, il est vrai — par des réactions imprévues: c'est elle qui écoute M. Bernard et qui accepte qu'il présente Jacques à l'examen des bourses. Après le départ de l'instituteur, elle manifeste une sensibilité inattendue: "Il était déjà parti, et la grand-mère prenait Jacques par la main pour remonter à l'appartement, et pour la première fois elle lui serrait la main, très fort, avec une sorte de tendresse désespérée. 'Mon petit, disait-elle, mon petit'" (152-53). Mais l'influence néfaste de la grand-mère est mise en évidence par Sarocchi: "Occupant le lieu du père (absent de fait) et de la mère (absente d'esprit), elle offre de celui-là une version odieuse, offusque la pâle individualité de celle-ci, et, forte de son double pouvoir abusif, l'exerce impitoyablement sur ses petits-fils. [...] Elle bloque, tant qu'elle demeure à l'avant-scène, le processus œdipien" (*Le dernier Camus*, 55).

La mère endeuillée

Tenant compte de la complexité de l'imago maternelle, il n'y a rien d'étonnant à ce que Gassin, de son côté, souligne certaines contradictions relatives à la mère dans les écrits autobiographiques (*L'Envers et l'endroit* et les *Carnets*). Le critique écrit: "[P]eu de mères ont reçu un hommage aussi émouvant et aussi constant que, de

---

[93]. "Et plus que tout autre, elle avait dominé l'enfance de Jacques" (*PH*, 81).

la part de son fils, cette femme pauvre, infirme, qui 'pensait difficilement' (*C2*, 25) et parlait à peine. [...] Dans un éloge aussi inlassablement repris, la critique a reconnu une piété filiale sans défaut. Un examen attentif des textes laisse apparaître [...] une réalité plus complexe" (205). L'expression des sentiments envers la mère dans les premiers essais est en effet ambiguë et même "déconcertante", comme le dit encore Gassin. C'est dans le pasage suivant d'"Entre oui et non" que cette ambiguïté s'exprime avec le plus de force, passage évoqué plus d'une fois mais qu'il nous faut citer ici car il est fondamental dans la représentation de la mère camusienne dans son ensemble ainsi qu'à la relation mère-fils:

> [La mère] se tasse alors sur une chaise et, les yeux vagues, se perd dans la poursuite éperdue d'une rainure du parquet. Autour d'elle, la nuit s'épaissit dans laquelle ce mutisme est d'une irrémédiable désolation. Si l'enfant entre à ce moment, il distingue la maigre silhouette aux épaules osseuses et s'arrête: il a peur. Il commence à sentir beaucoup de choses. À peine s'est-il aperçu de sa propre existence. Mais il a mal à pleurer devant ce silence animal. Il a pitié de sa mère, est-ce l'aimer? Elle ne l'a jamais caressé puisqu'elle ne saurait pas. Il reste alors de longues minutes à la regarder. À se sentir étranger, il prend conscience de sa peine. Elle ne l'entend pas car elle est sourde. [...] ce silence marque un temps d'arrêt, un instant démesuré. Pour sentir cela confusément, l'enfant croit sentir, dans l'élan qui l'habite, de l'amour pour sa mère. Et il le faut bien parce qu'après tout c'est sa mère. (II, 25-26)

Ce passage plein de confusion angoissée et de souffrance précède de quelques lignes celui concernant la nuit qui, bien plus tard, devait laisser à Camus "l'image désespérante et tendre d'une solitude à deux" et le souvenir "de ce moment où il avait senti les liens qui l'attachaient à sa mère". Or, la prise de conscience de ces liens est elle-même ambiguë, empreinte de l'image de la mort et du néant: "Il ne restait plus qu'un grand jardin de silence où croissaient parfois les gémissements apeurés de la malade. Lui ne s'était jamais senti aussi dépaysé. Le monde s'était dissous et avec lui l'illusion que la vie recommence tous les jours. Rien que la maladie et la mort où il se sentait plongé..." Aussi, le souvenir "de ce moment où il avait senti les liens qui l'attachaient à sa mère" est associé à celui de la souffrance, à "cette odeur mêlée de sueur et de vinaigre" (II, 27).

Arrivés à ce point, il convient de s'arrêter à ce qu'André Green appelle "the dead mother complex". Il faut d'abord savoir que la "mère morte" n'est pas réellement morte: "The dead mother [...] is a mother who remains alive but who is, so to speak, *psychically dead in the eyes of the young child* in her care" (*On Private Madness*, 142; nos italiques). Le "complexe" concerne la dépression de l'enfant confronté à cette mère endeuillée et c'est à l'enfant de cette mère que s'intéresse l'analyse de Green:

> The essential characteristic of this depression is that it takes place in the presence of the object, which is itself absorbed by a bereavement. The mother, for one reason or another, is depressed. [...] among the principal causes of this kind of maternal depression, one finds the loss of a person dear to her: child, parent, close friend, or any other object strongly cathected by the mother. But it may also be a depression triggered off by a deception which inflicts a narcissistic wound: a change of fortune in the nuclear family or the family of origin [...] etc. In any event the mother's sorrow and lessening of interest in her infant are in the foreground. (149)

Caractéristiques de cette mère endeuillée sont la tristesse, la passivité, le silence, une certaine absence. "[B]ehind the complaints concerning the mother's doings, her actions, the *shadow of her absence* was profiled. [...] A *silent* mother, even if talkative. When she was present, she remained *indifferent*...", écrit Green (154; nos italiques). *"L'indifférence de cette mère étrange!"* écrit Camus dans "Entre oui et non" (II, 26). Et de fait, en lisant Green, c'est bien l'image de la mère camusienne silencieuse, indifférente et passive qui vient à l'esprit, de cette mère faisant le deuil du père et/ou du mari, et impuissante depuis toujours à accomplir le matricide libérateur. Et le fils semble bien être celui qui soigne sa "blessure narcissique" à lui en transposant "l'objet perdu, par un effort symbolique incroyable [...] qui métamorphose en objet érotique 'sublimé' les constructions culturelles" (Kristeva, *SN*, 38-39), et cela à travers une activité intellectuelle intense et la création artistique exprimées par le langage.

Parmi toutes les expressions du sentiment filial camusien, il en est une qui frappe plus que les autres, peut-être parce qu'elle les résume avec force: "J'aimais ma mère *avec désespoir*. Je l'ai toujours aimée *avec désespoir*" (*C2*, 178; nos italiques). Ce sentiment explique "l'image désespérante et tendre d'une solitude à deux." Dans *Le Premier homme*, "Jacques ne désirait nullement changer d'état ni de famille, et sa mère telle qu'elle était demeurait ce qu'il aimait le plus au monde, même s'il l'aimait désespérément" (188). Or, c'est de l'impossible que l'on désespère, de l'objet inaccessible du désir, du désir qui se consume dans une absence sans fin, que ce soit absence de la mère ou absence de Dieu — manifestées par le même silence.

Absences

L'absence est omniprésente dans l'œuvre camusienne. C'est elle qui creuse les béances de la nostalgie et du désespoir. Jacques a grandi au milieu d'absences multiples que Morzewski énumère avec une série de "sans" qui soulignent la privation: "Enfin, pas de 'territoire' possible pour Jacques l'apatride, enfant sans terre et sans père, sans origines et sans racines" (90). L'absence première est celle du père, "mort pour la patrie" lorsque Jacques avait un an. L'enfant a ensuite dû grandir avec toutes les conséquences de cette absence. Abbou constate: "Telle fut l'enfance de Camus, ballotée entre une mère à peine présente, sans mémoire fiable et de peu de secours, et un père absent, supplicié et abandonné" ("Du goût de l'innocence", 61). De plus, cette absence du père tué en France, et pour défendre un pays qu'il n'avait jamais connu, s'élargit aux yeux du fils à celle de la patrie. Soit dit en passant, on touche ici à l'un des points névralgiques de la sensibilité camusienne et qui explique en partie ce que la critique post-coloniale a parfois tant de peine à comprendre:

> [C]ette notion de patrie était vide de sens pour Jacques, qui savait qu'il était français, que cela entraînait un certain nombre de devoirs, mais pour qui la France était une absente dont on se réclamait et qui vous réclamait parfois, mais un peu comme le faisait ce Dieu dont il avait entendu parler hors de chez lui et qui, apparemment, était le dispensateur souverain des biens et des maux, sur qui on ne pouvait influer mais qui pouvait tout, au contraire, sur la destinée des hommes. (191)

Le père, la patrie, Dieu absents: de quelle présence se nourrit l'enfant? De la présence maternelle, bien sûr, mère et terre réunies. Comme l'écrit Sarocchi, "[...] si la 'recherche du père' s'achève sur un contat d'échec, le roman, jusqu'à ses dernières pages, ne cesse d'interroger le visage maternel, de sorte qu'embrassé dans tout son cours il mériterait plutôt, pour titre, 'recherche de la mère'" (*Le dernier Camus*, 227). Mais si la *Terra Mater* comble l'enfant de ses bienfaits, nous savons que la présence de la mère est parcimonieuse, se dissolvant le plus souvent dans un silence indéfini, dans une absence partielle, psychique et affective. Ceci ramène au concept d'absence qui sous-tend l'analogie entre le féminin et la religion, concept à la lumière duquel il est intéressant de relire ce passage onirique relatif à l'enseignement religieux que Jacques reçoit comme préparation à la première communion, et qui suit la scène où le curé "le gifla à toute volée" pour le punir d'une grimace. Jacques répond à l'absence par l'absence:

> Pendant tout le reste des cours de catéchisme, il fut *absent*, regardant calmement, sans reproche comme sans amitié, le prêtre quand il lui parlait [...]. Enfoncé dans le travail comme dans le même rêve qui continuait, ému seulement [...] par les messes du soir [...] où l'orgue lui faisait entendre une musique qu'il entendait pour la première fois [...], *à la rencontre enfin du mystère sans nom* où les personnes divines, nommées et rigoureusement définies par le catéchisme n'avaient rien à faire ni à voir, qui prolongeaient simplement le monde nu où il vivait; *le mystère chaleureux, intérieur et imprécis, où il baignait alors élargissait seulement le mystère quotidien du secret sourire ou du silence de sa mère* lorsqu'il entrait dans la salle à manger, le soir venu, et que, seule à

> la maison, elle n'avait pas allumé la lampe à pétrole, laissant la nuit envahir peu à peu la pièce, elle-même comme une forme plus obscure et plus dense encore qui regardait pensivement à travers la fenêtre les mouvements animés, amis silencieux pour elle, de la rue, et l'enfant s'arrêtait alors sur le pas de la porte, *le cœur serré, plein d'un amour désespéré pour sa mère* et ce qui, dans sa mère, n'appartenait pas ou plus au monde et à la vulgarité des jours. (158-59; nos italiques)

On assiste ici à une élévation spirituelle de la mère par le fils qui la transporte ailleurs, la faisant accéder à un temps et un espace autres, transcendant le quotidien. Se formant autour de cette scène répétée dans ses variantes à travers l'œuvre, scène fondatrice par rapport au développement de l'enfant, le nœud du mystère de la religion reste pour l'enfant celui du silence/absence de la mère. Ses premières impressions religieuses sont ainsi "reliées" (latin: *religere*) à elle. Sa mère *est* sa religion. Parlant de l'absence de Dieu ou de sa parole et se référant aux pères absents, Noudelmann arrive à la même conclusion: "[L]es pères absents laissent la voie libre, donnent voix au fils de la mère, au premier homme, au seul homme finalement, celui qui tient lieu du tout pour la mère. Christ absurde car sans message, ce premier homme n'est l'enfant d'aucun père charnel ni spirituel, *sa religion ne le relie qu'à la mère*. Dès lors, s'il veut éviter l'angélisme, il lui faut inventer la loi" (148-49). Ou édifier une œuvre qui en serait l'assise.

Enfin, la tragédie du silence de la mère et de son "étrange indifférence" — de son absence — éclate dans ces quelques mots jetés dans les *Carnets*: "Enfance pauvre. *Vie sans amour* (non sans jouissances). *La mère n'est pas une source d'amour. Dès lors, ce qu'il y a de plus long au monde c'est d'apprendre à aimer*" (*C3*, 98; nos italiques). Faut-il lire ici la réponse bouleversante à la question winnicottienne de la "good-enough mother", réponse qui dispenserait de pousser plus loin une interrogation analytique. L'intuition d'un écrivain accompli parfois des raccourcis étonnants qu'on aurait tort d'ignorer. On voudrait seulement rappeler ce que dit encore Green concernant le sujet du "dead mother complex" et qui confirme partiellement la douloureuse constatation de Camus: "In truth, he will encounter the inability to love, not only because of ambivalence, but because his love is still mortgaged to the dead mother" (156).

Mais une fois encore chez Camus, dont la résilience est exceptionnelle, tout n'est pas dit pour autant: dans son cas, il faut remplacer le terme "incapacité" par celui de "difficulté". Amour "hypothéqué" en effet, "engagé" envers la mère, mais non pas absent en dehors d'elle. Étonnamment présent, au contraire, comme en témoignent tous ses écrits. C'est bien à travers eux qu'il transpose, pour reprendre les mots de Kristeva, "l'objet perdu par un effort symbolique incroyable [...] qui métamorphose en objet érotique 'sublimé' les constructions culturelles" (*SN*, 38-39). C'est que la mort psychique de la mère n'est pas absolue et qu'en dépit des apparences, la mère offre au fils une forme de présence essentielle.

Difficile amour

S'il est vrai que l'amour est l'une des préoccupations fondamentales de l'œuvre, l'un de ses aspects les plus dynamiques est le difficile apprentissage de l'amour — "apprendre à aimer" —, apprentissage qui implique une lutte incessante. Sans perdre de vue la diversité des objets de l'amour, ses différentes formes et intensités, le moment est venu d'en parler car l'œuvre ultime qu'est *Le Premier homme* — et qui devait faire partie du troisième cycle, celui de l'amour — permet d'évaluer son évolution ainsi que ses répercussions.

Parmi les innombrables citations des *Carnets* relatives à l'amour, en voici quelques-unes choisies au hasard et qui témoignent de cette constante préoccupation ainsi que de ses contradictions: "Si j'avais à écrire un livre de morale, il aurait cent pages et 99 seraient blanches. Sur la dernière, j'écrirais: 'Je ne connais qu'un seul devoir et c'est celui d'aimer.' Et pour le reste, je dis *non*" (*C1*, 71). "L'amour est au commencement de toutes choses" (*C2*, 163). "Régénérer l'amour dans le monde absurde, c'est en fait régénérer le plus brûlant et le plus périssable des sentiments humains" (*C2*, 75). "On ne peut rien fonder sur l'amour: il est fuite, déchirement, instants merveilleux ou chute sans délai. Mais il n'est pas..." (*C2*, 120). "Ainsi, parti de l'absurde, il n'est pas possible de vivre la révolte sans aboutir en quelque point que ce soit à une expérience de l'amour qui reste à définir" (*C2*, 177). "Non pas la morale mais l'accomplissement. Et il n'y a pas d'autre accomplissement que celui de l'amour, c'est-à-dire du renoncement à soi-même et de la mort au monde. Aller jusqu'au bout. Disparaître. Se dissoudre dans l'amour. Ce sera la force de l'amour qui créera alors et non plus moi. S'abîmer. Se démembrer. S'anéantir dans l'accomplissement et la passion de la vérité" (*C2*, 309-10). Citant Pascal: "L'amour et la raison ne sont qu'une même chose" (*C3*, 66). "Il arrive toujours un moment où les êtres cessent de lutter et de se déchirer, acceptent enfin de s'aimer selon ce qu'ils sont. C'est le royaume des cieux" (*C2*, 323). "En amour, s'en tenir à ce qui est" (*C3*, 79). Et puis, dans les toutes dernières lignes des *Carnets*, écrites quelques jours avant sa mort et qui témoignent jusqu'à la fin de la complexité et de la grandeur de l'amour selon Camus, on lit: "Je m'accuse parfois d'être incapable d'aimer. Peut-être est-ce vrai mais j'ai été capable d'élire quelques êtres et de leur garder, fidèlement, le meilleur de moi, quoi qu'ils fassent" (*C3*, 280). Est-il meilleure façon d'aimer? Il avait aussi écrit: "Il y a toujours dans l'homme une part qui refuse l'amour. C'est la part qui veut mourir. C'est elle qui demande à être pardonnée" (*C2*, 318). Cette part qui veut mourir est celle qui se dérobe à l'énergie vitale sisyphienne, celle qui se soustrait à la volonté de vivre face à l'absurde, comme ce fut le cas de Mersault. À la base de la lutte camusienne, il y a un tiraillement incessant entre Éros et Thanatos.

Morot-Sir, dans "L'esthétique d'Albert Camus", analyse le "dit de l'amour" (111) dans l'œuvre et, tout en soulignant les intentions de l'auteur ainsi que ses résistances, en décrit la complexité:

> [L]e projet d'un grand roman d'amour après *Le Premier Homme*[94] n'est-il pas la preuve que, pour Camus, l'amour reste, par-delà les vicissitudes de l'histoire et les urgences de la publication, le mot qui suggère, aujourd'hui comme hier ou demain, les plus grands abandons [...], abandon de l'écrivain au langage et insistantes sollicitations au lecteur pour que celui-ci apprenne à s'abandonner avec lucidité. En bref, le texte entier de ce qui nous fut laissé du grand œuvre camusien, d'étape en étape, de juxtaposition en juxtaposition, offre les fragments d'un discours sur l'amour associé à un discours d'amour. Je concentrerai [...] l'analyse sur les deux aspects complémentaires d'un tel discours — d'abord, et après *La Mort heureuse*, un exercice obstiné de dé-justification des discours amoureux, traditionnels et quotidiens, puis, au contraire et parallèlement, la recherche d'une apothéose de l'amour par l'ouverture du langage au monde et à la mort. (103-104)

Suit un "collage textuel" de certains de ces fragments, collage plus élaboré et plus provocant que le nôtre, dont nous conseillons la lecture, et qui est censé "dire mieux que n'importe quelle analyse l'intensité et l'ampleur de cette destruction" (104-105). Morot-Sir enchaîne:

> Le choc de ces textes les uns contre les autres suffit à faire éclater la présence latente ou évidente de l'amour tout au long de l'œuvre camusienne et à montrer comment l'auteur de "La Femme adultère" a poussé les sensations et les sentiments vers leurs extrémités, de manière à faire se rencontrer à l'intérieur du texte les mots "amour", "création", "vie", et "mort". Mais plus encore, ces fragments manifestent une volonté de résistance à toutes les diversions et distractions du discours d'amour. (106)

Voilà qui clarifie l'ensemble du discours camusien sur l'amour et qui devrait permettre de dissiper l'incompréhension et les malentendus dont il est si souvent l'objet. Cette analyse explique aussi les attitudes et les discours contradictoires de certains personnages (Rieux et Clamence, par exemple), ou l'évolution d'un personnage à l'autre (de Mersault à Meursault), ou encore l'évolution interne d'un personnage

---

94. À l'époque de la rédaction de *La Peste*, Camus notait: "Roman d'amour: Jessica" (*C2*, 166). Plus tôt, il avait déjà noté: "Roman de femmes: Un seul thème: la sincérité" (*C1*, 199).

(Meursault, Rambert, Tarrou). Elle explique aussi le fossé entre hommes et femmes, fossé que l'étude de l'œuvre dramatique tentera d'éclairer dans le chapitre suivant.

Présence

Si, comme l'écrit Grouix, *Le Premier homme* "est un livre à la mère" (76), c'est peut-être l'histoire *de* la mère qui resterait à écrire, de cette mère camusienne si douce mais elle-même si démunie que, dit son fils, "[e]lle ne l'a jamais caressé puisqu'elle ne saurait pas" (II, 25), de cette mère/source dont les eaux de l'amour restent enfouies sous les ruines du malheur. Mais non taries, comme le fils en fera un jour la découverte et comme l'explique Blanchot à propos de "*L'indifférence de cette mère étrange!*": qu'elle "ne signifiait pas l'indifférence du cœur, mais l'étrangeté de l'existence réduite à sa seule vérité, sans rien qui la travestisse ni la dénonce, présente seulement et égale, dans sa solitude, à l'"immense solitude du monde"". Et concernant le passage nocturne d'"Entre oui et non", Blanchot ajoute:

> Ce serait altérer un tel moment que d'y reconnaître une première vue sur la vie seulement malheureuse. Ce qui s'y révèle au contraire à l'enfant, c'est quelque chose de plus fondamental, où il apprend que bonheur et malheur peuvent s'échanger, de même que la plénitude et la dépossession, de même que l'homme et le monde s'y unissent silencieusement dans la solitude qui leur est commune: moment analogue à celui du 'retournement', connaissance déjà de ce *royaume* qu'est l'*exil*. (*L'Amitié*, 222-23)

C'est bien sûr l'histoire de sa mère que Camus entame secondairement dans *Le Premier homme*, entrelacée avec la sienne. À l'époque où il commençait à songer à ce roman, il notait dans ses *Carnets*: "*Le Premier Homme* refait tout le parcours pour découvrir son secret: il n'est pas le premier. Tout homme est le premier homme, personne ne l'est. *C'est pourquoi il se jette aux pieds de sa mère*" (*C3*, 142; nos italiques). Dans cette recherche des origines, serait-il un jour remonté plus loin encore dans l'histoire de cette femme, par-delà le désespoir et toujours plus loin dans l'amour, pour retrouver la source, la *chora*, pour écrire toute l'histoire *de* cette mère silencieuse, l'histoire peut-être de *La Première femme*?[95] Mais est-il

---

95. Gaëtan Brulotte fait remarquer que "[m]ême si Camus intitule sa première partie 'Recherche du père', c'est le roman de la mère qu'en réalité il commence à construire: c'est la mère qui est au cœur de son écriture comme de ses souvenirs. [...] *Le Premier Homme* aurait ainsi pu tout aussi bien s'intituler *La Première Femme*" (145).

possible à un fils de remonter si loin dans la re-connaissance? Dans *Le Malentendu*, Jan y perd la vie. Œdipe y perdit la vue.

Enfin, c'est au cœur du *Premier homme* que se produit la découverte. Dans le passage concernant les concerts improvisés des dimanches après-midi, Jacques se remémore avoir surpris le regard de sa mère après que l'une de ses tantes l'eut complimentée sur lui. Comme si Jacques livrait enfin un secret tu jusqu'alors, un trésor auquel il n'avait peut-être pas osé croire mais qui n'avait cessé de luire comme un "soleil enfoui", le narrateur écrit:

> Le regard de sa mère, tremblant, doux, fiévreux, était posé sur lui avec une telle expression que l'enfant recula, hésita et s'enfuit. "Elle m'aime, elle m'aime donc", se disait-il dans l'escalier, et il comprenait en même temps que lui l'aimait éperdument, qu'il avait souhaité de toutes ses forces d'être aimé d'elle et qu'il en avait toujours douté jusque-là. (89-90)

Moment d'une révélation primordiale, c'est alors que Jacques découvre enfin la source, les eaux enfouies de l'amour de la mère. "Les yeux sont le miroir de l'âme", dit-on. Dans "L'Énigme", Camus écrivait déjà: "Le silence même, au demeurant, garde un sens si les yeux parlent" (II, 865). Et dans ses *Notes*, il avait prévu ce passage pour la fin du roman:

> Fin. Elle leva vers lui ses mains aux articulations noueuses et lui caressa le visage. "Toi, tu es le plus grand." *Il y avait tant d'amour et d'adoration dans ses yeux sombres* (dans l'arcade sourcilière un peu usée) que quelqu'un en lui — celui qui savait — se révolta. L'instant d'après, il la prenait dans ses bras. Puisque elle, la plus clairvoyante, l'aimait, il devait l'accepter, et pour reconnaître cet amour il devait s'aimer un peu lui-même... (*NP*, 287; nos italiques)

C'est ce regard d'amour muet qui, en fin de compte et au-delà de tout discours réducteur, fait de la mère camusienne une "mère bonne". Elle est bien celle qui, en termes winnicottiens, se révèle "*a primary architect of the human psyche*" (Jonte-Pace, 4; nos italiques). Rassemblant des fragments du *Premier homme*, Bove souligne justement l'exemplarité de cette mère qui

> à force d'endurer le malheur, la misère, l'oppression, l'usure du travail, "à force d'être privée d'espoir" (61), s'est vidée de tout "ressentiment" envers la vie, "résignée enfin à toutes les souffrances, les siennes comme celles des autres" [...]. Ainsi vivait-elle "dans la proximité de la mort, c'est-à-dire toujours dans le présent" (127). [...] Il y a là une vérité essentielle qui est celle de la sagesse. Car il n'y a de vraie sagesse que "sans lendemain", dans un présent sans regret ni espoir et dans la familiarité du néant. "Le mystère de la pauvreté" (307): nous ouvrir la voie à cette richesse. La mère qui a donné la vie donne aussi sa propre vie en exemple. Son vide est éloquent. *Elle est involontairement l'initiatrice d'une vérité fondamentale.* (59-60; nos italiques)

Vers la fin de sa vie, Camus est encore hanté par cet exemple: "*Détruire dans ma vie tout ce qui n'est pas cette pauvreté. Se ruiner*" (*C3*, 264; les italiques sont de l'auteur). On peut affirmer sans crainte que l'exemple de la mère et son amour silencieux n'ont pas joué un rôle moins constructeur dans le devenir du fils que les mots les plus aimants, et peut-être davantage. Aussi, les *Notes* du *Premier homme* nous apprennent à quel point le narrateur estime désormais les silences maternels! On peut y observer une profonde évolution dans la relation du fils au silence de la mère: "Je veux écrire ici l'histoire d'un couple lié par un même sang et toutes les différences. [...] Elle silencieuse la plupart du temps et disposant à peine de quelques mots pour s'exprimer; lui parlant sans cesse et incapable de trouver à travers des milliers de mots ce qu'elle pouvait dire à travers un seul de ses silences... La mère et le fils" (*NP*, 308). Le silence et le langage. Et la puissance reconnue du silence. Sarocchi écrit: "La mère se tait. Ce silence, [...] qui est défaut de langage, inaptitude au langage, est la source d'une vérité qui, une fois congédiées les vérités d'ordre pratique et public (celles de l'ordre mâle), insiste et se recommande aux voies de l'art" (*Le dernier Camus*, 235). C'est que le sémiotique, enfoui, profondément enraciné, s'avère finalement plus puissant que le symbolique et permet, comme la musique et l'art en général, d'atteindre une signifiance qui transcende le langage. Là où il est compris, celui-ci devient superflu. Ce que confirme Grouix: "Le rapport à la mère est mystique. Ce *très haut amour* est un amour *sans phrases* [...]. La mère est moins du côté des phrases que de celui des larmes." Et le critique rappelle ces mots des *Carnets*: "Quand ma mère avait les yeux détournés de moi, je n'ai jamais pu la regarder sans avoir les larmes aux yeux" [*C3*, 68], (78). Telle était l'intensité de l'amour et de la compassion qu'elle suscitait — et le plus souvent sans qu'entre la mère et le fils un seul mot soit prononcé, l'émotion se traduisant dans le silence, le regard, les larmes, parfois un sourire, parfois un geste. Car la mère camusienne est cette mère exceptionnelle qui, malgré et par-delà l'infirmité et le dénuement, réussit à communiquer dans son "admirable silence" un amour d'une profondeur telle qu'il justifie que nous répétions ce passage:

> Si, malgré tant d'efforts pour édifier un langage et faire vivre des mythes, je ne parviens pas un jour à récrire *L'Envers et l'endroit*, je ne serai jamais parvenu à rien, voilà ma conviction obscure. Rien ne m'empêche en tout cas de rêver que j'y réussirai, d'imaginer que je mettrai encore au centre de cette œuvre l'admirable silence d'une mère et l'effort d'un homme pour retrouver une justice ou un amour qui équilibre ce silence. (II, 13)[96]

---

96. Extrait de la préface à la réédition de *L'Envers et l'endroit*, réédition datée de 1958.

Dans les *Carnets*, on peut lire une variante de ce passage qui vaut qu'on s'y arrête, et qui sonne étonnamment juste par rapport au concept de "barrage individuant" de l'œuvre dont parle Kristeva. Se référant aux "résistances artistiques" qui font de lui l'"(esclave admiratif) d'une tradition artistique sévère", Camus écrit:

> ... Peut-être aussi cette méfiance vise mon anarchie profonde et, par là, reste utile. Je connais mon désordre, la violence de certains instincts, l'abandon sans grâce où je peux me jeter. L'œuvre d'art pour être édifiée (je parle au futur) doit se servir de ces forces incalculables de l'homme. Mais non sans les entourer de barrières. Mes barrières aujourd'hui sont encore trop fortes. Mais ce qu'elles avaient à contenir l'étaient aussi. Le jour où l'équilibre s'établira, ce jour-là, j'essaierai d'écrire l'œuvre dont je rêve. Elle ressemblera à *L'Envers et l'Endroit*, c'est-à-dire qu'une certaine forme d'amour y sera mon tuteur. [...] *Je mettrai au centre, comme ici, l'admirable silence d'une mère, la quête d'un homme pour retrouver un amour qui ressemble à ce silence*, le trouvant enfin, le perdant, et revenant à travers les guerres, la folie de justice, la douleur, vers le solitaire et le tranquille dont la mort est un silence heureux. J'y mettrai...
> (*C2*, 298; nos italiques)

C'est la quête inlassable de cet impossible amour, de cet amour/justice — l'un étant porteur de l'autre — qui ressemble au silence/amour de la mère et qui veut l'équilibrer, qui se trouve en effet au cœur de l'œuvre camusienne et qui lui prête ses accents inimitables. C'est sa découverte progressive et parfois laborieuse qui permet enfin l'accouchement du *Premier homme*. L'amour y traverse le silence pour prendre forme dans une parole pleine.

La fusion mère-fils

On retrouve approfondies, dans les trois textes principaux abordés dans ce chapitre, les traces de l'expérience fusionnelle mère-fils qui était au cœur de l'essai "Entre oui et non". Si cette même structure dyadique sous-tend les trois textes, l'évolution psychique de l'un à l'autre est frappante. Dans *L'Étranger* le désir profond de Meursault, après le matricide narratif, a comme objet l'unité avec la mère dans la "commune pérennité" de la mort. Au nom de ce désir, qui n'a pu se satisfaire du substitut maternel qu'était Marie, Meursault commet le meurtre et choisit le chemin de la mort. Ce n'est que tout à la fin du récit, dans le souvenir et enfin dans l'acceptation de la mort de sa mère et de la femme qu'elle était, qu'il retrouve cette "trêve mélancolique" du soir qui chez Camus signale le sacré. Cette acceptation lui permet, "pour la première fois", de dépasser l'enfermement du désir œdipien et de s'ouvrir à l'autre, "à la tendre indifférence du monde" qu'il éprouve comme "fraternel". La nuit, en se chargeant pour lui "de signes et d'étoiles", le fait accéder au temps de "l'éternel retour".

À travers la séparation des couples et la mort de l'épouse, *La Peste* signale la démise de la compagne et de l'amour homme-femme au bénéfice de la relation mère-fils. C'est en quelque sorte la résurrection de la mère et en tout cas sa restauration et sa victoire, puisque l'amour mère-fils triomphe de la peste et résiste au mal de la mort. Les rats, comme la mère l'avait annoncé, "n'ont rien pu là contre". L'amour maternel plus fort que la mort, voilà ce que laisse entendre le narrateur. En quoi, par-delà les constructions symboliques du christianisme, Camus faisait sien ce "Stabat Mater" de Kristeva qui, retraçant l'histoire du culte de la Vierge Mère et se référant à la dénégation de la mort, écrit:

> Le christianisme, il est vrai, trouve sa vocation dans le déplacement de ce déterminisme bio-maternel par le postulat que l'immortalité est principalement celle du Nom du Père. Mais il n'arrive pas à imposer sa révolution symbolique sans s'appuyer sur la représentation féminine d'une biologie immortelle. [...] N'est-ce pas Marie bravant la mort que nous transmettent les nombreuses variations du *Stabat Mater*. [...] Écoutons le baroquisme du jeune Pergolèse (1710-1736) mourant de tuberculose en écrivant son immortel *Stabat Mater*. Son invention musicale [...] est sans doute sa seule et unique immortalité. Mais lorsque jaillit ce cri, s'agissant de Marie devant la mort de son fils: "*Eia mater, fons amoris!*" ("Salut mère, source de l'amour"), est-ce seulement un résidu d'époque? L'homme surmonte l'impensable de la mort, en postulant en son lieu — en lieu et place de la mort et de la pensée — l'amour maternel. Cet amour, dont l'amour divin ne sera qu'une dérivation pas toujours convaincante, est peut-être psychologiquement un rappel, en deçà des premières identifications, de l'abri primitif qui assurait la survie du nouveau-né. [...] Rien de plus "normal" qu'une représentation maternelle vienne s'ériger à l'endroit de cette angoisse tamisée dite amour. Personne n'y échappe. Sauf peut-être le saint, le mystique ou cet écrivain qui, par la force du langage, n'arrive pourtant à rien de mieux qu'à démontrer la fiction de la Mère-garantie de l'amour par sa propre identification à cet amour comme à ce qu'il est en fait: *un feu de langues*. (*Hér,* 42-43)

Du fond de son silence la mère camusienne, elle aussi, brave la mort et, dans *La Peste*, à travers le langage du fils, elle en triomphe. Et ce fils invente également une œuvre qui "est sans doute sa seule et unique immortalité" et où, comme chez le jeune Pergolèse mourant d'une maladie qui leur est commune, c'est la *Mater dolorosa*, source de l'amour, ici Catherine et non Marie, qui occupe la place centrale. C'est à la même source que puisent les deux œuvres, celle de la "chair sacrée". Camus prévoyait pour la fin du récit de *La Peste* cette image kristevienne et mythique du féminin: "Peste. Finir sur une femme immobile et en deuil qui annonce en souffrances ce que les hommes ont donné en vie et en sang" (*C2*, 112). Soit l'image de la *Mater dolorosa*: la souffrance de la femme-mère.

Vers la fin des *Carnets*, alors qu'il n'a plus que quelques mois à vivre, Camus se révoltera contre la dégradation de la chair dans la personne de sa mère opérée. Etant rentré d'urgence à Alger pour se rendre auprès d'elle, il note: "La chair, la pauvre chair, misérable, sale, déchue, humiliée. La chair sacrée." Et plus loin: "L'odeur des seringues. La colline couverte d'acanthes, de roseaux, de cyprès, de pins, palmiers, d'orangers, néfliers et de glycines" (*C3*, 263-64). Mais dans *Le Premier homme*, la chair sacrée sera celle du Christ: "Sa mère *est* le Christ." (283)! Camus disait déjà de Meursault, fils d'une mère analogue, qu'il était "le seul Christ que nous méritiions" (I, 1929). D'un bout à l'autre de l'œuvre, la mère et fils se retrouvent dans une identité commune et sacrée. Et plus loin dans *Le Premier homme*: "Maman: comme un Muichkine ignorant. Elle ne connaît pas la vie du Christ, sinon sur la croix. Et qui pourtant en est plus près?" (*NP*, 295). Qui pourrait l'être, en effet, que cette femme totalement démunie, vivant dans une quasi-sainteté — pauvre, chaste, obéissante — acceptant aveuglément son destin, menant "une vie sans ressentiment d'aucune sorte, ignorante, obstinée, résignée enfin à toutes les souffrances, les siennes comme celles des autres" (61), dans une humilité absolue. Sans qu'elle ait jamais prononcé les mots, car elle n'a pas le privilège de se savoir choisie, elle semble, comme la mère du Christ, avoir acquiescé: "Que ta volonté soit faite!" Combien justes ces mots de Grouix: "*Le Premier Homme* est une 'pietà' inverse. La mère est le chemin vers soi, je est une autre" (78). C'est en effet le fils qui, à la fin du chemin, porte spirituellement la mère, qui s'assume en l'assumant et qui, à force d'amour, en fait son propre enfant: "Ô mère, ô tendre, enfant chéri, plus grande que mon temps, plus grande que l'histoire qui te soumettait à elle, plus vraie que tout ce que j'ai aimé en ce monde, ô mère pardonne ton fils d'avoir fui la nuit de ta vérité" (273). C'est ainsi qu'en fin de parcours, la présence "nocturne" et silencieuse de la mère jaillit comme la véritable source d'une œuvre où l'amour et la reconnaissance du fils font d'elle une mère sacralisée et immortalisée[97].

---

97. Grouix écrit: "Jacques transportera sa mère hors de la nuit de l'oubli" (79).

IV

LE DÉSERT DE L'AMOUR
PRESENCES/PAROLES DE LA COMPAGNE
DANS L'ŒUVRE DRAMATIQUE

Il serait certainement possible de poursuivre l'étude du féminin maternel dans l'œuvre dramatique de Camus. Sans doute est-il même difficile de l'éviter. Le maternel y est présent soit à travers le personnage de la mère dans, par exemple, *Le Malentendu* ou *L'État de siège*, soit à travers ses substituts, par exemple Pilar dans *Révolte dans les Asturies* ou Cæsonia dans *Caligula*. Mais une des distinctions profondes entre l'œuvre narrative et l'œuvre dramatique se manifeste à l'égard du féminin dans son ensemble: les absences/silences de la femme dans la première se voient comblés par les présences/paroles de la femme dans la seconde, notamment par celles de la femme compagne à l'intérieur de la relation amoureuse. D'entrée de jeu, un fait est certain: dans toutes les pièces de Camus, la femme, du devant de la scène, parle haut et clair. Commentant la problématique des absences/silences du féminin dans l'œuvre camusienne, Morot-Sir souligne justement les deux exceptions que constituent le théâtre et "La Femme adultère", texte dont il constate d'abord:

> Voilà un texte qui est entièrement consacré à l'expérience d'une femme et symboliquement, à celle de la Femme, alors que partout ailleurs Camus ne fait intervenir la femme que de façon marginale, ou en tous cas, en lui attribuant une fonction secondaire. Cette constante s'applique certainement à l'essai et au narratif camusiens. Il convient de faire une réserve pour le théâtre: dans *Le Malentendu* la mère et la fille tiennent une place au moins égale en importance à celle de leur fils et frère; et dans *Les Justes* Dora soulève des problèmes aussi graves que ceux qu'affronte Kaliayev. ("La double transcendance", 52-53)

À cette réserve relative au théâtre, on peut en fait ajouter les deux autres pièces: *Caligula*, où Caesonia, avec sa double voix d'amante et de mère, tient tête à Caligula jusqu'à ce que celui-ci la fasse taire à jamais, et surtout *L'État de siège* où une voix féminine multiple et le chœur des femmes équilibrent sans peine la parole de l'homme lorsqu'ils ne la submergent pas. Sans prétendre expliquer cette différence fondamentale entre les genres narratif et dramatique, ce chapitre se propose néanmoins de l'explorer tout en interrogeant le sens de la présence du féminin sur la scène camusienne. Les voix de femme qui s'y font entendre, que disent-elles? En quoi se distinguent-elles des voix masculines? En quoi se différencient-elles des voix féminines ou de leur carence dans les récits?

Sur le plan de la création artistique, une première question vient à l'esprit: est-il plus aisé pour un auteur masculin d'accorder la voix au féminin dans le texte destiné à la représentation théâtrale plutôt que dans celui destiné à la seule page imprimée? Il ne s'agit pas d'entrer dans la problématique d'une écriture masculine ou féminine, ou celle du masculin écrivant le féminin, qui sont cependant inhérentes à la question posée. Là n'est pas le but de notre recherche. La question se posant à partir d'une intuition, nous émettons l'hypothèse que la nature sémiotique et orale du théâtre permet au féminin de s'exprimer plus librement sur la scène qu'il ne lui est possible de le faire en traversant les signes abstraits du texte, lieu du symbolique, et surtout qu'elle offre au dramaturge masculin un espace plus approprié que la page blanche pour ses créations du féminin. Cixous écrit: "La féminité dans l'écriture je la sens passer d'abord par: un privilège de la *voix*" ("Sorties", 170). N'est-ce pas cette voix que doit rechercher le dramaturge exprimant le féminin? Se référant à *Caligula*, Clayton observe justement qu'"en créant Caesonia, Camus donnait pour la première fois libre cours à cet 'être féminin' qu'il portait en lui" ("L'impossibilité", 20). Or, nous verrons cet "être féminin" se manifester avec force dans toutes les pièces de l'auteur.

Camus, le théâtre et le sacré

Une première considération qui s'impose concerne la différence entre le texte et la représentation théâtrale. Qu'il soit narratif ou dramatique, un texte ne s'avère théâtral qu'à partir du moment où il devient représentation, soit au moment où l'intention de transposition scénique de l'auteur ou d'un metteur en scène se mue en représentation effective. Anne Ubersfeld décrit ainsi la relation du texte et de la représentation:

> La représentation est [...] une production artistique [...] [qui], liée à l'existence d'un texte [...] n'existe en tant que production artistique que dans et par l'activité scénique. Il est certes toujours possible au récepteur de faire du texte de théâtre [...] l'objet de la pratique-lecture: il fera du texte qu'il lit un objet littéraire. Pour ce faire, il sera contraint de "boucher les trous du texte", autrement dit de construire une représentation imaginaire. (*L'École du spectateur*, 10)

C'est évidemment ce qu'est forcé de faire le critique du texte destiné au théâtre, texte qu'Ubersfeld désigne par le terme "texte-représentation" qui implique à la fois le téléscopage théâtral du texte et de la représentation, et le maintien de leur différence. En un mot, ce qui distingue le texte-représentation de tout autre, c'est sa transposition scénique avec tout ce que cela suppose au niveau de la multiplication des signes et des codes. Alors que le texte seul se limite au signe et au code linguistiques, le texte-représentation implique le recours à un ensemble de signes verbaux et non-verbaux ainsi qu'à divers codes[1]. Dans son étude sur la sémiotique du théâtre, Keir Elam fait la même distinction entre les deux types de textes qu'il désigne, pour éviter toute équivoque, sous les noms de "performance text" et "dramatic text" (3). Ubersfeld met en garde contre le refus de cette différence: "[R]efuser la distinction texte-représentation conduit à toutes les confusions, d'abord parce que ce ne sont pas les mêmes outils conceptuels qui sont requis pour l'analyse de l'un et de l'autre. Confusions multiples et déterminant des attitudes réductrices en face du fait théâtral" (*Lire le théâtre*, 15). Travaillant ici à partir des seuls *textes* dramatiques de Camus, nous chercherons cependant à respecter l'intention de représentation qui a inspiré leur écriture, intention partiellement traduite dans les didascalies auxquelles nous aurons largement recours[2].

Est-il nécessaire de rappeler l'attachement profond de Camus pour le théâtre, et cela non seulement comme dramaturge mais aussi comme acteur, comme adaptateur, comme metteur en scène? Coombs remarque qu'"on n'exagérerait point en affirmant que le théâtre fut son premier et son dernier amour" (11), et dans une de ses dernières interviews télévisées, Camus parle du théâtre comme d'"un des lieux de [s]on bonheur" (1721). Il faut aussi noter la grande estime où il tenait le théâtre: répondant à la question concernant la conciliation du théâtre et de la littérature, il affirme qu'elle "est automatique puisque pour [lui] le théâtre est justement le plus haut des genres littéraires et en tout cas le plus universel" (1726). Mais ce qui nous intéresse particulièrement, c'est la différence qu'il établit entre l'adaptateur et l'écrivain: "Quand j'adapte, c'est le metteur en scène qui travaille selon l'idée qu'il a du théâtre. Je crois, en effet, au spectacle total, conçu, inspiré et dirigé par le même esprit, écrit et mis en scène par le même homme, ce qui permet d'obtenir l'unité du ton, du style, du

---

1. Ubersfeld les résume ainsi: "*Codes*: code linguistique + codes perceptifs (visuel, auditif) + code socioculturel ('bienséances', 'vraisemblance', 'psychologie', etc.) + codes proprement théâtraux (spatial-scénique, de jeu, etc., codifiant la représentation à un certain moment de l'histoire)" (*Lire le théâtre*, 37).
2. Les didascalies seront indiquées telles qu'elles se trouvent dans le volume I de la Pléiade (1962): en italiques et, si notre texte s'y prête, entre parenthèses.

rythme qui sont les atouts essentiels du spectacle." Il n'en va pas de même cependant pour l'écrivain: "[Q]uand j'écris mes pièces, c'est l'écrivain qui est au travail, en fonction d'une œuvre qui obéit à un plan plus vaste et calculé" (1727). C'est en tenant compte de cette déclaration que nous nous limiterons aux quatre pièces de Camus l'écrivain et à *Révolte dans les Asturies* car la relation du féminin et du sacré s'inscrit justement dans ce "plan plus vaste" de l'œuvre.

Son attachement au théâtre, lieu de bonheur et d'innocence[3], s'alimentait d'un savoir et d'une compétence exceptionnels. Pierre Blanchar, comme nous le rappelle Bartfeld, parlait de "sa suprême intelligence des choses du théâtre" (1694). Bartfeld elle-même observe que "formé très tôt à l'école de Copeau [...] Camus ne pouvait être mieux préparé à une belle carrière théâtrale" (*L'Effet tragique*, 39). Dès lors, on achoppe à la question incontournable: comment expliquer l'échec? Qu'un théâtre d'une si exceptionnelle qualité dans son ensemble ait eu à subir l'éreintement que l'on sait (surtout *Le Malentendu* et *L'État de siège*) nous laisse, aujourd'hui encore, incrédule. Tenter de comprendre constituerait le sujet d'une nouvelle étude qu'il est impossible d'entamer ici. Nous ne pouvons que signaler les ouvrages existants qui s'en sont préoccupés et qui offrent des éléments d'explication[4]. Nous citons cependant Bartfeld qui, en étudiant l'effet tragique dans l'œuvre, repère dans les pièces un déséquilibre entre le ludique et le métaphysique alors que "l'efficacité tragique d'une œuvre pourrait bien se mesurer au juste équilibre obtenu entre ces deux niveaux de lecture. Que le ludique devienne excessif et l'œuvre risque de tomber dans le spectaculaire. Que le métaphysique l'emporte et c'est le danger de l'édification indiscrète" (*Effet*, 22). Le ludique l'emporterait dès lors dans *Caligula* et *L'État de siège*, le métaphysique dans *Le Malentendu* et *Les Justes*. Se basant sur cette hypothèse, Bartfeld offre plus loin une explication intéressante de l'échec:

> Certaines [...] pièces manquent leur effet malgré le soin extrême que Camus leur apporte. Malgré? On pourrait dire *à cause* de ces soins précisément. Car en dépit de la contradiction apparente, il n'est pas sûr que Camus n'ait pas été desservi plutôt que servi par sa grande connaissance du théâtre. Sa parfaite maîtrise des effets scéniques, du jeu de l'acteur, du métier en un mot, ne lui offrait-elle pas la tentation permanente de privilégier à l'excès le spectaculaire, le ludique? Au

---

3. Camus confia à Maria Casarès: "Je me retrouve innocent au théâtre" (Blanchar, 1694).
4. Nous les signalons dans l'ordre chronologique: *Les Envers d'un échec* de Gay-Crosier (1967), *Camus, homme de théâtre* de Coombs (1968) et *The Theatre of Albert Camus* de Freeman (1971). Plus récents sont *L'Effet tragique* de Bartfeld (1988) et *Albert Camus et le théâtre*, éd. Lévi-Valensi (1992). Il existe aussi de nombreux articles faisant allusion à l'échec du théâtre de Camus mais qui souvent l'acceptent comme un fait irréfutable sans tenter de l'analyser.

détriment de l'effet tragique, fondé sur le juste équilibre dont il a été question? (*Effet*, 39).

Quoiqu'il en soit, on ne peut ignorer le succès dont jouit le théâtre de Camus depuis plusieurs années, et cela plus de cinquante ans après la sortie de sa dernière pièce, *Les Justes*. Il serait d'ailleurs plus exact de parler du succès dont jouit l'œuvre de Camus au théâtre. Que l'on songe en effet aux innombrables adapations scéniques de *La Chute* et de *L'Étranger* mais aussi à celles de *La Peste*, du "Renégat" et de *Noces*. Car finalement, il est vrai, comme l'écrit Gay-Crosier, que "toute l'œuvre camusienne est théâtrale" ("Théâtre de l'impossible", 7). Et le même critique a constaté tout récemment que la "stratégie à la fois discursive et thématique de la dramatisation des conflits existentiels explique la surprenante actualité et la popularité relative dont continue à jouir, de nos jours, le théâtre de Camus" ("Les masques de l'impossible", 93). Tant il est vrai que seul un recul suffisant permet d'évaluer la relativité d'un échec — ses "envers" — ou celle d'une réussite.

Soulignons encore la double spécificité du théâtre: celle d'un art à la fois oral et visuel, faisant appel à une participation aussi bien physique que psychique du spectateur. L'importance est d'abord mise sur la voix, de nature archaïque par rapport à l'écriture. Or, à partir de la position de Rousseau affirmant que "[l]es langues sont faites pour être parlées, l'écriture ne sert que de supplément à la parole", Derrida pose la question de la séparation de la voix et de l'écriture au théâtre:

> [L]'écriture, le signifiant visible, a toujours déjà commencé à se séparer de la voix et à la supplanter. L'écriture non-phonétique et universelle de la science est aussi en ce sens un *théorème*. [...] Où chercher, dans la cité, cette unité perdue du regard et de la voix? Dans quel espace pourra-t-on encore *s'entendre*? Est-ce que le théâtre, qui unit le spectacle au discours, ne pourrait prendre le relais de l'assemblée unanime? (*De la grammatologie*, 428)

L'importance et le caractère du théâtre tiennent donc, entre autres, à cette unité du regard et de la voix qui sera si importante pour Camus. C'est sa spécificité sémiotique par rapport au symbolique pur de l'écriture qui fait de la représentation théâtrale un art à part entière, initialement dépendante mais finalement indépendante de l'écriture.

Même si Camus affirme avoir "mis le Théâtre de l'Équipe [...] sous le signe de Copeau" et avoir "repris, avec les moyens du bord, une partie de son répertoire" (1713), le manifeste de ce théâtre, fondé à Alger en 1937, laisse en même temps transparaître l'influence d'Artaud. Camus écrit: "Le théâtre est un art de chair qui donne à des corps vibrants le soin de traduire ses leçons, un art en même temps grossier et subtil, une entente exceptionnelle des mouvements, de la voix et des lumières" (1692)⁵. Yehuda Moraly confirme cette influence: "[S]i la pratique de la dernière période de Camus (celle qui correspond aux adaptations) est parallèle à l'esthétique de Copeau⁶, ses activités théâtrales portent d'abord, profondément, la marque des écrits d'Artaud" (73).

La spécificité vocale et corporelle de l'art théâtral est à ce point importante pour Camus qu'il déclare au début de l'avant-propos à *Révolte dans les Asturies*: "Le théâtre ne s'écrit pas, ou c'est alors un pis-aller" (399)⁷. Même s'il est permis de voir dans cette déclaration une boutade d'"homme [jeune] de théâtre", elle en dit long sur l'idée que Camus se fait de l'art scénique. Elle montre encore en quoi il est tributaire d'Artaud qui déclarait avec un humour féroce: "[U]n théâtre qui soumet la mise en scène et la réalisation, c'est-à-dire tout ce qu'il y a en lui de spécifiquement théâtral, au texte, est un théâtre d'idiot, de fou, d'inverti, de grammairien, d'épicier, d'anti-poète et de positiviste, c'est-à-dire d'Occidental" (61). Et il insiste au début du "Premier manifeste": "[I]l importe avant tout de rompre l'assujettissement du théâtre au texte" (137). Ainsi, telle qu'elle est influencée par Artaud, la conception camusienne de l'art théâtral, pleinement consciente de sa spécificité vocale mais aussi corporelle et kinesthésique, se rattache davantage au sémiotique de Kristeva qu'au symbolique de Lacan. Or, ce caractère concret de l'art théâtral, que nous avons vu souligné ici par Ubersfeld, Artaud et Camus, n'est sans doute pas sans rapport avec la présence du féminin dans les pièces de ce dernier. Alors que le dramaturge a été accusé, entre autres, de didactisme et d'intellectualisme et que ces reproches se justifient peut-être, dans une certaine mesure, pour *Le Malentendu* et *Les Justes*, il est indéniable que *Révolte dans les Asturies*, *Caligula* et *L'État de siège* sont des pièces pleines de "bruit et de fureur", vibrantes, hautes en couleur, dont il émane un pouvoir d'interpellation sensorielle peu commun. Nous espérons établir un rapport entre ce pouvoir et une expression du féminin nettement plus riche et plus variée dans le théâtre que dans l'œuvre narrative.

Finalement, on ne peut aborder le théâtre de Camus en passant sous silence sa croyance à une renaissance possible de la tragédie à son

---

5. Nous rappelons que, sauf indication contraire, les numéros de page relatifs aux textes de Camus dans ce chapitre, ainsi que ceux se rapportant aux "Textes complémentaires" et aux "Commentaires" de Quilliot, renvoient au volume I de la Pléiade (1962).

6. Il semble que les écrits de Copeau ont été déterminants dans la vocation théâtrale de Camus: "[L]'histoire du *Vieux-Colombier* et les écrits de Copeau m'ont donné l'envie puis la passion du théâtre. [...] Je continue de penser que nous devons à Copeau la réforme du théâtre français et que cette dette est inépuisable" (1713). Voir aussi "Copeau, seul maître", 1699-1700.

7. Clayton observe à propos de cette déclaration qu'elle "ne prend son plein sens que si l'on reconnaît dans *Révolte* une tentative d'application [...] des théories dramatiques d'Antonin Artaud" ("Note sur Artaud et Camus", 106).

époque. Lors de la Conférence d'Athènes sur l'avenir de la tragédie (1955), il évoque d'abord la nécessité de la catharsis: "Notre époque est tout à fait intéressante, c'est-à-dire qu'elle est tragique. Avons-nous du moins, pour nous purger de nos malheurs, le théâtre de notre époque ou pouvons-nous espérer l'avoir? Autrement dit la tragédie moderne est-elle possible...?" (1701). Ayant souligné l'extrême exception que constitue le théâtre tragique[8], et réfléchissant à la situation de rupture qui caractérise le milieu du XXe siècle, Camus se demande "si le déchirement intérieur trouvera parmi nous une expression tragique. Simplement les vingt siècles qui séparent Euripide de Shakespeare doivent nous inciter à la prudence. Après tout, la tragédie est une fleur rarissime et la chance de la voir s'épanouir dans notre époque reste mince" (1703)[9]. Si, en dépit de l'improbabilité de son avènement, Camus continuait à espérer une renaissance de la tragédie, c'est que, "après avoir fait un dieu du règne humain, l'homme se retourne à nouveau contre ce dieu. Il est en contestation [...] partagé entre l'espoir absolu et le doute définitif. Il vit donc dans un climat tragique. Ceci explique peut-être que la tragédie veuille renaître" (1709)[10]. Et plus loin, refusant "les images anciennes du sacré" qui illustrent à son époque "l'effort pour réintroduire le sacré sur la scène", Camus précise que "[...] *le problème de la tragédie moderne consiste à recréer un nouveau sacré*" (1710; nos italiques). Dans ce sens encore, Camus s'apparente à Artaud écrivant: "Tout dans cette façon poétique et active d'envisager l'expression sur la scène nous conduit à nous détourner de l'acception humaine, actuelle et psychologique du théâtre, pour en retrouver l'acception religieuse et mystique dont notre théâtre a complètement perdu le sens" (69-70)[11].

Le fait d'évaluer les pièces de Camus selon leur degré de conformité à la définition qu'il donne de la tragédie[12], comme le font plusieurs critiques, nous paraît inadéquat dans la mesure où l'auteur est

---

8. Voir Conférence d'Athènes, 1701-3.

9. George Steiner écrit quelques années plus tard: "[T]ragedy is that form of art which requires the intolerable burden of God's presence. It is now dead because His shadow no longer falls upon us as it fell on Agamemnon or Macbeth or Athalie." En concluant il écrit pourtant, se rapprochant de Camus: "Finally, there should be present to our minds the possibility — though I judge it remote — that the tragic theatre may have before it a new life and future" (353-55).

10. Quilliot rappelle comment Camus, outre ses propres pièces, s'est lui-même impliqué dans l'effort de création de la tragédie moderne: "D'une certaine façon, il consacra une bonne part de ses sept dernières années à favoriser par ses adaptations et ses traductions la renaisssance de la tragédie" (1695).

11. Jean-Jacques Roubine souligne cette position d'Artaud qui défend à la fois le sémiotique et le sacré: "Le théâtre artaudien [...] rêve d'une (re)sacralisation de la représentation, d'une élimination du texte et de l'idéologie mimétique qu'il véhicule, au profit du geste et du mouvement" (150).

12. Voir Conférence d'Athènes, principalement 1705-7.

lui-même resté sceptique quant aux possibilités de sa réalisation et que sa modeste ambition a consisté à faire "des tentatives, dans des voies chaque fois différentes et des styles dissemblables, pour approcher de cette tragédie moderne" (1713). Si la démarche de Bartfeld nous semble plus appropriée, c'est parce qu'elle consiste à interroger l'engagement tragique de Camus non seulement dans son théâtre mais dans toute l'œuvre. "Le tragique, dans cet esprit, écrit Bartfeld, devenait une catégorie mentale et non le seul domaine réservé de la tragédie en tant que genre" (*Effet*, 2). C'est bien sûr l'effet tragique dans les œuvres dramatiques qui nous intéresse ici, surtout le tragique qui a "partie liée avec le transcendant". Bartfeld cite à ce propos Henri Gouhier: "Un événement n'est pas tragique par lui-même mais par ce qu'il signifie et cette signification est tragique lorsqu'elle introduit le signe d'une transcendance" [34], (*Effet*,15). Gouhier écrit d'ailleurs plus loin: "La transcendance ne serait qu'un mot sans une présence au monde et aux âmes, sans une présence dont les signes sont cosmiques ou psychiques" (*Le Théâtre et l'existence*, 42). Ce sont précisément ces signes de la transcendance que nous chercherons à identifier dans les pièces.

Toujours selon la Conférence d'Athènes, "Le tragique naît entre l'ombre et la lumière, et par leur opposition" (1705). Bartfeld souligne cette opposition en termes de déchirure et d'expérience: "Fondé sur la déchirure, le tragique selon Camus s'efforce donc de dire les destinées de l'homme à partir d'une expérience personnelle. Dire et se dire" (*Effet*, 44). Pour dire ce déchirement intérieur de l'homme moderne, les voix masculines et féminines du théâtre vont-elles participer, en tant qu'expression personnelle de puissances et de valeurs opposées, à cette dialectique? Dans quelle mesure, en ce cas, les voix de femme vont-elles contribuer à la tension tragique, et donc à l'émergence du sacré, dans les pièces? Il s'agira de prêter une attention particulière à la voix de la femme mais aussi à ses gestes et comportements physiques qui peuvent trahir les forces du sacré. Catherine Clément écrit: "Le sacré chez les femmes exprimerait une révolte instantanée qui traverse le corps, et qui crie" (*FS*, 21).

Enfin, concernant la présence des femmes dans son théâtre, on ne peut ignorer la mention que Camus a faite en 1947 d'"une pièce sur le gouvernement des femmes" (*C2*, 194-95). Ce possible projet laisse déjà entrevoir les différends profonds qui, par-delà leurs liens affectifs, ne vont cesser d'opposer hommes et femmes sur la scène camusienne.

Sans qu'aucune des pièces de Camus ne soit à négliger, les plus significatives dans le cadre de notre étude sont *Le Malentendu* (1944) et *L'État de siège* (1948), la première grâce surtout à une présence abondante du féminin, la deuxième toujours grâce à cette présence mais grâce aussi aux marques du sacré plus nombreuses qu'ailleurs. Ces deux pièces seront étudiées de manière plus approfondie. Alors que *Les Justes* (1950) constitue peut-être la pièce la plus classique et présente l'image la plus mûre de la femme, *Caligula* (1944) est celle où la présence de la compagne se confond encore avec l'image de la femme mère, comme dans *Révolte dans les Asturies* que nous allons aborder.

Révolte dans les Asturies : Pilar, première femme tragique

"Essai de création collective" datant de 1936[13], *Révolte dans les Asturies* commémore, au moment même où éclate la guerre civile, l'insurrection ouvrière qui eut lieu deux ans plus tôt à Oviedo et qui fut suivie d'une répression incroyablement brutale[14]. Bien que ce soit la toute première œuvre publiée de Camus, on y discerne déjà les préoccupations qui lui sont chères. Coombs souligne le fait que "[d]ès la présentation, il n'y a pas de doute que c'est l'auteur du *Mythe de Sisyphe* qui s'adresse à nous" (41). D'autres auteurs insistent sur l'importance de cette pièce par rapport à l'ensemble de l'œuvre. Freeman écrit: "I believe its importance has been underestimated as a seminal work in the evolution of the rebel" (30), et il déclare à propos du personnage principal que "Pèpe is a prototype of Kaliayev and Diego — the rebel who would prefer to love rather than to hate, and who is willing to offer his life as surety for his ideals" (33).

Oui, comme plus tard Diego et Kaliayev, Pèpe préférerait l'amour mais il choisit la révolte et la mort, et ce malgré Pilar qui voudrait le retenir. Nous savons dès les premières scènes que Pilar est la patronne du cabaret, qu'elle a trente-cinq ans et qu'elle est la maîtresse de Pèpe. Sa voix est déjà celle de l'amour, un amour d'amante et de mère à la fois: pour elle, Pèpe est, de manière répétée, "un enfant", "le petit", (408-409), celui qu'elle cherche constamment à protéger. Mais la révolte fera de lui un "homme": il quittera la femme et son amour pour rejoindre les mineurs insurgés d'Oviedo et, ce faisant, il choisira indirectement la mort: "Non!... Il y a trop longtemps que ça dure. Il fallait que ça crève. Laisse-moi les rejoindre" (409). À travers cette prière, il est clair que Pèpe s'adresse à une femme mère. Quant à Pilar, elle n'aura qu'à se lamenter, à accepter que son petit "crève" peut-être aussi, ce qu'elle semble pressentir en annonçant: "Oui, mais c'est

---

13. Coombs explique que "[s]elon Jeanne-Paule Sicard, Poignant composa les textes de radio; Bourgeois l'interrogatoire (Acte IV) et elle-même la scène du Conseil des Ministres (Acte III), tandis que tout le reste ainsi que les pages de présentation et la mise en scène seraient de Camus" (41).

14. Voir l'article de Walter G. Langlois, "Camus et le sens de la révolte asturienne", article qui fournit une excellente perspective historique de la pièce.

pas ceux qui s'en vont, les plus malheureux, c'est ceux qui restent" (411). Et à la réplique de Santiago, cliché de l'insensibilité masculine — "Oui, mais je vais te dire une bonne chose: chez moi, quand les femmes pleurent, elles pleurent seules" — Pilar rétorque avec une rapidité d'esprit et un esprit d'à propos délicieux: "Et l'amour, elles le font seules?" (412). Ainsi, la première femme camusienne pleure dans la solitude la perte de l'objet de son amour qui, lui, a choisi la mort. C'est déjà Éros vaincu par Thanatos.

L'importance de Pilar, personnage peu remarqué par l'ensemble de la critique, est cependant bien soulignée par Gay-Crosier:

> Avec Pilar [...] Camus fonde la lignée des femmes aimantes du type maternel pour qui l'absurdité des actions humaines apparaît en ennemi personnel. Hormis l'amour, tout tend à les frustrer de leur bonheur. Pilar, Cæsonia (*Caligula*), Maria (*Le Malentendu*), Victoria (*L'État de siège*), Dora (*Les Justes*), toutes elles réagissent en tant que chairs qui se révoltent. L'absurde est pour Camus d'abord une expérience de la chair. (*Envers*, 47)[15]

Cette chair qui se révolte est en même temps la "chair sacrée" de la mère car l'amour de ces femmes révèle presque toujours une composante maternelle, comme le confirme Gay-Crosier à propos de Pilar:

> Dans l'amour de Pilar et de ses descendantes, qui n'a certes rien de platonique, Camus tient à souligner le côté maternel. Nous touchons là à un des fondements de l'œuvre camusienne. Longtemps avant *L'Étranger*, où le thème devient symbole, les rapports mère-fils le préoccupent. [...] Nous retrouverons dans les portraits de femmes — à l'exception de celui de Martha — cachée sous une sensibilité suraiguë cette émouvante "nostalgie du fils". (*Envers*, 47-48)

Révolte dans les Asturies traduit donc aussi bien la révolte des femmes que celle des hommes. Donneuses de vie, les femmes érigent leur révolte contre la mort, non la leur, mais celle que l'homme choisit et donne au nom d'une justice souvent douteuse. C'est pourquoi l'expérience de l'absurde est peut-être une expérience davantage féminine: vivre et donner la vie pour lui voir préférer la mort ou — un mal à peine moindre — pour la voir méprisée. Et presque toujours la femme est appelée à survivre au compagnon, à l'homme qui avait placé l'idée de justice au-dessus de l'amour. L'absurde, pour la femme esseulée, s'intensifie du fait d'une solitude non choisie par elle mais imposée par les choix de l'homme. Sa souffrance naît au lieu même de la divergence de leur désir, là où leurs chemins se séparent pour les conduire vers la survie ou vers la mort.

---

15. Se référant au théâtre d'essai de Camus, Gay-Crosier fait remarquer ailleurs: "L'Absurde y remplace le *fatum* du théâtre attique et réduit les hommes à des marionnettes aux mains du destin inéluctable" (*Envers*, 197).

Les derniers mots de Pilar après la mort de Pèpe, tout entiers orientés vers l'être aimé perdu, sont ceux de l'amour et de la révolte: "Mon petit... [...] Tué, tué, ils me l'ont tué... presque un enfant. [...] Ses mains fines... Sainte Vierge... Et ses cheveux collés par le sang. Ils me l'ont enlevé. (*Comme une furie*.) Assassins, assassins!" (431).

À travers cette juxtaposition kristevienne des images sacrées de l'enfance et de la Vierge et celle, abjecte, du sang et de la mort, images de la "crise sacrificielle" girardienne dont il a été question à propos de *La Peste*, Pilar entre dans la tragédie. Au moyen de mots simples mais combien justes, la douleur et la colère, l'amour et la révolte qui éclatent dans sa voix font d'elle la première femme tragique du théâtre de Camus.

Caligula: *Cæsonia* ou le féminin assassiné

Caligula commence avec la mort de la femme aimée et s'achève avec le meurtre de la femme aimante. Alors que la mort/absence de Drusilla, l'amante et sœur, déclenche l'action et la folie meurtrière de l'empereur, c'est la présence de Cæsonia, "la vieille maîtresse" (19), qui va témoigner jusqu'à la fin de la force d'Éros. Elle dit de Caligula, comme Pilar de Pèpe: "C'était un enfant" (19). Tout de suite se profile la dimension maternelle de son amour. Mais comme dans *L'Étranger*, le pouvoir de l'absente sera déterminant. C'est la mort de l'objet d'amour incestueux qui provoque chez Caligula une prise de conscience tragique de l'absurde et la soif de l'impossible: "Je crois me souvenir, il est vrai, qu'il y a quelques jours, une femme que j'aimais est morte. Mais qu'est-ce que l'amour? Peu de chose. Cette mort n'est rien, je te le jure; elle est seulement le signe d'une vérité qui me rend la lune nécessaire" (16). Il est intéressant de noter dans la première version de *Caligula*, terminée en 1941, une présence de Drusilla plus marquée que dans celle de 1944[16]. Dès son entrée sur scène, Caligula y évoquait en les opposant la Drusilla morte (qui "n'est plus" Drusilla) et, en termes très charnels, la Drusilla vivante:

---

16. Voir James A. Arnold, *Caligula, version de 1941*. Se basant sur la *Vie des douze Césars* de Suétone dont Camus s'était inspiré, Arnold donne un bref aperçu des relations complexes de Caligula avec les femmes, y compris ses "multiples mariages": "Rien de ce scénario historique n'a passé dans la pièce de Camus malgré, ou plutôt à cause de sa sexualité débridée. On doit désormais supposer Camus suffisamment familiarisé avec la théorie freudienne pour reconnaître dans la conduite matrimoniale de Caligula une crise œdipienne répétée *ad libitum* sans jamais se résoudre. Ce n'est pas que Camus en ait refusé les données; il les a traitées à sa guise pour qu'elles entrent dans un moule tragique qu'il avait conçu autrement. Les incestes réels et symboliques de Caligula offraient à Camus, tout fait pour ainsi dire, un nouvel Œdipe roi. Il lui a préféré un Caligula tout aussi tragique, mais qui n'appartient qu'à lui" ("La poétique du premier Caligula", *CAC4*, 148-49).

> [...] C'est ridicule de croire que l'amour répond à l'amour. Les êtres meurent dans vos mains, voilà la vérité. Et quand ils sont morts, ça n'est plus eux. Ce n'était plus elle. J'ai couru, tu sais. Je reviens de loin! Je la portais sur mon dos. Elle, vivante, loin de son cadavre [*au visage d'étrangère*]. Elle était lourde. Elle était lourde et tiède. C'était son corps, sa vérité chaude et souple. Elle était encore à moi et elle m'aimait sur cette terre" (*CAC4*, 23)[17].

Quelques scènes plus loin, Cæsonia en pleurs sera forcée d'assister à un véritable duo d'amour, "dialogue de ce miroir à moi, et de son ombre à moi" (*CAC4*, 34) où Caligula "joue" avec brio les deux personnages. Il évoque un "amour pur et dévorant" et déclare en termes d'amour sacré: "Pur, Drusilla, pur comme les étoiles pures. Je t'aimais, Drusilla. Comme on aime la mer ou la nuit [...]. Oh! cette douceur et ce dépassement" (*CAC4*, 35-36)[18].

Caligula, revenant "de loin", a donc pris conscience "d'une vérité qui [lui] rend la lune nécessaire". En termes jungiens, l'allusion symbolique à la lune connote le pouvoir dominant du principe féminin. Lorsque Caligula prétend à Hélicon que la lune, il "l'[a] déjà eue" (70), c'est en termes oniriques qu'il la décrit comme une femme qui s'est métamorphosée dans les airs en cheminant depuis l'horizon jusqu'à son lit:

> [...] pour en revenir à la lune, c'était pendant une belle nuit d'août. Elle a fait quelques façons. J'étais déjà couché. Elle était d'abord toute sanglante au-dessus de l'horizon. Puis elle a commencé à monter, de plus en plus légère, avec une rapidité croissante. Plus elle montait, plus elle devenait claire. Elle est devenue comme un lac d'eau laiteuse au milieu de cette nuit pleine de froissements d'étoiles. Elle est arrivée alors dans la chaleur, douce, légère et nue. Elle a franchi le seuil de la chambre et, avec sa lenteur sûre, est arrivée jusqu'à mon lit, s'y est coulée et m'a inondé de ses sourires et de son éclat. (71)

Soulignons les connotations de liquidité et de fertilité (*sanglante, un lac d'eau laiteuse,* les verbes *se couler* et *inonder*) liées à celles de légèreté et de motilité (*monter, de plus en plus légère,* avec une *rapidité croissante*) qui s'attachent à l'image de la lune traversant la clarté nocturne du ciel étoilé. Notons aussi le rôle actif de cette lune-femme à la fois éthérée et sensuelle, c'est-à-dire le pouvoir qu'elle détient dans la rencontre érotique avec l'homme couché et passif. En

---

17. Arnold remarque à propos de la présence/absence de Drusilla: "Il importait [...] qu'elle appartînt à un passé révolu, dont le statut dans la pièce est rendu quasi mythique à force de lyrisme. Ainsi, la Drusilla imaginée par Camus sera la représentante idéale de cette plénitude de l'être que les hommes ne connaissent que par la nostalgie cuisante de son manque" (*CAC4*, 148).

18. Toujours concernant Drusilla, Coombs nous rappelle que "la conception primitive de Camus s'étayait sur les raisons du cœur et non sur celles de l'esprit. C'est de la mort de Drusilla dont le souvenir voluptueux continue à hanter l'empereur que la pièce prend son élan. Dans sa forme définitive, par contre, la tragédie, comme Camus l'a souvent répété, est avant tout une tragédie de l'intelligence. Le fantôme de Drusilla en est entièrement banni" (83).

voulant la lune, n'est-ce pas ce pouvoir féminin, pouvoir de fertilité et de vie, que Caligula désire se réapproprier? L'ayant perdu dans la personne de sa sœur, Caligula voit dans la nature androgyne de la lune le seul substitut possible — substitution qui, il le sait, est impossible sauf dans le rêve. Cielens estime que dans sa relation avec Drusilla, Caligula voulait en fait se retrouver lui-même dans l'autre:

> Dans l'union incestueuse avec sa sœur, il rencontrera "une âme sœur", un reflet de lui-même, ce qui lui permettra de voir dans leur amour une union plus parfaite que celle qu'il pourra vivre avec qui que ce soit d'autre. Cette union androgyne se retrouve [...] dans le symbolisme de la lune, à laquelle la mythologie attribue [...] un caractère androgyne. (73)[19]

Albert Mingelgrün fait remarquer que "[c]ette inspiration féminisatrice, cette tension fortement sexuée — avoir la lune comme une femme — vient constamment se superposer à l'exploitation [...] du cliché de base: demander et vouloir la lune comme demander et vouloir l'impossible" (16). Mais c'est cet impossible même qui sera désormais l'objet exclusif du désir de Caligula. Il a la passion de l'impossible mais aussi, comme l'écrit Bartfeld, "une volonté de démesure qui tend elle-même à s'affirmer de façon démesurée" (*Effet*, 54). La vérité qui lui rend la lune nécessaire est celle d'abord de la mort, non plus abstraite et lointaine mais soudain rendue tangible et immédiate dans le cadavre de la femme aimée: "Ce dépassement... vois-tu, et l'ordure puante que cela est devenu en quelques heures" (*CAC4*, 36). L'abject de la mort l'emporte sur le sacré de l'amour, ce qui le conduit à le renier: "L'amour, Cæsonia! J'ai appris que ce n'était rien" (28). Il confie à Hélicon:

> [...] Mais je ne suis pas fou et même je n'ai jamais été aussi raisonnable. Simplement, je me suis senti tout d'un coup un besoin d'impossible. [...] Les choses, telles qu'elles sont, ne me semblent pas satisfaisantes. [...] je ne le savais pas auparavant. Maintenant, je sais. [...] Ce monde, tel qu'il est, n'est pas supportable. J'ai donc besoin de la lune, ou du bonheur, ou de l'immortalité, de quelque chose qui soit dément peut-être, mais qui ne soit pas de ce monde. (15)

Comme dans les autres œuvres abordées dans cette étude, la réalité insupportable n'est autre que la condition mortelle. Or, posséder la lune permettrait de dépasser cette condition car ce serait détenir le pouvoir de régler les cycles de la vie, les saisons, les marées, la fertilité, d'entrer dans le temps de l'éternel retour[20]. Anne-Marie

---

19. Toutes les références à l'œuvre de Cielens dans ce chapitre se rapportent à son livre *Trois fonctions de l'exil dans l'œuvre d'Albert Camus*.
20. Eliade remarque: "On peut parler d'une 'métaphysique de la Lune' [...]. [C]e que la Lune révèle à l'homme religieux, ce n'est pas seulement que la Mort est indissolublement liée à la Vie, mais aussi, et surtout, que *la Mort n'est pas définitive, qu'elle est toujours suivie d'une nouvelle naissance*" (*SP*, 135-36).

Amiot écrit: "Posséder la lune, 'Maîtresse des maîtresses', revient à posséder la Nature entière, à se fondre en elle: acte d'amour typiquement dionysiaque, qui explicite le sens profond de la quête de la lune" (141). Posséder la lune, ce serait échapper au temps historique et linéaire qui conduit nécessairement à la mort. Ce serait une transcendance cosmique, un passage en effet vers "quelque chose qui ne soit pas de ce monde".

Se déguiser en Vénus relève du même ordre d'idées: s'approprier les pouvoirs de l'amour et de la fécondité attribués, via Aphrodite, à la déesse. Cielens fait remarquer que "l'hermaphrodisme de Caligula se manifeste, sur le mode grotesque, dans la scène de son travestissement en Vénus. [...] sur le plan symbolique, il est [...] signe d'une synthèse de la dialectique du masculin-féminin" (73). Répondant plus loin à une question de Hélicon relative à la "vérité qui [lui] rend la lune nécessaire", Caligula en révèle la double dimension absurde: "Les hommes meurent et ils ne sont pas heureux." Mais puisque, comme le fait remarquer Hélicon, "c'est une vérité dont on s'arrange très bien" Caligula, dans son prosélytisme forcené, décide de "les faire vivre dans la vérité" (16). Et dans cette tentative, il va se montrer plus impitoyable que cette vérité elle-même, se faisant surhomme tout-puissant, voulant ce qui "est au-dessus des dieux" (27). Deux scènes plus loin, à travers un bref dialogue entre Cæsonia et Scipion, les deux personnes qui connaissent et aiment Caligula, le lecteur apprend qui était Caligula avant la mort de Drusilla. Scipion, ayant déclaré qu'il faut sauver l'empereur, confie à Cæsonia: "Je l'aime. Il était bon pour moi. Il m'encourageait et je sais par cœur certaines de ses paroles. Il me disait que la vie n'est pas facile, mais qu'il y avait la religion, l'art, l'amour qu'on nous porte. Il répétait souvent que faire souffrir était la seule façon de se tromper. Il voulait être un homme juste" (19). C'est parce que Scipion et Cæsonia ne cesseront d'admettre en lui l'existence de cet homme-là qu'ils lui garderont, envers et contre tout, y compris le meurtre et la destruction, leur amour et leur fidélité.

Cependant, dès que Cæsonia et Caligula se trouvent en présence l'un de l'autre après le retour de celui-ci, l'incompréhension éclate. Cæsonia s'étonne: "Qu'est-ce qui te prend?" (22); plus loin: "Je te reconnais mal" (23), et plus loin encore: "Mais je cherche à comprendre." À quoi Caligula répliquera: "Tu ne peux pas comprendre. Qu'importe?" (26). Bien sûr, Cæsonia est un personnage secondaire, dans la pièce comme dans l'univers absurde de Caligula. Mais sa voix en contrepoint remplit dans la pièce une fonction précieuse: celle de s'opposer et de poser des limites aux déclarations de l'empereur. Tout ce qu'elle représente contraste en effet avec la négativité des nouvelles valeurs de Caligula, contredit son nihilisme. Sa lucidité aimante dément sans cesse l'empereur et sa démence meurtrière. Il annonce: "Je viens de comprendre enfin l'utilité du pouvoir. Il donne des chances à l'impossible. Aujourd'hui, et pour tout le temps qui va venir, ma liberté n'a plus de frontières." Elle répond avec une calme clairvoyance: "Je ne sais pas s'il faut s'en réjouir, Caïus" (24). Dans leur vision du monde, elle et lui sont désormais aux antipodes. Lorsqu'elle lui crie: "Tu ne pourras pas nier l'amour!", il s'écrie, affirmant la primauté régnante du matérialisme: "L'amour, Cæsonia! (...) J'ai appris que ce n'était rien. C'est l'autre qui a raison: le Trésor public! Tu l'as bien entendu, n'est-ce pas? Tout commence avec cela. Ah, c'est maintenant que je vais vivre enfin! Vivre, Cæsonia, vivre, c'est le contraire d'aimer" (27-28). Cette déclaration est en opposition totale avec le message tacite mais constant de Cæsonia: "Vivre, c'est aimer!" Leurs positions reflètent les deux pôles implicites dans cette affirmation de Camus, déjà citée: "Il y a toujours dans l'homme une part qui refuse l'amour. C'est la part qui *veut* mourir. C'est elle qui demande à être pardonnée" (*C2*, 318). Cette part est entièrement assumée par Caligula. À plusieurs reprises cependant, Cæsonia tente de ramener Caligula à l'amour et à la vie: "Je veillerai sur ton sommeil. À ton réveil, le monde pour toi recouvrera son goût. Fais servir alors ton pouvoir à mieux aimer ce qui peut l'être encore. Ce qui est possible mérite aussi d'avoir sa chance" (26). Alors qu'elle croit au possible et à l'humain, lui veut l'impossible, le surhumain, et même le "surdivin". Lorsqu'il déclare: "Ce que je désire de toutes mes forces, aujourd'hui, est au-dessus des dieux. Je prends en charge un royaume où l'impossible est roi", elle lui montre les limites de son désir d'omnipotence: "Tu ne pourras pas faire que le ciel ne soit pas le ciel, qu'un beau visage devienne laid, un cœur d'homme insensible" (27). Elle défendra l'amour et la beauté jusqu'au bout, au point d'accepter de mourir de sa main alors que lui, en la tuant, les nie[21].

Cependant, selon les didascalies et avec une voix toujours *calme* ou *neutre*, Cæsonia se montre, en l'absence de Caligula, solidaire de lui. Lorsque l'empereur lui avait ordonné: "Et toi, Cæsonia, tu m'obéiras. Tu m'aideras toujours. Ce sera merveilleux. Jure de m'aider, Cæsonia", elle avait répondu: "Je n'ai pas besoin de jurer, puisque je t'aime" (28). Jamais, en effet, elle ne le trahit, alors qu'elle sait sa folie. Lorsque Caligula lui avait déclaré qu'"il est indifférent de dormir ou de rester éveillé, si je n'ai pas d'action sur l'ordre de ce monde", elle lui

---

21. On peut voir dans le meurtre de Cæsonia une réitération et une concrétisation du reniement de l'amour que Caligula avait exprimé concernant Drusilla. En tuant Cæsonia, "le dernier témoin" (105), il croit faire taire l'amour à jamais mais il découvre, à travers le sacrifice consenti de la femme aimante, que l'amour survit.

avait opposé: "Mais c'est vouloir s'égaler aux dieux. Je ne connais pas de pire folie" (27). Alors qu'elle sait que ce qu'il fait et ordonne est insensé, elle se fait, par amour et fidélité, son porte-voix. Elle joue à fond le jeu que Caligula attend d'elle, jusqu'à répandre le faux bruit de sa mort (94). Gay-Crosier remarque à ce propos: "Cæsonia est émouvante dans le cri de sa chair. Mais elle devient à son tour coupable, lorsqu'elle consent à tous les crimes de son amant impérial pour satisfaire son seul amour. [...] elle est persuadée que sa rage destructrice s'arrêtera devant un sentiment qu'elle juge irréductible" (*Envers*, 70). Mais il ne s'agit plus de "satisfaire son seul amour" car cet amour est devenu un sentiment bien plus vaste que ne peut l'exprimer le simple "cri de sa chair". De plus, elle n'est pas sans ignorer qu'il ne servirait à rien d'aller à l'encontre des "recommandations de Caligula" (96), même si elle les oublie brièvement devant Cherea et les patriciens conspirateurs rassemblés pour mieux dénoncer leur hypocrisie et leur insensibilité: "Malade? Non, il ne l'est pas. À moins que tu n'inventes un nom et des médicaments pour les ulcères dont son âme est couverte." Et à Cherea (*qu'on dirait touché*), elle réplique: "Non, vous ne l'ignorez pas. Mais comme tous ceux qui n'ont point d'âme, vous ne pouvez supporter ceux qui en ont trop. Trop d'âme! Voilà qui est gênant, n'est-ce pas? Alors, on appelle ça maladie: les cuistres sont justifiés et contents." (*D'un autre ton*): "Est-ce que tu as jamais su aimer, Cherea?" Et Cherea, (*de nouveau lui-même*), répond: "Nous sommes maintenant trop vieux pour apprendre à le faire, Cæsonia" (95). Mais elle, la maîtresse vieillie, ne s'avère point trop vieille.

On dirait en effet que Cæsonia, en accompagnant Caligula dans sa quête frénétique pour le protéger de lui-même et des autres, et à travers la fidélité solidaire que cette démarche impliquait, a appris à aimer "vraiment". Le "trop d'âme" de l'empereur a débordé sur elle, non sous la forme du nihilisme mais sous celle d'un amour total. Au début de la pièce, se regardant dans un miroir peu après le retour de Caligula, elle avait déclaré à Scipion: "Je n'ai jamais eu d'autre dieu que mon corps, et c'est ce dieu que je voudrais prier aujourd'hui pour que Caïus me soit rendu" (19). Trois ans plus tard cependant, c'est son âme qu'elle invoque. Dans le long dialogue de l'avant-dernière scène de la pièce, Caligula s'étonne de l'optimisme de sa maîtresse et de sa confiance en "quelque chose, venu du ciel..." (103): "Du ciel! Il n'y a pas de ciel, pauvre femme. [...] Mais pourquoi tant d'amour, tout d'un coup, ce n'est pas dans nos conventions?" C'est alors qu'éclatent les sentiments longtemps tus de Cæsonia, sentiments de révolte contre l'inhumain qui s'empare toujours davantage de l'empereur, mais aussi sentiments amoureux qui avec le temps se sont mus en un amour désintéressé qui la transcende:

> Ce n'est donc pas pas assez de te voir tuer les autres qu'il faille encore savoir que tu seras tué? Ce n'est pas assez de te recevoir cruel et déchiré, de sentir ton odeur de meurtre quand tu te places sur mon ventre! Tous les jours, je vois mourir un peu plus en toi ce qui a figure d'homme. (*Elle se tourne vers lui*.) Je suis vieille et près d'être laide, je le sais. *Mais le souci que j'ai de toi m'a fait maintenant une telle âme, qu'il n'importe plus que tu ne m'aimes pas. Je voudrais seulement te voir guérir, toi qui es encore un enfant.* Toute une vie devant toi! *Et que demandes-tu donc qui soit plus grand que toute une vie*? (104; nos italiques)

C'est ici non seulement la femme aimante mais aussi la mère qui parle, la "mère bonne" dont l'amour est sans limites dans son désir de guérir son enfant et de le faire renaître à la vraie vie. Elle aussi revient de loin, cette femme dont le seul dieu était son corps. L'amour sexuel où se mêle désormais l'"odeur de meurtre" lui est devenu répugnant. Si lors du retour de Caïus après la mort de Drusilla, il était encore vrai que Cæsonia "ne [savait] offrir qu'une chose: son corps" (Gay-Crosier, *Envers*, 70) ou que cette amante "[had] never had any other god than her body", ou qu'elle exprimait "the joys and sufferings of life without reflective overlay or grand design" (David Sprintzen, 72), cela *n'est plus vrai* après les trois ans qu'elle vient de vivre à l'ombre de la folie de l'empereur. Car la voilà devenue, dans la souffrance et l'abnégation, "[u]ne femme qui aime vraiment, de toute l'âme, dans le don total", c'est-à-dire la femme camusienne idéale évoquée dans les *Carnets* (*C3*, 25). L'amour de Cæsonia semble avoir évolué et grandi proportionnellement à la démence et au nihilisme de Caligula, créant une divergence qui ne se résoudra que dans la mort de l'une par l'autre, mort infligée par lui et acceptée par elle (*qui se laisse aller sans résistance, les mains un peu offertes en avant*), sacrifice consenti pour "parfaire enfin la solitude éternelle" tant désirée par Caligula (106)[22]. Cæsonia va peut-être plus loin dans l'amour qu'aucune autre femme dans l'œuvre camusienne car elle accepte de mourir non seulement pour ou avec l'homme qu'elle aime, mais *par* lui. Jusqu'à la dernière seconde, en dépit de l'horreur qu'elle subit, elle garde sa foi en l'homme et en sa capacité de bonheur: "Le bonheur est généreux. Il

---

22. Il est étonnant que la critique en général semble avoir sous-estimé le personnage de Cæsonia, aussi bien l'importance de sa fonction "équilibrante" (partagée avec Scipion et, dans une certaine mesure, avec Cherea) par rapport au déséquilibre de Caligula, que celle de sa transformation personnelle à travers l'expérience de l'amour douloureux. Freeman écrit par exemple, la comparant à Hélicon: "A somewhat similar figure is Cæsonia, 'la vieille maîtresse', who has a purely sensual relationship with Caligula. She fills what will be an increasingly familiar slot in Camus's work, that of a sort of composite wife-mother-mistress figure (her prototype was the mature Pilar in *Révolte dans les Asturies*)" (39-40). Le manque d'approfondissement d'un personnage peut conduire à des conclusions trop hâtives ou au stéréotype.

ne vit pas de destruction" (105). Et plus loin, ses derniers mots, qui auront sur son meurtrier un ultime pouvoir révélateur: "Est-ce donc du bonheur, cette liberté épouvantable?" (106).

Alors que Coombs voit en Caligula "un héros éminemment tragique, puisque quoique criminel et déchaînant l'injustice il est, néanmoins, la victime expiatoire de sa démesure" (77), Bartfeld impute à "l'option pour l'excès [...] une certaine insuffisance de l'effet tragique dans *Caligula*" (*Effet*, 60). Selon nous, elle a raison d'affirmer que "[l]es excès de Caligula poussent le spectateur à éprouver crainte et pitié non pour lui mais pour ses victimes, les patriciens. Or ces victimes sont trop dérisoires pour retenir l'intérêt" (*Effet*, 57). D'où perte de la catharsis propre à la tragédie. Le critique pose alors une question plus spécifique concernant le personnage principal: "Caligula, tyran narcissique dont la tyrannie va s'accentuant d'ailleurs au fil des refontes de la pièce [...], avait-il encore titre pour se présenter comme le porte-voix du tragique absurde? Plus d'un spectateur reconnut en lui un tyran pur et simple dont les traits rappelaient Hitler" (*Effet*, 58). Il nous semble que "l'effet tragique" disséminé dans la pièce se condense soudain à l'avant-dernière scène dans le sacrifice de Cæsonia, et que c'est sa mort, combien injuste, qui provoque enfin la catharsis. Ainsi, la seule femme de la pièce en est aussi le personnage le plus tragique. Comme Bérénice décidant de vivre afin de sauver Titus et l'Empire ou comme Phèdre décidant de mourir pour "rendre au jour toute sa pureté", Cæsonia transcende aussi son destin en acceptant la mort infligée par Caligula, et cela dans l'espoir de le sauver en lui prouvant l'amour. C'est bien son sacrifice qui fait aussitôt avouer à l'empereur, auteur de crimes innombrables, que "tuer n'est pas la solution" (107), que "je n'ai pas pris la voie qu'il fallait, je n'aboutis à rien. Ma liberté n'est pas la bonne" (108). Mais cette prise de conscience que Cæsonia a provoquée se produit trop tard. Et si la mise à mort de Caligula par les conspirateurs semble une expiation possible, ses derniers mots la nient et en minent la portée tragique: "Je suis encore vivant!" (108).

Ayant basculé dans l'irrationnel et s'étant attribué la puissance totale, Caligula a rompu le fragile équilibre, cette tension tragique qui "est opposition, dans une immobilité forcée, de deux puissances, couvertes chacune des doubles masques du bien et du mal" (1704). La lucidité de sa maîtresse, d'une nature différente de la sienne parce qu'éclairée par l'amour, lui a révélé l'impasse d'une liberté sans limites. Lui, au départ un idéaliste qui ne pouvait supporter cette vérité que "[l]es hommes meurent et ils ne sont pas heureux", voici qu'au moment de mourir il découvre, grâce à Cæsonia, une vérité nouvelle, celle de Némésis: qu'il s'est trompé, que l'homme doit reconnaître ses limites, que donner la mort ne résoud rien, que l'homme ne doit pas compter sur la réalisation de l'impossible. Hélicon ne lui apportera pas la lune. En tuant Cæsonia, comme Clamence laissant mourir la jeune noyée, il a tué le dernier élément féminin en lui et il sait qu'il a perdu la lune à jamais[23]. Il découvre alors une lourdeur nouvelle, celle de la culpabilité et de la douleur: "Hélicon! Rien! rien encore. Oh, cette nuit est lourde! Hélicon ne viendra pas: nous serons coupables à jamais! Cette nuit est lourde comme la douleur humaine" (108). Nuit qui rappelle une nouvelle fois le Gethsémani, y compris la trahison proche, mais c'est ici le crime illimité et non l'innocence qui crie vers un ciel qui se tait.

Même si l'exemple de Cæsonia a dessillé trop tard les yeux de l'empereur, il n'en demeure pas moins une immense leçon d'amour dans l'univers nihiliste et absurde où celui-ci se débattait. Kellogg voit la nécessité où se trouvait Caligula de tuer l'amour comme le seul choix compatible avec son nihilisme. Seul le lien de l'amour avait en effet le pouvoir de restreindre sa liberté et donc de limiter sa révolte qu'il voulait sans limites. Kellogg souligne aussi ce caractère particulier de l'amour qui est celui de comprendre et d'accepter l'être aimé malgré et au-delà des crimes qu'il a commis:

> [Caligula] tortured Scipio's father to death, but he left Scipio alive so that Scipio's hatred might attack and destroy their bond of friendship and so free Caligula of his love for his friend. Cæsonia, [...] Caligula strangled with his own hands. [She] died still loving the monster whose motivations she comprehended. Scipio, too, understood Caligula and did not hate him. In his quest for freedom, therefore, Caligula failed, for he could not free himself of love. (98)

Quilliot souligne également ce phénomène par lequel l'amour s'avère plus fort que le pouvoir qui prétend le détruire:

> [Caligula] n'a lui-même décidé sa propre mort qu'après avoir acquis la conviction que la mort ne pouvait être vaincue. Et, pour qu'il soit bien dit que plus rien n'a de sens, il y entraîne Cæsonia, dans l'espoir de tuer "le seul sentiment pur" que la vie lui ait donné. *Qu'elle résistât, et Caligula pouvait nier l'amour.* Mais elle s'abandonne à son étreinte mortelle, "les mains un peu offertes en avant", dans une ultime offrande. *Cæsonia témoigne de l'amour par sa mort.* (*La Mer*, 76; nos italiques).

Aussi est-ce la voix d'amour de Cæsonia jointe à celle de l'amitié sans faille de Scipion qui veut "partir très loin chercher les raisons de tout cela" (101) et au cri de dévotion ultime d'Hélicon (108), qui constituent les seules vibrations d'espoir de la tragédie, les seules lueurs

---

23. Coombs écrit dans ce contexte: "Avec [Cæsonia], l'ultime valeur qui rattache Caligula à la réalité du monde est abolie: il reste seul, face à son reflet immuable, reflet haï qu'il fera aussi disparaître en brisant le miroir avant de tomber, vaincu, sous les coups des conspirateurs en criant: 'Je suis encore vivant!'" (72).

qui l'empêchent de sombrer totalement, avec l'empereur, dans l'empire des ténèbres. Éros barre le chemin à la victoire absolue de Thanatos.

Le Malentendu: le féminin meurtri et meurtrier

Pièce tant décriée par la critique lors sa première représentation en 1944, *Le Malentendu* n'avait cependant pas que des détracteurs. Bespaloff, par exemple, écrit que l'art de Camus "n'a peut-être jamais été plus sûr que dans *Le Malentendu*". Elle précise:

> D'un fait divers anonyme, taillé dans la contingence, Camus a tiré une pure tragédie du choix. Il y a atteint un style architectural qui élève au-dessus de la réalité la scène où la représentation du sacrifice devient une célébration dans l'ordre de la poésie. L'humanisme, laissé à sa pente, roulerait facilement à l'humain trop humain s'il ne maintenait dans la tragédie profane l'intelligence du sacré. (22)

Or, il s'agit de ne pas perdre de vue un seul instant cette dimension spirituelle de la pièce — cette "intelligence du sacré" — si on veut voir au-delà de l'humour noir qui, certes, n'y manque pas, ou dépasser certaines lectures qui n'y voient qu'un "comique de l'absurde", un "exercice purement intellectuel" ou "la pièce des occasions manquées"[24]. Il faut de plus noter que cette dimension spirituelle s'exprime essentiellement par les voix des trois femmes et que les "célébrants" du sacrifice sont des "célébrantes".

Le Malentendu pourrait en fait être considéré comme une pièce pour femmes. Si la mère y joue encore un rôle fondamental quoique profondément négatif et si la femme compagne n'hésite pas à s'y mesurer avec elle, une autre dimension du féminin s'y révèle particulièrement intéressante: la relation mère-fille que nous avons déjà abordée dans *Le Premier homme*, relation que Marianne Hirsch décrit comme "the most private and the most formative of women's relationships, the relation between mother and daughter" (19)[25]. Relation rarement décrite par un auteur masculin, en tout cas avec une telle perspicacité, sa présence dans la pièce aurait de quoi surprendre si le lecteur n'était déjà informé, par les essais de jeunesse et les *Carnets*, de la relation mère-fille dont Camus enfant avait été témoin, de cette double imago maternelle qui avait présidé à son éducation dans les personnes de sa mère et de sa grand-mère. De plus, le caractère autobiographique du *Premier homme* nous expose le manque d'amour

---

24. Voir Montgomery, "Œdipe mal entendu: langage et reconnaissance dans *Le Malentendu* de Camus" (427 et n3).

25. Il s'agit d'une remarquable étude intitulée *The Mother/Daughter Plot*. Sauf s'il est indiqué autrement, les numéros de page relatifs aux citations de Hirsch renvoient à ce livre.

maternel dont sa propre mère avait dû souffrir aux mains de sa mère à elle, ce qui sera le cas de Martha. La ressemblance relationnelle s'arrête là, à moins de renverser le rapport des forces: dans la pièce, contrairement à l'expérience de Camus enfant, la fille *paraît* d'abord dominer la mère. C'est cependant celle-ci qui, de son propre aveu — ce qu'il faudra garder à l'esprit — avait appris à Martha "à ne rien respecter" (165). Toujours est-il que seul un auteur masculin qui a été personnellement témoin de la complexité de ce type de relation aurait pu la faire incarner par ses personnages avec un tel degré de véracité et de violence psychique, d'autant plus que la psychanalyse n'avait pas encore mis en évidence son importance. Ce n'est que bien plus tard, vers les années soixante-dix, que certaines femmes écrivains, psychanalystes ou non, commenceront à parler de Jocaste et de ses filles et à constater, comme Hirsch, que "Jocasta is virtually ignored in feminist revisions as well..." S'appuyant sur deux exemples, elle écrit:

> [B]oth omit the powerless, maternal, emotional, and virtually silent Jocasta. So that, while Rukeyser's Œdipus wonders why he did not recognize his mother, no one asks why — in spite of clearcut indications ranging from oracular predictions to swollen feet — his mother did not recognize him. [...] Hélène Cixous, who devotes an opera to the story of Œdipus and Jocasta, casts Jocasta as the lover and clearly not as the mother of Œdipus. No one imagines a Jocasta who wonders why she did not recognize her child. (2)[26]

On ne peut renoncer à revenir à l'étude de la relation mère-fille dans le cadre de ce chapitre, d'abord parce qu'elle joue un rôle essentiel dans la dynamique familiale du *Malentendu* et ensuite parce que toute femme, compagne ou non, a d'abord été et reste, qu'elle le veuille ou non, la fille de sa mère. Nous y reviendrons.

À la différence de *Caligula* ou des *Justes*, la situation dans *Le Malentendu* n'est pas de nature historique[27] mais familiale. Plus spécifiquement, elle fait appel, avec beaucoup d'inversions, à la parabole du retour du fils prodigue. Dans son étude sur le complexe d'Œdipe dans la tragédie, A. Green écrit:

> La famille est [...] l'espace tragique par excellence. Sans doute parce que les nœuds d'amour — donc de haine — sont en elle les tout premiers en date et en importance. Mais la fable doit aboutir à la reconnaissance: passage de l'ignorance à la connaissance. *R*econnaissance par la *r*eprésentation. L'espace tragique est l'espace du dévoilement et de la

---

26. Une note renseigne sur l'opéra de Cixous: "*Le Nom d'Œdipe: Chant du corps interdit* (Paris: des femmes, 1978)", (Hirsch, 201, n3).

27. Même si la situation dans ces pièces est au départ historique, ce n'est bien sûr pas cette dimension, comme le montre *Caligula*, qui préoccupe Camus mais, comme nous allons voir dans *Le Malentendu* et ailleurs, la condition métaphysique absurde ou tragique de l'homme à l'intérieur d'une situation historique ou familiale donnée.

révélation sur les relations originaires de parenté, qui jamais n'opère plus efficacement que par le revirement de la péripétie. (*Un œil en trop*, 18)

Si ce n'était que Green croit à "la distance que requiert toujours la tragédie" (113), on penserait qu'en écrivant ces lignes il avait aussi à l'esprit cette "tentative pour créer une tragédie moderne" qu'est *Le Malentendu* où la famille, dans la quête de la reconnaissance, s'avère un espace tragique peu commun.

Les quatre personnages constitutifs de la famille sont Jan, la mère de Jan, Martha (la sœur de Jan) et Maria (l'épouse de Jan). Le vieux domestique muet apparaît plutôt comme le masque humain du *fatum*, ou plus spécifiquement celui d'une force maléfique dont la présence sera celle du "mauvais sacré". Comme le fait remarquer Gay-Crosier, "ces quatre personnages forment des couples parfaitement symétriques: Jan et Maria, le couple amoureux, se trouvent en face de Martha et la mère, le couple de la haine criminelle" (*Envers*, 115). D'autre part, si leurs interactions finissent par créer un réseau de relations dont les deux plus évidentes sont celles des deux couples, celles qui se forment brièvement entre la mère et le fils et, à la fin de la pièce, entre la sœur et l'épouse sont, de par leurs répercussions désastreuses, tout aussi significatives. À cause du mutisme de Jan et de la cécité de la mère leur relation est vouée à l'échec, échec que Vigée commente en ces termes: "On n'est reçu et reconnu que sur passeport dans la 'mère-patrie'. Là, comme ailleurs on n'existe que sur le papier, et non en soi, fût-ce aux yeux de sa mère. Entre elle et son fils, il n'y a donc guère d'affinité profonde, nulle réminiscence platonicienne de l'unité d'amour primordiale" ("Entre oui et non", 122).

Si, de par la place centrale qu'il occupe d'abord dans la pièce et dans le réseau relationnel, Jan semble en être le personnage principal — tout le suspense des deux premiers actes tourne autour de ce qu'il dira ou ne dira pas — les trois femmes ne sont pas pour autant des personnages secondaires et c'est exclusivement sur elles et leurs interactions que seront braqués les feux de la rampe dès la dernière scène de l'acte II et pendant tout l'acte III. Chacune remplit une fonction spécifique et indispensable au déroulement de l'action et chacune, contrairement à ce qu'a écrit une partie de la critique, a sa personnalité propre mais, conformément au refus de Camus de faire du théâtre psychologique, sans aucune dispersion dans des caractérisations superflues. Comment prétendre que "[n]ous ne vivons pas cette histoire parce que les personnages eux-mêmes ne la vivent pas", comme l'affirmait Thierry Maulnier[28]? Chaque personnage, même la mère après avoir appris l'identité de Jan, vit au contraire son histoire avec une intensité exceptionnelle. La pièce est la transposition d'une expérience aiguë de l'absurde telle que chaque être humain peut être amené à la vivre, dans des contextes infiniment variables, à un moment donné de son existence. Elle est aussi une illustration convaincante de cette "obscurité du cœur" évoquée par Camus lors de sa dernière interview[29]. Il est probablement vrai qu'il a voulu, comme pour *La Peste*, que la pièce puisse se lire "sur plusieurs portées" et la grande variété des interprétations montre qu'il a réussi. Mais sans doute les auteurs qui, au milieu de l'extrême richesse sémantique de la pièce y discernent l'histoire d'Œdipe[30], se rapprochent-ils le plus de sa donnée la plus immédiate: la reconnaissance mère-fils. Simplement, ils ne soulignent pas l'importance au moins équivalente de la relation mère-fille et du désir de reconnaissance qu'elle comporte.

Le Malentendu est sans doute l'œuvre où Camus a le mieux approfondi la complexité des relations entre femmes. Freeman estime que c'est l'agonie des trois femmes qui constitue le thème principal de la pièce: "The tragedy is less that of Jan than of his mother, sister and wife. For much of the play Jan is not in the main focus, and the agony of the three women, the last of whom is completely innocent, is the prominent theme" (59). De plus, Jan s'immobilise dans l'équivoque et dans la passivité de l'attente et, comme le fait remarquer Bartfeld, "la non-reconnaissance de Jan par sa mère et sa sœur coupe court à toute 'action' de la part du héros et déplace celle-ci du côté des femmes" (*Effet*, 70). C'est pourquoi, sans reléguer Jan dans les coulisses — puisqu'il est parti prenant aux dialogues et que son désir initie l'action — ce sont surtout les trois femmes que nous allons écouter en commençant avec Maria lors de son unique dialogue avec Jan au début de la pièce.

Si Jan apparaît comme le personnage le moins convaincant, c'est sans doute à cause de sa grande indécision et de l'inaction qui en

---

28. Coombs cite Maulnier qui, écrit-elle, "s'obstine à considérer Camus comme [...] 'un excellent écrivain de second ordre' dont les pièces sont 'des démonstrations abstraites, des allégories dialoguées de philosophie'" (59).
29. Camus disait: "J'écris sur des plans différents pour éviter justement le mélange des genres. J'ai composé ainsi des pièces dans le langage de l'action, des essais à forme rationnelle, des romans sur l'obscurité du cœur. Ces livres différents disent, il est vrai, la même chose. Mais après tout, ils ont le même auteur et à eux tous ils forment une seule œuvre" (II, 1926). C'est bien cette cohésion néanmoins qui a permis que certains essais soient de ton lyrique, que certains romans utilisent par moments le langage de l'action et que certaines pièces révèlent, au-delà de l'action, l'obscurité du cœur.
30. Il s'agit de Quilliot, pour qui *Le Malentendu* s'apparente dans son principe à l'histoire d'Œdipe" (I, 127) et de Gay-Crosier qui parle d'un "Œdipe à l'envers" (*Envers*, 129).

découle, à cause aussi de son impuissance à trouver le mot juste. Cette impuissance, qu'il exprime à plusieurs reprises, émane de la nature œdipienne de son désir, celui du retour à la mère. Gay-Crosier avait déjà souligné la nécessité de ce retour qui est en même temps quête de reconnaissance: "La rentrée du fils n'est pas seulement une allusion à la légende de l'enfant prodigue, elle symbolise le *retour à la Mère* proprement dit, le pèlerinage à l'Origine, un chemin qui se révèle finalement impraticable. [...] Jan, c'est l'*étranger* (étranger à ses parents, à sa femme, au monde et à lui-même) qui voudrait être reconnu" (*Envers*, 120).

Maria offre l'image transparente d'une jeune femme intuitive et aimante, dont l'esprit est dépourvu d'équivoque mais non de lucidité. Gay-Crosier souligne le caractère positif de Maria: "Aux trois 'personnages' bourrés de problèmes insolubles et de projets irréalisables s'oppose un caractère mûr et frémissant de chaleur humaine: Maria. Son bonheur s'accomplit dans le seul amour pour Jan et elle n'a qu'un souci: le faire durer" (*Envers*, 121). Freeman, voyant Maria comme une "outsider" et affirmant avec raison que "Maria does not exist on the same plane of reality — or rather unreality — as the other three main characters" (68), interprète cependant cette altérité comme une erreur de la part de Camus. Il semble au contraire que l'auteur a voulu cette altérité et l'incompatibilité qui en découle par rapport à Martha afin de mieux établir, par contraste, ce féminin positif qu'on retrouve dans toutes ses pièces.

Avant de nous laisser entraîner dans la spirale quasi infernale de la relation triangulaire entre Jan, Martha et la mère, écoutons la voix limpide de Maria. Elle ne comprend pas que Jan n'ait pas réussi à se faire reconnaître lors de sa première visite à l'auberge et surtout que sa mère ne l'ait pas reconnu: "Jan, je ne puis croire qu'elles ne t'aient pas reconnu tout à l'heure. Une mère reconnaît toujours son fils" (122). Elle poursuit, faisant à Jan la leçon: "[...] Quand on veut être reconnu, on se nomme, c'est l'évidence même. [...] Il n'y a qu'un moyen. C'est [...] de dire: 'Me voilà', c'est de laisser parler son cœur." Révélant alors ce qui les sépare, Jan déclare: "Le cœur n'est pas si simple." Maria réplique: "Mais il n'use que de mots simples" (123). Et lorsque Jan explique que "[c]e n'est pas le bonheur que nous sommes venus chercher. Le bonheur, nous l'avons", elle rétorque (*avec véhémence*): "Pourquoi ne pas s'en contenter?" Jan invoque alors le devoir: "Le bonheur n'est pas tout et les hommes ont leur devoir. Le mien est de retrouver ma mère, une patrie..." (124).

Commentant ce passage, Clayton écrit que "le mépris camusien pour la femme [*sic*] et pour les joies qui procèdent du sexe renvoie au besoin foncier d'une action qui mette la vie en péril ou qui en accuse la fragilité tragique" ("L'impossibilité", 15-16). Il est vrai que dans ce que le critique appelle "le combat sans trêve que se livrent les sexes dans le théâtre de Camus" (16), l'homme opte pour le faire alors que la femme favorise l'être, celui-ci étant le mode d'existence prioritaire pour Camus. Aussi, comme on verra, est-ce mal lire le théâtre camusien que d'y voir le mépris pour la femme: au contraire, et de manière répétée, la constance de son amour y est valorisée dans ce qu'elle en appelle à la vie alors que la poursuite du devoir et de ses abstractions conduit le héros masculin, dans tous les cas, à l'impasse de la mort. Concernant Jan, il faut cependant noter que son cas est différent car le devoir qu'il déclare vouloir remplir envers sa mère et sa sœur (123), sans que ses propos soient intentionnellement faux, est avant tout un prétexte et a très peu à voir avec le combat pour la liberté ou la justice que mènent les autres héros camusiens.

Maria, mieux peut-être que tout autre personnage, et toujours avec des "mots simples", souligne la différence essentielle entre l'amour masculin et l'amour féminin: lorsque Jan veut la rassurer ("Tu ne dois pas douter de mon amour"), elle montre qu'il ne s'agit pas d'une question de confiance, mais du divorce, chez l'homme, entre l'amour et les rêves, autrement dit entre l'amour et le désir: "Oh! je n'en doute pas. Mais il y a ton amour et il y a tes rêves, ou tes devoirs, c'est la même chose. Tu m'échappes si souvent. C'est alors comme si tu te reposais de moi" (126). Elle sait intuitivement que les "devoirs" de Jan masquent ses rêves, qu'il n'est pas, comme elle, "tout à son amour", que ses rêves le conduisent ailleurs. Ce qu'elle ignore, c'est l'origine des rêves de Jan, la nature de son désir. Lorsque Jan veut "tout concilier", c'est-à-dire la parole qu'il s'est donnée le jour où il a compris que sa "mère avait besoin de [lui]" et celle qu'il a donnée à Maria le jour où il a promis de vivre avec elle, Maria proteste (*secouant la tête*): "La séparation est toujours quelque chose pour ceux qui s'aiment comme il faut." Jan proteste à son tour: "Sauvage, tu sais bien que je t'aime comme il faut." Il est vrai que Maria est sauvage dans son amour, à la fois exigeante et excessive, exclusive et généreuse. C'est elle qui, malgré son malaise et la peur que provoquent chez elle "les soirs de ce pays", encourage Jan à se faire reconnaître. Mais elle n'est pas dupe et en quelques phrases elle exprime, en termes simples et imagés, la différence fondamentale entre l'amour masculin et féminin:

> Non, les hommes ne savent jamais comment il faut aimer. Rien ne les contente. Tout ce qu'ils savent, c'est rêver, imaginer de nouveaux devoirs, chercher de nouveaux pays et de nouvelles demeures. Tandis que nous, nous savons qu'il faut se dépêcher d'aimer, partager le même lit, se donner la main, craindre l'absence. Quand on aime, on ne rêve à rien. (127)

Gay-Crosier note à propos de ce passage que "[c]'est le langage féminin par excellence, les dames du moyen âge ont adressé les mêmes remontrances à leurs chevaliers errants" (*Envers*, 123). Les mots de Maria révèlent en effet un archaïsme et un essentialisme propres au "féminin mythique" camusien.

Chez la femme compagne du théâtre de Camus, comme c'était déjà le cas de Marie dans *L'Étranger*, amour et rêve/désir coïncident. Pour la femme camusienne, l'amour est présence. Cixous écrit en évoquant l'amour masculin: "Rêve d'homme: Je l'aime *absente*, donc désirable, inexistante, dépendante, donc adorable. Parce qu'elle n'est pas là où elle est — tant qu'elle n'est pas là où elle est..." (*"Sorties"*, 122). Maria sait que Jan est en train de choisir entre l'amour et un autre désir, donc un ailleurs, et que celui-ci implique l'absence. Elle voit aussi dans la solitude qu'entraîne l'absence une trahison de l'amour: "Je sais que tes raisons sont toujours bonnes et que tu peux me convaincre. Mais je ne t'écoute plus, je me bouche les oreilles quand tu prends la voix que je connais bien. C'est la voix de ta solitude, ce n'est pas celle de l'amour" (127). Elle sait que Jan n'est pas entier et elle réaffirme leur différence: "Mais moi, je n'ai pas d'autre rêve que ce pays où nous étions heureux, pas d'autre devoir que toi" (128). Pour elle, le devoir est dans l'amour et elle lui consacre tout. Maria est, sans autre préoccupation, la pure incarnation de l'amour des femmes mythiques camusiennes: des femmes tout entières à leur amour, entières dans l'amour, des femmes pour qui l'amour régit toutes les autres valeurs. Femmes dont le lot sera cependant la douleur car leur désir diffère radicalement de celui de l'homme qu'elles aiment. Peut-être était-ce pour lui éviter ce lot que Patrice Mersault disait à Catherine, qui ne comprenait pas pourquoi il voulait s'absenter, de ne pas attendre la vie d'un homme mais de l'attendre d'elle-même (*MH*, 155-56). Conseil à la fois ambigu et révélateur: alors que le sens du bonheur semble être le fait des femmes, elles attendent néanmoins l'homme pour vivre; or, l'homme n'est à même de leur donner ni la vie ni le bonheur: il suit d'autres chemins, ceux de la liberté peut-être, mais qui conduisent étrangement, après un sursis, à la mort dans l'âme... et à la mort prématurée du corps. Maria montre clairement qu'elle a le sens du bonheur mais il lui manque en effet l'indépendance du cœur conseillée par Mersault: elle fait dépendre sa vie et son bonheur de l'amour de Jan et c'est bien en cela qu'elle se trompe. Il lui reste un long et douloureux chemin à parcourir.

Dans les derniers moments de son tête-à-tête avec Jan, Maria déclare non seulement son malheur présent mais c'est en toute lucidité qu'elle annonce la douleur à venir: "Si je suis malheureuse aujourd'hui, c'est que je suis bien sûre de ton amour et certaine pourtant que tu vas me renvoyer. C'est pour cela que l'amour des hommes est un déchirement. Ils ne peuvent se retenir de quitter ce qu'ils préfèrent" (128). Soit, d'engendrer l'absence. Christiane Olivier dit à peu près la même chose: "C'est l'homme qui jusqu'à présent essaie de s'enfuir, c'est toujours lui qui s'en va, tel Laïos sur son char, il essaie d'éviter le Désir et rencontre la Mort..." (193). Les dernières paroles que Maria vient d'adresser à Jan sont celles d'une complainte dont tout le pathétique ne sera révélé que lorsqu'elle apprendra par la voix inhumaine de Martha le meurtre de l'homme aimé. En attendant, n'ayant pu convaincre Jan de rester auprès d'elle, elle prononce l'adieu: "Alors, adieu, et que mon amour te protège. [...] Mais vois comme je suis démunie. Tu pars à la découverte et tu me laisses dans l'attente" (128). Les didascalies décrivent le même geste que celui de Cæsonia agonisante: c'est (*en lui montrant ses mains vides*) que Maria dit ces derniers mots, ceux de la séparation définitive. "Démunie" et "solitaire" sont peut-être les adjectifs qui qualifient le mieux la condition de l'amante camusienne.

Il nous faut remonter à la toute première scène de la pièce pour aborder la relation de l'autre couple, celui formé par la mère et la fille, et pour observer ces deux personnages déconcertants. La mère offre d'abord une image incertaine, brouillée par la lassitude et la résignation. Elle n'a plus, depuis longtemps, la force de lutter et elle paraît menée, "dépersonnalisée" en quelque sorte par sa fille. Elle semble ne plus désirer que le repos et, peut-être, comme la vieille femme de "L'Ironie", "vertueuse par nécessité" (II, 16), un certain retour à Dieu: "J'aspire seulement à la paix, à un peu d'abandon. (*Elle rit faiblement.*) Cela est stupide à dire, Martha, mais il y a des soirs où je me sentirais presque des goûts de religion" (116). Elle semble vouloir laisser derrière elle sa vie criminelle au moment même où se présente la dernière victime dont Martha dit: "Mère, il faudra le tuer." La mère consent — "Sans doute, il faudra le tuer" — mais en précisant "qu'au moins, celui-là soit le dernier" (118-19). Si sa contrition était sincère, elle devrait refuser ce "dernier" mais elle a acquis l'habitude du crime: "[...] l'habitude commence au second crime [...] et s'est fortifiée du souvenir" (118). C'est pourquoi elle est et reste une mère dangereuse, ce que confirme Sarocchi: "[C]'est la mère, en sa toute lassitude, qui a toute puissance, qui est la mortelle attraction" (202)[31]. Le critique a raison de voir en elle "le principal agent perturbateur, non qu'elle soit [...] une intruse [...] mais elle sort

---

31. Les citations de Sarocchi dans cette section relative au *Malentendu* sont tirées de son étude "Le malentendu par André Gide".

singulièrement de son rôle, je veux dire qu'elle n'est pas seulement la mère du prodigue, elle mord, par ses façons d'être, sur le rôle du prodigue lui-même, du moins lui emprunte-t-elle la rengaine de la fatigue et le goût du repos" (198). On observe ici un des nombreux aspects inversés du mythe du fils prodigue: non seulement est-ce la mère qui exprime l'épuisement que manifesterait normalement le fils revenant mais il ne s'agit pas pour ce fils de retourner dans la maison du père puisque le père est mort et que, comme le note Sarocchi, "c'est parce qu'il n'y a plus le père qu'il fait retour" (196)[32]. Aussi, le fils revient riche alors que la famille ne l'est pas. La maison n'est par ailleurs qu'une auberge dont Sarocchi rappelle la définition donnée par Littré: "maison où on loge et nourrit les voyageurs pour de l'argent" (195). C'est en effet là que Jan, qui "attendai[t] un peu le repas du prodigue" (122), échoue et qu'il va mourir, tant il s'obstine dans son seul désir d'*être reconnu*[33].

Autant le portrait de la mère est flou, autant celui de Martha est net, gravé au burin: rien que les traits essentiels, mais précis et puissants. Il en émane une impression de colère profonde et haineuse en même temps que celle d'un grand pouvoir de destruction. Si on peut la rapprocher de Caligula, comme plusieurs critiques l'ont fait, c'est qu'une révolte démesurée a développé chez elle les traits masculins de l'insensibilité et de la volonté de puissance. Mais selon qu'elle est perçue comme personnage "réaliste" ou "tragique" ou "mythique", l'image qu'on se fait d'elle varie. C'est en se référant à Martha que Bataille estime que "*Le Malentendu* [...] n'est pas moins une tragédie que *Caligula*." Il poursuit: "La fille de l'aubergiste n'a pas seulement des héros tragiques la démesure de la passion, elle en a le langage tendu, le lyrisme à hauteur de ciel. [...] une *horreur sacrée* émanait de la scène, quelque chose qui glaçait" ("La morale du malheur", 5). Bespaloff, voyant chez elle "l'alliage de nostalgie et de violence propre à tous les révoltés de Camus", n'hésite pas à évoquer Électre: "Son héroïne vengeresse a une stature, une splendeur qui ne la rendent pas indigne d'être comparée à Électre. Rien de moins exsangue, d'ailleurs, que cette nostalgie enflammée, ressort de la volonté et passion de la pensée" (22). Le critique écrit encore: "[...] l'héroïne du *Malentendu* est bien la sœur des héroïnes cornéliennes: elle a la même noblesse tendue, et la même raison volontaire dans la démence de son orgueil" (23). Sarocchi voit cependant une Électre moins splendide:

---

32. Sarocchi résume les conditions requises "pour que le prodigue ne manque pas son retour [...]: 1) que ce soit incontestablement un retour; 2) que le lieu d'où il revienne ne soit pas, le lieu où il revienne soit incontestablement une maison; 3) que cette maison soit celle du Père. Il le faut, selon saint Luc" (193).

33. Voir Montgomery, "Œdipe mal entendu", pp. 430-35, où sont analysées les raisons du désir de Jan d'être reconnu plutôt que de se faire reconnaître.

"[...] liée à sa mère au point de s'écrier: 'que deviendrais-je sans vous?', cette meurtrière méthodique, par certains aspects, semble une Électre à rebours, vieille fille rétractile, raisonneuse et farouche" (197). Gay-Crosier, qui voit en elle "une sorte de sœur de Caligula" mais "[p]lus égoïste encore dans ses ambitions démesurées", écrit: "Sa dureté qu'annonce déjà son nom à la sonorité martelante est inouïe. Elle *pétrifie* son entourage en lui exposant ses idées singulières. Martha est une *virago* qui ne sait que prendre sans donner ni se donner" (*Envers*, 117).

S'il y a chez Martha, dont la complexité se révèle à travers ces différentes descriptions, des éléments qui les justifient, il nous faudra, pour reconnaître et admettre sa "stature", rechercher la motivation profonde et donc la nature de sa révolte. Ce qui est certain, c'est que cette révolte au féminin, née de la conscience aiguë de l'absurde, est unique dans l'œuvre. Se plaçant justement sur le plan de l'absurde, Gay-Crosier fait remarquer au sujet de Martha que

> [s]on langage de la haine égale en simplicité et en clarté le langage de l'amour de Maria tout en lui restant infiniment inférieur sur le plan humain. [...] Sur le plan de l'absurde cependant, de la vérité abstraite qui ne vaut, à elle seule, que dans un système faussement généralisé, Martha a tragiquement raison contre Maria qui n'a pas accès à ce genre de dialectique stérile. Elle ne peut opposer à la rage de la vierge perdue que son amour et sa pitié humiliés. (*Envers*, 118)

C'est que la nature du désir de Martha est essentiellement différente de celle du désir de Maria. Il faut revenir ici au concept de la "nécessité vitale" du matricide en tant que "condition *sine qua non* de notre individuation, pourvu qu'il se passe de manière optimale et puisse être érotisé" et où Kristeva donne comme deuxième alternative: "que l'objet perdu soit transposé par un effort symbolique incroyable et dont on ne saurait qu'admirer l'avènement, qui érotise *l'autre* (l'autre sexe, dans le cas de la femme hétérosexuelle)" (*SN*, 38). Maria, comme Marie dans *L'Étranger* et comme la plupart des femmes hétérosexuelles qui le font sans avoir conscience, le plus souvent, de réussir quelque chose d'"admirable", a clairement mené à bien cette érotisation de l'autre. Or, le cas de Martha est différent et ne peut se comprendre qu'à travers les interactions inhérentes aux dialogues mère/fille.

Dans la toute première scène de la pièce, la voix de la mère est celle d'une vieille femme à la fois meurtrie et meurtrière. On peut voir en elle la projection d'une "mère mauvaise" ayant acquis l'habitude du crime. Mais il y a incompréhension chez la fille qui discerne un changement dans l'attitude de sa mère: "Mère, vous êtes singulière. Je vous reconnais mal depuis quelque temps" (116), et plus loin: "Vous dites cela d'une singulière façon" (118). Ainsi, ce tout premier dialogue de la pièce est un échange de voix féminines qui ne parlent plus le même langage. Un changement au niveau du désir est en train de s'opérer chez la mère que la fille ne comprend pas: "On dirait qu'il est maintenant des mots qui vous brûlent la bouche" (117). C'est le premier malentendu de la pièce.

Dès cette première scène, Martha aussi exprime son désir: celui de "quitter ces terres sans horizon", de "vivre libre devant la mer" (117). Ayant appris de sa mère à "ne rien respecter", le chemin qu'elle a choisi pour accéder au bonheur et à la liberté est celui du crime. Alors que la mère hésite cependant devant ce dernier meurtre, Martha s'exalte à l'idée de fuir enfin. Son impatience contraste avec l'indifférence de la mère qui avoue être lasse et que "[t]uer est terriblement fatigant" (119). Partir, c'est le désir qu'elles partagent mais alors que l'ailleurs désiré signifie pour l'une le repos illimité, il signifie pour l'autre la découverte enfin de ce pays où "le soleil dévor[e] tout." Alors que la mère, avec "presque des goûts de religion", désire peut-être retrouver son âme, en tout cas la paix, "le sommeil et l'oubli", la fille, elle, désire la perdre: elle a "lu dans un livre que [le soleil] mangeait jusqu'aux âmes et qu'il faisait des corps resplendissants, mais vidés par l'intérieur." Et elle déclare: "Oui, j'en ai assez de porter toujours mon âme, j'ai hâte de trouver ce pays où le soleil tue les questions" (120).

Quilliot fait de Martha ce portrait sec et brûlant: "Martha est abrupte, révoltée, tout entière en proie à son obsession: la mer, le soleil; fuir la grisaille des pays slaves. [...] Elle se méfie de la pitié et s'en garde à force de raideur et de logique. Elle entretient dans son cœur la haine par nostalgie d'amour. On dirait une intellectuelle que la chair obsède" (*La Mer*, 137-38). Le concept de "haine par nostalgie d'amour", qui semble fondamental dans la problématique de Martha, est bien sûr à relier au manque d'amour maternel dont elle a eu à souffrir. Mais, de manière plus prononcée, dans cette image des "corps resplendissants, mais vidés par l'intérieur", on reconnaît en négatif le corps réceptacle, la *chora* kristevienne qui est effectivement antérieure au langage, aux questions, mais qui dans l'imaginaire de Martha privée d'amour est devenu un réceptacle stérile. Nous avons vu que la *chora* est reliée au sémiotique, aux pulsions et aux charges énergétiques, véritable source de devenir. Parlant également de l'association femme/réceptacle dans *Of Woman Born*, Adrienne Rich écrit: "It must also be borne in mind that in primordial terms the vessel is anything but a 'passive' receptacle: it is *transformative* — active, powerful... The transformations necessary for the continuation of life are thus, in terms of this early imagery, exercises of female power" (98). Mais Martha la non-aimée semble avoir renoncé une fois pour toutes au féminin et aux forces vitales qui lui sont propres. Elle se retranche dans une stérilité de corps et d'esprit qui est déjà le terrain aride de la mort. Son désir est celui non seulement d'un corps sans âme mais aussi d'un corps "vidé par l'intérieur", d'un corps matriciel refusant la vie, avorté. Cette image évoque — surtout à travers les mots anglais presque homonymes "tomb" et "womb" — le tombeau beckettien qui associe naissance et mort, la stérilité de celle-ci anéantissant la fertilité de celle-là: "Elles accouchent à cheval sur une tombe, le jour brille un instant, puis c'est la nuit à nouveau" (104). Ce sont les derniers mots de Pozzo. Vladimir reprendra l'idée: "À cheval sur une tombe et une naissance difficile. Du fond du trou, rêveusement, le fossoyeur applique ses fers" (*En attendant Godot*, 105-6). À travers l'obsession de stérilité de Martha, on est amené à se demander si sa mère, en tant que "imago maternelle mauvaise", n'a pas fait porter à ses enfants tout le poids du "dead mother complex". Sans presque rien savoir du passé de la mère, il faut cependant souligner le silence entourant l'absence du mari/père dont on sait seulement qu'il est mort dans un passé plutôt récent (123). Mais, d'après la mère, il y a longtemps qu'elle et son mari étaient devenus des étrangers: "[I]l y avait trop à faire. Mon mari et moi y suffisions à peine. Nous n'avions même pas le temps de penser l'un à l'autre et, avant même qu'il fût mort, je crois que je l'avais oublié" (138). Est-ce elle qui, commettant un crime de plus, avait fait de lui un mort-vivant dont la fille portait le fardeau?

Malgré la présence de sa fille, la mère du *Malentendu* semble en fait rongée par une absence mal définie et peut-être par la culpabilité. Se sentant proche de la mort, il est possible qu'elle désire la religion comme un dernier réconfort, comme une réconciliation avec la vie, précisément parce que la religion "nie l'absence de la mort avec la promesse de présence éternelle (comme la vie éternelle) et nie l'absence maternelle avec la promesse de présence paternelle (divine)"[34]. Or, avant et en deçà du désir œdipien, à cause de la relation primordiale à la *chora*, la femme aussi désire la mère. Toute femme est la fille de sa mère, et toute mère est à la fois mère et fille, comme le souligne Hirsch:

> The multiplicity of "women" is nowhere more obvious than for the figure of the mother, who is always both mother and daughter. Her representation is controlled by her object status, but her discourse, when it is voiced, moves her from object to subject. But, as long as she speaks as mother, she must always remain the object in her child's process of subject-formation; she is never fully a subject. (12)

---

34. Nous reprenons et traduisons la citation de Jonte-Pace (17).

Si cette réalité sujet/objet est bien celle qu'on peut observer dans la relation entre Martha et sa mère, le désir de la fille pour la mère ne devient explicite qu'au dernier acte, lorsque la mère annonce sa volonté de mourir et donc de rendre son absence totale et définitive. Ce désir est exprimé par Martha de multiples façons, sans cependant qu'il parvienne à émouvoir la mère: "Mère... (*Elle hésite, puis avec feu.*) Suis-je encore belle?" (164) — "Mère! vous n'allez pas me laisser seule?" (165) — "N'êtes-vous donc pas certaine qu'une mère puisse aimer sa fille?" (166) — "Je me contenterais de si peu. Mère, il y a des mots que je n'ai jamais su prononcer, mais il me semble qu'il y aurait de la douceur à recommencer notre vie de tous les jours" (168). Et enfin, après que Martha a avoué que même si elle avait reconnu son frère, "cela n'aurait rien changé", il y a cet autre aveu bouleversant contenu dans le dialogue suivant:

> LA MÈRE. Je veux croire que cela n'est pas vrai. Les pires meurtriers connaissent les heures où l'on désarme.
> MARTHA. Je les connais aussi. Mais ce n'est pas devant un frère inconnu et indifférent que j'aurais baissé le front.
> LA MÈRE. Devant qui donc alors?
>   (*Martha baisse le front.*)
> MARTHA. Devant vous. (168-169)

Cette scène est le seul moment de la pièce où les paroles de Martha, dans un éclair d'humilité, avouent l'amour. Elles confirment aussi les expressions du désir qui révélaient l'intensité de la relation à la mère et qui permettraient, en imaginant l'inimaginable — c'est-à-dire Lacan écrivant au féminin — de lire: "Le désir de la femme est le désir de l'Autre, cet Autre étant d'abord la Mère." Et ce désir, comme le montre *Le Malentendu*, est également et essentiellement le désir de reconnaissance.

Cielens écrit: "On peut voir chez Martha la révolte de la femme, rêvant d'atteindre une liberté égale à celle de l'homme, à n'importe quel prix, même si elle doit renoncer à toute vie affective, à son caractère féminin" (135). Sans doute peut-on voir là une dimension de sa révolte, celle qui s'exprime à travers sa colère jalouse: "Non, mère, vous ne me quitterez pas. N'oubliez pas que je suis celle qui est restée et que lui était parti, que vous m'avez eue près de vous toute une vie et que lui vous a laissée dans le silence. Cela doit se payer. Cela doit entrer dans le compte. Et c'est vers moi que vous devez revenir" (167). Mais il est clair ici que ce qu'elle cherche avant tout à atteindre, plus encore que la liberté, c'est le cœur de sa mère. Si Martha est le seul personnage féminin dans l'œuvre qui finit par se trouver tout entière du côté de la révolte, on peut sans aucune hésitation attribuer ce fait au non-amour de la mère — la mère, seule source d'amour possible dont elle gardait l'espoir et le désir mais qu'elle découvre tarie. Il n'en reste pas une larme. Déjà, vingt ans plus tôt, la mère s'était abstenue d'embrasser son fils lors de son départ. Elle demande à présent à sa fille: "Te souviens-tu du temps où je t'embrassais? — Non, mère. — Tu as raison. Il y a longtemps de cela et j'ai très vite oublié de te tendre les bras" (169).

Toute mère n'est pas à même de désaltérer son enfant mais c'est la relation mère-fille qui apparaît comme la plus menaçante. Janice Doane et Devon Hodges font remarquer que

> Kristeva's account of the reproduction of mothering, based, like Chodorow's, on an object-relation model of development, offers a much bleaker picture of mother-daughter relations. Kristeva insists on the mother's diabolical control over the daughter's subjectivity. This baleful maternal influence impedes the daughter's capacity both to speak and to feel. (75)

Si cette position de Kristeva s'exprime surtout concernant la relation mère-fille dans l'œuvre de Marguerite Duras[35], elle peut aussi s'appliquer au *Malentendu* où "[l]e sentiment d'abandon [...] se noue autour de la figure maternelle" (*SN*, 249) et où "le lien à la mère est un antécédent à la douleur" (*SN*, 250). Dans la pièce, l'influence maternelle négative semble distribuer ses effets dissociés entre le fils et la fille, mais alors que chez le fils cette influence affecte surtout le langage — Jan n'arrive pas à "trouver le mot juste" ni à "mieux s'exprimer" —, sa portée s'avère bien plus profonde chez la fille dont l'insensibilité apparente est, comme le dit Gay-Crosier, pétrifiante. Lorsque la mère découvre, par l'intermédiaire du vieux domestique (qui remet en silence le passeport de Jan, 164), que l'homme qu'elles viennent d'assassiner était son fils, elle refuse de continuer à vivre pour sa fille. Voyant alors la mer/mère définitivement inaccessible, son désir irrévocablement barré, Martha se rue de toutes ses forces dans la haine et dans la révolte définitive du suicide — mais non avant d'avoir révélé toute l'intensité de son désir, qui n'est autre, comme c'était le cas du fils, que le désir du désir de la mère. Se référant à la situation de la femme durassienne, où il est possible de reconnaître certains aspects de celle de Martha, Kristeva poursuit:

> On est porté à supposer, chez cet être tout de tristesse, non pas un *refoulement*, mais un *épuisement des pulsions érotiques*. Confisquées par l'objet d'amour [...], par la mère dont le deuil demeure impossible — les pulsions sont comme blanchies, vidées de leur pouvoir de faire lien de plaisir sexuel ou lien de complicité symbolique. La Chose perdue a

---

35. Voir Kristeva, "La maladie de la douleur: Duras" (*SN*, 227-65).

certes laissé sa marque sur ses affects désaffectés [...] mais c'est la marque d'une absence, d'une *déliaison fondamentale"* (*SN*, 251).

Il faut s'imprégner de la première scène de l'acte III, après la remise du passeport, pour comprendre à quel point le fils mort l'emporte dans le cœur de la mère et combien la fille en est déchirée: "Laisse Martha, j'ai bien assez vécu. J'ai vécu beaucoup plus longtemps que mon fils. Je ne l'ai pas reconnu et je l'ai tué. Je peux maintenant aller le rejoindre au fond de cette rivière où les herbes couvrent déjà son visage" (165). Et elle confesse plus loin: "[D]e toute façon, quand une mère n'est plus capable de reconnaître son fils, c'est que son rôle sur la terre est fini. [...] L'amour d'une mère pour son fils est aujourd'hui ma certitude." Lorsque Martha l'interroge, trahissant son espoir fou et son désir — "N'êtes-vous donc pas certaine qu'une mère puisse aimer sa fille?" — la mère avoue: "Je ne voudrais pas te blesser maintenant, Martha, mais il est vrai que *ce n'est pas la même chose. C'est moins fort.* Comment pourrais-je me passer de l'amour de mon fils?" (166; nos italiques). Et comment une fille ne serait-elle pas *blessée à mort* par une telle réponse?

En tout cas, rien n'empêchera désormais la mère d'aller rejoindre son fils dans la rivière, pas même les prières et le désespoir de sa fille qui lui dit (*avec une passion croissante*):

> Tout ce que la vie peut donner à un homme lui a été donné. Il a quitté ce pays. Il a connu d'autres espaces, la mer, des êtres libres. Moi, je suis restée ici. Je suis restée, petite et sombre, dans l'ennui, enfoncée au cœur du continent et j'ai grandi dans l'épaisseur des terres. Personne n'a embrassé ma bouche et même vous, n'avez vu mon corps sans vêtements. Mère, je vous le jure, cela doit se payer. [...] Ce qui lui est arrivé est sans importance: il n'avait plus rien à connaître. Mais moi, vous me frustrez de tout et vous m'ôtez ce dont il a joui. Faut-il donc qu'il m'enlève encore l'amour de ma mère et qu'il vous emmène pour toujours dans sa rivière glacée? (167-168)

Quelles paroles pourraient mieux exprimer l'amour frustré d'une fille pour sa mère, le désir d'être désirée et reconnue au même titre que le fils, la souffrance du non-désir et du rejet? Ce corps mal épanoui, jamais embrassé, jamais aimé, oblitéré par le regard indifférent de la mère, n'a plus qu'à consommer sa révolte dans la mort. Martha, solitaire à côté d'une mère absente "dont le deuil demeure impossible", n'a trouvé ni le moyen d'effectuer le matricide libérateur ni la possibilité d'"érotiser l'autre". Le suicide de la mère, qui ne peut être perçu par la fille que comme un rejet absolu et définitif, la laisse dans une solitude sans fond. La douleur et la colère de la fille éclatent en un long monologue, véritable poème de désir et de désespoir adressé à la mer/mère:

> Non! je n'avais pas à veiller sur mon frère, et pourtant me voilà exilée dans mon propre pays; ma mère elle-même m'a rejetée. [...] Le voilà qui a obtenu maintenant ce qu'il voulait, tandis que je reste solitaire, loin de la mer dont j'avais soif[36]. Oh! je le hais! Toute ma vie s'est passée dans l'attente de cette vague qui m'emporterait et je sais qu'elle ne viendra plus! [...] Moi, j'ai pour patrie ce lieu clos et épais où le ciel est sans horizon, pour ma faim l'aigre prunier de ce pays et rien pour ma soif, sinon le sang que j'ai répandu. Voilà le prix qu'il faut payer pour la tendresse d'une mère! (170)

Cette dernière phrase éclaire tous les comportements de Martha: la vie étroite qu'elle a menée, la dureté de ses paroles, les crimes qu'elle a commis, c'était donc dans cet espoir: être emportée enfin par la vague de la tendresse maternelle. Comment pouvait-elle imaginer qu'elle viendrait de celle qui lui avait appris "à ne rien respecter"? Elle a pourtant réponse à cette question: "J'imaginais que le crime était notre foyer et qu'il nous avait unies, ma mère et moi, pour toujours" (177). Et puis vient sa question tragique: "Vers qui donc, dans le monde, aurais-je pu me tourner, sinon vers celle qui avait tué en même temps que moi?" (177) Animée par le désir d'être aimée et "reconnue" par cette mère criminelle, elle s'est conformée aux désirs meurtriers de celle-ci, elle a opté pour les formes extrêmes du non-respect: elle a menti, elle a volé, elle a tué avec la complicité et donc l'encouragement maternels. Cette expérience extrême de l'absurde déclenchera chez Martha une révolte sans limites, à la mesure de sa lucidité et de son désespoir: "Qu'elle meure donc, puisque je ne suis pas aimée! Que les portes se referment autour de moi! Qu'elle me laisse à ma juste colère!" (170-71).

La révolte est totale[37]. La décision de Martha de mourir à son tour, deuxième suicide qui sera commis dans le sillon du meurtre du fils/frère, souligne encore le lien profond entre le Désir et la Mort. "La pulsion de mort elle-même, écrit Kristeva, lorsqu'elle sous-tend le désir d'agresser, de faire mal ou de me faire mal, y compris jusqu'à la mort, est une manifestation de la sexualité" (*ACA*, 64). Sans doute cette pulsion est-elle la seule manifestation de sa sexualité que Martha, la fille frustrée et rejetée par sa mère, aura pu connaître. Mais au niveau plus profond, l'abandon où la plonge le suicide de sa mère peut être vu comme la métaphore de l'abandon de la créature par un Dieu absent et c'est ce Dieu injuste qu'elle rejette à son tour. C'est la forme ultime, métaphysique, de sa révolte.

---

36. Concernant la relation mer/mère déjà mentionnée, Bartfeld fait remarquer "qu'un lien obscur se lit, chez Martha, entre mer et mère et c'est lorsqu'elle se voit à tout jamais séparée de l'une comme de l'autre qu'elle se condamne à l'exil définitif" ("Anti-Méditerranée", 217).

37. André Alter remarque à propos de la révolte de Martha qu'elle "est plus grande, plus véhémente que celle de Caligula, car elle est dirigée contre l'injustice d'un destin circonscrit, d'un destin de chair" (22-23).

Sortant de la plume d'un écrivain masculin, ce texte est renversant en ce qu'il exprime toute la tragédie latente de la relation œdipienne mère-fille. C'est comme si l'auteur, comptant sur le féminin de Martha pour exprimer le désir incestueux qui reste indicible pour le fils, découvrait et faisait découvrir la réalité du désir parallèle de la fille. A. Green rappelle que

> Freud [...] a montré l'existence en chacun d'un complexe d'Œdipe double, à la fois négatif et positif [...]. La fille comme le garçon est soumise à la même structure. Ce qui a pour conséquence que chacun, à quelque sexe qu'il appartienne, du fait de la bisexualité humaine, porte en lui une double identification masculine et féminine, sceau de l'Œdipe. On voit donc que le complexe d'Œdipe est au moins quadruple, positif et négatif, masculin et féminin pour chacun. (*Un œil en trop*, 45-46)

L'expérience et l'intuition de Camus concernant certains aspects du féminin, notamment la relation mère-fille, le font en quelque sorte devancer d'une bonne vingtaine d'années la vague de femmes écrivains qui se sont mises à l'analyser dans les années soixante/soixante-dix. Et jusqu'à ces dernières décennies, cette relation était rarement abordée en littérature. Parmi les textes où elle occupait une place dominante dans le passé, il nous vient à l'esprit deux ouvrages du XVIIe siècle: les *Lettres de Madame de Sévigné à sa fille* et *La Princesse de Clèves* de Madame de La Fayette. Or ce dernier texte, comme en témoignent plusieurs observations dans les *Carnets*, a beaucoup retenu l'attention de Camus[38]. Et là où cette relation apparaît, dans des œuvres plus proches de nous, il s'agit encore d'œuvres écrites par des femmes comme, par exemple, *To the Lighthouse* de Virginia Woolf[39] ou *Sido* de Colette. D'autres femmes écrivains françaises du XXe siècle ayant traité ce sujet dans des textes narratifs sont Simone de Beauvoir, Marguerite Duras, Françoise Mallet-Joris, Annie Ernaux, pour n'en nommer que quelques unes des plus connues. Dans une perspective analytique, et dépassant Freud et Lacan, d'autres femmes telles Kristeva, Irigaray, Cixous, Olivier et, de l'autre côté de l'Atlantique, Hirsch, Rich, Jane Gallop — pour encore n'en nommer que quelques unes — se sont penchées sur l'autre versant

---

38. Il a aussi fait l'objet d'une étude par Hirsch: "Incorporation and Repetition in *La Princesse de Clèves*". Dans l'introduction au *Mother/Daughter Plot*, Hirsch écrit: "My own reading of the *Princesse de Clèves* was based on Adrienne Rich's notion of 'reading as re-vision' and the notion of female subplots that palimpsestically underlie conventional plots in which women are but objects in the economy of male desire. [...] the submerged plot — the mother-daughter dyad — and not the surface plot — the love triangle — dominates the structure and language of Lafayette's novel" (21). Ce qui est le cas de la dyade mère-fille dans *Le Malentendu*.

39. Selon Rich, "Woolf created [...] the most complex and passionate vision of mother-daughter schism in modern literature. It is, significantly, one of the very few literary documents in which a woman has portrayed her mother as a central figure" (227).

de l'Œdipe, celui de Jocaste et de ses filles. Rich, par exemple, commente à la fois le potentiel de la relation mère-fille et le silence qui jusqu'à présent l'a entourée:

> This cathexis between mother and daughter — essential, distorted, misused — is the great unwritten story. Probably there is nothing in human nature more resonant with charges than the flow of energy between two biologically alike bodies, one of which has lain in amniotic bliss inside the other, one of which has labored to give birth to the other. The materials are here for the deepest mutuality and the most painful estrangement. Margaret Mead offers the possibility of "deep biochemical affinities between the mother and the female child, and contrasts between the mother and the male child, of which we now know nothing"[40]. Yet this relationship has been minimized and trivialized in the annals of patriarchy. Whether in theological doctrine or art or sociology or psychoanalytic theory, it is the mother and son who appear as the eternal, determinative dyad. (225-26)

Dans *Les Enfants de Jocaste*, ce livre spirituel et percutant qu'hommes et femmes se doivent de lire s'ils désirent changer l'éducation de leurs enfants et dépasser la guerre des sexes, la psychanalyste Christiane Olivier repose la question de l'Œdipe du point de vue de la femme:

> Allons voir maintenant de l'autre côté ce qui se passe: pendant que le petit garçon essaie désespérément de se défaire de l'attachement de sa mère pour lui, que devient la petite fille face à cette même mère qui ne l'enchaîne nullement, de par un désir sexuel absent de la relation mère-fille? On peut immédiatement poser la question: la fille serait-elle plus tranquille, puisqu'elle évite la "fatale" conjonction des sexes? Hélas, non, pas du tout, mais les risques ne sont pas les mêmes et les résultats non plus: si le problème du garçon est de se défaire d'un objet "trop adéquat", le drame de la fille est de ne pas arriver à trouver sur sa route l'objet adéquat, et de devoir rester hors de l'Œdipe jusqu'à un âge avancé de sa vie. Si le garçon débute par la fusion-complémentarité, la fille, elle, inaugure sa vie par le clivage corps-esprit: elle est aimée comme enfant, mais non désirée comme corps de fille. [...] Objet non œdipien pour sa mère, la fille va se ressentir *insatisfaisante*, première des conséquences du non-désir de sa mère. [...] La couleur du Désir manque à la petite fille manipulée par des mains de femme. (65)

La prise de conscience du clivage corps-esprit chez la femme a fait son chemin depuis une vingtaine d'années et est à la source d'une réflexion nouvelle sur la maternité et le maternage chez nombre de femmes écrivains, notamment chez Rich. Se réclamant sans le savoir, semble-t-il, du sémiotique de Kristeva, elle écrit:

> [M]any women are even now thinking in ways which traditional intellection denies, decries, or is unable to grasp. Thinking is an active, fluid, expanding process; intellection, 'knowing' are recapitulations of past processes. In arguing that we have by no means yet explored or

---

40. Voir Margaret Mead, *Male and Female* (61).

> understood our biological grounding, the miracle and paradox of the female body and its spiritual and political meanings, I am really asking whether women cannot begin, at last, to think through the body, to connect what has been so cruelly disorganized — our great mental capacities, hardly used; our highly developed tactile sense; our genius for close observation; our complicated, pain-enduring, multipleasured physicality. (283-84)

Gallop, se référant à son tour à Rich dans son livre *Thinking through the Body*, commente le clivage corps-esprit dans les termes suivants:

> *Of Woman Born* not only speaks the secret of common maternal anger but treats that anger as a surface eruption of an even darker, deeper violence that systematically constitutes motherhood as a patriarchal institution. The mind-body split makes the mother into an inhuman monster by *dividing the human realm of culture, history and politics from the realm of love and the body* where mother carries, bears, and tends her children. (2; nos italiques)

C'est exactement ce divorce entre le domaine abstrait de la culture et de l'histoire et celui, concret, du corps et de l'amour, qui est illustré par l'opposition masculin/féminin dans les pièces que nous étudions. Il semblerait que la mère camusienne, celle de *L'Envers et l'endroit*, des *Carnets* et du *Premier homme*, ait été, comme d'innombrables mères de notre civilisation et pour des raisons évoquées au chapitre précédent, une victime exemplaire de ce phénomène barbare que constitue le clivage corps-esprit. Peut-être n'est-il donc pas si étonnant de retrouver cette mère sous les apparences d'un monstre inhumain dans l'œuvre du fils. Ce qui est inattendu, c'est de la découvrir moins à travers le regard du fils que par les yeux de la fille — surtout par les yeux de la fille. C'est le personnage de Martha qui révèle au lecteur/spectateur l'intensité souvent insoupçonnée et déchirante de la relation mère-fille, surtout lorsqu'elle n'est pas placée sous le signe de l'amour maternel. Le monologue de Martha nous a appris qu'elle n'a jamais connu de tendresse chez sa mère et que celle-ci refuse de continuer à vivre pour sa fille après la mort du fils. Il faut bien reconnaître avec Elisabeth Badinter que l'amour maternel n'est pas d'office inhérent à la fonction maternelle: "À parcourir l'histoire des attitudes maternelles, naît la conviction que l'instinct maternel est un mythe. [...] L'amour maternel ne va pas de soi. Il est 'en plus'"[41]. C'est pourquoi Martha, qui n'a pas connu cet "en plus", à qui "on n'a pas fait droit", qui se sent profondément spoliée de l'amour maternel, déclare à Maria — venue s'enquérir de son mari — qu'elle veut rejeter

---

41. Voir Élisabeth Badinter, *L'Amour en plus* (469). Dans sa préface, Badinter rejoint la vision kristevienne du "mythe du maternel comme dernier refuge du sacré": "À en juger par les réactions passionnées [à] ce livre [...] la maternité est encore aujourd'hui un thème sacré. L'amour maternel est toujours difficilement questionnable et la mère reste, dans notre inconscient collectif, identifiée à Marie, symbole de l'indéfectible amour oblatif" (9).

à son tour la mère et le frère, au-delà de sa propre mort: "Moi aussi, j'en ai assez vu et entendu, j'ai décidé de mourir à mon tour. Mais je ne veux pas me mêler à eux. Qu'ai-je à faire dans leur compagnie? Je les laisse à leur tendresse retrouvée, à leurs caresses obscures. Ni vous ni moi n'y avons plus de part, ils nous sont infidèles à jamais" (176). Jalouse à mort de l'amour qui réunit la mère et le fils/frère au fond du "lit gluant" de la rivière, elle mettra toute sa haine et ses dernières énergies à désespérer Maria. Il faut se souvenir à sa décharge que, contrairement à Antigone et à Ismène, Martha n'a pas même le réconfort d'un père.

À mère criminelle, fille criminelle? Enfant du non-amour, enfant nihiliste? Camus, qui notait que "[l]'amour est au commencement de toutes choses" (*C1*, 163), n'est-il pas en train de dire à sa façon, dans *Le Malentendu*, que tout commence avec l'amour de la mère et que sans cet amour fondamental, la vie est difficile, sinon vouée à l'échec? Alors que Rich écrit: "[T]he relationship between mother and child [...] is the great original source and experience of love" (33), Camus de son côté: "La mère n'est pas une source d'amour. Dès lors, ce qu'il y a de plus long au monde, c'est d'apprendre à aimer" (*C3*, 98). Bien plus tard, les femmes psychanalystes diront: "Changer la mère. Avant et non après: 'Changer la vie. Changer le monde'"[42]. C'est, avec des mots différents, ce que disent, entre autres Cixous, Olivier, Rich, Hirsch, Irigaray. Dans *Le Corps-à-corps avec la mère*, celle-ci écrit: "Le rapport mère-fille est le *continent noir* du *continent noir*. C'est ce qu'il y a de plus obscur dans notre culture actuelle. [...] je n'ai pas entendu une femme qui ne souffre vraiment beaucoup d'être en dissension ou en rupture avec sa mère" (61-62). Sa méditation poignante sur la relation mère-fille dans le texte poétique *Et l'une ne bouge pas sans l'autre* ne saurait laisser aucune femme indifférente:

> Avec ton lait, ma mère, tu m'as donné la glace. Et, si je pars, tu perds l'image de la vie, de ta vie. Et si je demeure, ne suis-je le dépôt de ta mort? À chacune, sa représentation fait défaut. Son visage, l'animation de son corps manque. Et l'une porte le deuil de l'autre. Ma paralysie signifiant ton rapt dans le miroir. (20)

Le texte se termine par ces mots, que Martha aurait tout aussi bien pu adresser à sa mère:

> Mais jamais nous ne nous sommes parlées[43]. Et tel abîme maintenant nous sépare que ce n'est entière que je sors de toi mais indéfiniment retenue dans ton ventre. Ensevelie dans l'ombre. Captives de notre scellement. Et l'une ne bouge pas sans l'autre. Mais ce n'est ensemble

---

42. Voir Suzanne Lamy, *Avant-propos* à l'interview avec Luce Irigaray, "Nietzsche, Freud et les femmes" dans *Le Corps-à-corps avec la mère* (39).
43. Cet accord est vraisemblablement un choix sémantique de la part d'Irigaray.

que nous nous mouvons. Quand l'une vient au monde, l'autre retombe sous la terre. Quand l'une porte la vie, l'autre meurt. Et ce que j'attendais de toi, c'est que, me laissant naître, tu demeures aussi vivante. (22)

Il ne faut pas que la chaîne de la maternité, inscrite dans la relation mère-fille, pour importante et signifiante et réjouissante qu'elle soit ou qu'elle puisse être, et qui est chaîne de vie, devienne chaîne fermée, serpent se mordant la queue, enfermement de la femme. Il ne faut pas, comme le dit encore Irigaray, que la femme soit "[a]rrêtée en une fonction — le maternage" (*Et l'une ne bouge pas*, 20). En deça et au-delà de l'"être mère", il faut que vive la femme, propulsée en avant par son élan vital qui n'est pas exclusivement maternel.

Il est intéressant de noter que dans les pièces camusiennes, comme d'ailleurs dans *L'Étranger* et *La Peste*, la présence de la femme compagne se dessine en dehors de la relation à la mère. Le texte isole la compagne de la mère et de l'enfant possible. Sauf dans *L'État de siège*, elle est là pour elle-même et pour l'amant mais coupée en quelque sorte de son passé et de son devenir. La mère de la compagne reste hors texte et le devenir maternel possible n'est jamais évoqué[44], sauf, comme nous verrons, dans la nouvelle de *La Femme adultère*. Rappelons à ce propos que dans le fait divers relaté dans *L'Étranger* et qui a inspiré le scénario du *Malentendu*, le couple avait un enfant (1182). Est-ce seulement pour éviter "le pathétique de l'orphelin" que Camus l'a supprimé, comme le suggère Quilliot (1788), ou dans un esprit de simplification, comme le suggère Freeman (58)? Ou est-ce parce que, demeurant "mythiques", les femmes compagnes sont libérées des contingences de la maternité?

En écoutant les dernières paroles de chacun des personnages, on constate, en deça du désir déçu de reconnaissance, un désir sous-jacent, plus fondamental, celui d'une reconnaissance transcendante dont l'expression traduit cette "intelligence du sacré" mentionnée par Bespaloff. Ayant trouvé la maison "étrange" et la chambre "froide", Jan se souvient des "chambres d'hôtel de ces villes étrangères où des hommes seuls arrivent chaque nuit. J'ai connu cela aussi. Il me semblait alors qu'il y avait une réponse à trouver" (152). Ces mots évoquent l'expérience de Prague dans "La Mort dans l'âme" et cette question: "Plus de pays, plus de ville, plus de chambre et plus de nom, folie ou conquête, humiliation ou inspiration, allais-je savoir ou me consumer?" (II, 36). Jan retrouve cette même angoisse pascalienne et, comme à Prague, le ciel est couvert: "Le ciel se couvre. Et voici maintenant ma vieille angoisse, là, au creux de mon corps, comme une

---

44. Voir Anthony Rizzuto, *Camus. Love and Sexuality*, notamment le chapitre 3, "Men, Women, and Social Contracts", où l'auteur discute "a politics of sterility" dans l'œuvre (65).

mauvaise blessure que chaque mouvement irrite. Je connais son nom. Elle est *peur de la solitude éternelle, crainte qu'il n'y ait pas de réponse*" (152; nos italiques)[45]. L'expression de cette crainte est en même temps un cri de désir, celui d'une présence éternelle et d'une réponse divine, désir qui, au moment où Jan va consommer le breuvage fatal, lui arrache cette prière: "O mon Dieu! Donnez-moi de trouver mes mots ou faites que j'abandonne cette vaine entreprise pour retrouver l'amour de Maria. Donnez-moi alors la force de choisir ce que je préfère et de m'y tenir" (154)[46]. Choisir l'amour humain et accepter ses limites ou poursuivre la "vaine entreprise", celle qui consiste à chercher à travers le langage la reconnaissance, celle de la mère d'abord et, à travers elle peut-être, celle finalement de "Dieu"? Reichelberg rappelle que "[l]a nostalgie d'union à la mère est la même que la nostalgie de l'unité primordiale" (71).

Alors que dès la première scène la mère se sentait "presque des goûts de religion", c'est le désespoir qui l'envahit lorsqu'elle découvre qu'elle vient de tuer son fils: "Non, je n'ai de pensée pour rien et moins encore de révolte. C'est la punition, Martha, et je suppose qu'il est une heure où tous les meurtriers sont comme moi, vidés par l'intérieur, stériles, sans avenir possible. C'est pour cela qu'on les supprime, ils ne sont bons à rien." Et plus loin: "Ah! J'ai perdu ma liberté, c'est l'enfer qui a commencé!" (166). Ni espoir, ni révolte mais, semble-t-il, la soumission aveugle au châtiment. Par contre les réactions de Martha confrontée au suicide de sa mère dévoilent à la fois l'idée d'un ailleurs transcendant et le refus absolu d'y chercher secours. Elle qui vivait "petite et sombre, dans l'ennui, enfoncée au creux du continent" (168), continent noir de toute évidence, ensevelie dans l'ombre des terres et de la mère, que sait-elle de la vie autre que le crime? Sa révolte contre "l'injustice qu'on fait à l'homme" (179) est proportionnelle à sa privation: "Je ne lèverai pas les yeux pour implorer le ciel. [...] Mais ici, où le regard s'arrête de tous côtés, toute la terre est dessinée pour que le visage se lève et que le regard supplie. Oh! je hais ce monde où nous en sommes réduits à Dieu. Mais moi, qui souffre d'injustice, on ne m'a pas fait droit, je ne m'agenouillerai pas" (171). Gay-Crosier écrit que "[c]'est à travers l'épreuve vécue de l'absurde qu'il faut chercher à s'expliquer la dureté de Martha et sa soif démesurée de soleil. Outre ses assassinats, elle commet un crime qui est pire: elle désespère (au sens transitif du terme)" (*Envers*, 102). Ayant

---

45. Cielens remarque que "[l]es réflexions de Jan sur 'la peur de la solitude éternelle' indiquent qu'il s'agit bien là d'une quête [...] métaphysique. C'est sans doute aussi sur la transcendance que porte la dernière question de Jan: 'Oui ou non?' [I, 159]" (134).

46. On retrouve la même idée dans les *Carnets*, où une deuxième phrase en augmente la portée: "Avoir la force de choisir ce qu'on préfère et de s'y tenir. Ou sinon il vaut mieux mourir" (*C2*, 93).

en effet appris à Maria le meurtre de son mari, Martha déclare: "Et avant de vous quitter pour toujours, je vois qu'il me reste quelque chose à faire. Il me reste à vous désespérer. [...] je supporte mal votre amour et vos pleurs. Mais je ne puis mourir en vous laissant l'idée que vous avez raison, que l'amour n'est pas vain, et que ceci est un accident. Car c'est maintenant que nous sommes dans l'ordre. [...] Celui où personne n'est jamais reconnu" (178). Vigée fait ici cette remarque pertinente: "L'ordre est celui du pur désordre, la patrie est le lieu du non-être, la mère n'est que l'abîme qui tue" ("Entre oui et non", 124). Atteignant au métaphysique, la révolte va crescendo: "Nous sommes volés, je vous le dis. À quoi bon, ce grand appel de l'être, cette alerte des âmes? Pourquoi crier vers la mer ou vers l'amour? Cela est dérisoire" (179). Cielens rappelle ici que

> le but des rêves de Martha n'est pas seulement le soleil, mais aussi la mer. Or la mer a, dans l'œuvre de Camus, une valeur symbolique impliquant la nostalgie d'une union cosmique. [...] Cette nostalgie déçue, Martha l'exprime dans une des répliques finales [...] où tout son être se convulse dans la révolte contre la condition humaine. (136)

Martha poursuit son sermon haineux: "Priez votre Dieu qu'il vous fasse semblable à la pierre. C'est le bonheur qu'il prend pour lui, c'est le seul vrai bonheur. Faites comme lui, rendez-vous sourde à tous les cris, rejoignez la pierre pendant qu'il en est temps. [...] Vous avez à choisir entre le bonheur stupide des cailloux et le lit gluant où nous vous attendons" (179). L'indifférence ou la mort sont pour Martha les deux seules solutions possibles. L'appel "vers la mer ou vers l'amour" exprimait à la fois le désir de la mère et le désir de l'absolu. Néanmoins, les moments d'union au monde s'avèrent vains puisque la seule réponse est la mort: "Votre mari connaît maintenant la réponse, cette maison épouvantable où nous serons enfin serrés les uns contre les autres" (179). Comme le remarque encore Cielens, "sur le plan métaphysique, selon Martha, 'personne n'est jamais reconnu' [...] car si Dieu existe, l'homme en est exilé" (136). C'est cette double non-reconnaissance qui sous-tend sa révolte. Celle-ci, après avoir fait d'elle une criminelle, se mue lors de l'abandon par sa mère en un nihilisme total qui rend absurde tout désir sauf le désir de mort. C'est sa révolte absolue contre l'injustice de la non-reconnaissance de la créature par le Créateur, symbolisée par celle de la mère, qui donne à Martha sa stature tragique. C'est contre le silence éternel qu'elle se dresse.

Revenons brièvement à Maria, que la haine violente de Martha n'a pas réussi à désespérer. Ayant connu l'amour, elle est incapable d'accepter le néant proposé par sa belle-sœur: "Oh! mon Dieu! je ne puis vivre dans ce désert! C'est à vous que je parlerai et je saurai trouver mes mots." Sa voix se fait prière: "Oui, c'est à vous que je m'en remets. Ayez pitié de moi, tournez-vous vers moi! Entendez-moi, donnez-moi votre main! Ayez pitié! Seigneur, de ceux qui s'aiment et qui sont séparés!" (179). Sa prière est confiante. Connaissant l'amour, elle ne peut imaginer qu'il reste sans réponse. Elle ne peut non plus imaginer la séparation, cette "grande souffrance" des amants dont il a été question dans La Peste. Mais celui qui lui répond n'est autre que le vieux domestique dont la seule action dans la pièce a consisté à déjouer les velléités de reconnaissance de Jan. Représentant des seules forces négatives et destructrices, être maléfique et inhumain, sa réponse est logique: "Non!" (180). Maria semble définitivement condamnée à la solitude, au désert où elle disait ne pouvoir vivre: "Il me faut maintenant vivre dans cette terrible solitude où la mémoire est un supplice" (176).

Les derniers mots que Maria avait adressés à Jan étaient "tu me laisses dans l'attente". Or, cette attente sera désormais sans limite et sans réponse. L'amour et le divin débouchent sur la même absence, le même désert. N'est-ce pas à cause de ce refus, du silence éternel que les dieux opposent à l'appel des humains, qu'il faut faire comme la femme camusienne: "se dépêcher d'aimer, partager le même lit, se donner la main, craindre l'absence"? Car finalement, il n'y a pas d'autre réponse à l'appel humain que l'amour humain. Mais l'homme moderne, qui a appris à renoncer à l'illusion, à l'espoir, aux fausses croyances a aussi, comme Clamence, renoncé à l'amour. Or ce renoncement même crée l'absence, comme le souligne Jonte-Pace: "Renunciation represents a kind of absence in presence, an acceptance or affirmation of absence. It is a choice of death in the face of the inevitable, a 'carrying back of death into life'"[47].

Le désir profond de présence, c'est-à-dire le désir de l'autre, anime les quatre personnages du Malentendu. La tragédie est que ce désir n'est jamais réciproque, qu'il engendre une chaîne relationnelle où les personnages ne se regardent pas mais où chacun en regarde un autre en position de fuite. La situation humaine reproduit la situation d'absence métaphysique. C'est pourquoi tous les personnages paraissent tragiques. Sauf en ce qui concerne Maria, Bespaloff a raison d'écrire: "Chacun est trahi par tous, et par soi-même. Camus a vu juste: le

---

47. Se référant à l'essai de Freud, *Future of an Illusion*, Jonte-Pace poursuit: "Religion for Freud is false presence. It denies the absence of death with the promise of eternal presence (as eternal life); it denies maternal absence with the promise of (divine) paternal presence. Freud's normative ideal of renunciatory reason is an embrace of limited presence. Reason, according to Freud, must be always ready to renounce its own claims, acknowledging that what we deeply desire is presence, and that what we are constantly fending off is absence. Freud thus theorizes presence and absence [...], subtly gendering both: the female is absent (castrated), the mother is absent ("fort"); religion is the (feminine) false promise of presence, the empty promise of a victory of presence (eternal life) over absence (death, non-being)" (17).

tragique moderne c'est le tragique de l'équivoque à l'échelle de l'humanité" (23). Il n'y a pas de face-à-face honnête et chaque visage désiré se dérobe. Il n'y a pas de reconnaissance. Or, en termes lacaniens, "le désir de l'homme *est* le désir de l'Autre"[48] et, selon Kojève, le désir proprement humain est justement le désir de reconnaissance: "L'homme s'avère humain en risquant sa vie pour satisfaire son Désir humain, c'est-à-dire son désir qui porte sur un autre désir. Or, désirer un Désir, c'est vouloir se substituer soi-même à la valeur désirée par ce désir. Autrement dit, tout Désir humain [...] est fonction du Désir de 'reconnaissance'"[49]. Martha déclare: "Ce que j'ai d'humain, c'est ce que je désire, et pour obtenir ce que je désire, je crois que j'écraserais tout sur mon passage" (150). Comme Caligula, elle tue pour réaliser son désir. Jan, au contraire, retient son désir, il n'arrive pas à l'exprimer en ayant recours aux "mots simples" suggérés par sa femme et qui donneraient lieu à la reconnaisssance. C'est pourquoi il mourra. "Et pendant qu'il cherchait ses mots. On le tuait", dit Maria (175).

Tous les personnages expriment cependant l'amour, même, implicitement, Martha. La tragédie, c'est que l'amour ne parle pas au moment où il devrait, le langage est en porte-à-faux par rapport à lui. La mère ne retrouve et n'exprime l'amour pour son fils que lorsque celui-ci est mort. Ni elle ni Martha n'ont pu échanger le langage de l'amour. Avant de mourir, la mère reconnaît sa responsabilité: "[...] j'ai très vite oublié de te tendre les bras. Mais je n'ai pas cessé de t'aimer. [...] Je le sais maintenant que mon cœur parle; je vis à nouveau, au moment où je ne puis plus supporter de vivre" (169). Le choc de la redécouverte de l'amour, après le non-amour où elle a si longtemps vécu, s'avère trop fort pour elle. Elle a été une mère indigne et criminelle, incapable d'amour, et ses enfants en meurent. Elle parle, peu avant de se tuer, de "la souffrance de renaître à l'amour" (167) mais elle se confine dans cette souffrance au lieu de faire rejaillir l'amour sur sa fille. Comme l'amour qui n'a pas été dit, cette souffrance est stérile et, comme lui, engendre la mort.

Les voix des femmes dans *Le Malentendu* expriment une gradation dans le langage de l'amour: Martha, ne l'ayant jamais entendu, ne peut l'exprimer; la mère, ayant perdu puis retrouvé *in extremis* l'amour, ne peut l'exprimer que lorsqu'il est trop tard; Maria enfin, que l'on devine heureuse, donc aimante et aimée, exprime l'amour avec justesse mais celui à qui elle l'adresse ne l'entend plus, il est ailleurs — à la recherche de l'absolu de l'amour maternel ou divin. Des trois

---

48. Voir John P. Muller et W. J. Richardson, *Ouvrir les Écrits de Jacques Lacan* (146).
49. Voir Montgomery, "Œdipe mal entendu" (431-32), ainsi que Muller et Richardson (52-53).

femmes, c'est Maria, on l'a vu, qui parle le langage de l'amour humain. Elle est aussi le seul personnage dont l'amour se montre plus fort que la mort, pour qui Éros s'avère plus fort que Thanatos. Et lorsque la réponse humaine lui fait défaut, elle n'hésite pas à transposer son amour sur le plan du divin. Pour elle, l'amour ouvre sur le sacré. Le "Non!" qu'elle reçoit comme réponse à sa prière la plonge à son tour dans l'expérience tragique de l'absurde, "une tragédie qui n'en finira pas" selon ses propres mots (177). Maria est la seule survivante de la tragédie mais nous ne savons rien d'elle au-delà de ce dernier "Non!". Son histoire aussi resterait à écrire, à moins que ce ne soit elle qui apparaisse sous les traits de Cæsonia mûrie ou, plus tard, prêtant sa voix aimante et douloureuse à Dora. Ou, plus tard encore, appuyée au parapet du fort, celle qui, transcendant enfin la solitude et le silence, s'offre aux espaces infinis du désert et de la nuit.

L'État de siège
Victoria et le chœur des femmes: voix féminines du sacré

L'État de siège est la pièce la plus artaudienne de Camus, ne fût-ce que par le thème de la peste dont on sait l'importance pour les deux auteurs. Dès l'Avertissement, Camus établit ce lien thématique: "En 1941, Barrault eut l'idée de monter un spectacle autour du mythe de la peste, qui avait tenté aussi Antonin Artaud" (187). Sur le plan formel également, toute l'approche dramatique de la pièce devait porter les traces de la philosophie artaudienne du théâtre: il s'agit pour Camus de créer "un spectacle dont l'ambition avouée est de mêler toutes les formes d'expression dramatique depuis le monologue lyrique jusqu'au théâtre collectif, en passant par le jeu muet, le simple dialogue, la farce et le chœur" (187). Nous tenons à rappeler cette influence car, d'accord avec Cielens, nous voyons dans l'extrême réception négative de la pièce lors de sa création en 1948 et dans ce qui est considéré comme "le plus cuisant échec que Camus ait connu sur la scène" (Gay-Crosier, *Envers*, 133) un "malentendu". Cielens écrit: "[Peu] nombreux sont les critiques qui acceptent de porter sur la pièce un jugement selon des critères se référant à un spectacle allégorique moderne, bâti sur les théories du 'théâtre de la cruauté'"(102). D'une manière plus générale, Lévi-Valensi observait en 1968 qu'"on comprend mal l'acharnement et l'unanimité de la critique, car l'on est en présence d'une œuvre véritable, aux richesses étonnantes" ("Réalités et symboles de l'Espagne", 164). Michel Autrand écrivait il y a une dizaine d'années: "Loin d'être un essai un peu marginal ou même le point le plus bas dans un ensemble théâtral médiocre, *L'État de siège*, dans l'œuvre théâtrale de Camus, apparaît comme un des moments les plus riches, les plus porteurs d'avenir" ("*L'État de siège ou le rêve de la Ville au théâtre*", 70). Plus récemment, le même critique a écrit: "*L'État de siège* ne doit pas être traité comme les autres pièces de Camus. Des œuvres pareilles ne sont pas du tout à juger à l'aune du succès, à la manière dont tels ou tels critiques [...] ont pu dire que le spectacle ne tenait pas: on a le droit de manquer quelque chose qui est extraordinaire" ("Le lyrisme dramatique", 11).

En novembre 1998, pour célébrer le cinquantième anniversaire de la première représentation de la pièce, Michel Barré a mis en scène *L'État de siège* au Théâtre de l'Épée de Bois avec une équipe de jeunes madrilènes. Misant sur la simplicité, Barré a relevé le double défi d'"affonter les idées reçues sur *L'État de siège*" et celui de ni couper, ni trancher, ni remanier le texte: "Question d'honnêteté et de fidélité" dit-il ("Mettre en scène *L'État de siège?*", 13-14). On ne peut que se réjouir d'une telle initiative que Camus aurait certainement approuvée. Il disait de cette pièce: "[J]e n'ai jamais cessé de considérer que *L'État de siège*, avec tous ses défauts, est peut-être celui de mes écrits qui me ressemble le plus" (1732). On comprend que plus tard il ait exprimé le désir de voir jouer la pièce "en plein air" (1717) car, avec ses décors simultanés et le mouvement qui ne cesse de la parcourir[50], elle demande un espace qui transcende l'enfermement du peuple de Cadix et qui concrétise sur le plan spatial l'existence de la liberté qui est au cœur de la pièce. Autrand remarque avec justesse: "C'était un spectacle de grandeur, pour une place de Madrid; ce n'était pas un spectacle de bonbonnière, de théâtre à l'italienne" ("Le lyrisme dramatique", 12). Commentant la mauvaise réception de la pièce, Viallaneix écrivait en 1973: "*L'État de siège* attend le metteur en scène qui, plus heureux que Barrault, rendra sensible sa poésie à un public renouvelé" (*CAC2*, 13). Peut-être est-ce ce qui s'est passé et qui, espérons-le, se passera encore. Ses défauts — le "manque d'unité" dont parle Quilliot (1821), le fait qu'"[i]l y a du manque dans cette pièce, et il y a du trop" comme dit Sarocchi ("Ni orthodoxe, ni hérétique", 9) — bref, ses inégalités mêmes participent de son caractère baroque. Enfin, on peut y voir non seulement une nouvelle forme du sacré au théâtre, ce que souhaitait Camus, mais aussi une tentative dramatique des plus intéressantes en ce sens qu'elle vise

---

50. Autrand remarque: "Le mouvement est partout. Non seulement des scènes courtes mais enchaînées l'une à l'autre si étroitement, sans ouverture ni clausule nette la plupart du temps, que le spectateur doit être emporté d'un moment scénique à l'autre comme à travers un espace mouvant" ("*L'État de siège* ou le rêve de la Ville au théâtre", 64). Et ailleurs: "[C]e spectacle est conçu comme une poésie en mouvement du début à la fin" ("Le lyrisme dramatique", 13).

et atteint un type de "théâtre total". Dans la préface à l'édition américaine de son théâtre, Camus écrit:

> L'État de siège n'est pas une pièce de conception classique. On pourrait la rapprocher, au contraire, de ce qu'on appelait, dans notre Moyen Âge, les 'moralités' et, en Espagne, les 'autos sacramentales', sorte de spectacles allégoriques qui mettaient en scène des sujets connus à l'avance de tous les spectateurs. J'ai centré mon spectacle autour de ce qui me paraît être la seule religion vivante, au siècle des tyrans et des esclaves, je veux dire la liberté. Il est donc tout à fait inutile d'accuser mes personnages d'être symboliques. Je plaide coupable. Mon but avoué était d'arracher le théâtre aux spéculations psychologiques et de faire retentir sur nos scènes murmurantes les grands cris qui courbent ou libèrent aujourd'hui des foules d'hommes. (1732)

Or, les "grands cris" dans *L'État de siège* viennent essentiellement des personnages féminins et du chœur des femmes. En réinstaurant le chœur, Camus lui attribue le même rôle de protestation que lui attribuait déjà Eschyle et que Jean Duvignaud, rappelant Schiller parlant de l'*Orestie*, résume ainsi: "[L]e chœur représente la coutume nouvelle, la conscience collective présente qui, assistant au vieux meurtre, se plaint et se révolte" (54). La différence par rapport au théâtre du XXe siècle, c'est que le meurtre contre lequel proteste la conscience collective du chœur est devenu, lui aussi, collectif. Le concept de "personnages symboliques" est encore à relier au concept artaudien de "symboles" en tant que "signes de forces mûres et éclatantes" (40), forces de transformation et de libération partout repérables dans *L'État de siège* et qui sont celles mêmes du sacré. Rappelant la position "anti-psychologie" de Camus, Cielens écrit:

> [C]ertains déplorent le manque d'une psychologie réaliste dans les caractères de Diego et de Victoria quand le but même de ce genre de théâtre est de rompre avec la psychologie des personnages dramatiques. C'est ainsi que même des personnages portant des noms propres comme Diego et Victoria, n'ont qu'un minimum de matérialisation en chair et en os et sont des symboles tout comme la Peste, sa Secrétaire et Nada. Diego symboliserait alors le principe masculin, caractérisé par son dévouement aux valeurs [de] solidarité [...], comme l'honneur, le courage, le devoir, qui l'orienteront vers un accord absolu soi/autres, tandis que Victoria ainsi que le chœur des femmes, représenteraient le principe féminin, centré sur la jouissance des biens de ce monde dont le corps féminin fait partie, et se fondant sur les valeurs associées à l'accord soi/monde. (102-103)

D'autre part, la présence sur scène de "personnages symboliques" remonte à ces *autos sacramentales* dont s'inspire Camus, où les personnages représentent avant tout, comme le note Gay-Crosier, des "types d'humanité" (*Envers*, 156). Autrand, qui insiste sur l'importance du personnage collectif dans la pièce, écrit: "Pour les protagonistes et même s'ils portent un nom, ce seront des noms aussi courants que Diego et Victoria, presque l'Homme et la Femme; ils ne font que concentrer à peine plus précisément la force et les pulsions du groupe originel" ("Le rêve de la Ville", 68). Sans doute est-ce une des raisons pour lesquelles l'opposition féminin/masculin est plus clairement définie dans *L'État de siège* que dans aucune autre œuvre camusienne, opposition renforcée par la multiplicité et l'intensité des voix de femme répondant à celles des hommes.

Dès le prologue et l'apparition de la comète, la catastrophe de "la mort universelle" (196) est annoncée par le nihiliste Nada dont le nom même annonce le néant. Dans "L'Amour de vivre", Camus parlait de "ce Nada qui n'a pu naître que devant des paysages écrasés de soleil. Il n'y a pas d'amour de vivre sans désespoir de vivre" (II, 44)[51]. Nada, comme Martha, désespère (au sens transitif) car il participe des forces destructrices du sacré: "[L]'homme est du bois dont on fait les bûchers", proclame-t-il. Et puis: "Cette comète-là est mauvais signe" (193). Il est l'être bacchique qui ne croit "[à] rien de ce monde, sinon au vin. Et à rien du ciel" (194). À la fin du prologue, il déclare à Diego: "N'espère rien. La comédie va commencer. Et c'est à peine s'il me reste le temps de courir au marché pour boire enfin à la mise à mort universelle." (*Tout s'éteint.*) (196).
(*Lumière. Animation générale. Les gestes sont plus vifs. le mouvement se précipite. Musique. Les boutiquiers tirent leurs volets, écartant les premiers plans du décor. La place du marché apparaît. Le chœur du peuple, conduit par les pêcheurs, la remplit peu à peu, exultant.*) (196-197). En totale opposition à Nada et refusant la catastrophe annoncée, le chœur du peuple se met à chanter l'opulence de l'été et de la nature:

> LE CHŒUR. Il ne se passe rien, il ne se passera rien. À la fraîche, à la fraîche! Ce n'est pas une calamité, c'est l'abondance de l'été! (*Cri d'allégresse.*) À peine si le printemps s'achève et déjà l'orange dorée de l'été lancée à toute vitesse à travers le ciel se hisse au sommet de la saison et crève au-dessus de l'Espagne dans un ruissellement de miel [...]. Ô fruits! C'est ici qu'ils achèvent dans l'osier la longue course précipitée qui les amène des campagnes où ils ont commencé à s'alourdir d'eau et de sucre au-dessus des prés bleus de chaleur et parmi le jaillissement frais de mille sources ensoleillées [...]. Lourds, de plus en plus lourds! Et si lourds qu'à la fin les fruits coulent au fond de l'eau du ciel, commencent de rouler à travers l'herbe opulente, s'embarquent aux rivières, cheminent le long de toutes les routes et, des quatre coins de l'horizon, salués par les rumeurs joyeuses du peuple et les clairons de l'été (*brèves trompettes*) viennent en foule aux cités humaines, témoigner que la terre est douce et que le ciel nourricier reste fidèle au rendez-vous de l'abondance. (*Cri général d'allégresse.*) Non, il ne se passe rien. Voici

---

51. Lévi-Valensi note: "Camus aurait d'ailleurs songé à appeler sa pièce *Amour de vivre* reprenant ainsi le titre de son premier essai consacré à l'Espagne" ("Réalité", 169).

l'été, offrande et non calamité. Plus tard l'hiver, le pain dur est pour demain! (197)

Poème dédié à la fertilité et plus précisément aux fruits offerts par une nature-corne d'abondance, explosion lyrique d'une vitalité sensuelle extraordinaire, il place la vie sous le signe de la bénédiction. Il évoque ces "déesses de la fécondité" qu'Irigaray rappelle aux femmes: "Gæa, Déméter... La plupart des dieux de l'univers sont d'abord des déesses. [...] [La] domination du monde cosmique par les dieux, grâce au couple Dieu-Père unique et fils tout-puissant, oublie que mères et filles présidaient, comme déesses, aux saisons solaires et qu'elles protégeaient, ensemble, la fécondité de la terre dans ses fleurs et ses fruits" (*Sexes et parentés*, 94). Le poème rappelle aussi le temps mythique de l'Âge d'Or, celui de "tous les fruits de tous les étés du monde" (197), temps dont Caillois rappelle cependant "l'ambiguïté fondamentale":

> [D]e fait, [le temps mythique] se présente sous les aspects antithétiques du Chaos et de l'Âge d'Or. [...] L'homme regarde avec nostalgie vers un monde où il ne fallait que tendre la main pour cueillir des fruits savoureux et toujours mûrs [...]. L'Âge d'Or, l'enfance du monde comme l'enfance de l'homme, répond à cette conception d'un paradis terrestre où tout est donné d'abord et au sortir duquel il a fallu gagner son pain à la sueur de son front. C'est le règne de Saturne ou de Cronos, sans guerre et sans commerce, sans esclavage ni propriété privée. Mais ce monde de lumière, de joie paisible, de vie facile et heureuse est en même temps un monde de ténèbres et d'horreur. Le temps de Saturne est celui des sacrifices humains et Cronos dévorait ses enfants. La fertilité spontanée du sol n'est pas elle-même sans revers. (138)

C'est cette réalité — celle des sacrifices à venir que le passage de la "comète du mal" (189) a fait pressentir — que repousse le chœur en disant: "Plus tard l'hiver, le pain dur est pour demain!" Ils ne sont pas ignorants, ces gens du peuple conduits par les pêcheurs (197), mais c'est pour fêter l'abondance de l'été et l'inépuisable générosité de la nature qu'ils se sont rassemblés. "En réalité," écrit Caillois, "la fête est souvent tenue pour le règne même du sacré. [...] Dans les sociétés où les fêtes ne sont pas disséminées, mais groupées en une véritable saison des fêtes, on voit mieux encore à quel point celle-ci constitue réellement la période de la prééminence du sacré" (130). C'est précisément cette saison "sacrée" que chante le chœur: "À la coupe! À la coupe! Buvons à la coupe des saisons. Buvons jusqu'à l'oubli, il ne se passera rien!" (197-98). Nous assistons en effet à la grande fête des saisons et de "l'éternel retour". Cette manifestation du sacré constitue la toile de fond de *L'État de siège*, celle devant laquelle se joueront les forces de mort et de destruction symbolisées par Nada et la comète, et mises en action par la Peste. Ce personnage, instaurant à la fois l'ordre et la mort, mettra fin à l'utopie de l'Âge d'Or à laquelle le peuple s'abandonnait. Parlant de la création du cosmos, Caillois écrit encore:

> L'ordre [...] ne s'accommode pas de l'existence simultanée de toutes les possibilités, de l'absence de toutes règles: le monde connut alors les limitations infranchissables qui confinent chaque espèce dans son être propre et qui l'empêchent d'en sortir. Tout se trouva immobilisé et les interdits furent établis afin que l'organisation, la légalité nouvelles ne fussent pas troublées. Enfin la mort fut introduite dans le monde [...]. (137)

Dans *L'État de siège*, comme dans le roman de *La Peste*, le confinement trouvera à s'exercer dans la séparation des sexes. L'"organisation", au nom de la légalité et par la voix de la Peste, s'emparera de la vie des hommes et des femmes de Cadix et tentera de les réduire à néant, de leur façonner un destin de mort prématurée. Mais c'était sans compter sur les forces de l'amour et de la révolte. Ainsi s'affrontent, une nouvelle fois et dès le début de la pièce, Éros et Thanatos.

Les forces de l'amour du couple se manifestent dès le premier dialogue entre Victoria et Diego. Victoria est la grande amoureuse du théâtre camusien. Son amour, c'est le feu, la passion indomptable à la fois sensuelle et sacrée. C'est une splendeur qui s'exprime dans des images et des métaphores somptueuses. Elle évoque "les chevaux noirs de l'amour, encore couverts de frissons" (199), "le vent du Sud" qui fait brûler ses joues, le vent de l'amour qui "[l]'a couverte de fleurs en un seul jour!" (200). Son amour s'allie au cosmos: après l'assentiment inattendu du père, c'était pour Victoria "le premier matin du monde" (199). Mais si leur dialogue est un poème à l'amour, on y voit apparaître les premiers signes de divergence entre le masculin et le féminin:

> DIEGO. Est-ce l'eau claire et la nuit qui ont laissé sur toi l'odeur du citronnier?
> VICTORIA. Non, c'est le vent de ton amour qui m'a couverte de fleurs en un seul jour!
> DIEGO. Les fleurs tomberont!
> VICTORIA. Les fruits t'attendent!
> DIEGO. L'hiver viendra!
> VICTORIA. Mais avec toi. Te souviens-tu de ce que tu m'as chanté la première fois. N'est-ce pas toujours vrai? (200-201)

Diego aura beau chanter à nouveau son chant, celui de la fidélité par-delà la mort, son pessimisme profond se heurte à l'optimisme de Victoria. La crainte masculine de la mort vient d'engager ses premières escarmouches avec la foi féminine dans l'amour. La femme aura le dernier mot, mais combien équivoque, de ce premier affrontement amoureux: "Le bonheur m'a prise à la gorge" (201). Première victoire de Victoria, malgré l'implicite menace mortelle.

Une autre voix de femme se fait brièvement entendre: celle, archaïque et mythique, de la sorcière-guérisseuse. Elle propose ses remèdes: des herbes aromatiques dont les parfums mélangés suffiraient à eux seuls à redonner goût à la vie. Puis, dans un cri d'optimisme, elle annonce l'amélioration tant désirée: "Le vent! Voici le vent! Le fléau a horreur du vent. Tout ira mieux, vous le verrez!" (208). Mais, humaine, elle se trompe, car la Peste inhumaine a déjà commencé son travail abject de mise à mort. Le vent sera cependant une force faste qui épisodiquement sillonnera la scène.

C'est alors que la voix de l'amour maternel solidaire prend le relais. C'est celle de la mère de Victoria, la femme du juge, qui s'oppose à l'égoïsme du mari:

> LE JUGE. Reste, c'est ici la maison tranquille au milieu du fléau. J'ai tout prévu et, barricadés pour le temps de la peste, nous attendrons la fin. Dieu aidant, nous ne souffrirons de rien.
> LA FEMME. Tu as raison, Casado. Mais nous ne sommes pas les seuls. D'autres souffrent. Victoria est peut-être en danger. (211)

L'homme ne l'écoute pas et le conflit éclatera plus loin entre lui et elle, éclairant le gouffre qui les sépare. Peut-être est-ce à cette mère que pense Reichelberg en écrivant: "Figure pathétique [...], la mère est aussi une des dimensions du sacré. Elle est la protestation inutile. Elle peut donner la vie, mais elle ne peut rien contre la mort" (71).

Entre Diego et Victoria aussi, le fossé s'élargit sous la pression du fléau. Diego a pitié des malades mais il est en proie à la peur et à l'horreur. Ayant revêtu le masque des médecins de la peste, il a choisi d'aller vers eux mais il le fait comme un devoir à accomplir: "Il faut que j'y aille." Et lorsqu'il déclare: "La mort me fait horreur", Victoria lui crie: "Je suis vivante, moi!" (213). Le masque, comme le note judicieusement Cielens, "le transfigure à tel point que Victoria, en le voyant, pousse un cri de terreur. Un masque, quel qu'il soit, s'emploie pour marquer un changement d'identité. Camus veut souligner par ce symbole que Diego, en faisant son choix, a renoncé à une part de lui-même — la part de l'amour" (110). S'opposent ici, à travers les forces antagonistes de la Peste et de l'amour, l'abject de la mort et le sacré de la vie. La voix de Victoria est celle de la passion amoureuse, celle d'un amour qui se place au-dessus des abstractions du devoir: "Moi aussi, mais j'ai pitié de nous. Et c'est pourquoi je t'ai cherché, criant dans les rues, courant vers toi, mes bras tendus pour les nouer aux tiens!" Mais Diego la repousse alors qu'elle supplie: "Ne me quitte pas" (213). Cette scène illustre une nouvelle fois les divergences entre les conceptions masculines et féminines de l'amour, entre l'amour abstrait perçu comme devoir et débouchant sur la mort, et l'amour concret, charnel, ancré dans l'humain et appelant la vie. Quilliot voit dans leur couple la déroute de l'amour: "Les deux personnages dessinent moins des caractères qu'ils ne représentent l'amour dans la débâcle. Ils en disent la nécessité, la force et l'espoir, Victoria avec simplicité et don spontané de soi, Diego avec curiosité et d'une certaine façon dans la solitude. Nous retrouvons ici l'opposition Jan-Maria du *Malentendu*" (*La Mer*, 197). En effet, Diego, comme Jan et comme Caligula, veut le surhumain: se prenant pour des surhommes, leur orgueil les conduira à la mort. Victoria, comme Maria, comme Pilar, se contente de l'amour humain mais véritable: elles survivront, mais dans la douleur de la séparation définitive imposée par les choix de l'homme. Lorsque Victoria crie: "Je suis vivante, moi!", elle exprime la primauté de la vie et la réalité de l'amour auxquelles il ne faut pas se dérober. C'est déjà ce qu'affirmait Maria: "Mais moi, je n'ai pas [...] d'autre devoir que toi" (128). Pour ces deux femmes, le seul devoir est d'atteindre le bonheur dans cette vie en aimant pleinement. La vérité pour elles est du côté de la vie, non du côté de la mort; elle est dans l'union, non dans la séparation. C'est en quoi elles sont les porte-parole de cette part de Camus qui aime et appelle la vie.

L'homme qui représente la Peste parle le langage contraire. Il vient imposer des valeurs qui sont à l'opposé de celles des femmes: "Lorsque j'arrive, le pathétique s'en va. Il est interdit, le pathétique, avec quelques autres balançoires comme la ridicule angoisse du bonheur, le visage stupide des amoureux, la contemplation égoïste des paysages et la coupable ironie. À la place de tout cela, j'apporte l'organisation." Mais surtout, et parallèlement à ce qui s'est passé dans *La Peste*, il impose comme loi la séparation des sexes, la désunion du masculin et du féminin, rendant ainsi impossible, du point de vue de la femme, toute réponse à l'appel humain: "[...] je commence par séparer les hommes des femmes: ceci aura force de loi" (228). L'interdiction des sentiments et des émotions prélude à l'imposition des valeurs masculines: "Je vous apporte le silence, l'ordre et l'absolue justice" (230). La Peste a bien compris que pour régner en maître, il lui fallait d'abord éliminer ce qui unit. L'ordre masculin qui vient étouffer les élans du cœur et prévenir toute union possible entre les principes masculin et féminin est un ordre qui ne peut qu'engendrer la stérilité et la mort.

Ce que cet ordre vise en fait, c'est l'auto-exécution: "L'essentiel n'est pas qu'ils comprennent, mais qu'ils s'exécutent. Tiens! C'est une expression qui a du sens, ne trouvez-vous pas? [...] S'exécuter. Allons, vous autres, exécutez-vous, exécutez-vous! Hein! Quelle formule!" (241). L'ironie macabre qui peut faire sourire fait cependant froid dans le dos: il s'agit d'un ordre où toute activité, comme dans les camps de concentration et les goulags, s'exerce en direction de la destruction et de la mort. La Peste poursuit: "L'image de l'exécution d'abord, qui est une image attendrissante et puis l'idée que l'exécuté collabore lui-même à son exécution, ce qui est le but et la consolidation de tout bon gouvernement!" L'expression d'un totalitarisme à ce point dépersonnalisant provoque "*[d]u bruit au fond*" et "*[l]e chœur des femmes s'agite*" (241). C'en est trop et l'une d'elles s'avance pour réclamer son mari. "Voilà le cœur humain", répond ironiquement la Peste, avant de lui annoncer que son mari a été "déporté avec quelques autres qui faisaient du bruit" et de la renvoyer vers le chœur qui l'accueille avec des cris solidaires de "Misère! Misère sur nous!" (243).

La dualité féminin/masculin, vie/mort est encore illustrée de manière surprenante dans la scène des monologues parallèles de la femme et de Nada. Tout se passe ici autour d'un thème cher à Camus, et déjà fondamental dans *Le Malentendu*, celui du langage. La femme, qui demande seulement un toit pour ses enfants, se heurte à l'absurdité bureaucratique de Nada:

> NADA. On ne te donnera pas un logement parce que tes enfants sont dans la rue. On te donnera un logement si tu fournis une attestation. Ce n'est pas la même chose.
> LA FEMME. Je n'ai jamais rien entendu à ce langage. Le diable parle ainsi et personne ne le comprend!
> NADA. Ce n'est pas un hasard, femme. Il s'agit ici de faire en sorte que personne ne se comprenne, tout en parlant la même langue. Et je puis bien te dire que nous approchons de l'instant parfait où tout le monde parlera sans jamais trouver d'écho, et où les deux langages qui s'affrontent dans cette ville se détruiront l'un l'autre avec une telle obstination qu'il faudra bien que tout s'achemine vers l'accomplissement dernier qui est le silence et la mort. (247)

Suite à cette déclaration, Nada et La Femme, le Néant et la Vie, vont s'affronter à travers deux monologues parallèles prononcés "*[e]nsemble*", elle parlant d'une justice à visage humain, lui d'une justice réglée par la mort:

> LA FEMME. La justice est que les enfants mangent à leur faim [...] que mes petits vivent. Je les ai mis au monde sur une terre de joie. La mer a fourni l'eau de leur baptême. Ils n'ont pas besoin d'autres richesses. Je ne demande rien pour eux que le pain de tous les jours et le sommeil des pauvres. Ce n'est rien et pourtant c'est cela que vous refusez. [...]
> NADA. Choisissez de vivre à genoux plutôt que de mourir debout afin que l'univers trouve son ordre mesuré à l'équerre des potences, [...] paradis puritain privé de prairies et de pain, où circulent des anges policiers aux ailes majuscules parmi des bienheureux rassasiés de papier et de nourrissantes formules, prosternés devant le Dieu décoré destructeur de toutes choses et décidément dévoué à dissiper les anciens délires d'un monde trop délicieux. (247)

Ces monologues irréconciliables expriment des visions en totale opposition, celles d'une nature bienveillante et d'une société oppriante, d'une justice naturelle favorisant la vie et d'une justice artificielle engendrant la mort. La femme défend les valeurs archaïques — l'eau symbolisant la vie de l'esprit, le pain celle du corps — valeurs placées sous le signe du sacré exprimé par le "baptême" naturel dans la mer. Mais c'est Nada qui semble l'emporter: "Vive rien! Personne ne se comprend plus: nous sommes dans l'instant parfait!" (248).

Cependant, lorsqu'un peu plus tard la Peste achève ses hurlements despotiques par les mots "Déportez, torturez, il en restera toujours quelque chose!", c'est la voix de Victoria qui s'élève parallèlement contre la mort, à l'adresse de son père: "Non, père. Vous ne livrerez pas cette vieille servante sous prétexte qu'elle est contaminée. Oubliez-vous qu'elle m'a élevée et qu'elle vous a servi sans jamais se plaindre" (250). Mais la peur démasque et le juge se révèle dans toute sa lâcheté et son insensibilité. Il reste lucide cependant: "Tout le monde trahit parce que tout le monde a peur. Tout le monde a peur parce que personne n'est pur" (252). Pierre-Louis Rey fait remarquer que "[l]a peur sert de fil directeur à la pièce. [...] Il revient pourtant à la femme de formuler que l'amour est plus fort que la peur et d'engager son partenaire à suivre son exemple" (12). Victoria déclare en effet à Diego, saisi par la crainte: "Que tu craindrais peu si seulement tu voulais m'aimer! [...] mon cœur n'est pas craintif! Il brûle d'une seule flamme, claire et haute, comme ces feux dont nos montagnards se saluent" ((263). Mais comme le remarque Coombs, "[m]ême Diego est terrassé par la terreur et, par conséquent, frappé par la maladie. Seule Victoria, qui avec le chœur des femmes représente la force d'amour de la Ville, reste invincible" (101). Toujours saisi par la peur, le juge veut que Diego, contaminé, quitte la maison. Aux protestations de Victoria, il répond: "Je n'ai pas dit oui à ton mariage. J'ai dit oui à ton départ." Victoria réplique: "Je savais que vous ne m'aimiez pas." Le juge lance: "Toute femme me fait horreur" (252).

Voici lâchés les mots de l'ancienne misogynie, ceux de l'ordre patriarcal et de la haine de l'autre, voici déclarée la guerre des sexes. Il s'agit d'abord d'une guerre père/fille, guerre où le père se montre prêt aux pires bassesses pour se ranger du côté de "l'ordre" et où la fille, ayant échoué au langage de l'amour, tente celui de l'honneur. Lorsque le juge menace de dénoncer Diego, Victoria déclare: "Père, l'honneur vous le défend." Mais, pas plus que celui de l'amour, le langage de l'honneur n'a de prise sur lui. "L'honneur est une affaire d'hommes", réplique-t-il, "et il n'y a plus d'hommes dans cette ville" (253).

L'affrontement le plus cruel entre l'homme et la femme va cependant se produire entre le juge et son épouse. Celle-ci a eu un fils "illégitime" (né "hors l'ordre" de la loi). Or, le juge va l'humilier en le lui rappelant publiquement. La femme: "Oh! tu n'es pas un homme d'oser rappeler ceci qui avait été pardonné." Le juge: "Je n'ai pas pardonné. J'ai suivi la loi qui, aux yeux de tous, me rendait père de cet enfant" (254). La femme laisse alors éclater sa révolte, refoulée pendant tant d'années:

> Je crache sur ta loi. J'ai pour moi le droit, le droit de ceux qui aiment à ne pas être séparés, le droit des coupables à être pardonnés et des repentis à être honorés! Oui, je crache sur ta loi. [...] Et je dirai au moins à celui-ci qu'il n'a jamais eu le droit de son côté, car le droit, tu entends Casado, est du côté de ceux qui souffrent, gémissent, espèrent. Il n'est pas, non, il ne peut pas être avec ceux qui calculent et qui entassent. (255-56)

Comme l'ont fait Nada et la Femme précédemment, les époux défendent chacun des valeurs inconciliables et la femme du juge se range une nouvelle fois, comme Victoria, du côté de l'amour et de la vie. Le juge est du côté de l'ordre, d'un ordre matérialiste et impitoyable. Curieusement, il est soutenu par sa fille, non pas Victoria mais celle qui est désignée comme "La fille du juge". En quatre courtes répliques remplies de fiel, elle se range avec son père dans ses intentions criminelles (256), elle exprime sa haine envers son frère "bâtard" (255), elle accuse sa mère d'"adultère" et la traite de "chienne" (256). Même après avoir été rejetée par sa mère, Martha n'avait exprimé autant de haine[52].

Pendant ce temps se déroule entre Diego et Victoria un conflit d'une autre nature:

> DIEGO. Je veux fuir, Victoria. Je ne sais plus où est le devoir. Je ne comprends pas.
> VICTORIA. Ne me quitte pas. Le devoir est auprès de ceux qu'on aime. Tiens ferme.
> DIEGO. Mais je suis trop fier pour t'aimer sans m'estimer.
> VICTORIA. Qui t'empêche de t'estimer?
> DIEGO. Toi, que je vois sans défaillance. (258-59)

Cielens analyse avec perspicacité le fait et la signification du désir de fuite de Diego:

---

52. Il est clair à propos de ce conflit que la controverse a lieu entre la mère et "la fille", celle-ci étant la sœur de Victoria. Jerry L. Curtis (45), comme d'ailleurs d'autres critiques, voit en elles une seule et même personne. Nguyen Van-Huy écrit par exemple: "Il est intéressant de remarquer ici la controverse entre la mère et la fille. Victoria est toujours d'accord avec sa mère pour défendre les droits de l'amour et de la compassion contre l'autorité inhumaine et égoïste du père. Mais quand il s'agit de l'adultère, c'est-à-dire de l'amour infidèle, elle prend le parti de son père contre sa mère" (138). En fait, Victoria est déjà sur scène avec le juge lorsque la didascalie indique qu'*(Entrent la femme du juge, le jeune fils et la fille)* (253). "La fille du juge", désignée comme telle et qui accable la mère, ne peut être que la sœur de Victoria.

> [D]ès la première confrontation avec la Peste, Diego fuit. [...] Enfin, pressé par le conflit entre ces deux engagements incompatibles — sa soif d'un bonheur partagé avec Victoria et son devoir de servir ses concitoyens dans la lutte contre la peste — il tente de fuir avec l'aide d'un batelier [...]. Sa décision est prise sans hésitation — ni envers Victoria, ni envers ses compatriotes: "Emmène-moi. [...] Je paierai ce qu'il faut" (266). Tout comme le gouverneur et le peuple, il est poussé vers l'exil par la peur. Mais en plus, il veut ainsi échapper au choix crucial entre le bonheur et le devoir. (107-108)

À travers sa lâcheté provisoire devant ce choix, Diego apparaît comme un Rodrigue infériorisé et défaillant, Victoria comme une Chimène pour qui le seul devoir est l'amour. Comparant la situation à celle de *La Peste*, Lazere souligne l'importance de la présence/parole de la compagne: "Here the conflict is more explicitly a Corneillean one between duty and love, and the play has the dramatic advantage of the loved woman being palpably present and able to speak for herself, in contrast to the absent wife of Rieux and mistress of Rambert" (217). Mais la faiblesse de Diego et la force d'amour de Victoria constituent un renversement de l'éthique héroïque cornélienne. L'erreur selon Camus est de sacrifier l'amour au devoir. Et si finalement Diego, surmontant sa peur, devient un héros en mourant pour sauver la Ville, ce sera en subissant les lamentations et les reproches de Victoria et des femmes de les avoir désertées et d'avoir abandonné "la maison de l'amour" (298). Pour Victoria, aimer est simple. Pour Diego par contre, l'orgueil l'empêche d'aimer pleinement: il faut d'abord qu'il s'estime. Son narcissisme veut qu'il soit le premier objet de son amour. Et ce qui fait obstacle à l'auto-satisfaction, c'est l'image trop parfaite de Victoria: "Toi, que je vois sans défaillance." Aussitôt, Victoria proteste: "Ah! ne parle pas ainsi, pour l'amour de nous, ou je vais tomber devant toi et te montrer toute ma lâcheté. Car tu ne dis pas vrai. Je ne suis pas si forte." Et plus loin: "[...] si je tiens encore debout, c'est que l'élan de l'amour me jette en avant. Mais que tu disparaisses, que ma course s'arrête et je m'abattrai" (259). À l'opposé de Diego, Victoria ne trouve sa force et sa justification que dans l'autre mais la connaissance qu'elle a de sa propre faiblesse ne l'empêche pas d'aller au bout de l'amour. Alors que l'humilité féminine se révèle un adjuvant, l'orgueil masculin devient un obstacle.

L'ordre de la Peste où ils sont plongés est, on l'a vu, un ordre basé sur la séparation des hommes et des femmes, sur la désunion de ceux qui s'aiment. Lorsque le couple brave l'interdit de l'amour, la secrétaire marque Diego à l'aisselle: il est contaminé. Ce qu'il ne peut alors supporter, c'est de voir Victoria indemne. La didascalie nous apprend que *Diego regarde avec horreur le nouveau signe sur lui. Il jette des regards fous autour de lui, puis s'élance vers Victoria et la saisit à plein corps* (260). Il s'écrie monstrueusement: "Ah! Je hais ta beauté, puisqu'elle doit me survivre! Maudite qui servira à d'autres! (*Il l'écrase contre lui.*) Là! Je ne serai pas seul! Que m'importe ton amour s'il ne pourrit pas avec moi?" (260). Bien que le lecteur/spectateur soit déjà informé des faiblesses de Diego, cette scène de trahison se présente comme un des moments les plus troublants de la pièce. Victoria elle-même ne reconnaît plus son amant, elle se débat, elle le repousse. Elle veut bien mourir avec lui, mais non comme son ennemie: "Avec toi, mais jamais contre toi!" Et il suffit que son amant lui revienne le temps d'un baiser pour qu'elle accepte la mort dans l'amour: "Je ne demande rien d'autre que de me consumer de la même fièvre, de souffrir de la même plaie dans un seul cri!" (261). Mais entretemps Diego a fait son choix. Tout comme Jan disait de sa mère et sœur "elles ont besoin de moi", Diego dit de ceux qui sont marqués: "[J]e suis dans le même malheur, ils ont besoin de moi". En se soumettant à la nécessité et, comme Jan, en tournant le dos à la liberté de l'amour, il se met du côté de la mort. Il l'a bien compris puisqu'il lance à Victoria: "Tu es de l'autre côté, avec ceux qui vivent!" Mailhot remarque à son sujet: "Juste sans liberté, desséché par le combat, 'mis en règle avec la mort', Diego ne l'est pas avec l'amour. 'Il fallait me choisir contre le ciel lui-même. Il fallait me préférer à la terre entière', lui rappelle à la fin Victoria. La femme est une 'limite' à la justice, mais aussi à l'injustice" (277). Finalement, devant les protestations de charité de Diego, devant la charrette qui passe avec les corps et Diego criant: "[...] la douleur est dans ce ciel qui pèse sur nous!" (262), Victoria laisse éclater sa colère: "J'ai trop à faire à porter mon amour! Je ne vais pas encore me charger de la douleur du monde! C'est une tâche d'homme, une de ces tâches vaines, stériles, entêtées, que vous entreprenez pour vous détourner du seul combat qui serait vraiment difficile, de la seule victoire dont vous pourriez être fiers." Diego confirme sa position: "Qu'ai-je donc à vaincre en ce monde, sinon l'injustice qui nous est faite?" Mais la réplique de Victoria est lumineuse: "Le malheur qui est en toi! Et le reste suivra" (263).

Cette réponse résume peut-être la différence essentielle entre le masculin et le féminin camusiens. Alors que l'homme, dans ses rêves et son orgueil, se voit chargé, à travers croisades, guerres et invasions, de rétablir "l'ordre" et "la justice" dans le monde, la femme veut lui faire comprendre que ces combats sont vains: elle sait que l'injustice est inhérente à la condition absurde et que le seul combat qui compte, c'est celui qui consiste pour chacun à conquérir d'abord le bonheur qui est en lui, et que les armes de cette conquête sont celles de l'amour[53]. En refusant ou en négligeant l'amour et en cédant au désespoir, l'homme choisit non seulement de s'enfermer dans la solitude mais surtout, en imposant la même solitude à la femme qu'il prétend aimer, il va à l'encontre de l'amour. Ainsi en a-t-il été de tout temps du soldat qui quitte la femme aimante, du moine qui y renonce, du guérisseur qui la relègue — et tous au nom d'une "cause supérieure", que ce soit la guerre, "sainte" ou autre, la mission spirituelle, la défense des opprimés, le rétablissement de la santé. Causes qui parfois sont réelles et que les femmes — *dans la mesure du possible* — défendent alors aussi bien, mais qui souvent sont soit des chimères, soit des causes dont l'ampleur rend l'action des hommes moins efficace encore qu'une goutte d'eau dans l'océan. Maria, Cæsonia, Victoria désignent ces actions de "folie", de "devoir", de "dévouement stérile". L'homme les traite alors de "sauvage", de "farouche", de "femme"... Décidément, ils et elles ne parlent pas le même langage. Cette impossibilité de communiquer est dite par le chœur des femmes, qui attendent que "les hurlements des hommes se [soient] tus":

> CHŒUR DES FEMMES. Nous sommes des gardiennes! Cette histoire nous dépasse et nous attendons qu'elle soit finie. Nous garderons notre secret jusqu'à l'hiver, à l'heure des libertés, quand les hurlements des hommes se seront tus et qu'ils reviendront alors vers nous pour réclamer ce dont ils ne peuvent se passer: le souvenir des mers libres, le ciel désert de l'été, l'odeur éternelle de l'amour. [...] Courbant le dos, attendant que s'essoufflent les cris de tous les combats, nous écoutons au fond de nous gémir doucement le lent ressac des mers heureuses. Quand les amandiers nus se couvriront des fleurs du givre, alors nous nous soulèverons un peu, sensibles au premier vent d'espoir, bientôt redressées dans ce second printemps. Et ceux que nous aimons marcheront vers nous et, à mesure qu'ils avanceront, nous serons comme ces lourdes barques que le flot de la marée soulève peu à peu, gluantes de sel et d'eau, riches d'odeur, jusqu'à ce qu'elles flottent enfin sur la mer épaisse. Ah! que le vent se lève, que le vent se lève... (264-65).

Ce texte-poème célèbre la femme, "gardienne" de très anciens secrets, patiente et sage, enracinée dans la terre mais nourrie par la mer, prête à être portée par elle vers une vie renouvelée dans l'amour. Lors de la fermeture des portes de la Ville, le chœur avait crié: "À la mer! À la mer! La mer nous sauvera. Que lui font les maladies et les guerres! Elle a vu et recouvert bien des gouvernements! Elle n'offre que des matins rouges et des soirs verts et, du soir au matin, le froissement interminable de ses eaux tout au long des nuits

---

53. Lazere remarque judicieusement: "Victoria's position ties in with two prominent themes in Camus's later essays: that private love is necessary to energize social commitment, and that dictatorship and bureaucracy are able to triumph because men in the twentieth century do not love life passionately enough to stand up for it" (218).

débordantes d'étoiles!" (224). Hélène Rufat commente ainsi la dimension cosmique du passage qu'on vient de citer:

> Le chœur de *L'État de siège* précise que les gens du peuple sont "les fils de la mer" et [...] que tout en maintenant son rôle maternel, la mer est synonyme d'éternité, ou d'éternel recommencement [...]. Une constellation d'associations s'élabore donc autour de l'image de la terre, à la fois mer et mère, dans un espace essentiellement nocturne et féminin, en suivant le rythme d'un temps cyclique. (17)[54]

À travers le retour des saisons et des marées annoncé et appelé par les femmes s'impose en effet, victorieux, le temps de "l'éternel retour", celui de la fertilité et du renouvellement. Dans les allusions métaphoriques des femmes, on retrouve aussi tous les éléments du sémiotique kristevien reliés à la *chora* maternelle: "Nous écoutons au fond de nous gémir le lent ressac des mers heureuses": le corps féminin comme source d'une vie sensorielle, rythmique, bercée au gré des vents et des marées, longues réminiscences du monde *ante partum*; l'image des barques comme autant de corps réceptacles fertiles et lourds de vie, riches comme les fonds marins.

Dans la troisième et dernière partie de *L'État de siège* Diego, qui, à l'image de Victoria, a enfin vaincu sa peur, appelle le peuple à "la sainte révolte" (275). Mais lorsque les hommes expriment leurs doutes et leurs craintes, le chœur des femmes s'exclame: "Encore une affaire d'hommes! Nous, nous sommes là pour vous rappeler l'instant qui s'abandonne, l'œillet des jours, la laine noire des brebis, l'odeur de l'Espagne enfin!" (276). Elles rappellent à la fois l'importance du moment présent et la valeur essentielle des choses simples mais impérissables, elles chantent les valeurs vitales et archaïques, les biens naturels auxquels tous les hommes ont droit: "Dans tous les lieux du monde et sous n'importe quel maître, il y aura toujours un fruit frais à portée de la main, le vin du pauvre, le feu des sarments près duquel on attend que tout passe..." (281). Plus loin, les gardes de la Peste ayant fui, le chœur, hommes et femmes à nouveau réunis, clament ensemble "l'éternel retour" de la saison de l'abondance et célèbrent les fêtes du corps et de la fécondité dans une suite de métaphores érotiques:

> LE CHŒUR. Ils fuient. L'été s'achève en victoire. Il arrive donc que l'homme triomphe! Et la victoire alors a le corps de nos femmes sous la pluie de l'amour. Voici la chair heureuse, luisante et chaude, grappe de

---

54. Se référant en même temps à *Révolte dans les Asturies*, Madeleine Valette-Fondo souligne aussi cette dimension de "l'éternel retour": "Ce sont les saisons qui, entre deux nuits, rythment l'action de *Révolte dans les Asturies*, depuis 'la tombée de la nuit' de 'la fin de l'été' jusqu'à 'ces nuits qui commencent à être fraîches' de l'hiver qui s'approche... Ces premières neiges'. C'est encore la même durée cyclique qui s'écoule entre 'la fin du monde', annoncée dès la première réplique de *L'État de siège*, et la course finale sur la jetée en direction de l'origine, lorsque le nihiliste Nada se précipite dans la mer" (97).

> septembre où le frelon grésille. Sur l'aire du ventre s'abattent les moissons de la vigne. Les vendanges flambent au sommet des seins ivres. Ô mon amour, le désir crève comme un fruit mûr, la gloire des corps ruisselle enfin. Dans tous les coins du ciel des mains mystérieuses tendent leurs fleurs et un vin jaune coule d'inépuisables fontaines. Ce sont les fêtes de la victoire, allons chercher nos femmes! (285)

Mais en contraste cruel avec ces paroles de vie et de joie, on amène alors, étendu sur une civière, le corps inanimé de Victoria. C'est la peste, cette fois, qui l'a "prise à la gorge". Diego retrouve enfin les mots de l'amour, écho de ceux qu'Orphée avait dû dire à Eurydice ou de ceux que Victoria avait prononcés avant la fuite de son amant: "Ah! Magnifique, victorieuse, sauvage comme l'amour, tourne un peu vers moi ton visage! Reviens, Victoria! Ne te laisse pas aller de cet autre côté du monde où je ne puis te rejoindre! Ne me quitte pas, la terre est froide" (285). Les femmes jugent alors Diego avec sévérité:

> CHŒUR DES FEMMES. Maintenant, nous sommes dans la vérité. Jusqu'à présent ce n'était pas sérieux. Mais à cette heure il s'agit d'un corps qui souffre et qui se tord. Tant de cris, le plus beau des langages, vive la mort et puis la mort elle-même déchire la gorge de celle qu'on aime! Alors revient l'amour quand justement il n'est plus temps. (286)

Analogue à l'heure du départ de la femme de Rieux, "cette heure" révèle le décalage entre le langage et le désir, entre les mots en porte-à-faux et les sentiments qu'ils expriment. Diego proteste, dit qu'il est temps encore, que Victoria va se redresser. Il lui parle au nom du passé: "Mon cœur suffisait à tout." Mais Victoria elle-même doute de lui: "Tu m'oublieras, Diego, cela est sûr. Ton cœur ne suffira pas à l'absence. Il n'a pas suffi au malheur." Les femmes lui donnent raison:

> CHŒUR DES FEMMES. O corps souffrant, jadis si désirable, beauté royale, reflet du jour! L'homme crie vers l'impossible, la femme souffre tout ce qui est possible. Penche-toi, Diego! Crie ta peine, accuse-toi, c'est l'instant du repentir! Déserteur! Ce corps était ta patrie sans laquelle tu n'es plus rien! Ta mémoire ne rachètera rien! (286)

Ce passage évoque la citation de Pindare que Camus a placée en exergue au *Mythe de Sisyphe*: "Ô mon âme, n'aspire pas à la vie immortelle, mais épuise le champ du possible" (II, 93). Or le chœur des femmes accuse l'homme de vouloir justement l'impossible et, dans sa quête, de déserter la femme, la réalité du possible, de méconnaître l'amour, d'abandonner le corps de la femme sans lequel il n'est rien car c'est elle, dans son corps vivant, qui le relie à la terre et à la vie. Il est accusé de se ranger avec les forces de la mort et de ne revenir à l'amour et à la vie que lorsqu'il est trop tard. Cielens a raison d'écrire:

> En renonçant au corps de Victoria, à sa "patrie", Diego s'est exilé d'elle et par là, il a perdu son identité originelle, il n'est même plus rien. En

employant le terme de "patrie" pour désigner le corps de Victoria, Camus souligne que si l'homme rejette l'amour charnel qui est une de ses attaches avec ce monde, il renie en même temps une partie de lui-même, d'où résulte une séparation soi/soi. Ainsi, paradoxalement, Diego se rapproche du monde de l'abstraction représenté par la Peste tout en la combattant, comme le docteur Rieux s'était vu obligé de le faire. (112)

On se souvient que Rieux aussi avait "renoncé" à sa femme et l'avait "exilée".

Citant le chœur lors de la débâcle du début — "J'aimais le monde, il y avait l'Espagne et moi" (224-25) — Lévi-Valensi rappelle que "ce monde, l'accord profond avec lui qui est la vertu première, s'identifient dans le nom de l'Espagne" ("Réalité et symbole", 170). Et elle souligne plus loin la valeur identitaire du mot "patrie" dans sa relation à Victoria: "[…] le mot est précieux: le corps se confond avec la terre d'Espagne, avec le vent qui la vivifie, avec les mers qui battent ses flancs. Plus que l'homme, la femme qui connaît le poids des choses, qui va droit à l'essentiel […] témoigne de la vie et de l'Espagne" (171). Ainsi, Diego va perdre sa double patrie.

Enfin, la Peste, acculée, propose à Diego un marché: il lui donnera la vie de Victoria et les laissera fuir tous deux à condition que Diego lui laisse la ville. Celui-ci refuse et la Peste le contraint à choisir sa propre vie ou la liberté de la ville contre la vie de Victoria. Diego se sacrifiera. C'est alors qu'intervient une transformation significative, celle du personnage de la Secrétaire que Barré voit comme la "Figure maîtresse de l'œuvre" (16)[55]. "Janus à double face" selon Coombs (100), elle reste jusque vers la fin de la pièce un personnage plein d'ambiguïté, sombre amalgame du masculin et du féminin, n'occupant qu'une fonction marginale et inféodée à celle, tyrannique, de la Peste[56]. Ce qui lui donne néanmoins son relief est qu'elle se différencie finalement de celle-ci en s'insurgeant contre son "interminable logique" (294). Car il y a mort et mort. Lorsque la Peste impose à Diego ses marques, la Secrétaire, indique la didascalie, *change brusquement d'apparence. C'est une vieille femme au masque de mort* (293). Alors que la Peste représente la mort organisée et systématisée par la haine, la Secrétaire admet lors de la contamination

---

55. Barré écrit plus loin que "[l]a Mort, figure maîtresse de l'œuvre, ne l'est finalement que parce qu'elle nous invite à reconnaître l'ordre naturel du monde, à rejeter l'ordre mortel du totalitarisme, à vivre en écoutant la voix de la terre, des fruits mûrs, de l'amandier aux fleurs de givre, à ne jamais renoncer, comme [Camus], à faire renaître, au cœur même de l'hiver du nihilisme, la lumière, celle de l'invincible été, seule réponse au soleil noir du nihilisme" (16).

56. Gassin la rapproche de la femme automate de *L'Étranger* en qui il voit "la mort elle-même": "La femme automate 'avec beaucoup de soin […] coch[e] […] méticuleusement' (1155) les programmes radiophoniques dans son magazine. Dans *L'État de siège*, la secrétaire de la Peste 'raye ostensiblement […] sur son bloc-notes' (217) les noms des victimes rangés dans 'le bel ordre d'une liste' (229). C'est aussi la méthode de Caligula, qui fait mourir ses sujets 'dans l'ordre d'une liste' (22)" ("À propos de la femme automate", 78-79).

de Diego que "[l]a haine ne [la] soutient pas, puisqu'elle n'est pas dans [s]es fonctions" (293). Elle n'était autre à l'origine que la mort naturelle: "J'étais libre avant vous et associée avec le hasard. Personne ne me détestait alors. J'étais celle qui termine tout, qui fixe les amours, qui donne leur forme à tous les destins. J'étais la stable. Mais vous m'avez mise au service de la logique et du règlement. Je me suis gâté la main que j'avais quelquefois secourable" (293-94). À la question de la Peste, "Qui vous demande des secours?", elle montre sa face humaine: "Ceux qui sont moins grands que le malheur. C'est-à-dire presque tous. Avec eux, il m'arrivait de travailler dans le consentement, j'existais à ma manière. Aujourd'hui je leur fais violence et tous me nient jusqu'à leur dernier souffle." Ainsi la mort, féminine en ce qu'elle avait de naturel et de compatissant au départ, s'est masculinisée "au service de la logique et du règlement" (294). Mais elle retrouvera, lors de la mort de Diego et de la souffrance de Victoria et des femmes, sa vraie nature, celle de la sagesse — qui "sai[t] que leur amour aussi a son obstination" (296) — et de la consolation: "Ne pleurez pas, femmes. La terre est douce à ceux qui l'ont beaucoup aimée" (299). Se référant à ces paroles, Barré souligne "l'importance primordiale" du sens de la présence des femmes dans *L'État de siège*:

> Enfin, la Mort est femme et c'est aux femmes qu'elle adresse des paroles de consolation. [...] S'il est une certitude qui s'impose, lorsqu'on monte *L'État de siège*, c'est qu'il s'agit d'une œuvre où Camus affirme, plus que nulle part ailleurs, l'importance primordiale des femmes dans la lutte contre l'abstraction et, partant, contre tout ce qui peut mutiler le vivant. Elles incarnent une forme de résistance à l'oppression, à la torture, au totalitarisme, quelque forme qu'il puisse prendre. Elles sont les "gardiennes", les dépositaires d'un "secret" sans la connaissance duquel l'homme se dessèche, tel Diego, et est voué à la mort. (16)

Victoria est rendue à la vie et Diego a choisi de mourir. Une dernière fois, les amants vont se heurter dans leur conception du devoir. Victoria crie: "Ah! Diego, qu'as-tu fait de notre bonheur?" (297) Mais Diego exprime sa satisfaction: "Adieu, Victoria, je suis content." Elle proteste: "Ne dis pas cela, mon amour. C'est un mot d'homme, un horrible mot d'homme. (*Elle pleure.*) Personne n'a le droit d'être content de mourir." Diego, se vantant de s'être mis en règle avec la mort, avoue cependant que cette force ne laisse pas de place pour le bonheur. Et lorsque Victoria le supplie de l'emporter avec lui dans la mort, il refuse dans des termes qui, en condamnant le désir de mort de l'homme, donnent enfin raison à la femme et à son amour de la vie: "*Non, ce monde a besoin de toi. Il a besoin de nos femmes pour apprendre à vivre. Nous, nous n'avons jamais été capables que de mourir*" (297; nos italiques).

Ces paroles sont cruciales, non seulement parce qu'elles révèlent une prise de conscience essentielle chez le héros masculin de *L'État de siège*, mais parce qu'elles retentissent à travers toute l'œuvre en y éclairant d'une lumière nouvelle la problématique des rapports entre hommes et femmes. "Au seuil de la mort", écrit Clayton, "le héros reconnaît dans le féminin la seule force apte à *faire vivre*" ("L'impossibilité", 28). Au risque de la répétition, nous rappelons ces mots des *Carnets*: "Il y a toujours dans l'homme une part qui refuse l'amour. C'est la part qui veut mourir. C'est elle qui demande à être pardonnée" (*C2*, 318). Le refus de l'amour, c'est le désir de mort. "Accuse-toi", disent les femmes à Diego, "c'est l'instant du repentir" (286). Les femmes sont prêtes à pardonner.

Lorsqu'enfin Diego déclare à Victoria: "Je t'ai aimée de toute mon âme", elle lui jette dans un cri: "Ce n'était pas assez. Oh, non! Ce n'était pas encore assez! Qu'avais-je à faire de ton âme seule!" (298). Pour cette femme camusienne l'amour, comme la vie, est un tout concret dont le corps ne peut être exclu, dont le corps est l'atout essentiel. Que l'on se souvienne de "La Mort dans l'âme": "Que me faisait de revivre en mon âme, et sans yeux pour voir Vicence, sans mains pour toucher les raisins de Vicence, sans peau pour sentir la caresse de la nuit [...]?" (II, 39). C'est cette reconnaissance du corps que réclament les femmes de *L'État de siège*:

> CHŒUR DES FEMMES. Malheur sur lui! Malheur sur tous ceux qui désertent nos corps! Misère sur nous surtout qui sommes les désertées et qui portons à longueur d'années ce monde que leur orgueil prétend transformer. Ah! Puisque tout ne peut être sauvé, apprenons du moins à préserver la maison de l'amour! Vienne la peste, vienne la guerre et, toutes portes closes, vous à côté de nous, nous défendrons jusqu'à la fin. Alors, au lieu de cette mort solitaire, peuplée d'idées, nourrie de mots, vous connaîtrez la mort ensemble, vous et nous confondus dans le terrible embrassement de l'amour! Mais les hommes préfèrent l'idée. Ils fuient leur mère, ils se détachent de l'amante, et les voilà qui courent à l'aventure, blessés sans plaie, morts sans poignards, chasseurs d'ombres, chanteurs solitaires, appelant sous un ciel muet une impossible réunion et marchant de solitude en solitude, vers l'isolement dernier, la mort en plein désert! (298)

Ici s'exprime sans réserve la réalité du désert de l'amour, de la solitude choisie par l'homme et imposée à la femme. "Fuir la femme pour l'idée, c'est semer la mort, rendre désert le jardin, impossible le printemps", écrit Mailhot (25). En se plaignant de ce que les hommes désertent leurs corps, ces femmes du chœur ne reprennent-elles pas la complainte de toutes les femmes du théâtre camusien? — à la seule exception de Martha qui a la nostalgie des "corps vidés par l'intérieur" et qui pourrait faire siens ces mots de Diego: "Je me suis desséché(e) dans ce combat" (297). Comme Cielens, nous voyons dans les mots "appelant sous un ciel muet une impossible réunion" une évocation de "la quête inlassable d'une patrie spirituelle" et donc l'expression d'un exil métaphysique, "exil [...] poussé à son plus haut degré, 'l'isolement dernier', par cet autre exil — la désertion de la femme, symbolisant la chair, la créature, cette patrie que l'homme devrait accepter comme sienne selon la pensée de Camus" (113)[57]. Dans *La Peste* aussi, l'exil des femmes "poussait à son plus haut degré" la conscience de l'exil spirituel.

L'État de siège est bien la pièce où la vision camusienne de la femme et l'antithèse masculin/féminin sont le plus généreusement mises en évidence, et ce à travers un jeu qui provoque ce "bouleversement [...] qui ne peut passer que par la rencontre des corps, par la déflagration d'une énergie vitale" (Roubine, 156). Essentielles à ce bouleversement sont les voix des femmes qui libèrent ici des forces profondes longtemps retenues, forces nourricières de l'énergie vitale et qui sont alliées à celles du cosmos. Lévi-Valensi remarque: "Mer et vent ne forment plus qu'un unique élément, comme l'espoir, la liberté et l'amour ne sont plus qu'une unique force, seule capable de donner à l'homme un bonheur à sa mesure; les éléments et les sentiments qu'ils symbolisent s'unifient enfin en un même langage" ("Réalité et symbole", 170)[58]. Si la comète — symbole solaire et signe de la peste selon Viggiani (878) — annonçait le malheur, par contre le jeu des saisons et du vent, la présence toujours proche de la mer et la succession des "nuits débordantes d'étoiles" sont des forces cosmiques qui s'opposent au fléau et qui finiront par le vaincre, du moins provisoirement. Ces forces sont, comme nous l'avons vu avec Caillois, celles mêmes du *fascinans* et du sacré. Dans *L'État de siège*, les femmes en sont, dans leur corps et par leur voix, les porteuses et les libératrices.

Les Justes: *Dora* ou "l'amour dans la mort"

Pour sa dernière pièce, *Les Justes*, Camus s'est inspiré des *Mémoires* de Boris Savinkov qui relatent les événements terroristes de

---

57. Cielens se réfère au passage suivant du *Mythe de Sisyphe*: "[L]e chemin de la lutte me fait rencontrer la chair. Même humiliée, la chair est ma seule certitude. Je ne puis vivre que d'elle. La créature est ma patrie" (II, 166).
58. Lévi-Valensi cite comme exemples d'unification: "[...] c'est le tonnerre de l'espoir, la fulguration du bonheur [...]. Voici [...] le vent frais de la mer. L'espoir nous soulève comme une vague" (277). En parcourant la pièce, il serait possible d'en citer quantité d'autres.

la révolution de 1905 en Russie[59]. Sa dynamique se fonde sur le conflit entre l'amour et la justice mais parce que la pièce met en scène le terrorisme individuel, ce conflit est plus accentué et plus réaliste que dans toute autre œuvre camusienne se rapportant à la révolte. Selon Weyembergh, la pièce constitue justement "la commémoration du moment fondateur de la révolte, la célébration du mythe de la révolte" ("Théâtre et politique", 46).

Du côté de la justice, l'idéologie et l'idéalisme individuel des *Justes* se substituent au symbolisme de *L'État de siège* — où le terrorisme symbolisé est le terrorisme d'État — et à l'irréalisme de *Caligula*, pièces où la préoccupation politique est absorbée par leur dimension métaphysique. Du côté de l'amour, la relation du couple constitue le contrepoids humain de la terreur et s'exprime dans un langage moins métaphorique que celui de *L'État de siège*, mais plus lyrique que celui du *Malentendu*. Et à la différence des autres pièces, la passion du couple occupe ici une place centrale. Quilliot, estimant que Camus voulait "réussir enfin une scène d'amour", écrit: "Cette fois, Camus, en contrepoint à ce terrible amour de l'humanité qui anime les terroristes, a tenu à esquisser la possibilité pour Dora et Kaliayev d'un amour normal, chargé de tendresse et d'égoïsme, par-delà l'injustice et les révolutions" (1823). Eugène Kouchkine note que "la plus belle scène d'amour que Camus ait jamais écrite [...] apparaîtra [...] dans l'acte III comme épicentre structural de la version définitive des *Justes*" (161). L'épigraphe même, "O love! O life! Not life but love in death", qui place le couple Kaliayev/Dora sous l'égide tragique du célèbre couple de Shakespeare, indique d'entrée de jeu l'importance que Camus accorde à la relation des amants. C'est pourquoi nous allons aborder le conflit amour/justice en interrogeant cette relation et en prêtant une attention particulière à la présence de Dora.

L'un des personnages préférés de Camus, Dora est la femme la plus mûre et la plus "réelle" de son théâtre ainsi que la seule femme révolutionnaire de l'œuvre. Comme les femmes déjà rencontrées, elle est tout entière à l'amour mais à la différence de Cæsonia, Maria et Victoria dont l'amour est voué essentiellement à l'amant, celui de Dora est multiple et complexe, chargé de contradictions. Elle aime l'humanité, spécifiquement son peuple dont les conditions de vie sont, depuis toujours semble-t-il, d'une injustice criante. Dans sa révolte contre cette injustice, elle fait sien le crédo de solidarité camusien, "Je

---

59. Voir l'excellente documentation de Quilliot qui comprend une notice historique, un texte de Camus — "Les Meurtriers délicats", ainsi qu'un extrait des *Mémoires* de Savinkov (1822-51). Dans sa présentation des *Justes*, Quilliot écrit: "L'intention de Camus, à ses débuts, était donc double: traiter de l'amour et de ses rapports avec la politique et l'esprit révolutionnaire d'une part, aborder le problème du meurtre de l'autre, du meurtre et de l'abstraction qu'il suppose" (1823).

me révolte, donc nous sommes." Désirant ardemment contribuer à l'émergence d'une justice politique et sociale que ses compatriotes n'ont jamais connue, elle devient membre de l'*Organisation de combat* du parti socialiste révolutionnaire pour laquelle elle fabrique des bombes. C'est là une des contradictions où elle a accepté de vivre: tuer pour permettre la naissance d'une plus grande justice. C'est dans l'Organisation qu'elle a connu Kaliayev, nommé Yanek, surnommé le Poète, et c'est là que naît leur grand amour torturé. C'est la deuxième contradiction où elle vit: aimer et tuer.

Au début de la pièce cependant, il est malaisé de dire si l'amour que Dora éprouve pour Kaliayev l'emporte ou non sur celui qu'elle voue au peuple et à la justice. Au nom de la révolution, elle a renoncé à toute coquetterie, à certains aspects au moins de sa féminité: "Jolie! Je serais contente de l'être. Mais il ne faut pas y penser" (316). Kaliayev lui reproche un trop grand sérieux: "Pourquoi? Tes yeux sont toujours tristes, Dora. Il faut être gaie, il faut être fière. La beauté existe, la joie existe! 'Aux lieux tranquilles où mon cœur te souhaitait...'" Et Dora, réceptive et aimante, enchaîne en *souriant*: "'Je respirais un éternel été...'" (316). Kouchkine voit ici une évocation "élégiaque [d]es lieux sacrés des amants" et estime que "[c]ontrastant avec cette atmosphère du renoncement, l'amour 'égoïste' de Dora et Yanek est hautement poétique dans la mesure où il est élévation des personnages au-dessus de leur condition et désir d'échapper au souterrain; [...] les personnages exaltent le singulier, le fugitif, le bonheur précaire" (167).

Situant la relation unissant Dora et Kaliayev par rapport aux limites que la révolution va lui imposer, Gay-Crosier écrit: "[Leur] tendre amitié [...] qui s'élèvera à l'amour naît au moment où ils découvrent leur besoin de justification, un besoin qui est avant tout une soif d'innocence et de pureté. L'Organisation, c'est-à-dire l'Histoire, leur ayant réservé un autre sort que celui de la passion, ils se dissimulent d'abord l'amère tendresse qui, de toute façon, ne pourra pas s'épanouir" (*Envers*, 203). Au-delà de cette tendresse qui les unit, un certain désaccord se manifeste néanmoins dès la fin du premier acte, désaccord né des doutes et des craintes de Dora. Lorsque Kaliayev dit: "La révolution, bien sûr! Mais la révolution pour la vie, pour donner une chance à la vie, tu comprends?", Dora répond d'abord "Oui" (*avec élan*) puis, (*plus bas, après un silence*), elle dit comme malgré elle: "Et pourtant, nous allons donner la mort" (322). Ces mots, qui trahissent son déchirement mais aussi son scepticisme concernant l'action des terroristes, lui viennent de son profond instinct de vie qui la prévient contre les raisonnements trop abstraits de Kaliayev. Et lorsqu'il déclare avec une naïveté héroïque: "[...] nous tuons pour bâtir un monde où plus jamais personne ne tuera! Nous acceptons d'être criminels pour que la terre se couvre d'innocents", Dora devine l'irréalisme d'une telle vision et, par sa question "Et si cela n'était pas?", laisse apparaître, comme l'écrit Cielens, "le doute sur l'infaillibilité de la révolution" (118). Ce qui importe plus que tout à Kaliayev, c'est de mourir pour ce à quoi il croit: "Mourir pour l'idée, c'est la seule façon d'être à la hauteur de l'idée. C'est la justification" (323). À cette motivation par l'abstraction Dora, intuitive, oppose l'argument de la vie concrète, de la connaissance par le corps et les sens. Elle en appelle au regard, à travers lequel l'homme à tuer va apparaître dans toute sa réalité humaine: "Au premier rang, tu vas le voir... [...] Une seconde où tu le regarderas! Oh! Yanek, il faut que tu saches, il faut que tu sois prévenu! Un homme est un homme. Le grand-duc a peut-être des yeux compatissants. Tu le verras se gratter l'oreille ou sourire joyeusement. Qui sait, il portera peut-être une petite coupure de rasoir. Et s'il te regarde à ce moment-là..." (325)[60]. Avec une étonnante acuité, Dora dépeint un homme dans les détails de sa réalité charnelle, visible, touchante. Il ne s'agit pas là d'une "idée", cet homme n'a plus rien d'abstrait. Elle veut faire comprendre à Yanek qu'il aura à affronter *de visu* un homme en chair et en os, qui lui ressemble. Mais Kaliayev s'obstine dans l'abstraction: "Ce n'est pas lui que je tue. Je tue le despotisme" (326). Dora insiste cependant: "[...] Toi, tu vas le voir de près. De très près..." Mais Kaliayev le nie (*avec violence*): "Je ne le verrai pas." — Dora: "Pourquoi? Tu fermeras les yeux?" — Kaliayev: "Non. Mais Dieu aidant, la haine me viendra au bon moment, et m'aveuglera." Le narrateur de *La Peste* écrivait pourtant: "L'âme du meurtrier est aveugle et *il n'y a pas de vraie bonté ni de bel amour sans toute la clairvoyance possible*" (1326; nos italiques). S'aveugler par la haine pour mieux tuer le représentant de l'ordre patriarcal, fût-il tsariste, semble suggérer quelque obscure motivation œdipienne.

Dora cependant avait vu juste. Kaliayev sera incapable de lancer la bombe sur la calèche, précisément parce que son regard sera surpris non par le grand-duc mais, plus réels et plus touchants, par les deux

---

60. Voir chez Kouchkine l'intéressante analyse du motif du regard: "C'est encore Dora, la voyante, qui introduit un autre motif des plus importants, celui du regard. En femme amoureuse, elle guide Yanek, le réconforte moralement et l'initie à l'action en lui apprenant à regarder" (169). Le critique examine alors le champ lexical qui, dans la pièce, sert de support au verbe "regarder" ainsi que sa sémantique.

enfants, les neveux: "Je ne pouvais pas prévoir..."[61] Des enfants, des enfants surtout. As-tu regardé des enfants? Ce regard grave qu'ils ont parfois... Je n'ai jamais pu soutenir ce regard..." (332). Double pouvoir du regard se liant à un autre sans même qu'ils soient échangés ("ils regardaient toujours devant eux"), transmission visuelle d'une connaissance de vie, une connivence devant celle-ci... Considérant cet épisode, Blanchot écrit:

> Ce que nous pressentons, c'est que le recul, l'arrêt de la violence devant la faiblesse des enfants, le *"Je ne peux pas"* de Kaliaev coïncide avec le moment où la violence dénude le visage, fait de l'homme ce dénuement extrême devant quoi la mort recule, parce qu'elle ne peut pas l'atteindre, parce que cette faiblesse est l'arrêt, le recul lui-même. Les enfants, la femme, leur innocence ne sont rien d'autre que le visage du grand-duc, ce visage nu que Dora avait par avance fait voir à Kaliaev, rien d'autre que cette nudité qu'est l'homme sous le voisinage de la révélation de la mort, rien d'autre que la "seconde où tu le regarderas". (*L'Entretien infini*, 279)[62]

Cependant le sens de l'honneur et des limites ne se "limite" pas chez les justes au seul refus de tuer des enfants. Ce qui caractérisait ces terroristes qui ont inspiré Camus et ce qui le fascinait lors de ses lectures de Savinkov, c'est qu'ils se voyaient moralement obligés de payer le meurtre de leur propre vie. La seule façon pour eux de ne pas ressembler au tyran qu'ils allaient tuer, c'était de mourir eux-mêmes après l'assassinat. C'est ce que veut Kaliayev: "Une pensée me tourmente: ils ont fait de nous des assassins. Mais je pense en même temps que je vais mourir, et alors mon cœur s'apaise." Dora, qui désire aussi "cette mort-là" (323), va cependant plus loin: "Tuer et mourir. Mais, à mon avis, il est un bonheur encore plus grand. [...] L'échafaud." Elle explique plus loin: "Mais aller vers l'attentat et puis vers l'échafaud, c'est donner deux fois sa vie. Nous payons plus que nous ne devons" (324). Il lui faut cela pour être juste. Si la nécessité de

---

61. Signifiant littéralement "voir avant", le verbe "prévoir" s'inscrivant ici dans le champ lexical de "voir" et "regarder" est particulièrement intéressant dans sa polysémie: "considérer comme probable; imaginer; connaître l'avenir; envisager; organiser d'avance, décider pour l'avenir" (*Petit Robert*). La forme négative de la phrase indiquerait l'impuissance imaginative de Kaliayev, une faiblesse cognitive, une inaptitude à se projeter dans l'avenir pour s'organiser et prendre des décisions informées.

62. Tel un discret leitmotiv, le courant du regard resurgira de temps à autre dans la pièce. Voinov, par exemple, au début de l'acte III, illustre par ses propos le pouvoir du regard. Homme d'une grande sensibilité, il veut quitter le groupe et occuper dans l'Organisation "une toute petite place" parce qu'il découvre après l'attentat manqué qu'il n'est "pas fait pour la terreur" (345). Annenkov répond: "Il n'y a pas de petite place. La prison et la potence sont toujours au bout." Voinov explique alors: "*Mais on ne les voit pas comme on voit celui qu'on va tuer*. Il faut les imaginer. Par chance, je n'ai pas d'imagination" (346; nos italiques). Plus loin, se référant aux camarades, il dit: "Je préfère partir tout de suite. Il me semble que je ne pourrais pas les regarder en face" (347). Nous verrons le motif du regard se manifester encore lors de l'entrevue de Kaliayev et de la grande-duchesse.

"payer" un tel prix est intimement ressentie, elle reflète aussi l'étendue de la culpabilité et des contradictions sous-jacentes.

Lorsque Kaliayev explique, tout en s'accusant, pourquoi il n'a pu lancer la bombe, Dora se range entièrement de son côté: "J'aurais reculé, comme Yanek. Puis-je conseiller aux autres ce que moi-même je ne pourrais pas faire?" (334). Et à Stepan, le terroriste qui prétend qu'il pourrait tirer à bout portant sur un enfant "si l'Organisation le commandait", Dora déclare, se plaçant à un niveau de raisonnement acceptable pour Stepan: "Ouvre les yeux et comprends que l'Organisation perdrait ses pouvoirs et son influence si elle tolérait, un seul moment, que des enfants fussent broyés par nos bombes" (335). Lorsque Stepan affirme, maintenant la nécessité de la révolution à tout prix, que "[m]oi aussi, j'aime le peuple", Dora réplique: "L'amour n'a pas ce visage." Et lorsque Stepan l'accuse: "Tu es une femme et tu as une idée malheureuse de l'amour", Dora répond (*avec violence*): "Mais j'ai une idée juste de ce qu'est la honte" (336). Gay-Crosier commente avec une grande justesse l'indignation de Dora:

> Comme toutes les femmes aimantes du théâtre camusien, elle a un sixième sens qui lui permet de fixer instinctivement les limites que l'homme s'apprête à franchir. Responsable de la fabrication des engins meurtriers, donc engagée à fond dans le terrorisme, Dora pressent que n'importe quel absolutisme, si pur soit-il, nuit à tout idéal. Ses arguments ne sont ni philosophiques, ni moraux, mais *naturels, se fondant sur son sens particulier de l'équilibre et de la mesure*: "Même dans la destruction, il y a un ordre, il y a des limites" (338) dit-elle à Stepan qui en conclut que les femmes ne sont pas faites pour la révolution. (*Envers*, 203; nos italiques)

Cette image de Dora confirme et approfondit celle de la femme compagne qui se dégage jusqu'à présent de cette étude, image où dominent en effet le naturel, la lucidité et le sens de la mesure, et où le concept de "limites" annonce Némésis, déesse de la mesure et de l'amour qui devait présider à la troisième phase de l'œuvre.

Le problème de la mort des enfants est lié à celui des limites, ce que rappelle Dora: "Yanek accepte de tuer le grand-duc puisque sa mort peut avancer le temps où les enfants russes ne mourront plus de faim. Cela déjà n'est pas facile. Mais la mort des neveux du grand-duc n'empêchera aucun enfant de mourir de faim. Même dans la destruction, il y a un ordre, il y a des limites" (338). On se souvient que dans *La Peste* le scandale culminait dans la mort de l'enfant et que le prêtre lui-même disait "cela passe notre mesure" (1397). Lors de la discussion qui suit l'échec du premier attentat et pendant laquelle le groupe planifie le suivant, Kaliayev déclare: "Frères, je veux [...] vous dire au moins ceci que pourrait dire le plus simple de nos paysans: tuer des enfants est contraire à l'honneur. Et si un jour, moi vivant, la révolution devait se séparer de l'honneur, je m'en détournerais" (340). Annenkov déclare plus loin: "L'Organisation décide que le meurtre de ces enfants est inutile" (341).

La présence des enfants est un rappel que "tout n'est pas permis". Mais cet indéfini "tout" entraîne des questions: Qu'est-ce qui est permis et qu'est-ce qui ne l'est pas? Où se situe la limite? Comme le fait remarquer Pierre J. Lapaire, "[s]i Kaliayev accepte de mourir parce qu'il a tué, l'équivalence des vies implique inéluctablement que le grand-duc vaut autant que les enfants[63]. Il faudrait donc épargner le grand-duc ou tuer aussi les enfants. De ceci, il s'ensuit que le terroriste actif ne peut que difficilement prétendre à l'innocence et à la pureté" (39). Le critique cite alors Dora, citation que nous complétons afin d'en souligner la douloureuse lucidité: "Plus jamais nous ne serons des enfants, Boria. Au premier meurtre, l'enfance s'enfuit. Je lance la bombe et en une seconde, vois-tu, toute une vie s'écoule. Oui, nous pouvons mourir désormais. Nous avons fait le tour de l'homme" (39). Camus écrivait: "Le révolté ne peut donc trouver le repos. Il le sait bien et fait malgré lui le mal" (II, 689). Lors du séjour de Kaliayev en prison après le deuxième attentat "réussi", l'ignoble mais lucide Skouratov, directeur du département de police, vient s'entretenir avec lui et lui lance cette question ironique dont il faut souligner la justesse: "Une idée peut tuer un grand-duc, mais elle arrive difficilement à tuer des enfants. Voilà ce que vous avez découvert. Alors, une question se pose: si l'idée n'arrive pas à tuer les enfants, mérite-t-elle qu'on tue un grand-duc?" (369). Kaliayev ne peut répondre. Il sait que toutes les vies se valent. Comparant les terroristes russes de 1905 à ceux de son époque, Camus notait dans ses *Carnets*:

> Terrorisme.
> La grande pureté du terrorisme style Kaliayev, c'est que pour lui le meurtre coïncide avec le suicide (cf. Savinkov: *Souvenirs d'un terroriste*). Une vie est payée par une vie. Le raisonnement est faux, mais respectable. (Une vie ravie ne vaut pas une vie donnée.) Aujourd'hui le meurtre par procuration. Personne ne paye. (*C2*, 199)

Il est certain que les "meurtriers délicats" auraient eu des leçons à donner aux terroristes qui les suivirent une trentaine d'années plus tard, terroristes de l'extermination qui ne s'encombraient d'aucun souci de mesure ni de limites. Et si par ailleurs le raisonnement des terroristes "style Kaliayev" est bel et bien faux et peut-être

---

63. Camus écrit dans "Les Meurtriers délicats": "Kaliayev, Voinarovski et les autres croient à l'équivalence des vies. C'est la preuve qu'ils ne mettent aucune idée au-dessus de la vie humaine, bien qu'ils tuent pour l'idée. Exactement, ils vivent à la hauteur de l'idée. Ils la justifient, pour finir, en l'incarnant jusqu'à la mort. Nous sommes donc ici en face d'une conception, sinon religieuse, du moins métaphysique de la révolte" (1832).

respectable, on veut néanmoins croire qu'une vie ravie vaut au moins une vie donnée. S'il y a une générosité morale dans le fait de choisir de donner sa vie pour "payer" celle qu'on a supprimée, celui à qui la vie a été ravie n'a pas eu la possibilité du choix. Cette inégalité initiale interdit la comparaison. Blanchot écrit très justement:

> "Mourir, dit Camus en exposant les pensées de Jeliabov, de Kaliaev, mourir annule la culpabilité et le crime lui-même." Peut-être, mais non pas au regard de la vérité du monde. Kaliaev tue le grand-duc Serge, puis Kaliaev meurt et en quelque sorte librement, par un consentement prémédité. Kaliaev représente pour nous la liberté, tout ce qui nous est proche. Le grand-duc représente 'le despotisme', tout ce qui pèse sur le monde et l'obscurcit. Et pourtant *la mort de Kaliaev ne peut pas racheter la mort du grand-duc,* elle ne "l'annule" pas, ne la purifie pas, elle ne la rend pas plus légère, mais plus lourde au contraire, elle s'ajoute à elle, elle est la même mort, la parenthèse ouverte qui se ferme à la fois sur deux êtres, comme si un seul et même être mourait deux fois. (*L'Entretien*, 277; nos italiques)

Lors du dialogue qui a lieu entre les amants juste avant le départ de Kaliayev pour son deuxième attentat contre le grand-duc, départ définitif puisqu'ils ne se reverront pas, Kaliayev avoue qu'il vient de découvrir qu'il n'est pas si facile de tuer, que l'idée et le courage ne suffisent pas, qu'il n'y a pas de bonheur dans la haine. Il se rebelle contre le mal, "en moi et chez les autres". Cette prise de conscience ne l'empêchera pourtant pas d'aller jusqu'au bout de l'action, "plus loin que la haine!" (350). Les réactions de Dora trahissent alors un sourd désespoir: "Plus loin? Il n'y a rien." — Kaliayev: "Il y a l'amour." — Dora: "L'amour? Non, ce n'est pas ce qu'il faut." Se plaignant du "trop de sang, trop de dure violence", elle constate que la justice exclut l'amour: "Ceux qui aiment vraiment la justice n'ont pas droit à l'amour. [...] Que viendrait faire l'amour dans ces cœurs fiers? L'amour courbe doucement les têtes, Yanek. Nous, nous avons la nuque raide" (351). Lorsque Kaliayev proteste: "Mais nous aimons notre peuple", Dora acquiesce tout en montrant les insuffisances de cet amour trop lointain, trop hautain peut-être, trop abstrait en tout cas, sans réciprocité aucune: "Nous vivons loin de lui, enfermés dans nos chambres, perdus dans nos pensées. Et le peuple, lui, nous aime-t-il? Sait-il que nous l'aimons? Le peuple se tait. Quel silence, quel silence…" Kaliayev défend avec orgueil leur position: "Mais c'est cela, l'amour, tout donner, tout sacrifier sans espoir de retour." Dora laisse percer ses doutes: "Peut-être. C'est l'amour absolu, la joie pure et solitaire, c'est celui qui me brûle en effet." Ce que Dora décrit ici, c'est un amour inhumain, un amour qui brûle et qui dessèche, un amour stérile car solitaire. Si Kaliayev y trouve sa joie, elle désire par contre un amour simple, un amour humain qui soit échange:

> DORA. À certaines heures, pourtant, je me demande si l'amour n'est pas autre chose, s'il peut cesser d'être un monologue, et s'il n'y a pas une réponse, quelquefois. J'imagine cela, vois-tu: le soleil brille, les têtes se courbent doucement, le cœur quitte sa fierté, les bras s'ouvrent. Ah! Yanek, si l'on pouvait oublier, ne fût-ce qu'une heure, l'atroce misère de ce monde et se laisser aller enfin. Une seule petite heure d'égoïsme, peux-tu penser à cela?
> KALIAYEV. Oui, Dora, cela s'appelle la tendresse. (351)

Dora se révèle ici bien telle que l'évoque Madeleine Bouchez :

> Le foyer duquel irradient non seulement ses sentiments, mais aussi ses idées, c'est l'amour. L'amour du peuple l'a conduite au socialisme révolutionnaire. Hélas, bien vite, elle s'aperçut que c'était là "un vaste amour sans appui", "un amour malheureux" [...], un amour peut-être non payé de retour. "Amour absolu", certes, mais qui parfois cède devant le besoin d'un autre amour, un amour fait de dialogue, de tendresse, de douceur et d'abandon. (51-52)

Dora tente de provoquer ce dialogue qui est quête de l'amour mais qui se heurte au mur qui la sépare de son amant. L'amour idéal de Yanek, qui consiste à "tout sacrifier sans espoir de retour", semble exclure l'abandon à la "tendresse" dont Dora a la nostalgie. Non qu'il ne soit tenté par cet abandon, mais il résiste, il garde la "nuque raide" afin de ne pas se dérober au devoir qu'il s'est imposé, celui de tuer le grand-duc. La volonté de commettre ce meurtre l'emporte sur son amour pour Dora. Mais justement, l'aime-t-il vraiment, "pour elle"? C'est ce que Dora veut désespérément savoir. Reprenant le mot "tendresse", elle demande:

> DORA. [...] Mais la connais-tu vraiment? Est-ce que tu aimes la justice avec tendresse? (*Kaliayev se tait.*) Est-ce que tu aimes notre peuple avec cet abandon et cette douceur, ou, au contraire, avec la flamme de la vengeance et de la révolte? (*Kaliayev se tait toujours.*) Tu vois. (*Elle va vers lui, et d'un ton très faible.*) Et moi, m'aimes-tu avec tendresse?
> KALIAYEV (*après un silence*). Personne ne t'aimera jamais comme je t'aime.
> DORA. Je sais. Mais ne vaut-il pas mieux aimer comme tout le monde?
> KALIAYEV. Je ne suis pas n'importe qui. Je t'aime comme je suis.
> DORA. Tu m'aimes plus que la justice, plus que l'Organisation?
> KALIAYEV. Je ne vous sépare pas, toi, l'Organisation et la justice.
> DORA. Oui, mais réponds-moi, je t'en supplie, réponds-moi. M'aimes-tu dans la solitude, avec tendresse, avec égoïsme? M'aimerais-tu si j'étais injuste? (352)[64]

Sa passion éclate enfin. Elle réitérera plusieurs fois cette question, vitale pour elle, sans que Yanek y réponde comme elle voudrait. "Je

---

64. Rizzuto fait remarquer à propos des "seize questions" que Dora pose à Kaliayev que ce qu'exige Dora, c'est que "l'amour soit aussi un dialogue. [...] Dora sculpte ici sa propre statue. Elle veut aussi se transformer de statue immobile symbolisant l'amour de la justice et du peuple russe en femme de chair et de sang qui aime un homme. Ses questions, véritable interrogation anxieuse, sont un moyen de négocier cette transformation en femme" ("La scène d'amour", 220).

meurs d'envie de te dire oui", dit-il en hésitant et Dora le supplie de dire ce "oui", "malgré l'agonie des enfants, malgré ceux qu'on pend et ceux qu'on fouette à mort..." Yanek veut que Dora se taise mais elle refuse: "Non, il faut bien une fois au moins laisser parler son cœur. J'attends que tu m'appelles, moi, Dora, que tu m'appelles par-dessus ce monde empoisonné d'injustice..." C'est alors que (*brutalement*) Yanek lui dit: "Tais-toi. Mon cœur ne me parle que de toi. Mais tout à l'heure, je ne devrai pas trembler" (353). Gay-Crosier note: "Telle celle de l'attentat manqué, [cette] scène d'amour relate l'histoire d'une séduction manquée" ("Le jeu", 53).

Les mots de Yanek sont pour Dora un rappel à l'ordre: elle y rentrera, elle se conformera, mais il est désormais clair que c'est par amour pour Yanek, pour satisfaire au désir de celui qu'elle aime, désir qui, ironie suprême, est contraire au sien. Elle qui désirait, ne fût-ce qu'"une fois", s'abandonner à l'amour, s'accuse de n'avoir pas été "raisonnable". Mais elle ne peut s'empêcher de laisser échapper une dernière plainte, combien émouvante: "L'été, Yanek, tu te souviens? Mais non, c'est l'éternel hiver. Nous ne sommes pas de ce monde, nous sommes des justes. Il y a une chaleur qui n'est pas pour nous. (*Se détournant.*) Ah! pitié pour les justes!" (353). Kaliayev, (*la regardant avec désespoir*), ne peut que la confirmer dans ce renoncement: "Oui, c'est là notre part, l'amour est impossible" (354).

Mais Dora ira au-delà. Au moment de la séparation, moment ultime que l'absence de tout contact rend plus déchirant encore (*Ils sont tout près l'un de l'autre, mais ne se toucheront pas*), Dora refusera l'adieu final de Yanek: "Non, pas adieu. Au revoir. Au revoir, mon chéri. Nous nous retrouverons" (354). À partir de ce moment, comme le note Gay-Crosier, "[l]'acte révolutionnaire est [...] destiné à se substituer à l'acte d'amour" ("Le jeu", 53). Après le départ de Kaliayev, Dora dira à Stepan: "Il faut du temps pour aimer. Nous avons à peine assez de temps pour la justice" (355). Elle va employer les derniers jours qui lui restent à combattre pour elle.

Avant la fin doublement héroïque de la pièce, une autre femme fera son apparition sur la scène. Il s'agit de la grande-duchesse, l'épouse du grand-duc que Kaliayev vient d'assassiner. Femme d'une générosité apparemment extraordinaire, elle décide de rendre visite au meurtrier dans sa cellule. Non pour l'accabler mais pour lui demander de se repentir et de prier avec elle. Comme pour Dora, le regard est de première importance. Elle entre dans la cellule et (*reste immobile et silencieuse*). — Kaliayev: "Que voulez-vous?" — La grande-duchesse (*découvrant son visage*): "Regarde" (370)⁶⁵. Ayant porté son regard vers le visage ravagé de la visiteuse, Kaliayev dit: "Je vous ai vue. Je désire maintenant être seul." Elle répond: "Non. Il me reste à te regarder aussi" (371). Entre le meurtrier et la femme de la victime, cette confrontation par le regard, ce face à face sans masques et appelant la connaissance de l'autre, aurait pu être fructueuse si elle et lui s'étaient trouvés sur le même plan spirituel. Le problème, c'est qu'elle agit sous l'effet de sa foi en Dieu alors qu'elle méprise l'homme. Paradoxalement, Kaliayev aussi croit en Dieu. Stepan l'a vu se signer et bien qu'il "ne pratique pas" comme dit Dora, Stepan lui trouve "l'âme religieuse" (355)⁶⁶. Mais contrairement à la grande-duchesse, il croit aussi en l'homme. Lorsqu'elle déclare: "Il n'y a pas d'amour loin de Dieu." Kaliayev réplique: "Si. L'amour pour la créature." Amour à mettre en parallèle, d'après une variante du manuscrit, avec "l'amour de l'homme pour la femme"⁶⁷. La grande-duchesse répond alors, révélant l'envers de sa croyance: "La créature est abjecte. Que faire d'autre que la détruire ou lui pardonner?" Ces quelques mots ouvrent entre elle et Kaliayev un fossé infranchissable. Ils parlent deux langages différents. Gay-Crosier parle d'"une confrontation dramatique de deux principes de charité, de deux mysticismes qui s'entrecroisent sans se trouver" (*Envers*, 209). Lorsque la grande-duchesse dit: "Dieu réunit," Kaliayev, se faisant l'écho du "mon royaume est de ce monde" camusien, se révolte: "Pas sur cette terre. Et mes rendez-vous sont sur cette terre." C'est alors qu'éclate le mépris profond de la visiteuse: "C'est le rendez-vous des chiens, le nez au sol, toujours flairant, toujours déçus" (375). Enfin, un dernier heurt les dresse l'un contre l'autre: malgré l'opposition catégorique de Kaliayev — "Je vous en supplie, ne le faites pas. [...] Non, non je vous le défends" (376) — elle persiste dans sa volonté de demander sa grâce, "aux hommes et à Dieu" (376). Cielens explique le refus de Kaliayev par sa volonté de "concentre[r] son élan spirituel sur la solidarité qui le lie à ses camarades, atteignant un accord soi/autres qui, pour lui, tient lieu du sacré. [...] Il est [...] logique que

---

65. Gay-Crosier cite Gustave Welter, précepteur des neveux du grand-duc et qui avait été témoin de l'attentat, parlant de la grande-duchesse: "Vivante antithèse de son époux, la grande-duchessse Elisabeth était un ange de douceur et de beauté. [...] Le lendemain [de l'attentat], Elisabeth, dont la radieuse beauté s'était fanée en une nuit, se décida à une démarche dont l'audace imprévue renversait toutes les convenances établies. Elle alla voir l'assassin dans sa prison et demanda à rester seule avec lui" (*Envers*, 185-86).
66. Évoquant dans "Les Meurtriers délicats" les terroristes russes de 1905, Camus écrit: "Kaliayev, lui, croit en Dieu. [...] Mais il répudie la religion. Dans sa cellule, avant l'exécution, il en refuse les secours" (1828).
67. Dans les variantes du manuscrit, la grande-duchesse poursuit: "Et si vous désirez la mort, vous vous détournerez de Dieu." À quoi Kaliayev réplique: "Je veux croire qu'il nous reste l'amour de l'homme pour la femme" (1843).

Kaliayev refuse [...] la grâce que la grande-duchesse voudrait lui faire accorder puisque [...] la vie est devenue pour lui une séparation, tandis que l'accord est dans la mort" (122). Par sa foi en Dieu et en la Sainte Église, la grande-duchesse se différencie radicalement des autres femmes compagnes du théâtre dont le "royaume est de ce monde" et qui ne méprisent point les rendez-vous de cette terre. En fait, aux yeux de la femme camusienne, la grande-duchesse et Kaliayev se trompent tous deux car ils pèchent par la démesure de leur orgueil: Kaliayev, en croyant pouvoir ramener la justice sur terre au mépris de la vie et de l'amour humains; la grande-duchesse en méprisant l'homme et en croyant, au nom de sa foi, pouvoir le ramener à Dieu.

Dora justement s'inquiète de l'orgueil des révolutionnaires: "Nous avons pris sur nous le malheur du monde. Lui aussi, l'avait pris. Quel courage! Mais je me dis quelquefois que c'est un orgueil qui sera châtié" (384). Tout en se lamentant sur leur sort, elle refuse de croire que leur action soit la seule possible: "*Si la seule solution est la mort, dit-elle, nous ne sommes pas sur la bonne voie. La bonne voie est celle qui mène à la vie, au soleil. On ne peut avoir froid sans cesse...*" (383; nos italiques). Camus écrivait: "Kaliayev, c'est l'amour hivernal. Victoria l'amour solaire" (*C3*, 93). Si l'amour de Dora avait pu s'épanouir, lui aussi aurait été solaire — moins éclatant, moins violent peut-être que celui qui aurait fleuri sur la terre d'Espagne, non moins intense cependant ni moins chaleureux pour avoir traversé le long hiver de la Russie. Mais cet hiver va s'avérer bien trop long pour laisser aux révolutionnaires de 1905 le moindre espoir de soleil. En avouant l'erreur des terroristes, Dora fait siennes les paroles prononcées par Caligula: "[T]uer n'est pas la solution. [...] Je n'ai pas pris la voie qu'il fallait. Ma liberté n'est pas la bonne" (105). Nous touchons une nouvelle fois au problème des limites qui, pour Dora, sont désormais celles qui préservent la vie: "La bonne voie est celle qui mène à la vie...". C'est bien à travers ces paroles que, comme le remarque Gay-Crosier, "*Les Justes* nous montrent l'échec inévitable d'une révolte qui se voulait humaine" (*Envers*, 192).

Pour Dora cependant, il est trop tard, elle s'est engagée trop loin dans le courant de la mort qui est rivière sans retour. Blanchot cite Savinkov parlant de l'impasse où vivait Dora Brilliant: "La terreur pesait sur elle comme une croix... Elle ne pouvait se réconcilier avec le meurtre, et pourtant elle avait accepté de verser le sang. Elle cherchait une issue et n'en trouvait pas" (*L'Entretien*, 278). Si elle exige, après l'exécution de Kaliayev, de lancer la prochaine bombe, c'est sans doute moins par conviction révolutionnaire que par désir de mettre fin à l'intolérable situation dans laquelle elle vit: "Donne-moi seulement la bombe à lancer et tu verras. J'avancerai au milieu de la fournaise et mon pas sera pourtant égal. C'est facile, c'est tellement plus facile de mourir de ses contradictions que de les vivre" (385). Dans "Les meurtriers délicats", Camus rappelle les paroles de Kaliayev après l'attentat: "À partir du moment où je me suis trouvé derrière les barreaux, je n'ai pas eu un moment le désir de rester d'une façon quelconque en vie" (1833). Gay-Crosier compare sa situation à celle de Meursault: "[...] mais contrairement à celui-ci en toute lucidité, acculé au point extrême de son déchirement, l'étudiant russe a détruit le fragile équilibre qui le liait au monde" ("Le jeu", 63). Commentant les paroles de Kaliayev, Blanchot écrit: "C'est qu'il le sait, d'un savoir auquel il ne se dérobe pas: dès l'instant qu'il a fait entrer, par son initiative, la mort dans le monde, il est, lui aussi, entré dans la mort; en accomplissant cette trouée dans un univers de reflets, de faux semblants et de mensonges, il a perdu le monde, sa consolation, sa lumière heureuse, il a perdu toute 'possibilité' de vivre" (*L'Entretien*, 277)[68]. Les mêmes paroles s'appliquent à Dora, car elle a choisi de suivre le même chemin. Dans l'attente atroce des nouvelles de l'exécution de Kaliayev, elle se laissera aller une seule fois, criant devant Annenkov son amour et sa révolte:

> Aimer, oui, mais être aimée!... Non, il faut marcher. On voudrait s'arrêter. Marche! Marche! On voudrait tendre les bras et se laisser aller. Mais la sale injustice colle à nous comme de la glu. Marche! Nous voilà condamnés à être plus grands que nous-mêmes. Les êtres, les visages, voilà ce qu'on voudrait aimer. L'amour plutôt que la justice! Non, il faut marcher. Marche, Dora! Marche, Yanek! (*Elle pleure.*) Mais pour lui, le but approche. (386)[69]

Après cet aveu, le courage de Dora reprendra une nouvelle fois le dessus. Elle exigera de Stepan qu'il transmette tous les détails qu'il tient d'Orlov sur la mort de Kaliayev. Elle veut que rien ne lui soit épargné et lorsque Stepan proteste, elle l'oblige à poursuivre: "Non, je veux savoir. Sa mort du moins est à moi" (389). Elle semble littéralement revivre la mort de son amant, jusqu'au cri de douleur final que le récit lui arrache alors qu'*[e]lle se jette contre le mur* (392). Mais elle ne se contentera pas d'avoir rejoint Yanek dans l'imaginaire. Elle veut s'identifer à lui en refaisant le même itinéraire:

> DORA. [...] Donne-moi la bombe. (*Annenkov la regarde.*) Oui, la prochaine fois. Je veux la lancer. Je veux être la première à la lancer.

---

68. Dans *Le Malentendu*, la mère de Jan fait la même découverte: "[...] tous les meurtriers sont comme moi, vidés par l'intérieur, stériles, sans avenir possible" (166).

69. À propos de ce passage, Cielens écrit qu'"en étant consciente de tout ce qu'elle a sacrifié, peut-être en vain, Dora montre qu'elle a sauvegardé sa nature humaine, son esprit critique, et que [...] elle est au Service de l'Idée seulement par la force des choses et non parce qu'elle aurait transformé son identité profonde en adhérant à l'Organisation. [...] Dora n'a donc rien exclu d'elle-même. Elle vit et meurt dans la conscience lucide de son déchirement" (119).

ANNENKOV. Tu sais bien que nous ne voulons pas de femmes au premier rang.
DORA. (*dans un cri*). Suis-je une femme, maintenant? (*Ils la regardent. Silence.*) (392)

L'ambiguïté et la portée de cette question sont bouleversantes. Les hommes ne semblent pas saisir la terrible ironie qui la sous-tend et ils prennent sa question littéralement. Stepan va jusqu'à dire à Annenkov: "Accepte. Elle me ressemble, maintenant." Annenkov accepte. — Dora (*Elle pleure.*): "Yanek! Une nuit froide, et la même corde! Tout sera plus facile maintenant" (393). Blanchot écrit: "Mourir courageusement, beaucoup d'hommes le peuvent. [...] Mais descendre, avec lucidité et fidélité, dans l'espace ouvert par la mort, s'y tenir et y mourir à son tour, parfois y vivre, traversé par la sentence de sa propre violence, c'est une décision qui dépasse tout courage, qui reste secrète, qui ne dit pas seulement le dévouement, l'héroïsme, la foi dans l'avenir" (*L'Entretien*, 278). Cette décision et cette descente, après avoir été celles de Kaliayev, sont celles de Dora. Eurydice a décidé de rejoindre Orphée, on ne sait où.

Justifiant la citation placée en exergue à la pièce, les amants se retrouveront dans la mort. Cette association tragique avec *Roméo et Juliette* est soulignée par Coombs: "Le problème tragique du couple dont l'amour personnel est, par son essence même, condamné dans le monde moderne de l'abstraction, se plaçait au cœur de la pièce au même titre que le problème du meurtre" (125). La tragédie pour Kaliayev, mais surtout pour Dora, c'est que l'amour de la justice leur a rendu l'amour humain inaccessible. Freeman écrit à leur sujet: "They are living their punishment in advance of their crime. In this context of a tragedy of suffering, of a conflict within the terrorists between the rival calls of life and love on the one hand and justice on the other, it is ultimately Dora who is the most tragic figure" (113).

Les derniers mots de Dora sont aussi les derniers de la pièce. Pour elle, et pour le spectateur/lecteur, tout est consommé: on ne peut aller plus loin dans l'amour. En mourant par "la même corde" pour s'unir à Yanek[70], Dora mourra aussi pour la révolution. Mais c'est son amour pour Yanek qui la pousse à faire ce choix. Paradoxalement, sans cet amour elle aurait pu rester "une femme" et ne jamais lancer la bombe. Il est vrai que la révolution lui a ôté les raisons d'être de sa féminité et qu'avec la mort de son amant, son avenir de femme est barré. Mais en disant "Suis-je une femme, maintenant?" et en exigeant le droit de

---

70. Voir l'intéressant commentaire de Cielens relatif à l'ambiguïté séparation/union du symbolisme de la corde et où elle retrouve le concept de simultanéité de l'exil et du royaume (120). Sur un plan plus concret, l'ambiguïté de la corde n'est pas sans évoquer celle du cordon ombilical qui représente l'union et la dimension maternelle de l'amour mais qui peut aussi entourer le cou de l'enfant à naître, le menaçant d'asphyxie.

mourir au nom de sa féminité niée, elle redevient amante, et donc femme, dans la mort. C'est cette transcendance que les hommes, en tout cas Stepan, n'ont pas comprise.

Mais qu'il eût fallu aller jusque là pour aimer, voilà l'extrémité qu'au fond d'elle-même Dora n'avait pas souhaitée. "L'amour plutôt que la justice!" criait-elle[71]. Car elle désirait l'été mais le monde l'a forcée à vivre l'hiver. Elle désirait la vie, mais l'homme l'a entraînée dans la mort. Et toute son acceptation, et toute sa douleur, c'était au nom de l'amour.

L'amour criant dans le désert

En parcourant le théâtre camusien à l'écoute des voix de femme et du sacré, certaines conclusions s'imposent. Bien que les pièces soient extrêmement diverses et que Camus ait exploré des approches parfois diamétralement opposées dans son effort pour approcher d'une tragédie moderne, des constantes se manifestent. L'une d'elles, et pas la moindre, est celle d'une certaine image mythique de la femme compagne.

L'image de la mère ou du maternel, plus ou moins présente dans toutes les pièces[72], subit cependant une transformation importante. Alors que dans l'œuvre narrative, le sacré semble se réfugier dans l'image de la *Mater dolorosa* et s'exprime dans le concept de "chair sacrée", la mère dans l'œuvre dramatique est arrachée à son piédestal. Si, dans *Le Malentendu*, la mère de Jan est encore une mère douloureuse, elle ne le devient, à la fin d'une vie de meurtres et de non-amour, qu'après avoir commis le crime des crimes: l'infanticide. Elle ne savait pas qui était Jan mais son crime, comme celui de Jocaste, n'était-il pas de n'avoir pas reconnu son propre enfant? Et alors que Jocaste se tue, la mère de Jan tue son fils. Elle devient Médée. Abandonnant aussitôt sa fille malgré l'appel désespéré de celle-ci et alors qu'elle aurait pu se sauver en la sauvant, ayant cumulé les crimes maternels, elle se tuera pour rejoindre enfin son fils dans la mort. Dans *L'État de siège*, la mère de Victoria, bien qu'une mère bonne et aimante, est surtout présente comme une épouse malheureuse et, ayant commis l'adultère, comme une femme méprisée et une mère humiliée. À travers ces deux représentations du maternel qui traduisent une véritable désacralisation de la mère, il est possible de voir la mise en œuvre de la nécessité du matricide telle que Kristeva l'a

---

71. Savinkov écrit au sujet de la mort de Dora Brilliant: "Paix à elle. Sa haine était née de l'amour, de l'amour qui donne au monde la lumière" ("Documents", 1851).

72. Même dans *Les Justes*, on discerne un aspect protecteur et maternel à l'amour de Dora pour Kaliayev et peut-être même à l'attitude "salvatrice" de la grande-duchesse.

exposée. Olivier la rejoint en écrivant: "L'existence de la Femme passe par la désacralisation de la Mère, dont le règne a engendré la misogynie de l'homme et la jalousie de la femme. Il peut y avoir une autre famille, une autre éducation..." (191-92). Dans l'œuvre théâtrale, cette désacralisation permet en effet l'émergence d'un nouveau sacré: celui de l'amour de la femme compagne.

Sur le plan socio-historique, les femmes représentées sur scène sont d'une grande diversité. On y rencontre une femme du peuple espagnole, une courtisane romaine, des aubergistes de l'Europe centrale, une grande-duchesse russe, une jeune mariée heureuse et une étudiante révolutionnaire et terroriste. Sur le plan symbolique cependant, les cinq femmes compagnes représentent toutes une seule et même valeur: toutes vivent ou meurent pour et dans l'amour, proclamé comme valeur suprême. Et s'il est vrai, comme l'écrit Curtis, que "[t]heirs are the voices of peacemakers, the voices of women who prefer the traditional role of the nurturer to that of the alienated, gender-conscious female" (54), c'est précisément parce que l'amour fonde ce rôle traditionnel et vital. Ce qui ne signifie pas que que leur demande soit de "vivre paisiblement chez elles dans la béatitude conjugale" comme le note encore Curtis[73]. Quel que soit leur désir de bonheur — bonheur mythique parce qu'impossible, "iréel" sans l'accord des hommes —, l'on voit diffcilement Victoria se contenter de ce qu'on appelle communément le "bonheur conjugal", pas plus que Dora la révolutionnaire, non plus que Cæsonia la vieille maîtresse ou Maria la jeune mariée dont l'amour est le seul devoir. Si ces femmes expriment des aspirations archaïques et impérissables, c'est qu'elles sont animées par la pure passion de l'amour et de la vie, passion qui est un idéal — et leur désir ne peut en aucun cas être assimilé à un désir "petit bourgeois". Par ailleurs, en vivant dans leur chair le divorce de l'absurde[74], elles concrétisent ces mots du *Mythe de Sisyphe*: "Vivre une expérience, un destin, c'est l'*accepter* pleinement. [...] Vivre, c'est faire vivre l'absurde" (II, 138). Or, l'absurde, c'est "ce divorce entre l'esprit qui désire et le monde qui déçoit, ma nostalgie d'unité, cet univers dispersé et la contradiction qui les enchaîne. [...] Il s'agissait de vivre et de penser avec ces déchirements, de savoir s'il fallait *accepter ou refuser*. [...] Il faut savoir si l'on peut *en vivre* ou si la logique commande qu'on *en meure*" (II, 135; nos italiques). Les couples verbaux antinomiques

---

73. Curtis se réfère aux femmes de *L'État de siège* où, écrit-il, "Camus [...] intended to depict women who demanded, not female liberation, but the freedom to live peacefully at home in conjugal bliss" (54).
74. Nous rappelons les mots de Gay-Crosier: "L'absurde est pour Camus d'abord une expérience de la chair" (*Envers*, 47).

accepter/refuser, vivre/mourir indiquent les choix fondamentaux par rapport à la condition absurde. Or, les femmes camusiennes optent pour la vie, elles acceptent en toute lucidité la condition absurde et leur sagesse, à partir de ce choix, est de vivre dans les limites du possible: la beauté du monde, l'amour humain, la présence de l'autre offrent des possibilités d'unité et de bonheur qu'il faut saisir. C'est au nom de toutes les femmes que Maria disait: "[...] nous, nous savons qu'il faut se dépêcher d'aimer, partager le même lit, craindre l'absence." Tandis que, dit-elle, "les hommes ne savent jamais comment il faut aimer. Rien ne les contente. Tout ce qu'ils savent, c'est rêver, imaginer de nouveaux devoirs, chercher de nouveaux pays et de nouvelles demeures." Confrontée aux justifications de Jan, elle refuse d'écouter: "C'est la voix de ta solitude, ce n'est pas celle de l'amour" (127). Parlant des hommes, Diego confesse: "Nous, nous n'avons jamais été capables que de mourir" (297). Ainsi, le choix lié au divorce de l'absurde — en vivre ou en mourir — est, dans le théâtre camusien, le lieu du divorce du féminin et du masculin.

Par rapport à la situation théâtrale, différente dans chacune des pièces et mettant en scène des femmes très différentes, ce que ces femmes compagnes proposent en commun et qui participe de leur idéal mythique, c'est d'accepter les limites de l'humain et du réel, de vivre dans l'"ici et maintenant". Filles de Némésis, elles ont le sens et de la mesure et des réalités humaines. Elles font preuve de courage et de générosité simplement au nom de l'amour, qui est leur foi, et non pas au nom de quelque grande idée abstraite, du "devoir" ou des "rêves". Certaines, Pilar et Cæsonia, plus âgées que l'amant, font preuve d'un amour plus maternel. D'autres sont avant tout des amantes, et passionnées: Victoria, Dora, Maria. La grande-duchesse aimait son mari. Kaliayev l'avait compris: "C'est pourquoi je vous pardonne le mal que vous et les vôtres m'avez fait", dit-il (376). Lui-même pourtant — comme Jan, comme Caligula, comme Diego — repousse l'amour de la femme au nom d'une "cause supérieure". Celle-ci varie: la lutte contre l'injustice sociale, la nécessité de posséder la lune ou le prétexte de faire le bonheur des "siens", le combat contre la Peste et la tyrannie. Mais toujours cette cause supérieure, abstraite et souvent démesurée, donc douteuse, l'emporte au niveau de l'action sur la certitude de l'amour humain dont la femme se porte garante.

Dans les dialogues cependant, c'est la voix de la femme qui l'emporte irrésistiblement. Bouchez écrit: "Si Dora est un personnage féminin exceptionnellement vrai et sensible [...], elle est aussi, dans une assez grande mesure, le porte-parole de son auteur" (52). De manière plus générale, c'est de la voix des femmes, celle de Dora et des autres, que se sert le dramaturge pour avancer ses arguments contre l'abstraction et pour y opposer un monde sensible et concret, celui des cœurs et des corps. Or ce qu'elles disent, ces voix, c'est qu'il faut enfin que l'amour triomphe dans ce monde d'injustice pour justifier les idées sur la justice, idées pour lesquelles les hommes s'éloignent et se font tuer en tournant le dos à la réalité de l'amour tangible, à portée de main, à portée de cœur. Ce qui devient clair, c'est que "le monde sans femmes" des romans, que Camus a qualifié d'"irrespirable" à propos de *La Peste*, est un monde miné par le manque. Les carences du féminin dans *La Peste* en font un monde aride et stérile, soumis à l'abject, et laissent apparaître dans *La Chute* un "enfer mou [...], le néant sensible aux yeux" (1512). Par contre, le monde du théâtre où résonnent généreusement les voix des femmes est un monde où l'amour parle, ou l'amour vibre, même si invariablement les héros masculins s'en détournent[75]. Les femmes y sont pleinement "femme" en ce sens que non seulement elles acceptent leur féminité dans tout ce que celle-ci a de charnel et de terrestre, dans toute sa fécondité potentielle — si puissamment évoquée dans *L'État de siège* et bien que négligée par les hommes — mais leurs paroles révèlent les valeurs de vie et d'amour qui émanent de cette féminité même. Dans une perspective historique — mais on sait que chez Camus, la nature transcende l'histoire et que dans son œuvre "les femmes sont mythiques" — elles sont l'illustration vivante de la position défendue par lui et soulignée par Quilliot: "Face aux abstractions de l'État totalitaire, qu'il soit russe, allemand ou espagnol, Camus a pris résolument le parti de l'individu, de la chair dans ce qu'elle a de plus noble, de l'amour terrestre enfin" (*La Mer*, 187). Aussi est-ce par les voix des femmes que s'exprime ce parti pris. Cixous évoque de son côté "la même histoire, répétant à travers les siècles le destin amoureux de la femme, son cruel schéma mystificateur. Et chaque histoire, chaque mythe lui dit: 'il n'y a pas de place pour ton désir dans nos affaires d'État'. L'amour est une affaire de seuil" ("Sorties", 122).

Voix de l'amour ou de la révolte? Camus souligne l'interdépendance des deux états: "Ainsi, parti de l'absurde, il n'est pas possible de vivre la révolte sans aboutir en quelque point que ce soit à une expérience de l'amour qui reste à définir" (*C2*, 177). Ce chapitre montre comment l'expérience des femmes compagnes s'enracine dans l'amour qui alimente alors leur révolte. C'est pourquoi leurs voix sont alternativement, et parfois simultanément, celles de l'amour et de la

---

75. Clayton constate que "[d]ans chacune des pièces de Camus, une femme s'efforce en vain de modérer une ambition masculine irrésistible et mortelle. Tourné de tout son désir vers ce qui pourrait être, intransigeant dans son idée fixe, le héros cède aux sollicitations de l'action, renonce à l'amour, se détourne de 'la femme, c'est-à-dire [de] ce qui échappe à l'histoire' [I, 1994]" ("L'impossibilité", 31).

révolte[76], celle-ci se dirigeant non contre la nature ni le monde — auxquels elles ont consenti[77] — mais contre l'ordre voulu par les hommes, contre l'ordre déshumanisé qu'ils cherchent à instaurer et contre le refus d'amour que cet ordre implique. — "Ils ont interdit l'amour!" s'exclame Diego. "Je te regrette de toutes mes forces!" — Victoria: "Non! Non! Je t'en supplie! [...] Ils arrangent toutes choses pour que l'amour soit impossible. Mais je serai la plus forte" (262). Sa résistance est sa révolte, qui est de faire vivre l'amour. Camus écrit que "[l]a logique de la révolte est de vouloir servir la justice pour ne pas ajouter à l'injustice de la condition, de s'efforcer au langage clair pour ne pas épaissir le mensonge universel et de parier, face à la douleur des hommes, pour le bonheur" (II, 688). Les femmes vivent pleinement cette logique. La justice, elles la veulent dans un monde où l'amour est reconnu et vécu car l'amour est porteur de justice. Et si l'amour est nié, à quoi bon vouloir faire triompher la justice?[78] L'amour d'abord, la justice suivra. Camus ne disait pas autre chose lors de sa célèbre réplique au jeune Algérien à Stockholm: "Je crois à la justice, mais je défendrai ma mère avant la justice" (II, 1882). Le langage clair, c'est celui que pratiquent les femmes et qu'elles attendent des hommes. Maria, pour qui le cœur "n'use que de mots simples" (123), conseille à Jan de prendre aussi "un langage simple" (128). Dora veut que Yanek lui parle clairement: "Il faut bien une fois laisser parler son cœur. J'attends que tu m'appelles, moi, Dora..." (353). Pariant pour le bonheur, Maria dit à Jan au sujet du bonheur qu'ils partagent: "Pourquoi ne pas s'en contenter?" (124). Cæsonia conteste le bonheur meurtrier de Caligula en affirmant: "Le bonheur est généreux" (105). Pour Victoria, la première chose que Diego doit vaincre est "le malheur qu'il porte en [lui]". Et son amour à elle "ne nuit à personne, il est généreux" (263). Dans "La Pensée de midi", Camus parle de

> [c]ette folle générosité [qui] est celle de la révolte, qui donne sans tarder sa force d'amour et refuse sans délai l'injustice. [...] *La vraie générosité envers l'avenir consiste à tout donner au présent.* La révolte prouve par là qu'elle est le mouvement même de la vie et qu'on ne peut la nier sans renoncer à vivre. Son cri le plus pur, à chaque fois, fait se lever un être. *Elle est donc amour et fécondité, ou elle n'est rien.* (II, 707; nos italiques)

---

76. Pour les raisons évoquées, seule Martha se trouve entièrement du côté de la révolte. Une fois rejetée par sa mère, elle repousse définitivement toute autre possibilité d'amour.

77. Ce consentement des femmes est aussi un reflet de "l'être féminin" de Camus, celui qui lui avait fait dire de Florence qu'elle était "[u]n des seuls lieux d'Europe où j'ai compris qu'au cœur de ma révolte dormait un consentement. [...] La terre!" (II, 88).

78. Dans *La Peste*, Rieux dit: "Bien entendu, un homme doit se battre pour les victimes. Mais s'il cesse de rien aimer par ailleurs, à quoi sert qu'il se batte?" (1428).

On ne saurait mieux décrire la présence des femmes dans son théâtre. Ce sont elles qui y représentent la révolte pure. Tout donner au présent, c'est bien là leur générosité. Elles donnent et elles pardonnent. La femme, écrit Cixous, "est donneuse. [...] À la vie elle ne refuse rien" ("Le rire de la Méduse", 50).

Cependant, les hommes n'"entendent" pas leurs compagnes et cela malgré leur nostalgie de la femme et de ce qu'elle représente[79]. On se souvient de l'exhortation finale de Diego appelant Victoria à lui survivre: "[...] ce monde a besoin de toi. Il a besoin de nos femmes pour apprendre à vivre" (297). À travers ces mots, Camus confirme sans ambiguïté le rôle qu'il a confié aux femmes dans ses pièces: celui de porte-parole de ses croyances profondes. On ne peut éviter le rapprochement entre les mots de Diego et cette déclaration de Camus déjà citée: "Il y a toujours dans l'homme une part qui refuse l'amour. C'est la part qui veut mourir" (*C2*, 318). À écouter les multiples voix du théâtre camusien, il apparaît que la part qui refuse l'amour et qui veut mourir est dite par les voix masculines. L'échec de l'amour est irréfutablement à imputer aux hommes. Les femmes compagnes, on l'a entendu, appellent inconditionnellement l'amour et la vie. C'est en ce sens qu'elles sont mythiques et que leur parole est sacrée.

Dès le début de son œuvre, par la voix de Mersault parlant à Catherine, Camus disait à la femme de suivre sa propre voie, de se fier à son sens du bonheur. On sait que pour lui, le bonheur est lié à la vie du corps, à l'ici et maintenant, à l'intégration au monde et à sa beauté, que son "royaume est de ce monde". Il disait aussi: "Le monde est beau, et hors de lui, point de salut" (II, 87). Le bonheur est également lié à l'amour car "il n'a pas été dit que le bonheur soit à toute force inséparable de l'optimisme. Il est lié à l'amour — ce qui n'est pas la même chose" (II, 86). Le sacré camusien est de ce monde, le plus grand bien est l'amour, la vie n'a de sens que vécue dans sa plénitude et dans la conscience de l'autre. Or, ce sont ces valeurs que ne cessent de proclamer les femmes compagnes de son théâtre. Prises contre leur gré dans le jeu de la vie et de la mort, dans le conflit entre Éros et Thanatos, ce sont elles qui, dans l'œuvre dramatique, vont démentir l'ancienne association femme-mort si présente dans les essais de jeunesse et qui était liée à l'image de la mère. Enfin, puisque la mort est inéluctable, qu'au moins elle s'accomplisse dans l'amour et non dans la solitude, qu'elle ne soit pas "la mort en plein désert!" (298).

Au-delà de leurs voix mêlées, et après que les hommes se sont tus dans la mort, les femmes compagnes qui ont survécu se retrouvent dans l'abandon et la solitude où le compagnon les a laissées. "L'amour

---

79. Nostalgie que nous avons déjà vue exprimée par Clamence dans *La Chute*: "N'est-elle pas tout ce qui nous reste du paradis terrestre?" (1526).

est ma joie passée et ma douleur d'aujourd'hui" dit la Femme, alias Maria, dans un passage des *Carnets* relatif au *Malentendu* (*C2*, 64). Après la fuite de Diego égaré par la peur, Victoria s'exclame "Ah! Solitude!" (264). Des cinq femmes compagnes du théâtre, l'une meurt assassinée par son amant, une autre s'apprête à suivre l'homme aimé dans la mort, les autres survivent au compagnon tué. Femmes sacrifiées d'une façon ou d'une autre, leur amour était constamment menacé d'éclatement et, en peu de temps, cette menace s'est réalisée dans la séparation définitive de la mort. Cæsonia d'abord s'offre comme objet sacrificiel. Elle se laisse littéralement immoler par Caligula afin de lui prouver l'amour. Dora sacrifie sa vie afin de retrouver l'amour dans la mort. Pilar, Maria, Victoria, dont la révolte contre le désir de mort du compagnon s'est avérée vaine, chemineront seules sur la route désertique où l'homme les a abandonnées. Elles sont appelées à survivre et à témoigner, dans la solitude, de l'amour.

En suivant l'itinéraire qui a été le leur, on ne peut rester insensible à une évolution qui les conduit de l'amour érotique, l'amour limité au couple et que Dora qualifie elle-même d'"égoïste", à un amour désintéressé qui les dépasse. Cæsonia d'abord parcourt le long chemin qui transforme l'amour narcissique en amour-sacrifice. Dora, déjà vouée à l'amour-solidarité de la révolution et ayant découvert l'intensité de l'amour humain, sacrifiera sa vie à ces deux formes de l'amour. Maria, ayant subi la perte de l'amour humain et vivant la douleur qu'elle entraîne, en appelle au divin. Quant à Victoria, son amour même est une force de la nature, une passion cosmique. Dans tous les cas, plaçant l'amour humain au-dessus de tout autre bien, ces femmes transcendent d'une façon ou d'une autre sa forme initiale et, à travers cette transformation, accèdent au sacré. C'est qu'aussi bien leur amour était un désir d'absolu.

Ainsi, à travers la double présence de la femme et de son amour qui transcende la mort, l'œuvre dramatique camusienne s'ouvre largement au sacré. Le désir féminin de vie et de plénitude se heurte néanmoins à celui du compagnon qui cherche "ailleurs" la réalisation de ses "rêves". La voie "qui conduit à la vie, à la lumière du soleil" et où, aux débuts de l'amour, les amants cheminaient ensemble comme compagnons de route, aboutit bientôt au carrefour, lieu célèbre du malheur et des choix irrévocables. Là, l'homme quitte la femme pour aller vers son destin de mort. Évoquant justement Laïos, Olivier écrit: "Depuis des éternités, c'est l'homme qui a déserté le foyer et la femme qui y est restée, endossant tout le poids de l'Antiquité doublé récemment de celui de la culpabilité. Mais les choses peuvent changer et l'*'autre histoire'* va peut-être commencer" (193).

Elle a commencé, et les voix rassemblées des "femmes aimantes" du théâtre de Camus suggèrent et annoncent un changement: non celui appelé par des revendications qui méconnaissent et abolissent la différence entre le masculin et le féminin, mais celui induit par la revalorisation des principes d'amour et de de vie, et par la révolte contre les forces mortifères qui en détournent. Ces voix, si longtemps mal entendues, expriment une aspiration essentielle de l'œuvre. Cependant, l'expérience féminine y trouvera son apothéose dans celle de Janine, le personnage principal de "La Femme adultère". Mais c'est là l'histoire d'une autre transcendance.

TROISIÈME PARTIE

NOCES DU FÉMININ ET DU SACRÉ

> S'éveiller à la sacralité du monde, c'est en d'autres termes ne plus pouvoir être au monde tel qu'on l'a été jusque là.
> Ruth REICHELBERG

> Il reste une profondeur mesurable là où le sable subjugue la destinée.
> René CHAR

> Il n'y a de trace que dans le désert,
> de voix que dans le désert.
> Edmond JABÈS

> L'exilé règne, le roi est à genoux.
> Au désert, finit la solitude.
> Albert CAMUS

> Au sommet du bonheur — et la nuit vint à ma rencontre.
> Albert CAMUS

V

LA FEMME ET LE DÉSIR, LE DÉSERT ET LA NUIT
PRÉSENCE/SILENCE DU FÉMININ DANS "LA FEMME ADULTÈRE"

Il a été montré au début de cette étude que la conception camusienne du monde n'est pas une conception religieuse mais qu'elle implique le sacré. Or, dans le cas de "La Femme adultère", il ne faut pas s'y tromper. Sous les apparences d'une histoire anodine, racontée dans un style qu'on pourrait qualifier de "réaliste minimaliste" avec progression discrète vers les deux moments d'éclosion lyrique[1], cette nouvelle représente dans l'œuvre un point culminant. Elle réunit, dans une fusion exceptionnelle, les deux domaines habituellement "mis à distance" dans l'œuvre narrative: le féminin et le sacré.

Réfléchissant aux nouvelles de *L'Exil et le royaume*, dont "La Femme adultère" est la première, Lévi-Valensi demande:

> Que nous disent les personnages des nouvelles [...]? Et d'ailleurs, que signifie ce titre plus énigmatique encore que *L'Étranger* ou *La Chute*? [...] Le "royaume" est-il sur terre, ici et maintenant, dans la fraternité des hommes, ou est-il communion intense et fugitive avec la nuit ou le désert, dans un au-delà de l'être à peine entrevu, un paradis que nous ne connaissons que par nostalgie? ("Regards sur l'homme", 7)

Lévi-Valensi présente ici les deux formes du "royaume" camusien, différentes mais non déconnectées, la première impliquant une transcendance qu'on a appelée "horizontale", une communion de solidarité entre êtres humains qui les élève provisoirement au-dessus du profane, la deuxième une transcendance "verticale" entraînant l'extase sacrale et suite à laquelle le sujet, s'il survit, reviendra et se tournera — inévitablement pensons-nous — vers la première. Si, "Le Renégat" mis à part, on retrouve essentiellement dans les autres nouvelles la première forme du "royaume" — le "royaume de ce monde"—, c'est "La Femme adultère" qui constitue l'illustration la

---

1. Quilliot remarque que "[l]'auteur, dès le manuscrit, s'en est tenu à la technique du réalisme déchiré d'éclats lyriques qui évoquent *Noces*, et notamment 'Le Vent à Djémila'" (I, 2040).

plus forte, de toute l'œuvre, de la deuxième forme qui est effectivement communion avec un au-delà. Et c'est alors une femme que choisit Camus pour être non seulement le sujet d'une expérience cosmique qui porte toutes les marques du sacré, mais pour être en même temps la figure de proue du recueil et pour guider dès lors le lecteur dans le périple de l'exil à la recherche du royaume.

Dans "Noces à Tipasa", Camus célébrait déjà les noces de l'homme et du monde mais il s'agissait là d'une fête universelle, lui et ses compagnons anonymes y parlaient au nom de l'être humain enivré par la beauté et les joies de la nature. Dans "La Femme adultère", l'expérience est individuelle et personnelle. Comme le fait remarquer Peter Cryle, les nouvelles de *L'Exil et le royaume* "peuvent sembler non seulement diverses mais divergentes: chacune nous situe d'emblée dans l'univers d'une conscience individuelle" (11). Mais alors que dans l'ensemble des nouvelles — et bien qu'elles ne soient pas dépourvues de personnages féminins secondaires — la conscience individuelle dominante est masculine, "La Femme adultère" constitue l'exception en ce que cette conscience y est pleinement féminine. Janine est aussi l'un des personnages les mieux dessinés de l'œuvre, de la manière la plus concrète et la plus précise, comme le souligne Morot-Sir: "[C]e personnage est traité avec une réelle épaisseur, technique qui est rare dans le récit camusien: le narrateur accumule les détails physiques et psychologiques" (53)[2]. Or, ce traitement "réaliste" du personnage a comme effet de le sortir provisoirement de la catégorie des "femmes mythiques"[3].

Ni Janine ni son mari ne sont des esquisses fragmentaires ni des symboles. Ce sont deux êtres en chair et en os, bien campés dans l'ordinaire d'une vie médiocre qui est l'illustration même de la condition absurde, et ils sont amenés à vivre une histoire apparemment banale mais qui, par la révélation qu'elle comporte pour la femme, va provoquer une rupture essentielle dans son existence. Si Camus a vécu l'expérience du sacré — et on ne saurait en douter — cette expérience ne pouvait cependant être identique à celle de Janine qui la vit d'abord avec son corps de femme. Rien de moins désincarné que son acte d'amour avec la nuit! La question se pose dès lors de savoir pourquoi Camus a accordé à une femme le privilège de faire l'expérience extrême du sacré. Pourquoi lui a-t-il délégué ce pouvoir? Une lecture approfondie du récit et de textes critiques appropriés

---

2. Sauf indication contraire, les citations de Morot-Sir dans ce chapitre sont tirées de son essai "La double transcendance du féminin et du masculin dans 'La Femme adultère' d'Albert Camus".

3. Marie-Laure Leroy-Bédier, qui fait remarquer que "le lyrisme de *Noces* s'intègre positivement, dans le texte de 'La Femme adultère', qui loin de le trahir, l'accomplit au contraire", souligne aussi le fait que dans cette nouvelle, "l'écrivain se dégage de toute contrainte, et l'union du personnage avec le monde y est représentée comme effective, dans toute sa crudité" (130).

permettra peut-être de trouver des éléments de réponse à cette question.

La banalité apparente du personnage n'a pas empêché que l'on voie en Janine la possibilité d'une "femme visionnaire". Martha Lynch, dans une optique post-coloniale et après avoir pris comme exemple le "modèle féminin identique" que l'on retrouve dans le tableau de Delacroix intitulé *La Liberté guidant le peuple*, dans la statue de la Liberté d'Auguste Bartholdi et dans le film argentin *The Official Story*, n'hésite pas à faire le rapprochement entre ces représentations glorieuses du féminin et le personnage de Janine:

> [C]haque image présente une femme dont le regard est tourné vers l'avenir, vers un au-delà, vers une nouvelle définition de la nation. À cette liste de femmes visionnaires, on pourrait peut-être ajouter Janine, le personnage principal de "La Femme adultère" de Camus, en ce sens qu'elle aussi tente de voir au-delà des contraintes du contexte colonial dans lequel elle se trouve. (139)

Cette intéressante lecture de la nouvelle trouve certainement sa place dans la gamme des lectures auxquelles se prêtent les divers récits de *L'Exil et le royaume*, comme d'ailleurs la plupart des textes camusiens. Et il est vrai, comme le fait remarquer Cielens, que "nous sommes d'emblée confrontés à l'insoluble problème de l'identité nationale des Français d'Algérie" (142). Mais Lynch écrit plus loin:

> Si "La Femme adultère" ressemble à la plupart des textes camusiens, dans la mesure où elle aussi traite de la transcendance, elle s'en dissocie également dans le sens suivant. En transposant le paradoxe métaphysique de la transcendance au plan politique, le narrateur souligne l'importance d'une voie médiane, ainsi que l'éventualité que celle-ci se réalise un jour. Entre la tyrannie du colonialisme et la liberté absolue de l'utopie, il doit y avoir une forme de "cohabitation", nous dit-on, qui respecte la nature de chaque partenaire et accepte l'héritage de chaque membre de l'union. C'est ainsi, je crois, qu'il convient d'interpréter l'expérience du personnage principal. (151)

Alors que Lynch assujettit le métaphysique à une lecture historico-politique, notre démarche va dans le sens inverse. Aussi, sachant la méfiance de Camus envers l'histoire, méfiance qui s'est accrue avec le temps, et sans exclure des lectures post-coloniales ou historiques qui paraissent tout à fait justifiées et qui illustrent la polysémie de la nouvelle, il nous semble que *limiter* la lecture de "La Femme adultère" à ces transpositions du métaphysique et du sacré vers l'historique aboutit à un réductionnisme déformateur. Si nous en retenons certains aspects pour les parallèles qu'ils permettent d'établir, nous verrons cependant que la vision de Janine, l'"au-delà" qu'elle contemple, s'étend bien plus loin que les frontières d'une nation ou d'une société données.

Sur un plan socio-philosophique plus large, l'expérience de Janine confirme par ailleurs ce qu'écrit Simone de Beauvoir à la fin du *Deuxième sexe*. Se référant d'abord à la situation du passé, Beauvoir montre en quoi le combat de la femme a changé de visage:

> La femme qui est confinée dans l'immanence essaie de retenir aussi l'homme dans cette prison; ainsi celle-ci se confondra avec le monde et elle ne souffrira plus d'y être enfermée: la mère, l'épouse, l'amante sont des geôlières. [...] Aujourd'hui, le combat prend une autre figure; au lieu de vouloir enfermer l'homme dans un cachot, la femme essaie de s'en évader; elle ne cherche plus à l'entraîner dans les régions de l'immanence mais à émerger dans la lumière de la transcendance. (644-45)

Compte tenu des nuances philosophiques du terme "transcendance", cette dernière phrase pourrait exprimer avec une étonnante justesse l'expérience de Janine telle qu'elle se révèle dans sa phase finale.

"La Femme adultère" est l'histoire d'une quête et d'une initiation. On y retrouve, sous des apparences discrètes et même banales, les symbolismes de la Montagne, de l'Ascension et de la "Quête du Centre" dont Eliade dit qu'"ils sont nettement attestés dans les littératures médiévales et apparaissent, bien que d'une manière allusive seulement, dans certaines productions littéraires des derniers siècles" (*MR*, 29). Il se pourrait que "La Femme adultère" en soit une des plus récentes attestations. Et, comme toutes les expériences "d'essence initiatique", celle de Janine "poursuit la transmutation spirituelle du novice" (Eliade, *NM*, 235)[4]. C'est l'histoire de l'émergence à la lumière d'une femme aveuglée, de l'accession à la liberté d'une femme soumise et résignée, de l'auto-découverte d'une femme qui s'ignorait. C'est l'histoire d'une expérience intérieure qui, en révélant en profondeur la féminité du personnage qui la vit, finit par interpeller profondément le lecteur, peut-être surtout la lectrice, en tout cas le principe féminin en chacun. C'est à ce pouvoir exceptionnel de la nouvelle que fait allusion Grenier lorsqu'il écrit à Camus:

> Je pensais en commençant ma lecture de "La Femme adultère" vous faire des compliments pour l'intensité de l'évocation et la pureté des mots, et cette observation si aiguë... et puis j'ai ressenti une émotion imprévue en poursuivant, une émotion que je n'avais pas ressentie depuis très longtemps, et qui rend tout éloge un peu vain. (*Corr.*, 199)

Tout comme l'expérience finale a le pouvoir de "renverser" la femme, la relation qu'en fait le narrateur détient auprès du lecteur le

---

4. Eliade écrit: "Philosophiquement parlant, l'initiation équivaut à une mutation ontologique du régime existentiel. À la fin de ses épreuves, le néophyte jouit d'une tout autre existence qu'avant l'initiation: il est devenu un *autre*" (*NM*, 10).

même pouvoir déstabilisant. Si l'éloge est vain, espérons que le désir de comprendre qui sous-tend notre lecture ne le soit pas.

Quelles que puissent être les convergences entre cette nouvelle et le restant de l'œuvre narrative, son pouvoir d'interpellation peu commun distingue "La Femme adultère" des autres textes où règne le plus souvent une distance plus ou moins importante entre le personnage principal et le lecteur. Mais le récit présente un aspect plus rare encore et auquel nous avons déjà fait allusion: le personnage principal en est une femme[5]. C'est à ce sujet que nous reprenons une partie de la citation de Morot-Sir commentant la problématique des présences/absences du féminin dans l'œuvre et relative à cette nouvelle: "Voilà un texte qui est entièrement consacré à l'expérience d'une femme et symboliquement, à celle de la Femme, alors que partout ailleurs Camus ne fait intervenir la femme que de façon marginale, ou, en tous cas, en lui attribuant une fonction secondaire" (52-53). C'est pourquoi ce texte pose, plus que tout autre, la question d'une écriture masculine ou féminine, de l'autre et de la transcendance, question que formule encore Morot-Sir se référant à la nouvelle:

> Qui nierait aujourd'hui que la conscience de l'autre doive se comprendre à l'intérieur de la dualité du Féminin et du Masculin, et qu'ainsi toute autre recherche de transcendance doive lui être subordonnée? Si l'écrivain ignore cette exigence, elle s'impose à lui *de facto*, puisque l'écriture est évidemment celle d'un homme ou d'une femme, qui tient la plume ou est assis devant l'écran d'un computeur. Admettons-le nettement: tout exercice de langage, qu'il s'applique à la transcendance ou à l'immanence, divine, naturelle ou humaine, n'atteint une certaine vérité et même une relative beauté que s'il résoud à sa façon le dépassement réciproque du Féminin par le Masculin, du Masculin par le Féminin. (52)

Comme le remarque Cixous, on ne peut écrire sans "qu'il y ait de l'autre" ("Sorties", 158). Lors de la lecture de "La Femme adultère", il est indispensable de garder à l'esprit le concept cixousien d'une écriture, masculine ou féminine, qui transcende le sexe de l'écrivain. Dans son essai sur "La Femme adultère", Mistacco cite justement Cixous en soulignant la "convergence heureuse" des mots avec les images de la nouvelle:

---

5. Brian Fitch souligne à la fois le caractère exceptionnel de "La Femme adultère" et ce qui rend ce texte représentatif de l'ensemble de l'œuvre: "[...] 'La Femme adultère' [...] stands out for two reasons from the rest of Camus' fiction. Not only is it the only one of his novelistic texts in which the central character is a woman but the woman in question, Janine, is the only character in the whole of Camus' fiction whose inner experience — her thoughts and emotions — are shared directly by the reader. [...] In these two important respects then 'La Femme adultère' stands out as the exception within Camus' fiction. [...] this text represents a microcosm of the Camusian universe and perhaps better than any other reveals its quintessential character and constitution" ("A microcosm of Camus' solipsistic universe", 117).

> Il n'est pas d'*invention* possible, qu'elle soit philosophique ou poétique, sans qu'en le sujet inventeur il y ait en abondance de l'autre, du divers, personnes-détachées, personnes-pensées, peuples issus de l'inconscient, et dans chaque désert soudain animé, surgissement de moi qu'on ne se connaissait pas — nos femmes, nos monstres, nos chacals, nos arabes, nos semblables, nos frayeurs. ("Nomadic Meanings", 83)[6]

Mistacco décrit plus loin la nouvelle comme étant "paradigmatic of this recent yet entirely Camusian articulation of writing and otherness with Janine representing the author's engagement with and enactment of his own difference, his own repressed feminine" (84). Dans ce contexte, on peut rappeler ce que Grenier a encore écrit à Camus après avoir lu la nouvelle: "J'ai beaucoup aimé, vous le savez, ce dont vous parlez — j'ai été, nous avons été quelques-uns cette femme adultère" (*Corr.*, 199). Comment mieux exprimer le dépassement, consenti par l'homme, de l'opposition masculin/féminin? C'est que dans ce texte, et moins que dans tout autre, Camus ne craindra guère de "se laisser traverser par de l'autre" (Cixous, "Sorties", 158).

Compte tenu de la complexité de la relation entre personnage, narrateur et lecteur dans la nouvelle, la question de la symbiose narrateur/personnage se pose de manière aiguë par rapport à ce texte où l'on assiste, à travers les voix et les regards mêlés du narrateur et du personnage principal, à une fusion du masculin et du féminin, et où un narrateur masculin entreprend de dire une expérience féminine non seulement dans ce qu'elle comporte d'intime au niveau des émotions de la femme, mais aussi par rapport à son corps, son désir et sa jouissance. En transposant le problème du langage sur le plan de la transcendance, c'est en termes forts que Morot-Sir interroge ce pouvoir de l'homme:

> Le lecteur, et plus encore la lectrice, ne peuvent manquer de relever le caractère paradoxal, sinon abusif de ce récit. Camus semble accorder son pardon à la femme adultère, ne disant pas: "Que celui qui n'a pas péché jette la première pierre," mais déclarant: "Que celui qui a compris lance la première accusation." Mais comment Camus peut-il s'arroger un tel droit? Au nom de quel droit peut-il prétendre qu'il comprend justement cette transcendance qui constitue le mystère du Féminin? De quel droit Camus s'affirme-t-il différent de Marcel? Comment peut-il se croire capable d'exposer le langage du Féminin et surtout de parler au nom de la Femme, d'être son juge pénitent et clairvoyant? (56)

S'il est possible qu'une lecture attentive du texte va nous permettre, d'accord ou non avec les conclusions de Morot-Sir, de répondre à ces questions, il faut d'ores et déjà rappeler que la connaissance ne naît pas nécessairement de l'expérience. Ou plutôt, comme le souligne

---

6. Mistacco cite Cixous, "Sorties", 154.

Kristeva, il en existe deux types: celui qui constitue pour Hegel la "véritable expérience" ("Erfahrung") et qui naît de "[c]e mouvement dialectique que la conscience exerce en elle-même, en son savoir aussi bien qu'en son objet, *dans la mesure où le nouvel objet vrai en jaillit pour elle*"; et celui de la "pure saisie", celle de "l''intuition' idéaliste qui serait une saisie immédiate de l'objet" et qui relève, par son "accentuation de l'*immédiateté*", de l'acception que le terme d'"expérience" a chez Bataille (*P*, 124-25). Au sujet de la mort, cette inconnue irréductible, Camus écrivait: "[T]out ce qui est simple nous dépasse. [...] Je me dis: je dois mourir, mais ceci ne veut rien dire puisque [...] je ne puis avoir que l'expérience de la mort des autres" (II, 64). C'est-à-dire une expérience extérieure, purement intuitive. Mais la connaissance que peuvent avoir le féminin et le masculin l'un de l'autre dépasse celle de la "pure saisie", naîtrait plutôt d'un mouvement dialectique puisque chaque être est porteur, à des degrés divers, des éléments de l'autre masculin ou féminin. Si, dans "La Femme adultère", Camus exprime le féminin, il exprime aussi un désir commun au masculin et au féminin: le désir de l'autre. En relatant l'expérience de Janine, le narrateur porte évidemment le témoignage de son propre désir et du manque qui le sous-tend. Mais à travers cette problématique de l'autre et du désir, commune à l'homme et à la femme, c'est, en dernier ressort, la question de l'Autre, d'un Au-delà du masculin et du féminin qui se pose dans ce dernier chapitre, question à laquelle nous reviendrons.

Toujours dans le contexte de l'opposition masculin/féminin, le choix du nom de "Janine" — forme féminine du nom de "Jan", seul personnage masculin du *Malentendu* — n'est certainement pas fortuit de la part de Camus qui, dans *La Chute*, évoque Janus et sa "face double" (1499). Sachant que l'un des visages de Janus regardait vers le passé et l'autre vers l'avenir, et en accolant les deux noms Jan/Janine, on obtient en quelque sorte la représentation d'un Janus dont un visage serait le Masculin se tournant vers la mère et le passé, l'autre le Féminin tourné vers l'inconnu et l'avenir. En effet, les deux personnages entreprennent chacun une quête mais en directions opposées, et alors que Jan y perd la vie, Janine y puise une vie nouvelle. Jan quitte un monde d'amour et de soleil pour retourner à la mère et fusionner avec elle dans les eaux stagnantes de la mort. Janine s'éloigne de la stagnation et de la lumière appauvrie de sa vie quotidienne pour s'élever vers "le cristal de la lumière" (1569) avant de s'offrir à la nuit stellaire qui la verra renaître. Jan recherche, à travers la fusion avec la mère, la mort. Janine recherche, dans l'union avec le cosmos, une renaissance. Par ailleurs, comme le montre l'essai de Morot-Sir, le masculin et le féminin sont étroitement imbriqués dans la nouvelle à travers les instances du narrateur masculin et du personnage principal féminin. Parlant à la fois de la femme et pour elle, cumulant les fonctions de première et de troisième personnes, les voix du masculin et du féminin, orienté à la fois vers le passé et vers l'avenir, le narrateur se révèle un prestigieux Janus conteur.

Comme nous l'avons constaté précédemment, la place qu'occupe la femme dans l'œuvre narrative, pour signifiante qu'elle soit dans le personnage de la mère, ne s'inscrit néanmoins dans l'ensemble des textes qu'en filigrane. Et en tout cas, la femme compagne n'y joue jamais qu'un rôle secondaire essentiellement subordonné au désir masculin. Dans "La Femme adultère", par contre, le personnage de Janine se déploie en grands caractères à l'avant-plan du récit. De plus, c'est la progression de son désir qui va structurer le texte. Fidèle néanmoins au silence de la femme dans l'œuvre narrative, Camus ne la fait pas parler. Contrairement aux femmes dans l'œuvre dramatique, Janine se tait: c'est une femme tout en silence et en regard. Elle ressemble en cela aux femmes du monde durassien dont Duras elle-même dit:

> La durée dans laquelle elles baignent, c'est une dureé d'avant la parole, d'avant l'homme. L'homme, quand il ne peut pas nommer les choses, il est dans la perdition, il est dans le malheur, il est désorienté. L'homme est malade de parler, les femmes, non. Toutes les femmes que je vois ici se taisent d'abord. [...] elles commencent par se taire, longuement. (12)

Comme le fait Janine, tout au long de la nouvelle. Le discours direct y consiste seulement en quelques phrases brèves ponctuant ci et là le récit et prononcées tantôt par la femme, tantôt par son mari. En fait, trois ou quatre verbes seulement — "Laisse!", "Je monte", "Regarde" — rehaussent par-ci par-là la réflexion intérieure de Janine qui mène à la question "Pourquoi suis-je venue?" (1568). Pourtant, cette absence quasi totale de dialogue n'enlève rien à l'intensité dramatique du récit: la voix intérieure de Janine est toujours audible, fidèlement assumée et transmise par le narrateur. Concernant cet aspect particulier de la technique narrative, Morot-Sir écrit: "Le récit à la troisième personne allie avec un art subtil distance objective et monologue intérieur. Il ressemble à un discours indirect libre, de sorte que le personnage principal est à la fois saisi de l'extérieur et vécu par un discours de conscience" (53).

Contrairement cependant à l'absence de la parole, et en contraste absolu avec le restant de l'œuvre narrative, la présence du féminin dans la nouvelle est pour ainsi dire totale: elle envahit peu à peu le texte entier, ne laissant finalement que les marges aux personnages masculins qui, à l'opposé de ce qui se passait dans *L'Étranger*, ne sont là en qu'en tant qu'éléments — inconscients — de la prise de conscience et de l'épanouissement du désir féminin. Par-delà le silence, cette présence de la femme se manifeste principalement par le corps et les sens, notamment le regard et l'ouïe; présence qui, en termes kristeviens, relève du sémiotique. C'est bien pourquoi, comme le remarque Cielens, "[t]outes les conversations se font par signes" (143). Janine respire en dehors du symbolique: comme nous verrons, c'est tout son corps de femme qui observe, se révolte, s'abandonne, renaît.

En venant au sujet même de la nouvelle, il importe d'en souligner l'apparente banalité: quoi de moins intéressant que ce voyage de Janine accompagnant passivement un mari qui s'est fait représentant de commerce dans l'espoir de mieux vendre ses étoffes à l'intérieur du pays? Au départ, quoi de moins stimulant que ce trajet en autocar à travers une région désertique sans visibilité aucune? Mais la progression du récit transforme peu à peu le banal et le pénible en un événement exceptionnel et transcendant.

L'examen de certaines structures narratives de la nouvelle va permettre, dans un premier temps, de dégager la signification de la relation femme-désert avant d'approfondir plus loin la transformation qu'elle entraîne. La structure d'ensemble a la sobriété d'une pièce classique: la durée de l'action est de moins de vingt-quatre heures, le lieu global est le désert, l'action, que l'on pourrait diviser en cinq actes, a l'unité d'une quête. Le recours à ces cinq actes imaginaires va d'ailleurs servir à une analyse par étapes: *l'itinéraire, l'oasis, le fort, la chute, noces*. Une dernière étape succède à la quête: le retour, que nous appelons *mariage*. Par-delà sa structure classique, ce que la nouvelle a de particulier et qui apparente son pouvoir à celui du conte, ce sont ses lignes de force ascendantes ou descendantes qui tantôt favorisent, tantôt contrarient la progression vers l'expérience finale. Dans la première partie du récit — *l'itinéraire* et *l'oasis* — la plus frappante de ces lignes, dont la structuration s'effectue par rapport à l'espace et en dépendance du regard, est celle de la lumière. Elle conditionnera à son tour la vision, extérieure et intérieure, du personnage principal. Dès l'*oasis*, on observera aussi la présence croissante de l'eau et de ses métaphores avec une intensification de leur symbolisme, surtout par rapport à la binarité fertilité/stérilité. L'évolution de l'expérience intérieure de Janine, se manifestant tout au long du récit et atteignant une première apogée lors de la montée au *fort*, se déroule parallèlement à la transformation que subit l'espace désertique sous les effets conjugués de la lumière et du vent. Dans la *chute*, qui succède à la disparition de la lumière diurne, la fusion métaphorique des eaux et du vent entraîne une intensification du désir qui passe des stades passifs de l'ouïe et de l'attente aux stades actifs de l'écoute et de l'action. Dans *noces* enfin, toutes forces extérieures arrêtées, ce sont les seules forces intérieures de la femme qui vont permettre l'éclosion de la communion cosmique. Dans l'analyse qui suit, ce sont ces lignes de force et leurs champs sémantiques qui serviront de guides.

La dualité de la voix du texte se répercute au niveau du regard, la vision du narrateur étant à la fois extérieure et intérieure au personnage principal. Si la narration est faite à la troisième personne par un narrateur "omniscient", celui-ci n'a d'yeux, pour ainsi dire, que pour Janine et pour ce qu'elle voit. Il regarde le monde avec ses yeux pour nous transmettre sa vision à elle, il l'accompagne dans la vision intérieure de sa méditation pour nous communiquer ses pensées et ses émotions. À travers cette "omniscience" hautement sélective, le narrateur invite le lecteur à observer ce que la femme observe, à ressentir ce qu'elle ressent. Par cette communauté du regard et de l'émotion, celui-ci est dès lors convié à accompagner Janine dans sa découverte du désert, l'autre personnage central du récit — le complice d'adultère. Mais en s'intériorisant, le regard de la femme devient interrogation, puis méditation angoissée dont l'urgence transforme l'accompagnement en expérience commune intense.

Cette importance du regard de la femme — regard que privilégie donc le narrateur et qui domine le texte — ainsi que le traitement de l'espace dans "La Femme adultère" ne sont pas sans conférer à la nouvelle une indiscutable qualité cinématographique, qualité que possèdent d'autres textes de Camus et que Visconti — pour ne citer que l'exemple le plus célèbre — a exploitée en faisant un film de *L'Étranger*. Mais en considérant le lieu féminin originaire du regard et le point de vue masculin du narrateur/metteur en scène, nous assistons à un renversement de la dualité masculin/féminin par rapport à la fonction habituelle du regard dans la narration et le cinéma masculins où c'est le plus souvent le regard du personnage masculin qui est conducteur du regard du lecteur/spectateur. Or, dans "La Femme adultère", c'est exclusivement le personnage féminin qui, secondé par le narrateur masculin, conduit le regard du lecteur. On assiste ainsi, sur le plan de la narration, au déploiement d'un double regard masculin/féminin: celui d'abord du narrateur se posant sur Janine, non pour s'y arrêter en tant qu'objet mais pour joindre — ou plutôt *soumettre* — son regard à celui de la femme, en relever la direction en y associant le sien et le relayer ainsi au lecteur. Telle est l'impression créée par la technique narrative. Le regard du narrateur semble en effet fonctionner comme un réflecteur qui ramène constamment le regard du lecteur non vers une femme-objet mais vers l'objet du regard féminin. Si, de manière répétée, le regard du narrateur se dirige vers la femme, c'est — par les travellings constants qui suivent la trajectoire du regard féminin et par les gros-plans qui en fixent l'objet — pour instaurer clairement la femme, dès le début du récit, comme sujet regardant et désirant.

L'itinéraire

On comprendra, suite aux observations précédentes, que c'est à partir du regard de la femme qu'il s'agit d'analyser plus particulièrement certains éléments du texte, et ce dès les premières lignes:

> Une mouche maigre tournait, depuis un moment, dans l'autocar aux glaces pourtant relevées. Insolite, elle allait et venait sans bruit, d'un vol exténué. *Janine la perdit de vue*, puis la *vit* atterrir sur la main immobile de son mari. [...] Janine *regarda* son mari. Des épis de cheveux grisonnants plantés bas sur un front serré, le nez large, la bouche irrégulière. Marcel *avait l'air* d'un faune boudeur. À chaque défoncement de la chaussée, elle le sentait sursauter contre elle. Puis il laissait retomber son torse pesant sur ses jambes écartées, *le regard fixe*, inerte de nouveau, et *absent*. (1559; nos italiques)[7]

La mouche semble d'abord n'être là qu'en tant qu'objet du regard de Janine: c'est bien la vision de la femme qui organise le mouvement du regard du narrateur et donc du lecteur. De même pour le portrait du mari: Janine le regarde, le narrateur suit son regard et, sous la dictée implicite de la femme, nous transmet son portrait. Cette double activité du regard est d'autant plus frappante qu'il se heurte à la fixité de celui du mari — car dans ce texte, ce n'est plus la femme mais l'homme qui s'efface dans l'absence.

La mouche a bien sûr d'autres raisons d'inaugurer le récit que celle de diriger le regard du narrateur. Selon Mailhot, Camus "redonne aux mouches la parole" et il rappelle les nombreux passages de textes où elles semblent effectivement avoir quelque chose à dire. À celle qu'observe Janine, il attribue une valeur spéculaire: "[C]ette mouche frissonnante, agitée, silencieuse, c'est évidemment Janine, étrangère au désert et surprise d'y grelotter." Il y voit aussi "le signe d'une vie fragile et menacée: un point instable qui se déplace, sans jamais trouver son centre, au milieu d'un espace illimité et vide" (205). Il semble bien, en effet, que l'image de la mouche ait comme fonction principale de symboliser la situation de Janine au départ de son itinéraire.

---

7. Nous rappelons que, sauf indication contraire, les numéros de page relatifs aux textes de Camus dans ce chapitre, ainsi que ceux se rapportant à la "Présentation" et aux "Notes" de Quilliot, renvoient exclusivement au volume I de la Pléiade, *Théâtre, récits, nouvelles* (1962).

Devenant elle-même l'objet du regard d'un personnage, Janine semble le signaler au narrateur par un langage corporel qui permet à celui-ci de repérer le sujet originaire du regard et, toujours par la "vision avec", de le réduire à son tour au rôle d'objet: "Janine sentit soudain qu'on la regardait et se tourna vers la banquette qui prolongeait la sienne [...]. Celui-là n'était pas un Arabe [...]. Il portait l'uniforme des unités françaises du Sahara et un képi de toile bise sur sa face tannée de chacal, longue et pointue" (1561). Ce renversement, en permettant au lecteur d'appréhender le portrait du soldat français à travers la vision de la femme et de prendre conscience du contraste qui existe pour elle entre les deux hommes — le "faune boudeur" et le "soldat-chacal" (1563) — est encore un exemple du pouvoir de regard que le narrateur accorde à son personnage principal, pouvoir qu'il ne cessera de lui accorder tout au long de la nouvelle et qui sera déterminant dans la structuration de l'espace.

Celle-ci est de première importance. Le lieu où se déroule le récit est le Sahara algérien. Le désert n'est guère cependant celui des dunes de sable qu'on a plaisir à imaginer, tout en courbes douces et sensuelles à l'œil, mais celui constitué par la pierre dure non encore désagrégée, le désert rocheux des grandes étendues inhospitalières du reg. Camus avait fait un voyage dans le Sud algérien en décembre 1952, voyage brièvement évoqué dans les *Carnets*: "De Laghouat à Ghardaïa. [...] Royaume des pierres qui brûlent le jour et gèlent la nuit — et sous ces terribles pesées finissent par éclater en sable" (*C3*, 69). En prévoyant les "Nouvelles de l'exil", il cite: "1) Laghouat. La femme adultère" (*C3*, 56). Selon cette note, il semblerait que Laghouat soit la ville où est située la nouvelle[8].

L'omniprésence de la pierre dans l'itinéraire de "La Femme adultère" n'est sans doute pas fortuite et pourrait être vue, dans un premier temps, comme une forme de lapidation. Le monde que traverse Janine pour arriver à l'oasis est en effet un monde de pierre

---

8. Il demeure quelque ambiguïté concernant la ville qui a servi de décor à la nouvelle. Grenier, très bien informé et à qui Camus avait envoyé une carte de Laghouat (*Corr.*, 185), fait clairement référence à Ghardaïa comme lieu où se déroule la nouvelle (*Souvenirs*, 177). Aussi, la description de l'itinéraire coïncide mieux avec le paysage qui s'étend entre Laghouat et Ghardaïa qu'avec celui entre Djelfa et Laghouat, plus montagneux et moins nettement désertique. Laghouat, qui est une des premières villes du désert, est située au sud des monts Ouled Naïl, adossée à l'Atlas au nord et ouverte sur le Sahara au sud. Pourtant, le texte nous apprend que "le car était parti à l'aube, du terminus de la voie ferrée" (1560). Or, ce terminus se trouve à Djelfa. Logiquement, l'itinéraire de l'autocar serait bien celui qui relie Djelfa à Laghouat. Si nous y insistons, c'est parce que l'oasis de destination, aussi bien que le paysage traversé, jouent chacun un rôle important dans l'évolution du personnage principal. Si l'itinéraire de Janine est celui d'une initiation, l'oasis est le lieu d'une révélation. Dans ce sens, Ghardaïa, capitale des cinq villes sacrées du M'zab, se prêtait peut-être mieux à l'expérience de Janine. Il n'est pas impossible, comme le suggèrent certains indices du texte, que ce soit une scène observée à Laghouat qui aurait donné l'idée du sujet à Camus et qu'il ait ensuite choisi Ghardaïa comme décor du récit.

cruel et agressif: "[Le chauffeur] ouvrit la portière, le vent froid s'engouffra dans la voiture, leur criblant aussitôt le visage de mille grains de sable" (1563). Dans toute cette première partie de la nouvelle, le vent est du côté des forces mauvaises, celles de la dévoration, celles qui rendent muet ou aveugle: "Soudain on entendit distinctement le vent hurler et la brume minérale qui entourait l'autocar s'épaissit encore" (1559); "le vent s'était levé et, peu à peu, avait avalé l'immense étendue. À partir de ce moment, les passagers n'avaient plus rien vu; [...] ils s'étaient tus et ils avaient navigué en silence dans une sorte de nuit blanche" (1560). Contre ces forces de la nature, l'autocar/abri n'offre qu'un refuge relatif. Dehors, la pierre semble à elle seule constituer le paysage dur et impitoyable, presque exclusivement minéral, que traverse Janine dans cette première phase de son itinéraire: "un plateau pierreux, désolé, qui, au départ, du moins, étendait ses lignes droites jusqu'à des horizons rougeâtres" (1560). Plus loin, le narrateur fait ressortir le désaccord entre le rêve du personnage et la réalité:

> Ils y étaient maintenant et, vraiment, rien ne ressemblait à ce qu'elle avait imaginé. Elle avait craint la chaleur, les essaims de mouches, les hôtels crasseux, pleins d'odeurs anisées. Elle n'avait pas pensé au froid, au vent coupant, à ces plateaux quasi polaires, encombrés de moraines. Elle avait rêvé aussi de palmiers et de sable doux. Elle voyait à présent que le désert n'était pas cela, mais seulement la pierre, la pierre partout, dans le ciel où régnait encore, crissante et froide, la seule poussière de pierre, comme sur le sol où poussaient seulement, entre les pierres, des graminées sèches. (1562)

Ce contraste entre la dure réalité de la pierre et le rêve de "palmiers et de sable doux", rêve d'oasis fertiles et accueillantes, est une première évocation de la binarité fécondité/stérilité sous-jacente au sens de la nouvelle et qui se dégage des variations des images du désert. Parallèlement se dessine la binarité de la chaleur et du froid parfois "quasi polaire". Le froid ressenti par Janine se manifeste constamment, telle une force ravageuse que son corps subit jusqu'au moment culminant de l'expérience finale. Reichelberg fait observer que "[d]ans cette nouvelle [...] le froid règne en maître absolu [...]. Le désert est donc une surprise. Il est le catalyseur du paysage intérieur. Sable doux et palmiers verts pour l'âme sereine, désert de pierre et de gel, pour l'âme aride. Tout le vocabulaire traduit ici l'ataraxie, le repos, évocateur de la mort. Tout y est stérile, gelé" (114-15). Dans l'image des palmiers cependant, le désir de Janine affleure pour la première fois — car son itinéraire est bien celui du désir. Or, quel espace plus propice à son cheminement que le désert? Désir et désert, deux termes presque homonymes, désignent des concepts qui s'inscrivent dans le même rapport de signifiance que celui qui relie le féminin et la religion: l'absence. Le désir se nourrit d'absence, le désert se remplit de vide. "Le désert est un sillage, un vestige, c'est-à-dire la trace d'un passage, la figure d'une absence", écrit Mailhot (433). Avec quel espace autre que le désert peut mieux s'identifier l'être hanté par le désir? Cet "être de désir taraudé d'espaces impatients, d'un au-delà encore blanc" évoqué par Suzanne Lamy est la même femme que celle déjà décrite comme étant "[c]oincée au point géométrique des deux univers de signes, du sacré et du quotidien, (n'ayant pas accès à la célébration du sacrifice)" (*D'elles*, 81 et 99). Or, coincée de même, Janine va inaugurer sa propre célébration d'un sacrifice tout personnel.

L'autocar est l'un des espaces clos de la nouvelle, les deux autres étant la chambre d'hôtel et le restaurant qui sont des répliques du lieu de l'enfermement quotidien, celui de l'appartement du couple dans une des grandes villes côtières et que Janine voit en flash-back avec tout ce que cet espace symbolise: "[Marcel] préférait son magasin d'étoffes multicolores, à l'ombre des arcades [...]. Au-dessus de la boutique, ils vivaient dans trois pièces, ornées de tentures arabes et de meubles Barbès. [...] Les années avaient passé dans la pénombre qu'ils entretenaient, volets mi-clos" (1561-62). Isabelle Daunais explique la fonction révélatrice de l'espace en termes d'initiation:

> [L]'espace, source de sensations, guide et influence les personnages. Tantôt distraction, obstacle ou épreuve, tantôt lieu d'équilibre propice à la réflexion et à l'apaisement, il constitue un enjeu. Les personnages en éprouvent trop les effets pour qu'il ne devienne pas le miroir par lequel ils voient et ressentent le monde. L'espace devient ainsi une "épreuve" dans le parcours du personnage et [...] du fait que la recherche du royaume se vit comme une expérience physique, l'histoire du personnage camusien s'apparente à celle d'un voyage initiatique. (48)

Or, selon Cielens, l'autocar est "le lieu d'un premier exil initiatique, marqué par les signes de l'arrêt du temps, du lieu clos, de l'apparition du monstre-avaleur, le vent" (147)[9]. Aussi, Janine y est mal à l'aise, elle a conscience de sa lourdeur, de prendre trop de place ou de n'être pas à sa place, par contraste avec ses co-voyageurs arabes.

La "nuit blanche", autre privation de lumière dans laquelle se déroule partiellement l'itinéraire, représente également un enfermement en ce qu'elle exclut la vision du monde extérieur — mais elle induit l'intériorisation du regard. C'est alors qu'elle est prisonnière de cet espace que Janine commence à se souvenir, à se laisser envahir par les images du passé qui la pressent de leurs questions: elle, "grande

---

9. Toutes les citations de Cielens dans ce chapitre sont tirées de son étude *Trois fonctions de l'exil dans les œuvres de fiction d'Albert Camus*.

et forte", qui ne peut "se baisser [...] sans étouffer un peu", qu'est-elle devenue, qu'est devenue la jeune fille qu'elle a été?

> Au collège pourtant, elle était première en gymnastique, son souffle était inépuisable. Y avait-il si longtemps de cela? Vingt-cinq ans. Vingt-cinq ans n'étaient rien puisqu'il lui semblait que c'était hier qu'elle hésitait entre la vie libre et le mariage, hier encore qu'elle pensait avec angoisse à ce jour où, peut-être, elle vieillirait seule. Elle n'était pas seule, et cet étudiant en droit qui ne voulait jamais la quitter se trouvait maintenant à ses côtés. Elle avait fini par l'accepter, bien qu'il fût un peu petit et qu'elle n'aimait pas beaucoup son rire avide et bref, ni ses yeux noirs trop saillants. Mais elle aimait son courage à vivre, qu'il partageait avec les Français de ce pays. Elle aimait aussi son air déconfit quand les événements, ou les hommes, trompaient son attente. Surtout, elle aimait être aimée, et il l'avait submergée d'assiduités. À lui faire sentir si souvent qu'elle existait pour lui, il la faisait réellement exister. Non elle n'était pas seule. (1560-61)

Ainsi, par le monologue intérieur que formule la voix du narrateur, le lecteur apprend en quelques mots l'essentiel du passé de Janine et de son angoisse et surtout que, jeune, elle avait été tentée par la vie libre. Le langage relaie ainsi un savoir qui est initialement transmis par le sémiotique, par les images contrastées du corps et des perceptions physiques: l'image d'une jeune fille athlétique, en pleine forme, s'opposant à celle d'une femme alourdie, manquant de souffle[10].

Non seulement Janine se voit, non seulement elle soumet son corps à son propre regard, elle le perçoit aussi à travers le regard des autres qu'elle observe d'abord: "Janine sentit soudain qu'on la regardait et se tourna" (1561). C'est alors qu'elle découvre le soldat français qui "l'examinait de ses yeux clairs, avec une sorte de maussaderie, fixement. Elle rougit tout d'un coup et revint vers son mari [...]. Mais elle revoyait encore le soldat français, long et mince, si mince, avec sa vareuse ajustée, qu'il paraissait bâti dans une matière sèche et friable, un mélange de sable et d'os." Dans son esprit, elle refait le portrait du soldat pendant que son regard se prolonge vers "les mains maigres" des Arabes assis devant elle, vers leur "visage brûlé", et ce sont les apparences ascétiques de ses co-voyageurs qui la ramènent vers l'image contrastée de son couple: "[E]lle remarqua que [les Arabes] semblaient au large, malgré leurs vêtements amples, sur les banquettes où son mari et elle se tenaient à peine."

Aussitôt cependant, elle fait son portrait avec une certaine indulgence, avec en tout cas un regard positif induit par le regard masculin: "Pourtant elle n'était pas si grosse, grande et pleine plutôt, charnelle, et encore désirable — elle le sentait bien sous le regard des hommes — avec son visage un peu enfantin, ses yeux frais et clairs,

---

10. Soulignant le fait que "la place du corps est constamment marquée dans le récit", Quilliot estime que "[c]ette pesanteur des personnages les protège contre l'abstraction" (2040).

contrastant avec ce grand corps qu'elle savait tiède et reposant" (1561). Cette perception positive qu'a Janine de son corps et de sa féminité contredit Fitch écrivant que "Janine, the one fully developed female character in Camus' fiction, does not [...] share in the sense of corporal well-being of so many of his male protagonists. She, unlike the latter, is clearly uncomfortable with her own body [...]" (119). Fitch voit dans l'auto-portrait de Janine une exception par rapport à la représentation positive habituelle du corps dans les textes camusiens:

> Janine's experience of her own body is peculiarly Sartrean — reminiscent of a Roquentin, for example, — and distinctly atypical of Camus' universe. For her, in striking contrast to a Meursault, a Tarrou or a Rieux swimming in the ocean, not to mention the essayist of *Noces*, it clearly does not feel good to be alive and to experience the heightening of her consciousness of her own bodily existence. In fact, it is from the contingency of her own body that she has to seek to free herself. (119)

Ceci n'est que partiellement vrai puisque, tout en souffrant de son alourdissement physique, Janine est également consciente de tout ce que son corps a encore de positif et qui le rend "désirable". Or, cette plénitude charnelle, qui d'une certaine façon la réjouit, est indubitablement celle du corps maternel: celui qui, selon les termes de Clamence, se fait "havre" ou "port sûr" et qui attire le voyageur égaré — le corps féminin/repos du guerrier, comme le veut le stéréotype, à la fois désirable et rassurant et qui a attiré le regard du soldat français. Si de savoir son corps tel lui est source de plaisir, c'est que, comme l'explique Olivier, le regard de l'autre répond chez la femme à un besoin profond: "Quelle femme peut prétendre être indifférente au REGARD dont elle est l'objet? Qu'il soit perçu comme structurant ou anéantissant, il reste que la femme arrive difficilement à quitter l'orbe du regard, en particulier celui de l'homme" (69). Olivier attribue ce besoin du regard à "l'absence du regard paternel dans le jeune âge [qui] paraît s'inscrire chez la fille comme angoisse sexuelle, comme doute identificatoire toujours à combler, toujours à réparer par un autre regard à l'âge adulte". Il est vrai que la perception positive qu'a Janine de son corps est fonction du regard de l'homme et de la manière dont elle croit être vue. Ce regard spéculaire est donc d'une grande ambivalence. Néanmoins, la conscience qu'a Janine de son corps fera de toute son expérience une expérience profondément féminine, vécue non seulement avec l'esprit mais aussi, en toute plénitude, avec son corps de femme. Par rapport à la quête spirituelle, Daunais souligne justement l'importance du corps dans l'expérience spatiale chez le personnage camusien:

> [L]a relation que le personnage entretient avec l'espace n'est pas simplement la métaphore d'un examen spirituel. L'expérience est aussi essentiellement physique. L'espace est éprouvé par les personnages qui perçoivent la progression de leur quête avec leur corps, atteignant — ou apercevant — le royaume lorsqu'ils se sentent en harmonie avec l'environnement. (48)

Or, cette conscience qu'a Janine de son corps n'est pas seulement celle engendrée par le regard masculin, elle est aussi celle du corps "en attente", on est tentée de dire "en friche", la conscience du corps "à-venir". Car en deçà de la notion d'une certaine désirabilité, elle perçoit son corps actuel comme une lourdeur, un poids: comme on l'a vu, elle étouffe au moindre effort, elle manque de souffle. Ce corps lui est un obstacle, voire une prison où elle risque de s'enfermer: "[Marcel] avait voulu l'emmener. Elle savait que les communications étaient difficiles, *elle respirait mal*, elle aurait préféré l'attendre. Mais il était obstiné et elle avait accepté parce qu'*il eût fallu trop d'énergie pour refuser*" (1562; nos italiques). C'est pourquoi Fitch a raison lorsqu'il écrit: "In fact, it is from the contingency of her own body that she has to seek to free herself" (119). Ce n'est que progressivement que Janine prendra conscience de cette nécessité.

On vient de voir, dans cette première partie de la nouvelle, que le corps est prisonnier non seulement du véhicule mais aussi d'une lumière opaque et appauvrie. L'autocar est parti à l'aube et l'itinéraire se poursuit dans "la lumière rare du matin d'hiver" (1559), lumière qui se désagrège en "brume minérale" s'épaississant et s'éclaircissant tour à tour: "Des trous de lumière s'ouvraient dans le paysage noyé de poussière." À part ces quelques échappées, il faut subir une lumière impénétrable et dévitalisante: "Deux ou trois palmiers grêles et blanchis, qui semblaient découpés dans du métal, surgirent dans la vitre pour disparaître l'instant d'après" (1560). Rendant toute vision du monde extérieur impossible mais condamnant provisoirement les passagers à la cécité et au silence, cette "lumière rare" favorise le regard intérieur. C'est ainsi qu'avec la progession aveugle de l'autocar, la méditation de Janine s'intensifie, son interrogation devient plus insistante. Constatant à quel point ce voyage est différent de ce qu'elle avait imaginé — "Non, rien ne se passait comme elle l'avait cru" (1561) — elle prend conscience de son dépaysement. S'étant arrêtée à son passé récent et considérant les raisons de ce voyage auquel Marcel pensait "depuis la fin de la guerre exactement", sa pensée repart vers un passé plus lointain, vers les années d'"avant la guerre", les "années de jeunesse [qui] peuvent être heureuses. Mais il n'aimait pas beaucoup l'effort physique et, très vite, il avait cessé de la mener sur les plages." La prise de conscience de ce dédain de la lumière et du corps provoque celle de sa vie de semi-réclusion, de la vie sombre qu'elle a menée à l'ombre de son mari, "à l'ombre des arcades" et de la boutique de tissus. Elle comprend aussitôt que cette vie d'obscurité était une solitude à deux, un exil. Elle pense également à la stérilité de son couple: "Ils n'avaient pas eu d'enfants" (1562). Simple constat, mais relié à l'évocation de l'ombre, du manque, d'une vie diminuée. Ainsi, le corps dédaigné, la lumière raréfiée et l'éloignement du monde et de la nature s'inscrivent dans une même relation de manque par rapport au désir. Cielens voit la séparation totale où vit Janine comme un "exil à tous les niveaux":

> Elle vit [...] complètement retranchée de la nature, ceci étant souligné [...] par l'éloignement du ciel même, ce qui, chez Camus, indique habituellement non seulement une séparation soi/monde, mais aussi une séparation soi/univers. [...] s'ajoute la séparation soi/soi, car en se laissant subjuguer par Marcel au point de devenir un objet qui répond à son besoin, [...] de ne plus avoir d'identité propre [...], Janine a apparemment exilé une part d'elle-même. [...] [elle] se sent poussée par le désespoir de son exil, par l'angoisse de la mort, à chercher une autre issue que celle de l'accord soi/autres. Le chemin qu'elle choisira dans sa quête d'un royaume incertain sera celui de l'exil initiatique. (145)

On verra comment, à travers cette quête et poussée par le désir, Janine va retrouver l'union à tous les niveaux.

"En attendant", elle s'était contentée de se savoir "à l'abri" (1562). On retrouve dans ce concept, comparable à celui de "havre", une image de la *chora* dans sa relation au désir, seul "témoin de ce battement 'originaire'" (Kristeva, *PH*, 21). Pendant toutes ces années, le désir profond de Janine était resté enfoui mais il commence à émerger dans cette première expression d'une attente dont elle prendra conscience de manière croissante. Elle questionne d'abord la notion d'"être à l'abri": "Mais du reste, de ce qui n'est pas le besoin le plus simple, où s'abriter? C'était là ce que, de loin en loin, elle sentait confusément" (1562). Si sa question implique qu'il existe des besoins bien plus vastes que le besoin le plus simple, Janine, en la posant, formule en fait la question fondamentale de son angoisse.

Freud et ensuite Lacan ont établi de nettes distinctions entre besoin et désir. D'après Anika Rifflet-Lemaire, le besoin selon Lacan est à la fois "énergie purement organique" et "manque vécu" alors que le désir s'inscrit dans le langage et ouvre la voie au symbolique. Aussi, "le désir est toujours à la fois au-delà et en deçà de la demande. Le désir est au-delà de la demande, cela veut dire qu'il la transcende, qu'il va plus loin, qu'il est éternel parce que impossible à satisfaire" (274)[11]. En ce qui concerne Janine, qui n'identifie jusqu'à présent que ses "besoins les plus simples", il est clair que le désir est resté en deçà du langage. Ce

---

11 Voir l'intéressante lecture que fait Anika Rifflet-Lemaire de Jacques Lacan, notamment la *Sixième partie*, "Passage du manque, au désir et à la demande" (*Jacques Lacan*, 269-305).

n'est que vers la fin de sa quête qu'il se situera au-delà. Dans tous les cas, il reste du domaine de l'indicible. N'est-ce pas pour cette raison qu'elle ne parle pas et que le narrateur parle pour elle? À l'intérieur de leur symbiose, c'est lui qui par nécessité du symbolique ravit la parole à la femme. C'est par personne/personnage interposé que s'exprime en fin de compte le désir du narrateur — conformément au rapport entre narrateur, récit et désir, désir dont Kristeva précise qu'il "conduit le sujet à travers la nuit de sa perte, pour qu'il en porte témoignage sous la forme de la fiction" (*P*, 122). Ce qu'il importe ici de saisir, qu'il s'agisse du narrateur ou du personnage, c'est qu'un même désir les anime tous deux.

Avec Janine, on va cependant quitter le domaine psychanalytique, on va le "transcender" pour la suivre de plus près dans l'émergence de son désir et pour aller avec elle vers le cosmique. Car ce qui compte chez elle, c'est la conscience de ce "reste", de cette chose indéfinissable "qui n'est pas le besoin le plus simple" et le fait que "de loin en loin, elle sentait [cela] confusément." C'est la question "où s'abriter de ce reste?" qui la taraude et qui va transformer son voyage en quête. C'est l'inquiétude métaphysique sous-jacente à cette question qui pousse le personnage vers le sacré. S'il est vrai, comme l'écrit encore Kristeva s'inspirant de Freud, que "la religion serait une construction de peu de réalité mais qui exprime avec justesse la réalité du désir de ses sujets" (*ACA*, 21), et en admettant avec H. Hubert que le sacré est "l'idée-mère de la religion"[12], le lecteur aura raison de suivre Janine dans sa quête du sacré qui exprime sans ambiguïté la réalité de son désir.

Revenons aux dures réalités de l'itinéraire et à l'arrêt brusque du car provoqué par le sable qui a bouché le carburateur. Le concept d'exil lié à la réclusion est ici renforcé par celui d'exil linguistique: "Le chauffeur dit à la cantonnade quelques mots dans cette langue qu'elle avait entendue toute sa vie sans jamais la comprendre" (1562)). Janine est en train de subir cet effet du voyage dont Camus avait dit dans "L'Amour de vivre":

> [C]e qui fait le prix du voyage, c'est la peur. Il brise en nous une sorte de décor intérieur. Il n'est plus possible de tricher [...]. Le voyage nous ôte ce refuge. Loin des autres, de notre langue, arrachés à tous nos appuis, privés de nos masques [...], nous sommes tout entiers à la surface de nous-mêmes. (II, 42-43)

Telle est Janine. Sortie de la coquille de son petit appartement, elle a enfin quitté la sécurité de son univers sombre et restreint. Elle est non

---

12. Dans le cas du personnage camusien, il ne s'agit évidemment pas de "religion" au sens communément admis, il s'agit du sacré. Voir notre chapitre I, 4, et Caillois, 18.

seulement consciente d'être exposée au regard de l'autre, elle *se sent autre, étrangère*. Tout autour d'elle lui rappelle avec insistance son altérité. Après avoir constaté la différence physique entre son couple et ses co-voyageurs, elle remarque que ceux-ci voyagent sans possessions: "Janine fut frappée, soudain, par l'absence presque totale de bagages" (1563). Alors que Marcel et elle sont encombrés d'une lourde malle, les Arabes n'ont que "quelques ballots" que le chauffeur a hissés sur le toit et "[à] l'intérieur du car, dans les filets, on voyait seulement des bâtons noueux et des couffins plats. Tous ces gens du Sud, apparemment, voyageaient les mains vides." Son voyage la conduit en effet vers un monde non matérialiste, un monde où le verbe "avoir" perd son sens. La matière même, dont sont faits les corps et les objets, semble s'effriter, s'amenuiser sous le souffle du vent. Ici, vivre c'est "être".

Au même titre que la lumière, le vent est l'une des grandes forces cosmiques de la nouvelle. Il s'agit ici de deux forces interdépendantes dont la dynamique évoluera parallèlement au cours du récit. On a pu constater plusieurs fois l'importance du vent dans l'univers camusien et la manière dont il participe des forces du sacré: dans *L'État de siège* par exemple mais aussi dans "L'Amour de vivre" et surtout dans "Le Vent à Djémila" où son pouvoir dissolvant déliait l'homme, le détachait de lui-même et le rendait pleinement présent au monde. Dans les *Carnets*, on lit: "Le vent, une des rares choses propres du monde" (*C1*, 229). C'est que Camus voyait en lui une manifestation des forces fastes du sacré, forces de purification et de dépouillement. Parlant de la "fonction initiatique de l'exil de Janine", Cielens voit dans le vent "le messager d'un univers métaphysique" et elle souligne "le rôle prédominant accordé au vent et surtout les moyens d'expression employés" ainsi que sa "qualité anthropomorphe" (146). Au début de la nouvelle, on lit en effet: "Soudain, on entendit distinctement le vent hurler et la brume minérale qui entourait l'autocar s'épaissit encore. Sur les vitres, le sable s'abattait maintenant par poignées comme s'il était lancé par des mains invisibles" (1559). Plus loin, on retrouve l'anthropomorphisme de "la voix du vent, lâché en liberté sur ces plateaux interminables" (1563). Dans la phrase "[...] le vent s'était levé et, peu à peu, avait avalé l'immense étendue", Cielens trouve surtout intéressante l'expression "avalé", "car elle semble inadéquate sur le plan réaliste. Par contre, elle convient parfaitement au scénario initiatique, attribuant au vent le rôle de monstre/guide avaleur" (146).

C'est en écoutant "la voix du vent" pendant l'arrêt du car, dont la panne est d'ailleurs l'œuvre du vent, que Janine voit soudain "[s]ur le remblai des formes drapées [qui] se tenaient immobiles. Sous le capuchon du burnous, et derrière un rempart de voiles, on ne voyait que leurs yeux. Muets, venus on ne savait d'où, ils regardaient les voyageurs. 'Des bergers', dit Marcel" (1563). Leur apparition semble tenir du surnaturel. Ils émergent de la brume telles les créatures mystérieuses du vent lui-même, amenées par lui à travers les sables et les âges, immatérielles derrière leurs voiles, vivant seulement par le regard. Cielens voit en eux des "initiés": "On remarquera l'expression 'un rempart de voiles' qui semble inadéquate pour décrire des vêtements quotidiens, mais évoque plutôt des vêtements rituels. [...] D'ailleurs ce rôle d'initiés sera repris plus tard par les nomades que Janine découvrira à son arrivée dans l'oasis" (147). Lorsque finalement le car repart, Janine voit surgir, du silence et de la brume, un signe de reconnaissance qui jette entre elle et eux un premier lien: "De la masse haillonneuse des bergers, toujours immobiles, une main s'éleva, puis s'évanouit dans la brume, derrière eux." Ces hommes du vent et du désert n'en ont pas fini d'interpeller Janine, de la fasciner.

Un peu plus tard, un nouvel incident va participer de son initiation:

> Janine sentait cependant le sommeil la gagner quand surgit devant elle une petite boîte jaune, remplie de cachous. Le soldat-chacal lui souriait. Elle hésita, se servit, et remercia. Le chacal empocha la boîte et avala d'un coup son sourire. À présent, il fixait la route, droit devant lui. Janine se tourna vers Marcel et ne vit que sa nuque solide. Il regardait à travers les vitres la brume plus dense qui montait des remblais friables. (1563-64)

On ne peut passer sous silence le personnage du "soldat-chacal" qui se manifeste à trois reprises dans la nouvelle. Comme le confirme une variante du manuscrit, il évoque le dieu égyptien Anubis: "Anubis lui souriait." Cette variante est suivie d'une note de Quilliot: "Anubis, dieu égyptien, honoré sous la forme d'un chacal ou sous la forme humaine avec une tête de chacal" (2041). Mais curieusement, cette note ne dit pas qu'Anubis était un dieu de la transformation, celui qui conduisait les âmes des morts vers les régions de l'immortalité, ni que les Grecs l'assimilaient à Hermès, messager des dieux et guide des voyageurs[13]. On peut voir ce messager à l'action dans le personnage du soldat qui, à trois reprises, attire l'attention de Janine pour mieux la ramener au voyage intérieur. Dans la scène qui précède, la présentation de la boîte de cachous peut être perçue comme un geste rituel d'initiation. Se référant à cet incident tout en soulignant la

---

13. Voir *The Oxford Companion to Classical Literature*, ed. M. C. Howatson: "*Anubis,* in Egyptian religion, the jackal-headed god who conducted the souls of the dead to the region of immortal life, identified by the Greeks with Hermes" (42). Or, nous savons qu'Hermès était vu comme le messager des dieux et qu'il guidait les voyageurs: "He was the god of roads and boundaries, *psychopompos*; he was also the god of sleep and dreams" (272). On relève sans peine dans la nouvelle l'influence des attributs d'Anubis aussi bien que de ceux d'Hermès.

portée du caractère sémiotique de la nouvelle, Valerie Waters note que "Janine detects indications of welcome: symbolic suggestions of initiation. All of Janine's encounters constitute a world of signs that herald the awakening of a long-buried consciousness" (70).

Le soldat-chacal ayant ravalé son sourire, on voit Janine littéralement coincée entre les deux hommes dont l'indifférence soudaine la renvoie à sa solitude profonde. Dans ce contexte, le geste fugitif émanant de la masse des bergers se charge d'une signification particulière, imprimant en elle la trace du monde inconnu qu'ils habitent. Alors qu'elle se sent perdue dans un milieu apparemment hostile et négatif où elle s'est laissée entraîner "parce qu'il eût fallu trop d'énergie pour refuser", l'image de ce geste ouvre en elle le chemin de la conscience de l'autre et du monde essentiellement différent où elle vient de pénétrer.

L'oasis

Ce qui frappe Janine dès l'arrivée du car dans l'oasis, ce sont des cris d'enfants: alors que "la fatigue avait éteint toute vie dans la voiture [...] des cris retentirent au dehors. Des enfants en burnous, tournant sur eux-mêmes comme des toupies, sautant, frappant des mains, couraient autour de l'autocar" (1564). L'image statique des bergers aperçus plus tôt sur le remblai et dont on ne voyait que les yeux s'anime à présent dans le mouvement multiple des enfants revêtus des mêmes burnous, vêtement protecteur des gens du désert dans et hors de l'oasis. Aussi, cette soudaine irruption de vie enfantine autour de l'autocar, et qui tire les voyageurs de leur somnolence, est accompagnée d'une recrudescence de la lumière: "Le vent soufflait toujours, mais les murs arrêtaient les particules de sable qui n'obscurcissaient plus la lumière. Le ciel, cependant, restait couvert." L'action aveuglante du vent est contrecarrée par les murs construits par les hommes. Le chaos commence à se transformer en cosmos.

Mais si, ayant laissé derrière elle la brume minérale et stérile du désert, Janine a accompli une sorte de rite de passage par son entrée dans l'oasis aux acclamations des enfants, il lui reste de nombreuses épreuves à traverser avant d'accéder au "cristal de la lumière" (1569) et plus tard à ces lointaines "grappes" des "dernières étoiles des constellations" (1575). Comme l'écrit si justement Reichelberg, "[l]e désert semble être [...] la clef du Royaume. Il est le dernier examen de l'être. Y résiste-t-il, il accèdera au sacré. Y succombe-t-il, le désert devient sa propre sépulture. L'ascétisme et l'âpreté du paysage dévoilent la nudité de l'être. Et malheur à celui qui ne saurait supporter ce regard de l'Autre" (113). Ces mots évoquent le personnage de Kit dans *The Sheltering Sky* de Paul Bowles. Contrairement à Janine, Kit ne connaît que la terreur face au ciel du désert, et le désert sera le lieu de sa destruction.

Mais l'accession au Royaume n'est pas immédiate: d'autres signes, d'autres appels vont d'abord jalonner le chemin de Janine, signes qu'il lui faudra reconnaître telles ces premières images du sacré que sont le "minaret jaune et gracile" ainsi que "les premiers palmiers de l'oasis" vers lesquels "elle aurait voulu aller" (1564). Plus que l'expression d'un besoin, ce passé du conditionnel et l'empêchement qu'il implique traduisent toute la nostalgie du désir. Tout près d'elle mais encore inaccessibles, les palmiers se profilent comme les dieux mêmes de la fécondité: leur présence est toujours celle d'une victoire de la fertilité sur la stérilité des sables, de la vie sur la matière inerte du désert. Dans ce milieu de l'aridité par excellence, milieu d'où se dégage, comme l'écrit Mailhot, "la figure d'une absence", les palmiers annoncent une présence cachée mais vitale: celle d'une eau précieuse, profondément enfouie dans les sables où, pour la capter, les palmiers plongent loin leurs racines. À Laghouat comme à Ghardaïa, les palmiers comme l'eau sont sacrés. Le Mozabite parle de l'eau et des variations de son goût avec la même variété de mots, les mêmes gestes, le même amour que le sommelier bourguignon parlant du vin. Les puits, comme les vignobles ailleurs, font l'objet d'interminables discussions. Il en est de même des palmiers. Évoquant les "Lumières d'une architecture" dans le M'Zab, Claude Pavard écrit: "Le palmier y dicte les arcades [...]. Souvent les palmiers, vie sacrée, ont été conservés au centre de la maison où tout est vie et où tout concourt à la vie"[14]. On retrouve les arcades — typiques de l'architecture des villes du désert et de ses périphéries — qui, depuis sa jeunesse, ont abrité la féminité de Janine. On retrouve aussi, dans la verticalité de l'image du palmier placé au centre de l'habitation, une double image du sacré tel que le décrit Eliade: non seulement une représentation de l'*axis mundi* comme "lien entre le Ciel et la Terre", mais celle aussi de "centre" comme lieu du sacré par excellence. Rappelons ce qu'il en dit:

> Le "Centre" est donc la zone du sacré par excellence, celle de la réalité absolue. [...] La route menant au centre est une "route difficile" [...] et cela se vérifie à tous les niveaux du réel: circonvolutions difficultueuses d'un temple (comme celui du Barabudur); pèlerinage aux lieux saints (La Mecque, Hardwar, Jérusalem, etc.); pérégrinations pleines de dangers des expéditions héroïques de la Toison d'Or, des Pommes d'Or, de l'Herbe de Vie, etc.; égarements dans le labyrinthe; difficultés de celui qui cherche le chemin vers le soi, vers le 'centre' de son être, etc. Le chemin est ardu, semé de périls, parce qu'il est, en fait, un rite de passage du profane au

---

14. Voir Claude Pavard, *Lumières du M'Zab*. Les pages de ce beau livre ne sont pas numérotées.

sacré; de l'éphémère et de l'illusoire à la réalité et à l'éternité; de la mort à la vie; de l'homme à la divinité. (*MR*, 30)

En passant le seuil de l'oasis, Janine n'a en fait accompli que la première étape de son pèlerinage. Parmi les nombreux obstacles qu'il lui reste à franchir, les moindres ne sont pas ses propres résistances: sa lassitude de vivre et son désespoir profond. Physiquement, il lui faudra d'abord surmonter sa fatigue, celle qu'elle ressent lors de son arrivée devant "les arcades de pisé d'un hôtel aux vitres sales" (1564), arcades qui ne peuvent que lui rappeler celles de sa vie murée; celle aussi qu'elle éprouve lorsqu'elle se voit "entourée de visages qui semblaient taillés dans l'os et le cuir, assiégée de cris gutturaux", fatigue qui est celle de l'exil, la tension de l'altérité.

Le patron de l'hôtel, bien que français, ne lui est encore d'aucun secours: à force, peut-être, d'avoir vécu parmi les "chacals du désert" a-t-il fini par ressembler aux Arabes du car: il est, comme eux, "maigre et taciturne". Mais il jouera dans la quête de Janine un rôle instrumental. La chambre où il la conduit fait aussitôt penser à une cellule de moine: des murs nus et blanchis à la chaux, un lit de fer, une chaise. Dans cet espace ascétique, Janine est encombrée par ses possessions et par son propre corps; elle ne sait "où poser son sac" ni surtout "où se poser elle-même": "Il fallait se coucher ou rester debout, et frissonner dans les deux cas" (1564). De par ses dimensions, la chambre, plus encore qu'à une cellule de moine, fait penser à celle que décrit Clamence:

> C'est vrai, vous ne connaissez pas cette cellule de basse-fosse qu'au Moyen Âge on appelait le malconfort. En général, on vous y oubliait pour la vie. Cette cellule se distinguait des autres par d'ingénieuses dimensions. Elle n'était pas assez haute pour qu'on s'y tînt debout, mais pas assez large pour qu'on pût s'y coucher. Il fallait prendre le genre empêché, vivre en diagonale; le sommeil était une chute, la veille un accroupissement. Mon cher, il y avait du génie, et je pèse mes mots, dans cette trouvaille si simple. Tous les jours, par l'immuable contrainte qui ankylosait son corps, le condamné apprenait qu'il était coupable et que l'innocence consiste à s'étirer joyeusement. (1531)

Bien que Janine ait le choix entre se coucher et rester debout, on sent que les limites de ce choix reflètent les conditions de sa vie quotidienne et que celles-ci lui font prendre en effet "le genre empêché", l'obligent à "vivre en diagonale". Empêchée, elle l'est dans la lourdeur de son corps, et ce depuis longtemps: "Elle se tenait debout, pesante, les bras pendants, un peu voûtée, le froid montait le long de ses jambes lourdes. Elle rêvait aux palmiers droits et flexibles, et à la jeune fille qu'elle avait été" (1565). Cette superposition des images des palmiers et de la jeune fille du passé inscrit la figure de sa jeunesse dans l'élan de la verticalité, dans cet élan vital qui à présent semble l'avoir abandonnée. Elle fait écho à son attirance pour les palmiers lors de sa descente du car et traduit la nostalgie d'un autre temps et d'un autre moi, ceux de sa jeunesse fertile en promesses. C'est ainsi que l'inconfort extrême de la chambre d'hôtel intensifie la prise de conscience déclenchée par les conditions difficiles de l'itinéraire vécues dans l'autocar. Ces deux espaces clos la renvoient à elle-même dans une perception aiguë de son malaise. Elle se rend à nouveau compte de sa solitude et de son attente, toutes deux liées aux sensations physiques du froid et de la lourdeur: "Elle attendait, mais elle ne savait quoi. Elle sentait seulement sa solitude, et le froid qui la pénétrait, et un poids plus lourd à l'endroit du cœur" (1565). Mais peu à peu elle s'extrait du monde réel et immédiat pour entrer dans un monde onirique dominé par les images de l'eau, images qui lui sont suggérées par la rumeur du vent:

> Elle rêvait en vérité, presque sourde aux bruits qui montaient de la rue avec des éclats de la voix de Marcel, plus consciente au contraire de cette *rumeur de fleuve* qui venait de la meurtrière et que le vent faisait naître dans les palmiers, si proches maintenant [...]. Puis le vent parut redoubler, le *doux bruit d'eaux* devint *sifflement de vagues*. Elle imaginait, derrière les murs, *une mer* de palmiers droits et flexibles, *moutonnant* dans la tempête. Rien ne ressemblait à ce qu'elle avait attendu, mais *ces vagues* invisibles *rafraîchissaient* ses yeux fatigués. (1565; nos italiques)

À nouveau, c'est la conscience d'une attente ancienne mais aussi l'étonnement, lié cette fois à une sensation douce et bienfaisante pour la vue, comme une préparation à la lumière. Ce champ sémantique des eaux, fluviales d'abord, marines ensuite, est, selon Eliade, celui "du virtuel, des germes et des latences" (*SP*, 113)[15]. Lié à la présence réelle des palmiers et constituant une ouverture vers la fertilité, il est en fait engendré par le vent, irrigué par lui. Et comme s'il avait viré de bord, le vent se rend désormais favorable à la quête de Janine. Dès l'entrée dans l'oasis, il s'était soumis. De force néfaste qu'il semblait être dans la traversée du désert — mais faste en même temps car induisant l'intériorisation — il s'est transformé ouvertement en force faste. Cette mutation est conforme à ce que dit Caillois du sacré:

> [Une force] est bonne ou mauvaise, non par sa nature, mais par l'orientation qu'elle prend ou qu'on lui donne. [...] [C]omme le feu produit à la fois le mal et le bien, le sacré développe une action faste ou néfaste et reçoit les qualifications opposées de pur et d'impur, de saint et de sacrilège qui définissent avec ses limites propres les frontières mêmes du monde religieux. On tient peut-être là le mouvement essentiel de la dialectique du sacré. (42)

---

15. Eliade écrit: "Les Eaux symbolisent la somme universelle des virtualités; elles sont *fons* et *origo*, le réservoir de toutes les possibilités de l'existence; elles précèdent toute forme et *supportent* toute création" (*SP*, 112). Leur présence à ce moment de la nouvelle annoncent "toutes les possibilités de l'existence" qui attendent Janine.

Or, d'un bout à l'autre de la nouvelle, et pour toutes les forces initiatrices qui participent du sacré, que ce soit le vent, l'eau ou la lumière, on peut voir cette dialectique à l'œuvre dans la manière dont elles structurent l'espace et le temps du récit.

Un autre aspect important de la structure de l'espace se manifeste dans l'ensemble binaire horizontal/vertical où s'inscrivent les mouvements des personnages. Sur le plan statique, nous avons déjà vu se dessiner la verticalité des palmiers ou du minaret comme opposée, par exemple, à l'horizontalité du plateau désertique. Mais il existe également, dans l'opposition des verbes impliquant un mouvement horizontal (tels que *passer*, *longer*, *croiser*, *traverser*, verbes fréquents dans le texte) et le couple verbal *monter/descendre*, une binarité du mouvement qui reflète celle du sacré et du profane. Les mouvements d'ascension ou de descente des personnages à l'intérieur de l'oasis, mouvements qui participent de la quête, se différencient, soit par leur motivation soit par leurs résultats, de ceux des personnages vaquant à leurs occupations d'affaires (Marcel faisant le tour de "tous les marchands importants" (1565) et Janine le suivant). La structure même de la ville du désert favorise cette différenciation du sens des déplacements puisque, typiquement, le marché et le quartier des affaires se situent dans les secteurs basses, alors que la mosquée avec son minaret est bâtie à l'endroit le plus élevé. Pour ce qui est de la binarité montée/descente, on en trouve le premier exemple lorsque Janine, n'en pouvant plus de fatigue et se sentant "assiégée" lors de sa *descente* du car, lieu de la première étape de son initiation, veut gagner la chambre d'hôtel. Elle déclare à Marcel: "*Je monte.*" La banalité apparente du mouvement que traduisent ces mots ainsi que du lieu qu'ils désignent participent cependant de la quête pour deux raisons: c'est à l'intérieur de cette chambre où elle *monte* qu'elle va prendre conscience de son "attente" et qu'elle entendra pour la première fois la rumeur des eaux "que le vent faisait naître dans les palmiers"; aussi est-ce dans la chambre que lui est annoncée la "montée" suivante: "le patron lui avait conseillé de *monter* sur la terrasse du fort d'où l'on voyait le désert" (1568; nos italiques), conseil dont elle ne se souviendra que plus tard dans la journée et qu'elle voudra suivre aussitôt. La montée dans la chambre est donc une première étape dans le mouvement général d'ascension de la nouvelle.

Mais le rêve prend fin et Janine doit *descendre*: "Ils descendirent dans la salle à manger" (1565). Aux merveilleux palmiers de ses rêves se substituent, peints "[s]ur les murs nus [...] des chameaux et des palmiers, noyés dans une confiture rose et violette." Espace voué à la seule satisfaction des "besoins les plus simples", la salle à manger ajoute la laideur de son décor à la lourdeur éprouvée par Janine rendue au monde profane. Rendue aussi au clair-obscur de sa vie quotidenne puisque les incontournables fenêtres à arcade "laissaient entrer une lumière parcimonieuse." Le manque qu'elle ressent contamine jusqu'à l'eau placée sur la table car Marcel "empêcha sa femme de boire de l'eau. 'Elle n'est pas bouillie. Prends du vin.' Elle n'aimait pas cela, le vin l'alourdissait." Privée de lumière, il lui faut encore étancher sa soif et ses rêves d'eau avec un liquide qui lui est néfaste. Mais son malaise ne s'arrête pas là: "Et puis, il y avait du porc au menu. 'Le Coran l'interdit. Mais le Coran ne savait pas que le porc bien cuit ne donne pas de maladies. Nous autres, nous savons faire la cuisine. À quoi penses-tu?' Janine ne pensait à rien, ou peut-être à cette victoire des cuisiniers sur les prophètes." En quelques mots d'une ironie superbe, le narrateur suggère l'état d'esprit de Janine qui, progressivement et mine de rien, remettra en question cette victoire. En attendant, alourdie et mal à l'aise, Janine suit son mari dans ses visites aux marchands. Encombrée par son corps et par "un vêtement de laine sous son gros manteau, elle aurait voulu tenir moins de place" (1566). Les Arabes qu'ils croisent "se rang[ent] sans paraître les voir" et Janine leur trouve, "même lorsqu'ils port[ent] des loques, un air de fierté que n'[ont] pas les Arabes de sa ville". Son dépaysement augmente.

Cependant, alors que l'après-midi s'écoule peu à peu, le monde semble se faire plus clément et cela d'abord par rapport à l'intériorité symbolisée par un lieu clos: "Mais ils s'arrêtèrent sur la place même, devant une petite construction en forme d'obus, peinte à la chaux bleue" (1566). Le "mais" en tête de phrase indique une rupture avec la négativité antérieure. Alors que d'aucuns, qui semblent ne pas y avoir pénétré, ne voient dans cet édifice qu'un nouveau symbole phallique[16], la description qu'en fait le narrateur à travers la vision de Janine évoque plutôt ces rugueuses géodes ovoïdes qu'il faut cliver pour

---

16. Plusieurs critiques voient dans la quête et le désir de Janine la manifestation du seul désir sexuel. Voir par exemple l'étude de Simon P. Sibelman dont le but est de démasquer les causes du tourment et de l'"angst" de Janine et de démontrer "their rootedness in the protagonist's sexual frustrations" (42). Il voit l'oasis comme "a veritable jungle of phallic imagery" et, s'inspirant sans doute de Rabelais, écrit que "Janine discovers herself adrift in a sea of phalluses" (46-47). English Showalter estime que "Much of the most important of Janine's physical senses [...] is her sexuality. [...] Janine has been preoccupied with sex throughout the story" (23-24). Patrick McCarthy pose la question: "Does Janine want an Arab to make love to her?" Il nuance cependant sa réponse: "Certainly, but such an explanation is absurdly reductive" (229). On allongerait sans peine la liste de ces exemples.

découvrir à l'intérieur leur splendeur cristalline[17]. Ayant pénétré la bâtisse avec Janine, le lecteur se trouve en effet au seuil d'un microcosme enchanteur dont la pénombre est vibrante de couleurs et d'éclats "étincelants", chargé de parfums bienfaisants comme celui du thé à la menthe et des "graines aromatiques" ou encore "[l]'odeur de laine et d'épices qui flottait dans la pièce" (1567), lieu où chante aussi le bruit rafraîchissant du thé que verse "un vieil Arabe [...] élevant et abaissant la théière au-dessus de trois petits verres multicolores" (1566). Tous les sens y sont interpellés par une multitude de signes. On y trouve arrangés en "guirlandes" — annonciatrices de celles de la nuit? — une abondance d'ustensiles et par terre des sacs "gonflés" de victuailles. Aussi, en s'écartant de l'entrée "pour ne pas intercepter la lumière", Janine aperçoit "deux Arabes qui les regardaient en souriant": premiers sourires de l'autre. L'obus bleu se révèle espace féminin par excellence: réceptacle accueillant et chaleureux, lieu prometteur et protecteur de vie, havre de l'oasis — *chora* au milieu du désert. Mais, par son verbiage vénal, parlant "précipitamment, de cette voix basse qu'il prenait pour parler affaires", (1567) Marcel dérange ce lieu béni. Ignorant les coutumes qui respectent le temps et les rituels, il est à son tour ignoré. Il se plaint. "Janine suivait sans répondre."

Entretemps, l'espace aussi est devenu plus amical: "Le vent avait presque cessé. Le ciel se découvrait par endroits. Une lumière froide, brillante, descendait des puits bleus qui se creusaient dans l'épaisseur des nuages." L'air se réchauffe avec "un parfum de poussière et de café", avec "la fumée d'un feu d'écorces, l'odeur de la pierre et du mouton". Mais toujours, "Janine sentait ses jambes s'alourdir." Le désaccord entre le personnage et l'espace, le "décalage par rapport à l'environnement" dont parle Daunais, persiste (50). Concernant la sensation continue de lourdeur qu'éprouve Janine, Reichelberg fait cette remarque lumineuse: "[C]'est comme si elle portait un fruit qu'elle ne pouvait plus soutenir" (119).

C'est vers la fin de l'après-midi, alors que le ciel était "à peu près découvert", que se produit la scène de la rencontre avec le "grand Arabe", rencontre qui semble avoir une influence déterminante sur la suite des actions de Janine. Elle est d'ailleurs annoncée par une de ses rares paroles, "Regarde":

---

17. Une note de Quilliot relative à la p. 1566 indique que "[t]oute la fin du paragraphe n'existait pas au ms." (2042). Le paragraphe s'arrêtait donc à la simple nomination de "la petite construction en forme d'obus, peinte à la chaux bleue". Il est intéressant que lors d'un remaniement Camus ait éprouvé le désir de donner une signification plus profonde, mais aussi plus féminine, à la présence et au contenu de cette construction.

> De l'autre extrémité de la place venait un grand Arabe, maigre, vigoureux, couvert d'un burnous bleu ciel, chaussé de souples bottes jaunes, les mains gantées, et qui portait haut un visage aquilin et bronzé. Seul le chèche qu'il portait en turban permettait de le distinguer de ces officiers français d'Affaires indigènes que Janine avait parfois admirés. Il avançait régulièrement dans leur direction, mais semblait regarder au-delà de leur groupe, en dégantant avec lenteur l'une de ses mains. [...] Alors que l'espace vide de la place les entourait, il avançait droit sur la malle, sans la voir, sans les voir. Puis la distance qui les séparait diminua rapidement et l'Arabe arrivait sur eux, lorsque Marcel saisit, tout d'un coup, la poignée de la cantine, et la tira en arrière. L'autre passa, sans paraître rien remarquer, et se dirigea du même pas vers les remparts. (1567-68)

Nous ouvrons ici une parenthèse pour revenir brièvement à la lecture de Lynch car il est certain que cette rencontre, qui symbolise la problématique de l'altérité, souligne en même temps la tension propre à la relation entre le colonisateur et le colonisé en Algérie dans les années cinquante. Or, tout au long de la nouvelle, Janine s'abstient de répondre aux remarques de Marcel concernant les Arabes. La première de ses rares paroles est d'ailleurs de lui dire "Laisse!" lorsqu'il déclare au sujet du chauffeur du car: "Tu peux être sûre qu'il n'a jamais vu un moteur de sa vie" (1563). Lynch écrit:

> Le stéréotype racial [...], qui se trouve profondément enraciné dans le parler de Marcel, se sert du langage pour mettre en relief l'autorité coloniale. Si parfois, Marcel et Janine font allusion aux Arabes sans employer *ils* ou *tous ces gens*, en comparaison avec *nous autres*, ils en parlent de façon oblique, comme si les Arabes méritaient d'être considérés comme inférieurs. (143)

Ceci est seulement vrai en ce qui concerne Marcel car Janine la silencieuse ne parle pas et lorsque, dans son monologue intérieur, elle se réfère aux Arabes, c'est plutôt en termes admiratifs et même d'envie. Sur le plan physique, elle leur envie leur légèreté comparée à sa lourdeur, leur peu de bagages comparé à la malle encombrante de Marcel et sa valise d'échantillons. Sur le plan moral, elle admire leur détachement et leur fierté. Si elle est hyperconsciente de son altérité, c'est plutôt elle qui se sent inférieure. Lynch a cependant raison lorqu'elle écrit: "Janine [...] ressent la différence qui la sépare des Arabes d'une façon tout à fait individuelle, c'est-à-dire, de façon physique. Nous verrons, en effet, que sa lutte consiste à se définir 'autrement', qu'il s'agit, en d'autres termes, de faire abstraction des catégories 'nous' et 'eux'" (145). Mais la "lutte" identitaire de Janine — certainement liée, dans le cadre de son nouveau milieu, à une double identité négative, celle de "femme du colon" — va cependant largement transcender ce problème socio-historique[18].

---

18. Comme le remarque Anna Balakian, "Camus tackles problems that raise his characters above the socio-ethnic context and relate to the universal facets of the human condition" (37).

Aux deux remarques de Marcel concernant "le grand Arabe", expression dont on note la polysémie, Janine s'abstient encore de répondre. Et si la voix du narrateur nous laisse entendre qu'elle est profondément heurtée par "la stupide arrogance de cet Arabe", c'est à son arrogance qu'elle en a et non à sa personne. Elle lui en veut de son orgueil qui est l'excès négatif de la fierté et qui la blesse. Après l'incident, elle "se sentait tout d'un coup malheureuse. Elle voulait partir, elle pensait à son petit appartement. L'idée de rentrer à l'hôtel, dans cette chambre glacée, la décourageait" (1568). Le rejet qu'elle vient de subir de la part de l'autre, d'un autre qu'il lui était possible d'admirer, accentue son sentiment d'altérité et, la renvoyant à sa solitude, réveille en elle le besoin primaire du refuge.

Le fort

Curieusement, cet incident déclenche sans transition l'étape suivante de la quête de Janine: "Elle pensa soudain que le patron lui avait conseillé de monter sur la terrasse du fort d'où l'on voyait le désert" (1568). Aussitôt un changement important s'opère en elle puisque son désir d'y aller l'emporte sur la résistance habituelle de Marcel. C'est d'ailleurs un des seuls échanges en discours direct de la nouvelle: "'Je t'en prie', dit Janine. Il la regarda, soudain attentif. 'Bien sûr, mon chéri', dit-il." Il semblerait que quelque chose dans le ton de la femme ait commandé à la fois l'attention et l'assentiment du mari. Au lecteur aussi, Janine commande l'attention, et ce de manière croissante.

Cependant, alors qu'elle attend Marcel devant l'hôtel, elle se voit entourée d'une foule de plus en plus nombreuse, "vêtue de blanc" et composée d'hommes seulement: "On n'y rencontrait pas une seule femme et il semblait à Janine qu'elle n'avait jamais vu autant d'hommes" (1568). Le sentiment de sa différence s'intensifie, d'autant plus qu'à ses yeux tous ces hommes se ressemblent. Tous en effet semblent avoir "cette face maigre et tannée [...], le visage du soldat français dans le car, celui de l'Arabe aux gants, un visage à la fois rusé et fier". Mais ce qui la frappe le plus — ce qui semble la frapper d'excommunication — c'est l'absence totale de regard pour elle: "Pourtant, aucun ne la regardait"; et plus loin: "Ils tournaient ce visage vers l'étrangère, ils ne la voyaient pas et puis, légers et silencieux, ils passaient autour d'elle dont les chevilles gonflaient. Et son malaise, son besoin de départ augmentaient."

Le mot est lâché: "l'étrangère". Il faut se souvenir que dans la plupart des villes du Sahara, les femmes restent la majeure partie du temps à la maison et ne sortent, pour aller au marché par exemple, que voilées. La foule d'hommes "vêtue de blanc" évoque encore une fois Ghardaïa où les Mozabites s'habillent presque exclusivement de blanc, surtout en fin de journée à l'heure de la prière. Or, dans le M'zab, les femmes sont transformées en cyclopes: elles sortent enveloppées de la tête aux pieds dans un immense drap de laine blanche qui s'entrouvre à peine pour laisser passer le regard d'un seul oeil. Une fois mariée, la femme ne peut être vue sans voile par d'autres hommes que son mari et les parents proches (père, frère, fils). Dans un tel contexte social, comment l'Européenne, sans voiles et avec ses airs de liberté, ne serait-elle pas perçue comme "étrangère"? Et, dans l'apparente absence du regard masculin (regard dont nous avons vu avec Olivier l'importance qu'il revêt pour la femme), comment ne ressentirait-elle pas en effet son double exil de femme et de non-Arabe? Car la femme européenne des années cinquante n'avait pas encore accédé au statut de relative indépendance de la femme contemporaine, encore moins celle vivant à l'intérieur d'un régime colonial. Ni sujet ni même objet, niée en quelque sorte, oblitérée, on comprend que Janine se demande une nouvelle fois: "Pourquoi suis-je venue?" Elle ignore qu'elle est au seuil de la plus importante découverte de sa vie.

Si les hommes la rejettent, les forces de la lumière et du vent se sont au contraire accordées pour accompagner Janine lors de sa première montée au fort: "Lorsqu'ils grimpèrent l'escalier du fort, il était cinq heures de l'après-midi. Le vent avait complètement cessé. Le ciel, tout entier découvert, était maintenant d'un bleu de pervenche" (1569). L'heure est précise, et, comme le souligne Reichelberg, sa précision rappelle le célèbre vers de la plainte répétée de Lorca: "Son las cinco de la tarde" (120). Commentant le temps camusien, nous avons déjà souligné l'importance de cette heure de fin du jour dans certains textes ainsi que son caractère sacré. En suivant Janine dans sa montée vers le fort, on observera la manière dont s'effectue la sacralisation de l'espace. Conformément à ce que dit Eliade de l'accession aux lieux sacrés, le chemin est difficile: "L'escalier était long et raide, malgré plusieurs paliers de terre battue." C'est que ce cheminement appartient aux rites de séparation dont Caillois écrit: "On acquiert la pureté en se soumettant à un ensemble d'observances rituelles. Il s'agit avant tout [...] de se séparer progressivement du monde profane, afin de pouvoir sans danger pénétrer dans le monde sacré. On doit abandonner l'humain avant d'accéder au divin" (44). Le fort est en soi un lieu profane, lieu haut du pouvoir temporel, point de défense de la cité qu'il surplombe. Janine en fera un haut lieu du sacré. Car, pour reprendre Caillois, "[l]e sacré appartient comme une propriété stable ou *éphémère* à certaines choses [...], à certains espaces [...], à certains temps [...]. *Il n'est rien qui ne puisse en devenir le siège* [...]. C'est une qualité que les choses ne possèdent pas par elles-mêmes: une grâce mystérieuse vient la leur ajouter" (18-19; nos italiques). Cette grâce qui va opérer le passage du profane vers le sacré n'est autre que l'énergie, née du désir, qui entraîne Janine vers le fort et à laquelle même son mari n'a pu résister. Aussi, la transformation de la lumière et de l'espace s'opère progressivement et parallèlement à l'ascension physique que décrivent les verbes *grimper, monter, s'élever, progresser, parvenir*:

> À mesure qu'ils montaient, l'espace s'élargissait et ils s'élevaient dans une lumière de plus en plus vaste, froide et sèche, où chaque bruit de l'oasis leur parvenait avec une pureté distincte. L'air illuminé semblait vibrer autour d'eux, d'une vibration de plus en plus longue à mesure qu'ils progressaient, comme si leur passage faisait naître sur le cristal de la lumière une onde sonore qui allait s'élargissant. Et au moment où, parvenus sur la terrasse, leur regard se perdit d'un coup au-delà de la palmeraie, dans l'horizon immense, il sembla à Janine que le ciel entier retentissait d'une seule note éclatante et brève dont les échos peu à peu remplirent l'espace au-dessus d'elle, puis se turent subitement pour la laisser silencieuse devant l'étendue sans limites. (1569)

C'est bien le travail du passage, propre à la quête, qui fait naître l'onde sonore. Parlant des actes humains, "(ceux qui ne ressortissent pas au pur automatisme)", Eliade affirme que "leur signification, leur valeur ne sont pas rattachées à leur donnée physique brute, mais à leur qualité de reproduction d'un acte primordial, de répétition d'un exemplaire mythique" (*MR*, 15). Se référant au temple de Barabudur, qui "est [...] une image du Cosmos", il écrit plus loin: "En le gravissant, le pèlerin se rapproche du Centre du Monde, et, sur la terrasse supérieure, réalise une rupture de niveau, transcendant l'espace profane, hétérogène, et pénétrant dans une 'région pure'" (*MR*, 26). On ne saurait mieux décrire la montée au fort de Janine.

Lorsque se taisent enfin les échos d'une "seule note éclatante et brève", c'est pour laisser Janine silencieuse dans la totale liberté d'un regard qui "se déplaçait lentement, sans rencontrer un seul obstacle, tout le long d'une courbe parfaite" (1569). C'est à cet instant qu'elle découvre le royaume, un "royaume de pierres, où nulle vie n'apparaissait" mais où, "près de l'oued", à une distance qui les fait paraître minuscules, "un troupeau de dromadaires formaient sur le sol gris les signes sombres d'une étrange écriture dont il fallait déchiffrer le sens. Au-dessus du désert, le silence était vaste comme l'espace." La découverte de ce "royaume de pierres" devient pour Janine une véritable "ontophanie" car, comme l'explique Eliade,

> les pierres, *en tant que hiérophanies*, sont susceptibles de montrer aux hommes [...] la puissance, la dureté, la permanence. La hiérophanie de la

> pierre est une ontophanie par excellence: avant tout, la pierre *est*, elle reste toujours elle-même [...] et elle *frappe* l'homme par ce qu'elle a d'irréductible et d'absolu, et, ce faisant, lui dévoile, par analogie, l'irréductibilité et l'absolu de l'Être. Saisi grâce à une expérience religieuse, le mode spécifique d'existence de la pierre révèle à l'homme ce qu'est une *existence absolue*, au-delà du Temps, invulnérable au devenir. (*SP*, 135-35)

On sait, surtout par *Noces*, l'importance de la pierre dans l'univers camusien. S'y ajoute ici celle de l'eau: serpentant entre les pierres du royaume, l'oued révèle enfin l'eau vive du désert, le "virtuel", et c'est près d'elle que s'étalent les signes d'une écriture vivante dont le mystère interpelle l'être entier de Janine.

Son éblouissement n'a d'égale que la cécité de son mari. Elle semble ravie à elle-même, absorbée par l'espace où elle s'est totalement investie: "Janine, appuyée de tout son corps au parapet, restait sans voix, incapable de s'arracher au vide qui s'ouvrait devant elle. À ses côtés, Marcel s'agitait. Il avait froid, il voulait descendre. Qu'y avait-il donc à voir ici? Mais elle ne pouvait détacher ses regards de l'horizon" (1569-70). Et si, une nouvelle fois, le sentiment de l'attente envahit Janine, il s'agit à présent d'une attente inversée:

> Là-bas, *plus au sud encore*, à cet endroit où *le ciel et la terre se rejoignaient dans une ligne pure*, là-bas, lui semblait-il soudain, *quelque chose l'attendait* qu'elle avait ignoré jusqu'à ce jour et qui pourtant n'avait cessé de lui manquer. Dans l'après-midi qui avançait, la lumière se détendait doucement; de cristalline, elle devenait liquide. En même temps, au cœur d'une femme que le hasard seul amenait là, un nœud que les années, l'habitude et l'ennui avaient serré, se dénouait lentement. (1570; nos italiques)[19]

Jusqu'à cet instant, consciente seulement d'un manque, Janine attendait elle ne savait quoi. À présent, elle perçoit une réalité inverse: quelque chose l'attend. C'est du domaine de l'invitation: elle se sent enfin désirée. La rencontre ne saurait tarder. Plus tard, cette conscience d'être attendue se transformera en celle d'un véritable appel.

Le sud est le point cardinal qui domine la nouvelle. Il est mentionné au moins cinq fois dont trois dans l'expression renforcée "plus au sud" ou "plus au sud encore", comme dans le passsage ci-dessus. Vers la fin du récit, l'appel qu'entendra Janine, et qui sera déterminant, sera porté par le vent du sud, vent dont elle "entendait

---

19. Selon Mailhot, "[l]a 'ligne pure' de l'horizon, c'est l'unité retrouvée. Mais la contradiction intérieure a été surmontée dans l'angoisse et le vertige. Il a fallu détruire et renverser pour arrêter le temps, établir de nouvelles coordonnées de l'espace. Sédentaire appelée au nomadisme, petite-bourgeoise fidèle tentée par l'adultère cosmique, Janine [...] doit faire la nuit en elle, dépasser le cri dans le silence, adapter son horizon intérieur à l'horizon extérieur" (339).

couler les eaux légères dans la palmeraie" (1573). Comme pour Martha dans *Le Malentendu*, mais dans un tout autre esprit — "stellaire" et non "solaire" —, cette référence répétée au sud fonctionne comme la métaphore du désir. C'est au sud que "le ciel et la terre se rejoignent", c'est au sud qu'"à des milliers de kilomètres [...] le premier fleuve féconde enfin la forêt" (1570). Le sud est prometteur d'Unité, de fusion, de fertilité. L. Cohn remarque en parlant de Janine: "C'est l'Un qu'elle veut, elle aussi, retrouver" ("La signification" d'autrui, 106). Or, le désir de l'Un, ou le désir de l'absolu, implique lui-même une transcendance, comme le confirme Reichelberg: "La recherche de l'absolu, c'est d'ores et déjà l'absolu lui-même. Pas plus le néant que l'être n'est donc directement accessible: tendre vers l'un ou vers l'autre, c'est en rechercher le seuil" (24).

"La lumière [...] de cristalline, devenait liquide." À deux reprises déjà, dans le mariage de la lumière et des ruines dans "Noces à Tipasa" et lors des amours de Marie et de Meursault dans *L'Étranger*, on a pu observer cette transformation de la lumière, diurne ou nocturne, en élément liquide. Elle annonce, elle aussi, la fusion, le mouvement vers le UN. Pour Janine, cette lumière devenue liquide coule en elle comme une grâce, préparant la communion à venir. Il semblerait d'ailleurs qu'à partir de ce moment du récit, le pouvoir transformateur de la lumière soit définitivement transmis aux forces régénératrices des eaux vives. Reichelberg interprète ainsi cette transformation:

> À l'heure crépusculaire, Janine participe à l'acte de la Genèse, à ce moment unique de réunion de l'eau et de l'air, de l'eau et du feu, dans l'harmonie définitive des éléments, ayant suspendu le combat. Cette heure, qui change l'air en l'eau, restitue toute la pureté de la création [...]. Heure d'amour, où les contraires s'épousent, où la lumière liquide épouse les contours de l'être. Le thème de l'eau réunificatrice est ici clairement exprimé. Les eaux d'en bas, et les eaux d'en haut se rejoignent, ici, à travers la femme. [...] Bien plus, la maternité de ce moment, d'une très grande douceur, est révélée dans toue sa joie. L'être habité du divin, enfante le divin. [...] Cet instant absolu annonce la naissance, une sorte d'épiphanie païenne. Il annonce l'éveil et l'émergence de la conscience au monde, mais d'une conscience qui ne serait plus séparée. (122-23)

On a vu avec Cielens l'état de séparation totale où, jusqu'à présent, Janine a vécu.

Du haut du fort, Janine contemple le royaume des nomades, celui du dénuement et de la liberté. De ces hommes du désert, elle ne sait rien si ce n'est qu'ils habitent cet "étrange royaume" qui lui est à la fois promis et inaccessible:

> Elle regardait le campement des nomades. Elle n'avait même pas vu les hommes qui vivaient là, rien ne bougeait entre les tentes noires et, pourtant, elle ne pouvait penser qu'à eux, dont elle avait à peine connu l'existence jusqu'à ce jour. Sans maisons, coupés du monde, ils étaient

une poignée à errer sur le vaste territoire qu'elle découvrait du regard, et qui n'était cependant qu'une partie dérisoire d'un espace encore plus grand, dont la fuite vertigineuse ne s'arrêtait qu'à des milliers de kilomètres plus au sud, là où le premier fleuve féconde enfin la forêt. Depuis toujours [...], quelques hommes cheminaient sans trêve, qui ne possédaient rien mais ne servaient personne, seigneurs misérables et libres d'un étrange royaume. Janine ne savait pas pourquoi cette idée l'emplissait d'une tristesse si douce et si vaste qu'elle lui fermait les yeux. Elle savait seulement que ce royaume, de tout temps, lui avait été promis et que jamais, pourtant, il ne serait le sien, plus jamais, sinon à ce fugitif instant, peut-être, où elle rouvrit les yeux sur le ciel soudain immobile, et sur ses flots de lumière figée, pendant que les voix qui montaient de la ville arabe se taisaient brusquement. Il lui sembla que le cours du monde venait de s'arrêter et que personne, à partir de cet instant, ne vieillirait plus ni ne mourrait. En tous lieux, désormais, la vie était suspendue, sauf dans son cœur où, au même moment, quelqu'un pleurait de peine et d'émerveillement. (1570)[20]

Jean Onimus s'arrête sur "ce texte magnifique" pour le commenter dans les termes suivants: "Il raconte l'éclosion d'une âme. Janine connaît à la fois *l'impatience des limites*, cette fièvre spirituelle que fait brûler en nous la nostalgie de l'infini, et la plénitude de l'*extase*, cette extase cosmique où l'âme a l'impression de communier avec le monde, d'entrer en consonance avec l'intemporel" (565). Cet intemporel, que traduisent le ciel immobile, la lumière figée, l'arrêt du cours du monde qui efface le vieillissement et la mort, est représenté au niveau du réel par la vie des nomades, — "seigneurs misérables et libres", "des rois"[21] —, et leur "étrange" "royaume de pierres". Ils forment en effet une de ces rares communautés d'hommes qui vivent dans le total détachement des biens de ce monde, se contentant du strict nécessaire pour la vie du corps et, ignorant les structures et les frontières géographiques établies par la politique et par l'histoire, se fient aux astres pour les guider dans leurs pérégrinations à travers le désert. En ce qu'ils transcendent l'espace profane, on peut voir en eux des pèlerins de l'absolu: leur royaume n'est fondé sur aucun pouvoir temporel et ne vise aucune acquisition ni expansion matérielles. Reichelberg écrit à leur sujet: "De l'errance des nomades, de leur aveu d'inappartenance au monde, se fait jour la préférence, la vraie prédilection. Ces êtres que rien ne peut attacher ni retenir, ces bergers,

---

20. L'importance des eaux et de ses métaphores dans ces derniers passages n'est pas sans rappeler l'expérience diurne du narrateur de "Retour à Tipasa" où l'air aussi était "cristallin": "Dans cette lumière et ce silence, des années de fureur et de nuit fondaient lentement. J'écoutais en moi un bruit presque oublié, comme si mon cœur, arrêté depuis longtemps, se remettait doucement à battre. [...] J'entendais cela, j'écoutais aussi les flots heureux qui montaient en moi. Il me semblait que j'étais enfin revenu au port, pour un instant au moins, et que cet instant n'en finirait plus" (II, 873). C'est le même "arrêt du temps" dans les deux cas.

21. Dans les notes relatives à la préparation de *L'Exil et le royaume*, on lit ce passage où l'homme demande au sujet des nomades: "Ce sont des rois? — Oui, dit Pierre. Eux sont des rois" (*C3*, 55).

ce sont eux les bergers de l'Invisible, de la transcendance" (123). On se souvient des bergers aperçus par Janine au début se son itinéraire et du signe de reconnaissance dessiné par leur geste. Et alors que Quilliot la voit comme "leur sœur et leur épouse secrète" ("Un monde ambigu", 99), Cielens estime que "c'est à travers le 'royaume' des nomades que [Janine] entrevoit son propre royaume, cet accord à tous les niveaux auquel elle aspire" (148).

Sans doute peut-on voir dans le royaume archaïque des bergers-nomades, dont les valeurs sont transhistoriques, "éternelles", une métaphore de l'ailleurs utopique auquel tout être humain aspire. Que l'origine de cette aspiration ou de ce désir soit liée à la *chora*, à la première fusion avec la mère, concept qui nous est facilement accessible, ou à une fusion plus archaïque encore, de nature cosmique, est finalement une question de croyance, et peut-être de terminologie. En évoquant certaines expériences mystiques célèbres, Kristeva voit dans la foi "un mouvement d'identification qu'il faut bien appeler primaire, avec une instance aimante et protectrice." Elle poursuit:

> Par-delà la perception d'une séparation irrémédiable, l'homme occidental rétablit avec des moyens 'sémiotiques' plus que 'symboliques' une continuité ou une fusion avec l'Autre, non plus substantiel et maternel mais symbolique et paternel. Saint Augustin va jusqu'à comparer la foi du chrétien en son Dieu aux rapports du bébé au sein de sa mère. [...] Fusion avec un sein porteur, nourricier, aimant et protecteur certes, *mais qui désormais serait transposé du corps maternel en une instance invisible, au-delà*. (*ACA*, 36-37; nos italiques)

Sans que dans le cas de Janine il s'agisse de foi — les personnages croyants au sens religieux sont très rares dans l'œuvre camusienne — on reconnaît en effet dans l'expérience du désert qu'elle est en train de vivre une connexion "sémiotique" avec l'Autre, avec une instance invisible. Et les dimensions cosmiques de cette expérience seront de plus en plus apparentes. Mais ce qui importe déjà, c'est le fait d'une aspiration qui toujours implique la nostalgie, c'est-à-dire le désir de ce qui est perdu, de l'unité originelle, nostalgie qui maintient l'homme et la femme en état d'exil. On ne peut oublier ce sens de l'exil chez Camus, et que nous rappelle Vigée: "L'exil n'est pour lui que l'annonce, constamment suspendue, jamais abolie, de la présence" ("L'errance", 120).

S'étant abîmée dans la contemplation de l'"étrange royaume" des nomades, Janine prend conscience du fait que ce royaume, qui "de tout temps, lui avait été promis", ne peut cependant être sien que pendant un "fugitif instant". Or, c'est cet instant précis qui devient pour elle un instant d'éternité durant lequel "la vie était suspendue, sauf dans son cœur où, [...] quelqu'un pleurait de peine et d'émerveillement".

On est frappé par le caractère exceptionnel de l'émotion évoquée ici, émotion qui culmine dans les pleurs causés par la fusion de deux sentiments apparemment contradictoires et qui est peut-être comparable à la conscience de l'adieu toujours latent dans l'amour. L'émerveillement implique la découverte de quelqu'un ou de quelque chose d'inattendu et de merveilleux mais la douleur de la perte inévitable menace toujours, sous-jacente à la joie. Janine est pleinement consciente de ce déchirement que souligne Reichelberg: "Janine sait que ce royaume pourtant sien, elle ne peut en jouir que dans la fugacité de l'instant, dans le temps de la promesse. La tristesse, c'est déjà la nécessité du renoncement." Mais elle souligne la valeur créatrice de cette tristesse: "Les larmes muettes de Janine sont pour elle une pluie de fécondité" (124).

Après avoir observé la sacralisation de l'espace, il faut constater celle du temps, devenu réversible. Daunais fait remarquer leur interaction:

> La suspension du temps comme forme de fixité de l'espace apparaît souvent dans les nouvelles [...] [et] prend deux formes: la cristallisation et l'éclatement. On retrouve [...] la première dans "La Femme adultère" où elle se confond avec la notion de royaume. Janine dans le désert concentre en un seul instant des années d'émotions perdues. [...] L'arrêt du temps est une façon de fixer un espace aux justes proportions, mais, comme pour les instants privilégiés, cette suspension ne peut durer. (53)

En effet, la première expérience cosmique de Janine, d'une incroyable intensité, n'a duré que le temps d'un "fugitif instant" pendant lequel l'espace s'est immobilisé. Dans *Mesure de l'instant*, Georges Poulet en souligne la variabilité: "Il faudrait inventer une mesure de l'instant. Car ses dimensions varient. Tantôt il se trouve réduit à son instantanéité même: il n'est que ce qu'il est, et, en deçà, au-delà, par rapport au passé, à l'avenir, il n'est rien. Et tantôt, au contraire, s'ouvrant sur tout, contenant tout, il n'a plus de limites" (9). C'est bien cet instant sans limites que connaît Janine, instant fugitif à l'intérieur duquel cependant la vie est suspendue, où, comme dans l'œuvre d'art, elle s'immobilise. "Heure de révélation totale, écrit Reichelberg, c'est l'heure où l'espace épouse le temps. [...] Il n'y a plus ni passé ni présent, ni futur. Le temps est devenu un 'étant'. C'est l'éternité" (124). Cet "étant" est celui du temps immuable, édenesque, abolissant la linéarité, excluant le vieillissement et la mort. Cielens fait remarquer que "l'arrêt du temps implique que l'approche de la mort est enrayée, la crainte de la disparition écartée" (148). C'est pourquoi on ne peut sous-estimer l'importance de cette première communion cosmique de Janine. Alors qu'elle est essentiellement contemplation, elle atteint la femme au plus profond d'elle-même, la préparant à l'expérience de la nuit. Dans son excellente étude stylistique de la nouvelle, Manfred Pelz insiste sur la portée de l'immuabilité du temps dans cet épisode: "[T]his passage consistently uses the imperfect tense, which lends an atmosphere of charged timelessness to the events. This experience bears deep significance for Janine. It heralds the definitive metamorphosis she will undergo during her forthcoming experience with nature [...]" (141).

"Mais, reprend le narrateur, la lumière se mit en mouvement, le soleil, net et sans chaleur, déclina vers l'ouest qui rosit un peu, tandis qu'une vague grise se formait à l'est, prête à déferler lentement sur l'immense étendue" (1570). Baudelaire, s'adressant à sa "Douleur", évoquait en termes comparables la lente arrivée de la nuit: "Et, comme un long linceul traînant à l'Orient, / Entends, ma chère, entends la douce Nuit qui marche"[22]. Pendant l'inévitable descente vers le monde profane et ses multitudes mortelles, et avant de pouvoir monter seule vers le royaume de la Nuit, Janine aussi aura la Douleur comme compagne. Mais pour elle, comme pour le poète qui cherchait l'apaisement, la Nuit sera le temps et l'espace de la grande consolation.

La chute

Avec le déclin du soleil, après le moment sacré du crépuscule, la vie terrestre reprend avec toutes ses contingences: "Un premier chien hurla." La voix de Marcel tire ensuite Janine de son émerveillement, lui rappelant sa condition mortelle: "On crève, dit Marcel, tu es stupide. Rentrons. Mais il lui prit gauchement la main" (1571). Il faut noter ce geste esquissé par le narrateur car il est d'autant plus touchant qu'il est maladroit et sans doute inhabituel. Jusqu'à présent, Marcel a été présenté comme un homme peu sensible, occupé surtout par son commerce. Par la méditation de Janine dans l'autocar, nous savons en effet que Marcel semble s'intéresser seulement aux affaires: "Elle avait cru découvrir sa vraie passion, qui était l'argent et elle n'aimait pas cela, sans trop savoir pourquoi. Après tout, elle en profitait. Il n'était pas avare; généreux, au contraire, surtout avec elle. 'S'il m'arrivait quelque chose, disait-il, tu serais à l'abri'" (1562). Ambiguïté donc du personnage du mari, dont nous savons qu'il est à la fois matérialiste et généreux, en matière d'argent du moins. Mais il est possible que la manipulation de l'argent soit son seul moyen d'expression. Il se pourrait que cette passion en cache une autre, celle qu'il éprouve, qu'il a en tout cas éprouvée, pour Janine: jeune, il ne la

---

22. Il s'agit des derniers vers de "Recueillement", poème évoqué par l'arrivée de la nuit telle qu'elle est décrite par le narrateur.

quittait jamais et il l'"avait submergée d'assiduités". Si à présent la passion de l'argent submerge celle qu'il a(vait) pour sa femme, il reste que ce geste de lui "prendre gauchement la main" trahit une émotion enfouie, secrète, que l'on devine suscitée par celle de Janine: Marcel n'est ni insensible ni tout à fait imperméable à l'expérience de sa compagne.

Celle-ci, à présent, "claqu[e] des dents." L'air est devenu froid. Le vieux guide arabe les regarde "descendre vers la ville" (1571). "Docile maintenant", Janine se laisse entraîner, elle suit son mari, elle redevient l'épouse soumise, elle descend en effet vers la ville, consciente soudain de sa lourdeur et de sa fatigue. Elle redécouvre le poids de l'existence et son propre poids, elle se sent "trop grande, trop épaisse, trop blanche aussi pour ce monde où elle venait d'entrer." L'émerveillement fait place à un sourd désespoir. Janine se sent irrémédiablement exclue du royaume entrevu et vécu l'espace d'un instant: "Un enfant, la jeune fille, l'homme sec, le chacal furtif étaient les seules créatures qui pouvaient fouler silencieusement cette terre. Qu'y ferait-elle désormais, sinon s'y traîner jusqu'au sommeil, jusqu'à la mort?" Dans cette descente vers le profane et la détresse des heures qui suivent, on reconnaît un état décrit par Eliade comme une "certaine forme de mort initiatique, c'est-à-dire une descente symbolique aux Enfers" (*NM*, 233). La terre du désert est clairement devenue pour Janine terre sacrée, donc interdite. L'exil semble inexorable. Mais la lumière du royaume a coulé en elle.

Toujours est-il qu'il lui faut retrouver le monde profane. Or, c'est une ville bien plus grande que celle de l'oasis, bien plus éloignée aussi du royaume entrevu, qui constitue son milieu habituel, le cadre profane de sa vie quotidienne, et elle sait que c'est là qu'elle est condamnée à vivre, que c'est là le lieu de son enfermement. La terre sacrée lui paraît définitivement inaccessible. Janine a compris que seuls l'innocence de l'enfance et de la vierge ou le dénuement de l'ascète en permettent l'accès. Ne pénètrent au royaume que ceux et celles qui ne connaissent pas la souillure ou qui se sont purifiés par le sacrifice. Évoquant le "dépouillement de l'homme qui veut approcher le sacré", Caillois note que "[l]e mot grec 'souillure' signifie aussi 'le sacrifice qui efface la souillure'" (39-40). Concernant les rites qui permettent d'accéder au monde sacré et dont il a été question plus haut, Caillois les définit en termes d'abstention:

> [L]es rites cathartiques sont au premier chef des pratiques négatives, des abstentions. Ils consistent en autant de renoncements temporaires aux diverses activités caractéristiques de la condition profane [...]. En un certain sens, c'est précisément dans la mesure où elles semblent normales ou nécessaires qu'il convient de s'en abstenir; il faut, à la lettre, s'en purifier, pour approcher dignement du monde des dieux. C'est toujours

> le mélange qu'on redoute. [...] Celui qui désire sacrifier, pénétrer dans le temple, communier avec son dieu, doit, au préalable, rompre avec ses habitudes de tous les jours. Il se voit recommander le silence, la veille, la retraite, l'inaction, le jeûne et la continence. [...] La conception religieuse du monde requiert à travers espaces et temps un dépouillement semblable de l'homme qui veut approcher le sacré. (44-45)

Sans qu'elles aient été choisies en tant que rites, il est possible d'identifer certaines pratiques, mais surtout certaines abstentions de Janine, avec les recommandations mentionnées par Caillois. On sait que dès le début de leur mariage, Marcel, qui "n'aimait pas beaucoup l'effort physique [...] très vite [...] avait cessé de la mener sur les plages" et que "les années avait passé, dans la pénombre qu'ils entretenaient, volets mi-clos. L'été, les plages, les promenades, le ciel même étaient loin" (1561-62). Silence, retraite, inaction sont donc, depuis des années, le lot de Janine. Il semble que la continence non plus ne lui soit guère étrangère: en réfléchissant sur sa vie, sur Marcel, sur leur relation, sur le besoin qu'ils ont l'un de l'autre, elle s'interroge:

> Pas d'enfant! N'était-ce pas cela qui lui manquait? Elle ne savait pas. Elle suivait Marcel, voilà tout, contente de sentir que quelqu'un avait besoin d'elle. Il ne lui donnait pas d'autre joie que de se savoir nécessaire. Sans doute ne l'aimait-il pas. L'amour, même haineux, n'a pas ce visage renfrogné. Mais quel est son visage? Ils s'aimaient dans la nuit, sans se voir, à tâtons. Y a-t-il un autre amour que celui des ténèbres, un amour qui crierait en plein jour? (1572)

La joie de l'amour est inconnue à Janine, comme l'est la joie de la maternité, et il n'est pas interdit de soupçonner un lien entre ces deux manques. La constatation "Pas d'enfant!" indique plutôt un effet du hasard, en tout cas pas celui d'une décision. Aussi, dans la réitération de cette absence déjà évoquée ("Ils n'avaient pas eu d'enfants", 1562), on perçoit une insistance qui trahit l'étendue du manque. Elwyn F. Sterling souligne l'absence contiguë de l'espoir, celui d'une "immortality implicit in the child" (160).

Toute la soirée, Janine "se traîne", elle "respire mal", elle éprouve sa lourdeur. Couchée, elle combat à la fois le froid, la fièvre et "une sorte de peur" (1571). Le sommeil la fuit. Son insomnie est hantée par les images du campement des nomades. Et alors que "d'immenses solitudes tournoyaient en elle", elle se demande une nouvelle fois pourquoi elle est venue. Elle s'endort, se réveille, s'accroche à l'épaule de son mari "comme à son port le plus sûr". Comme pour Clamence, l'autre est perçu comme havre, comme refuge. C'est ici que le désir féminin montre ce qu'il a en commun avec le désir masculin, désir jumeau qui, pour Olivier, consiste en "un seul et même fantasme, une seule et même envie: envie du sein maternel, à jamais perdu, et à

retrouver sans cesse chez l'homme comme chez la femme" (29)[23].
Désir, on le sait, qui masque un désir plus vaste encore.

Malgré l'enfer de la dépendance et le "visage renfrogné" d'un improbable amour, Janine continue de s'accrocher. Mais à travers son pessimisme s'exprime la profondeur de son désespoir et de son angoisse:

> Marcel remua un peu comme pour s'éloigner d'elle. Non, il ne l'aimait pas, il avait peur de ce qui n'était pas elle, simplement, et elle et lui depuis longtemps auraient dû se séparer et dormir seuls jusqu'à la fin. Mais qui peut dormir toujours seul? Quelques hommes le font, que la vocation ou le malheur ont retranchés des autres et qui couchent alors tous les soirs dans le même lit que la mort. (1572)

Cependant elle sait que Marcel n'a rien d'un ascète, rien du chacal du désert et d'y penser seulement, elle s'attendrit sur lui: "Marcel, lui, ne le pourrait jamais, lui surtout, enfant faible et désarmé, que la douleur effarait toujours, son enfant, justement, qui avait besoin d'elle [...]. Et, en elle-même, elle l'appela du nom d'amour qu'elle lui donnait autrefois" (1572). Ici s'exprime toute la tendresse maternelle dont son homme-enfant est l'objet. S'expriment aussi la conscience de ce besoin de l'autre et le besoin de le savoir réciproque, tant est immense la peur de la mort: "Elle l'appela de tout son coeur. Elle aussi, après tout, avait besoin de lui, de sa force, de ses petites manies, elle aussi avait peur de mourir. 'Si je surmontais cette peur, je serais heureuse...'". Si la peur est le grand obstacle pour les hommes en général, elle l'est peut-être davantage, comme le suggère Cixous, pour les femmes: "On t'a appris à avoir peur de l'abîme, de l'infini, qui t'est pourtant plus familier qu'à l'homme. Ne va pas près de l'abîme! Si elle allait découvrir sa force! Si elle allait, soudain, jouir, profiter de son immensité! Si elle faisait le saut! Et ne tombait pas, comme une pierre, mais comme un oiseau. Si elle se découvrait nageuse d'illimité!" ("La venue à l'écriture", 50). Or, chez Janine, le désir va l'emporter sur la peur, elle fera le saut et découvrira l'immensité en elle.

Son monologue intérieur induit une prise de conscience violente. Il exerce un véritable effet de choc et déclenche aussitôt en elle "une angoisse sans nom", celle qu'entraîne la soudaine découverte de l'absurde: "Elle se détacha de Marcel. Non, elle ne surmontait rien, elle n'était pas heureuse, elle allait mourir, en vérité, sans avoir été délivrée" (1573). Caligula disait déjà: "Les hommes meurent et ils ne

---

23. Badinter aussi insiste sur l'actualité de ce désir: "Le désir archaïque de retour à la symbiose maternelle n'a jamais été si vivace, tant chez les hommes que chez les femmes. La fusion désirée est de même nature, à une exception majeure près. Nous recherchons la transparence des rapports, le lait de la tendresse humaine, la complicité parfaite qui nous unissait à notre mère, tout en refusant de ressentir les contraintes de la dépendance" (*L'Un est l'autre*, 329).

sont pas heureux" (16). Janine aussi s'insurge aussi contre cette évidence: "Son cœur lui faisait mal, elle étouffait sous un poids immense dont elle découvrait soudain qu'elle le traînait depuis vingt ans [...]. Elle voulait être délivrée, même si Marcel, même si les autres ne l'étaient jamais!" (1573) — "Même seule!" (2042)[24]. Son entreprise sera en effet solitaire. Gay-Crosier note justement que "l'homme révolté, au moment de la prise de conscience, est sollicité de poser sa conscience par opposition au monde et, surtout, à autrui" ("La révolte génératrice", 125). Janine ne procèdera pas autrement.

Sa révolte la fait se dresser dans son lit. C'est alors qu'elle entend "un appel qui lui sembla tout proche" (1573). Mais il est emporté par les "voix exténuées et infatigables des chiens de l'oasis", voix-aboiements qui, dans la nouvelle, sont chaque fois celles de l'immanence. Pourtant, Janine prolonge son écoute. L'appel est toujours là, il vient du sud désormais mythique, de cet endroit où, à la fin de la journée, elle avait découvert que "quelque chose l'attendait": "Un faible vent s'était levé dont elle entendait couler les eaux légères dans la palmeraie. Il venait du sud, là où le désert et la nuit se mêlaient maintenant sous le ciel à nouveau fixe, là où la vie s'arrêtait, où plus personne ne vieillissait ni ne mourait"[25]. Ici resurgissent les impressions d'intemporalité et d'immortalité que Janine a ressenties dans sa contemplation du désert à la fin de l'après-midi.

On aborde à présent le moment décisif de la nouvelle, semblable à celui de *La Chute* en ce qu'il est moment de réponse ou de refus, du oui ou du non: "Puis les eaux du vent tarirent et elle ne fut même plus sûre d'avoir rien entendu, sinon un appel muet qu'après tout elle pouvait à volonté faire taire ou percevoir, mais dont plus jamais elle ne connaîtrait le sens, si elle n'y répondait à l'instant. À l'instant, oui, cela du moins était sûr!" (1573). L'importance ici de "l'instant", de son immédiateté, est frappante. Anthony Zahareas la relie à un changement dans la perception du temps: "Janine moves [...] from an awareness of time to a loss of time. [...] The passage of time, carefully marked, has created a crisis, a feeling that not much time is left and that every minute counts" (324). Aussi, éclairée par son expérience initiatique de l'après-midi, Janine est pleinement consciente de la fugacité des moments de grâce. Par ailleurs, les incertitudes acoustiques des eaux du vent n'empêchent pas la

---

24. Une variante du manuscrit ajoute: "Même seule!" (2042). Ce mot est significatif par rapport à notre sujet, qui veut souligner le caractère solitaire de l'entreprise de Janine.

25. On ne peut que rapprocher ce passage de la réflexion suivante dans "La Mer au plus près": "Je me réveille ainsi, dans la nuit, et, à demi endormi, je crois entendre un bruit de vagues, la respiration des eaux. Réveillé tout à fait, je reconnais le vent dans les feuillages et la rumeur malheureuse de la ville déserte. Ensuite, je n'ai pas trop de tout mon art pour cacher ma détresse ou l'habiller à la mode" (II, 879).

reconnaissance d'une voix intérieure — car cet "appel muet" n'est pas autre chose. C'est la voix de son désir. C'est du fond d'elle-même qu'émane l'appel, impérieux et non contraignant à la fois puisqu'elle se sait libre de l'écouter ou non. Mailhot écrit: "Sa source, comme sa soif, est en elle-même, suspendue à son éveil, à son désir" (342). Or, Janine n'est pas — n'est plus — de celles qui en restent au désir. Elle veut connaître et, repoussant définitivement sa peur, elle assume sa liberté. Ce faisant, elle donne forme et sens à sa révolte nouvelle-née. Gay-Crosier fait encore remarquer que "les révoltes [...] se manifestent surtout chez des personnages camusiens d'une certaine maturité au moment d'un échec vécu ou envisagé, ou au seuil ou à la suite d'une perte d'illusions" ("La révolte", 125). Il cite bien sûr Janine parmi ces personnages: elle vient de constater l'échec de son existence et de sa seule relation humaine. Mais sa méditation l'ayant débarrassée de ses illusions, elle l'a menée au seuil de la connaissance.

L'objet du désir de Janine reste cependant inconnu d'elle-même. Si elle a été frustrée dans son désir d'amour humain et sexuel, ce n'est pas à cela qu'elle s'arrête. Si elle est sensible au regard de l'homme et en admire certains, ce n'est assurément pas le désir de l'homme qui la jette dans la nuit, contrairement à ce qu'écrivent certains critiques[26]. Pour lire dans l'expérience de Janine la manifestation du seul désir sexuel, il faut avoir glissé sur des pages entières de la nouvelle et avoir ignoré toute la poétique du texte. Parlant des statuts différents de l'image mystique et de l'image poétique par rapport justement au désir, Béatrice Didier écrit: "Si un même langage est utilisé finalement, c'est que le désir est *un*, pulsion de vie et de mort vers l'Autre; mais non parce que le désir de Dieu est *comme* le désir de l'homme" (66). Cependant, si la poétique de "La Femme adultère" traduit cette différence du désir, cela ne signifie pas que le désir de Janine soit absolument le désir de Dieu: on connaît assez la position de Camus en matière de foi et de religion pour savoir que la nomination d'un désir aussi spécifique est à exclure de ses textes[27]. Mais l'intensité du désir de Janine, que l'on devine vaste comme la nuit où il va la propulser et qui est en tout cas désir d'infini, le rend comparable à ce "désir sans limite" de certaines femmes mystiques dont Didier écrit: "Héloïse et Thérèse d'Avila [...] posent la présence du désir féminin dans son

---

26. Voir note 16.
27. L. Cohn estime cependant que "[l]e début de la liaison amoureuse entre Janine et le cosmos n'est autre que le désir de Dieu qui est décrit par Plotin, et repris par Camus" ("Signification", 107). Cohn se réfère à l'étude *Métaphysique chrétienne et néoplatonisme* où Camus écrit: "L'Âme est le désir de Dieu et nostalgie d'une patrie perdue" (II, 1282). Mais c'est la pensée de Plotin, relative au "Dieu de Plotin" (II, 1284), que Camus commente ici et elle ne reflète pas nécessairement la sienne ni celle de ses personnages, même si la nostalgie leur est indubitablement commune.

absolu, en quelque sorte hors contingence, dans l'infini qu'autorise la foi en Dieu" (40). La différence entre elles et Janine, c'est que son désir d'infini, par-delà la révolte, se passe de cette autorisation.

Noces

C'est finalement de tout son cœur que, au lieu d'appeler l'homme à ses côtés, Janine répond à l'"appel muet" et qu'"elle se jet[te] dans la nuit" (1573). En décidant de retourner au fort, elle rompt avec sa passivité, elle prend en main son destin et c'est ce mouvement qui consiste à dépasser sa peur et à suivre son désir qui va lui ouvrir le passage vers le royaume. Au lieu de s'arrimer à "son port le plus sûr", qui est celui de son exil, elle largue les amarres et, seule sur les eaux du vent et de la nuit, met le cap vers le sud. En navigatrice solitaire et "à demi aveugle", guidée seulement par les "guirlandes d'étoiles [qui] descendaient du ciel noir au-dessus des palmiers et des maisons" (1573), elle franchit tous les obstacles que peuvent représenter les hommes et les éléments: le veilleur de nuit et la langue arabe, l'air glacé, l'obscurité, et même les étrangers en burnous et à bicyclette qui de leur vivant n'ont vu une femme solitaire traverser la ville en pleine nuit, une femme dont les seules voiles, ayant changé de sexe et de sens, sont désormais celles de sa libre navigation![28] D'ailleurs, il y a de l'ange chez eux: les frôlements de leurs "énormes burnous" deviennent des frôlements d'ailes car Janine ne perçoit des "roues fragiles" et étincelantes de leurs bicyclettes qu'un "bruit d'élytres" (1574)[29]. Rassurée, elle se remet en route:

> Elle reprit sa course vers le fort. Au milieu de l'escalier, la brûlure de l'air dans ses poumons devint si coupante qu'elle voulut s'arrêter. Un dernier élan la jeta malgré elle sur la terrasse, contre le parapet qui lui pressait maintenant le ventre. Elle haletait et tout se brouillait devant ses yeux. La course ne l'avait pas réchauffée, elle tremblait encore de tous ses membres. Mais l'air froid qu'elle avalait par saccades coula bientôt régulièrement en elle, une chaleur timide commença de naître au milieu de ses frissons. Ses yeux s'ouvrirent enfin sur les espaces de la nuit. (1574)

On ne peut aller plus loin sans d'abord prêter attention à ce paradoxe: la nuit comme lieu d'épanouissement de la vision — lieu qui

---

28. Dans le contexte des "voiles", Stoltzfus écrit: "The veilings that have immobilized her for the past twenty-five years are phallocentric and her salvation (now that she has intimations of the kingdom) will come only because she responds to the call of the Other, that is, 'the flood-wind' of her unconscious. Despite the external realism of Janine's voyage, it is a voyage into the self and the unconscious" ("Albert Camus's Homonymous Veilings", 110).

29. Eliade fait remarquer que l'image de la roue à douze rayons apparaît dans les textes védiques et qu'elle représente le temps cyclique, le temps sacré (*MR*, 137).

va être celui de la révélation. À la fin de la journée, la descente depuis lieu sacré de la découverte vers le monde profane du quotidien s'était effectuée parallèlement au passage de la lumière du jour à l'obscurité de la nuit. Pourtant, c'est la nuit vers laquelle Janine est maintenant montée qui va constituer le temps et l'espace de son extrême expérience, expérience que celle de l'après-midi ne faisait qu'annoncer, comme les fiançailles annoncent les noces. Dans "Le jour, la nuit", Gérard Genette analyse la relation entre les deux termes de ce "*couple* de mots", termes qui s'inscrivent dans ce qu'il appelle un "paradigme défectif"; celui-ci est "la trace d'une dissymétrie sémantique profonde entre ses deux termes [...], entre un terme marqué et un terme non marqué" (*Figures II*, 104). Or, dans cette analyse, Genette établit des rapports parallèles entre les deux couples de mots *jour/nuit* et *homme/femme*:

> Le jour est [...] désigné comme le terme normal, le versant non spécifié de l'archi-jour, celui qui n'a pas à être spécifié parce qu'il va de soi, parce qu'il est l'essentiel; la nuit au contraire représente l'accident, l'écart, l'altération. Pour recourir à une comparaison brutale, mais qui s'impose, [...] disons que le rapport entre *jour* et *nuit* est homologue, sur ce plan, au rapport entre *homme* et *femme*, et qu'il traduit le même complexe de valorisations contradictoires et complémentaires [...]. (104)

Heureusement, en ce qui concerne l'altérité, Genette reconnaît la brutalité de la comparaison. Mais la femme sait qu'elle est "l'autre" du discours masculin. Il n'y a là rien de nouveau si ce n'est que, tout doucement, la femme est en train de rétablir l'équilibre. Par ailleurs, le rapport d'équivalence entre "nuit" et "femme" n'a rien d'amoindrissant, tant est poétiquement riche le champ sémantique potentiel du terme "nuit". Mais ce qui nous intéresse davantage par rapport à l'expérience de Janine, ce sont ces deux points que Genette développe dans son analyse: la spatialité de la nuit, et la nuit comme symbole du maternel. Nous retenons ici le premier point:

> Il y a une spatialité (il vaudrait mieux dire *spaciosité*) privilégiée de la nuit, qui tient peut-être à l'élargissement cosmique du ciel nocturne, et à laquelle de nombreux poètes sont sensibles. [...] [Supervielle] nous alerte à une autre valeur métaphorique de *nuit*, qui est d'une grande importance symbolique: c'est le sens de profondeur intime, d'intériorité physique ou psychique [...]. La spatialité nocturne est donc ambivalente, la nuit, "poreuse et pénétrante", est à la fois métaphore d'extériorité et d'intériorité, d'altitude et de profondeur [...]. (108-9)

On verra comment l'expérience nocturne de Janine, s'inscrivant dans cette spatialité privilégiée et ambivalente, relève à la fois de l'extériorité et de l'intériorité. On verra aussi, lors des noces de Janine avec la nuit, la manière exceptionnelle dont le narrateur a joué sur tous les registres de la spatialité et de l'"intimisme" cosmiques soulignés ici. Il faut enfin attirer l'attention sur la présence essentielle de "l'eau de la nuit" dans l'expérience que va vivre Janine. Une dizaine d'années avant la rédaction de "La Femme adultère", Camus notait dans ses *Carnets*: "La nuit, une 'vraie nuit', combien d'hommes la connaissent maintenant? Les eaux et la terre, le silence revenu. 'Et mon âme elle aussi est une fontaine jaillissante.' Ah! Que le monde s'éloigne, que le monde se taise. Là-bas, au-dessus de Pollensa...". Il ajoute alors cette réflexion personnelle: "Rompre avec ce cœur vide — refuser tout ce qui le dessèche. Si les eaux vives sont ailleurs, pourquoi me maintenir?" (*CI*, 245-46). Cette évocation de la "vraie nuit" et la réflexion qu'elle suscite sont saturées par la nostalgie des eaux et il n'est pas indifférent que du haut de Pollensa, on domine la mer. Rappelons la double religion de Camus: "Grande mer, toujours labourée, toujours vierge, ma religion avec la nuit" (II, 886). Reliant la citation des *Carnets* au texte de "La Femme adultère", Mailhot observe: "Les eaux vives ne sont pas ailleurs que dans 'la vraie nuit'. L'âme nocturne, aveugle par lucidité, dépouillée et silencieuse, est une fontaine jaillissant de sa soif" (342). Telle est Janine.

"Ses yeux s'ouvrirent enfin sur les espaces de la nuit": enfin, Janine voit. Libérés de la lumière solaire et de ses évidences, ses yeux se dessillent, sa cécité et son aveuglement prennent fin et son être entier, corps et âme, s'ouvre à l'infini de la nuit. Les forces diurnes de la lumière et du vent se sont effacées, cédant la place à celles, profondément mystérieuses, du ciel nocturne. "Aucun souffle, aucun bruit, sinon, parfois, le crépitement étouffé des pierres que le froid réduisait en sable, ne venait troubler la solitude et le silence qui entouraient Janine" (1574). Seul le bruit discret de la lente désagrégation du monde physique rattache Janine à la terre, à son monde connu et périssable, alors que son regard se perd dans les espaces infinis. Mais contrairement à l'homme pascalien, elle ne dit pas: "Le silence éternel de ces espaces infinis m'effraie" (*Pensées*, 88)[30]. Elle en accepte le mystère insondable, elle y consent, elle s'offre à lui. Ce n'est pas la frayeur qui envahit Janine devant le silence éternel de la nuit, mais un attrait sans nom auquel elle s'abandonne[31].

---

30 Jean Mesnard affirme que "[l]e cri célèbre: 'Le silence éternel de des espaces infinis m'effraie' doit être placé dans la bouche de l'incrédule, comme l'a bien montré Tourneur; serait-il même issu du propre cœur de Pascal qu'il n'exprimerait qu'un moment provisoire de sa méditation, bien vite achevée en une certitude triomphale" (167).

31. Selon Jean-François Mattéi, "Camus n'éprouve que l'effroi pascalien du silence de toutes choses. L'*angoisse* du Sacré apparaît au sens propre, non pas quand l'homme élève ses temples vers le ciel, mais, quand, privé de dieux, le monde se *resserre* peu à peu et finalememt étouffe les paroles qui montent de la terre. Le lien de la terre et du ciel n'ayant pas été béni par les dieux, les noces de Camus n'évoquent aucune hiérogamie" (293). Rien ne saurait mieux démentir cette affirmation que l'expérience de Janine.

Afin de mieux saisir la portée de la dernière partie de la nouvelle, et parce qu'un morcellement en petites citations ne saurait lui faire justice, nous allons la citer en entier dans trois extraits intacts. Le premier concerne le passage de la contemplation vers la participation:

> Au bout d'un instant, pourtant, il lui sembla qu'une sorte de giration pesante entraînait le ciel au-dessus d'elle. Dans les épaisseurs de la nuit sèche et froide, des milliers d'étoiles se formaient sans trêve et leurs glaçons étincelants, aussitôt détachés, commençaient de glisser insensiblement vers l'horizon. Janine ne pouvait s'arracher à la contemplation de ces feux à la dérive. Elle tournait avec eux et le même cheminement immobile la réunissait peu à peu à son être le plus profond, où le froid et le désir maintenant se combattaient. (1574)

Dans une acceptation totale, Janine s'incorpore littéralement au mouvement cosmique. Et dans cet abandon, ce don d'elle-même qui est à la fois désir et sacrifice, elle se retrouve. Sur le plan de la réalité des vingt dernières années de sa vie, comme sur le plan symbolique de l'itinéraire, elle a parcouru ce qu'Eliade apppelle "le chemin 'ardu, semé de périls' vers le soi, vers le 'centre' de son être" (*MR*, 30), ce que le narrateur appelle "son être le plus profond". C'est ainsi qu'elle passe de la contemplation des milliers d'étoiles à une véritable communion physique: "elle tournait avec eux". Conformément à l'ambivalence de la spatialité nocturne dont parle Genette, cette communion extérieure avec l'univers va donner naissance à la communion intérieure avec elle-même. Mais la partie n'est pas encore gagnée, le désir n'a pas encore le champ libre: alors qu'il est appel de vie et d'amour, il lui faut affronter les forces paralysantes du froid qui sont celles de la stérilité et de la mort. Morot-Sir rappelle ici cette "autre antinomie qui était présente dès la première page du récit: celle du froid et de la chaleur: le froid, à la fois expression physique et symbole de l'immanence, de la pesanteur, de l'inertie; la chaleur, de la vie, de la fusion des êtres et des éléments" (54-55). Ainsi se livre en Janine l'ultime combat des forces de vie et de mort, d'Éros et de Thanatos, mais elle est soutenue par l'élan de son désir:

> Devant elle, les étoiles tombaient une à une, puis s'éteignaient parmi les pierres du désert, et à chaque fois Janine s'ouvrait un peu plus à la nuit. Elle respirait, elle oubliait le froid, le poids des êtres, la vie démente ou figée, la longue angoisse de vivre et de mourir. Après tant d'années où, fuyant devant la peur, elle avait couru follement sans but, elle s'arrêtait enfin. En même temps, il lui semblait retrouver ses racines, la sève montait à nouveau dans son corps qui ne tremblait plus. (1574)[32]

---

32. Dans son étude sur l'aliénation et le besoin d'"enracinement" chez Camus et Simone Weil, John M. Dunaway souligne le langage mystique de certains passages lyriques de la nouvelle tels que celui-ci, ainsi que l'importance du concept de "racines": "Not Christian mysticism, certainly, but these mystical visions of moving into a kingdom of man are Weilian in that the source of exaltation is the prospect of retrieving *enracinement* (rootedness)" (39).

À chaque étoile qui tombe sur l'horizon, s'éteignant comme s'éteint toute vie, "Janine s'ouvr[e] un peu plus à la nuit." Cette dilatation, rythmée par le mouvement des astres, évoque celle d'une femme se préparant à l'accouchement. Et, comme dans l'accouchement, la respiration joue un rôle primordial. Déjà pour le narrateur de "Noces à Tipasa", la respiration était essentielle dans le passage du devenir à l'être: "Ce n'est pas si facile de devenir ce qu'on est, de retrouver sa mesure profonde. [...] J'apprenais à respirer, je m'intégrais et je m'accomplissais" (II, 56). Janine aussi respire, elle retrouve ses racines, elle rejoint son être profond de qui elle avait divorcé, elle s'accomplit. Se référant à un poème de Rilke, Onimus fait le rapprochement entre l'expérience de Janine et "l'hymne de la respiration cosmique, la joie de la dilatation physique, symbole de la dilatation spirituelle" (565).

Fondamentale aussi dans la transformation qui est en train de s'opérer chez Janine est cette prise de position radicale: elle confronte enfin sa peur, la vieille "angoisse de vivre et de mourir". Elle s'arrête et la regarde en face. C'est par ce retournement, qui consiste à braver les anciennes forces d'inertie pour répondre à l'appel des "eaux légères" du vent et de la nuit, qu'elle ouvre les vannes aux forces vitales. C'est pourquoi la sève si longtemps niée, refoulée, qui stagnait au fond d'elle et l'alourdissait, se met à présent à couler librement. Son cœur et son corps se préparent au stade ultime de la communion. Elle se met au diapason du monde pour retrouver cet instant d'éternité qu'elle avait éprouvé quelques heures plus tôt dans l'immobilité de la lumière où "la vie était suspendue en son cœur". Et c'est sous le signe dionysiaque de la fécondité, celui des "grappes" d'étoiles tombant sur l'horizon du désert que Janine va enfin s'abandonner à "l'eau de la nuit". Il faut visualiser cette femme dressée seule dans la nuit étoilée du désert, voir l'arc tracé dans le ciel par la tension qui l'habite: debout sur la terrasse et appuyée au parapet qui lui presse le ventre, elle est en contact étroit avec le monde physique; en même temps, elle est "tendue vers le ciel en mouvement" et dans toute l'attitude de ce corps arqué vers la voûte céleste se dessine une courbe vivante, vibrante, qui personnifie avec ardeur ce "lien entre le Ciel et la Terre" évoqué plus haut:

> Pressée de tout son ventre contre le parapet, tendue vers le ciel en mouvement, elle attendait seulement que son cœur encore bouleversé s'apaisât à son tour et que le silence se fît en elle. Les dernières étoiles des constellations laissèrent tomber leurs grappes un peu plus bas sur l'horizon du désert, et s'immobilisèrent. Alors, avec une douceur insupportable, l'eau de la nuit commença d'emplir Janine, submergea le froid, monta peu à peu du centre obscur de son être et déborda en flots

ininterrompus jusqu'à sa bouche pleine de gémissements. L'instant d'après, le ciel entier s'étendait au-dessus d'elle, renversée sur la terre froide. (1574-75).

Les noces de la femme et de la nuit sont accomplies. C'est au sein de l'immobilité cosmique, espace et temps arrêtés, que viennent de se réaliser le don et la possession orgastiques, ceux d'un acte d'amour total entre la femme couchée sur la terre et le ciel étendu au-dessus d'elle. L'expérience, à la fois communion et sacrifice, a été d'une intensité telle que Janine en a été littéralement terrassée, provisoirement renversée et dépossédée d'elle-même[33]. Elle est désormais une Initiée. Après un dernier moment de recueillement qui devait parfaire le silence, tout s'est soudain accompli en "un instant d'extase [...] où l'esprit comblé, incapable de rien concevoir au-delà de sa plénitude, atteint à une brève éternité" (Poulet, 12). Sous-jacente à la retenue et à l'extrême condensation du texte — traversé cependant par des "milliers d'étoiles", travaillé par "ces feux à la dérive" — on devine, parallèle à la montée de Janine vers la terrasse et répondant aux échos diurnes "d'une seule note éclatante et brève", la progression d'une jubilation comparable à celle des variations mélodiques qui annoncent en sourdine l'explosion vocale de "Freude" dans la Neuvième de Beethoven. Les vers mêmes de l'"Ode à la joie" de Schiller semblent évoquer la béatitude de Janine, fille de la nuit et d'Éleusis[34]: "Freude, schöner Götterfunken, / Tochter aus Elysium, / Wir betreten feuertrunken, / Himmlische, dein Heiligtum." Dans "Le Désert", Camus évoquait déjà "cette initiation [qui] prépare à des illuminations plus hautes. Ce sont des cortèges étincelants qui mènent les mystes dionysiens à Éleusis. C'est dans la joie que l'homme prépare ses leçons et parvenue à son plus haut degré d'ivresse, la chair devient consciente et consacre sa communion avec un mystère sacré dont le symbole est le sang noir" (II, 82)[35]. Or, l'expérience ultime de Janine est bien celle d'une "illumination" où l'accompagnent les "cortèges étincelants" des étoiles. C'est bien à l'ivresse du *fascinans* que l'on assiste, aux

---

33. Vigée souligne l'aspect "démesuré" de l'expérience: "[M]ême sous cette forme atténuée et clémente d'invasion nocturne, il demeure dans les expériences du sacré un élément qui en trahit le caractère démesuré. Elles ont l'effet d'un viol ou d'un ultime accomplissement: Janine est 'renversée' par le principe ouranien auquel elle s'unit à la lisière du désert" (*Artistes*, 265).

34. Carl Kerényi écrit: "The initiate possessed a knowledge which conferred blessedness and not only in the hereafter; both knowledge and beatitude became his possession the moment he beheld the vision" (15).

35. Ce qu'écrit Jean-Paul Santerre concernant "Le Désert" s'applique aussi à l'expérience de Janine: "L'ivresse dionysiaque prépare à la communion et à l'entrée dans le sacré. Mais la conscience de la chair ici signale l'acceptation des 'morts conscientes', la fin des 'jeux de l'espoir', la lucidité qui rend l'homme à son humanité précaire, mais assumée, c'est-à-dire une forme de renoncement. Le symbole du sang noir [...] est là pour dire que le terme de l'existence est déjà inscrit dans la vie" (114).

"formes enivrantes du sacré, au vertige dionysiaque, à l'extase et à l'union transformante" dont parlait Caillois (43). Tout dans cette "extase lucide" (Vigée, *Artistes*, 264), qui embrasait autant le corps que l'esprit, signale la fécondation de Janine, sous les "grappes" d'étoiles, par les eaux de la nuit. Et, par cet orgasme cosmique, Janine s'est enfantée elle-même. Elle est enfin devenue femme et mère — dans une simultanéité de la volupté et de l'accouchement qui n'est pas sans rappeler la condition humaine d'avant la chute telle que l'évoque Levinas[36].

La vie/la mort

Mais l'histoire après la chute est celle de la condition mortelle, que symbolise le sang noir. Si l'extase lucide de Janine est révélation et connaissance, elle est aussi consentement, comme le confirme clairement une variante du manuscrit: "La vie soudain arrêtée, rayonnait insensiblement sous une profusion fixe de feux. Et c'est en elle que Janine se délivrait. Elle était seule au monde, et le monde la comblait et la libérait. Le poids des êtres et des années glissait de ses épaules jusqu'à terre. La peur fondait, il serait juste et bon de mourir" (2043). Comme le fait remarquer Sterling, "[a]t the heart of her anguish, she has found a consent to final dissolution. Thus, like so many Camusian characters — Mersault, Caligula, Meursault, Tarrou, and Kaliayev, among others — Janine has come to grips with the basic question of how to die 'happily'. [...] [She] finds solace in consent" (161). Contrairement cependant à ces personnages, Janine n'est pas consciemment confrontée à une mort imminente. Elle est l'exception. Mais il s'agit bien chez elle d'un consentement, peut-être d'une réconciliation. On ne peut qu'y voir le reflet de celui que l'auteur avait déjà formulé trois ans avant la publication de la nouvelle et que rappelle Sterling: "Ce que j'ai si longtemps cherché apparaît enfin. Mourir devient un consentement" [*C2*, 342].

Alors que les quatre éléments étaient réunis, ce sont l'eau et la terre qui se sont se sont avérées essentielles dans la phase finale des noces de Janine. Or, selon Eliade, "le symbolisme des Eaux implique aussi bien la mort que la renaissance. Le contact avec l'eau comporte toujours une régénération: et parce que la dissolution est suivie d'une 'nouvelle naissance', et parce que l'immersion fertilise et multiplie le

---

36. Levinas écrit: "La naissance des premiers enfants, Caïn et Abel, s'est produite encore au Paradis [...] le jour même de la création d'Adam qui fut aussi le jour de la création d'Ève et le jour de leurs premières amours d'avant la désobéissance originelle. Ils montèrent deux sur la couche nuptiale et en descendirent quatre. [...] La conséquence de la chute fut précisément la séparation de la volupté et de la procréation s'étalant désormais successivement dans le temps" (*Difficile liberté*, 59).

potentiel de vie" (*SP*, 113). Le retour final de Janine à la terre, qui est *Terra Mater*, s'inscrit dans la même relation sacrée. Eliade écrit:

> La femme est [...] mystiquement solidarisée avec la Terre; l'enfantement se présente comme une variante, à l'échelle humaine, de la fertilité tellurique. Toutes les expériences religieuses en relation avec la fécondité et la naisssance *ont une structure cosmique.* La sacralité de la femme dépend de la sainteté de la Terre. La fécondité féminine a un modèle cosmique: celle de *Terra Mater*, la *Génitrix* universelle" (*SP*, 125).

Eliade explique aussi la *humi positio*, le rituel de l'accouchement sur le sol "qui se rencontre un peu partout à travers le Monde" avant de disparaître à l'âge historique:

> On saisit sans peine le sens religieux de cette coutume: *l'enfantement et l'accouchement sont les versions microcosmiques d'un acte exemplaire accompli par la Terre* [...]. Pour naître ou pour mourir, pour entrer dans la famille vivante ou dans la famille ancestrale (et pour sortir de l'une ou de l'autre), il y a un seuil commun, la Terre natale" (*SP*, 122-23)[37].

Or, en accouchant d'elle-même sur "la terre froide", Janine a en même temps *enterré* le vieux moi. Sa re-naissance fait d'elle une initiée et, comme l'écrit Cielens, elle pourra "telle les novices des mystères d'Éleusis, [...] retourner dans sa vie ordinaire avec la possession de son secret qui l'aidera sans doute à accepter la vieillesse et la mort avec sérénité" (149). Carl Kerényi nous rappelle que "[p]articipation in the Mysteries offered a guarantee of life without fear of death, of confidence in the face of death" (15).
Concernant sa renaissance, Reichelberg fait remarquer l'exception que représente l'expérience de Janine: "De tous les personnages camusiens, *Janine est la seule à connaître l'extase sacrale, sans mourir,* comme un baume qui vient détendre son corps crispé depuis de longues années et libérer le sanglot de poésie. *Elle est la seule à réussir*: Janine reconquiert la plénitude qui la définissait et régénère son être aux sources de la nuit" (112-13; nos italiques). On ne peut assez souligner, nous semble-t-il, cette exception que constitue l'expérience de Janine dans l'œuvre: celle de l'extase sacrale qui, loin d'être mortifère, devient source d'une vie nouvelle. Consentante et libérée, il s'agit désormais pour Janine de vivre à la lumière de sa nouvelle connaissance.

---

37. Eliade explique plus loin: "De même qu'on pose l'enfant par terre aussitôt après l'accouchement [...], de la même manière on pose par terre, à moins qu'on ne les enterre, les enfants et les hommes mûrs, en cas de maladie. *Ce rite équivaut à une nouvelle naissance.* L'enterrement symbolique [...] a la même valeur magico-religieuse que l'immersion dans l'eau, le baptême. Le malade en est régénéré: il naît à nouveau" (*SP*, 124).

Extase/jouissance

Vigée parle de l'expérience de Janine comme d'une "expérience passive, — à la fois érotique et religieuse, — de la délivrance existentielle par immersion dans le flux de l'être" ("L'errance", 125). Mais pour atteindre cette délivrance, il a d'abord fallu que le "désir infini" de Janine la conduise de la passivité de l'attente à l'écoute de l'appel et à la réponse et, au-delà, à la jouissance et à la transcendance. Extase d'ordre à la fois charnel et spirituel, axée sur la fusion et le UN plutôt que sur la réjouissance kristevienne dans l'altérité et la division du soi[38], il est curieux que son expérience relève davantage du concept lacanien de jouissance. Jonte-Pace précise que

> Lacan proceeds to link woman with God, religion, mysticism and the soul through an illumination of alterity and *"jouissance"* (Lacan's term for sexual or spiritual ecstasy). Woman has a supplementary *jouissance* "beyond the phallus," he states. This jouissance is also attained by those, male *and* female, who "sense that there must be a *jouissance* which goes beyond. That is what we call a mystic". (6)

On constate avec intérêt à quel point ces précisons reflètent l'expérience de Janine. Morot-Sir voit dans l'extase de Janine une "expérience absolue", une jouissance de nature cosmique, où la femme, dans la solitude, s'accomplit pleinement dans sa féminité:

> L'auteur a préparé cette extase, pour employer le langage heideggerien, en convertissant l'air du désert et le vide cosmique en élément liquide: c'est "l'eau de la nuit" qui emplit Janine, c'est cette eau qui monte "peu à peu du centre obscur de son être et qui déborde en flots ininterrompus jusqu'à sa bouche..." Qui parle, même à travers des gémissements, sinon l'être même du cosmos explosant dans une expérience absolue où la femme, seule avec elle-même, s'accomplit dans sa réalité de femme, dans sa féminité? (55)

Par le contenu sexuel de son expérience, Janine retrouve en effet le UN originel de la *chora*, la fusion primaire avec le corps maternel: "Chaque acte sexuel nous entraîne à repasser le Miroir, et nous permet

---

38. Alors que le concept de "jouissance" apparait fréquemment dans l'œuvre de Kristeva, il est difficile d'y trouver une définition satisfaisante. Dans sa préface à *Desire in Language*, elle le relie à notre relation au sens: "[...] our only chance to avoid being neither master nor slave of meaning lies in our ability to insure our mastery of it (through technique or knowledge) as well as our passage through it (through play or practice). In a word, jouissance" (x). Jean Graybeal fait ce commentaire: "The subject "masters" the symbolic system [...] and yet is also in touch with the semiotic forces on the other side [...]. Her *jouissance* is her experience of her doubleness, her awareness of the difference within her own identity, of the otherness of her self to her self" ("Joying in the Truth of Self-division", 133). Leon S. Roudiez écrit dans son Introduction à *Desire in Language*: "In Kristeva's vocabulary, sensual, sexual pleasure is covered by *plaisir*; 'jouissance' is total joy or ecstasy (without any mystical connotation); also, through the working of the signifier, this implies the presence of meaning (*jouissance* = *j'ouïs sens* = I heard meaning), requiring it by going beyond it" (16).

de mourir un instant à notre solitude, pour retrouver le UN originel" écrit Olivier (138). Mais c'est la dimension cosmique de son acte, son ouverture totale à l'infini de la nuit, qui, au delà de cette fusion, permet à Janine de s'accoucher d'elle-même. C'est le don d'elle-même qui la rend à elle-même. Vigée estime que "cette femme désespérée […] connaît […] la volupté de la réconciliation qui est délivrance. En elle se célèbrent de nouveau les noces mythiques d'Uranus et de Gaïa" ("L'errance", 126). Selon Reichelberg aussi, "Janine répète le mythe ouranien de la création. Ouranos, né de Gaïa, la nuit ou la terre, fertilise à son tour Gaïa. Le ciel, né du désir de la Terre et de la Nuit, toutes deux émergées du chaos, féconde de nouveau la Terre-matrice." À l'instar de Gaïa, Janine devient, dans les mots de Reichelberg, "la matrice-mère du monde, dans un acte d'absolue générosité" (130-31).

Le maternel/le temps

On voudrait revenir brièvement à l'importance des aspects nocturne et éleusien de l'expérience de Janine et à la relation implicite à la mère. Janine devient mère pour accoucher d'elle-même, d'une nouvelle elle. Dans sa renaissance se trouve ainsi condensée la relation mère-fille, les retrouvailles de Déméter et de Perséphone. On sait que les mystères d'Éleusis, qui présentent une image archétype de la relation mère-fille, étaient une célébration annuelle et nocturne qui honorait les deux déesses dont le culte, à travers le retour des saisons représenté par le retour annuel de la fille à la mère, impliquait l'espérance d'une vie éternelle[39]. Dans ce contexte, nous revenons au deuxième point de l'équivalence nuit/femme commentée par Genette, notamment la nuit comme symbole du maternel:

> [C]omme femme, la nuit est encore — et nous touchons là sans doute à son symbolisme le plus profond — la mère; mère essentielle, mère du jour, 'qui sort de la nuit', mère unique de tous les Dieux […]. Il n'est pas besoin d'une très forte dose de psychanalyse pour reconnaître en la nuit un symbole maternel, symbole de ce lieu maternel, de cette nuit des entrailles où tout commence, et pour voir que l'amour de la nuit est retour à la mère, descente chez les Mères, signe inextricablement noué d'instinct vital et d'attirance mortelle. Ici se marque un dernier renversement dans la dialectique du jour et de la nuit, car si le jour dominateur est, en son plein éclat, la vie, la nuit féminine est, dans sa profondeur abyssale, à la fois vie et mort: c'est la nuit qui nous donne le jour, c'est elle qui nous le reprendra. (121)

---

39. Selon Kerényi, "the Attic orator Isokrates was able […] to do justice to the personal hopes conferred by the Mysteries but also to their implications for the whole human race. In his 'Panegyric on Athens' (IV 28), he mentions the two gifts of Demeter: the grain and the Eleusinian rites […]. And in speaking of the latter, he again distinguishes two blessings: 'Those who take part in them,' he says, 'possess hopes in regard to the end of life and in regard to the whole *aion*'" (15).

On retrouve ainsi la dualité naissance/mort qu'Eliade a décrite dans le symbolisme des Eaux.

L'importance du féminin dans sa relation au maternel est aussi relevée par Kristeva dans "Le temps des femmes" où elle souligne la spécificité que prête au temps la subjectivité féminine et où elle associe au mythe ouranien, évoqué par Vigée et Reichelberg, l'autre modalité du temps féminin, le temps monumental ou "massif":

> Quant au temps, la subjectivité féminine semble lui donner une mesure spécifique qui, de ses multiples modalités connues par l'histoire des civilisations, retient essentiellement la *répétition* et l'*éternité*. D'un côté: cycles, gestation, éternel retour d'un rythme biologique qui s'accorde à celui de la nature, et dicte une temporalité dont la stéréotypie peut choquer; sa régularité à l'unisson avec ce qui est vécu comme un temps extra-subjectif, un temps cosmique, est l'occasion d'éblouissements, de jouissances innommables. De l'autre: une temporalité massive, sans faille et sans fuite. Elle a si peu à voir avec le temps linéaire que le nom même de temporalité ne lui convient pas. Englobante et infinie comme l'espace imaginaire, elle fait penser au Kronos de la mythologie d'Hésiode qui, fils incestueux, couvrait de sa présence compacte toute l'étendue de Gaia pour la séparer d'Ouranos le père. (*NMA*, 303)

Les "éblouissements" et "jouissances innommables" évoqués ici par rapport à un temps cosmique sont sans aucun doute à identifier avec ceux qu'a connus Janine. Kristeva rappelle plus loin que "ces deux types de temporalités, cyclique et massive, sont traditionnellement liées à la subjectivité féminine pour autant qu'elle est pensée comme nécessairement maternelle". Elle souligne aussi le fait qu'"on les retrouve, répétition et éternité, comme conceptions fondamentales du temps dans de nombreuses expériences, en particulier mystiques" (*NMA*, 303-4).

Or, Janine, par son corps d'une extrême féminité et par l'expérience érotique et maternelle qu'elle vient de vivre, adhère pleinement à cette double temporalité. Par son silence aussi, pour en revenir à Duras qui disait de ses femmes: "La durée dans laquelle elles baignent, c'est une durée d'avant la parole, d'avant l'homme" (12). L'expérience que Janine a vécue lors de sa première montée au fort et encore davantage celle de sa communion avec la nuit sont des exemples extrêmes de ces "deep and ecstatic existential experiences" dont parle Bielawka, et propres à la recherche camusienne d'un temps cosmique. C'est la présence de ces expériences dans l'œuvre qui fait encore dire à Bielawka, de manière si juste, que "Camus, contrary to Husserl, supposes that he does not have an intellectual knowledge of eternity, and, at the same time, he all but shows, in a practical manner, a way to eternity through life in permanent presence" (42).

Transformation

Si les eaux fertiles de la nuit ont pu monter du "centre obscur de son être" pour sumberger Janine, c'est parce qu'elle a répondu sans délai, "à l'instant", à l'"appel muet" des "eaux du vent". C'est sa réponse immédiate et agissante qui, en ouvrant la voie vers son centre, a permis l'accès au sacré et la transformation qu'il entraîne — c'est-à-dire l'accès au royaume, qui n'est autre que le lieu où l'être humain trouve sa délivrance et son extase et qu'il n'atteint qu'après avoir dépassé la binarité peur/désir. Janine eût-elle cédé à sa peur, se fût-elle dérobée une seule seconde à l'appel des eaux qui n'était autre que celui de son désir, jamais elle n'aurait connu la délivrance. Or, elle est délivrée, donc libre: "Elle était seule au monde, et le monde la comblait et la libérait" lit-on dans une variante du manuscrit (2043). Et bien qu'en fin de parcours elle soit rendue à "la terre froide", qui est à la fois *Terra Mater* et lieu de la condition humaine, elle y retourne nantie d'une vie nouvelle. Car, comme l'écrit Eliade, "[l]'accès au 'centre' équivaut à une consécration, à une initiation; à une existence, hier profane et illusoire, succède maintenant une nouvelle existence, réelle, durable et efficace" (*MR*, 30). C'est pourquoi l'expérience de transformation que vit Janine, de par son déploiement progressif tout au long du récit, justifierait amplement cette remarque qu'a faite Abbou relative à Meursault, mais donnée au féminin: "[...] [elle] paraît, à la dernière scène, transfiguré[e]" ("Le quotidien", 258).

Si l'expérience de Janine est une expérience profondément solitaire, c'est parce qu'il s'agit avant tout d'une expérience de désir et de transformation, non de communication. Celle-ci découlera de celle-là en temps voulu. James W. Jones écrit:

> [E]ncounters with the sacred are almost inevitably experiences of transformation. Experiences of the sacred carry us back and put us in touch with the foundations of our being and knowing. [...] Such a return to the well-spring of our conscious existence carries the hope and the possibility of metamorphosis, of reworking or transforming aspects of ourselves and our relation to the world. (122)

C'est pourquoi, dans ce que vit Janine, comme dans toute expérience fondamentale et déchirante, "transformante" — fusion amoureuse, naissance/accouchement, mort — les mots manquent. Les seuls sons qui sortent de sa bouche au moment paroxystique sont des "gémissements", ce qui apparente son expérience au sémiotique et au corps maternel. Parlant du féminin maternel chez Levinas, Catherine Chalier écrit:

> Seule l'anarchie du corps de maternité témoigne — dans le silence et le "gémissement d'entrailles" — d'une entente plus originaire que toute

> autre de l'utopie éthique. [...] Le féminin disposant en son corps de ce savoir d'avant tout temps, reste donc à distance des mots, dans l'avant-propos des langues. C'est pourquoi son entente est "sans mots" et son langage "sans enseignement": l'originaire que sait le féminin, la suspension de l'essence vécue dans le corps, sont en réserve des mots qui les diraient. (103)

Or il est vrai, on l'a vu, que l'expérience de Janine est vécue avec son corps féminin et maternel et c'est peut-être pourquoi son entente est "sans mots". Mais aussi, son entente est spirituelle et cosmique, elle transcende le corps, elle embrasse le ciel entier qui, en dernière instance, s'étend au-dessus d'elle. Son cheminement vers le centre, et l'extase que l'accès au centre entraîne, sont effectivement étrangers au langage. Ou plutôt, le langage leur est étranger, il leur est superflu. Car il s'agit d'une expérience d'intériorité, et non, comme il a été dit, une expérience d'extériorité et de communication. Après la première montée au fort et la déception de la descente, Janine avait atteint ce point dans sa vie où elle n'attendait plus rien, sinon "se traîner jusqu'au sommeil, jusqu'à la mort" (1571). La vie qu'elle menait, la relation qu'elle vivait, représentaient un enfermement qui excluait toute communication. L'exil était total. Si le désir vivait encore en elle, il fallait qu'il trouve un objet Autre. Or, le désir n'était pas mort. C'est pourquoi elle a perçu l'"appel muet" des "eaux légères" du vent et de la nuit. C'est pourquoi elle y a répondu. Le désir humain de Janine, tout comme le désir d'amour insatisfait de Maria à la fin du *Malentendu*, s'est mué en désir métaphysique. Mais Maria était jeune, elle n'avait guère souffert, elle n'avait pas encore accompli son voyage vers le centre. Nous l'avons laissée en proie à sa première douleur, au seuil de la première étape de son initiation. Elle n'était pas prête. Janine par contre a vécu vingt-cinq années d'exil et d'emprisonnement: il ne lui sera pas répondu "Non."

L. Cohn voit dans le désir métaphysique de Janine la recherche de la participation, celle que décrit Plotin dans l'étude de Camus:

> "Le désir nous fait découvrir l'être universel; ce désir est l'Éros qui veille à la porte de son aimé; toujours dehors et toujours passionné, il se contente d'y participer autant qu'il le peut."[40] [...] C'est cette participation que recherche Janine. Et cette recherche va s'amplifier: l'extase mystique parvient à une sublimation qui transforme celle qui en est l'objet en un personnage différent. Cette métamorphose va se dérouler en trois temps: ceux-ci traduiront une intimité progressive qui s'achèvera en une fusion, une identification totale entre Janine et le cosmos. ("Signification d'autrui", 107)

---

40. L. Cohn cite Camus citant Plotin dans "La Conversion ou le Chemin de l'extase", extrait de l'étude *Métaphysique chrétienne et néoplatonisme* (II, 1282-83).

Dans sa recherche de l'Un, Janine a en effet atteint, pendant "un instant d'éternité", la satiété. Ce qui importe, c'est de savoir le pouvoir de transformation de l'extase sacrale. Cohn, Jones, Eliade, viennent de le souligner. Dans *Naissances mystiques*, Eliade nous rappelle encore qu'"[à] Éleusis [...] le myste entreprend l'initiation afin de transcender la condition humaine et d'obtenir un mode d'être supérieur, surhumain" (235). Si, comme dit encore Cohn, "les personnages camusiens restent, dans leur quête du bonheur, des pèlerins de l'unité", c'est bien Janine qui "va remplir le programme plotinien d'identification au cosmos et [réaliser] l'exigence extatique de la communion avec l'être caché dans le monde. Se sentant séparée d'autrui, épouse insatisfaite, c'est dans l'extase mystique qu'elle va chercher à satisfaire son besoin d'identification avec l'Autre" ("Signification d'autrui", 106-107). Aussi est-ce à travers la transformation que cette expérience entraîne et qui l'arrache au profane que Janine acquerra, ou plutôt méritera, plus que tout autre personnage féminin de l'œuvre, le statut de "femme mythique".

La femme et le féminin/masculin

Après avoir suivi l'itinéraire et l'initiation de Janine, il faut revenir une dernière fois à la représentation textuelle de la femme dans cette nouvelle, représentation dont on a pu constater la justesse surprenante, comme le souligne Fitch:

> In "La Femme adultère" [...] we follow and share Janine's innermost thoughts and feelings from the opening to the concluding page. Nothing could be more unexpected than to discover that the first and only time that Camus places a woman at the heart of his fictive universe, the woman in question is made more accessible to us than any of his previous male protagonists. By the story's end, we really feel that we know Janine: the nagging and relentless frustration of the reader of *L'Étranger*, *La Peste*, and *La Chute* has given way to the satisfaction which comes from a genuine empathy with this woman in and finally, of the desert. (117)

Cette empathie ne peut qu'être encore plus vivement vécue par la lectrice. De fait, aussi bien sur le plan psychologique que physique, on est frappé par l'exactitude de l'expérience féminine de Janine, par sa façon de s'éprouver dans son corps et dans ses émotions. Au risque d'une nouvelle accusation d'"essentialisme", il faut rappeler que cette lourdeur du corps, au moins occasionnelle et surtout du corps maternel, cette porosité, cette intensité de la perception sensorielle sous l'emprise de certaines émotions et surtout chez la femme enceinte, sont des manifestations typiques de la féminité. Sans vouloir revenir à la question de la bisexualité de l'écrivain, on ne peut s'empêcher d'évoquer celle relative à une connaissance masculine si poussée de la réalité du vécu féminin. Sans doute peut-on y voir, comme le prétend Mistacco, l'expression du "féminin réprimé" de Camus ("Nomadic Meanings", 84). C'est bien sûr possible de la part d'un écrivain aussi préoccupé par toutes les dimensions de l'humain, à commencer par celles qu'il trouve en lui y comprises celles de "sa différence". Mais il semble qu'il faille pousser outre. Le fait que "La Femme adultère" constitue la première nouvelle de *L'Exil et le royaume*, et qu'il échoit justement à une femme, dans le personnage de Janine, d'être la première à entrer dans le royaume, ne manque pas de soulever de nouvelles questions. Aux yeux de Camus, est-ce à la femme de montrer le chemin? N'oublions pas qu'il faisait dire à Diego s'adressant à Victoria: "[Le monde] a besoin de nos femmes pour nous apprendre à vivre" (297). Par ailleurs, est-ce que l'angoisse existentielle relèverait davantage du féminin? Ou est-ce que la sensibilité et la perméabilité féminines prédisposeraient à la communion cosmique? Parlant de "la femme", Cixous déclare sans ambages: "Sa libido est cosmique" ("Le rire de la Méduse", 50)[41]. Bien sûr, fidèle à l'œuvre camusienne dans son ensemble, le texte de "La Femme adultère" n'apporte aucune réponse aux questions qu'il soulève. Morot-Sir offre cependant des éléments de réflexion intéressants, quoique parfois discutables:

> Création pour l'homme, Passion pour la femme, tel serait le double et irréductible mystère de l'humanité face au mystère du monde. Tel est finalement le secret de "La Femme adultère": le Masculin, qui se manifeste par l'écriture, écrit, révèle et comprend, dans l'intensité du mouvement créateur, le mystère du Féminin. [...] On dira peut-être que Camus n'est pas le premier écrivain à avoir parlé de la femme! Loin de là! La littérature masculine semble avoir eu pendant des siècles la femme comme objet essentiel de création. *Cependant aucun artiste en écriture n'a abordé de façon aussi nette et audacieuse le problème de l'exercice de la féminité quand il essaie de faire sentir, voir et entendre les gémissements de Janine.* Dans cette perspective aussi, "La Femme adultère" atteint un sommet de l'œuvre camusienne: elle dit l'Autre absolu, la Nuit du Féminin pénétrée par la pensée de midi. (57-58; nos italiques)

Comme il a été dit au début de ce chapitre, Camus, dans cette nouvelle, place la femme en situation de sujet désirant et ce n'est que de manière tout à fait secondaire et lointaine qu'elle est objet du désir. Si "La Femme adultère" dit l'Autre, c'est en effet le narrateur

---

41. Au début de son essai, Cixous précise: "Quand je dis 'la femme', je parle de la femme en sa lutte inévitable avec l'homme classique; et d'une femme-sujet universelle, qui doit faire advenir les femmes à leur(s) sens et leur histoire. Mais il faut dire, avant tout, qu'il n'y a pas, aujourd'hui même, et malgré l'énormité du refoulement qui les a maintenues dans ce 'noir' qu'on essaie de leur faire reconnaître comme leur attribut, une femme générale, une femme type. Ce qu'elles ont *en commun*, je le dirai. Mais ce qui me frappe, c'est l'infinie richessse de leurs constitutions singulières" (39).

masculin qui dit l'Autre féminin s'affirmant comme *sujet*, et c'est cela qui semble extraordinaire. C'est bien le Masculin disant le Féminin. Nous contestons à fond, cependant, que ce soit le privilège du seul Masculin de dire le Féminin, ou que la Création soit du seul ressort du Masculin, la Passion du seul domaine du Féminin. Heureusement, assez de femmes ont aujourd'hui transcendé la procréation — sans y avoir nécessairement renoncé — pour s'adonner aussi à la Création et nous sommes en bonne voie de dépasser ces clivages dont le moindre n'est pas le clivage corps-esprit. Il est important aussi que le Féminin, la Femme, ne se limite pas à *se* dire, elle, mais qu'elle dise aussi, de sa place à elle, l'Autre Masculin. Les cloisons entre les deux ne sont pas étanches, ni le Féminin ni le Masculin n'existent de manière isolée, ils sont imbriqués dans la vie et dans la Création, dans l'individu même, et seul l'échange est fécond.

Le fait demeure qu'un écrivain masculin a réussi, dans "La Femme adultère", la création exceptionnelle d'une femme qui au départ ne semblait guère exceptionnelle mais qui, refusant la cécité et la surdité de l'homme, a entendu l'appel du royaume et, assumant la responsabilité de l'"infidélité", a trouvé en elle la force et le courage qu'il fallait pour y répondre. Pour être fidèle à son être féminin et à son désir, il a fallu que Janine, en accomplissant en toute solitude son itinéraire désertique, se libère d'un lien creux et vide de signification. Ce faisant, comme l'écrit si bien Mailhot, "Janine accomplit et dépasse son rêve: elle vit et elle revit. Fidèle à sa seule liberté, la Femme 'adultère' réussit sa croissance, devient adulte. Elle s'enracine et s'épanouit, légère et tenace comme ces palmiers dont elle enviait l'élan et la souplesse" (344). Son itinéraire a été celui d'un parcours initiatique qui l'a conduite, par la force du désir et à travers la révolte, de la réalité de l'absurde à celle du sacré. Il s'agit bien, selon les mots de Didier, de "la présence du désir féminin dans son absolu, [...] la présence du désir sans limite" (40). Sur les sables du désert, Janine avait lu l'appel d'une écriture nouvelle qui n'était autre que celle de son désir. C'est en s'abandonnant aux eaux de la nuit que le sens lui en a été révélé. Son expérience est sans doute la célébration la plus forte, dans toute l'œuvre, de la relation entre l'être humain et le cosmos et de l'accord charnel et mystique qui peut s'établir entre eux. C'est pourquoi, de tous les personnages camusiens, Janine est la seule à s'inscrire dans cette "[v]éritable conquête du temps [...]" qui, comme l'écrit Reichelberg, "ouvre et libère ce seuil des Noces de la Terre et du Ciel étoilé" (15).

Enfin et surtout, c'est à travers le Féminin de Janine que le Masculin du narrateur trouve à s'accomplir. C'est en elle que se réalise "l'Extase ou l'Union avec l'Un" (II, 1285) sur laquelle se penchait le jeune Camus dans son étude sur Augustin et Plotin. C'est Janine qui effectue le retour à "cette patrie dont le souvenir colore parfois nos inquiétudes d'âme", retour que souhaitait Plotin (II, 1285) et que le jeune Camus contestait en évoquant le "royaume de ce monde" dans "L'Été à Alger": "Cette union que souhaitait Plotin, quoi d'étrange à la retrouver sur la Terre? L'Unité s'exprime ici en termes de soleil et de mer" (II, 75). Mais, sans être infidèle à ses amours de jeunesse, Camus a mûri: l'expérience de Janine se situe dans d'autres sphères, elle plonge ses racines dans les eaux de la nuit et des constellations, elle permet à Janine de s'intégrer aux espaces infinis avant d'être dépossédée d'elle-même et de renaître. Sa communion transcende le "royaume de ce monde". Elle va au-delà.

Mariage

Morot-Sir voit dans l'expérience de Janine "la découverte, par une femme, de sa propre transcendance, au-delà de l'inertie, de la répétition, de la banalité, en bref de l'immanence, à laquelle la vie du couple l'a condamnée et dont l'homme semble totalement responsable" (55). On peut évidemment questionner ce dernier point: pourquoi Janine a-t-elle attendu plus de vingt ans pour poser son premier acte autonome? Pourquoi n'a-t-elle pas pris conscience plus tôt de sa propre "inertie", pourquoi ne s'est-elle pas révoltée contre l'"immanence" où elle étouffait? Elle aussi s'interroge: "Qu'aurait-elle fait d'ailleurs, seule à la maison? Pas d'enfant! N'était-ce pas cela qui lui manquait? [...] Elle ne savait pas. Mais elle savait que Marcel avait besoin d'elle et qu'elle avait besoin de ce besoin, qu'elle en vivait la nuit et le jour [...]" (1572). Il faut songer que le dépérissement psychique et affectif est lent et que c'est à la longue que l'absence de sens et d'amour conduit au désespoir ou à la révolte. Aussi a-t-il fallu le catalyseur du désert pour révéler à Janine l'existence d'un Ailleurs ayant le pouvoir de la combler. N'ayant connu que l'amour "des ténèbres" (1572) et le besoin de satisfaire à un besoin, et cette connaissance n'ayant en aucune façon répondu à l'infini de son désir, Janine a alors trahi l'humain et le quotidien pour rejoindre l'Autre nocturne, le grand Inconnu cosmique.

Mais la réflexion de Morot-Sir suscite implicitement d'autres questions, d'un domaine sans doute plus "réaliste". Celle d'abord du retour de Janine auprès de son mari, question qui, à son tour, soulève celles de la relation du couple et donc du langage et de la fidélité, questions auxquelles nous allons nous arrêter brièvement.

Le retour

Bien que l'expérience cosmique de Janine ait été, en même temps qu'une transcendance vécue pendant un "instant d'éternité", une véritable renaissance, le fait qu'elle soit rendue à "la terre froide" signale inexorablement, en deça du symbolisme des Eaux et de la *Terra Mater*, le retour à la vie quotidienne et au monde profane. Cette réalité nous conduit au tout dernier épisode de la nouvelle qui décrit en une dizaine de lignes lapidaires le retour de Janine à la chambre d'hôtel et à son mari, soit le retour au mariage. Cette fin a laissé perplexes de nombreux critiques. Voici cet ultime passage:

> Quand Janine rentra, avec les mêmes précautions, Marcel n'était pas réveillé. Mais il grogna lorsqu'elle se coucha et, quelques secondes après, se dressa brusquement. Il parla et elle ne comprit pas ce qu'il disait. Il se leva, donna la lumière qui la gifla en plein visage. Il marcha en tanguant vers le lavabo et but longuement à la bouteille d'eau minérale qui s'y trouvait. Il allait se glisser sous les draps quand, un genou sur le lit, il la regarda, sans comprendre. Elle pleurait, de toutes ses larmes, sans pouvoir se retenir. "Ce n'est rien, mon chéri, disait-elle, ce n'est rien." (1575)

Il faut d'abord insister sur le fait que le retour de Janine est dans l'ordre des choses. Elle est redescendue vers le profane après avoir atteint au sacré parce qu'il est impossible de s'y maintenir. Voici ce que dit Caillois du passage de l'un à l'autre et de cet abandon du sacré:

> Ainsi sacralisé et détaché du profane, l'homme doit en rester éloigné tant que dure et pour que dure son état de pureté ou de consécration. Il ne peut d'ailleurs s'y maintenir longtemps: il faut, s'il veut assurer son existence physique, qu'il recouvre l'usage de tout ce qui entretient celle-ci et qui serait incompatible avec la sainteté. [...] C'est un des plus précieux apports de l'étude de Hubert et de Mauss sur le sacrifice que cette mise en lumière des rites d'entrée et de sortie qui permettent de passer d'un monde dans l'autre en respectant leur étanchéité. (45-46)

Le retour au monde profane, que Janine a effectué en rencontrant à rebours les mêmes obstacles qu'à l'aller et en prenant "les mêmes précautions" (1575), c'est inévitablement le retour à l'immanence, aux brusqueries de Marcel qui grogne, qui donne sans réfléchir la lumière de manière à ce qu'elle gifle Janine en plein visage. C'est aussi l'incompréhension: "Il parla et elle ne comprit pas ce qu'il disait" (1575); "[...] il la regarda, sans comprendre". Mais alors que Janine s'est enivrée des eaux infinies de la nuit, Marcel ne dispose que d'une bouteille d'eau minérale. Comment pourraient-ils se comprendre? Ils se trouvent désormais sur des plans différents.

Curieusement, cette incompréhension réciproque inhérente au retour se communique à une partie de la critique, soit sous la forme d'un scepticisme relatif à la nature même de l'expérience de Janine, soit sous celle d'un pessimisme relatif à son avenir. Ces lectures suggèrent une incompréhension du sens ultime de la nouvelle. Owen J. Miller estime que "la signification qu'on attribue à l'expérience de Janine devant la nuit est liée à la manière dont on interprète son retour au lit conjugal. Or, cette fin, si brièvement esquissée par l'auteur, demeure singulièrement équivoque" (32). Nous optons pour le raisonnement inverse: c'est la signification qu'on attribue aux deux expériences — diurne et nocturne — de Janine, ainsi qu'à tout son cheminement initiatique, qui détermine la manière dont on interprète son retour au lit conjugal, raisonnement qui a aussi le mérite de dissiper l'équivoque.

Quoiqu'il en soit, il nous semble que seule une perception partielle ou aspectuelle de l'expérience de Janine justifie que l'on voie dans son retour, comme l'écrit Mistacco, "an ending that puts woman back in her place; it reinstates order after a feminine disturbance" ("Nomadic Meanings", 82), ou pour que l'on n'en retienne, comme Tarrow, que sa dimension négative: "All is cold and hard; even Janine's experience of physical union with the world is like a cold flood rather than a warm glow [...]. But Janine's fear is stronger than her yearning for freedom, and she returns to the warmth of her husband 'as her safest haven'" (176). Miller écrit: "Janine retourne au lit conjugal. Mais découvrira-t-elle dorénavant une manière de vivre avec Marcel lui permettant de conserver en même temps une certaine fidélité à elle-même ou retrouvera-t-elle bon gré mal gré l'ennui et la solitude qu'elle a déjà connus pendant vingt-cinq ans? Rien dans ce récit ne nous amène à croire que cette femme tirera une leçon de son expérience devant l'absolu" (45). Weyembergh remarque: "Il semble que Janine regagne pour de bon le bercail [...]. Les risques pris au cours de cette nuit semblent [...] ne pas devoir se renouveler" ("'La Femme adultère' et *The Woman Who Rode Away*", 60-61). Enfin, sceptique et pessimiste, Sterling Haig écrit: "Like Sisyphus, Janine must again take up her burden, her humanity and its limitations, although it is doubtful that we can imagine Janine to be happy. For unlike Sisyphus and Meursault, she is implicitly incapable of assuming her human condition" (448). Pourquoi cette "incapacité implicite"?

Toutes ces lectures ont ceci en commun: que la transformation de Janine — et bien que le narrateur y fasse plusieurs fois allusion — semble passer inaperçue. Elles paraissent ignorer certaines insistances claires du texte, par exemple: "[...] au cœur d'une femme que le hasard seul amenait là, *un nœud* que les années, l'habitude et l'ennui avaient serré, *se dénouait lentement*" (1570); "[s]on cœur lui faisait mal, elle étouffait sous un poids immense dont *elle découvrait soudain* qu'elle le traînait depuis vingt ans, et sous lequel *elle se débattait maintenant de toutes ses forces. Elle voulait être délivrée*, même si Marcel, même si les autres ne l'étaient jamais!" (1573; nos italiques); "[a]près tant d'années où, fuyant devant la peur, elle avait couru follement sans but, *elle s'arrêtait enfin*" (1574; nos italiques). Si l'adverbe *enfin* dénote ici le définitif, signalant une rupture avec le passé, toutes ces déclarations du narrateur indiquent divers changements dans le comportement d'un personnage en lutte et dont le refus de la peur et la décision d'agir ultimes ne permettent pas de concevoir l'expérience comme dépourvue de conséquences. Voir dans l'union physique de Janine et du cosmos une "inondation froide", c'est oblitérer ces indications répétées: "une chaleur timide commença de naître au milieu de ses frissons", "elle oubliait le froid", "l'eau de la nuit submergea le froid" (1574-75). Ces lectures ne semblent retenir de l'expérience de communion cosmique qu'un bonheur fugitif et superficiel, sans portée aucune, voire une simple "perturbation" dans l'ordre des choses, et elles refusent de voir la transformation qui s'est opérée progressivement chez Janine tout au long de son itinéraire et soulignée par Lynch: "Janine subit une transformation dont les conséquences sont à la fois significatives et permanentes" (145). Se référant à l'expérience diurne, Pelz écrit: "It heralds the definitive metamorphosis she will undergo during her forthcoming experience with nature and it brings about in her a new relationship to other people and to Marcel" (141). Stoltzfus, dans une description qui fusionne avec bonheur les aspects psychiques et cosmiques de l'expérience nocturne, commente ainsi la transformation de Janine qu'il voit "au seuil de l'été", c'est-à-dire d'un renouveau qui est celui de l'épanouissement:

> Janine's ecstasy not only gives her the illusion that time has stopped and that death has been abolished, it also resolves life-long contrasts and contradictions. As it had for the surrealists, desire culminates in a harmony of opposites and dramatic oxymorons. Thus, the stars are both icicles and fire, [...] she experiences immobilized movement. She hears the message of the wind that has been liquefied, and although it is cold, it fills her with warmth. [...] Janine[42] is now reunited with herself and mother earth — *it* and ego are one — she is fulfilled. Her newly found warmth is the answer to desire. The message has been received and understood. [...] *Janine, despite the cold, is on the threshold of summer, and she basks in the inner warmth of her new being.* ("Homonymous Veilings", 113; nos italiques)

Comme le rappelle Weyembergh ailleurs, "Janine [...] découvre, comme un éclat d'éternité, la splendeur du désert, le sacré du monde." Et plus loin: "Les moments de plénitude sont comme des éclats

---

42. Le "*it*" utilisé par Stoltzfus traduit le "*ça*" lacanien, concept plus général que le "*id*" freudien (remarque de l'auteur).

d'éternité et c'est de les avoir vécus qui donne envie de continuer" ("Camus et le génie du consentement", 127 et 132). Pourquoi en doute-t-il finalement en ce qui concerne Janine?

Silence/langage

Alors que les tout derniers mots de la nouvelle — "Ce n'est rien, mon chéri, ce n'est rien" —, mots "nihilistes" selon certains[43], "ambivalents" selon d'autres[44], peuvent effectivement se prêter à différentes interprétations et n'ont pas manqué de le faire, leur sens, comme nous l'avons déjà indiqué, est intrinsèquement lié à la lecture qu'on a faite de la nouvelle et au sens qu'on y a trouvé. Pour nous, le sens de ces derniers mots découle directement de l'expérience de Janine et de sa transformation. Bouleversée jusqu'au fond d'elle-même par la révélation du désert à la fin de l'après-midi, se débattant ensuite "de toutes ses forces" pour être délivrée et définitivement transformée par sa communion avec la nuit, Janine revient vers son mari avec un cœur ébloui et chargé d'amour, ce qu'indiquent les mots "mon chéri". Il est significatif qu'elle ait recours à ce "nom d'amour" au tout dernier moment de la nouvelle. Lors de la méditation nocturne concernant sa relation avec Marcel, le lecteur apprend qu'"en elle-même, elle l'appela du nom d'amour qu'elle lui donnait autrefois et que, de loin en loin encore, ils employaient entre eux, mais sans plus penser à ce qu'ils disaient" (1572). Or, dans le contexte de son retour, il est inconcevable que Janine ne pense pas à ce qu'elle dit. Ces deux mots sont l'affirmation d'un amour nouveau, amour qui est l'unique message et le seul sens de la dernière parole de la nouvelle. Mais l'expérience que la femme a vécue reste indicible. Il n'y a pas de mots

---

43. Onimus écrit: "Le récit s'arrête là, brusquement, sur ce mot nihiliste. Ce n'est rien! Et pourtant l'épreuve de Janine, n'est-ce pas le *tout* de la vie?" Il attribue cependant aux larmes une signification négative: "[...] après l'ineffable incursion dans la nuit étoilée, ce petit monde [celui auquel Janine revient] a révélé sa vraie nature: une prison. Janine a vu les barreaux. Le déchirement est trop cruel; elle pleure de toutes ses larmes comme l'exilé qui, un instant, sans pouvoir y pénétrer, a découvert sa patrie" ("Camus, la femme adultère et le ciel étoilé", 568).

44. Voir par exemple l'intéressante analyse de Caterina Petrolito Shahbaz, "La frustration et le sens dans 'La Femme adultère' de Camus", notamment pages 243 à 246. Mais alors que Shabaz affirme que "Janine reste [...] à définir" (244), nous dirions qu'"il reste à Janine à se définir". Elle a désormais cette liberté. Aussi, nous ne pouvons suivre Shahbaz ni lorsqu'elle parle de "cette nouvelle trahison" en se référant aux derniers mots de Janine, ni dans la conclusion de son étude: "*Trahis* par un auteur qui nous laisse dans l'ambiguïté, trahis par nous-mêmes et confrontés à ce que l'on perçoit comme le 'vide', le 'rien', nous nous retrouvons en tant que lecteurs et critiques en train de nous raccrocher, comme Janine, à quelque chose de familier, au système patriarcal, quelle soit notre méthode d'analyse, pour donner un sens à ce texte et à ce jeu qu'est notre existence" (246). Si Janine cache "cet autre sens qui est pourtant là", ce n'est ni pour "se renier" ni pour le "préserver pour elle-même" (Shahbaz, 245), mais parce que, comme nous l'avons dit, le langage est incapable de l'exprimer. Ce sont les actions de Janine, dont la première est le retour, expression à la fois d'amour et de solidarité, qui manifesteront cet "autre sens".

pour l'exprimer et c'est au seul niveau du langage que "ce n'est rien" car le langage reste en deça. Shahbaz fait justement remarquer qu'"[a]u niveau du langage, l'emploi de 'ne' qui nie 'rien', étymologiquement 'quelque chose', prouve en effet l'existence même de ce quelque chose avant d'être nié" (245). Or ce "quelque chose" est tel que Morot-Sir s'exclame à propos du "rien": "Mais c'est tout!" (56). C'est aussi le moment qu'il choisit pour exprimer sa vision, basée sur l'expérience de Janine, de la différence entre le Féminin et Masculin:

> Le Féminin, dans la vérité de sa libération et de sa jouissance [...] est à jamais inaccessible à l'homme. Ce n'est pas dans l'intimité du couple que le Féminin trouve sa vocation. Toute femme ne peut y découvrir que son insatisfaction. L'autre, que le Féminin attend, appelle, ce n'est pas l'homme, mais l'intimité explosive de son être dans la nuit éclatante du désert africain. Le Féminin est alors la faculté d'être possédé par l'Autre; il est une *transcendance passive*, comme une grâce physique suprême et douce, que l'homme, par sa nature, est condamné à ignorer et même, dans l'histoire des couples, à ne jamais comprendre et qu'il ne comprend pas. De là cet hommage, de la sincérité duquel on ne peut guère douter! "Une femme qui aime vraiment, de toute l'âme, dans le don total, et elle grandit alors si démesurément qu'il n'est pas un homme qui ne devienne, en comparaison, médiocre, misérable et sans générosité" [C3, 25]. (56)

À la femme de méditer ce double hommage rendu par le Masculin au Féminin et de se demander si elle est à même de sauter une barre placée si haut. Tout se joue au niveau de "aimer vraiment".

Concernant le langage, Morot-Sir estime que "'La Femme adultère' [...] sert d'introduction à cette dimension du langage que caractérise le mot 'ouverture' et que la femme peut vivre jusqu'au bout, alors que l'homme reste prisonnier du lexique et de la syntaxe" ("L'esthétique", 110), c'est-à-dire du symbolique[45]. En effet, et au risque de nous répéter, seul le sémiotique, qui implique l'ouverture du langage, est à même de traduire l'expérience de Janine et ce sont, lors de son retour, les larmes qu'elle ne peut retenir en même temps que les deux mots d'amour enfouis et retrouvés, "mon chéri", qui en expriment toute l'intensité[46].

Si la nature de l'expérience finale situe celle-ci en deça ou au-delà du langage, le silence de Janine, comme il a été dit en début de chapitre, frise le mutisme. On a pu observer, tout au long du texte, que

---

45. Morot-Sir insiste sur la mise en œuvre du langage même comme expérience d'ouverture: "[Camus] utilise la technique de description, non pour renvoyer le langage à un au-delà réel des êtres et du monde, mais, au contraire, pour faire du langage lui-même une expérience d'ouverture. Et ce serait la portée secrète de "La femme adultère" ("L'esthétique", 109).

46. Stoltzfus y voit à la fois les larmes de la joie et de la tristesse, celles aussi de la connaissance: "[...] tears of joy for her newly found self, tears of sadness for him, tears of insight [...]. Her experience is one of innocence and joy coupled with knowledge but devoid of guilt. How could there be remorse when she has willingly submitted to the most overwhelming experience of her life" ("Homonymous Veilings", 110).

c'est le narrateur qui "met en mots" les sensations et les émotions exprimées par le regard, les gestes, les attitudes de Janine. Ici comme dans les autres nouvelles de *L'Exil et le royaume*, et comme d'ailleurs dans d'autres œuvres de l'auteur, le langage fait problème. Que l'on songe au "Renégat" — où le langage est peut-être le problème majeur — mais aussi aux "Muets", à "Jonas", à "L'Hôte" et à son prisonnier, et antérieurement à Grand, à Meursault et surtout à la mère camusienne silencieuse: tous ces personnages sont en quelque sorte des exilés du langage. La communication leur est à peu près impossible. Il faut une scène et les feux de la rampe pour que le personnage camusien trouve enfin la parole, pour que le désir trouve à s'exprimer par le verbe. C'est que la scène — celle destinée à la représentation théâtrale de textes — est le lieu même de la communication. Là, il faut parler. Et encore, cela ne va pas nécessairement sans problèmes comme nous l'avons pu constater dans *Le Malentendu*.

En l'absence de tout véritable discours direct dans "La Femme adultère", c'est la poétique de la narration qui se charge d'exprimer l'émotion. Balakian remarque avec raison: "Here as nowhere else in his writings, Camus seems to step out of the dimensions of fictional narrative and of philosophy and assume the dimensions of poetry" (51). De son côté, Vigée souligne l'opposition de deux langages dans la nouvelle, celui de l'exil et celui du royaume:

> De ce Royaume, Camus a des intuitions fulgurantes qu'il nous communique en un langage doué d'une grande puissance expressive. Dans ces moments de transe poétique la description nette et cristalline des éléments de la nature s'élève aux plus hautes significations humaines. La réalité objective s'y transfigure en vision: parole à la fois directe et révélatrice d'un secret indicible, concrète et analogique. Elle se situe [...] aux antipodes de "l'écriture blanche" par le truchement de laquelle s'exprime chez Camus le tourment de "l'exil". ("L'errance", 125)

Le langage relatif au royaume, notamment dans les deux épisodes de montée au fort, est d'une grande richesse métaphorique excomme le sont les deux scènes clôturant les deux parties de *L'Étranger*: celle du meurtre de l'Arabe et celle où Meursault se réveille dans sa cellule "avec des étoiles sur le visage"[47]. Se référant au "savoir" de Camus, Leroy-Bédier écrit: "[...] sa vérité trouve dans la dernière page [de "La Femme adultère"] le support d'un 'grand style', 'stylisation invisible, c'est-à-dire incarnée', selon le vœu énoncé dans *L'Homme révolté* [II, 675]" ("De *Noces* à 'La Femme adultère'", 130).

---

47. Zahareas écrit: "It is here that Camus employs the metaphorical pattern he used so skilfully in *L'Étranger*: Janine's communion is captured by a sudden explosion of metaphorical expressions: the silence and ataraxia of the desert night is invaded by a mystic, ecstatic quality; and as the sky rains stars upon the stones the whole scene gains a hallucinatory quality which suggests the feeling of the total mystery of the universe and the enigma of man's position" (325)

Fidèle ou infidèle?

Le début de cette dernière section (**Mariage**) fait allusion à la vie du couple et à la "trahison" de Janine, c'est-à-dire son adultère. Plusieurs critiques s'interrogent à ce sujet: puisqu'il n'y a pas de "faute" proprement dite, y a-t-il "adultère"? Or, il semble qu'à chaque niveau de lecture, pour chaque interprétation, il y a lieu d'en parler.

Sur le plan personnel du couple, on peut considérer que Janine trompe son mari puisqu'elle va seule vers la jouissance. Shahbaz écrit qu'"elle trahit non seulement Marcel, mais aussi la femme qu'elle était pour qu'une femme nouvelle puisse naître" (239). Tarrow aussi voit de la déloyauté dans l'expérience de Janine: "'Adulterous' may seem an extreme epithet in view of the reality of Janine's experience, but she is disloyal to the structure of the little world she lives in with her husband, to their marriage. She feels drawn toward the autonomy of these people of the interior, who seem not to depend on material comforts or possessions for their well-being" (176). C'est en effet leur vaste monde et la pureté de son dépouillement qui attirent Janine et c'est de les avoir découverts qui lui révèle son étouffement à l'intérieur du "petit monde" où elle vit avec son mari. En se découvrant elle-même, elle découvre inévitablement la vérité de son désir qui lui est transmise par l'appel impérieux des eaux de la nuit. Si la loyauté envers soi-même entraîne la déloyauté envers le partenaire, c'est que le moment est venu soit de le quitter, soit de transformer la relation. C'est en assumant pleinement son désir que Janine commet un acte d'adultère. Mais peut-on parler de "faute"?

Sur le plan social et culturel, il est possible d'affirmer qu'en se sauvant seule dans la nuit, en bravant les tabous et les conventions (surtout en milieu culturel arabe, plus contraignant pour les femmes), elle trompe le système patriarcal, elle se soustrait à la Loi du Père. Sa sortie dans la nuit se réalise malgré et à l'encontre de la présence des hommes: son mari qui dort et qu'il ne faut pas réveiller car il est inconcevable qu'il accepte sa fugue; le veilleur de nuit qui l'interpelle pendant qu'elle manœuvre le verrou et qu'elle n'écoute ni ne comprend; les Arabes à bicyclette qui descendent vers elle pour regagner un probable domicile conjugal alors qu'elle lutte à contre-courant pour monter vers le fort et la liberté. S'agit-il d'une faute?

Si faute il y a, il est clair, dans une perspective philosophique purement camusienne, que c'est sur le plan spirituel qu'elle se situe. Le véritable adultère de Janine est de nature métaphysique. Comme l'exprime si bien Balakian, "her adultery will not be a physical one but a metaphysical infidelty to her marriage; [...] Camus seems to have reached the level of perception where he senses that there can exist a greater alienation between humans whom society has bound together than is manifested in divorce, and a greater seduction away from that bond than can be expressed through a change of sexual partners" (49). Et Fitch note avec perspicacité: "[I]n turning away from her husband, [Janine] turns away at the same time and by the same gesture from all other men. Her partner in her act of sexual infidelity is none other than the whole of nature and its elements" (122). Soit le cosmos. C'est pourquoi l'union de Janine avec la nuit représente non seulement une trahison immédiate du partenaire, mais surtout, au niveau le plus large, une trahison des hommes et de la condition humaine absurde en ce qu'elle constitue une alliance avec un au-delà. Janine se laisse séduire, ne fût-ce qu'un "instant d'éternité", par un royaume qui n'est pas de ce monde. On comprend qu'aux yeux de Camus, qui, dans sa jeunesse surtout, aimait affirmer "[m]on royaume est de ce monde", c'est à ce niveau que se situerait la "faute" et que Janine se rend coupable d'adultère. Dans "La révolte métaphysique", Camus écrivait: "Nietzsche proposait à l'homme de s'abîmer dans le cosmos pour retrouver sa divinité éternelle et devenir lui-même Dionysos. *La Volonté de puissance* s'achève ainsi, comme les *Pensées* de Pascal, à quoi elle fait si souvent penser, par un pari" (II, 483-84). Or, on sait que Camus, malgré son immense admiration pour les deux penseurs, a refusé de suivre l'un et l'autre jusque dans ce "saut". Comte-Sponville rappelle que "s'abîmer dans le cosmos", c'est selon Camus "perdre par là et l'absurde (qui suppose la dualité) et la révolte (qui suppose le refus)" (166). Or, l'expérience de Janine est un dépassement de l'absurde et de la révolte dans un consentement de tout son être...

Et pourtant, à travers leur symbiose, comme on sent le narrateur de "La Femme adultère" de connivence avec son personnage! Comme leur fusion est efficace! — elle le regard, lui la voix, elle voyant, lui narrant et vivant avec elle une transcendance commune. Sa clémence, à la fois implicite et pénétrante, évoque les paroles du Christ: "Que celui de vous qui est sans péché lui jette le premier la pierre" (Jn 8.7). Car quel est l'être humain qui ne rêve d'un ailleurs où l'absurde et la révolte seraient périmés, d'un monde où seul l'amour parlerait et où puisse enfin se réaliser l'Unité? Mais peu nombreux sont ceux qui vont au-delà du rêve, qui risquent tout pour aller au bout de leur désir. Enfin, est-il concevable que Camus ait assimilé à une trahison la fidélité d'une femme à elle-même et à son désir le plus profond et qu'il ait vu dans le sublime "adultère" de Janine une "faute"?

Le Sud/l'Été

On ne peut s'empêcher, avant de quitter Janine au seuil de son nouveau destin, de son "Été" — et en imaginant un seul instant qu'elle ait été coupable — de faire jouer en sa faveur certaine circonstance atténuante. On se souvient de ces mots du *Mythe de Sisyphe*: "L'absurde naît de cette confrontation entre l'appel humain et le silence déraisonnable du monde" (II, 117-18). Or pour Janine, dès son arrivée dans l'oasis, le monde cesse d'être silencieux. À trois moments du texte, ceux des trois "montées", le monde lui parle. C'est d'abord "cette rumeur de fleuve qui venait de la meurtrière" de sa chambre d'hôtel, rumeur qui devient "sifflement de vagues" (1565) et qui lui fait imaginer "une mer de palmiers droits et flexibles, moutonnant dans la tempête". Comme les odeurs de nuit et de marée qui "rafraîchissaient" Meursault à la fin de son périple, ces vagues "rafraîchissent" Janine et la font rêver "à la jeune fille qu'elle avait été". Se liguant avec la mémoire, le monde la remet en relation avec la vérité de sa jeunesse et son vrai *moi*. Plus tard dans la journée, lors de la première montée au fort, le monde lui parle à nouveau. L'"onde sonore" se rassemblant dans la perfection d'une note unique la transporte dans un monde inconnu, s'inscrivant dans une "courbe parfaite" (1569). Elle découvre le royaume des pierres, l'oued, les larges tentes noires des nomades entourées d'un troupeau de dromadaires qui, "minuscules à cette distance, formaient sur le sol gris les signes sombres d'une étrange écriture dont il fallait déchiffrer le sens". Le monde lui offre son énigme et l'invite à en chercher le sens: "Là-bas, plus au sud encore, à cet endroit où le ciel et la terre se rejoignaient dans une ligne pure, là-bas, lui semblait-il soudain, quelque chose l'attendait qu'elle avait ignoré jusqu'à ce jour et qui pourtant n'avait cessé de lui manquer" (1570). Le monde la met en relation avec la vérité de son désir. Enfin, la nuit venue, incapable de trouver le sommeil alors que "d'immenses solitudes tournoyaient en elle" (1571), sa volonté de délivrance provoque le mouvement de révolte qui lui permettra d'entendre "un appel qui lui sembla tout proche", appel des "eaux du vent" venant du sud et faisant écho au premier, appel dont elle comprend qu'il faut y répondre "à l'instant" (1573). Le monde l'invite à la connaissance et, par-delà, à la délivrance.

Pour qui sait écouter, le monde, parfois, brise son silence. Camus le savait, lui qui écrivait dans "Retour à Tipasa": "Parfois, à l'heure de la première étoile dans le ciel encore clair, sous une pluie de lumière fine, j'ai cru savoir. Je savais en vérité. Je sais toujours, peut-être. Mais personne ne veut de ce secret, je n'en veux pas moi-même sans doute, et je ne peux me séparer des miens. Je vis dans ma famille [...] son malheur est le mien, nous sommes du même sang" (II, 875). Janine aussi sait désormais. Elle aussi vit dans une famille, et ne peut s'en séparer. Mais en y retournant, en rejoignant son mari et le monde des hommes, il est clair que Janine n'est plus la femme qui l'a quittée et que cette nouvelle femme n'a plus rien à craindre ni à espérer d'une relation-refuge. À première vue, il peut sembler sans importance pour son devenir qu'elle décide ou non de rester avec son mari: la liberté qu'elle vient d'acquérir, de haute lutte, est tout intérieur et la place au-dessus des contingences.

Aussi, mieux que le commun des mortels, Janine, qu'on voudrait pouvoir rebaptiser d'un nom aux résonances d'eaux et d'étoiles, est désormais capable d'assumer la condition humaine. Son extase lucide lui en a révélé le début et la fin. Kerényi cite Pindare parlant des mystères d'Éleusis: "Blessed is he who, after beholding this, enters upon the way beneath the earth: he knows the end of life and its beginning given by Zeus!" Kerényi poursuit: "'End' and 'beginning' are seemingly colorless words. But they remind the initiates of a vision in which the two were united. The initiate possessed a knowledge which conferred blessedness and not only in the hereafter; both knowledge and beatitude became his possession the moment he beheld the vision" (15). Or, le retour de Janine nantie de cette vision signale un amour nouveau et véritable parce que né de sa nouvelle connaissance. Si son mari est à l'image de celle qu'elle était avant son initiation, ils sont et restent "du même sang": elle le comprend et retourne auprès de lui par compassion et par solidarité — deux formes mûres de l'amour. Alors que sa quête était, et devait être, solitaire, son retour est solidaire. S'il est vrai, comme l'écrit Cielens, que son expérience mystique la sépare encore plus de son mari (149), elle la ramène ensuite à lui car il s'agit d'une expérience de transformation et d'ouverture à l'autre. Zahareas écrit: "Her return exemplifies both the void felt by someone who experiences the absurd and the emergence of human solidarity" (323). Or, sa traversée de la nuit lui a permis de dépasser l'absurde et la révolte même, celle qui l'a incitée à se lever et à quitter son mari pour répondre à l'appel des eaux du vent et en connaître le sens, à dépasser le *statu quo* de l'absurde. Son émergence à la solidarité découle de sa révolte — qui, notait Camus, "ne peut se passer d'un étrange amour" (II, 707). Se référant à certains insurgés camusiens, dont Janine, Gay-Crosier explique cet effet de la révolte:

> Se révoltant contre la condition qui lui est imposée mais à laquelle il ne peut se soustraire, l'insoumis est amené, tel Sisyphe redescendant sa pente, à reconnaître la force émancipatrice de son insurrection inutile. Car si celle-ci ne le délivre pas de sa condition, elle le conduit pour le moins à une subjectivité émancipée. Une fois pour toutes, il se rend compte qu'il n'y a pas de *je* sans *autre*. ("La révolte génératrice", 126)

Cette prise de conscience est bien sûr celle de Janine lorsqu'elle redescend seule la pente depuis le fort. C'est avec précipitation qu'elle retourne auprès de celui qu'elle avait abandonné dans l'espoir d'être délivrée. Elle l'est à présent mais ne saurait l'être seule. Sachant ce qu'elle sait désormais, pouvait-elle abandonner le seul être qu'elle connaissait, cet homme vulnérable, "enfant faible et désarmé, que la douleur effarait toujours, son enfant, justement, qui avait besoin d'elle" (1572), homme dont elle avait partagé l'angoisse et pour qui elle éprouvait en tout cas une tendresse maternelle? Alors qu'au début de leur relation, et sans doute par la suite, elle avait passivement aimé "être aimée" (1560), son retour participe de sa nouvelle activité et constitue peut-être son premier mouvement d'amour vrai vers son compagnon. Par ailleurs, on s'est aperçu que Marcel n'est pas un homme totalement insensible et il est probable qu'il accompagne Janine vers d'autres lieux sacrés. Il faut se souvenir de cette petite scène lors de la première montée au fort, où, "soudain attentif", il s'est montré réceptif au désir de Janine, moment d'acquiescement où ont surgi chez lui les mots d'amour "mon chéri" (1572). Et il n'est pas inconcevable qu'il lui prenne un jour la main sans que ce soit, comme lors de la descente, "gauchement". Sous-jacent au besoin aveugle et réciproque qui les poussait dans les bras l'un de l'autre pour y trouver refuge contre l'angoisse de mourir, on devine le courant d'une ancienne tendresse. Janine, femme désormais aimante et fertile, a maintenant de quoi le faire rejaillir. Elle est à même de transformer leur relation. Aussi, comme pour le narrateur de "Retour à Tipasa", il s'agit de "retourner au combat avec cette lumière conquise" (II, 874), double lumière pour elle d'une double expérience: celle, diurne et "cristalline" de la pure lumière du monde; celle aussi, nocturne et stellaire, des "feux à la dérive" du cosmos. Double lumière d'une double connaissance, extérieure et intérieure.

Ce qui a changé, sans spéculation aucune, c'est que Janine n'a plus besoin de s'accrocher "à son port le plus sûr" (1571). Femme nouvelle-née, elle revient de loin, de la nuit et du désert, et c'est elle qui, à travers ses larmes, rassure avec amour son compagnon. "Toutes ses larmes" sont le débordement des eaux de la nuit, celles qui déjà s'étaient mises à couler en silence à la fin de l'après-midi lorsque, pour la première fois, "la vie était suspendue, sauf dans son coeur où, au même moment, quelqu'un pleurait de peine et d'émerveillement" (1570). Elle sait désormais que ce "quelqu'un", c'est elle, femme douloureuse et émerveillée — et enfin libre. Il faut finalement se souvenir que ses noces avec le désert viennent seulement de commencer: "Ils repart[ent] le lendemain, plus au sud encore" (1565).

ÉPILOGUE

S'il est toujours difficile de clore l'étude d'une œuvre littéraire considérée ouverte, il s'avère impossible de "conclure" par rapport à une œuvre prématurément interrompue et dont on vante la "perfection inachevée" (Morot-Sir, "L'esthétique", 112). Aussi, cet épilogue n'a d'autre but que de récapituler très brièvement les grandes lignes de notre étude en vérifiant dans quelle mesure nous avons pu répondre à certaines questions soulevées dans notre Introduction. Il s'agit de faire la synthèse des principaux aspects de l'œuvre qui nous ont permis, tout au long de notre travail, d'approcher la relation du féminin et du sacré, et de faire quelques dernières observations.

En considérant le sacré indépendamment du féminin, on peut sans hésitation affirmer sa présence dans toutes les œuvres abordées, que ce soit sous les manifestations de la nostalgie qui impliquent le manque et le désir, ou sous celles d'expériences, collectives ou individuelles, qui en sont l'expression explicite. Alors que nous pensons avoir montré clairement cette omniprésence du sacré dès les débuts de l'œuvre et jusqu'aux "Notes et plans" du roman inachevé et posthume, nous espérons surtout avoir mis en évidence la relation profonde qui existe entre la présence du sacré et celle du féminin.

Il a été possible de montrer que la relation au sacré se réalise dans l'œuvre à deux niveaux: cosmique et humain. Au niveau cosmique, il s'agit bien sûr de la relation de l'homme au monde telle qu'on a pu l'observer de manière précise dans les essais de *Noces* ou dans *L'État de siège* par exemple, mais aussi dans *La Mort heureuse* et dans *L'Étranger*, surtout dans la dernière scène de chacun de ces récits où, confronté à l'imminence de la mort, le personnage découvre *in extremis* le bonheur de communier avec le monde. Aussi avons-nous pu remarquer dans ces textes que le sacré du cosmos est chaque fois connoté au féminin: la mer, la nuit, la terre, la nature dans son ensemble sont prodigues de féminin érotique ou maternel et l'amour pour la femme s'intègre à ce sacré cosmique. Au niveau humain, le rapport au sacré se manifeste et se réalise principalement à travers la présence du féminin, que ce soit dans la relation à la mère, si prégnante dès *L'Envers et l'endroit* et atteignant sa pleine puissance dans *Le Premier homme*, ou encore dans la relation à la femme compagne dont *L'Étranger* laissait pressentir l'importance et qui s'épanouit dans l'œuvre dramatique. Là, c'est la femme qui tente de convertir l'homme à Éros alors qu'il courtise Thanatos. Enfin, l'expérience du sacré atteint son paroxysme dans la communion de la femme et du cosmos.

   À travers ses présences/absences et ses silences, on a pu constater que le féminin maternel domine l'œuvre narrative dans son ensemble et si, au théâtre, le personnage de la mère subit certains avatars, le plus intéressant se produit sans doute dans l'œuvre narrative où la mère meurt dans un premier récit pour mieux "ressusciter" dans le suivant. La mère triomphe enfin dans le roman posthume où le narrateur déclare, se référant au personnage du fils: "Sa mère est le Christ!" Ainsi est doublement sacralisée la "chair sacrée" maternelle. La relation à la mère s'est avérée à la fois exceptionnelle et paradoxale, exceptionnelle de par son intensité et sa centralité dans l'œuvre, paradoxale de par l'absence/silence de la mère et qui est analogue au silence/indifférence du monde. Nous avons pu observer que le passage camusien de l'absurde à l'amour, via la révolte, suit de près l'évolution de la relation à la mère.

   La femme compagne, plus ou moins effacée dans les essais et dans l'œuvre narrative — quoique moins effacée qu'il n'y paraît d'abord — déploie sa présence généreuse sur la scène de l'œuvre dramatique. Alors que les personnages masculins y sont à la recherche d'une morale, d'un "bien faire", soit du *faire*, les femmes y sont à la recherche d'une vérité et d'un absolu dans l'amour et expriment, dans un vivre/aimer idéal et donc mythique, leur désir d'*être*. L'expression de ce désir traduit clairement le potentiel d'amour que l'auteur discerne chez l'être féminin et qu'il formule à travers les paroles que les femmes adressent à leurs compagnons. Elles leur suggèrent, et quelquefois les supplient, d'*être* dans ce monde concret, dans l'ici et maintenant, et de consentir à la vie, c'est-à-dire de l'aimer par-dessus l'abstraction des "devoirs" et des "rêves". Si elles en appellent à l'amour, c'est que, selon elles, seul l'amour humain peut répondre à l'appel humain. Mais les hommes ne les entendent pas et cette surdité du compagnon, toujours ailleurs ou absent comme la divinité, plonge les femmes dans l'expérience de la solitude et du désert. Elles défendent jusqu'au bout cependant ce credo de leur créateur: "Le monde est beau et, hors de lui, point de salut" (II, 87). Leur relation avec le sacré est une relation avec Éros, qui est leur religion: enracinés dans le monde et sa beauté, seuls sont sacrés l'amour et la vie — celle-ci dépendant de celui-là.

Pour ce qui aurait été l'avenir des femmes dans l'ensemble de l'œuvre, il est bien sûr impossible d'épiloguer à ce sujet. Selon la confidence faite par Camus à Brisville, les femmes autres que mythiques attendaient d'y prendre leur place de "femmes réelles". Nous avons vu que le plan du *Premier homme* prévoyait une partie (la cinquième parmi les six) qui leur aurait été consacrée (*PH*, 100), et que ces femmes auraient eu "la part belle car elles [avaient eu] une importance capitale" (Todd, 741). Alors qu'il est possible d'être affirmatif au sujet de la permanence du sacré dans l'œuvre — car c'est le sens du sacré qui la sous-tend —, tout ce que l'on peut supposer au sujet du féminin s'inscrivant dans le troisième cycle qui devait être celui de l'amour, et dont *Le Premier homme* inachevé représente la première œuvre témoin, est que des femmes aimantes mais non mythiques auraient probablement trouvé à s'y épanouir et que "la part belle" aurait été celle de l'amour.

C'est parce que, dans l'œuvre existante, le désir féminin ne trouve pas de satisfaction dans la relation avec l'autre masculin que l'une des femmes camusiennes, la moins mythique, enracinée dans l'immanence, cherche à dépasser cette relation et, ce faisant, transcende la condition absurde. Alors que pour les femmes compagnes du théâtre, la joie et la jouissance sont à trouver dans ce monde car, ne prétendant pas en connaître d'autre, elles ont consenti, en filles de Némésis, à sa mesure et à ses limites, Janine prend dans l'indifférence le chemin du désert qui est à son insu celui de l'Initiation. C'est alors que la prise de conscience progressive de son désir et sa volonté de "savoir" et d'"être délivrée" lui ouvrent la voie vers le grand Inconnu cosmique et la Connaissance. Elle sera, comme l'a rappelé Reichelberg, "la seule à connaître l'extase sacrale, sans mourir" (112). Elle survit en effet, mais transformée par l'expérience du sacré. Elle est aussi la seule à connaître la vraie libération, qui est d'ordre spirituel.

Dans son étude comparative des pensées de Teilhard de Chardin et de Camus, L. Cohn cite Teilhard: "[L]'amour est une fonction à trois termes: l'homme, la femme et Dieu. Toute sa perfection et sa réussite sont liées à l'harmonieux balancement de ces trois éléments... Plus question ici de se quitter, mais seulement de se rejoindre dans un plus grand que soi." Cohn poursuit: "Le héros camusien, aussi bien que le personnage teilhardien, cherche à se libérer, à dépasser sa condition: l'orientation diffère, la quête, elle est identique" (*La Nature et l'homme*, 117); et le critique voit les trois degrés de l'amour teilhardien — la femme, la société, le Tout, ainsi que les trois sens correspondants — le sens sexuel, le sens humain, le sens cosmique, comme parallèles aux "trois étapes de l'amour camusien et symbolisées par trois séries de personnages: Don Juan, le docteur

Rieux et ses amis, Kaliayev enfin" (116). Or, ne pouvant accepter une telle lacune, nous tenons à nommer Janine sinon à la place de Kaliayev, du moins à ses côtés car, de manière indiscutable et moins ambiguë que celui-ci, elle rejoint d'un saut, par sa communion nocturne, le troisième degré qui est celui du Tout cosmique.

Concernant la question relative à l'alliance inattendue du féminin et du sacré dans une œuvre agnostique et souvent perçue comme masculine, alliance dont "La Femme adultère" représente la quintessence, Morot-Sir se demande s'il ne faut pas voir dans ce texte "l'expression d'une profonde admiration que Camus adresse au Féminin, reconnaissant alors la supériorité existentielle et cosmique de la Femme sur l'homme qui n'est jamais qu'un Marcel heureux d'être absorbé par les petites affaires de son immanence économique et sociale, et qui a besoin d'une femme à ses côtés pour tromper sa solitude. La réponse ne peut être que positive" (56). Quelles que soient les nuances que le critique apporte à cette réponse,[1]. il est clair que Camus a discerné chez la femme, que ce soit à travers son expérience des femmes ou à travers son propre être féminin, un potentiel d'amour qui, s'il se réalise, doit permettre à la femme d'atteindre à une grandeur et un dépassement auxquels l'homme ne peut aspirer, comme le laisse entendre cette note des *Carnets* déjà citée mais qu'il nous faut répéter ici: "Une femme qui aime vraiment, de toute l'âme, dans le don total, et elle grandit alors si démesurément qu'il n'est pas un homme qui ne devienne, en comparaison, médiocre, misérable et sans générosité" (*C3*, 25)[2]. Cette note est sans contexte, donc ouverte à diverses interprétations. Faut-il y voir la simple expression d'un désir? S'agit-il d'une femme idéale imaginaire, ou d'une femme rêvée et aimante comme celle du "Rêve familier" de Verlaine? Il nous semble plutôt que Camus se réfère à une femme réelle, directement ou indirectement connue, à une femme telle que Simone Weil, par exemple, dont on sait la spiritualité et l'extraordinaire générosité, ainsi que l'admiration que Camus lui vouait. Il est possible aussi qu'il voyait dans cette "femme qui aime vraiment" un personnage pour une œuvre à venir, la Janine transformée peut-être[3], ou une Maria mûrie, ou une Dora qui eût échappé à la corde... Toujours est-il que les deux conditions requises pour atteindre à cette grandeur — on voudrait dire, cette grâce — sont d'être une femme et "d'aimer vraiment, de toute l'âme": le corps féminin aimant comme lieu de l'amour total du cœur et de l'esprit. Nous avons vu que l'amour est la première des valeurs

---

1. Voir Morot-Sır, "La double trancendance du féminin et du masculin", pp. 56 et suivantes pour les intéressantes "nuances" que le critique apporte à sa réponse.
2. Voir chapitre V (359).
3. Cette note des *Carnets* est antérieure à celles relatives à "La Femme adultère".

camusiennes, que "l'amour est au commencement de toutes choses"[4], et que la mère camusienne et les femmes compagnes sont porteuses de cet amour idéal. Dans un nouveau rapprochement, il est intéressant de noter ici ce que dit Cixous de l'amour de la femme, de "*l'Amour-autre*": "Le nouvel amour ose l'autre, le veut [...]. Elle, l'arrivante de toujours, elle ne reste pas, elle va partout, elle échange, elle est le-désir-qui-donne. [...] Ce qu'elle donne, elle ne le mesure pas; mais elle ne donne ni le change ni ce qu'elle n'a pas. Elle donne plus. Elle donne à vivre, à penser, à transformer. [...] Où elle aime, tous les concepts de la vieille gestion sont dépassés" ("Sorties", 184-85). N'est-ce pas justement de cet amour-là, de cet amour de femme "donneuse" et de son "don total", que parle Camus? On peut finalement se demander dans ce contexte si Camus ne voit pas la femme aimante comme médiatrice entre l'homme et le monde, capable de transcender l'absurde, la femme comme donneuse de sens et pas seulement donneuse de vie, donneuse "non pas de la vie pour elle-même, comme l'écrit Kristeva, mais de la vie porteuse de sens, à la formulation duquel les femmes sont appelées à apporter leur désir et leur parole" (*FS*, 27). Les femmes camusiennes y apportent certainement tout leur désir et celles du théâtre leur parole. Janine y apporte tout son être. À celles qui les suivent de prendre la relève. Ce serait là, comme l'écrit Kristeva, "une nouvelle ère du sacré"[5].

Ce que nous ne craignons pas d'affirmer à la fin de notre parcours, c'est qu'à travers la présence des femmes dans son œuvre, Camus donne libre cours non seulement à l'être féminin qu'il porte en lui mais aussi au désir du royaume qui les anime, elles et lui. Balakian remarque fort justement: "The cosmic nuptials consummated in 'La Femme adultère' convey the distance the central figure in Camus' works has traveled in spiritual sophistication from the earliest nuptials with earth and sea proposed for Mersault in *La Mort heureuse*. Without narrowly identifying Camus as that central figure, we can surmise, nonetheless, the parallel development of the author's spiritual trajectory" (51). Et Vigée, évoquant le désir de l'expérience du sacré chez Camus et sa nostalgie de la lumière primordiale, écrit de son côté: "Paradoxalement, ses récits satiriques et corrosifs correspondaient aux premiers moments d'une lente, difficile initiation à la lumière secrète du monde. L'accession au Royaume devait se faire à travers le désert de l'Exil. Seulement ainsi pouvait-il imaginer une approche de la grâce interdite, une rencontre possible avec le divin qui s'occulte dans l'absence" ("Avant-propos", 11). On reconnaît bien sûr

---

4. Voir "Difficile amour" dans la section consacrée au *Premier homme*, chapitre III (199).
5. Voir notre Introduction (19).

dans ces dernières phrases l'expérience que l'écrivain a fait vivre à la femme dans le personnage de Janine. Mais il nous semble aussi que Camus a dû traverser d'abord un autre désert pour accéder au divin, celui du silence maternel, le silence de la "chair sacrée". Et ce n'est qu'après avoir enfin compris, comme Meursault face à "la nuit chargée de signes et d'étoiles" (I, 1211), que ce silence analogue à celui du monde cachait l'immensité de la tendresse, qu'il a pu alors s'ouvrir à celle de la femme, d'une femme "qui aime vraiment, de toute l'âme, dans le don total...".

Il est remarquable que ce soit essentiellement chez les personnages féminins qu'on découvre l'expression du désir spirituel, que ce soit le désir absolu du "royaume de ce monde" régi par l'Éros humain et qui est celui des femmes compagnes ou, à un niveau à la fois plus profond et plus vaste, le désir de l'Âme du royaume plotinien qui est désir du divin et "nostalgie d'une patrie perdue" (II, 1282), et qui est celui de Janine. C'est en effet à la "femme adultère", qui "trompe" le royaume de ce monde, que Camus fait connaître l'extase de l'Union cosmique et c'est à Plotin que, étrangement, il nous fait alors penser. Ne reconnaît-on pas dans le désir de Janine celui qui "nous fait découvrir l'être universel", et le narrateur ne s'identifie-t-il pas à ce même désir que Plotin décrit comme "l'Éros qui veille à la porte de son aimé; toujours dehors et toujours passionné, il se contente d'y participer autant qu'il le peut" (II, 1283)? À travers le paradoxe d'une écriture qui consiste à créer le personnage de Janine et son "indicible" expérience nocturne, l'écrivain masculin ne participe-t-il pas à cette expérience féminine "autant qu'il le peut"? Il est certain qu'en donnant forme au désir d'infini de la femme et à la révélation dont elle est l'objet, l'écrivain a accédé, ne fût-ce qu'un "instant d'éternité", à l'infini tant désiré.

BIBLIOGRAPHIE

I. ŒUVRES DE CAMUS

Théâtre, récits, nouvelles (I). Paris, Gallimard/Pléiade, 1962.
Essais (II). Paris, Gallimard/Pléiade, 1965.
Carnets 1, mai 1935–février 1942. Paris, Gallimard, 1962.
Carnets 2, janvier 1942–mars 1951. Paris, Gallimard, 1964.
Carnets 3, mars 1951–décembre 1959. Paris, Gallimard, 1989.
La Mort heureuse. Paris, Gallimard, 1971 (Cahiers Albert Camus 1).
Journaux de voyage. Paris, Gallimard, 1978.
Caligula, 1941. Paris, Gallimard, 1984 (Cahiers Albert Camus 4).
Le Premier homme. Paris, Gallimard, 1994 (Cahiers Albert Camus 7).
Albert Camus—Jean Grenier, *Correspondance 1932-1960*. Paris, Gallimard, 1981.

II. BIBLIOGRAPHIE CAMUSIENNE[1]

A. OUVRAGES COLLECTIFS (ordre chronologique)

Livraisons de la Série *Albert Camus* de la Collection "La Revue des lettres modernes"
Albert Camus 1: *"Autour de 'L'Étranger'"*. Brian T. FITCH ed.. Paris, Lettres Modernes Minard, 1968 (Coll. "La Revue des lettres modernes").
Albert Camus 2: *"Langue et langage"*. Brian T. FITCH ed.. Paris, Lettres Modernes Minard, 1969 (Coll. "La Revue des lettres modernes").

---

1. Ne figurent ici que les études citées au cours de notre travail.
Principaux ouvrages bibliographiques consultés:
GAY-CROSIER, Raymond. *Bibliographie sélective des travaux récents consacrés à Albert Camus*. Sponsor: Département des Langues et Littératures Romanes, Université de Floride (1990-2002).
 (http://www.clas.ufl.edu/users/gaycros/Bibliog.htm#theatre)
KLAPP, Otto, ed.. *Bibliographie der französischen Literaturwissenschaft*. Francfort, Klostermann (Tomes I à XXXX, de 1956 à 2002).
ROEMING, Robert F. *Camus, A Bibliography Microform*. Fifteenth Edition, Milwaukee Computing Services Division, University of Wisconsin, Milwaukee, 2001.
MLA International Bibliography. New York, The Modern Language Association of America. (Volume 2, de 1950 à 2001).

Albert Camus 4: "*Sources et influences*". Brian T. FITCH *ed.*. Paris, Lettres Modernes Minard, 1971 (Coll. "La Revue des lettres modernes").

Albert Camus 6: "*Camus nouvelliste. 'L'Exil et le royaume'*". Brian T. FITCH *ed.*. Paris, Lettres Modernes Minard, 1973 (Coll. "La Revue des lettres modernes").

Albert Camus 7: "*Le Théâtre*". Brian T. FITCH *ed.*. Paris, Lettres Modernes Minard, 1975 (Coll. "La Revue des lettres modernes").

Albert Camus 9: "*La pensée de Camus*". Brian T. FITCH *ed.*. Paris, Lettres Modernes Minard, 1979 (Coll. "La Revue des lettres modernes").

Albert Camus 11: "*Camus et la religion*". Brian T. FITCH *ed.*. Paris, Lettres Modernes Minard, 1982 (Coll. "La Revue des lettres modernes").

Albert Camus 13: "*Études comparatives*". Raymond GAY-CROSIER *ed.*. Paris, Lettres Modernes Minard, 1989 (Coll. "La Revue des lettres modernes").

Albert Camus 14: "*Le texte et ses langages*". Raymond GAY-CROSIER *ed.*. Paris, Lettres Modernes Minard, 1991 (Coll. "La Revue des lettres modernes").

Albert Camus 15: "*Autour de 'La Chute' — textes, intertextes, contextes*". Raymond GAY-CROSIER *ed.*. Paris, Lettres Modernes Minard, 1993 (Coll. "La Revue des lettres modernes").

Albert Camus 16: "*'L'Étranger' cinquante ans après*". Actes du colloque d'Amiens, 11–12 décembre 1995. Raymond GAY-CROSIER *ed.*. Paris, Lettres Modernes Minard, 1995 (Coll. "La Revue des lettres modernes").

Albert Camus 17: "*Toujours autour de 'L'Étranger'*". Raymond GAY-CROSIER *ed.*. Paris, Lettres Modernes Minard, 1996 (Coll. "La Revue des lettres modernes").

Albert Camus 18: "*L'œuvre de Camus en U.R.S.S. et en R.D.A.*" Raymond GAY-CROSIER *ed.*. Paris, Lettres Modernes Minard, 1999 (Coll. "La Revue des lettres modernes").

Collections d'essais et Actes de colloques

Camus 1970. Actes du Colloque organisé sous les auspices du Département des Langues et Littératures romanes de l'Université de Floride (Gainesville), 29–30 janvier 1970. Raymond GAY-CROSIER *ed.*. Québec, CELEF, Université de Sherbrooke, 1970.

Les Critiques de notre temps et Camus. Jacqueline LÉVI-VALENSI *ed.*. Paris, Garnier, 1970.

Albert Camus' Literary Milieu: Arid Lands. Proceedings of the Comparative Literature Symposium, January 22–24, 1975, vol.

8., Wolodymyr T. ZYLA and Wendell M. AYCOCK, *eds.*. Lubbock [TX], The Texas Tech University Press, 1976.
Albert Camus 1980. Second International Conference, February 21–23, 1980, The University of Florida, Gainesville. Raymond GAY-CROSIER, *ed.*. Gainesville, University Presses of Florida, 1980.
Essays on Camus's "Exile and the Kingdom". Judith SUTHER, *ed.*. University, Mississippi, *Romance Monographs Inc.,* n° 41, 1980.
Albert Camus: œuvre fermée, œuvre ouverte? Raymond GAY-CROSIER *et* Jacqueline LÉVI-VALENSI *eds.* Paris, Gallimard, 1985 (Coll. "Cahiers Albert Camus" 5).
Albert Camus. Textes réunis par Paul-F. SMETS à l'occasion du 25e anniversaire de la mort de l'écrivain. Bruxelles, Bruylant, 1985.
Albert Camus' "L'Exil et le royaume". The Third Decade. Anthony RIZZUTO *ed.*. Toronto, Paratexte, 1988.
Camus's "L'Étranger": Fifty Years On. Adele KING *ed.*. New York, St. Martin's Press, 1992.
Albert Camus et le théâtre. Actes du Colloque tenu à Amiens, 31 mai–2 juin 1988. Jacqueline LÉVI-VALENSI *ed.*. Paris, IMEC, 1992.
Albert Camus: les extrêmes et l'équilibre. Actes du Colloque de Keele, 25–27 mars 1993. David WALKER *ed.*. Amsterdam, Rodopi, 1994.
Camus de l'absurde à l'amour. André COMTE-SPONVILLE, Laurent BOVE *et* Patrick RENOU. Vénissieux, Paroles d'aube, 1995.
Albert Camus et la philosophie. Anne-Mare AMIOT *et* Jean-François MATTÉI *eds.*. Paris, P.U.F., 1997.
Albert Camus entre la misère et le soleil. Actes du 2e Colloque International de Poitiers, 29–31 mai 1997. Lionel DUBOIS *ed.*. Poitiers, Les Éditions du Pont-Neuf, 1997.
Camus et le lyrisme. Jacqueline LÉVI-VALENSI *et* Agnès SPIQUEL *eds.*. Paris: SEDES, 1997.
"Compte-rendu du Colloque sur *L'État de siège*, Vincennes, 28–29 novembre 1998", *Bulletin d'information de la S.E.C. (Société des Études camusiennes),* n° 50, janvier–mars 1999.

Numéros spéciaux de revues
"Camus", *Équinoxes,* Revue internationale d'études françaises, n° 13, hiver 1996. Numéro conçu par Hiroshi MINO.
"Encore Camus? Camus encore!", *Narcisse,* fagtrykk n° 16, 1996. Journée camusienne à l'Université d'Oslo. Karin HOLTER *et* Nina SJURSEN *eds.*

"Albert Camus: parcours méditerranéens", *Perspectives, Revue de l'Université Hébraïque de Jérusalem*, n° 5. Actes du Colloque de Jérusalem, 10–13 novembre 1997, Institut Van Leer de Jérusalem. Fernande BARTFELD et David OHANA eds. Jérusalem, Magnès, 1998.

"*Le Premier homme* d'Albert Camus", *Roman 20/50*, n° 27, juin 1999.

"Albert Camus", *Europe*, n° 846, octobre 1999.

B. ÉTUDES INDIVIDUELLES

ABBOU, André, "Le quotidien et le sacré: introduction à une nouvelle lecture de *L'Étranger*", pp. 231–65 in *Albert Camus: œuvre fermée, œuvre ouverte?*

—, "Du goût de l'innocence à l'attente du supplice", pp. 51–64 in *Camus et le lyrisme*.

—, "Sous le soleil du père et de l'histoire", *Europe* n° 846, pp. 104–18.

ABDELKRIM, Zedjiga, "Le lyrisme en dé-lire dans l'œuvre romanesque de Camus", pp. 43–50 in *Camus et le lyrisme*.

ALTER, André, "De *Caligula* aux *Justes*: de l'absurde à la Justice", pp. 17–28 in *Les Critiques de notre temps et Camus*.

AMIOT, Anne-Marie *et* Jean-François MATTÉI, "Avant-propos: Albert Camus ou le naturel philosophe", pp.1–18 in *Albert Camus et la philosophie*.

AMIOT, Anne-Marie, "Nature et fonction du lyrisme de *Caligula* dans la redéfinition de la tragédie moderne", pp. 133–46 in *Camus et le lyrisme*.

ARCHAMBAULT, Paul, "Augustin et Camus", *Recherches augustiniennes* n° 6, 1969, pp. 195–221.

—. *Camus' Hellenic Sources*. Chapel Hill, University of North Carolina Press, 1972.

ARNOLD, James A. "*Caligula*", *version de 1941*. Paris, Gallimard, 1984. "La poétique du premier Caligula", pp. 121–89 (Coll. "Cahiers Albert Camus" 4).

AUDIN, Marie-Louise, "'La condensation furieuse de l'image' ou le double lyrisme camusien", pp. 21–34 in *Camus et le lyrisme*.

AUTRAND, Michel, "*L'État de siège* ou le rêve de la ville au théâtre", pp. 57–70 in *Albert Camus et le théâtre*.

—, "Le lyrisme dramatique dans *L'État de siège*", *Bulletin d'information de la S.E.C.*, n° 50, pp. 11–13.

BAGOT, Françoise. *Albert Camus*. "*L'Étranger*". Paris, P.U.F., 1993.

BAISHANSKI, Jacqueline. *L'Orient dans la pensée du jeune Camus. "L'Étranger", un nouvel évangile?* Paris, Lettres Modernes Minard, 2002.

BALAKIAN, Anna, "Alienation and Aridity: The Climatic Correlative in Camus's Writings", pp. 37–52 in *Albert Camus' Literary Milieu: Arid Lands.*

BARCHILON, José, "Profondeur et limite de la psychologie de l'inconscient chez Camus: les jeux du narcissisme", pp. 27–36 in *Albert Camus: œuvre fermée, œuvre ouverte?*

BARILIER, Étienne. *Albert Camus. Philosophie et littérature.* Lausanne, L'Âge d'Homme, 1977.

BARRÉ, Michel, "Mettre en scène *L'État de siège?*", *Bulletin d'information de la S.E.C.* , n° 50, pp. 13–17.

BARTFELD, Fernande, "Deux exilés de Camus: Clamence et le Renégat", pp. 89–112 in *Albert Camus 6.*

—. *L'Effet tragique. Essai sur le tragique dans l'œuvre de Camus.* Paris, Champion–Slatkine, 1988.

—, "Anti-Méditerranée et lyrisme de l'exil", pp. 213–25 in "Albert Camus: parcours méditerranéens", *Perspectives*, n° 5.

BARTHES, Roland, "*L'Étranger*, roman solaire", pp. 60–64 in *Les Critiques de notre temps et Camus.*

BASSET, Guy, "Camus—Clairin: œuvres croisées", pp. 101–107 in *Albert Camus 18.*

BATAILLE, Georges, "La morale du malheur: *La Peste*", *Critique*, n° 13, juin-juillet 1947, pp. 3–15.

BEAUCLAIR, Michelle. *Albert Camus, Marguerite Duras, and the Legacy of Mourning.* New York, Peter Lang, 1998.

BESPALOFF, Rachel, "Le monde du condamné à mort", *Esprit*, n° 163, janvier 1950, pp. 1–26.

BIELAWKA, Maria, "Husserl and Camus in Search of Time Accomplished", *Analecta Husserliana*, n° 48, 1996, pp. 37–43.

BLANCHOT, Maurice. *L'Entretien infini.* Paris, Gallimard, 1969.

—. *L'Amitié*, Paris, Gallimard, 1971. ("Le détour vers la simplicité", pp. 214–27, et "La chute: la fuite", pp. 228–35).

—, "Notre compagne clandestine", pp. 79–87 in *Textes pour Emmanuel Levinas*, François Laruelle *ed..* Paris, Jean-Michel Place, 1980.

BOUCHEZ, Madeleine. *Camus. "Les Justes".* Paris, Hatier, 1974.

BOVE, Laurent, "Le dernier homme. Le silence de la mère et le corps du christ: une philosophie pour *L'Étranger*", pp. 53–87 in *Camus de l'absurde à l'amour.*

BRISVILLE, Jean-Claude. *Camus.* Paris, Gallimard, 1959.

BRULOTTE, Gaëtan, "Survie d'Albert Camus", *Liberté*, n° 6, 1994, pp. 140–48.
CAUSSAT, Pierre, "Le prélude d'une pensée: *Métaphysique chrétienne et néo-platonisme*", pp. 223–39 in *Camus et la philosophie*.
CHABOT, Jacques, "La mémoire des pauvres", pp. 65–76 in "*Le Premier homme* d'Albert Camus", *Roman 20/50*, n° 27.
CHAITIN, Gilbert D., "Narrative desire in *L'Étranger*", pp. 125–38 in *Camus's "L'Étranger": Fifty Years On*.
—, "Confession and Desire in L'Étranger", *Symposium*, n° 46, Fall 1992, pp. 163–75.
CHARLES, Daniel, "Camus et l'Orient", pp. 241–56 in *Camus et la philosophie*.
CHAULET-ACHOUR, Christiane. *Albert Camus, Alger. "L'Étranger" et autres récits*. Biarritz, Atlantica, 1998.
CHAVANES, François. *Albert Camus. "Il faut vivre maintenant"*. Paris, Cerf, 1990.
—. *Albert Camus. Un message d'espoir*. Paris, Cerf, 1996.
CIELENS, Isabelle. *Trois fonctions de l'exil dans les œuvres de fiction d'Albert Camus: initiation, révolte, conflit d'identité*. Stockholm, Almqvist & Wiksell International, 1985.
—, "Le Symbolisme des rites initiatiques", pp. 21–36 in "Camus", *Équinoxes*, n° 13.
CLARKE, Deborah *and* Christiane P. MAKWARD, "Camus, Faulkner, Dead Mothers: A Dialogue", pp. 194–208 in *Camus's "L'Étranger": Fifty Years On*.
CLAYTON, Alan J., "Note sur Artaud et Camus", pp 105–110 in *Albert Camus 2*.
—, "Sur une filiation littéraire: Giono et Camus", pp. 87–96 in *Albert Camus 4*.
—, "Camus ou l'impossibilité d'aimer", pp. 9–34 in *Albert Camus 7*.
COHN, Lionel. *La nature et l'homme dans l'œuvre d'Albert Camus et dans la pensée de Teilhard de Chardin*. Lausanne, L'Âge d'Homme, 1975.
—, "La signification d'autrui chez Camus et chez Kafka — tentative de lecture de Camus et de Kafka d'après la philosophie d'Emmanuel Levinas", pp. 101–130 in *Albert Camus 9*.
—, "La signification du sacré dans *La Chute*", pp. 110–22 in *Albert Camus 1980*.
COHN, Yehuda L., "Les sources bibliques dans l'œuvre d'Albert Camus", pp. 45–54 in "Albert Camus: parcours méditerranéens", *Perspectives*, n° 5.
COMTE-SPONVILLE, André, "L'absurde dans *Le Mythe de Sisyphe*", pp. 159–71 in *Albert Camus et la philosophie*.

COOMBS, Ilona. *Camus, homme de théâtre.* Paris, Nizet, 1968.
COSTES, Alain. *Albert Camus ou la parole manquante.* Paris, Payot, 1973.
CROCHET, Monique. *Les Mythes dans l'œuvre de Camus.* Paris, Éditions Universitaires, 1973.
CRYLE, Peter, "Diversité et symbole dans *L'Exil et le royaume*", pp. 7–20 in *Albert Camus 6.*
CURTIS, Jerry L., "Camus' Portrayal of Women in *State of Siege*: Exegesis and Explication", *Orbis Litterarum*, vol. 53, 1998, pp. 42–64.
DANIEL, Jean. *L'Ère des ruptures.* Paris, Grasset, 1979. "Cet étrange retour à Camus", pp. 325–32.
—, "Innocence in Camus and Dostoievsky", pp. 24–35 in *Camus's "L'Étranger": Fifty Years On.*
—, "*Le Premier homme.* La religion. Le siècle", pp. 9–16 in "Encore Camus? Camus encore!", *Narcisse*, n° 16.
—, "Le bonheur entre Athènes et Jérusalem", pp. 13–24 in "Albert Camus: parcours méditerranéens", *Perspectives*, n° 5.
DAUNAIS, Isabelle, "L'expérience de l'espace dans les nouvelles de Camus", *French Review*, vol. 67, n° 1, October 1993, pp. 47–60.
DEVAUX, André. "Albert Camus devant le christianisme", *Science et Humanisme.* Luxembourg, S.E.L.F., 1971, pp. 243–48.
DI MÉGLIO, Ingrid, "Camus et la religion: antireligiosité et crypto-théologie", pp. 7–48 in A*lbert Camus 11.*
DOUBROVSKY, Serge, "La morale d'Albert Camus", *Preuves*, n° 116, octobre 1960, pp. 39–49.
DUNAWAY, John M., "Estrangement and the Need for Roots: Prophetic Visons of the Human Condition in Albert Camus and Simone Weil", *Religion and Literature*, vol. 17, n° 2, Summer 1985, pp.35–42.
FERRAGE, Hervé, "Lyrisme et histoire", pp. 9–18 in *Camus et le lyrisme.*
FITCH, Brian T., "'La Femme adultère': A Microcosm of Camus' Solipsistic Universe", pp. 117–26 in *Albert Camus' "L'Exil et le royaume". The Third Decade.*
FREEMAN, Edward. *The Theatre of Albert Camus. A Critical Study.* London, Methuen, 1971.
GASSIN, Jean, "Le sadisme dans l'œuvre d'Albert Camus", pp. 121–44 in *Albert Camus 6.*
—. *L'Univers symbolique d'Albert Camus.* Paris, Minard, 1981.
—, "À propos de la femme 'automate' de *L'Étranger*", pp. 77–90 in *Albert Camus: œuvre fermée, œuvre ouverte?*

—, "Fantaisie sur un thème de Camus: le plumier", pp. 65–69 in "Camus", *Équinoxes*, n° 13.

GAY-CROSIER, Raymond. *Les Envers d'un échec. Étude sur le théâtre d'Albert Camus*. Paris, Minard, 1967.

—, "Introduction: Théâtre de l'impossible ou impossible théâtre?", pp. 5–7 in *Albert Camus 7*.

—, "Le jeu dans le jeu ou la tragi-comédie des *Justes*", pp. 45–70 in *Albert Camus 7*.

—, "Circularité de l'affirmation négative: les méandres de la *via negationis*", pp. 49–73 in *Abert Camus 11*.

—, "La révolte génératrice et régénératrice", pp. 113–34 in *Albert Camus: œuvre fermée, œuvre ouverte?*

—, "Révolte, souveraineté et jeu chez Bataille et Camus: étude conceptuelle", pp. 7–34 in *Albert Camus 12*.

—, "Lyrisme et ironie: le cas du *Premier homme*", pp. 67–76 in *Camus et le lyrisme*.

—, "Les enjeux de la pensée de midi", pp. 93–108 in "Albert Camus: parcours méditerranéens", *Perspectives*, n° 5.

—, "Les masques de l'impossible", pp. 90–103, in "Albert Camus", *Europe*, n° 846.

—. *The Stranger*. Detroit, Gale Group, 2001.

— et Jacqueline LÉVI-VALENSI. "Introduction", pp. 9–11 in *Albert Camus: œuvre fermée, œuvre ouverte?*

GOLDSTAIN, Jacques, "Camus et la Bible", pp. 97–139 in *Albert Camus 4*.

GRÉGOIRE, Vincent, "L''effacement' féminin dans les romans d'Albert Camus", *Dalhousie French Studies*, vol. 33, Winter 1995, pp. 97–112.

GREEN, Mary Jean, "Pascalian Motifs in the Thought of Camus", *Stanford French Review*, vol. I, n° 2, Fall 1977, pp. 229–42.

GRENIER, Jean. "Préface" aux *Œuvres complètes* d'Albert Camus, Gallimard (Pléiade), 1962, t. I.

—. *Albert Camus. Souvenirs*. Paris, Gallimard, 1968.

GROUIX, Pierre, "L'absence de la philosophie dans *Le Premier homme*", pp. 65–82 in *Camus et la philosophie*.

GUÉRIN, Jeanyves. *Camus. Portrait de l'artiste en citoyen*. Paris, François Bourin, 1993.

—, "Camus, philosophe pour classes terminales?", pp. 85–99 in *Camus et la philosophie*.

—, "Camus, Caligula et les poètes", pp. 67–75 in "Albert Camus", *Europe*, n° 846.

HAIG, Sterling, "The Epilogue of *Crime and Punishment* and Camus' 'La Femme adultère'", *Comparative Literature Studies*, vol. 3, n°1, 1966, pp. 445–49.
HAOUET, M. Kamel, "Le lyrisme polyphonique", pp. 77–84 in *Camus et le lyrisme.*
HERMET, Joseph. *À la rencontre d'Albert Camus. Le dur chemin de la liberté.* Paris, Beauchesne, 1990.
HERNÁNDEZ, Lilliam, "Vers une poétique de *Noces*", pp. 142–49 in *Albert Camus 1980.*
HOROWITZ, Louise K., "Of Women and Arabs: Sexual and Racial Polarization in Camus", *Modern Language Studies*, vol. 17, n° 3, Summer 1987, pp. 54–61.
JUDT, Tony. *The Burden of Responsibility: Blum, Camus, Aron and the French Twentieth Century.* Chicago, The University of Chicago Press, 1998. "The Reluctant Moralist. Albert Camus and the Discomforts of Ambivalence", pp. 87–135.
KELLOGG, Jean. *Dark Prophets of Hope. Dostoevsky, Sartre, Camus, Faulkner.* Chicago, Loyola University Press, 1975.
KOUCHKINE, Eugène, "*Les Justes*: le tragique de l'amour et du renoncement", pp. 161–71 in *Camus et le lyrisme.*
KRAPP, John, "Time and Ethics in Albert Camus's *The Plague*", University of Toronto Quarterly, vol. 68, n° 2, Spring 1999, pp. 655–76.
LANGER, Lawrence. *The Age of Atrocity. Death in Modern Literature.* Boston, Beacon Press, 1978. "Albert Camus and the Limits of the Possible", pp. 113–162.
LANGLOIS, G. Walter, "Camus et le sens de la révolte asturienne", pp. 161–87 in *Albert Camus 1980.*
LAPAIRE, Pierre J., "L'Enfance — Limite du terrorisme dans *Les Justes*", *The USF Quarterly*, vol. 24, n° 3–4, Spring–Summer 1986, pp. 38–40.
LAZERE, Donald. *The Unique Creation of Albert Camus.* New Haven, Yale University Press, 1973.
LEROY-BÉDIER, Marie-Laure, "De *Noces* à 'La Femme adultère': 'Le chant plus intérieur qu'on vient chercher ici'", pp. 123–31 in *Camus et le lyrisme.*
LÉVI-VALENSI, Jacqueline, "Réalité et symbole de l'Espagne dans l'œuvre de Camus", pp. 141–78 in *Albert Camus 1.*
—, "Le temps et l'espace dans l'œuvre romanesque de Camus: une mythologie du réel", pp. 57–71 in *Albert Camus 1980.*
—, "La relation au réel dans le roman camusien", pp. 153–85 in *Albert Camus: œuvre fermée, œuvre ouverte?*
—. *"La Peste" d'Albert Camus.* Paris, Gallimard, 1991.

—, "Roman, mesure et démesure", pp. 45–59 in *Albert Camus: les extrêmes et l'équilibre*.

—, "Table ronde sur *L'Étranger*", pp. 183–213 in *Albert Camus 16*.

—. *"La Chute" d'Albert Camus*. Paris, Gallimard, 1996.

—, "Si tu veux être philosophe...", pp. 21–33 in *Albert Camus et la philosophie*.

—, "Entre La Palisse et Don Quichotte", pp. 35–42 in *Camus et le lyrisme*.

—, "Regards sur l'homme, lecture de l'œuvre", pp. 3–8 in "Albert Camus", *Europe*, n° 846.

— *et* Agnès SPIQUEL, "Avant-propos", pp. 7–8 in *Camus et le lyrisme*.

LICARI, Carmen, "Voyage au bout de l'amour: Albert Camus, *Le Premier homme*", *Miscellanea in onore di Liano Petroni. Studi e ricerche sulle letterature di lingua francese*. Bologna, CLUEB, 1996, pp. 379–92.

LOBET, Marcel, "De l'ombre de Sartre à la lumière de Camus", pp. 153–60 in *Classiques de l'an 2000*. Paris, Éditions de la Francité, 1970.

LYNCH, Martha, "L'image du colon dans 'La Femme adultère'", pp. 139–52 in *Albert Camus 14*.

MAILHOT, Laurent. *Albert Camus ou l'imagination du désert*. Montréal, Les Presses de l'Université de Montréal, 1973.

MARGERRISON, Christine, "Struggling with the Other: Gender and Race in the Youthful Writings of Camus", pp. 191–211 in *French Existentialism. Consciousness, Ethics and Relations with Others*. James GILES, *ed.*. Amsterdam, Rodopi, 1999.

—, "Albert Camus and 'Ces femmes qu'on raic de l'humanité': sexual politics in the colonial arena", *French Cultural Studies*, vol. 10, n° 2, June 1999, pp. 217–30.

MATTÉI, Jean-François, "Terre et ciel d'Albert Camus", pp. 277–94 in *Albert Camus et la philosophie*.

MAULNIER, Thierry, "Ouverture", *La Revue de Paris*, n° 10, 1964, 115–116.

MCCARTHY, Patrick, "Camus, Orwell and Greene: the Impossible Fascination of the Colonised", pp. 221–231 in *Camus's "L'Étranger": Fifty Years On*.

MERTENS, Pierre, "La chute de l'ange", pp. 115-28 in *Albert Camus*. Textes réunis par Paul-F. SMETS à l'occasion du 25e anniversaire de la mort de l'écrivain

MILLER, Owen J., "*L'Exil et le royaume*: cohérence du recueil", pp. 21–50 in *Albert Camus 6*.

MINGELGRÜN, Albert, "Caligula ou comment s'écrit la maladie de la lune", *L'Information littéraire*, vol. 43, n° 4, 1991, pp. 14–16.

MINO, Hiroshi. *Le Silence dans l'œuvre d'Albert Camus*. Paris, José Corti, 1987.

MISTACCO, Vicki, "Mama's Boy: Reading Woman in *L'Étranger*", pp. 152–69 in *Camus's "L'Étranger" Fifty Years On*.

—, "Nomadic Meanings: The Woman Effect in 'La Femme adultère'", pp. 71–84 in *Albert Camus' "L'Exil et le royaume". The Third Decade*.

MONTGOMERY, Geraldine F., "Œdipe mal entendu: langage et reconnaissance dans *Le Malentendu* de Camus", *The French Review*, vol. 70, n°3, February 1997, pp. 427–38.

—, "De la dernière femme au *Premier homme*", pp. 143–58 in *Albert Camus entre la misère et le soleil*.

—, "La mère sacrée du *Premier homme*", à paraître dans *Albert Camus 20*, 2003.

MORALY, Yehuda, "Cruauté, peste et création: Camus et Artaud", pp. 73–84 in "Albert Camus: parcours méditerranéens", *Perspectives*, n° 5.

MOROT-SIR, Édouard, "Georges Bataille: critique d'Albert Camus", *Stanford French Review*, vol. 6, Spring 1982, pp. 101–12.

—, "L'esthétique d'Albert Camus: logique de la limite, mesure de la mystique", pp. 93–132 in *Albert Camus: œuvre fermée, œuvre ouverte?*

—, "La double transcendance du féminin et du masculin dans 'La Femme adultère' d'Albert Camus", *Dalhousie French Studies*, vol. 19, 1990, pp. 51–60.

—, "1942–1943: l'homme à la recherche de l'impossible. Les trois essais d'Albert Camus, de Jean-Paul Sartre et de Georges Bataille", *L'Esprit Créateur*, vol. 33, n° 1, Spring 1993, 5–15.

—, "Actualité de *L'Étranger*", pp. 7–26 in *Albert Camus 17*.

MORZEWSKI, Christian, "*Le Premier Homme* ou l'anti-enfance d'un chef", pp. 89–102 in "Albert Camus", *Europe*, n° 846.

NGUYEN VAN-HUY, Pierre. *La métaphysique du bonheur chez Albert Camus*. Neuchâtel, La Baconnière, 1968.

NOUDELMANN, François, "Camus et Sartre: le corps et la loi", pp. 135–55 in *Albert Camus et la philosophie*.

OUELLET, François, "*La Peste* sous le signe de midi", pp. 107–22 in *Albert Camus 17*.

ONIMUS, Jean, "Camus, la femme adultère et le ciel étoilé", *Cahiers universitaires catholiques*, n° 10, juillet 1960, pp. 561–70.

OZWALD, Thierry, "Les *Lettres à un ami allemand* ou la juste mesure de Camus", *Roman 20/50*, n° 28, décembre 1999, pp. 77–92.

PAPAMALAMIS, Dimitris. *Albert Camus et la pensée grecque*. Nancy, Publications du Centre européen universitaire, 1965.

PELZ, Manfred, "Camus's Two Styles in 'The Adulterous Woman'", pp. 133–42 in *Essays on Camus's "Exile and the Kingdom"*.
QUILLIOT, Roger. *La mer et les prisons. Essai sur Albert Camus*. Paris, Gallimard, 1956.
—, "Un monde ambigu", pp. 98-103 in *Les Critiques de notre temps et Camus*.
—, "Un exemple d'influence pascalienne au XXe siècle: l'œuvre d'Albert Camus", pp. 119–33 in *Les "Pensées" de Pascal ont trois cents ans*. Clermont-Ferrand, Bussac, 1971.
—, "Lumières et ambiguïtés de la trajectoire camusienne", pp. 189–204 in *Albert Camus et la philosophie*.
RABATÉ, Dominique, "L'économie de la mort dans *L'Étranger*", pp. 93–107 in *Albert Camus 16*.
RADULESCU, Domnica, "L'amour dans *La Peste*", *Dalhousie French Studies*, vol. 33, Winter 1995, pp. 83–95.
RENOU, Patrick, "À force de vivre", pp. 89–99 in *Camus. De l'absurde à l'amour*.
REICHELBERG, Ruth. *Albert Camus. Une approche du sacré*. Paris, Nizet, 1983.
REY, Pierre-Louis. *Albert Camus. "L'État de siège"*. Paris, Gallimard, 1998.
RIZZUTO, Anthony, "Camus and a Society without Women", *Modern Language Studies,* vol. 13, n° 1, Winter 1983, pp. 3–14.
—, "La scène d'amour chez Camus", pp. 211–25 in *Albert Camus: les extrêmes et l'équilibre*.
—. *Camus. Love and Sexuality*. Gainesville, University Press of Florida, 1998.
RUFAT, Hélène, "Face à *Siège*, la terre camusienne", pp. 17–18 in *Bulletin d'information de la S.E.C.,* n° 50.
SANSEN, Raymond, "Variations sceptiques sur le thème de la mort. De Marx à Camus", *Mélanges de science religieuse*, t. 50, n° 2, avril–juin 1993, pp. 83–98.
SANTERRE, Jean-Paul. *Leçon littéraire sur "Noces" d'Albert Camus*. Paris, P.U.F., 1998.
SARRAUTE, Nathalie, "'Le psychologique' dans *L'Étranger*", pp. 56–60 in *Les Critiques de notre temps et Camus*.
SAROCCHI, Jean. *La Mort heureuse*. Paris, Gallimard, 1971. "Genèse de 'La Mort heureuse'", pp. 7–19 (Coll. "Cahiers Albert Camus" 1).
—, "Le malentendu par André Gide", *Littératures*, n° 22, 1990, pp. 191–206.
—. *Le dernier Camus ou "Le Premier homme"*. Paris, Nizet, 1995.
—, "Clamence séducteur?", pp. 119–31 in "Albert Camus", *Europe*, n° 846.

—, "Ni orthodoxe, ni hérétique...", pp. 9–10 in *Bulletin d'information de la S.E.C.,* n° 50.

SARTRE, Jean-Paul, "Explication de *L'Étranger*", pp. 41–56 in *Les Critiques de notre temps et Camus.*

—, "Albert Camus", pp. 170–72 in *Les Critiques de notre temps et Camus.*

SHAHBAZ, Caterina P., "La frustration et le sens dans 'La Femme adultère' de Camus", *Symposium*, vol. 50, n° 4, Winter 1997, pp. 238–47.

SHOWALTER, English. *Exiles and Strangers: A Reading of Camus's "Exile and the Kingdom".* Columbus, Ohio State University Press, 1984.

SIBELMAN, Simon P., "The Anguish and the Ecstasy. Camus's Use of Phallic Symbols in 'La femme adultère'", *Dalhousie French Studies*, vol. 45, Winter 1998, pp. 41–54.

SJURSEN, Nina, "Meursault, un rescapé de la normalisation ou *L'Étranger* 'lu par Foucault'", pp. 95–104 in *Albert Camus 13.*

—, "VOIX dans *La Peste* ou la rencontre polyphonique avec le mal", pp. 321–31 in *Point de Rencontre: le Roman.* Actes du colloque international d'Oslo, 7–10 septembre 1994. Juliette FROLICH *ed., Kults skriftserie*, n° 37, t. II.

SOELBERG, Nils, "Le paradoxe du JE-narrateur. Approche narratologique de *L'Étranger* de Camus", *Revue Romane*, vol. 20, n° 1, 1985, pp. 68–97.

SPRINTZEN, David. *Camus. A Critical Examination.* Philadelphia, Temple University Press, 1988.

STERLING, Elwyn F., "Albert Camus's Adulterous Woman: A Consent to Dissolution", *Romance Quarterly*, vol. 34, n° 2, May 1987, pp. 155–63..

STOLTZFUS, Ben. *Lacan and Literature.* Albany, SUNY Press, 1996. (Chps 6 et 7: "Albert Camus's Homonymous Veilings: 'La Mer/Mère au Plus Près'", pp. 103–15, et "Albert Camus: *The Stranger*", pp. 116–36).

TARROW, Susan. *Exile from the Kingdom. A Political Rereading of Albert Camus.* Alabama, University of Alabama Press, 1985.

TODD, Olivier. *Albert Camus. Une vie.* Paris, Gallimard, 1996.

TOURA, Hiroki, "Quatre formes de présence au monde — *Mersault, Caligula, Sisyphe* et *Meursault",* pp. 9–20 in "Camus", *Équinoxe* n° 13.

VALETTE-FONDO, Madeleine, "Camus et Artaud", pp. 93–101 in *Albert Camus et le théâtre.*

VIALLANEIX, Paul. *Le premier Camus*, suivi de *Écrits de jeunesse d'Albert Camus*. Paris, Gallimard, 1973 (Coll. "Cahiers Albert Camus" 2). "Le Premier Camus", pp. 9–124.

—, "L'incroyance passionnée d'Albert Camus", pp. 179–87 in *Albert Camus 1*.

—, "Le défi du mal. Dialogue avec Albert Camus", *Foi et Vie*, vol. 94, n° 1, janvier 1995, pp. 25–34

VIGÉE, Claude. *Les Artistes de la faim*. Paris, Calmann-Lévy, 1960. "La nostalgie du sacré chez Albert Camus", pp. 249–73.

—, "Albert Camus: l'errance entre *L'Exil et le Royaume*", *La Table ronde*, n° 1, février 1960, pp. 120–26.

—, "Entre oui et non: l'ambiguïté de la condition humaine chez Albert Camus", *Sud*, n° 4, juillet 1971, pp. 118–25.

—, "Avant-propos" à Ruth REICHELBERG, *Une approche du sacré*, pp. 9–12.

VIGGIANI, Carl A., "Camus's *L'Étranger*", PMLA, vol. 71, n° 5, December 1956, pp. 865–87.

WATERS, Valerie, "Camus's 'La Femme adultère': Janine's Dream", *Romance Studies: A Journal of the University of Wales*, n° 18, 1991, pp. 65–73.

WEYEMBERGH, Maurice, "La mémoire du juge-pénitent", pp. 63–78 in *Albert Camus 15*.

—, "'La Femme adultère' et *The woman Who rode Away*, A. Camus et D. H. Lawrence", pp. 50–64 in "Camus", *Équinoxe*, n° 13.

—, "Camus et le génie du consentement", pp. 117–32 in *Albert Camus et la philosophie*.

—. *Albert Camus ou la mémoire des origines*. Bruxelles, De Boeck Université, 1998. "Théâtre et politique chez Albert Camus", pp. 177-86.

—, "*La Peste* et *La Chute*: compréhension et duplicité", pp. 219–25 in *Pour un humanisme romanesque*, Gilles PHILIPPE *et* Agnès SPIQUEL eds. Paris, SEDES, 1999.

WITT, Mary Ann, "Discussion: Clamence en chute libre", pp. 47–76 in *Camus 1970*.

WOELFEL, James W. *Albert Camus on the Sacred and the Secular*. Lanham, University Press of America, 1987.

ZAHAREAS, Anthony, "'La Femme adultère': Camus's Ironic Vision of the Absurd", *Texas Studies in Literature and Language*, vol. 5, n° 3, Autumn 1963, pp. 319–28.

III. BIBLIOGRAPHIE GÉNÉRALE

ARTAUD, Antonin. *Le théâtre et son double*. Paris, Gallimard, 1964.
AUSTIN, J. L. *How to do Things with Words*. J. O. URMSON and Marina SBISÀ eds. Cambridge, Harvard University Press, 1975.
BADINTER, Elisabeth. *L'amour en plus*. Paris, Flammarion, 1980.
—. *L'Un est l'Autre. Des relations entre hommes et femmes*. Paris, Odile Jacob, 1986.
BARTHES, Roland. *Sur Racine*. Paris, Seuil, 1963.
—. *S/Z*. Paris, Seuil, 1970.
—. *Le plaisir du texte*. Paris, Seuil, 1973.
BATAILLE, Georges, "L'apprenti sorcier", pp. 36–59 in *Le Collège de Sociologie*. Denis HOLLIER ed.. Cambridge, Harvard University Press, 1989.
BAUDELAIRE. *Les Fleurs du mal et autres poèmes*. Paris, Flammarion, 1964.
BEAUVOIR, Simone DE. *Le Deuxième Sexe. II*. Paris, Gallimard, 1976, c1949.
BECKETT, Samuel. *En attendant Godot*. Germaine BRÉE et Eric SCHOENFELD eds. Toronto, Macmillan, 1963.
BLANCHOT, Maurice. *L'Amitié*. Paris, Gallimard, 1971.
BOWLES, Paul. *The Sheltering Sky*. New York, New Directions, 1949.
BRAUDEL, Fernand. *La Méditerranée. L'espace et l'histoire*. Paris, Flammarion, 1985.
CAILLOIS, Roger. *L'Homme et le sacré*. Paris, Gallimard, 1950.
CAPRA, Fritjof. *Le Temps du changement*. Paul COUTURIAU, trad.. Monaco, Le Rocher, 1983.
CHALIER, Catherine. *Figures du féminin. Lecture d'Emmanuel Levinas*. Paris, La nuit surveillée, 1982.
CHARON, Jean E. *L'Esprit, cet inconnu*. Paris, Albin Michel, 1977.
CIXOUS, Hélène, "Le rire de la Méduse", *L'Arc*, n° 61, 1975, pp. 39–54.
—, "Sorties" in *La jeune née*, pp. 115–246.
—, "La venue à l'écriture" in *Entre l'écriture*, Paris, Des femmes, 1986, pp. 9–69.
CLÉMENT Catherine et Hélène CIXOUS. *La jeune née*. Paris, Union Générale d'Éditions, 1975.
— et Julia KRISTEVA. *Le féminin et le sacré*. Paris, Stock, 1998.
CROWNFIELD, David R., ed. *Body/Text in Julia Kristeva. Religion, Women, and Psychoanalysis*. Albany, SUNY Press, 1992. "Pre-Text", pp. ix–xx.

DANTE ALIGHIERI. *The Divine Comedy. Inferno.* A Verse Translation by Allen MANDELBAUM. New York, Bantam Books, 1980.
DERRIDA, Jacques. *L'écriture et la différence.* Paris, Seuil, 1967. "Violence et métaphysique. Essai sur la pensée d'Emmanuel Levinas", pp. 117-228.
—. *De la grammatologie.* Paris, Minuit, 1967.
DIDIER, Béatrice. *L'écriture-femme.* Paris, P.U.F./ Écriture, 1981.
DOANE, Janice *and* Devon HODGES. *From Klein to Kristeva.* Ann Arbor, University of Michigan Presss, 1992.
DURAS, Marguerite *et* Michelle PORTE. *Les lieux de Marguerite Duras.* Paris, Minuit, 1977.
DURKHEIM, Émile. *Les Formes élémentaires de la vie religieuse.* Paris, P.U.F., 1979.
DUVIGNAUD, Jean. *Spectacle et société.* Paris, Denoël/Gonthier, 1970.
EDELSTEIN, Marilyn, "Metaphor, Meta-Narrative, and Mater-Narrative in Kristeva's 'Stabat Mater'", pp. 27–52 in *Body/Text in Julia Kristeva*, D. R. CROWNFIELD, *ed.*.
ELAM, Keir. *The Semiotics of Theatre and Drama.* London, Methuen, 1980.
ELIADE, Mircea. *Naissances mystiques.* Paris, Gallimard, 1965.
—. *Le Sacré et le profane.* Paris: Gallimard, 1965.
—. *Le Mythe de l'éternel retour.* Paris, Gallimard, 1969.
FREUD, Sigmund. *The Future of an Illusion.* James Strachey, *ed.*. New York, W. W. Norton, 1961.
GALLOP, Jane. *Thinking through the Body.* New York, Columbia University Press, 1988.
GENETTE, Gérard. *Figures II.* Paris, Seuil, 1969.
GIRARD, René. *La Violence et le sacré.* Paris, Grasset, 1972.
GOUHIER, Henri. *Le Théâtre et l'existence.* Paris, Aubier-Montaigne, 1952.
GRAYBEAL, Jean, "Joying in the Truth of Self-division", pp. 129–38 in *Body/Text in Julia Kristeva*, D. R. CROWNFIELD *ed.*.
GREEN, André. *Un œil en trop. Le complexe d'Œdipe dans la tragédie.* Paris, Minuit, 1969.
—. *On Private Madness.* Madison, Conn., International Universities Press, 1986.
GRENIER, Jean. *Les Îles.* Paris, Gallimard, 1959.
GRIMAL, Pierre. *The Dictionary of Classical Mythology*, A.R. MAXWELL-HYSLOP, *Trans.*. Oxford, Basil Blackwell Ltd, 1986.
HIRSCH, Marianne, "Incorporation and Repetition in *La Princesse de Clèves*", *Yale French Studies* n° 62, 1981, pp. 67–87.
—. *The Mother/Daughter Plot.* Bloomington, Indiana University Press, 1989.

HOLLIER, Denis, "On Schools, Churches, and Museums", pp. 830–36 in *A New History of French Literature*, D. HOLLIER *ed.*. Cambridge, Harvard University Press, 1989.
—. *Le Collège de Sociologie (1937-39)*. Textes présentés par D. HOLLIER. Paris: Gallimard, 1979.
HOWATSON, M. C., *ed.. The Oxford Companion to Classical Literature*. Oxford, Oxford University Press, 1989.
IRIGARAY, Luce. *Et l'une ne bouge pas sans l'autre*. Paris, Minuit, 1979.
—. *Amante marine de Friedrich Nietzsche*. Paris, Minuit, 1980.
—. *Le corps-à-corps avec la mère*. Ottawa, Éditions de la pleine lune, 1981.
—. *Sexes et parentés*. Paris, Minuit, 1987.
JONES, James W. *Contemporary Psychoanalysis and Religion. Transference and Transcendence*. New Haven, Yale University Press, 1991.
JONTE-PACE, Diane, "Situating Kristeva Differently", pp. 1–22 in *Body/Text in Julia Kristeva*, D. R. CROWNFIELD *ed*.
KERÉNYI, Carl. *Eleusis: Archetypal Image of Mother and Daughter*. Ralph MANHEIM *Trans.*. New York, Pantheon Books, 1967.
KRISTEVA, Julia. *La Révolution du langage poétique*. Paris, Seuil, 1974.
—, "Unes femmes", *Cahiers du GRIF* n° 7, 1975, pp. 22–27.
—. *Polylogue*. Paris, Seuil, 1977.
—, "Héréthique de l'amour", *Tel Quel*, n° 74, Hiver 1977, pp. 30–49.
—. *Desire in language. A Semiotic Approach to Literature and Art*. Leon S. ROUDIEZ *ed.*, Thomas GORA, Alice JARDINE, *and* Leon S. ROUDIEZ, *trans.*. New York, Columbia University Press, 1980.
—. *Pouvoirs de l'horreur*. Paris, Seuil, 1980.
—. *Histoires d'amour*. Paris, Denoël, 1983.
—. *Au commencement était l'amour*. Paris, Hachette, 1985.
—. *Soleil noir. Dépression et mélancolie*. Paris, Gallimard, 1987.
—. *Étrangers à nous mêmes*. Paris, Fayard, 1988.
—. *Les nouvelles maladies de l'âme*. Paris, Fayard, 1993. "Le temps des femmes", pp. 297–331.
— *et* Catherine CLÉMENT. *Le féminin et le sacré*. Paris, Stock, 1998.
LACAN, Jacques. *Écrits 1*. Paris, Seuil, 1966.
—. *Écrits 2*. Paris, Seuil, 1971.
LAMY, Suzanne, "Multiple", Avant-propos à l'interview de Luce IRIGARAY, "Nietzsche, Freud et les femmes", pp. 36–41 in IRIGARAY, L., *Le corps-à-corps avec la mère*.
—. *D'elles*. Montréal, L'Hexagone, 1979.

LANGER, Lawrence L. *The Age of Atrocity*. Boston, Beacon Press, 1978.
LAPLANCHE, Jean et J.-B. PONTALIS. *Vocabulaire de la Psychanalyse*. Paris, P.U.F., 1967.
LEIRIS, Michel. *L'Âge d'Homme*. Paris, Gallimard, 1946.
—, "Le sacré dans la vie quotidienne", pp. 60–74 in *Le Collège de Sociologie*, Denis HOLLIER ed..
—. *Miroir de l'Afrique*. Paris, Gallimard, 1996.
LEVINAS, Emmanuel. *Difficile liberté*. Paris, Albin Michel, 1976.
MALRAUX, André. *Le Surnaturel*. Paris, Gallimard, 1977.
MAURON, Charles. *L'Inconscient dans l'œuvre et la vie de Racine*. Publication des Annales de la Faculté des Lettres Aix-en-Provence. Gap: Ophrys, 1957.
MEAD, Margaret. *Male and Female*. New York, Morrow, 1975.
MESNARD, Jean. *Pascal*. Paris, Hatier, 1962.
MOI, Toril. *The Kristeva Reader*. New York, Columbia University Press, 1986.
MULLER, John P. et William J. RICHARDSON. *Ouvrir les "Écrits" de Jacques Lacan*. Toulouse, Erès, 1987.
OBOUSSIER, Claire, "Barthes and Femininity: A Synaesthetic Writing", *Nottingham French Studies*, vol. 33, n° 2, Autumn 1994, pp. 78–93.
OLIVIER, Christiane. *Les Enfants de Jocaste*. Paris, Denoël/Gonthier, 1980.
OTTO, Rudolf. *The Idea of the Holy*. John W. HARVEY, trans.. London, Oxford University Press, 1972.
PASCAL, Blaise. *Pensées*. Préface de Jean GUITTON. Paris, Libriairie Générale Française, 1962.
PAVARD, Claude. *Lumières du M'Zab*. Boulogne-Billancourt, Delroisse, dépôt légal n° 657.
PICON, Gaëtan. *Panorama de la nouvelle littérature française*. Paris, Gallimard, 1988.
POULET, Georges. *Études sur le temps humain IV. Mesure de l'instant*. Paris, Plon, 1968.
RACINE. *Théâtre complet*. Paris, Garnier, 1980.
RICH, Adrienne. *Of Woman Born. Motherhood as Experience and Institution*. New York, W.W. Norton & Company, 1976.
RICHMAN, Michèle, "Leiris's *L'Âge d'Homme*: Politics and the Sacred in Everyday Ethnography", *Yale French Studies*, n° 81, "On Leiris", Marc BLANCHARD, ed., 1992, pp. 91–110.
RIFFLET-LEMAIRE, Anika. *Jacques Lacan*. Bruxelles, Dessart, 1970.
ROUBINE, Jean-Jacques. *Introduction aux grandes théories du théâtre*. Paris, Bordas, 1990.

ROUDIEZ, Leon, "Introduction" à Julia KRISTEVA, *Desire in Language. A Semiotic Approach to Literature and Art*, pp. 1–20.
SARTRE, Jean-Paul. *Les Chemins de la liberté*. Paris, Gallimard/Folio, 1990, c1945–1949.
SIMON, Alfred, "Les masques de la violence", pp. 508–18 in René GIRARD, *La Violence et la sacré,* "Critiques et commentaires", pp. 487–534. Paris, Grasset/Poche, 1972
STEINER, George. *The Death of Tragedy*. London, Faber & Faber, 1961.
STOEKL, Allan, "The Avant-Garde Embraces Science", pp. 929–35 in *A New History of French Literature*, Denis HOLLIER ed.. Cambridge, Harvard University Press, 1989.
UBERSFELD, Anne. *L'École du spectateur*. Paris, Messidor/Éditions sociales, 1981.
—. *Lire le théâtre*. Paris, Messidor/Éditions sociales, 1982.
WINNICOTT, Donald Woods. *Playing and Reality*. London, Routledge, 1991, c1971.

INDEX DES NOMS DE PERSONNES

Abbou, André, 42, 67, 139n, 145n, 146, 150, 151-151n, 154, 165, 169-169n, 170, 197, 349
Abdelkrim, Zedjiga, 107
Abraham, 54
Alter, André, 241n
Amiot, Anne-Marie, 22n, 220
Aragon, Louis, 42n
Archambault, Paul, 68, 69, 74n, 76
Arendt, Hannah, 67
Arnold, James A., 217n, 218n
Artaud, Antonin, 211, 212-212n, 213-213n, 251, 253
Audin, Marie-Louise, 100, 102, 103
Augustin (Saint), 37, 51, 68, 72, 74, 75-75n, 76, 97, 330, 354
Austin, J. L., 140-140n
Autrand, Michel, 251, 252-252n, 253
Badinter, Elisabeth, 244-244n, 335n
Bagot, Françoise, 146n, 163-163n
Baishanski, Jacqueline, 29-29n, 57, 59n, 72n, 146n, 151n
Bakhtine, Mikhaïl, 139
Balakian, Anna, 323n, 360, 361, 371
Barchilon, José, 127, 128n, 130n, 156n, 174
Barilier, Étienne, 55
Barré, Michel, 239, 252, 267-267n, 268
Bartfeld, Fernande, 129-129n, 210-210n, 214, 224, 229, 241n
Barthes, Roland, 10, 15-15n, 16-16n, 131, 150, 152, 171, 172n
Basset, Guy, 7
Bataille, Georges, 28, 38, 41, 43, 44-44n, 45-47, 61, 66, 181n, 234, 301
Baudelaire, Charles, 96, 99n, 332

Beauclair, Michelle, 137n, 155
Beauvoir, Simone de, 242, 298
Beckett, Samuel, 237
Beethoven, Ludwig van, 343
Bergman, Ingmar, 124n
Bespaloff, Rachel, 146, 171, 181, 226, 234, 246, 250
Bielawka, Maria, 27, 56-56n, 348
Blanchar, Pierre, 210-210n
Blanchot, Maurice, 20, 34-34n, 42, 44n, 65, 125-125n, 126, 136, 179, 201, 274, 277, 281-283
Bonnefoy, Yves, 43n
Bouchez, Madeleine, 278, 286
Bove, Laurent, 153, 157, 166, 202
Bowles, Paul, 317
Braudel, Fernand, 92n
Brisville, Jean-Claude, 12, 13, 15, 23, 146, 157, 186, 369
Brombert, Victor, 15n
Brulotte, Gaëtan, 201n
Burke, Edmund, 33
Caillois, Roger, 11, 27-31, 37, 38-38n, 39-39n, 50, 51, 61, 87-87n, 88, 90, 93, 105, 255, 256, 270, 313n, 319, 325, 333, 334, 344, 355
Capra, Fritjof, 60n
Casarès, Maria, 210n
Caussat, Pierre, 68n
Chabot, Jacques, 188
Chaitin, Gilbert D., 147n, 160
Chalier, Catherine, 349
Char, René, 42n, 293
Charles, Daniel, 29n, 36n
Charon, Jean E., 60n
Chaulet-Achour, Christiane, 139n
Chavanes, François, 38, 103n
Chestov, Lev, 35, 44n, 45, 83n

Chevalier, J., 165n
Chodorow, Nancy, 239
Christ (Jésus-), 50, 73-75, 83, 157, 166, 198, 206, 362, 368
Cielens, Isabelle, 121, 129, 130, 143, 149n, 150, 166, 219-219n, 220, 238, 247n, 248, 251, 253, 257, 262, 267, 270-270n, 273, 280, 282n, 283n, 297, 303, 308-308n, 312, 314, 315, 328, 330, 331, 345, 364
Cimabué, (Cenni di Pepi, dit), 110
Cixous, Hélène, 17-17n, 18n, 115, 208, 227-227n, 232, 242, 245, 287, 289, 299, 300-300n, 335, 352-352n, 371
Clarke, Deborah et Christiane P. Makward, 17n, 145-145n, 158n
Clayton, Alan J., 105n, 208, 212n, 231, 269, 287n
Clément, Catherine, 214
Cohn, Lionel, 55-55n, 56n, 66, 152n, 328, 337n, 350-350n, 351, 369
Cohn, Yehuda L., 152n
Colette, 242
Comte, Auguste, 28
Comte-Sponville, André, 362
Coombs, Ilona, 209, 210n, 215-215n, 218n, 224, 225n, 229n, 260, 267, 283
Copeau, Jacques, 210-212, 212n
Corneille, Pierre, 234, 262
Costes, Alain, 130n, 156n, 193, 194
Crochet, Monique, 47n, 48
Crownfield, David R., 131n, 132n, 134, 139-139n, 154
Cryle, Peter, 296
Curtis, Jerry L., 15-15n, 261n, 285-285n
Daniel, Jean, 19, 23, 29n, 67, 93, 123n, 139n, 152n, 190
Dante, Alighieri, 74n, 124-124n, 129, 164
Daunais, Isabelle, 308, 310, 322, 331
Derrida, Jacques, 65, 211

Devaux, André, 70, 73, 74
Didier, Béatrice, 337, 353
Di Méglio, Ingrid, 69
Doane, Janice et Devon Hodges, 239
Dostoïevski, Fedor, 139n, 152n
Doubrovsky, Serge, 98, 156
Dunaway, John M., 341n
Duras, Marguerite, 137n, 239-239n, 242, 302, 348
Durkheim, Émile, 11, 28, 30, 31, 37, 38, 44, 51
Duvignaud, Jean, 253
Edelstein, Marilyn, 144
Einstein, Albert, 60n
Elam, Keir, 209
Eliade, Mircea, 11, 29, 31, 37, 38, 51, 52-52n, 53-53n, 54, 55, 57-60, 72-72n, 73, 80, 81, 84n, 85, 86, 101, 104, 219n, 298-298n, 317, 319-319n, 325, 326, 333, 338n, 341, 344, 345-345n, 348, 349, 351
Emmanuel, Pierre, 42n
Ernaux, Annie, 242
Faucon, Louis, 36n
Faulkner, William, 17n, 71n
Ferrage, Hervé, 43n, 179
Fitch, Brian T., 299n, 310, 311, 351, 362
Flaubert, Gustave, 17
France, Anatole, 58n
Francesca, Piero della, 110
Freeman, Edward, 210n, 215, 223n, 229, 230, 246, 283
Freud, Sigmund, 17n, 31-31n, 59, 90, 130-130n, 132, 133-133n, 134, 137n, 144, 167-167n, 191, 193, 217n, 242, 245n, 249n, 312, 313, 357n
Gallop, Jane, 242, 244
Gassin, Jean, 121-121n, 125n, 130n, 134, 137-137n, 140n, 155, 156n, 160, 164n, 165-165n, 190, 194, 195, 267n
Gay-Crosier, Raymond, 20n, 47, 54, 56, 55n, 66, 97, 139n, 145-145n, 158n, 189, 210n, 211, 216-216n,

222, 223, 228, 229n, 230, 232, 235, 239, 247, 251, 253, 272, 275, 279, 280-280n, 281, 282, 285n, 336, 337, 364, 373n
Genette, Gérard, 121, 339, 341, 347
Gide, André, 99, 147, 233n
Girard, René, 39, 171, 172, 174, 217
Goethe, Johann Wolfgang von, 55
Goldstain, Jacques, 7
Gouhier, Henri, 214
Graybeal, Jean, 346n
Green, André, 132, 195, 196, 198, 227, 228, 242
Green, Mary Jean, 96-96n, 98
Grégoire, Vincent, 117n, 168n
Grenier, Jean, 29, 36n, 38, 59-59n, 71, 72n, 298, 300, 306n
Grimal, Pierre, 101-101n
Grouix, Pierre, 188, 190, 201, 203, 206-206n
Guérin, Jeanyves, 19-19n, 42n
Haig, Sterling, 356
Haouet, M. Kamel, 106
Harvey, John W., 32, 33n
Hegel, G.W.F., 59-59n, 301
Heidegger, Martin, 35, 346
Hermet, Joseph, 121
Hernández, Lilliam, 105n
Hertz, R., 87n
Hirsch, Marianne, 133, 226-226n, 227-227n, 237, 242-242n, 245
Hollier, Denis, 39-39n, 40, 58n
Homère, 74n
Horowitz, Louise K., 168n
Howatson, M. C., 315n
Hubert, H., 29, 313, 35
Husserl, Edmund, 35, 36n, 56n, 348
Irigaray, Luce, 138, 165, 242, 245-245n, 246, 255
Jabès, Edmond, 9, 25, 293
Jaccottet, Philippe, 43n
Jacob, Alexandre, 183
Jaspers, Karl, 35
Jouve, Pierre Jean, 42n
Jones, James W., 349, 351
Jonte-Pace, Diane, 132, 133-133n, 167-167n, 178, 202, 237n, 249, 346
Judt, Tony, 55
Jundt, André, 32
Jung, Carl Gustav, 60n, 90n, 137n, 193, 218
Kellogg, Jean, 181, 225
Kerényi, Carl, 343n, 345, 347n, 364
Kierkegaard, Søren, 35
Klein, Melanie, 132
Kouchkine, Eugène, 271, 272, 273n
Krapp, John, 172n
Kristeva, Julia, 16-18, 83, 130, 131-131n, 132-132n, 133-135, 139-139n, 141, 142, 144, 146, 148, 157, 160, 161, 166, 167, 174-177, 189, 191, 193, 205, 212, 217, 235, 236, 239-239n, 241-243, 265, 284, 301, 303, 312, 313, 330, 346-346n, 348, 371
Lacan, Jacques, 17, 59, 130-130n, 131-131n, 132, 134, 139, 141, 144, 149, 167-167n, 212, 238, 242, 250, 250n, 312-312n, 346, 357n
Lafayette, Madame de, 242
Lamy, Suzanne, 245n, 308
Langer, Lawrence, 179, 180
Langlois, G. Walter, 215n
Lapaire, Pierre J., 276
Laplanche, Jean et J.-B. Pontalis, 137n, 144
Lazere, Donald, 130n, 262, 264n
Leiris, Michel, 28, 38, 39, 48-48n, 49
Leroy-Bédier, Marie-Laure, 296n, 360
Levinas, Emmanuel, 36n, 42, 65, 344-344n, 349
Lévi-Valensi, Jacqueline, 20n, 22-22n, 54-54n, 66, 98, 100, 102, 118n, 119n, 123n, 125n, 143n, 169, 176, 178n, 183, 186, 210n, 251, 254n, 267, 270-270n, 295
Leynaud, René, 42, 42n
Licari, Carmen, 193n
Lobet, Marcel, 59n
Lope de Vega, Félix, 45n

Lynch, Martha, 297, 323, 357
Mailhot, Laurent, 263, 269, 305, 308, 317, 327n, 337, 340, 353
Mallet-Joris, Françoise, 242
Malraux, André, 29, 57-57n, 58n
Mandelbaum, Allen, 124n, 164
Marc Aurèle, 72
Margerrison, Christine, 168n
Martin du Gard, Roger, 19
Marx, Karl, 59
Mattéi, Jean-François, 22n, 340n
Maulnier, Thierry, 229-229n
Mauron, Charles, 90n
Mauss, Marcel, 38, 355
McCarthy, Patrick, 321n
Mead, Margaret, 243-243n
Melville, Herman, 36n
Mertens, Pierre, 129-129n
Mesnard, Jean, 340n
Miller, Owen J., 356
Mingelgrün, Albert, 219
Mino, Hiroshi, 162, 184, 189-189n
Mistacco, Vicky, 18n, 130, 131, 136n, 145, 155n, 163, 168n, 299, 300-300n, 352, 356
Moi, Toril, 131
Moïse, 54
Montaigne, Michel de, 97
Montgomery, Geraldine F., 117n, 131n, 186n, 226n, 234n, 250n
Moraly, Yehuda, 212
Morot-Sir, Édouard, 19n, 20n, 41-43, 44n, 45, 46-46n, 66, 97-97n, 98, 156, 157n, 163-163n, 179n, 200, 207, 296-296n, 299-302, 341, 346, 352, 354, 359-359n, 367, 370
Morzewski, Christian, 186, 196
Muller, John P. et W. J. Richardson, 250n
Nguyen Van-Huy, Pierre, 261n
Nietzsche, Friedrich, 35, 47, 56, 59-59n, 61, 74, 105n, 138, 245n, 362
Noudelmann, François, 107, 109n, 113, 198,
Oboussier, Claire, 17n

Olivier, Christiane, 233, 242, 243, 245, 285, 290, 310, 325, 334, 347
Onimus, Jean, 329, 342, 358n
Otto, Rudolf, 11, 28, 31-31n, 32, 33-33n, 35, 37, 38-38n, 52
Ouellet, François, 169n
Ozwald, Thierry, 40n
Papamalamis, Dimitris, 70
Pascal, Blaise, 45, 51, 56, 74-76, 78, 79, 89n, 94, 95-95n, 96-96n, 97-97n, 98, 105, 106, 111, 199, 246, 340-340n, 362
Pasteur, Louis, 60n
Pavard, Claude, 317-317n
Pelz, Manfred, 332, 357
Pergolèse, Jean-Baptiste, 205
Picon, Gaëtan, 39
Pindare, 266, 364
Plotin, 67, 72-72n, 74-76, 99, 337n, 350-350n, 351, 354, 372
Poulet, Georges, 331, 343
Prévert, Jacques, 40
Proust, Marcel, 81, 189
Puech, Henri-Charles, 72-72n
Quilliot, Roger, 20, 41n, 65, 68-68n, 69, 75-77, 81n, 94, 95n, 96, 97, 146, 149-149n, 166n, 212n, 213n, 225, 229n, 236, 246, 252, 258, 271-271n, 287, 295n, 305n, 309n, 315, 322n, 330
Rabaté, Dominique, 139n
Rabelais, François, 321n
Racine, Jean, 90n, 150, 152
Radulescu, Domnica, 169, 182
Renou, Patrick, 10, 19-19n, 22
Reichelberg, Ruth, 11, 29, 61n, 74, 247, 257, 293, 307, 316, 322, 325, 328, 329, 331, 345, 347, 348, 353, 369
Resnais, Alain, 126n
Rey, Pierre-Louis, 260
Rich, Adrienne, 236, 242-242n, 243-245
Richman, Michèle, 48n
Rifflet-Lemaire, Anika, 312-312n

INDEX DES NOMS DE PERSONNES

Rilke, Rainer Maria, 342
Rizzuto, Anthony, 156, 168n, 170n, 246n, 278n
Röhmer, Éric, 89n
Roubine, Jean-Jacques, 213n, 270
Roudiez, Leon S., 346n
Rousseau, Jean-Jacques, 211
Rufat, Hélène, 265
Sansen, Raymond, 71
Santerre, Jean-Paul, 343n
Sarocchi, Jean, 119-119n, 122, 123, 159, 186n, 188, 194, 197, 203, 233-233n, 234-234n, 252
Sarraute, Nathalie, 147, 159
Sartre, Jean-Paul, 21, 41, 42, 70, 158, 172n, 310
Savinkov, Boris, 270, 271n, 274, 276, 281, 284n
Schiller, Friedrich von, 253, 343
Sévigné, Madame de, 242
Shahbaz, Caterina P., 358n, 359, 361
Shakespeare, William, 213, 271
Showalter, English, 321n
Sibelman, Simon P., 321n
Sicard, Jeanne-Paule, 215
Simon, Alfred, 174-174n
Sjursen, Nina, 154, 182, 183-183n
Soelberg, Nils, 138, 139
Spiquel, Agnès, 186
Sprintzen, David, 223
Steiner, George, 213n
Sterling, Elwyn F., 334, 344
Stoekl, Allan, 43, 44
Stoltzfus, Ben, 96n, 130n, 149, 156n, 338n, 357-357n, 359n
Strindberg, August, 94
Tarrow, Susan, 10-10n, 356, 361
Teilhard de Chardin, Pierre, 55n, 60n, 369
Todd, Olivier, 12, 186, 369
Toura, Hiroki, 119, 122, 123n
Ubersfeld, Anne, 208, 209-209n, 212
Valette-Fondo, Madeleine, 265n
Van Gogh, Vincent, 86
Van Herik, Judith, 167
Verlaine, Paul, 370

Verne, Jules, 89n
Viallaneix, Paul, 69-69n, 70, 77, 96n, 189-189n, 252, 306
Vigée, Claude, 11, 27, 28, 29, 61-61n, 63, 65, 67-67n, 75n, 80, 84, 87, 113n, 152, 153, 228, 248, 330, 343n, 344, 346-348, 360, 371
Viggiani, Carl A., 157n, 164, 166-166n, 270
Visconti, Luchino, 304
Waters, Valerie, 316
Weil, Simone, 29, 36n, 341n, 370
Welter, Gustave, 280n
Weyembergh, Maurice, 12n, 67, 105n, 106, 123n, 125, 126, 129, 165, 271, 356, 357
Winnicott, Donald Woods, 131-131n, 132, 133-133n, 167-167n, 187-187n, 190, 192, 193-193n, 198, 202
Witt, Mary Ann, 12n
Woelfel, James W., 73
Woolf, Virginia, 242-242n
Zahareas, Anthony, 336, 360n, 364
Zola, Émile, 58n
Zorrilla, José, 45n

TABLE

Sigles et abréviations 6
Note liminaire 7

INTRODUCTION 9

PREMIÈRE PARTIE
LE SACRÉ: OMBRES ET LUMIÈRES

I. CAMUS ET LE SACRÉ
   UNE MISE EN CONTEXTE 27

II. LA SOURCE ET LES TRACES
   LE SACRÉ DANS LES PREMIERS ÉCRITS 63
   Métaphysique chrétienne et néoplatonisme 68
   L'Envers et l'endroit 77
   L'influence pascalienne 94
   Noces 98

DEUXIÈME PARTIE
LE FÉMININ ET LE SACRÉ: MÈRES ET FEMMES MYTHIQUES

III. LA CHAIR SACRÉE
   ABSENCE/PRÉSENCE ET SILENCE DE LA MÈRE DANS L'ŒUVRE NARRATIVE 117
   Deux cas de présences/absences du féminin:
      Le féminin estimé dans *La Mort heureuse* 119
      Le féminin méprisé dans *La Chute* 123
   Kristeva et la dyade mère-enfant 130
   L'Étranger: la mère morte 135
      La mère morte et les incertitudes de la narration 138
      La mère morte et les dualités de la narration 144
      Le crime mythique 148
      La compagne et le féminin maternel 153
      Les retrouvailles avec la mère et l'accès à la présence 159
   La Peste: la mère vivante 168
      Les deux "Madame Rieux" 170
      L'épouse sacrifiée 171
      L'abject et "la chair sacrée" 174
      Eurydice 178
      La mère restituée 182

Le Premier homme: la mère sacrée	186
La Nativité	187
Le silence de la mere	188
La relation mère-fille	191
La mère endeuillée	194
Absences	196
Difficile amour	199
Présence	201
La fusion mère-fils	204

IV. LE DÉSERT DE L'AMOUR

PRÉSENCES/PAROLES DE LA COMPAGNE DANS L'ŒUVRE DRAMATIQUE	207
Camus, le théâtre et le sacré	208
Révolte dans les Asturies: Pilar, première femme tragique	215
Caligula: Cæsonia ou le féminin assassiné	217
Le Malentendu: le féminin meurtri et meurtrier	226
L'État de siège: Victoria et le chœur, voix féminines du sacré	251
Les Justes: Dora ou l'amour dans la mort	270
L'amour criant dans le désert	284

TROISIÈME PARTIE
NOCES DU FÉMININ ET DU SACRÉ

V. LA FEMME ET LE DÉSIR, LE DÉSERT ET LA NUIT

PRÉSENCE/SILENCE DU FÉMININ DANS "LA FEMME ADULTÈRE"	295
L'itinéraire	305
L'oasis	316
Le fort	324
La chute	332
Noces	338
La vie/la mort	344
Extase/jouissance	346
Le maternel/le temps	347
Transformation	349
La femme et le féminin/masculin	351
Mariage	354
Le retour	355
Silence/langage	358
Fidèle ou infidèle?	361
Le Sud/l'Été	363

ÉPILOGUE	367
Bibliographie	373
Index des noms de personnes	393
Table	399